신자들의교회 성서주석은
펼침이 좋고 오래 보관할 수 있도록
전통적인 사철 방식으로 제작했습니다

잰슨은 비평적인 학문이 가져다주는 최고의 열매를 보여주고 있으며, 하나님의 말씀이 되는 이 본문을 고백적이고도 신앙적으로 활용할 수 있는 최고의 열매로 독자들을 먹인다. 그는 모세의 구원과 위임, 그리고 이스라엘의 구원과 위임 사이의 병행을 그려낸다. 다시금 우리는 열방 가운데, 그리고 열방을 위한 하나님의 제사장 노릇을 하는 거룩한 백성으로서 우리의 정체성과 임무를 배워 나간다.

– 크리스토퍼 라이트

〈기독교열방대학 학장, 『하나님의 선교』 저자〉

출애굽이 갖는 신학적인 질감과 서사극에 섬세하게 반응하는 잰즌의 매력적이고도 개인적인 스타일은 그의 주석이 목사들과 평신도들을 위한 신학적인 반향의 자료로 아주 유용하게 사용되게끔 한다.

– 윌리엄 P. 브라운

〈유니온신학교 교수, 『시편』(IBT) 저자〉

회중교회 사역자,

교회학교 교사,

선교단체의 리더,

그룹성경공부 구성원,

학생,

목회자,

연구자.

이 읽기 쉬운 주석 시리즈는

성서의 원래 메시지와 그 의미를

오늘날 더 온전히 이해하려는

모든 이들을 위한 것이다.

신자들의 교회 성서주석
출애굽기

지은이	월드마 잰슨(Waldermar Janzen)
옮긴이	이영훈
초판발행	2019년 10월 15일

펴낸이	배용하
책임편집	배용하
등록	제364-2008-000013호
펴낸곳	도서출판 대장간
	www.daejanggan.org
등록한곳	충청남도 논산시 가야곡면 매죽헌로1176번길 8-54
대표전화	전화 : 041-742-1424 전송 : 0303-0959-1424
분류	주석	구약	출애굽기
ISBN	978-89-7071-495-0
	978-89-7071-386-1 (세트 04230)
CIP제어번호	CIP2019038194

 값 30,000원

신자들의 교회 성서주석

출애굽기

월드마 잰슨

이영훈 옮김

BELIEVERS CHURCH BIBLE COMMENTARY

Old Testament

Genesis, by Eugene F. Roop, 1987
Exodus, by Waldemar Janzen, 2000
Leviticus by Perry B. Yoder, 2017
Deuteronomy by Gerald E. Gerbrandt, 2015
Joshua, by Gordon H. Matties, 2012
Judges, by Terry L. Brensinger, 1999
Ruth, Jonah, Esther, by Eugene F. Roop, 2002
1 & 2 Chronicles by August H. Konkel, 2016
Psalms, by James H. Waltner, 2006
Proverbs, by John W. Miller, 2004
Ecclesiastes, by Douglas B. Miller, 2010
Isaiah, by Ivan D. Friesen, 2009
Jeremiah, by Elmer A. Martens, 1986
Lamentations/Song of Songs by Wilma Ann Bailey, Christina Bucher, 2015
Ezekiel, by Millard C. Lind, 1996
Daniel, by Paul M. Lederach, 1994
Hosea, Amos, by Allen R. Guenther, 1998

New Testament

Matthew, by Richard B. Gardner, 1991
Mark, by Timothy J. Geddert, 2001
John, by Willard Swartley, 2013
Acts, by Chalmer E. Faw, 1993
Romans, by John E. Toews, 2004
1 Corinthians, by Dan Nighswander, 2017
2 Corinthians, by V. George Shillington, 1998
Galatians by George R Brunk III, 2015
Ephesians, by Thomas R. Yoder Neufeld, 2002
Philippians by Gordon Zerbe, 2016
Colossians, Philemon, by Ernest D. Martin, 1993
1–2 Thessalonians, by Jacob W. Elias, 1995
1–2 Timothy, Titus, by Paul M. Zehr, 2010
1–2 Peter, Jude, by Erland Waltner and J. Daryl Charles, 1999
1, 2, 3 John, by J. E. McDermond, 2011
Revelation, by John R. Yeatts, 2003

약어표

*	The Text in Biblical Context (as flagged in Contents)
+	The Text in the Life of the Church (as in Contents)
//	parallel to
=	parallel to, equal
adj.	adjective
ca.	circa, about
cf.	compare
chap./chaps.	chapter, chapters
[Covenant]	typical reference to Essays that precede the Bibliography
e.g.	for example(s)
esp.	especially
Heb.:	Hebrew text, unless obviously for the NT book
lit.	literally
LXX	Septuagint, Greek translation of OT
n.	note
notes	Explanatory Notes
np.	no place of publication shown
NT	New Testament
par.	parallel to, parallels
OT	Old Testament
sing.	singular
TBC	The Text in Biblical Context
TLC	The Text in the Life of the Church
v./vv.	verse/verses

차례

시리즈 서문

신자들의 교회 성서주석시리즈는 기본적인 성서공부를 위한 새로운 도구를 사용할 수 있게 한다. 이 시리즈는 성서의 원래 메시지와 그 의미를 오늘날 더욱 풍부하게 이해하고자 하는 모든 사람들-주일학교 교사들, 성경공부그룹, 학생, 목회자 등-을 위해 발간되었다. 이 시리즈는 하나님께서 여전히 듣고자 하는 모든 이들에게 말씀하시며, 성령께서는 하나님의 뜻을 알고 행하고자 하는 모든 이들을 위해 말씀으로 권위 있는 산 지침을 삼으신다는 신념에 기초하고 있다.

저자들은 가능한 넓은 층의 독자들을 도우려는 열망으로 참여를 결정했다. 성서본문을 선택함에 있어 어떤 제한도 없으므로, 독자들은 가장 익숙한 번역을 계속 사용할 수도 있다. 이 시리즈의 저자들은 비교를 위한 기준으로 NRSV역과 NIV역을 사용한다. 이들은 어떤 본문을 가장 가까이 따르고 있는지, 그리고 자신들만의 번역을 하는 부분이 어디인지를 보여준다. 저자들은 혼자서 연구한 것이 아니라, 정선된 조언가들, 시리즈의 편집자들, 그리고 편집위원회와 협의했다.

각권은 성서를 조명하여 필요한 신학적, 사회학적, 그리고 윤리적 의미들을 제공해주며, 일반적으로 "고르지 않은 땅을 매끄럽게" 해주고 있다. 비평적 이슈들을 피하지 않되, 그것을 학자들 간의 논쟁이 일어나는 전면에 두지도 않았다. 각각의 섹션들은 주를 달아, 이후에 "성서적 맥락에서의 본문"과 "교회생활에서의 본문"이라는 집중된 글들이 따라오게 했다. 이 주석은 해석적 과정에 도움을 주지만 모이는 교회 속에서 분별되는 말씀과 성령의 권위를 넘어서려 하지는 않는다.

신자들의 교회라는 용어는 교회의 역사 속에서 자주 사용되어 왔다. 16세기 이후로, 이 용어는 흔히 아나뱁티스트들에게 적용이 되었으며 후에는 메노나이트 및 형제교회를 비롯해 유사한 다른 그룹들에게도 적용되었다. 서술적인 용어로, 신자들의 교회는 메노나이트와 형제교회 이상의 것을 포함하고 있다. 신자들의 교회는 이제 특수한 신학적 이해들을 나타내고 있는데, 예를 들면 신자의 침례, 마태복음 18:15-20에 나타나는 교회 회원이 되기 위해 필수적인 그리스도의 통치에 헌신하는 것, 모든 관계들 속에서 사랑의 힘을 믿는 것, 그리고 자발적으로 십자가의 길로 그리스도를 따라가고자 하는 의지이다. 저자들은 이런 전통 속에 이 시리즈가 설 수 있도록 선정되었다.

신자들의 교회 사람들은 항상 성서의 단순한 의미에 순종하는 것을 강조한다고 알려져 있다. 이 때문에 그들은 깊이 있는 역사비평적 성서학문의 역사가 길지 않다. 이 시리즈는 고고학과 현재 진행되는 성서연구를 진지하게 취하면서 성서에 충실하고자 한다. 이런 작업의 의미는 다른 많은 좋은 주석들에서 발견될 수 있는 해석들과 저자들의 해석이 질적으로 크게 다르지 않다는 뜻이다. 그러면서도 이 저자들은 그리스도, 교회와 선교, 하나님과 역사, 인간의 본성, 그리스도인의 삶, 다른 교리들에 대한 기본적인 신념을 공유한다. 이런 가정들이 저자의 성서해석을 이루고 있다. 따라서 이 시리즈는, 다른 많은 주석처럼, 하나의 구체적인 역사적 교회의 전통 속에 서 있는 것이다.

이러한 교회의 흐름 속에서 많은 사람은 성경공부에 도움될만한 주석의 필요를 역설해 왔다. 이 필요에 대한 응답이 신자들의 교회성서주석을 소개하는 데 충분한 정당성이 될 것이다. 그럼에도, 성령께서는 어떤 전통에도 묶이지 않으신다. 이 시리즈가 전 세계 그리스도인들 사이의 벽을 허물며 말씀의 완전한 이해를 통한 순종 속에서 새로운 기쁨을 가져다주기를 바라는 바이다.

〈BCBC 편집위원회〉

EXODUS
출애굽기

저자 서문

저자 서문은 어떤 여행객이 낯선 곳으로 오라고 초대하는 것과 비견될 수 있다. 앞으로 찾아올 방문자들에게 자신이 갔던 곳으로 여행을 떠나라고 격려를 하는 것이다. "전 거기 가봤는데요."라고 저자는 말한다. "가 볼만 했어요. 당신도 가서 거기서 시간을 좀 보내지 그래요!" 난 출애굽기를 수차례나 접해보았지만 이 주석을 쓰기로 할 때까지는 한 번도 출애굽기 속에 오랜 기간 머물러보지 못했다. 그 이후로는 출애굽기의 경치 좋은 문학적이고 신학적 풍경을 약 십년간 누비고 다녔다. 드디어 여러분께 이 주석을 관광책자로 제공할 준비가 된 것이다.

어떤 이들은 이렇게 말할 수도 있겠다. "우리에게 이미 수많은 안내책자들이 그리도 많고 출애굽기에 대한 좋은 주석들이 그리도 많은데, 왜 다른 것이 필요한가요?" 여기서 적어도 부분적이나마 비유를 바꿀 필요가 있겠다. 주석은 출애굽기라는 나라를 향하여 가면서 다른 관광객들과 함께 나누는 대화의 기록으로 묘사될 수 있다. 어떤 관광객들은 수세기 이전에도 있었지만, 어떤 사람들은 우리의 동시대 사람들이다. 독자들은 단순히 자료를 찾는데 도움이 되는 참고문헌들을 고려해야 할 뿐만 아니라 이 주석이 다른 주석가들과의 대화 속에 있다는 것을 염두에 두는 것이 좋다. 이런 대화적 측면을 강조하고자, 난 부러 해석의 역사에 무게를 두었다. 이름하여 "교회 생활에서의 본문."

나와 지속적으로 대화를 나눴던 주석가들은 브레바드 차일즈Brevard S. Childs, 존 더럼 John I. Durham, 그리고 움베르토 카수토Umbreto Cassuto였으며, 특정 섹션들에서는 데일 패트릭Dale Patrick, 20-23장과 모벌리R. W. L. Moberly, 32-34장이다. 아울러 난 브루그만 Brueggemann, 폭스Fox, 프레트하임Fretheim, 하야트Hyatt, 노스Noth, 픽슬리Pixley 등이 쓴 주석들뿐만 아니라 베르너 슈미트Werner H. Schmidt와 코르넬리스 하우트만Cornelis Houtman이 집필한 방대한 저작들 가운데 접할 수 있는 부분들도 자주 찾아보았다. 아쉬운 점이 있다면, 내 동료 제자이자 친구인 제랄드 잰슨J. Gerald Janzen의 근간 주석이 내 원고가 실제로 완성된 후에야 내 손에 들어왔다는 것이다.

혹여나 이 대화 속에서 내가 나만의 독특한 목소리를 잘 알아채지 못했을 수도 있다. 신자들의교회 성서주석시리즈와 함께 하면서, 편협하고도 교조적인 방식이 아닐지라도 내가 지닌 아나뱁티스트-메노나이트의 관점이 어떤 전망을 열 수도 있을 것으로 기대해 본다. 나아가, 우리 시대에 브레바드 차일즈가 자신의 1974년에 쓴 고전적인 출애굽기 주석과 그의 다른 저서들 속에서 개척된 정경적인 성서읽기가 지금까지 오직 제한된 연구 속에서 출애굽기 해석에 적용되어 왔다. 문학적인 관점으로 보는 이 성서읽기는 새로운 가능성으로 옛 문제를 다루고 있다.서론을 보라

마지막으로, 그리고 다시금, 정경적 접근과 신자들의교회주석 시리즈의 지침을 따라가면서, 난 "성서적 맥락 속의 본문"에 상당한 관심을 기울였다. 기독교적 관점에서 보면, 기독교 정경 속에 있는 모든 출애굽기 본문들은 다른 출애굽기 본문들뿐만 아니라 신약과 구약을 이루고 있는 기독교 정경 속에 있는 다른 모든 본문들과의 대화 속에 자리하고 있다고 본다. 이런 대화의 그물망은 가장 적합한 상호본문적inter-textual 관계들 중의 한 부분에 관심을 기울임으로써 힌트를 얻을 수 있다는 것은 더 말할 것도 없다.

다른 이들과의 대화라고 하더라도 주석을 쓰는 것은 또한 외로운 공정이다. 설사 누군가의 가장 친한 친구들과 동료들이라 할지라도 연구 중인 출애굽기 본문에 대한 가장 최근의 발견들에 대해서 기대를 가지고 물어볼 것이다. 그런 이유로, 난 이타적으로 시간을 내어 주고 진행 중인 내 연구에 관심을 가져준 이들께 특별한 감사를 전한다.

출애굽기 학과과정에 있던 학생들이 자극과 동기부여를 해주었다. 동료 교수인 제랄드 게브란트Gerald Gerbrandt,구약학와 해리 휴브너Harry Huebner, 윤리학는 지속적으로 대화상대가 되어주었다. 아이잭 블락Isaac Block은 내 원고의 전반부를 읽고 제안도 해 주고 용기를 북돋워주었다. 발레리 스미스Valerie Smith는 주의 깊게 내 원고의 대부분을 읽는 그녀의 나이와 성gender의 관점에서 귀중한 언급을 해 주었다. 신자들의교회주석 시리즈의 구약 편집자인 엘머 마틴스Elmer Martens는 열정과 격려와 판단력 있는 제안으로 이 프로젝트를

이끌었다. 헤럴드 출판사의 편집자인 데이빗 가버S. David Garber는 이 원고를 개선시키고 출판 과정을 기쁘게 도와 많은 일을 해주었다. 미네소타의 세인트 폴에 위치한 루터 신학교의 제임스 림버그James Limburg 교수는 동료 독자로서 격려가 담긴 평가를 해 주었다. 모두에게 감사하는 바이다!

아내 메리는 출애굽기를 통한 내 여정에 함께 하면서 지지자이자 목사이면서 친구였다. 지난 40년간, 그녀는 나와 내 작업습관, 그리고 내 필요를 알아주었다. 이 책을 사랑과 감사를 담아 그녀에게 헌정하는 바이다.

– 월드마 잰슨 Waldermar Janzen

캐나다 위니펙, Canadian Mennonite Bible College

서론

구약성서의 중심

출애굽기는 구약성서의 중심이다. 구약의 서사와 신앙을 출애굽기가 떠받치고 있다는 것은 아주 중요하다. 흡사 네 복음서가 없으면 신약성서가 붕괴되는 것처럼, 출애굽기를 없앤다면 구약의 이야기가 무너지고 말 것이다.

하나님께서 아브라함과 사라에게 주시기로 한, 자손과 땅이라는 이중적 약속창 12:1-3이 이제 출애굽기에서 이루어지기 시작한다. 이스라엘은 거대한 민족으로 크게 인구가 증가하였고 하나님은 야웨주님라는 신성한 이름을 영구히 드러내시며, 그 이름이 지닌 구원자와 주님이라는 핵심적인 의미를 성취하신다.

출애굽기에서 야곱/이스라엘의 자손들은 특별한 임무를 지닌 백성이 되어, 시내 산에서 모세를 통해 중재된 야웨와의 언약적 관계를 맺는다. 이 언약의 맥락에서 이스라엘은 유대교, 기독교, 이슬람의 윤리 및 그들이 이룬 문화를 주로 이루고 있는 토라율법에 의해 통치를 받는 새로운 삶으로 스스로를 헌신한다. 마지막으로 출애굽기는 성서적 종교와 그 후계자들을 특징짓고 있는 예배형식을 소개하고 있다.

출애굽기의 주제와 양식은 구약성서에 재등장하며, 나머지 구약성서의 대부분을 알리고 그들의 신앙을 형성하는 영향력을 신약성서와 그 시대로 확장시킨다.

접근법, 양식, 문체 및 내포독자

접근법

이 주석 시리즈에 발맞추어, 이 책에서 출애굽기를 대하는 접근방식은 "정경-문학적 canonical-literary"인 것이다. 다른 말로 하면, 출애굽기의 최종적 혹은 정경적 본문은 일관적인 문학적 단원으로 간주되어야 한다는 말이다. 난 이 단원을 문학적 분석이라는 방식으로 연구하여, 구조, 양식, 등장인물, 줄거리, 문체, 내포독자 및 출애굽기의 의미들을 찾는 다른 문학적 측면들과 같은 범주들을 사용한다.

그럼에도, 출애굽기가 고대 이스라엘의 세계에서 찾아왔으므로, 우리에게는 역사적, 문화적, 종교적, 법적, 그리고 해석적 과정으로 그 시대를 다루는 다른 정보들이 필요하다. 게다가 현재의 정경본문은 그 이후의 세기에 확정되었을 것이다. 만일 그렇다면 이것은 본문의 어떤 특징들을 명확히 해줄 것이다.[자료이론, 502쪽]

양식

출애굽기는 복합적인 책이다. 출애굽기의 뼈대는 산문체 서사이다. 그 속에는 다음과 같은 요소들이 삽입되어 있다:

* 한 편의 긴 시 본문바다의 노래, 15:1-18
* 두 개의 뚜렷한 법과 추가적인 법들십계명, 20:1-17; 언약의 책, 20:22-23:33, 유월절 법이 12-13장에 들어가 있다; 언약적 갱신의 법들, 34:11-26
* 장막을 짓기 위해 모세에게 주신 신성한 지침이 길게 언급됨15-31장

그렇지만 이런 포함요소들은 서사의 흐름을 방해하는, 구분된 장애물로 따로 놓여있는 것이 아니다. 오히려 이 요소들은 이야기에 녹아있으며, 그 이야기 속에 단단하게 자리매김 된다.

서술문체(Narrative Style)

엄격한 서사 부분들 역시 문체상으로 굉장히 다양하다. 이들 문체적 다양성들은 우리가 비교해 보면 뚜렷해진다:

* 바로의 압제와 모세의 어린 시절에 대한 이야기가 간결하고 빠른 속도로 진행됨 1-2장
* 모세와 하나님 사이의 폭넓은 대화3:1-4:17
* 모세그리고 아론와 바로가 극적으로 만남5-14장
* 광야에서 일어나는 반역의 장면들이 암울하게 이어짐15-15장
* 이드로와의 여유롭고 가족적인 재회18장
* 시내 산에서의 경외가 가득한 신의 현현19, 24장
* 반역과 화해의 스타카토적인 사건들32-34장
* 연단 받는 백성들이 짓는 장막에 대한 구체적이지만 열정적인 언급35-40장

이 모든 섹션들은, 주요 섹션만 언급하자면, 여러 가지 방향과 예측할 수 없는 속도로 움직이는 문학적인 롤러코스터에 탑승한 독자를 감정적으로 위 아래로 흔들어 주고 있다.

내포독자

출애굽기의 최종적이고 정경적 형태의 독자는 누구인가? 출애굽기 자체는 이 점을 분명히 하지는 않는다. 그렇지만 내가 "반복 독자repeat reader"라고 부르는 사람을 가리키는 다양한 실마리들이 있다. 이런 반복 독자는 "1차 독자first-time reader"에 맞서 자리하고 있으며, 이 역시 내가 지칭한 것이다.

1차 독자들은-종종 문학 이론에서는 "청자들narratees"이라고 불림-자신들이 출애굽기를 읽었던 방식으로만 그 이야기를 아는 가상의 독자들이다. 그런 독자들은 되풀이된 난제들에 봉착하게 된다. 그들은 그 이야기상의 구성에 앞서서 알려진 것으로 추정되는 방식과 항목들로 인해 혼란을 겪는다.예를 들면 "언약[궤]," 16:34; 또는 "제의," 25:7 다시 말해, 1차 독자들은, 그 이야기상의 그 시점에서 이스라엘이 가까스로 바다를 건넜을 때, 이스라엘이 홍해를 건넌 이후 에돔과 가나안을 통해 행군한다.15:13-18는 단락에서 혼란을 겪는 것이다.

반면, 반복 독자들은 이미 "성서를 알고 있다." 그들은 출애굽기에 선행하는 창세기 이야기를 알고 있을 뿐만 아니라, 본문이든 전승을 통해서든, 출애굽기의 나머지 부분 및 이스라엘의 이후 역사의 상당부분을 알고 있다. 이 독자들에게는 그냥 진술된 것이 아무런 문제가 없다. 이들은 그들이 몸담고 있는 긴 전승의 부분들로서의 언약궤나 제의를 알고 있다. 이 독자에게 있어, 최종 저자들은 그 이야기상에서 그들의 논리적 시간에 앞선 다양한 특징들을 소개할 수 있다. 아론은 언약궤를 만들라고 명령받고 수행하기도 전에, 만나 한 병을 이미 언약궤 속에 넣는다.16:33-36 다른 사례를 들자면, 이스라엘이 가나안으로 들어가는 것이 이미 노래로 선포된다.15:13-18

아울러 반복 독자들은 1차 독자들보다 더 완전하게 본문을 이해한다. 후자가 이스라엘의 인구증가를 새 바로 왕이 두려워한다는 것을 정당한 정치적 경고로 생각하고 있다면 1:8-10, 반복 독자들은 적이 실제로 올 것이라는 것, 이스라엘이 실제로 그 적에 합류하게 될 것이며 이스라엘이 실제로 탈출하게 될 것이라는 것을 안다. 하나님이 거의 언급되지는 않지만, 이들 독자들은 또한 이 적이 바로 하나님이 될 것이며 여기서 새 바로 왕이 이미 하나님과의 충돌진로노선에 들어서고 있다는 것을 알고 있다.

후자가 예배행습에 서로 뒤얽히고 있을 때, 반복 독자들은 자신들의 예배전통에 서서 쉽사리 저자와 장단을 맞추게 될 것이다.유월절 단락과 같이, 12장; 혹은 신의 현현단락에서처럼, 19장 우리는 1차 독자와 반복 독자 사이를 구별하는 것이 다양한 부분에서 도움이 된다는 것을 알게 될 것이다. 그렇게 되지 않으면 본문은 별 의미를 갖지 못하게 될 것이다.[서사

출애굽기의 구조와 통일성

거부된 선택들

출애굽기의 다양성에 있어서 통일성 있는 구조를 알 수 있는가? 주석가들은 다양하게 보고 있다. 현재 본문의 전역사prehistory와 그 구성역사에 초점을 맞추고 있는 역사비평은 이질적인 부분들을 형식과 문체상으로 짜 맞춘 작업이라고 강조하는 경향이 있다. 최종적이고 정경적인 본문에 초점을 맞추는 더 최근의 해석자들은 큰 결합을 찾으려는 경향이 있다.차일즈, 더럼, 프레데임과 같은 학자들

통일성의 한 가지 시험은 분명한 구조가 설득력 있게 판별될 수 있다는 것이 쉬우냐 어려우냐 하는 것이다. 몇몇 그럴듯한 개요들이 바로 제시되고 있다: 지리적으로, 우리는 그 이야기를 (1) 이집트에 있는 이스라엘, (2) 광야에서 떠도는 이스라엘, 그리고 (3) 시내 산의 이스라엘로 분할할 수 있다. 그렇지만 그렇게 구조화하는 것은 그 메시지의 외부에 머물게 된다.

반면, 두 부분으로 나눌 수도 있다: (1) 이집트에서의 탈출, 그리고 (2) 시내 산에서의 언약 결론. 그렇지만 옳든 그르든, 두 부분으로 나누는 것은 출애굽기를 유용하게 구조화하기에는 충분하지 못하다. 게다가 이렇게 하는 것은 은혜출애굽와 율법언약으로 나누는, 전통적이지만 근거가 없는 신학적 구분을 지지하는 것으로 보인다. 따라서 몇몇 주석가들은 굉장히 중요한 구조적 패턴을 알려고 하지도 않은 채, 출애굽기를 연속된 섹션들로 세분화시키고 있다.

제시된 선택

구조를 제안하는 것은 정도의 차이는 있어도 항상 설득력 있게 포개진 해석적 움직임이다. 다른 접근방법의 타당성을 거부하지 않으면서, 난 모세의 장인 이드로혹은 르우엘의 이중적 출현을 출애굽기의 패턴을 보기 위한 핵심으로 삼는다. 주석가들은 2:16; 3:1; 4:18-19에서 그가 출현하며, 그리고 나서 18장까지 다시 나타나지 않아 당혹스러워 한다. 이후에 그는 그 장면에서 사라진다. 그렇지만 각각의 경우에서 이드로는 유사한 역할, 즉 이집트로부터 유목민의 양치기 생활로 들어오는 난민들을 집으로 맞아들이는 아버지와 같은 역할을 한다-그가 받아들이는 난민은 처음에는 모세, 이후에는 모세와 그의 백성들이다.2:16-22; 18:1-27의 주를 보라

또한 각각의 경우에, 이런 귀향은 모세와 이스라엘 각각을 이전에는 전혀 예상하지 못했던 신성한 예배의 위임으로 내던지는 신의 현현하나님의 나타나심, 3:1-4:17의 불타는 가시덤불; 그리고 19장 시내 산에서이 즉각적으로 따라온다. 게다가 이런 사건들은, 모세에게 처음 일어난 것처럼, 이스라엘에게 일어나는 더 온전하지만 병행적인 사건들을 내다보고 있다.

이런 것들을 관찰해 본 후, 내가 보는 출애굽기의 구조는 아래와 같다:

예기1:1-7:7

> 1. 모세의 구원1:1-2:25
> 2. 모세의 위임3:1-7:7

실현7:8-40:38

> 3. 이스라엘의 구원7:8-18:27
> 4. 이스라엘의 위임19:1-40:38

수많은 세부사항들이 이렇게 구조화하는 것을 지지하고 있으며 관련 본문에 대한 주에서 논의되고 있다.서론의 마지막에 있는 표2를 보라

이런 개요는 하나님께서 행하시는 것에 기초한 것이다. 하나님께서는 백성을 구원하신 후 섬기도록 위임하신다. 이것이 하나님의 의도이다. 하나님은 이스라엘의 참된 주인이며, 자신의 백성을 불법적인 주인인 바로의 손아귀로부터 빼내신다. 하나님의 의도와 바로의 의도는 맞부딪히게 된다.

그렇지만 이스라엘의 의도 역시 하나님의 의도와 약간은 긴장관계에 놓여있는데, 특히 14:10-12와 그 뒤에 이어지는 부분에서 그렇다. 이것은 스스로를 다독여 자신들의 구원에 도전하는 백성의 이야기인 것이다. 하나님의 새로운 계획을 기쁘게 받아들이는 대신, 이 백성은 압제적이었지만 익숙했던 이집트에서의 안전함5:20-21; 14:10-12; 16:1-3; 17:1-7; 32:1-6 참조을 자꾸 뒤돌아보는 끈질긴 성향과 신뢰의 순간12:50; 14:30-31; 19:8; 24:3; 35-40 사이에서 망설인다.

다음의 두 가지 이유로 나는 널리 알려진 현재의 용어, 해방liberation을 피하고, 네 가지 주된 섹션 가운데 두 개를 일부러 "모세의 구원"와 "이스라엘의 구원"으로 이름 지었다.

첫째로, 해방이라는 단어는 하나님이 행하시는 목적이 정치-사회적 자유라고 제시하는 경향이 있다. 출애굽기는 실제로 위대한 정치-사회적 관련성이 있는 이야기이긴 하지만, 또한 해방된 이스라엘을 참된 주인을 새롭게 섬기도록 이끌면서 그런 관련성을 초월

하고 있다.

둘째로, 내가 사용하는 구원이라는 단어, 출애굽기에서 두 번 사용되는 용어는*yesu' ah*: 14:13, NRSV: deliverance; 15:2, salvation 구약에서 하나님의 구원하시는 행하심을 신약에 나타난 하나님의 구원행위와 연결시키도록 의도된 것이다. 그리스도인들은 종종 구원이라는 용어를 따로 챙겨 두기 때문이다. 출애굽기에 나오는 이스라엘을 위한 하나님의 의도는 하급계층의 것이 아니라, 그 백성을 "끝까지" 이끄시는데 있다. 우리는 19:4를 간결하게 정리하여 아래와 같이 읽는다:

너희는 내[하나님]가 이집트인들을 어떻게 다루었는지, 내가 너희를 어떻게 독수리 날개에 태워 나에게로 데려왔는지 보았다.

출애굽기 이야기

앞선 개요에 기초하여, 우리는 출애굽기의 이야기를 아래와 같이 요약할 수 있다:

예기

1.모세의 구원(1:1-2:25) 이스라엘은 오랜 기간 동안 이집트에 있었다. 이 나라는 급속도로 인구가 늘어 큰 민족이 되어가고 있었다. 이집트의 왕 바로는 자신의 힘을 잃을까 염려한다. 그는 노역을 통해 이스라엘을 억압하려는 속셈을 꾀하며, 산파들에게 비밀리에 모든 이스라엘 남자 아이들이 태어나면 죽이라고 명령을 내린다. 산파들이 바로의 속셈을 막아섰을 때, 바로는 폭력으로 대응하면서 모든 이스라엘 남자 아이들을 나일 강으로 던져버리라고 명령한다.

어떤 이스라엘 부부에게 사내 아기가 있었다. 어머니는 그 아기를 광주리에 담아 나일 강의 갈대 사이로 숨긴다. 바로의 딸이 그곳에서 그 아기를 발견하고 입양한다. 그녀는 그 아이를 모세라고 불렀으며, 그는 왕궁에서 자란다.

그렇지만 성인 모세는 자신의 억압받는 민족과 자신을 동일시한다. 그들을 도우려고 그는 어떤 이집트인을 살해한다. 그 후에 모세는 바로의 분노를 피해 달아나야만 했으며, 이집트의 동쪽 광야에서 살던 유목민들인 미디안 족에게로 피신한다. 거기서 그는 십보라와 결혼하는데, 이 여인은 미디안의 제사장인 이드로르우엘이라고도 함, 2:18의 딸이었다. 그녀는 아들을 가졌는데, 모세는 그를 게르솜이라고 부른다. 이제 모세는 요셉을 따라 이집트로 가기 전창세기에 조상들이 했던 것처럼 유목민의 삶으로 정착할 수 있게 된다.

2. **모세의 위임**(3:1–7:7) 양떼를 돌보는 동안 모세는 **하나님의 산**나중에 시내 산으로도 불린다 호렙에 다가간다. 거기서 모세는 불이 붙었으나 꺼지지 않는 가시덤불을 보고 놀란다. 그 덤불에서 하나님은 그에게 말씀하시며 이집트로 돌아가서 바로에게 노예로 살고 있는 이스라엘인들을 풀어달라고 요구하라는 명령을 내리신다. 하나님은 그들을 아브라함, 이삭, 그리고 야곱에게 약속한 그 땅으로 인도하고 싶어 하신다.창세기 이스라엘은 그들의 조상의 하나님이 바로 이 새로운 이름 야웨*Yahweh*라는 것을 알게 될 것이다. 모세는 자신이 달변가는 아니라면서 이런 부르심을 여러 가지 핑계로 거절한다. 이에 하나님은 모세에게 아론이 그의 대변인이 될 것이라고 말씀하시며 모세가 반드시 가야만 한다고 요구하신다.

하나님께 기세가 꺾인 모세는 이집트를 향해 나서서 자신의 위임을 이스라엘의 장로들과 나누었는데, 이미 이들은 그의 위임을 받아들일 준비가 되어 있었다. 다음으로, 모세와 아론은 바로와 대면하여 이스라엘 사람들을 풀어줄 것을 요구한다. 바로는 이런 요구를 경멸하면서 오히려 노역의 강도를 높인다.

이스라엘 사람들은 마음이 상하여 자신들을 곤경에 처하게 한 모세와 아론을 비난한다. 그러자 모세는 결국 하나님께 부르짖는다. 그렇지만 하나님은 그의 소명을 재확인하면서 그들을 다시 바로에게 돌려보내시는데, 바로의 마음을 완고하게 함으로하나님을 거역하게 하심 바로를 심판하실 것을 약속하신다. 이 일로 바로는 파멸을 맞게 될 것이다.

실현

3. **이스라엘의 구원**(7:8–18:27) 하나님과 바로의 위대한 "전쟁"이 시작된다. 많은 차이점들이 그 갈등을 재미있게 만들지만, 사건들을 뒤따르는 추이가 그 갈등을 특징짓는다: 하나님께서는 모세와 아론를 통해 전염병을 선포하신다. 전염병이 이집트를 친다. 바로는 구제를 호소한다. 모세와 아론은 중재에 나서서 전염병이 그친다. 그렇지만 바로는 마음이 완고해진다.혹은 하나님께서 바로의 마음을 완고하게 하신다 그리하여 바로는 이스라엘 사람들을 보내주지 않는다. 그러자 새로운 전염병이 뒤따르고 사건들이 반복된다. 이런 일이 열 차례 발생한다. 이스라엘 사람들은 이 전쟁에서 완전히 수동적인 구경꾼들이다.

그렇지만 열 번째 재앙이 이집트를 치기 전에, 하나님께서는 이스라엘에게 유월절 의식에 참여하라고 요청하신다. 각 가정은 정해진 의식에 따라 어린양을 죽여서 그 피를 문설주에 바르고 밤중에 그 고기를 모두 먹어야 한다. 이런 의식 동안에 모든 사람들은 여행을 떠나는 옷으로 갖춰 입어야 한다. 바로 그날 밤, 파괴자the Destroyer가 그 땅을 샅샅이 살펴

보면서 인간이든 짐승이든, 이집트의 모든 맏이들을 죽인다. 유월절 양의 피로 표시된 집들만이 남게 된다. 이 일은 바로를 굴복시켜 이스라엘 사람들을 보내도록 결정하게 만든다. 이스라엘 사람들은 이집트인들에게서 받은 선물들을 잔뜩 실은 채 떠난다.

그렇지만 곧바로 바로가 마음을 바꿔서 전차부대로 이스라엘을 추격한다. 이스라엘은 이집트 군대와 함께 있는 바로와 홍해혹은 갈대바다 사이에서 꼼짝도 못하게 된다. 그들은 모세가 자신들을 죽음으로 몰았다며 비난한다. 모세는 하나님의 지시대로 그들에게 말한다: "주님야웨께서 너희를 위해 싸우실 것이며 너희는 그저 잠잠히 있으라" 14:14 그러자 하나님께서 바다를 통해 이스라엘을 위한 길을 여셨으며 추격하던 이집트인들은 되돌아가는 바닷물에 빠져 익사하고 만다. 이제 바로에게서 자유로워진 이스라엘은 위대한 찬양의 노래를 부르게 된다.

그렇지만 어려움은 끝난 것이 아니었다. 광야의 행군은 물과 식량의 부족과 적의 공격으로 괴로움을 겪었다. 또 다시 백성들은 모세에게 불만을 늘어놓았고 자신들을 이런 탈출로 이끌었다며 모세를 비난했다. 위대한 심판의 징표들로전염병들 바로의 완악해진 마음을 이겨내신 하나님은 이제 큰 자비를 베푸심으로바위에서 물이 나옴, 만나와 메추라기, 적을 격퇴함 이스라엘의 완고한 마음을 극복하신다.

마침내 모세는 자신의 백성들 하나님의 산으로 데려갈 수 있게 되었으며, 이곳에서 하나님은 일찍이 모세를 이집트로 보내셨다. 이드로는 이 장면에서 다시 등장하여 모세와 그의 두 아들게르솜과 엘리에셀을 함께 데려온다. 모세는 하나님께서 행하신 위대한 일들을 이드로에게 보고하는데, 이드로는 지금 연회를 주재하고 있는 사람이다. 그리하여 그는 앞서 모세를 환영했듯이 모세의 백성이 양치기 생활을 할 수 있도록 맞아들인다.

4. 이스라엘의 위임(19:1-40:38) 양치기의 생활로 정착한 후에 모세가 하나님의 백성을 구하라는 임무를 받아 보내겼던 것처럼, 하나님께서는 이제 이스라엘을 초청하여 임무를 부여하신다. 이스라엘은 세상의 나머지에게로 가는 하나님을 위한 제사장 나라이자 거룩한 민족이 되는 것이다.19:6 모세의 소명과 같은 이런 소명은 시내 산모세의 불붙은 가시덤불 경험과 같은 이스라엘의 경험에서 놀라운 신의 현현하나님이 나타나심으로 시작한다. 그들은 하나님께서 십계명의 형식으로 자신의 의도를 선언하시는 것을 듣게 된다. 이스라엘 백성은 경외감으로 떨면서 모세에게 그들과 하나님 사이를 중재해 달라고 요청한다.

모세는 이런 책무를 받아들여서 추가되는 하나님의 훈계와 율법을 받는다.소위 말하는 언약의 책 그러자 곧바로 모세는 식탁교제와 피의 제의를 포함하는 언약-체결covenant-conclusion의 의식으로 이스라엘을 이끈다. 그리고 그는 이어지는 지침들을 듣기 위해 그 산에

오르라는 하나님의 지시를 따른다.

그 산에서의 40일 밤낮으로, 하나님은 모세에게 천막성소성막를 짓는 것에 대한 자세한 설명을 내리신다. 성막은 상징으로 가득하다. 성막은 자신의 백성 중에 계시는 거룩한 하나님의 임재를 마련하는 수단이 되는 것이다.

모세가 하나님을 예배하기 위한 이런 설명들을 그 산에서 받는 동안, 이스라엘은 그 산 아래에서 그들만의 예배를 고안해 낸다. 모세의 귀환을 체념한 상태로, 이스라엘 백성은 다시금 모세가 하나님으로부터 위임을 받았다는 것을 의심하며 눈에 보이는 신성한 존재를 찾는다. 그 당시의 종교적 행습을 따라, 그들은 아론에게 하나님의 형상황금 송아지나 황금 소을 만들라고 요청하는데, 이것은 십계명에서 분명히 금지하는 행위였다. 즉 그들은 언약을 받자마자 어긴 것이다.

그 산에서 내려와 이런 행위를 본 모세는 하나님의 가르침이 기록된 돌판을 깨뜨려 버린다. 그는 그 벌로, 레위인들을 보내어 수많은 사람들을 처형시킨다. 그렇지만 모세는 또한 열정적으로 중재하기 위해 하나님께로 간다.

이제 하나님의 심판전염병과 자비뿐만 아니라 그들의 신실하지 못함으로 정신이 번쩍 든 이스라엘 백성은 성막을 짓는데 필요한 가르침들을 수행하고자 한다. 출애굽기는 하나님의 임재로 끝을 맺고 있는데, 이 임재는 성막 위로 내려온 구름으로 표시되고 있으며, 자신의 백성 가운데 계시는 하나님의 임재를 상징하고 있다.

4경Tetrateuch, 창세기에서 민수기까지 속에 있는 출애굽기의 독특성

연속성

출애굽기가 말하는 이야기는 창세기에서 시작되며 레위기와 민수기에서 이어지고 있다. 그렇다면 출애굽기는 어느 정도까지 더 긴 서사로부터 단순히 발췌한 책이며, 어느 정도까지 출애굽기 자체로 완성되는 이야기인가?

창세기와 출애굽기 사이의 연속성에는 분명한 연속성의 표시들이 있다. 이런 표시들은 특히 출애굽기를 시작하는 장들에 집중되어 있다가, 끝을 맺는 장들에서 다시금 나타난다. 출애굽기는 이집트로 자신의 형제 요셉을 따라간 이스라엘의 후손들의 소개로 시작한다.창 45-47 그들에 대해 처음으로 이야기하는 것은 하나님의 창조 약속창 1:28; 9:1 참조과 아브라함에 하신 약속창 12:1-3; 그리고 빈번하게 나타남에 따라 그들이 수적으로 급성장했다는 것이다.

바로에게서 이스라엘을 구하시는 계획을 세우실 때, 하나님께서 그렇게 하시는 이유는 아브라함 이삭, 그리고 야곱과 맺으신 언약출 2:24; 6:5 참조을 기억하셨기 때문으로, 이 언약은 하나님께서 이제 자신의 백성을 이끌어 가실 땅에 대한 약속을 포함하는 것이다.3:7-12; 6:2-8 하나님께서 자신의 새 이름, 야웨를 모세에게 소개하실 때, 하나님은 그 이름을 모세의 아버지들의 하나님, 즉 아브라함의 하나님, 이삭의 하나님, 그리고 야곱의 하나님3:6; 3:15-16; 6:2과 연결시킨다. 출애굽기의 마지막 부분들은 언약의 결론19-24장과 황금송아지와 연관된 반역을 다루며32-34장, 창조와 타락의 결과를 반영하고 병행시킨다. 창 1-2장; 3ff 각각; 32-34장의 "미리보기"를 볼 것

출애굽기와 레위기-민수기 사이의 연속성은 이음새가 보이지 않을 정도로 매끄럽다. 레위기와 민수기는 출애굽기 25:31; 35-40장에서 시작되는 성막, 제사장직과 예배에 대한 제정법을 이어가고 있으며 이스라엘이 아직 시내 산에 있는 동안 그것을 이행한 것을 보도하고 있다. 민수기 9:55ff에서 이스라엘은 광야를 통해 가는 여정을 지속할 준비를 하라는 말을 듣는데, 이런 여정은 15-17장에서 시작되었다. 민수기 10:10ff에서 이스라엘은 그 여정을 시작하여 약속의 땅으로 향하지만, 출애굽기 15-17장에서처럼 그 여정은 불평과 거역함으로 표시된다. 출애굽기에 나타난 몇몇 등장인물들 역시 레위기와 민수기의 등장인물로 이어진다. 그 등장인물 중에서 가장 두드러진 인물들은 모세, 아론과 그의 아들들, 미리암 및 여호수아이다.

독특성

반면, 출애굽기를 구분되고 완전한 단원으로 돋보이게 하는 특징들도 있다. 만일 앞서 제시된 구조가 설득력이 있는 것이라면, 그 주제의 대칭은 일체성, 균형, 그리고 완성이라는 의미를 전달해 준다. 억압받는 자들이 구원을 받은 후에는 다른 사람들을 위한 구원의 대리인이 되는 임무를 부여받는 것이다.

다른 특징들 역시 일체성과 완성을 제시해 준다. 출애굽기는 이스라엘 사람들이 그릇된 주인, 바로에게 종노릇 하고 있다고 소개한다. 출애굽기는 이스라엘 백성이 자신들의 정당한 주인인 하나님과의 언약 속에서 자유롭게 헌신하는 백성이 됨을 보여줌으로 끝을 맺고 있다. 첫 부분에서 이스라엘 사람들은 바로를 위한 건설노역자로 억지로 일을 했다. 마지막에서 그들은 다시금 건설노역자들이 되지만, 이번에는 자유롭고 열정적으로 하나님을 위한 건설을 하는 것이다. 하나님께서 처음에는 분명히 부재하시지만출 1-2, 마지막에는 하나님의 임재의 구름이 하나님의 백성의 한 가운데에서 성막 위에 자리하고 있다.40:34-38 하나님께서는 그의 백성을 진정으로 구하셨으며, 19:4에서 간결하게 말하고

있듯이 그들을 하나님께로 데려오셨다. 15:17f 참조

이 이야기가 약속된 땅을 향해 가는 것이긴 하지만, 핵심적인 과정은 출애굽기에서 시작되었고 완성된다. 주인이 바뀌었으며 올바른 주인이 자신의 충실한 백성 한가운데에서 통치하신다. 주인에서 주인으로, 건물에서 건물로 바뀌는 이런 완성된 원은 출애굽기를 해석할 때 성막의 장들을 등한시하는 것이 얼마나 잘못되었는지를 분명히 보여주고 있다. 성막의 장들은 도외시되는 경우가 아주 많다.

오경 속의 출애굽기

요셉	이집트의 이스라엘	
야곱의 아들들	12지파	
창 1&12	백성의 수가 많아짐	
아버지들의 하나님	하나님의 이름 야웨	
아브라함에 하신 약속	약속된 땅	민, 신, 수
	모세	민, 신
	아론	레위기 이후 계속
	여호수아, 비느하스, 다른 이들?	레위기 이후 계속
	광야를 통한 행군	수 10:10ff
	시내 산에서의 계시	레, 수
	언약의 율법	레, 수, 신
창조	성막	레, 수, 신
타락	황금 송아지	신

출애굽기의 신학

이미 익숙해 졌듯이, 출애굽기는 주인이 바뀌는 책이다. 이를테면, 출애굽기는 그 질문에 이렇게 대답한다: 이스라엘이 마땅히 섬겨야 할 이는 누구인가? 경우에 따라서는 널리 주장되는 잘못되거나 제한된 이해들을 교정함으로써, 난 출애굽기의 신학을 요약하면서 몇 가지 요점을 강조하려 한다.

1. 하나님의 구원계획과 이스라엘의 응답

출애굽기는 하나님의 자애로운 계획과 이스라엘의 머뭇거리는 응답, 그리고 반복된 거

역에 관한 책이다. 이런 긴장이 현대 독자를 이 이야기 속으로 끌어들인다. 우리는 역사하시는 하나님에 대한 이스라엘의 반항을 업신여기듯 보는가, 아니면 우리 자신 속에도 모든 인간에게 있는 똑같은 특성을 느끼는가? 다른 말로 하면, 출애굽기는 그리스도의 십자가와 같은 방식으로 우리에게 말하는 것이다. 우리는 십자가에 못 박는 사람들 혹은 비겁한 제자들이 되어 왔는가, 아니면 굳건한 신앙으로 응답했는가? 그렇지만 여기서 우리는 이스라엘의 출애굽에 있는 것도 아니고 십자가 처형 장면에 있는 것도 아니다. 따라서 우리에게 있어 질문은 이것이다. 오늘날 출애굽기와 십자가가 우리를 어디로 초대하고 있는가?

2. 주인이 바뀌는 구원

출애굽기는 바로에게서 해방되는 이스라엘의 이야기를 말해주고 있지만, 그 점은 겨우 이야기의 절반일 뿐이다. 출애굽기는 이런 해방을 현대의 의미에서 보지 않는다. 다른 사람의 통치에서 벗어나는 것은 어떤 사람의 의지와 방향을 따라갈 수 있는 것이다. 이스라엘은 처음에서도 끝부분에서도 통치자의 지배를 받고 있다. 이스라엘의 합법적인 통치자에 대한 문제가 쟁점이다. 섬김이냐 자유냐가 아니라, 강탈을 일삼는 폭군을 섬기느냐 정당한 주인을 섬기느냐가 주제이다. 출애굽기는 하나님을 섬기는 것이 그 자체로 자유의 형태라는 것을 상정하고 있다.

3. 위임받는 백성

출애굽기는 하나님께서 자신을 위해 백성을 선택하는 책이 아니다. 이스라엘은 일찍이 처음부터3:7 내[하나님의] 백성으로 일컬어진다. 출애굽기에서 이스라엘은 하나님의 언약의 파트너가 되는 것이 아니다. 하나님께서는 아브라함, 이삭, 야곱과 맺은 언약을 기억하셨다.2:24 그런 언약은 출애굽기에서 유효하다. 시내 산에서 일어난 일은 아브라함 언약이 방향을 재설정하여 이스라엘에게 주어진 특별한 위임이 전 세계를 위한 제사장 나라와 거룩한 민족19:6이 되도록 하는 아브라함 언약의 갱신인 것이다.

4. 율법의 형식 속에 있는 은혜

출애굽기는 아브라함과 다른 조상들에게 보인, 하나님의 무조건적 은혜가 율법의 요구 사항으로 대체되는 책이 아니다. 아브라함 언약이 무조건적이었는지 아닌지, 혹은 그 언약이 어떤 의미인지는 여기서 논의될 수 없다. 그렇지만 시내 산 언약의 정황 속에서 율법은, 그리스도인들이 흔히 알고 있는 것처럼, 무거운 짐이 아니라 새 주인 아래서 새롭고 더 나은 삶을 위한 하나님의 지시라는 선물인 것이다. 그것은 하나님의 은혜로운 구원에 대한 이스라엘의 경험에 기초한다. 언약 의식24장이 생기자마자 황금 송아지를 만드는 것처럼, 율법을 어기게 되면 하나님의 은혜가 이스라엘의 불순종 위에 다시금 만연하게 된다.32-34

5. 하나님의 거룩한 임재하심이 되는 은혜

그렇지만 은혜는 줏대 없는 통치자의 너그러운 관대함이 아니다. 오히려, 은혜는 온전하고 행복하게 살 수 있는 백성 가운데 계시는 거룩한 하나님의 놀라운 임재인 것이다. 그 임재는 제대로 알려져 있고 삶의 모든 부분이 그것을 지향할 때에 한한다.

요약진술

출애굽기에서 이스라엘의 주인이 강탈하는 폭군 바로에서 자애로운 주인인 야웨로 바뀌게 되는데, 이미 본문을 여러번 접한 사람에게는 이 사건이 아직 하나님의 최종 목적지에 다다른 것이 아니라 기나긴 여정의 겨우 첫 걸음일 뿐임을 안다. 앞으로 힘든 여정이 남아 있다. 오늘날 우리는 그런 여정 속에 참여하며, 출애굽기는 우리에게 그 목표와 선택들을 분명히 해주고 있다.

출애굽기 도표

J = 이드로, 집   🜂→ = 물타는 가시덤불, 임무   🜂→ = 시내 산, 임무

| | | | | | | | | | | | | | | | | | | | | | | | | | | | | | | | | | | | | | | |
|1|2|3|4|5|6|7|8|9|10|11|12|13|14|15|16|17|18|19|20|21|22|23|24|25|26|27|28|29|30|31|32|33|34|35|36|37|38|39|40|

모세의
구원 | 모세의 위임 ‖ | 이스라엘의 구원 | 🜂→ | 🜂→ | 이스라엘의 위임

J | | | | | | | | | | | | | **J** | 🜂→

1 | 2 | 3:1–4:17 | 4:18–6:1 | 6:2–7:7 | 7:8–11:10 | 12:1–13:16 | 13:17–15:21 | 15:22–18:27 | 19 | 20:1:17 | 20:18–23:33 | 24 | 25–31 | 32–34 | 35–40

이집트의 이스라엘
한 명이 구원됨
하나님께서 모세를 부르심
모세가 돌아와 바로 앞에 서다
하나님께서 모세의 소명을 재확인하심
심판의 표시(전염병)
유월 & 맏이
바다를 건넘
광야에서의 은혜의 표시들
시내 산에서의 현현
십계명
언약의 책(율법)
언약 의식
성막을 짓는 지침
(하나님께서 어떻게 나타나고자 하시는가)
황금송아지 숭배
(이스라엘은 하나님이 어떻게 나타나기를
원하는가)
성막의 건설
(이스라엘이 하나님의 방법으로
하나님의 임재를 받아들이다)

예기 : 모세에 초점

Anticipation : Focus on Moses

제1부

모세의 구원

출애굽기 1:1-2:25

개관

첫 부분이자 가장 짧은 출애굽기의 네 가지 주요 부분이 간결한 이야기와 빠른 전개를 나타내고 있다. 야곱/이스라엘의 후손인 어떤 백성은 급격하게 수가 불어난다. 이집트 제국은 이 외국인들을 두려워하게 된다. 더 강하게 압제를 해도 이들을 억누르지는 못한다. 공포와 잔혹함에 사로잡힌 바로 왕은 극단적인 방법을 취한다. 모든 이스라엘 남자 아기들을 죽이라고 지시하는 것이다. 우리는 이것을 종족학살genocide라고 부른다.

이스라엘의 하나님은 없는 듯하다. 그렇지만 해결의 실마리들이 역사하시는 하나님의 대응전략을 나타내기 위해 빛을 발하고 있다. 무력하고도 헛된 바로의 계획들은 좌절된다. 두 산파가 바로의 명령을 거역하고, 어떤 가족이 자신들의 아이나중에는 모세라고 불린다를 지키기 위한 기발한 사랑을 이뤄내며, 그리고 바로 왕 자신의 딸의 동정심이 바로의 계획을 좌절시킨다. 자신의 백성을 돕고자 했던—아마도 성숙하지 못한—시도를 벌인 후, 모세는 자유를 위해 도망쳐서 유목민 미디안 족에게로 "귀향"하게 된다. 모세는 거기서 정착하여 가정을 꾸린다.

한편, 이스라엘은 여전히 이집트에서 고난을 겪고 있었고, 상황은 새로운 바로 왕 치하에서도 마찬가지였다. 그렇지만 이 부분의 끝에서, 독자들은 하나님께서 그들을 잊지 않으셨다는 첫 번째 확신을 얻게 된다.2:23-25

만일 이것이 모세라는 사람 개인의 이야기였다면, 우리는 이 이야기를 "어느 난민의 탈출기"라고 불렀을 것이다. 그렇지만 모세의 도망이 자신의 백성 이스라엘을 구원하시려는 하나님의 전면적인 계획을 구현하고 예표하고 있다는 것을 알면, 우리는 하나님께서 모세를 이끄시는 것 속에 있는 아주 복잡한 구원의 패턴을 이미 깨닫게 된다. 그것은 바로의 압제에서 이스라엘이 도망치거나 자유롭게 되는 것을 포함할 뿐만 아니라, 이스라엘이 하나님의 언약 백성이 된다는 부르심을 내포하기도 한다. 따라서 이 장들을 "구원"이라는 포괄적인 용어로 부르는 것이 적합하겠다.

개요

이방 땅의 이스라엘, 1:1-22

모세의 구원, 2:1-25

이방 땅의 이스라엘

사전검토

역사 속 대부분의 큰 전쟁은 미묘한 편견과 감추어진 갈등으로 시작되었다. 이 장은 인간의 전쟁보다 더욱 중대한, 임박한 갈등 배후에 있는 역동성의 흔적을 따라간다: 하나님 vs 하나님의 사람이면서 초인 같은 적수, 바로 왕.

출애굽기 1장은 창세기의 이야기를 계속해 나가지만, 곧바로 사건이 전환되어 새로운 이야기를 시작한다. 등장인물들이 소개 되는 것이다: 그들은 야곱/이스라엘의 후손들과 이집트의 왕이다. 1장의 후반부에 가서야, 그리고 거의 삽입구에 가깝게 우리는 하나님을 듣게 된다. 그렇지만 우리는 시작에서부터 이것이 최초이자 가장 중요한 하나님의 이야기라는 실마리를 얻는다.

1장은 출애굽기 나머지 부분처럼, 메시지를 전하기 위한 이야기이다. 역사 속에 깊게 닻을 내려서, 1장은 세부적인 것들을 무엇이 본질인가의 문제로 압축시킨다. 몇 명 되지 않는 등장인물, 작은 무대, 그리고 친밀한 상호작용이 두드러진다. 겨우 두 명의 산파가 이스라엘의 많은 무리에게 봉사했으며, 왕은 옆집에 사는 것처럼 등장하여서는 거리를 두거나 의전도 없이 산파들에게 말을 전한다. 이것을 풀어낼 기발한 역사적 설명들을 생각해 내기보다는, 오히려 역사적 복잡성이 단순한 이야기의 방식으로 이곳에 존재하고 있다는 시작점으로 받아들이는 것이 더 나을 것이다.[서사 기법, 479쪽]

마지막으로, 출애굽기를 통틀어 여기에서, 이 이야기는 두 명의 독자를 말해주고 있다. 표면상으로 이 이야기는 1차 독자first-time reader를 말해주고 있는데, 이 1차 독자는 한 단계씩 그 사건들이 나타나는 대로 저자를 따라가는 사람이다. 그렇지만 이야기들은 다시 이야기될 때 가장 좋은 것이 된다. 저자는 대부분의 청자들이나 독자들이 앞에 높여있는 것을 알게 될 것임을 잘 알고 있다. 그들을 위해서 저자는 넌지시 암시할 수 있으며, 그 당시로서는 1차 독자에게 아직 알려지지 않은 것들을 그들이 예상하게 할 수 있다.주 1:10 아래 부분과 앞의 "서론"을 보라 [서사 기법] 우리 가운데 대부분은 1차 독자가 될 수는 없다. 따라서 우리는 우리의 눈을 이런 미묘한 힌트를 찾도록 훈련시키는 것이 좋을 것이다.

개요

하나님의 계획이 진행되다, 1:1-7
대립이 구체화되다, 1:8-22
        노예의 노역을 통한 복종 1:8-14
        인구조절을 통한 복종 1:15-22

주석

하나님의 계획이 진행되다 1:1-7

새 이야기가 시작할 때는 주요 등장인물의 소개가 필요하다. 이 때 우리는 이들을 이미 알고 있는데, 왜냐하면 새 이야기가 실제로 더 긴 저작의 두 번째 책이기 때문이다. 따라서 창세기에서부터 우리에게 알려진 야곱과 그의 아들은 창세기 46:1-27의 더 긴 목록을 요약하고 살짝 재배열하는 목록의 형태로창 35:22-26을 따라 다시 소개되고 있다. 원래 히브리어 본문에서, 이야기의 연속성은 처음의 접속사로 강조된다: 그리고 그들의 이름은 이러하다.And these are the names … 요셉 당시에 이집트에 있었던 이스라엘 이민자들을 짤막하게 상기시키는 것이 따라온다. 그렇지만 관찰력이 있는 독자의 눈에는, 창세기와 출애굽기 사이에는 더 중요한 연속성들이 있다.

시작하는 구문, 그들의 이름은 이러하다는 "그 세대들은 이러하다"라는 병행이 떠오르게 하는데, 이 구문은 창세기의 다른 시작들뿐만 아니라 하나님께서 하시는 하늘과 땅의 원창조original creation, 창 2:4를 묘사한다. 창조를 떠올리면서, 우리는 야곱의 자손들이 생육하고 … 번성하여 … 땅[히브리어로 "지상earth"과 같은 단어]에 충만하다.1:7라는 것에 주목한다. 다른 말로 하면, 그들은 모든 인류에게 원초적으로 주어진 축복을 경험한 것이다. 창 1:28; 9:1 참조 창조주 하나님은 진정으로 이 자그마한 인류의 한 조각 속에서도 역사하시는 것이다!

그렇지만 반복 독자repeat reader는 이미 앞으로 이어질 이야기를 알고 있으며, 또한 문제에 대한 암시에 주목하게 된다. 창세기 1:28은 이렇게 이어진다. "그것[지상/땅]을 정복하고 지배하라." 그렇지만 이집트에 있는 이스라엘 사람들은, 지금까지 분명히 하나님의 계획에 따라, 자신들의 수가 굉장히 급증한 바로 그 땅에서 정복을 당하게 될 것이다. 하나님의 축복의 과정이 막히게 될 것이다.

게다가, 이스라엘 백성들이 늘어나는 것은 창조에만 다시금 연결되는 것이 아니라 아브라함에게 하신 하나님의 약속과도 다시 연결이 된다. 창 12:1-3; 아브라함과 이삭과 야곱에게 반복되는 일이 잦음 이것은 많은 자손들과 새 땅이라는 선물을 통해서 구체적으로 표현되는 축복의 약속이다. 우리가 깨닫듯이 그 약속은 이제 부분적으로 이루어진다. 아브라함의 자손들은 70명으로 이집트에 와서는 거대한 무리를 이루게 되었다. 사도행전 7:17 참조 그렇지만 두 번째 약속, 땅을 주신다는 약속은 여전히 이루어지지 않는다.

그리하여 하나님께서는 이스라엘에게 창조라는 축복의 한 부분을 주고 계시며 아브라함에게 하신 약속의 일부를 이루신다. 이 하나님께서 축복과 약속의 충만함을 멈추실 것인가? 우리는 그렇게 되리라고 보진 않는다. 특히 빈틈없는 성서 독자라면 창세기 46장에 나오는 야곱의 자손들의 목록은 야곱에게 하신 하나님의 약속을 뒤따라간다는 것을 기억할 것이다. 하나님께서는 야곱을 이집트에서 큰 나라로 만드실 것이며 자신의 백성과 이집트까지 함께 하실 것이고, 그들을 다시 데리고 나오실 것이라고 약속하신다. 창 46:3-4 우리는 하나님의 새로운 행하심이 이제 멀지않았다는 것을 안다, 그렇지만 하나님의 계획에 맞서는 역경들이 등장한다!

대립이 구체화되다 1:8-22

출애굽기의 새로운 요소는 이집트를 ⋯ 다스리는 새 왕이 요셉을 알지 못했다. 1:8는 서론으로 시작한다. 1장의 나머지 부분도 이 장면의 새로운 등장인물과 그의 등장으로 인해 상황이 변했음을 보여주고 있다.

1:8-14 노예의 노역을 통한 복종

고대 이스라엘은 사회적 구성이 부족, 씨족, 그리고 대가족문자적으로는 "아버지의 집들"으로 표시되는 친족집단으로 이루어져있다. 이들은 서로 족보가계도를 통해 연결되어 있었다. 창세기에 따르면, 족보는 인류가 공통된 부모들에게서 내려왔으며, 그리하여 인류는 친족들의 거대한 그물망이라는 것을 인류 스스로 깨닫게 하시려는 하나님의 고안물이었다. 창 5:10에서처럼 수많은 이웃 부족사회들처럼 이스라엘은 이런 구조를 유지하고 있었다.

그렇지만 이집트에 오는 것은 색다른 인간의 실존의 양식으로 들어간다는 것을 의미했다. 그것은 왕들이 다스리는, 영토국가의 권력망인 것이다. 친족이 아니라 권력이 그런 국가들의 내적 질서를 통제했다. 이집트는 특히 중앙집권적이고 절대적 군주가 있었으며, 그 왕/바로는 신성하다고 여겨졌다.

이집트의 새로운 왕나중에 이집트의 칭호인 바로라고 불리게 된다은 창세기에서 여기나 다른 곳에서도 개인의 이름이 나타나있지 않다. 1:11의 세부사항을 토대로, 많은 학자들은 그 이름을 람세스 2세Ramses/Rameses II; 대략 주전 1290-1224의 아버지인 세토스 1세Sethos I; Seti I; 대략 주전 1305-1290 시대의 어느 때 즈음으로 보고 있다. 그는 출애굽 당시의 바로 왕이었을 수 있지만, 그보다 앞선 다른 바로 왕들이라는 의견도 나오고 있다. 고고학적 발굴들은 이들 바로 왕들이 동부 나일 강 삼각주에서 건축계획을 세웠으며 아마도 아시아인들을 노동자로 삼았을 것이라는 것을 보여준다. 그렇지만 출애굽은 그보다 훨씬 이전이었을 가능성이 높다.[이집트의 이스라엘, 499쪽]

그런데 이 바로들의 이름을 생략한 것은 의도적인 것이며 중요하다. 우리는 사건들을 어떤 특정한 통치자의 정책에 국한시켜서 바라볼 필요는 없다. 대신, 우리는 이 통치자―출애굽기의 두 명의 바로 왕들이 하나로 합쳐졌으므로―를 봐야 하는데, 그는 자신의 의지를 내세우고 하나님을 거역하며, 백성을 압제하는 자치적 권력을 주장한 폭군이었다. 출애굽기의 바로 왕은 신약성서에 나타나는 사탄의 비유와 가장 가까운 구약의 병행으로, 이들은 모두 하나님의 대적자들이다.

그렇게 권력에 위협이 되는 것을 두려워하는 것은 권력에 기반을 둔 통치로서는 자연스러운 일이다. 그렇기에 이 장면에서 새로 등장하는 인물에 대해 우리가 듣는 첫 번째가 바로 그의 권력에 대한 두려움의 표현인 것이다. 1:9 바로가 착수한 세 가지 방편 가운데 첫 번째 것은 이스라엘에게 노예의 노역을 지우는 것이다. 억지로 일을 시켜서 소수 집단들로 하여금 두려워 굴복하게 하는 것은 폭군들의 통치에 잠재적인 걸림돌이 되는 것들을 무력화시키기 위해 폭군들의 쓰던 케케묵은 방법이었다. 그런 억압은 두 배의 효과를 가져 온다. 잠재적인 적들의 정신을 흔드는 한편, 폭군이 기획하는 일에 값싼 노동력을 제공할 수 있게 되는 것이다. 그런 전략은 간접적인 접근이다. 바로는 그들을 빈틈없이 다루자고 말한다.1:8 이 말은 이런 의미가 된다. "정면 돌파를 하는 대신, 우리의 목표를 이루기 위해 야비한 기획과 정책들을 고안해 내자."

그렇지만 여기서 이스라엘 사람들이 사실상 이집트의 정부에 반역을 꾀한다는 정황은 드러나지 않는다. 그들이 이집트의 적들에게 동참할 수도 있다는 가능성은 가상에 근거한 것이다. 바로의 공포심은 이런 상상에서 나오게 된다. 그러나 역사 속에서도 이런 것을 두려워하는 일이 나타났다. 블레셋인들은 다윗이 변절할 지도 모른다고 생각했다.삼상 29 스탈린 하에서는 우크라이나에서 독일어를 구사하는 사람들메노나이트를 포함이 시베리아로 이주를 당했다. 캐나다와 미국은 서부해안의 일본인들을 2차 세계대전 기간 동안 내륙으로 추방시켰다. 바로의 기획이 통하지 않았다는 것1:12은 1-7절에서 내포된 하나님의 축복으로 인해 그렇게 된 것이 분명하다.위를 보라

반복 독자들에게 있어, 뭔가 다른 것이 등장한다. 그들우리은 실제로 어떤 적이 등장하게 될 것이며, 이스라엘 사람들이 그에 동참하게 될 것이고 이스라엘 사람들을 그 땅에서 탈출1:10하도록 만들 것이라는 것을 안다. 그 적은 하나님이다. 다른 말로 하면, 바로가 자신의 권력을 공고히 하고자 한 시도가 이미 이곳에서 하나님에 맞서 싸우는 것으로 묘사되는 것이다.

1:15-22 인구제한을 통한 복종

우리 세기에 남아프리카에서 인종차별apartheid 지지자들이 경험한 것처럼, 노예로 삼는 것은 정신을 손상시키지만 구성원들을 줄이지는 못한다. 바로가 다음으로 취한 두 개의 수단들은 주로 이스라엘의 인구증가를 저지하는데 목적을 둔 것이다. 다시금, 압제의 해부학이 보편적인 패턴을 따른다. 먼저, 왕은 비밀 정책을 창안해 낸다. 이 정책들은 모든 목적을 숨기고 정부의 좋은 이미지를 유지시킨다. 산파들에게 내려진 바로의 지침은 비밀리에 주어졌고, 아마도 그 완전한 악한 의도에 역풍이 부는 것을 피할 수 있을 것이스라엘 사람들뿐만 아니라 이집트인들까지?으로 보인다.

1:15에서, 그리고 출애굽기에서 15차례 더, 히브리인들이라는 용어가 쓰인다. 이 단어는 이스라엘, 이스라엘인들보다 더 오래되고 폭넓은 용어이다. 성서에서 히브리라는 용어는 아브라함과 다른 민족들의 조상인 에벨Eber에게로 거슬러 올라간다. 창 10:21-31; 11:16-26 역사가들은 히브리인들을 종종 하비루Habniru/Apiru와 연결시키는데, 이들은 주전 2천 년 전에 고대 근동에서 널리 퍼져 살던 반항적인 사회계층이었다. 그렇지만 출애굽기에 나오는 모든 언급들을 포함하여아마도 21:2; 신 15:12 참조 대부분의 성서 구절들에

서는, 히브리인들은 이스라엘인들로 표시되는 동족 집단을 가리킨다. 참고로 1:19와 2:11-13 에서는 히브리인과 이집트인들을 병행하여 사용함 왜 출애굽기가 동일 민족을 각각 16차례 히브 리인들 및 170차례 이스라엘, 이스라엘인들로 부르는지를 말하는 것은 어려운 일이다.[이집트의 이스라엘, 499쪽]

1:16의 지침들은 분명하지 않다. NRSV는 이렇게 번역하고 있다. 너희가 분만대에 있 는 그들[히브리 여인들]을 보거든. 탄생에 숨겨진 방식에 대한 많은 추측들이 있어왔다. 문자적인 번역은 그 돌들을 보는 것이다.Jerusalem Bible을 볼 것 이것은 산파들이 본 남성의 고환을 완곡하게 표현한 것일 수 있다.Durham; 11f 그렇게 산파들은 신생아의 성별을 확인 하게 된다. 산파들은 잠재적인 전사와 반역자들이 되는 사내아이는 죽여야 하고, 잠재적 으로 아이를 낳게 되는 여자아이들은 남겨 두어야 한다. 이것은 고대 근동에서는 자주 일 어나는 사례였다. 사사기 21:10-14 여자아이들이 이집트인들의 아내가 되리라는 것은 의심 의 여지가 없고, 그렇게 이집트의 인구를 늘리는데 도움이 되는 것이다.

산파들이 이런 왕의 명령을 이행하기를 거부하는 것은—우리가 시민불복종으로 말할 수 있듯이—그들이 하나님을 두려워하기 때문이다.1:17 출애굽기에서 최초로 하나님이 직 접적으로 언급된다. 하나님은 바로에 맞서서 최초이자 절묘한 대응책을 세우신다. 하나 님의 대리자들은 두 여성으로, 제국의 절대 권력자에게 소환될 때는 실로 미약한 사람들 이다. 성서를 통틀어서 그러는 것처럼, 여기서의 승리는 숫자와 힘에 달려있는 것이 아니 라, 하나님의 뜻과 오롯이 함께 하느냐에 달려 있다.[야웨 전쟁, 489쪽]

산파들은 사내아이들이 살도록 놔두었다.let the boys live 1:17, NRSV 더 가까운 번역은 그들의 적극적인 역할을 강조한다. 그들이 사내아이들을 살렸다.they made the boys to live 혹은 그들이 사내아이들이 살도록 조치를 취했다.they saw to it that the boys lived 책임을 따지 자 산파들은 바로의 은밀한 정책에 대답을 얼버무린다. 산파들의 대답이 여기서 바로의 기민함과1:10 의도적으로 맞먹고 있으며 바로의 기민함을 무력화시킨다.1:19 하나님께서 그 산파들을 축복하시며 그들에게 가족을 주셔서 그들을 표시로 삼으신다. 하나님의 계 획에 부합하는 자들은 이 계획의 일부가 될 것이다.1:20-21 산파들은 이스라엘을 큰 민족 으로 만드시려는 하나님의 계획을 진행하며, 그렇게 함으로 그들이 스스로 큰 가족이 되 는 것을 보장받는다.

여기서 여인들이 하나님의 구원계획을 시작한다는 것에 주목하도록 하자. 이름 없는 바로 왕과 대조해 보면, 여인들에게는 존귀와 중요성을 나타내는 이름이 있다. 그들의 이 름, 십브라와 브아는 이집트어라기보다는 히브리어/셈어로 보이며, 아마도 빛나는 이와 어린 소녀를 의미하는 것 같다.Hostetter, ABD, 5:1221, 544f 그렇지만 그런 의미들 보다는 그들에게 이름이 주어졌다는 사실이 더 중요하다. 우리는 출애굽기에서 생명을 구하는 역할을 하는 여인들을 살펴볼 기회를 더 갖게 될 것이다.

자신의 교묘한 계획이 좌절되자1:8-21 바로는 잔혹한 무력을 사용한다.1:22 다시금 이것은 압제의 해부학의 전형이다. 나일 강으로 사내아기들을 던져 버리라는 명령은 곧바로 모세의 생존이야기로 이어진다.2:1-10

성서적 맥락에서의 본문

더 광범위한 맥락

1:1-7을 해석하면서, 우리는 이미 미묘하지만 분명한, 창조에서 하나님의 축복과 아브라함에게 주신 약속이 함께 하는 새 이야기의 연결을 보았다. 아울러 우리는 야곱/이스라엘1:1-7의 아들들의 가족들과 창세기 46:1-27 속에서 그들을 온전히 소개하는 것을 서로 연결시키고 있음에 주목했다. 12 지파로 구축된 하나님의 선택된 백성이라는 주제는 구약성서 내내 확장되고 있다.특히 민 1:20-43; 26:4-50; 신 33:6-25 그 주제는 하나님의 새로운 백성, 교회의 핵심이 되는 12 사도들을 예수가 선택함으로서 신약성서에서도 지속된다.출 1:1-7 참조; 마 10:2-4; 막 3:14-19; 눅 6:13-16; 및 행 1:13

이집트가 기억되다

바로 왕의 압제자 역할과 억압받은 이스라엘인들의 나라가, 홍해를 통한 이스라엘인들의 최후의 탈출에 이르기까지 우리를 계속해서 사로잡을 것이다.출 14-15 1장에서 그리도 두드러지게 나타나던 바로의 압제전략의 특징은 계속 이어지는데, 특히 5장에서 그러하다.

"이집트"는 나중에 비유적으로, 억압의 땅이나 상황으로 사용될 수 있다. 호세아 9:3에서 아시리아를 사용하는 것을 보라. 동시에, 구약성서는 그와 같은 "반–이집트주의"를 보여주지 않는다는 점이 주목할 만하다. 수많은 후대의 정황들 속에서, 이집트는 미움 받는 최대의 적이라기보다는 냉정하게 그 당시의 나라 그대로 언급된다. 예수의 시대에 이르기까지마 2:13-15, 이집트는 아브라함과 야곱이 가족과 함께 피난했던 것처럼 피난의 나라로 계속되고 있다.

이집트의 바로가 이스라엘을 압제한 것은 이스라엘의 중심 신조나 신앙이야기의 주요

구성요소들 가운데 하나가 되었다. 다시, 그리고 또 다시 후세들은 이렇게 암송한다. 우리는 이집트에서 바로의 노예들이었다 … 신 6:21; 26:6 및 다른 많은 비슷한 언급들을 참조

아울러 이집트에서 이스라엘이 억압을 받던 기억은 후대에 이스라엘이 억압받는 자, 약자, 이방인을 돌보기 위한 동기를 부여해 주었다. "너희와 함께 사는 외국인 나그네를 너희의 본토인처럼 여기고 그를 너희의 몸과 같이 사랑하여라. 너희도 이집트 땅에 살 때에는 외국인 나그네 신세였다" 레 19:34; 신 24:22; 그 외 다수

"이집트"와 "이집트인들" 아래 있는 온전한 용어색인Young의 분석적 성서 용어색인과 같은을 보면, 성서가 이집트에서 이스라엘이 머물렀다는 것을 얼마나 많이 언급하는지를 인상 깊게 보여줄 것이다.

교회 생활에서의 본문
더 폭넓은 구원

이집트에서 이스라엘이 억압받은 것은 구약성서에서 하나님의 핵심적인 구원행위의 시작점이 된다. 그것은 제한된 구원으로, 정치적이고 경제적 어려움이라는 특정한 상황으로부터 어떤 백성의 해방으로 이루어진 것이다. 예수 그리스도의 삶과 사역에서 하나님의 구원행동들이라는 주제는 넓어지게 된다. 그 주제는 모든 시대의 모든 인간을, 하나님께서 해방시키는 것과 인간을 노예로 삼는 모든 권력으로부터 해방시키시는 것을 포함하고 있다. 그 주제는 악사탄한 권세의 손아귀로부터의, 그리고 하나님과 함께 하는 영원한 삶을 향하는 전적인 구원이다. 그럼에도 우리는 이집트에서 이스라엘이 구원을 받은 것을 순전히 외적인 해방으로 제한해서는 안 될 것이다. 그 구원의 목적은 하나님과의 교제이다.위의 서론을 보라

그리스도인들은 예수 그리스도 안에 있는 이런 폭넓은 구원을 아우른다. 교회사를 통틀어, 그리스도인들은 구약에 나오는, 출애굽기가 말하고 있는 구원의 핵심적인 이야기를, 그 자체가 제한된 가치를 지닌 것으로 보는 경향이 있다. 구원은 예수 그리스도 속에서 이제 계시되는 진정하고 온전한 구원을 제한적으로 가리키는 것으로 평가되었다. 어떤 경우에 그것은 그것이 마치 감추어진 채 그리스도에 의한 구원을 내포하고 있는 것처럼 우화화 되어 읽혀지기도 한다. 예를 들어 메노 사이먼스는 "제자도 찬가Hymn of Discipleship"에서 이스라엘이 이집트에서 거했던 것을 "사탄의 거즈gauze" 속, 즉 편하고 세속적이고 죄의 삶 속에 그리스도인들이 붙잡혀 있다는 비유로 보고 있다.

내가 아직 이집트에서 꼼짝도 못하고 있을 때,

평온하고 넓고 쉬운 길을 다녔지.

그때 난 유명했고 많은 이들의 동경을 받는 사람이어서

내가 사는 세상은 정말로 평화로웠지.

난 사탄의 거즈에 빠져있었고

내 삶은 가증해서

사탄의 대의를 잘도 섬기고 있었지. 메노: 1063/1065

메노와 다른 이들은 출애굽기 이야기 속에서 예시된 하나님의 위대한 구원의 패턴을 잘 보고 있었다. 우리는 앞서 바로가 구약에서 사탄의 전형이라는 것에 주목했다. 그렇지만 우화적 해석은 그 자체로서 메시지를 지닌 출애굽 이야기를 공허하게 만든다. 하나님이 그 당시 고대의 부당한 통치자에 압제를 당한 노예 노동자들의 노역을 염려하시는 것으로 보이지만, 이제 우리가 신약성서를 통해 알듯이, 이 해석은 하나님은 실제로 정치적이고 경제적 압제에 대해 그리 우려하시지는 않는다고 말한다. 하나님의 진정한 관심은 우리의 죄에 우리가 사로잡힌 것이며 하나님의 진정한 의도는 거기에서 우리를 구원하시는 것이다.

교회사의 다양한 시대 속에서, 억압받는 집단은 이스라엘의 출애굽 경험을 자신들에게 적용했다. "모세여, 가서 늙은 바로에게 '내 백성을 풀어주어라'고 말하라"와 같이 미국 흑인노예들이 부른 성가를 생각해도 그렇다. 그렇지만 제3세계의 압제받은 그리스도인들이 이집트에서 억압된 이스라엘을 하나님께서 계속적으로 염려하셨다는 타당성을 재강조한 것은 불과 20세기 후반에서였을 뿐이다. 그들은 출애굽 이야기를 단순히 그리스도 안의 예시된 구원뿐만이 아니라 자신들에게도 적용해야 한다고 주장했다. 특히나 남아공의 해방신학운동은 출애굽이야기를 그 신학이 선호하는 성서본문으로 삼았다. 하나님은 가난하고 억압받은 사람들의 편에 서신다. 하나님은 바로와 같은 모든 압제자들을 거부하신다. 이것이야말로 진정한 좋은 소식복음이다. 하나님의 편에 서는 것은 억압받는 이들의 편에 서는 것이다.

우리가 구약성서에서 찾아볼 수 있듯이, 하나님께서 압제받은 이들을 염려하신다는 되살아난 이해 속에서는 얻을 점이 많다. 예수 역시 그들의 사건에 손을 댔다. 이것을 부인하려는 노력은 구약과 신약성서 모두에 충실하지 못한 것이다. 교회는 인간의 기본적인 필요들을 무시하고 오직 인간의 영적인 구원에만 관심을 가지는 경향이 있다. 돌이켜보면, 우리는 이것을 성서를 잘못 읽는 것으로 보아야만 한다. 그런 오독은 대부분 구약의 원래 의미를 무시하거나 거부하는데서 온다. 그렇지만 억압받는 사람들을 하나님께서 염려하신다는 것을 재발견한다고 해서 예수 그리스도 안에 있는 우주적 차원의 구원을 가치 매김하는 것을 흐리게 만들지는 않는다. 하나님께서는 인간 압제자 및 우리의 죄로부터 우리를 구원하시기를 원하시는 것이다. 양쪽 모두 사탄의 수단이다.

동시에, 해방신학은 정치적이고 경제적인 해방을 일방적으로 강조할 때가 많으며, 어떤 경우에서는–항상은 아니지만–인간이 영적인 권세에 노예로 잡혀있다는 것을 무시하기도 한다. 종종 해방신학자들은 성서 본문을 이상적 결말에 억지로 맞추려고 한다.

예를 들어 조지 픽슬리George V. Pixley는 자신의 주석, 『출애굽기: 해방적 시각Exodus: A Liberation Perspective』에서 바로에 맞선 히브리 노예들의 투쟁은 원래 바로 및 바로의 상위계층연합에 맞선 억압받던 하위계층의 계층투쟁이었다고 역설한다. 픽슬리는 이스라엘이 군주제가 된 후에 그 이야기를 이스라엘인들과 이집트인들 간의 국가적 투쟁을 가리키는 것으로 다시 기록한 것이라고 주장한다.Pixley: xix 이 본문에는 그런 시각을 뒷받침할 만한 것이 없다.

이 주석에서 우리는 해방신학의 새로운 관점들에 기꺼이 의지할 것이다. 그렇지만 우리는 재건되지 않은 성서 본문에 충실하기 위한 모든 노력을 기울일 것이다.

압제/종족학살에 저항하다

정치적이고 경제적으로 억압된 자들에 대한 우리 시대의 관심에서 얻을 수 있는 것 하나는 압제의 역동성뿐만 아니라 그것에 저항하는 가능성들을 고조시켜 깨닫는 것이다. 강제노역을 통해서 이스라엘인의 생명력을 짓누르고자 한 바로의 노력은 스탈린의 시베리아 노동캠프를 떠올리게 한다. 산파들에게 내린 바로의 명령과 산파들의 응답 역시 우리 시대 새로운 중요성을 얻게 된다. 현대적 용어로 보면, 출애굽기는 정부가 선택적인 인구제한이라는 정책을 실행하기 위한 의학 전문가들을 이용하고자 한 것이다.

여기서 우리는 히틀러 시대를 떠올린다. 그 시대에는 정신적으로 장애가 있는 사람들을 불임하도록 만들어 "바람직하지 않은 삶"을 제거하려는 "원래 비밀인" 노력들이 있었다. 불임, 초음파 검사와 낙태를 통해서 태아의 성별과 정상여부를 결정하는 것이 그 당시에 가능했었더라면 바로는 과연 어떤 정책들을 고안했을까? 여인들과 의학 전문가들 모두 생명을 주고 보존한다는 특별한 의미로 함께 연합되어 있는데, 우리 본문 속에서는 자기 잇속만 차리는 권력의 공격에 맞서는 하나님의 방어계획의 선봉에 서 있다는 것이 과연 우연한 것일까?

마지막으로, 바로가 이스라엘 사내아이를 죽이라고 명령한 것은 종족살해에 대한 현대적 인식과 더불어 우리 마음과 연결되지 않을 수 없다. 어떤 민족이나 정부가 다른 민족을 통째로 말살시키려는 노력은 수많은 현대적 표현들을 찾아낸다. 그 가운데에서 가장 냉혹한 것은 물론 홀로코스트이다. 히틀러는 집시와 같이 인종적으로 열등하다고 생각된 모든 유대인들과 다른 사람들을 죽이고자 했다. 그렇지만 종족학살Genocide 혹은 "인종 청소ethnic cleansing"는 비아프라Biafra, 캄보디아, 아르메니아, 르완다, 보스니아에서, 아울러 남북미의 인디언들의 경우처럼 다른 곳에서도 일어났다. 고대와 현대의 역사가 주는 다른 사례들과 더불어, 우리의 성서 본문은 우리 속에 있는 모든 반유대주의라는 혐오뿐만 아니라 인종, 국적, 종교 혹은 집단이 다르다는 이유로 어떤 개인이나 사람들에 대한 혐오도 떠올려야만 한다.

하나님의 언약의 신실성

한편으로는 모든 인간을, 특히 압제당하고 고난 받는 모든 사람들을 하나님의 사랑과 구원의 대상으로 보는 것이 옳고 불가피한 것이다. 그런 차원에서 이집트에서 압제당하는 이스라엘은 모든 억압된 백성들을 위한 패러다임이 된다. 신구약성서를 통틀어서 하나님의 사랑과 관심은 그들에게로 확장된다. 다른 한편으로, 출애굽이라는 주제를 이렇게 모든 압제받는 이들에게 적용하는 것은 출애굽기의 세부적인 메시지들을 공허하게 만드는 것이 되어선 안 된다.

존 레벤슨Jon D. Levenson은 유대적 관점에서 출애굽 사건이 이방인 신분에서 그들의 약속된 땅으로 선택된 백성을 하나님께서 이끄시는 것으로 바뀌는 것, 그리고 정당하지 못한 주인에 대한 언약적 순종으로 그들의 진정한 주님을 섬기는 것으로 바뀌는 것과 연결되어 있다는 것을 우리에게 올바르게 알려주고 있다. 그는 자유와 민족자결권이라는 현대적 개념을 출애굽이라는 주제에 도입시키는 것에 경고하면서, "출애굽이라는 성서의 이야기는 전혀 자유라는 어휘로 표현되지 않는다. 오히려, 그것은 신성한 군주에 대한 언약의 의무를 뒷받침하고 있는데, 이 신성한 군주는 이스라엘의 왕이자 언약 속에 있는 그들의 주님이며, 그들이 섬기도록 헌신되고 성별된 신인 것이다" Levenson, 1993:145; 127-59 참조

물론 그리스도인들은 그 언급을 이스라엘에게로 확대하여 새 이스라엘, 교회를 포함할

것이다. 우리는 출애굽기에서 압제받는 모든 백성을 하나님께서 돌보신다는 패러다임뿐만 아니라 선택, 언약, 순종과 섬김에 대한 특별한 메시지를 발견할 것이다. 이런 주제들은 출애굽기 연구 내내 우리와 동행할 것이다.

출애굽기 2:1-25

모세의 구원

사전검토

한 아이를 구하는 것으로 하나님의 전투전략은 시작된다. 2장의 처음 세 부분2:1-22은 모세에 초점을 맞추고 있지만 모세의 경험은 이스라엘의 경험과 밀접하게 관련되어 있다. 모세가 기적적으로 목숨을 보존하게 되는2:1-10 배경에는 모든 이스라엘의 사내아이를 나일 강으로 던져버리라는 바로의 명령1:22이 있다. 억압을 바로잡으려고 모세가 노력하는 배경2:11-15에는 1:8-14에서 묘사된, 이스라엘의 억압이 있다. 세 번째 부분2:16-22에서만 우리는 모세가 자유를 가지고 집에서 편하게 사는 새로운 삶을 누리는 것을 보지만, 이 삶은 아직 그의 백성과 함께 공유되지는 않는다. 모세와는 달리, 그들은 여전히 이방 땅에서 압제로 고통을 받고 있지만 하나님께서는 그들을 잊지 않으셨다.2:22-25

기적적으로 구원을 받은 모세와 여전히 압제 하에 있는 이스라엘의 대조는, 1차 독자에게도 희망의 기대를 불러일으킨다. 모세를 구하시고 자신의 백성의 아픔을 들으신 하나님은 분명히 그들을 구원할 방도도 찾아내실 것이다.

반복 독자는 모세의 탈출과 다가올 그의 백성의 구원 사이의 유사점들을 발견함으로써 더 앞으로 나아갈 것이다. 기독교적 용어를 차용한다면, 이후의 예수 그리스도와 같이, 모세는 구원받은 이들의 "첫 열매"인 것이다. 고전 15:20 예수처럼, 모세는 자신에게 속한 이들의 구원에 영향을 미치는 도구가 될 것이다. 고전 15:20-25 참조

개요

구원의 징표, 2:1-10

압제, 투쟁, 그리고 탈출, 2:11-15

한 명이 집에 오다, 2:16-22

하나님께서 다른 이들을 기억하시다, 2:23-25

주석

구원의 징표 2:1-10

숨이 멎을 듯한 간결한 문체로, 1-2절은 어떤 이스라엘 부부와 그들의 사내아이의 삶 속에서 바로의 잔인한 명령1:22에 이어지는 결과를 본보기로 들고 있다. 이 이야기의 후반부에서 우리는 그 아버지의 이름이 아므람이며 어머니의 이름은 요게벳이고6:20, 2:4 에서 이름이 나오지 않는 누이가 분명히 미리암이라는 것을 알게 될 것이다.15:20; 민 26:59; 대상 6:3 가계도가 부분적으로 나타난다.6:15-20 그렇지만 지금으로선 기본적인 개요가 긴박한 의미-결혼, 잉태, 출생, 숨김-를 고조시키고 있다.

특정한 것 하나만 부여됨으로 중요성이 부각된다. 부모가 모두 레위 지파로서, 이 지파는 나중에 이스라엘의 제사장 직분을 맡게 될 것이다. 처음부터, 갓 태어난 이 소년의 중요성이 하나님을 예배하는 것과 관련되어 있다.

이어지는 계획은 이 아이를 준비된 광주리에 담아서 나일 강물에 띄우는 것이다. 만일 바로의 군사들에게 발견되면 이 아이는 버려질 것이다. 이 방법은 어머니의 사랑이 빚어낸 기발함으로 1차 독자들에게 깊은 인상을 준다. 반복 독자는, 최소한 히브리어를 한다면, 영어로 표현된 광주리basket라는 단어에 잠시 눈길이 멈출 것이다. 히브리 단어 *tebah* 는 앞서 노아와 홍수 이야기에서 "방주"로 등장한다. 반복 독자들이 이 핵심을 놓치지는 않을 것이다. 목숨을 위협하는 물 위에 떠 있는 방주 속에 위험에 처한 인간의 생명이 있다는 것은, 분명 하나님께서 구원하실 생명임에 틀림이 없을 것이다. 방주 속에 있는 노아와 가족들의 경우창 8에서처럼, 이것은 하나님의 미래 계획인 것이다. 2장에서 하나님에 대한 언급출 2:23에서 최초로 나타난다이 별로 없는 것은 1장에서와 마찬가지다. 그렇지만 하나님께서는 틀림없이 살아 계시며 내내 인도하시고 계신다.

바로의 딸을 통해 아기가 구조된 것은 이미 잘 알려진 단순화된 이야기 배경에서 언급된다. 1장에서처럼, 바로의 궁전은 "바로의 옆에" 있다.[서사적 기법] 이 이야기는 웃음을 자아내는 역설로써, 바로의 전략이 그의 가족 속에서 어떻게 허탕치고 있는지를 보도한다. 사실상 바로의 재무부는, 바로 왕이 막고자 했던 그 행위로 이스라엘을 이끌게 될 이 소년을 키우고 돌보는데 예산을 쏟게 된다.1:10 신약을 포함한행 7:22 후기 전승은 모세가 이후에 맡을 임무를 위한 양질의 교육과 준비과정을 강조하는데, 모세는 이 교육과 준비과정을 바로의 법정에서 받았음에 틀림없다. 우리의 출애굽기 본문은 이 주제에 대해 말이 없다. 이 본문은 오로지 하나님께서 어떻게 바로의 가족으로 하여금 바로의 악한 계획을 뒤집는데 사용하시는지를 보여줄 뿐이다.

바로가 자신도 모른 채 자신을혹은 자신의 계승자를 실패하게 만들 도구를 키우고 있었다면, 바로의 딸-그녀의 행위를 전반적으로 알지도 못했지만-은 그나마 잘못이 덜하다. 그녀는 그 아기가 그녀의 아버지로부터 저주를 받은 히브리 사내아이인 줄로만 알고 있다. 그 아이를 구함으로 그녀는 바로의 명을 거역한다. 그녀의 동기가 연민2:6; NIV: 그녀가 아이를 불쌍히 여겼다이라는, 평범한 인간의 감정에서 나왔다면, 우리는 1장에서 산파들을 생각하지 않을 수 없다. 산파들은 이미 어린 생명을 구함으로써 바로의 명령을 거역하고 있었다. 그들과 함께, 아울러 그 아기의 어머니와 누이와 함께, 바로의 딸은 하나님께서 생명을 보존하는데 사용하시는 출애굽기의 여인들 무리에 속해 있다.

Moses라는 이름은 원래 이집트 이름이며 Ahmoses와 Tuthmoses와 같은 파라오 이름 속의 어떤 요소로 나타난다. 이 이름은 히브리 단어 "건져내다,*masah*"와 비슷한 소리이며, 바로의 딸에게 부여된 지식2:10이다. 그렇지만 화자the storyteller는 분명히 히브리인들의 귀에 맞추어 이스라엘의 위대한 지도자를 구원한 그 행위를 지속적으로 떠올리고자 의도했을 것이다.

압제, 투쟁, 그리고 탈출 2:11-15

2장은 갑작스럽게 우리를 모세의 성인시절로 던져 놓고 있다. 다른 곳에서 모세의 나이는 40세로 나오지만 여기서는 그것이 중요하지 않다.[모세, 473쪽] 강조점은 완전히 모세가 그의 백성, 1:8-44에 나오는 억압받은 노예 부역자들과 동일시하는 것에 있다. 이런 충성심을 말해주는 설명이나 동기는 제시되어 있지 않다. 자신의 동족 히브리인들을 위한 모세의 행동은 자발적으로 나온 것 같다.

이집트인이 히브리인을 때리고 모세가 그 이집트인을 죽일 때에서 번역된 히브리어 동사*nakah*는 동일하다. 모세가 의도한 것은 아니지만, 아마도 이것을 그 이집트인을 죽음에 이르게 한 반복되는 구타로 보는 더럼Durham, 19의 견해가 맞을 것이다. 반면 모세가 꾸짖은 그 히브리인은2:14 모세가 그 이집트인을 죽인 것처럼 자신도 죽이고 싶은 것이냐고 비난한다. 여기서 사용되는 히브리 동사harag는 단연코 살해하다slay, 죽이다kill라는 의미이다. 이 단어는 2:15에서 모세의 목숨을 바로가 결정하는 것을 표현하기 위해 다시 사용된다. 따라서 모세가 의도적으로 죽이려고 한 것이 아니라지만, 모세의 목숨은 그가 저지른 행동으로 인해 분명 위험에 처해있다.

그런 행위는 정의를 위한 고귀한 열정에서 나온 것인가, 아니면 다른 사람들에 대한 성숙하지 못하고 충동적인 오지랖인가? 모세에게 맞선 히브리인은 모세가 쓸데없는 참견을 하고 있다고 비난하면서 살기등등한 냉소를 퍼붓는다. 누가 당신을 우리의 지도자와 재판관으로 세웠단 말이오?2:14 바로의 집에서 모세의 지위는 분명히 이 맥락에서는 나타나지 않거나 대단하지 않다. 모세는 동료 히브리인이나 평범한 이집트인과 같이 취급된다. 모세에게 저항하는 대적자는 잘못을 한 사람the one who was in the wrong, 2:13이라고 불렸으므로, 우리는 저자가 모세가 한 행동을 해석할 때 그의 편을 드는 것이 아니라 더 긍정적인 시각에서 후자를 보고 있다고 추측할 수 있다.성서적 맥락 속의 본문, 아래를 보라

모세더러 이스라엘을 통치하는 자, 혹은 재판관이라고 냉소적으로 부르는 것을 반복 독자는 모세의 미래 사명18:13 참조을 부지불식간에 증언하는 것임을 곧바로 알아챈다. "누가 너를 … 세웠느냐?"라는 질문에 대한 최종적인 답변은 "하나님께서 몸소 세우셨다"가 될 것이다.

그렇지만 모세가 고귀하게 행동했느냐 경솔히 행동했느냐 보다는, 이스라엘에게 있어 정의를 구하는 임무가 모세가 아는 것보다도 훨씬 더 어렵다는 것을 증명하고 있다는 사실이 더 중요하다. 모세의 백성은 해방자로서의 모세의 지도력을 기꺼이 받아들이려 하지 않을 것이다. 반복 독자는 우리가 여기서 모세가 이후에 하게 될 고군분투, 즉 바로에 맞서 도전하는 것뿐만 아니라 자신의 백성의 완고함도 극복해야 한다는 것을 미리 보여주고 있다는 것을 잘 안다. 모세를 향한 비판이 우리 본문 속에 내포되어 있을 만큼, 그것은 모세가 받아들일 준비가 되지 못한 임무를 순진하고도 성숙하지 못하게 짊어지고 있다는 것과 관련이 있다.

이 이야기는 바로에게서 모세가 성공적으로 탈출했다는 보도로 끝을 맺는다. 아기 때의 기적적인 구원2:1-10 이후, 모세는 두 번째로 목숨을 보존한다. 최소한, 난 이것이 우리의 본문의 적절한 결론이 된다고 본다. 번역가들과 주석가들은 종종 15절의 한 가운데에서 우리 본문을 맺는 것을 고려하고 있다.바로가 … 모세를 죽이고자 했다 난 모세가 미디안 땅으로 도망칠 때까지 본문을 중단하지 말고 끌고 가야 한다고 보는데, 이 땅은 마침내 모

세가 우물히브리어로는 그 우물; 후대 역사에서 알려진 장소이든, 아니면 그 지역의 중앙 우물이든 가에서 쉬는 곳이다. 내 제자들 가운데 한 명Gordon Self은 이 본문에 "소-출애굽mini-exodus"이라고 딱맞는 이름을 붙였는데, 그 이유는 이 본문이 모세의 삶에서, 나중에 있을 이스라엘의 출애굽을 예시하기 때문이다. 모세처럼, 이스라엘인들은 이집트에서 억압받는 상황에서 도망을 쳐서, 잠시나마 광야의 오아시스 우물에서 쉰다.

한 사람이 집에 오다 2:16-22

고대에서는, 우물이 만남의 중심이 되는 곳이었다. 창 24:10-61; 29:1-20; 요 4 이곳에서 여행자가 지역 주민들을 만날 수 있었고, 질문을 던지고 혹 지역의 환대를 누릴 수 있는 초대를 받지 않을까 기대할 수도 있었다. 물론 방문객이 어떤 인상을 풍기느냐가 그가 어떤 반응을 받는지를 결정할 것이다. 창 29:8-10에 나오는 야곱의 두려움을 참조

모세는 우리가 이미 출애굽기 2:11-15에서 알고 있듯이, 약한 자에게 부당하게 행한 것에 곧바로 똑같이 분개를 드러낸다. 미디안 제사장의 딸들은 너무 얼어있었던지, 아니면 관습적인 환대로 그들의 조력자에게 응대하기에는 너무 경험이 부족했다. 그들의 아버지는 몇 마디 간략한 질문과 지시로 상황을 바로 잡는다. 겨우 두 구절에서 우리는 모세가 도망 다니는 이방인에서 가족의 구성원, 남편이자 아버지로 바뀌는 것을 본다. 2:21-22

이제 곧 모세의 장인이 될 미디아인의 제사장2:16과 여러 곳은 2:18에서 르우엘이라고 불리지만2:1; 4:18두 차례과 18장에서는 이드로라고 불린다. 다른 곳에서 그는 호밥이라고도 불린다. 민 10:29; 사 4:11 민수기 10:29는 르우엘이 호밥/히드로의 아버지였다고 언급한다. 다른 이론들은 이드로가 여러 이름으로 알려져 있었거나 서로 다른 문학적 자료들이 이름을 다양하게 사용했음을 제시한다.[서사적 기법] 이런 설명 가운데 어떤 것도 모든 질문에 답을 하는 것은 아니지만, 우리는 출애굽기에서 이드로/르우엘이 언급되는 곳에서는 같은 사람을 의미한다는 것을 확실히 알 수 있다.

르우엘/이드로의 딸 십보라"새"는 모세의 아내가 되어민 12:1 참조 아들을 낳는다. 성서에서는 아이의 이름이 새로운 상황의 본질을 붙잡고 있는 경우가 많다. 사 7:3, 14; 호 1,4,6,9에서처럼 모세의 아들 게르솜Gershom은 두 개의 히브리 단어 이방인ger과 그곳sam과 유사하게 들리지만 또한 히브리 단어 "몰아내다garas"를 암시하기도 한다. 그 단어는 문장에서 다음과 같이 풀이된다. 내가 낯선 땅에 사는 나그네가 되었다. 2:22. NRSV 그렇지만 앞서 말한 것처럼, NRSV의 번역을 따라서 그 외국 땅을 이집트로 이해하는 것이 훨씬 나을 것이다.

2:22에 암시되는 땅을 미디안 보다는 이집트로 보는 데에는 여러 가지 이유가 있다. 양쪽의 번역 모두 문법적으로는 가능하지만, 내가 있었다.I was 혹은 내가 살아 왔다.I have been가 더 자연스럽다. 두 번째로 히브리 단어 그곳sam, Gershom의 일부은 화자의 현재 장소에서 벗어남을 가리킨다. 그렇지만 더욱 중요한 것은, 모세가 이집트에서 살았던 것이 위협과 거부였다면, 그가 미디안에 도착하여 대접을 받는 이야기는 모두 귀향을 표시하는 것이다. 여기에서 그것은 출애굽기 18장에 나오는 이스라엘의 귀향을 예시하고 있다.주

하지만 더럼24이 지적한 대로, 모세가 집으로 오는 것이 갖는 가장 중요한 의미는, 모세가 조상들의 하나님을 경배하는 사람들과 함께 정착한다는 것이다.출 3 고든 데이비스 Gordon F. Davies는 다음과 같이 간결하게 말한다. "업둥이로 자신의 역사를 잃은 그가 이제는 자신의 선친들을 모방함으로써 그것에 따르고 있다" 149; 146-52 참조 어떤 의미에서 모세는 요셉의 여행을 되짚어 간다. 요셉은 아버지들의 하나님을 경배하는 양치기의 문화에서 바로의 법정에서 두드러진 지위로 바뀌었다. 모세는 바로의 집에서 입양된 아들이라는 자리에서, 아직 이방 땅이긴 하지만 아버지들의 하나님을 경배하는 양치기 백성들에게로 움직인다.

그렇지만 출애굽기의 문학적 절묘함을 따져볼 때, 우리는 이방 땅을 이해하는 이중적인 가능성이 의도적이지 않을 수 있다는 것을 생각해야만 한다. 아마도 독자는 분명한 첫 번째의 것을 의미할 것이다: 모세는 이집트에서 그에게는 낯선 땅인 미디안으로 도망을 쳤다. 깊이 있는 통찰을 해야만 반복 독자가 더 미묘하지만 더 적절하게 이집트를 낯선 땅으로 언급하는 것을 발견하게 될 것이다. 구약성서의 나머지 부분에서 이스라엘을 되풀이하여 다음과 같이 상기시킨다: 너희는 이집트 땅에서 이방인들이었다.예를 들면, 출 22:21; 레 19:34; 신 23:7

모세의 입장에서는 이방 땅에서 그렇게 거주하는 것이 이제 끝이 났지만, 우리가 곧바로 떠올리듯이, 그의 나머지 백성들은 아직 아니었다.

하나님께서 나머지 사람들을 기억하시다 2:23-25

이집트 왕이 죽었다는 언급동일한 통치자를 의미하겠으나 여기서는 바로라고 불리지는 않는다이 1:8을 상기시킨다. 이제 새 왕이 일어나 이집트를 다스리게 되었다. 통치자가 바뀌는 것은 사건의 전환을 가져오지만 상황은 악화된다, 따라서 여기서 독자는 '이번에는 조금 낫지 않을까?' 하고 또 다른 변화를 기대하게 되지만, 변화는 일어나지 않는다. 오랜 기간 동안 계속되어 온 압제가 그저 이어질 뿐이다.

세 가지 다른 이스라엘의 불만의 표현들신음함, 도움을 갈구함, 그들의 울음소리가 일어남이, 이 끝없는 압제가 일어나는 동안 그들의 절망의 깊이를 나타내고 있다. 그들의 울음이 하나님께 닿았음에도, 여기서 사용된 이 단어들은 우리가 기도라고 생각할만한 것을 표시하지 않고 있다. 그것 보다는, 하나님께서 경건한 기도보다는 피조물이 고통 중에서 신음하는 것창 21:15-19 참조에 응답하신 것이다. 혹은 다르게 본다면, 하나님께서 이스라엘의 곤경에 네 가지로 반응하시는 것하나님께서 들으심, 기억하심, 살펴보심, 알아채심이 단순히 이스라엘의 경건함 때문이 아니라, 받을 자격이 없는 은혜가 동기가 되는 것이다. 3:7,9,15; 4:31; 6:5 참조

그럼에도 하나님께서는 충동적인 연민으로 행동하시지 않는다. 하나님께서는 아브라함, 이삭, 야곱과 맺으신 언약을 기억하셨다.2:24 이곳과 구약의 다른 곳에서, 기억하다는 것은 망각을 극복하기 위해 무심하게 상기한다는 것보다 더 많은 것을 의미한다. 그것은 행동하는 목적을 상기시키는 것뿐만 아니라, 여기서는 신실함과 꾸준함의 표현인 것이다. 우리는 출애굽기에서 하나님께서 하시는 구원의 행동이 창세기에서 보도되는 하나님의 행동과 연속성이 있다는 것을 다시금 떠올리게 될 것이다.[언약, 492쪽]

2장을 맺는 구절에서만, 하나님이 분명히 언급되며 그의 응답이 신학적 언어로 보도되고 있다.[이런 분명한 신학적 "제사장적" 문체에 대한 양식적 논의는 자료이론을 보라] 마치 우리가 인간의 경험의 차원에서 옮겨져 하나님의 시점에서 보는 것 같다. 분명히 잊히고 억압받는 외국인 노예들은 결코 잊히지 않았다. 오히려 그들은 하나님의 장기 전략의 일부를 이룬다.

성서적 맥락에서의 본문

구약성서는 2장의 사건들을 거의 직접적으로 인용하거나 혹은 언급하지 않는다.그렇지만 민 26:59 참조 그럼에도 이 사건들은 성서 곳곳에서 발견되는 이야기 형태와 신학적 주제를 반영한다.

성서 이야기 속의 "아슬아슬한 탈출"

앞서 우리는 출애굽기 1장과 창세기의 창조 이야기들 사이의 연결에 주목했다. 모세의 광주리로 사용된 단어 *ark*는 모세가, 노아처럼창 6:5-9:17, 죽음의 바다에서 살아남았다는 것을 상기시킨다. 그렇지만 모세의 구원은 위태로운 구원이다.2:1-10 만일 광주리/방

주가 뒤집어지거나 악어의 습격을 받았으면 어쩔 것인가? 바로의 딸이 바로 그 순간에 나타나지 않았거나, 그다지 아기를 돌보고 싶어 하지 않는 태도를 보였으면 어땠을까? 지금 모세에게 그리도 의존하고 있는 구약성서 전체의 이야기가 중단되지 않았을까?

"아슬아슬한 탈출" 형태의 다른 이야기들이 비슷한 질문들을 제기한다. 예를 들면, 만일 사라가 바로나 아비멜렉의 아내가 되었더라면창 12:10-20; 20, 혹은 아브라함이 이삭을 정말로 희생시켰다면 구약의 이야기가 계속될 수 있었을까창 22? 물론 이런 관점에서 모세의 이야기와 가장 근접한 병행의 이야기는 헤롯의 심복들의 손아귀에서 아기 예수가 목숨을 부지한 것이다.마 2 그런 이야기들을 통해서 우리는 그런 결정적인 상황들에서 살아 움직이는 것은 우연이 아니라 하나님의 의도적인 이끄심이라는 것을 깨닫게 된다.

여인들을 통해 목숨을 보존함

모세는 여인들—산파들, 모세의 어머니와 누이, 그리고 바로의 딸—을 통해서 목숨을 보존한다. 성서에서 수없이 반복되듯, 하나님을 섬기는 무력한 이들여기서는 여인들이 권력자를 무력하게 만든다. 라합은 이스라엘이 여리고를 손에 넣는데 있어 핵심적인 역할을 하는 사람이다.수 2 야엘은 시세라를 이겨내며 이스라엘을 승리로 이끈다.삿 4:17-22 어린 다윗이 거인 골리앗을 무너뜨린다.삼상 17 교육받지 못한 미천한 예수의 12 제자가 로마 제국을 맡는다. 이 모든 것이 하나님께서 "하지 않으신 듯한 선택", 즉 하나님의 뜻을 수행하기 위해서 겉으로는 적합하지 않은 듯한 누군가를 하나님께서 선택하신다는, 더 넓은 성서의 주제에 속해있다. 인간의 기술, 힘, 영웅주의가 아니라 하나님께서 힘을 부여하시어 하나님의 대리인들로 하여금 그들의 임무를 완수하게 한다.

희망의 표징이 되는 아이

마지막으로, 모세의 어린 시절 이야기는 약속, 잉태, 탄생, 그리고 아이의 목숨 보존을 통해서 새로운 시작들이라는 성서의 주제에 속해 있다.삼손, 삿 13; 사무엘, 삼상 1-3; 예레미야, 예 1; 선택된 왕/메시아. 사 7:10-17; 9:6-7; 침례 요한, 눅 1; 예수, 눅 1-2 한 아이의 탄생과 더불어, 새로운 가능성들과 희망도 태어난다.

모세의 개입 속의 관점들

구약성서가 2:11-15에 대해 침묵하는 것과는 대조적으로, 신약성서는 여기서 그 사건들에 대해 두 가지 관점을 제공한다. 하나는 스데반이 한 말이고행 7:20-29 다른 하나는 히브리서의 저자가 한 말이다.11:23-27 이 이야기의 흐름이 각각 본질적으로는 출애굽기 2장과 같지만, 이들 단락들은 각각의 독특한 강조점과 시각들을 보여준다. 여기서는 몇 가지만 언급하도록 한다.

사도행전 7장은 모세가 이집트의 교육을 잘 받았음에 강조를 둔다. 이 본문은 이 이야기의 초기 시점에서 모세가 이집트인을 죽인 것을출 2:11-15, 모세를 통해서 하나님의 구원계획을 인식시키고자 이스라엘에게 호소하기 위한 긍정적인 행위로 해석한다. 그것은 돌이켜 생각해보면 정당한 것일 수 있으나, 이 이야기의 초기 독자들the early readers에게도 똑같이 분명한 것은 아닐 수 있다. 히브리서 11장은 모세가 자신의 백성과 자신을 동일시한다는 것을 그리스도와 함께 고난을 받는 이들이 보상을 기다리면서 고난을 받는 준비가 되어 있음으로 특징짓고 있다. 여기서 의로운 자들이 받는 고난은 "십자가를 지고" 예수 그리스도를 따르는 형태로 간주되고 있다.막 8:34 참조

유형 이야기들Type Stories

로버트 알터Robert Alter는 우물가의 모세의 이야기를 "정혼형태의 장면"출 2:15b-21; Alter: 47-62; G. F. Davies: 146-52 참조으로 묘사한다. 그는 이 이야기를 우물가에서 이방인이 한 소녀를 만나는 것으로 시작되는 다른 정혼 형태의 장면들과 비교한다. 이들 가운데 가장 두드러진 것은 창세기 24:10-61로서, 아브라함의 종이 리브가를 만나는 장면이며 29:1-20에서는 야곱이 라헬을 만난다.

알터에 따르면, 유형의 장면들type-scenes은 어떤 주제여기서는 정혼를 전통적으로 예상되는 사건들의 패턴에 따라 다룬다. 그렇지만 그런 패턴에서 각각의 변형들로 인해서 특별한 영향을 주기도 한다. 그런 정혼형태의 장면들은 미래의 사건이나 강조점들을 특징짓는 요소들을 간결하게 내포하는 때가 많다.

이런 연결에 있어서, 알터는 나중에 모세의 아내가 되는 십보라가 이 이야기 속에서 일곱 자매 가운데 하나가 되고 마는 것에 그치고 있는지에 주목한다. 이것은 각각 이삭과 야곱의 미래의 아내가 되는 리브가와 라헬에게 주목하는 것과 대조를 이룬다. 다른 한 편으로 모세는 구원자와 물을 주는 자의 역할을 하는데, 모세의 초기와 후기의 특징이 담긴 배역이다. 또한 우리는 르우엘나중에는 이드로에 대한 특별한 강조점을 추가할 수도 있다. 그는 열정적으로 자신의 딸들이 환대를 거부하는 것을 바로잡는다. 그런 유형의 장면에서 예상되는 부분이다.리브가와 라헬, 창 24:29 참조 이것은 출애굽기 18장에서 그가 손님의 역할을 하는 것을 암시한다.주를 보라

이런 유형 장면은 또한 예수가 우물가에서 사마리아 여인을 만난다는 것을 상기시킨다.요 4 물론, 그곳에서는 정혼과는 다른, 영적으로 생명을 주는 관계가 뒤따른다. 그런 이야기는 다른 중요한 관점에서 구약에 있는 세 가지 유형 장면들과는 다르다. 구약의 이야기들이 남자 이방인들이 자유롭게 젊은 여성들과 이야기하는 것으로 그리고 있다면, 예수가 사마리아 여인과 대화하는 것은 실망을 초래한다. 이런 비교는 여성에게 제한된 것들이 예수 당시 보다는 구약성서의 시대에서 덜 심각하다는 것을 보여주는 증거가 된다.

탄식의 기능

이스라엘이 부르짖을 때 하나님께서 이스라엘을 "기억하셨다"는 것은 언약에 신실하심이라는 주제와 연결되고 있다.2:23-25 출애굽기와 다른 곳에서 나타나는, 이스라엘을 위한 하나님의 행동은 반복적으로 앞선 약속들에 대한 하나님의 언약에 신실하심이 동기가 된다. 이런 주제는 특히 신명기에서 두드러진다. 신 4:31; 6:10; 7:8; 10:11; 26:3 하나님의 신실하심은 희망에 기초한 것이다. 탄식이나 울부짖음은 하나님이 행동하시기를 간청하기 위한 것으로, 특히나 시편에서 그러하다.예를 들면 3; 74 그렇지만 우리는 앞서 출애굽기 2:23-25에서 보도된 이스라엘의 울부짖음이 덜 목적 지향적이며 더 자연적인 것일 수 있다는 것을 보았다. 하나님께서는 우리가 의식적으로 기도하기 전에도 응답하실 수 있다.

교회 생활에서의 본문
하나님의 방식들

1장은 우리에게 하나님을 소개하는 것으로 시작했다. 그의 축복과 약속은 꾸준히 진행되며, 가끔은 미묘하게 일어난다. 두 명의 산파를 통해 바로의 즉각적인 기획을 무효화시키는 하나님의 방식이 우리에게 소개된다. 2장은 이런 서론을 하나님의 방식들로 이어간다. 그렇지만 그 강조점은 하나님의 장기적인 전략에 있다. 표면적으로 이스라엘은 2장의 시작과 끝에서 억압받고 비참하게 등장한다. 변한 것은 아무것도 없다. 오직 한 명의 개인의 삶에서 나온 몇 가지 일화만이 이야기되고 있을 뿐이다. 그렇지만 우리는 바로의 패배와 이스라엘의 구원에 앞서 멈추지 않을 중대한 순간이 시작되었다는 것을 안다.

하나님께서 역사하시는 이런 방식이 세계사에 일반적으로 적용되지 못하는가? 대부분, 세계 현장의 사건들은 불투명하다. 그들 속에 있는 하나님의 손길은 가시적이지 않다. 그렇지만 아마도 한 아이가 오늘날 태어나서 세상을 바꿀 하나님의 도구가 될 것이다. 1931년 3월 2일에 미하일 고르바초프가 태어났을 때만 해도, 거대한 소비에트 연합은 천하무적으로 보였다. 소비에트 연합의 해체는 3차 대전을 불러올 것이라고 많은 이들이 생각했다. 이 신생아가 상대적으로 평화로운 해결을 가져오는 도구ㅡ하나님의 도구?ㅡ가 될 것이라는 것을 아무도 몰랐다.

다음 번 하나님의 방식으로, 2장은 우리 신앙의 가장 위대한 인물 가운데 하나인 모세와 우리의 안면을 트기 시작한다. 하나님은 그를 선택하시고 보존하시며 나중에는 모세에게 임무를 주어 부르시지만, 부르신 사람의 인간적인 개성을 말살하는 방식으로 부르시는 것은 아니다. 모세는 성자도 악당도 아니지만, 우리가 곰곰이 생각할 강점과 약점을 지닌 사람이다.

정의에 대한 모세의 이해는 두 가지 장면에서 드러난다. 출 2:11-15; 16-22 각각의 경우에서, 모세는 강자의 편ㅡ이집트인들과 남자 양치기들ㅡ에 섰을 수도 있었지만, 약하고 부당한 취급을 당하는 사람들의 편에 서서 위험을 감수하는 것을 택했다. 첫 번째 장면에서, 조지 픽슬리George Pixley는 이렇게 말한다. "모세의 행동은 계급을 배신하는 것이다. 그 행위는 지배당하는 자들과 운명을 같이하고 있는, 지배계급 출신 인간의 행위이다."8

계급투쟁이라는 픽슬리의 언어를 채용하지 않고, 우리는 우리의 경향들을 잘 인식할 수 있다. 우리가 관찰하는 부당함이 우리의 그룹ㅡ가족, 교회, 인종그룹, 국가, 인종ㅡ의 누군가에게 행해졌을 때 수동적으로 가만히 있기는 쉽지 않다. 히브리서 11장은 분명하게 모세가 고난을 받고자 한 것을 그리스도를 따르는 것과 연결시킨다. 앞서 성서적 맥락에서의 본문

그럼에도 불구하고 이 본문은 또한 경고의 요소, 만일 전면적인 비평이 아니라면, 모세의 즉각적이고 자립적인 "사회적 행동주의"의 요소도 포함하고 있다. 그것이 상대적으로 단순한 한 가지 상황 속에서 "작용"한다면2:16-22, 다른 상황의 복잡성에 대처하는 데에는 충분하지 못하다.2:11-15 모세의 폭력적인 부분은 살인으로ㅡ아마도 의도하지는 않았을 것이다ㅡ이어졌으며 도망칠 수밖에는 없었다. 죄를 지은 이를 처벌함으로 그릇된 일을 바로잡으려는 임기응변은 폭력으로 이어지기 십상이며, 그 당시와 마찬가지로 오늘날에도 실패가 되어버린다. [모세, 473쪽]

사태를 수습하기

마지막 메시지는 희망의 사람이다. 하나님께서는 정상으로 회복하도록 하실 수 있으며 모세가 정의와 구원의 대리자가 되도록 만드실 수 있다. 그렇지만 이런 일은 하나님의 장기적인 계획에 모세가 복종함을 통해서, 그리고 모세가 스스로를 의존하기보다는 하나님께서 부여하신 권능을 통해서 가능할 것이다.

모세의 본보기됨과 문제가 많은 행동들에서 배우듯이, 우리는 가장자리에 있는 인물들을 잊어선 안 된다. 그들은 하나님의 전략에서도 결정적인 사람들이다: 세 여인, 그들 가운데 한 명은 최대의 적의 딸, 르우엘/이드로, 이방인 손님. 그런 경향이 스타들과 일면을 장식하는 사람들을 칭송하는 것이라면, 우리의 눈은 우리 시대에 하나님의 그런 조력자들에게 열려있는가?

한편, 오늘날 많은 이들은 이스라엘이 그랬던 것처럼2:23-25 그저 기다리고 부르짖을 뿐이다. 그렇지만 성서의 이야기를 아는 자들은, 오늘날에도 하나님께서 자신의 백성과 그가 약속한 언약들을 기억하신다는 지식으로 새로운 희망을 얻게 될 것이다.

제2부

모세가 위임을 받다

출애굽기 3:1-7:7

개관

이 부분은 도망친 피난민이 해방자로 되돌아오는 이야기이다. 더 이상 이방인이 아닌 곳에서 편안하게 정착한 모세는 다시금 하나님으로 인해 자유롭게 된다. 모세는 새로 계시된 이름, 야웨주님으로 하나님을 알게 된다. 이것은 비단 출애굽기뿐만이 아니라 구약성서 전체를 통틀어 성서의 이야기에서 가장 위대한 새로운 시작을 표시하고 있다.

모세는 바로의 후계자와 대면하기 위해 일찍이 자신이 도망쳐 나온 곳으로 되돌아온다. 억압하는 이집트인들을 섬기는 모세의 백성이 광야의 자유 속으로, 해방시키는 하나님을 섬기도록 하나님께서 모세에게 힘을 부여하셨고 준비하게 하셨다. 저 멀리에서 이스라엘의 해방의 종착역이 되는 약속의 땅이 어렴풋이 보인다. 그러나 모세가 직면한 임무는 쉬운 일은 아니었다. 하나님과의 치열한 싸움이 있고서야 모세는 역경을 극복하고 자신이 가야할 길로 보내진다.

모세가 이집트로 돌아가는 길과 그곳에서 그가 시작하는 만남들은 엄청난 일들이다. 이 보도는 놀람, 긴장, 충격, 낙심과 재다짐으로 가득한 매혹적인 줄거리로 우리를 사로잡는다. 주요 사건들을 말하자면 모세가 이드로와 작별함, 하나님과의 불안한 조우, 이스라엘의 장로들과 백성과의 첫 번째 만남, 바로와의 최초이자 만족스럽지 못한 만남, 그리고 낙담한 모세를 하나님께서 다시 굳건히 다지시고 힘을 부여하심이다.

개요

하나님께서 모세를 부르시고 준비케 하시다, 3:1-4:17

모세가 돌아와서 바로와 만나다, 4:18-6:1

하나님께서 모세의 위임을 굳건히 하시다, 6:2-7:7

출애굽기 3:1-4:17

하나님께서 모세를 부르시고 준비케 하시다

사전검토

하나님께서 모세를 부르시다, 3:1-12

    3:1-6 하나님께서 모세를 동요케 하시다

    3:7-12 하나님께서 모세에게 이집트로 돌아가라고 지시하시다

하나님께서 새 이름을 계시하심, 3:13-22

    3:13-15 하나님께서 모세에게 새 이름을 계시하시다

    3:16-18a 하나님께서 이스라엘에게 "그 이름"을 보내시다

    3:18a-22 하나님께서 "그 이름"을 바로에게 보내시다

하나님께서 모세의 반항을 이기시다, 4:1-17

    4:1-9 하나님께서 확신의 징표를 주시다

    4:10-17 하나님께서 아론을 대변자로 삼으시다

주석

하나님께서 모세를 부르다 3:1-12

3:1-6 하나님께서 모세를 동요케 하시다

시작하는 문장은 평온한 목가적 삶의 분위기를 담아낸다. 모세는 이드로의 가정과 이드로의 가족이 매일 하는 일들에 완전히 익숙해졌다. 7:7을 포함한 다른 구절들에 따르

면, 모세는 그 당시에 80세였다. 그렇지만 그런 계산법이 현재의 상황에 들어오지는 않는 다. 이 본문은 모세의 소명을 직접적으로 미디안에서 그가 정착하는 것과 연결시키고 있다.2:15-22 [모세, 473쪽]

초원을 찾아서 모세는 자신이 거느린 양떼를 광야 속의 우물Durham: 27로, 혹은 광야를 넘어선 곳NRSV에 있는 우물로 이끈다. 기저를 이루는 히브리 단어는 'ahar로서, 문자적으로는 광야의 뒤편을 말한다. 이스라엘인들은 자신들의 지리적 방향이 동쪽을 향하고 있다고 인식하고 있으므로, "뒤편"은 흔히 구약에서 서쪽방향을 의미하며, 어떤 경우에서는 여기서의 의미로 번역되기도 한다.RSV: 광야의 서쪽 편으로 강조점은 하나님의 산 호렙과 미디안인들의 중앙부 사이의 거리에 있는 것 같다.

이 사실에 맞춰보면, 이드로는 이야기의 후반부에 나오는출 18 동일한 산에서 모세와 모세의 백성을 만나기 위해 얼마간의 거리를 여행해야만 한다.[가능성이 있는 장소에 대해서는 다음을 볼 것, 출애굽의 경로] 모세가 호렙 산을 찾으려는 의도가 있었다거나 그 산이 하나님의 산이라는 명성을 알고 있었다는 것을 보여주는 표시는 없지만, 모세가 그랬을 수도 있다. 매일의 일상은 모세가 하는 일을 표시한다.

이런 목가적인 평온함은 예측하지 못한 이색적인 방해를 받아 흔들리고 만다. 주님의 천사가 불타지만 꺼지지 않는 가시덤불에서 나와 모세 앞에 나타난다. 물론 주님의 천사에게 이름을 부여하는 것은 서술자에게는 가능한 일이다. 그저 당황하고 호기심으로 바라보는 모세의 시각을 드러내지는 않는다.3:3 서술자는 반복 독자에게 그 주님야웨과 하나님을 동일시하는데, 이 이름은 모세가 이 이야기 후반부에서 알게 될 이름이다.

천사라는 단어는 날개를 가진 천상의 존재들에 대한 다양한 예술가들의 해석을 떠올리게 한다. 천사에 해당하는 히브리 단어mal ak는 단순히 "전령"을 의미하며 인간의 전령들에게도 적용된다.예를 들면 창 32:3, 6 이 단어가 하나님과의 관계를 나타내는 데 사용되고 단수형으로 사용될 때는하나님/주님의 전령/천사, 대개 드러나지 않게 하나님 자신을 가리키는 방식을 나타내기도 한다. 이런 점들을 따져 볼 때, 3:4에서 모세에게 말을 하는 자는 하나님은 으로서, 천사/전령에 대한 언급은 아니다.

그렇지만 2절에서 사용되는 천사는 하나님을 "업신여기기" 위한 것이 아니라, 어떤 장소나 사건이 하나님을 포함하고 있을 수도 있다는 것3:4을 우리에게 상기시킨다. 반면, "천사들복수형"은, 웨스터만C. Westermann이 잘 설명한 것처럼1979, 날개가 없는 하나님의 천사들이기는 하나 천상의 존재보다는 못한 것을 가리킨다.

가시덤불로 사용된 단어는 드물어서, 여기와 신 33:16에서만 나타나는데, 불타는 가시덤불 속에서 하나님의 나타나심을 암시하고 있다.*seneh*; NRSV: 시내 산에서; RSV는 더 문자적으로: 가시덤불에서 히브리어 형태인 *seneh*는 "시내*Sinai*"로 들린다. 2개의 절이 네 번 반복되면, 반복 독자의 귀에 들리는 *seneh* … *seneh* … *seneh* … *seneh*의 효과는 시내 산과 그 산의 미래의 중요성을 생각하도록 만든다. 하나님의 산이 3:1에서 호렙으로 불린다면, 출애굽기 다른 곳에서 나오는 시내 산과 동일하다고 생각해야 한다.[자료 이론] 이미 여기서는, 시내 산에서 모세가 하나님과 만나는 것과 이스라엘이 하나님과 만나는 것 사이의 연결에 우리의 관심이 미묘하게 이끌리고 있다.19장 19ff

가시덤불은 왜 타버리지 않는 것일까? 모세의 경험을 합리적으로 이해시킬 수 있는 과학적 설명을 생각하고 있다면 요점을 완전히 놓치는 것이다. 불타는 가시덤불은 시내 산에서의 불의 현상19:16, 18, 에스겔 1장과 성서의 다른 곳에 나오는 것처럼, 하나님의 헤아릴 수 없는 타자성거룩함을 생동감 있게 표현한 것이다. 모세의 호기심은 자신 앞에 나타난 이가 하나님이라는 것을 깨닫자마자 경외심으로 녹아내리고 만다. "신의 현현"에 대해서는 19장에 나오는 주를 볼 것

여기서 우리는 모세의 다음 번 움직임에서 보듯, 잘 알려진 신앙의 경험과 응답보다는 새로운 시작을 보고 있다. 서술자가 알고 있듯이, 모세가 하나님의 산에 있다고 할지라도, 관련된 계시의 경험 속에서 엘리가 어린 사무엘을 가르쳤던 것처럼, 모세 자신은 거룩한 자에 대한 적절한 응답에 대해 지시를 받아야만 했다.3:5; 수 5:15 참조 하나님이 모세에게 가까이 오지 말고 발의 신을 벗으라고 내린 명령은 시내 산에서 이스라엘에게 부여된 규제들과 성막에서 제사장들이 맨발로 섬기는 것을 예시한다.19:9b-15, 20-25; 28:36-39에 대한 주를 보라

모벌리R. W. L. Moberly는 거룩한 땅3:5을 언급하는 것은 "아브라함으로 시작한 이스라엘의 역사 속에서 히브리어 어근 *qds*거룩함을 최초로 중요하게 사용한 것"이라고 지적한다.1992:11 거룩함의 개념이 나중에 출애굽기와 그 외의 책에서 얼마나 곳곳에 스며드는지 알고 있는 반복 독자는 이렇게 새로이 소개되는 주제를 놓치지 않게 된다.19장의 거룩함에 대한 주를 참조

모세에게 말씀하시는 하나님은 모세가 이곳저곳을 찾아 헤매는 동안에도 모세의 이름을 알고 계신다. 일상생활 속에 있는 자신을 멈추게 하는 이런 두려운 조우로 인해 모세는 경외심으로 압도당한다.

하나님은 새로운 것을 익숙한 것과 연관시키기 위한 계획을 세우시는 분이다. 아주 갑작스럽게 모세와 조우하시는 하나님은 너의 아버지의 하나님이다.3:6 너의 아버지들의

하나님, 즉·아브라함의 하나님, 이삭의 하나님, 야곱의 하나님이라는 표현은[복수형; NRSV: 조상들], 하나님을 지칭하는 기본형이며 반복적으로 나타나고 있다. 3:16에서처럼 그렇지만 여기에서는 흔하지 않는 단수형 아버지가 사용된다. 아마도 이것은 이집트에서 모세의 친 아버지가 경배한 하나님, 그리고 더 거슬러 올라간 조상들인 아브라함, 이삭, 야곱의 하나님인 자신을 무엇보다도 먼저 소개하는 세심하고 친밀한 방식을 강조하기 위한 것 같다.

그렇지만 모벌리가 말한 것처럼, 여기서의 단수형 아버지는 단순히 창세기에서 하나님의 유사한 칭호로 그 단어를 특유한 단수형으로 사용한 것일 수도 있다. 출애굽기의 관점에서 보면, 세 아버지아브라함, 이삭, 야곱 모두 함께 보이고 있어서, 논리적으로 너의 아버지들NRSV: 조상들의 하나님이라는 복수형 호칭으로 이어지는데, 출애굽기에서는 그것과는 달리 사용된다.Moberly, 1992:11f., n.11 둘 중에서 어떤 경우이든, 모세의 위임받는 단락 곳곳에서 그러하듯이, 여기서 익숙한 것과 새로운 것은 불연속성뿐만 아니라 연속성 속에도 자리하고 있다. 3:1-7:7; 6:2-8 참조 이 무대는 이제 모세를 향한 하나님의 말씀이 계속되기 위해 마련된다.

3:7-12 하나님께서 모세에게 이집트로 돌아가라고 지시하시다

하나님께서 그의 백성을 기억하신다. 3:7에서 주님야웨은−서술자에게는 그 이름으로 알려졌으나 아직 모세에게는 아니다−모세에게 우리, 즉 독자들이 2:23−25에서 알게 되는 것을 말씀하신다. 하나님은 이집트에 있는 이스라엘을 잊지 않으셨다. 하나님께서는 그들의 울부짖음그들의 기도가 아니라 고통과 고난; 2:22-25의 주를 보라을 들으시며 그들을 인도하러 내려오신다.3:8 인도자와 구원자라는 하나님의 역할은 이미 힌트가 주어졌으며, 모세를 인도하심에서 미묘하게 증명되었다.2:1-10, 11-15 그렇지만 오직 이곳에서만, 출애굽기에서 처음으로 하나님이 인간의 모습으로, 분명히 선언되는 인간의 모든 일들 속에 하나님의 중심적 역할이 있는 것이다. 인도자, 구원자, 그리고 해방자가 앞으로 하나님의 주된 역할이 될 것이다,

하나님의 계획의 동기는 이스라엘이 내 백성이라는 반복된 언급 속에 들어가 있다.3:7, 10 출애굽기가 이런 방식으로 이스라엘을 언급할 수 있는 이유는 창세기에서 보도된 초기 역사prehistory 때문이다: 하나님께서 아브라함, 이삭, 그리고 야곱과 맺은 언약을 기억하셨다.출 2:24 이런 초기 역사는 이미 모세에게 주신, 너희 아버지들의 하나님3:6이라는 하나님의 자기지시 속에 언급되어 있다. 그럼에도 불구하고 지금 시작되는 새 이야기는 하

나의 새로운 이야기가 아니라 새로운 환경 속에서 아브라함의 자손들을 돌보시는 하나님의 꾸준한 표현인 것이다.

하나님께서 자신의 백성을 인도하시고자 내려오신다.3:8 카수토Cassuto는 이 언어가 가나안 사람들에게서 빌려온 것이라고 주장하는데, 그는 문자적으로 받아들였지만 "인간 만사 속의 신성한 개입"34을 묘사하기 위해 다르게 사용된 것이다. 그 말이 사실이라 해도, 이스라엘인들은 하나님께서 구름 위에 "높이" 거하신다는 개념을 다른 고대 백성들과 공유했다는 것 또한 인식해야 할 것이다. 이것이 우리에게 상징적인 의미를 전해주긴 하지만, 이것은 코페르니쿠스 이전 세상 속의 지리적 현실주의로 종종 이해되었다.W. Janzen, ABD, 2:245-47 이스라엘이 가진 신앙의 정황 속에서, 그런 언어는 하나님의 초월성을 강조한다. 하나님은 존재하시고 창조 속에서 활동하신다고 해도, 우리가 하나님을 어떤 측면들에서 내적인 세상의 권력과 동일시되는 것으로 혼동해서는 안 된다.

약속된 땅은 이스라엘의 목적지이다. 출애굽기는 시내 산의 언약사건들에 이르기까지 이스라엘의 이야기를 따라가는 것에 국한하고 있다. 그렇지만 모세에게 하신 하나님의 말씀은 젖과 꿀이 흐르는 … 좋고 넓은 땅3:8, 아브라함에게 약속하신 땅을 이스라엘에게 주시겠다는, 하나님의 행동이 더 먼 곳을 목표로 하고 있다는 것을 분명하게 한다. 그곳에 도착한 이후에야 이스라엘은 출애굽기에서 위임을 받은 역할을 이룰 수 있을 것이다. 이런 풍요로움의 이미지는 공통된 표현이다.3:17 참조; 민 13:27 및 여러 곳 젖과 꿀은 동물과 곤충이 주는 "공짜 선물"로서, 따라서 농작물보다는 인간의 노동의 결과를 직접적으로는 덜 필요로 하는 것이다. 이런 사실은 그 이미지를 더 만들어 내지만, 이것이 지닌 정확한 기원은 알려져 있지 않다.[약속의 땅, 487쪽]

하나님께서 모세를 보내시다. 그 땅을 하나님이 인도하시는 목적지로 묘사한 후에, 3:9는 7절의 골자를 모세에게 내리신 하나님의 "행군명령"의 근거로 되풀이하고 있다. 어떤 상황을 하나님께서 특징짓는 것3:7-9은, 하나님이 그 상황을 언급하는 전령을 보내시는 것이 뒤따르며3:10, 예언으로 병행되고 있다. 그 용어 자체가 모세의 역할을 묘사하는데 적절하지는 못해도, 출애굽기의 나머지 부분을 통틀어서 우리가 모세에게서 선지자의 특징을 발견하는 것은 어렵지 않을 것이다.[모세, 473쪽]

모세의 응답, '제가 누구입니까?' 3:11는 카수토가 주장한 것처럼36, 단순히 겸손과 하찮음의 의미를 표현한 것일 수도 있거나, 아니면 보통 추정하듯이 하나님이 주신 임무를 모세가 거부하기 시작한 것일 수도 있다.

잰슨J. G. Janzen은 또 다른 흥미로운 가능성을 제시한다. 모세는 바로에 맞서서 자신의 백성을 돕는데 실패하는 사람으로 스스로를 보고 있다.2:11-15 잰슨은 여기서 모세의 질문이 "진정한 의심[스스로를 실패라고 생각함], 자기지식의 확립 속에서 정확한 개방성으로 이루어져 있으며, … 처음으로 실존적인 질문을 하고 있다"고 언급한다.J. G. Janzen, 1979: 234

이런 제안이 솔깃할 수는 있지만, 모세가 나중에 거절하는 것은 여기서의 질문이 겸손이거나 자신을 낮추는 의미삼상 18:18; 삼하 7:18과 같은 사용을 참조로 사용되었거나, 혹은 모세가 저항을 시작하는 의미로 사용되었다는 것이 더 그럴 듯하다. 비슷하게 병행되는 기드온의 소명 이야기삿 6. 특히 6:14-17가 첫 번째 해석을 지지하지만, 예레미야의 소명렘 1:1-10은 후자를 뒷받침한다. 우리가 확신할 수는 없다.

이런 점에서 모세가 자신의 소명을 완강하게 회피하려는 시도로 변화하는 것은, 4:13에서 절정을 이루는데, 점진적인 것이다. '내가 너와 함께 하겠다.' 3:12는 하나님의 보증은 어떤 의미에서 모세의 반응을 타당한 것으로 받아들인다. 자신의 힘으로는 모세가 절대로 임무를 완수하지 못할 것이다. 그렇지만 모세는 스스로를 의지하지 않고 하나님께서 힘을 주시는 대리인으로 행동할 것이다.4:12, 15 참조

고원D. Gowan은 내가 너와 함께 하리라는 신성한 약속과 그 이형들이 단순히 하나님의 존재에 대한 평범한 보증은 아니라는 것을 보여주고 있다. 구약성서에서 거의 그런 백 가지의 형태 가운데서, 대다수가 "수신인이 실패할 가능성이 아주 큰 위험이나 임무에 직면한" 상황들 속에 있는 지도자들에게 전해지고 있다.Gowan: 57; 54-64 참조; 예를 들면 창 26:24; 수 1:5, 9; 렘 1:8

출애굽기를 통틀어서, 모세에게 닥친 위험과 위기는 바로에 맞서는 야웨의 전쟁이라는 맥락에서 이해되어야 한다. 내가 너와 함께 하리라는 구절은 결코 야웨 전쟁의 맥락으로만 국한될 수는 없지만, 그 속에서 기능할 수는 있다.예를 들면 수 1:1-9; 삿 2:18; 대하 32:7-8 따라서 우리는 여기서 이미 하나님께서 모세와 함께 하겠다는 약속을 승리의 약속으로 들을 수 있다. 그것은 모세가 도구로 쓰이게 되는 하나님의 승리이지, 모세가 사용하는 승리가 아닌 것이다.[야웨 전쟁, 489쪽]

확증으로 하나님께서 모세에게 표징을 주신다. 여기서 질문이 나온다. 표징이 무엇인가? 비슷한 상황에서 기드온도 표징을 구했다.삿 6:17 그 응답으로, 주님의 천사가 기드온의 제물에 불을 보낸다. 이 본문은 무엇보다도 그 표징이 불타는 가시덤불에 있다.이미 이스라엘의 후대 예배를 앞서 가리키고 있다: 74는 차일즈의 시각이 사실이라는 것을 보여주는 듯하다. 그렇지만 이것그 표징이라는 단어는 불타는 가시덤불을 가리키기에는 문법적으로

적절하지 않은 듯하다. 그 단어는 3:12의 나머지 부분을 가리키는 것으로 보는 것이 더 적합한 것 같다: 네가 그 백성을 이집트에서 인도하여 낸 후에 너희가 이 산에서 하나님을 섬길 것이다.

장차 미래에 올 사건-이스라엘이 이 산에서 하나님을 섬김-이 어떻게 여기서 모세에게 지금 이곳에서 그를 보낸 이가 진짜로 하나님이라는 확신을 줄 수 있는가? 기드온의 사례처럼삿 6:21, 우리는 바로 지금 표징을 기대해서는 안 되는가? 이런 기대는 불타는 가시덤불에서처럼 해석자들이 다른 곳에서 나오는 그 표징을 구하도록 이끌고 있다. 노스 M. Noth는 그 표징을 묘사하는 것이 생략되었을 수도 있다고까지 주장한다.42 반면, 표징은 구약에서 넓은 범위의 의미를 갖는다. 표징은 즉각적이고 기적적일 수도 있으나이성적 이해를 넘어서는 것, 미래에 이해할 수 있게 될 수도 있는 것이다.W. Janzen, 1982a: 15-26 참조 후자의 사례는 아하스 왕에게 이사야 선지자가 선포한 임마누엘의 징표이다.사 7:10-16 [전염병, 표징과 이적들]

이런 가능성에 비추어 보면, 모세에게 주어진 표징은 미래 사건들을 가리킨다는 것으로 보는 것이 가장 좋을 듯하다. 이를테면, 하나님은 모세에게 그를 보내는 이가 바로 그 하나님이라고 지금 신앙으로 받아들여야 한다고 말씀하신다. 그렇지만 모세가 이집트에서 데리고 나올 그 백성과 함께 이 산에서 하나님을 섬길 때가 올 것이다. 그리고 나서 모세는 하나님께서 실로 지금 자신을 부르시는 일을 이루기 위해 그와 함께 하신다는 것을 깨닫게 될 것이다. 이런 의미에서, 그런 미래의 경험은 확신의 표징이 될 것이다. 이런 표징 약속의 완성은 18장에서 보도되고 있다.

하나님께서 새 이름을 계시하시다 3:13-22

하나님의 확증과 표징의 약속은, 모세가 일을 맡기에는 자신이 적합하지 않다는 것으로부터-적어도 당분간은- 모세 앞에 놓인 앞으로의 과제가 지닌 문제에게로 확실히 전환하게끔 한다. 3장의 나머지 부분에서, 하나님은 내용, 접근, 그리고 결과에 대해 모세에게 내린 자신의 명령을 상세히 설명하신다.3:10

3:13-15 하나님께서 모세에게 새 이름을 계시하시다

하나님께서 모세에게 스스로를 너희 아버지들의 하나님이라고 소개하신다.3:6 이것은 이스라엘 앞에서 모세의 임무를 선언하고 확증하기 위한 기초라고 하기에는 불충분해 보인다. 하나님께 걸맞은 이름이 없는 것이다. 이름은 언어 표지verbal label 이상의 것을 의미한다. 성서의 사람들에게 있어서, 이름이라는 것은 이름이 다루는 총체적 실재를 포함하는 것이다. 따라서 이름에 관련된 계명, 너희는 주의 이름을 그릇되게 사용하지 말라는 종교의 오용, 주의 이름으로 행해지는 모든 것들의 오용에 맞서도록 하는 것이다.20:7; 주

어떤 인물의 삶에 있어서 중요한 변화들은, 예를 들면 아브람이 아브라함이 되거나창 17:5, 야곱이 이스라엘이 되거나창 32:28, 시몬이 베드로가 된다거나마 16:17-18하는 이름의 변화로 적절하게 표시되고 있다. 모세가 하나님에게 맞는 이름을 구하는 것은 앞으로 해야 할 임무와 관련되는, 하나님에 대한 합당한 지식을 요청하는 것이다. 어떤 방식과 정황 속에서 조상들문자적으로는 아버지들에게 알려졌다손 치더라도, 이 하나님이 어떻게 바로와 만날 때 제구실을 할 수 있게 될까? 그의 이름이 무엇인가를 "그가 무엇을 할 수 있는가?"라고 문자 그대로 표현하지 않은 더럼이 옳다.35, "그의 성격이 어떠한가?"라고 물을 수도 있을 것이다.[이름, 영광, 얼굴/임재, 손/팔, 496쪽]

앞서 제가 누구입니까?3:11라는 모세의 반응에서처럼, 하나님의 이름을 이렇게 구하는 것이 그 소명에 대한 반대를 포함하는 것인가, 아니면 어느 정도 반대를 하는 것이냐를 알아내는 것은 어려운 일이다. 모세는 하나님의 성품과 능력을 의미하는 하나님의 이름이 그런 만남에서 충분하지 못하다고 미묘하게 말하고 있는 것인가? 그럴지라도, 차일즈는 하나님의 응답이 먼저 모세에게 향했으며, 그러고 난 후에야 이스라엘 사람들에게 모세가 무슨 이름을 가지고 갈 것인가 하는 문제를 향하고 있다고 예리하게 지적하고 있다.76, 이것은 모세가 여기서 그들이 제게 물을 때 제가 무엇이라고 대답하리이까?(3:13라고 공개적으로 언급된 염려보다는, 정말로 당신은 누구십니까?라고 그가 던지는 질문을 표현하고 있는 것이다.

모세에게 주는 하나님의 대답은 구약 전체에서 대부분 논의되는 구절 가운데 하나이다.3:14-15 그 이름은 문법과 소리에 있어서, 히브리어 동사 "이다"hayah와 신성한 이름 "야웨" 사이의 관계를 다루고 있다. 하나님께서 첫 번째 대답하는 부분은 나는 나다.I am who I am라는 문장이다.NRSV와 다른 번역들; 히브리어: ' ehyeh ' aser ' ehyeh 그렇지만 각주에서 최근의 번역본들 대부분이 설명하는 것처럼, 그 히브리어는 나는 나이며 앞으로도 나일 것이다.I am what I am and I will be what/who I will be라고 번역될 수 있다.

만일 우리가 나는 나다.I am who I am라고 읽는다면, 그 이름을 추상적이고 고정된 철학적 진술, "존재하는 이" 또는 "영원한 존재"와 같은 것으로 이해해서는 안 될 것이다. 이것은 역동적인 성서의 하나님을 나타내기에는 적절하지 못한 이름이다. 그렇게 현재시제로 번역을 하는 것은 "하나님이 역동적이고 도우시는 존재"라고 표현될 때에만 합당한 것이

다. Mettinger: 41; Childs: 69; Martens: 16f 참조

그렇지만 하나님의 대답을 미래 시제로 번역하는 것이 더 나을 듯하다. **나는 앞으로도 나일 것이다.** 이것은 문법적으로 더 직설적이며Gowan: 83; W. H. Schmidt: 176f, '내가 너와 함께 할 것이다.' *ehyeh*라는 약속3:12에 대한 미래의 의미와도 부합되고, 동사 형태상으로 여기서 주어진 이름과 동일시되고 있다: 나는 앞으로도 나일 것이다.' *ehyeh* 부분적으로 하나님의 "대답"은 어떤 대답이라기보다는 대답에 대한 거절을 품고 있다. 이름을 밝히라는 요구를 거부하면서 하나님께서 신성한 타자성과 신비함을 유지하는 다른 사례들과도 잘 어울리는 것이다. 창 32:29; 삿 13:17-18; 출 33:17-23 참조

그렇지만 이것은 부분적으로만, 당분간만 거부하는 것이다. 하나님은 모세와 이스라엘에게 미래를 가리키면서, 이를테면 이렇게 말씀하시는 것이다. "기다려 보라. 내가 지금 너희에게 주는 새 이름은 지금으로서는 의미가 없다. 그렇지만 미래가 펼쳐짐에 따라, 이 이름은 너희를 위한 의미로 채워질 것이다." 바꾸어 말한다면, 하나님의 이름은, 사람들이 좋아하는 현대의 개념처럼, "열린 미래"를 선언하는 것이 아닌 것이다. 하나님은 마음에 분명한 목표가 있으시며, 그 목표는 부분적으로는 모세에게 벌써 계시하신 것이다.3:8; 6:2-8에 대한 주를 참조 하나님은 "모든 가능성의 글꼴font"로서, 이것은 하나님께서 사용하실 수 있는 수단들에 대한 것이지, 그 목표에 관한 것이 아니다.

모세의그리고 이스라엘의 경험에서는 아직 해당사항이 없는, 미래의 확실성에 대한 이런 언급은 **내가 너희와 함께 하리라**3:12; 위를 보라는 약속에 대한 숨겨진 내용과 미래의 시간과 조화를 이룬다. 물론 반복 독자는 이미 그 의미가 무엇을 의미하는지를 알고 있다: 그것은 이집트와 이스라엘 모두에 묘사되고 있는 것처럼, 구원자20:1-2에서처럼이다.

모세의 암시적인 요구에 응답을 한 이후에야 하나님께서는 모세의 명시적인 질문에 대답을 하신다. 모세는 백성에게, **내가 함께 할 것이다.**NRSV: I AM; 히브리어 *ehyeh*께서 나를 너희에게 보내셨다고 말하는데, 곧바로 3인칭으로 다시 말한다: 야웨=그가 계실 것이다; NRSV와 다른 번역들은 일반적으로: 주님, 너희 조상들아버지들의 하나님께서 … 나를 너희에게 보내셨다.3:15 메팅어Mettinger는 I amI will be에서 He isHe will be로 변화하는 것 속에 있는 내부의 논리를 지적한다: 물론 하나님께서는 1인칭으로 스스로를 말씀하시지만, 모세는보통 다른 사람들도 3인칭을 사용할 것이다.Mettinger: 33

야웨라는 이름여기서는 He will be로 번역됨은 분명히 모세와 이스라엘에게는 지금까지 알려지지 않은 이름으로 이 본문 속에 소개되고 있지만6:3 참조; 호 13:4, 그 이름은 그들과 그들의 조상들이 섬긴 동일한 하나님을 지칭한다. 이름의 변화는 인간에게 있어서 중요한

새로운 시작의 문턱에 있는 것이다.예를 들면 야곱이 이스라엘로 바뀜, 창 32:27-28; 마찬가지로 하나님께서는 구세주/구원자/해방자의 역할, 지금까지는 알려지지 않았던 자신의 역할을 드러냄으로써 이스라엘에게 새로운 이름을 주신다.

이렇게 구원하는 역할은 지나가는 막간이라기보다는, 여기서부터는 계속해서 하나님의 주된 성품이 될 것이다. 이런 이유로 3:15의 남은 부분은 이 이름이 항상 하나님의 이름으로 남게 될 것이라는 점을 강조한다; 동등한 중요성을 가진 다른 이름으로 바뀌는 일은 없을 것이다. 모벌리는 이 새 이름 야웨를 계시하기 이전에 이스라엘의 이야기와 그것을 뒤따르는 것이 구약과 신약의 관계와 같다는 설득력 있는 논문을 제시하고 있다; 바꾸어 말하면, 창 12-50은 구약중의 구약이라는 것이다.그의 책 제목

우리는 모세 때부터 야웨영어로는 보통: 주님라는 이름 아래 이스라엘이 하나님을 섬기기 시작했다는 사실을 이 본문이 증언하고 있다는 것을 받아들여야 한다.Mettinger: 20f; W. H. Schmidt: 144f 이 이름은 이미 창세기 곳곳처음엔 창 2:4; 특히 창 4:26에서 나타나는 분명한 언급을 참조할 것에서 사용되고 있다는 사실은 신학적인 뒤돌아보기retrojection로 보아야 한다. 일단 야웨가 이스라엘 하나님의 최고의 이름이 되고 나면, 조상들이 다른 이름을 사용했던 것이 틀림이 없을지라도출 6:3; Moberly, 1992: 70-78; 36-69 참조, 그 이름은 창 12-50에서 조상들아버지들에게 하나님께서 역사하시던 때로 거슬러 올라 적용될 수 있는 것이다.

그렇지만 이스라엘 외부에서 야웨라는 이름은 모세 이전에 신성한 이름으로 거의 분명히 알려져 있었다. 야웨는 스스로를 모세에게 호렙, 하나님의 산에서 드러내셨고, 아마도 미디안 사람들에게도 그 이름으로 알려졌을 것이다.3:1; 18:5 구약의 다른 곳에서, 야웨는 시내, 바란 산, 가데스, 세일, 에돔 혹은 데만에서 오신다고 언급되고 있다.신 33:2; 삿 5:4-5; 시 68:7-8, 17-18; 합 3:3 이런 장소들은 겐-미디안 사람들의 영토인, 사해와 아카바의 남쪽 끝에 있다.

이들 본문은 학자들을 소위 겐-미디안 가설로 이끌었다. 많은 이들이 하나님은 이미 모세 시대 이전에 야웨라는 이름으로 섬김을 받았으며 모세가 미디안 사람들과 함께 살 때 이 이름을 받았다고 추정하고 있다. 최근에는 몇몇 학자들이 다시금 이 옛 가설을 설득력 있게 주장하고 있으며, 성서 외부의 발견들이 일부 학자들을 지지하고 있다.Mettinger: 24-28; W. H. Schmidt: 144-47

몇몇 학자들은 야웨를 옛 문장의 이름sentence-name의 구술 부분이거나 가나안의 신 엘El의 서술어로 본다. 전체 이름은 "천상의 만군을 창조한 엘," 즉 *El yahweh* "to be" 동사의 원인격으로 이해됨 *seba' ot* Cross, 1973: 60-71 이다. 유사하게, 구약성서 본문들은 하나님을

"만군의 주," *Yahweh seba' ot*삼상 1:3, 11; 왕상 18:15; 시 24:10; 사 6:3, 5; 렘 10:16으로 부르는 일이 잦다.

내가 보기에 모세 이전의 신성한 이름인 *Yahweh*의 지식에 관한 두 가지 가설들은 서로에게 있어 양립할 수 없는 것은 아니다. 그렇지만 만일 그 가설들이 맞는다면, 그런 가설들은 모세와 모세를 통해 이스라엘에게 계시된 하나님의 성품을 가리킨다기보다는, 그이름 자체만을 지칭하고 있다는 것이 분명하다. 이스라엘은 하나님과의 근본적인 만남속에서 그런 계시를 경험할 것이다. 나아가, 그 이야기 자체는 신성한 이름의 원래 기원이 겐-미디안이나 고대근동에 있다는 분명한 언급을 하지는 않는다.

그럼에도 우리는 하나님의 산이 미디안 사람들에게 그와 같이 알려졌다고 추정할 수 있다. 우리는 축하하는 식사의 자리에서 미디안 제사장 이드로의 종교적 역할도 알고 있다. 겐-미디안 가설이 주는 모든 것들은 어느 정도 흥미를 끌고 있다.18:12 주

마지막으로, 신성한 새 이름을 쓰는 것에 주목하자. 구약시대에 히브리어는 모음이 없이 자음으로 기록되었다. 따라서 신성한 이름은 YHWH로 나타났다. 그 이름에 예를 갖추어, 그리고 이름의 계명20:7에 기초하여, 성서 중간사 시대와 후대의 유대인들은 그 단어를 읽을 일이 있을 때 대신 "주님"' *adonay*으로 발음했다. 이 단어는 이미 인간 주인들과 어떤 경우 하나님을 가리킬 때출 23:17에서처럼, 혹은 하나님을 따로 부를 때오, 나의 주님, 4:10 사용되고 있었다.

주후 천년의 후반부에, 히브리어는 더 이상 구어로 사용되지 않았기에 유대교 성서학자들은 자음으로 된 본문에 모음을 도입했다. 신성한 이름을 위해, 이들은 "주님"' *adonay*의 모음을 YHWH의 자음에 넣어서, 읽는 이들이 신성한 이름을 발음할 수 있도록 했다. 이 복합된 결과는 결코 다음과 같이 읽도록 의도된 것은 아니었다: "*YeHoVaH*"=*Jehovah*; y와 j, w와 v 짝은 어느 정도는 바꾸어 쓸 수 있다

그렇지만 이렇게 합쳐진 단어는 오래된 영어 번역본들과 찬송가들에 들어왔으며, 새로운 번역본들은 주님LORD, 작은 대문자들을 선호하여 헬라어 번역인 *kurios*=주님를 따랐다. 원래의 것은 아마도 히브리 이름들을 헬라어로 옮기고 축약한 것을 따라 첫 번째 음절에 악센트를 두어 *YAH-WEH* 였을 것이다.예를 들면 *sidqi-yahu*="야웨는 의로우시다"= 시드기야, 렘 1:3

3:16-18a 하나님이 이스라엘에게 "그 이름"을 보내시다

이제는 그 이름에 대한 질문이 자리를 잡아, 하나님은 3:10의 그 명령을 반복하신다:

가라 … NIV: 그러니 이제는 가라! 10절을 그러니 오라 … NRSV라고 번역하면 이런 연결성을 모호하게 하지만, 엄밀히 따지면 이것이 옳은 것이다. 그 이유는 양쪽의 장소에서 사용된 히브리어 동사*halak*, 문자적으로는 걷다는 상황에 따라 가다나 오다를 모두 의미할 수 있기 때문이다.

3:10이 곧바로 모세의 임무의 대상이 바로라고 밝히고 있지만, 16절은 이스라엘의 장로들이 모세의 길에서 도중정차하는 것으로 받아들인다. 모세에게 그 이름이 소개된 것과 같이, 이제 모세는 그들에게 그들의 조상들아버지들의 하나님의 새 이름, 야웨주님을 소개해야 한다. 나아가, 그들은 이집트에서 그들이 겪은 역경에 하나님께서 관심을 기울이셨고 그들을 인도하실 것이라는 약속을 하셨다는 것을 들어야 한다.창 50:24 참조 이것은 3:16-18a 7-9절을 요약하면서 언급되며, 6개의 나라의 땅을 주신다는 약속으로 결론을 맺고 있다.3:8 참조

장로들의 첫 반응은 간략하지만 단호할 것으로 예상되고 있다: 그들이 네 말을 들을 것이다.3:18a 1차 독자들조차 이것을 놀랍게 바라보면서, 모세가 그의 백성을 도우려고 할 때 앞선 모세의 경험을 기억할 것이다.2:11-15 반복 독자는 여기서 모세와 이스라엘 백성의 지도자들 사이에 벌어질 미래의 끊임없는 충돌의 연결고리를 떠올릴 것이다.

3:18b-22 하나님께서 "그 이름"을 바로에게 보내시다

장로들이 모세를 받아들인 후에, 그는 장로들과 더불어 이집트의 왕을1:8, 15 참조 만나러 가야 한다.3:10, 16에서 사용된 히브리어 동사와는 다르다 바로에게 전하는 그들의 메시지는 하나님의 새로운 이름, 야웨/주님을 선언함으로 시작한다. 그 이름이 이스라엘 사람들에게는 이스라엘 사람들의 조상들아버지들, 3:15-16의 하나님을 가리키는 것으로 소개되어야 한다면, 바로에 해야 할 적합한 소개는 히브리인들의 하나님이다.3:18a 바로가 야웨를 알 것이라는 기대는 없지만, 바로는 이스라엘인들/히브리인들에게 신이 있다는 것이나 그들이 유일한 하나님을 섬긴다는 것을 알아야 할 것이다.

야웨가 우리와 함께 만나신다는 언급 속에는 장로들도 포함된다.창 50:24 참조 이것은 대표로서의 경험으로 모세가 하나님과 만났다는 것을 각인시킨다. 하나님은 모세를 통해 자신의 백성과 만나신다.나에게, 3:16을 참조

카수토는 만났다.*niqrah*, 3:18라는 단어가 우연한 만남을 이야기하는 것이라고 본다. 하나님은 "우연히 그들에게 자신을 계시하셨다"[42] 물론, 하나님에게 있어 우연한 만남을 암시하는 것이 아니라, 모세/이스라엘에게 있어서는 예상치 못한 만남이었다는 것이다. 이

것은 하나님께 제대로 제사를 드리기 위해 바로에게 사흘 동안 백성들을 광야-아마도 계시의 장소이겠지만, 유목 백성들의 하나님을 예배하기 위한 적절한 곳이 광야라는 장소일 수 있다-로 가도록 해달라는 요청을 한 것을 설명해 준다.3:18 장로들이나 몇몇의 적합한 대표단을 가리킬 수 있지만, 아직 백성 전체는 아니다.

몇몇 해석자들이 믿고 있는 것처럼, 이런 요청은 잠시 떠날 수 있게 해달라는 것에 왕의 재가를 받는 것이므로 까다로운 것이 아니어서, 그들은 완전히 도망칠 수도 있다. 이스라엘 사람들은 나중에 그런 계획을 갖고 있다는 의심을 받았다.10:7-11, 주를 보라 대신, 그것은 바로의 마음을 조심스럽게 시험하는 것이다. "사흘"은 성서에서 "몇" 혹은 "여러"의 의미를 담고 종종 사용되는 말이지, 특정한 기간의 시간을 정의하는 것은 아니지만, 이 경우에는 알맞은 기간을 가리키는 것이다.Bauer: 354-58 다른 주인에게 복종을 하기 위해 바로의 통치권을 넘어서 이스라엘을 잠시 벗어나게 해달라는 요청은 왕의 요구를 시험하게 될 것이다. 바로가 이런 덜한 요구조차도 거부하게 될 것이 분명해 보인다. 이것은 이스라엘을 지배하기 위한 바로의 고집스러운 요구를 나타내는 분명한 증거가 될 것이다.

우리가 강한 손으로 치지 않는다면이라는 번역을 받아들인다면3:19, NRSV, 헬라어 본문을 기초로 함, 강한 손만이 바로를 움직일 수 있을 것이다. 히브리어 본문은 그리고 힘센강한 손조차도 안 되었다라고 읽을 수 있어서, 강하고 무력적인 요구조차 그 왕을 움직일 수 없다는 의미를 보여준다. 그렇게 되면 하나님께서는 자신의 강한 손으로 그 장면에 들어오시게 될 것이다.3:20 [이름, 영광, 얼굴/임재, 손/팔, 496쪽]

더욱 미묘한 것은 히브리어 동사 *salah*의 언어유희로서, 이 단어는 "펼치다"와 "가게하다.보내다"를 의미하기도 한다. 양쪽의 의미는 인과관계로 하나님의 행동과 왕의 행동을 연결하는데 나타난다. 왕의 행동과 하나님의 예지의 관계는3:19 나중에 더 상세하게 살펴볼 필요가 있는 주제이다.[바로의 마음이 완고해짐] 여기서는 단순히 모세와 함께 하겠노라고 약속한 하나님3:12께서 바로와의 피할 수 없이 가혹한 충돌에서 성공적인 승리를 보장하게 된다는 것을 모세에게 강조하는 역할을 한다.

하나님의 대리자를 통해서 승리를 얻게 된다는 확신은 논란이 많은 21-22절의 주제이다. 이집트인들의 "노략질"3:22이라는 주제는 본질적으로 11:2-3과 12:35-36에서 반복되고 있다.시 105:37도 참조 그런 구절이 그 정황 속에서 다른 뉘앙스가 있다고 해도, 그들의 일반적인 요지는 같다. 각각은 두 개의 분명하게 충돌되는 요구들을 나타내고 있다: 먼저, 하나님과 이스라엘은 바로와 이집트인들의 격렬한 갈등 속에 있으며, 그 속에서 이집트를 하나님의 강한 팔로 이겨내게 될 것이다; 이런 갈등의 한 가운데에, 이스라엘 백성을 이집트 이웃들이 아주 좋아하게 되어 나중에 그들에게 선물을 나누어 주게 될 것이다. 둘째로, 이웃의 요청에 대한 응답으로 하는 이런 자발적인 너그러움은 노략질로 묘사된다. 3:22; 12:36

이집트인들은 하나님의 행동의 결과로 이렇게 행동하게 될 것인데, 이것은 외부적으로는 바로와의 충돌이거나 내부적으로는 이스라엘의 이집트인 이웃들을 설득했을 수 있다. 그렇지만 하나님께서 무엇 때문에 그렇게 하시는가? 어떤 이들은 여기서 성막을 짓기 위해 나중에 필요한 재료들을 미리 하나님께서 준비하시는 것이라고 본다. 25:1-07, 그리고 특히 35장 참조 다른 사람들은 이런 "노략질하는" 주제를 이집트인들에게서 물건을 훔치거나 이집트인들을 털어가는 이스라엘의 교활함을 찬양하는 것으로 본다. *nasal*노략질하다이라는 동사는 어떤 경우 그런 의미를 갖는다.

카수토는 신명기 15:13-14이 그것을 설명한다고 주장한다. 주인이 히브리 노예들을 위해 선물을 마련해주는, 히브리 노예들을 풀어주는 법이 그것을 명기하고 있다. 그런 시각에서 이 본문 속에 언급된 선물들은 이스라엘을 노예 신분에서 풀어주는 표시를 담고 있는 것이다. Cassuto: 44

내가 보기에, 이런 "노략질하는" 본문들의 해석은 그들의 갈등이나 "전쟁"이라는 정황과 관련되어 있음에 틀림없다. 바로와의 갈등 전체는 출애굽기 책에서 거대한 전쟁으로 특징되어져 있다. 그렇지만 이스라엘이 수동적이고 평화로운 역할로 남아 있는 동안, 하나님께서 전적으로 싸우신 전쟁인 것이다. 이런 주제는 출애굽기 14:14에서 가장 응축된 표현으로 나타난다: 주께서 너희를 위해 싸우실 것이니 너희는 가만히 있을지니라.

역대기하 20:25만이 3:22와 12:36에서 사용된 동사 "노략질하다. *nasal*"의 문법적인 형태를 보여준다. 그 본문에서 그 동사는 전쟁에서 전리품을 손에 넣는 것을 의미한다. 이 본문은 해방된 이스라엘인들을 전리품을 가득 실은 채 전장에서 돌아오는 승리자로, 그렇지만 싸울 필요가 없었던 승리자들로 나타내려는 의도가 있다고 본다. 하나님만이 그 적을 무찌르셨으며, 외부적으로, 그리고 이스라엘의 이집트 이웃들의 마음의 영역에서 큰일을 행하신다. [야웨 전쟁, 489쪽]

16-22절은 모세의 임무를 수행하게 될 사건들의 진행을 모세를 위해 기획하는 것이다. 이 절들은 그것을 승리의 과정으로 묘사한다. 모세는 신성한 이름의 권위를 갖게 될 것으로, 이 이름은 그의 백성 가운데로 모세를 받아들이기에 충분하며, 바로와 이집트인들에 대한 승리를 가져다주게 될 것이다. 모세의 초기 해방시도들2:11-15은 모세에게 두려움을 불러 일으켰을 것이며 이제 하나님께서는 그런 두려움들을 체계적으로 예상하고

없애버리신 것으로 보인다.

하나님께서 모세의 반항을 이기시다 4:1-17

그렇지만 모세의 두려움은 극복되지 않았다. 우리는 모세의 앞선 질문들제가 누구입니까?, 3:11; 제가 그들에게 무엇이라고 해야 합니까? 3:13이 어느 정도까지 하나님의 부르심에 대한 거부의 표현들이었는지를 정확히 판가름할 수는 없다. 그렇지만, 이제 모세의 전적인 저항이 나오게 된다.

4:1-9 하나님께서 확증의 징표들을 내리시다

모세가 하나님의 예상그들이 너의 말을 들을 것이다. 3:18을 노골적으로 부인한다고 우리가 볼 때, 모세의 반항의 격렬함이 완전히 드러나고 있다. 모세는 이렇게 말한다. 보소서, 그들은 나를 믿거나 내 말을 듣지도 않을 것입니다! 내 번역; Durham: 42 참조 NRSV와 다른 번역들그렇지만 만약 그들이 믿지 않는다면 …은, 비록 맞는다고 해도, 그의 첫 번째 단어히브리어: *hen*가 가진 힘을 잃고 있다. 이 단어는 "만약"을 의미할 수도 있지만 동시에 "보다"도 가능하다. 예를 들면, 창 3:22 장로들이나 이스라엘 사람들에게 믿음이 부족함을 예상하면서4:1 참조, 모세는 자신의 믿음도 부족하다는 것이 베일로 얇게 가려져 있음을 보여준다. 믿느냐 아니냐가 이 본문의 핵심 질문이다. 믿다.'*aman*, 이 단어에서 "아멘"이 나왔다라는 동사는 네 구절에서 다섯 차례 등장한다.4:1, 5 8-9 그것은 마치 3장에서 보도된 하나님의 애쓰심이 전적으로 실패한 것인 양, 그리하여 하나님은 모세를 납득시키는 새로운 출발을 시작해야 한다.

모세의 의심은 하나님께서 그에게 나타나신 것이 다른 이들에게 미더운 것인가 하는 가능성에 초점을 맞추고 있다. 이것은 나중의 이야기에서 백성으로부터 경험하게 될 저항을 예고한다. 이것은 또한 하나님의 말씀이 아니라, 자신의 말을 하는 백성에게 예언자가 비난을 당한 후에 그 예언자의 나중의 경험을 예고하기도 한다. 우리는 신성한 영감을 받았다고 주장하는 사람과 만난 사람들에게는 판단의 근거로 삼을 만한 것이 별로 없었으며, 불안해하는 것이 당연하다는 것을 인정해야 한다.

하나님조차도, 적어도 부분적으로, 뒤따라오는 세 가지 이적들을 수행할 힘으로 모세를 준비시킴으로 모세의 이의를 받아들이시는 듯하다. 동시에, 하나님은 이적들이 없어도 모세의 말을 듣는 사람들에게 신앙을 확실히 일으켜 내실 수 있으시므로3:21 참조, 하나님께서는 모세를 위해 "그 이상을 해 주시고 계신 것"[1] 이다. 어떤 경우에서든, 하나님께서 3:1-4:17 곳곳에서 모세의 질문과 거부에 얼마나 인내하면서 온화하게 응답하시는지를 주목할 만하다.

하나님께서 모세에게 주시는 표징sign들은 아마도 모세가 충분한 권위를 가지고 있다는 것을 이스라엘뿐만 아니라 모세에게도 확신시키고자 하는 의도였을 것이다. 그렇지만 4:30-31은 그 이적들과 더불어서 구두 보도가 이스라엘인들을 납득시키고 있다고 간략히 언급하고 있다. 마치 모세가 나중에 이스라엘 앞에서가 아니라 바로 앞에서7:8-24 이 본문의 첫 번째와 세 번째 표징과 유사한 기적들을 행했을 때 알았던 것처럼, 표징들이나 기적들만으로는 신앙을 갖게 할 수 없다. 바로는 믿지 않을 것이며 이집트 주술가들도 똑같은 표징들을 행할 수 있을 것이다.7:11, 22 [전염병, 표징, 그리고 이적]

첫 번째 표징도 모세의 동료를 소개하는데, 이 이적은 장차 모세의 강력한 권위의 상징으로 기능하게 될 것이다.4:2-5 뱀의 형상을 가지고, 그것은 모세의 통제를 넘어선 어떤 것이 된다; 모세가 아주 신중하게 수행하고 있는, 하나님의 명령을 통해서만 모세는 그것을 다룰 수 있게 된다.7:8-13의 주를 보라

두 번째 표징은 첫 번째 표징이 했던 것처럼 하나님의 힘을 나타내는 것뿐만 아니라 위협의 요소를 가지고 있는 것이다.4:6-8 한센병-일반적으로 구약에서는 수많은 피부병을 가리킴-은 신이 내리는 징벌과 연관되어 있다.예를 들면, 수 12 표징을 일으키는 힘을 가지고, 모세는 여기서 자신의 반항을 인내심 있게 다루시는 하나님께서 벌을 내리실 힘이 있다는 경고를 받고 있는 것이다. 한센병이 다시 사라지면서, 모세는 은혜와 용서의 요소뿐만 아니라 하나님을 우습게 여기지 말라는 경고도 감지하게 된다.

모세가 마음대로 사용할 수 있었던 세 번째와 마지막 표징은 실행되지 않는다. 그것은 첫 번째 전염병7:14-24 참조을 예고하며, 여기서는 이미 이스라엘 사람들 보다는 이집트인들의 "이익"을 위해 의도된 것일 수 있다.

4:10-17 하나님께서 아론을 대변자로 세우시다

출애굽기는 모세의 의심이 하나님께서 그 이적들을 행하셔서 누그러들었는지를 분명히 언급하지는 않는다. 모세가 신앙이라는 주제에서 자신의 웅변의 문제로 방향을 전환시켰으므로, 아마도 하나님께서 어느 정도 진전을 이루신 것 같다. 반면, 모세는 단순히

---

1) 원문표기는 "going the second mile." 1마일을 함께 해달라고 요청하는 이에게 2마일을 가준다는 의미. 역자 주.

하나님의 부르심에서 벗어나기 위해 자신의 전술을 바꾸고 있을 뿐이다.

처음에 짧고도 무뚝뚝한 질문과 언급을 한 것과는 달리, 모세가 자신에게는 말을 잘하는 능력이 없다며 하나님을 납득시키려 하는 노력을 할 때에는 갑자기 달변가가 된다.4:10 여기서와 13절에서 모세는 하나님을 주님' aldonay; 3:13-15의 주를 보라으로 언급하면서, 마치 그의 임무를 위해 새로이 그에게 주신, 야웨주님라는 이름을 사용하는 것을 의도적으로 거부하는 듯하다. 자신이 웅변가로는 부족한 사람이라고 모세가 다양하게 재차말하는 것은 아마도 단순히 핑계일 것이다. 반면, 모세의 말이 사실일 수도 있어, 그것이모세가 지닌 최후의 보루일 수도 있다.

모든 인간의 기능을 통제하는 하나님의 전능하심을 속담처럼 상기시키는 하나님의 응답은 모세가 진짜로 말을 못하는 사람이냐 아니냐 하는 것을 상관없는 것으로 만들어 버린다. 모세의 임무의 성공은, 어떤 경우에서든, 하나님께서 힘을 부여하는 것에 있지 모세의 타고난 능력에 달려 있지 않은 것이다. 선천적으로 자격이 없는 사람들을 사용하시는 하나님의 능력이라는 주제는 성서 곳곳으로 확장된다.렘 1:6-7; 고후 12:9에서처럼 따라서 우리는 모세가 실제로 눌변이었다고 추정할 수 있다.

4:11의 속담은 모세를 꾸짖는 것으로 들릴 수도 있지만사 10:15 참조, 그보다는 하나님께서 그와 함께 하실 것이라는 최종적인 확신으로 들릴 수도 있다.3:12; 시 94:9 참조 하나님께서는 즉시 세 번째 명령을 내리신다: 이제 가라 …!4:12; 3:10, 16 참조 그리고 하나님께서 또 다른 확신을 추가하시는데, 이번에는 너의 입과 함께 하실 것이라는 점을 분명히 한다. 하나님의 메시지를 위해서 누군가의 입을 준비시키는 것은 특히 예언자의 기능을 말하는 것으로서, 모세를 예언자의 이야기와 연결시키는 것이다.사 6:5-7; 렘 1:9; 겔 3:1-3 참조 [모세, 473쪽]

이제 모세는 무장해제 되어 버려서 자신의 속마음을 드러내야만 한다: 오, 주님, 다른자를 보내소서!4:13 이런 감정적인 청원에 하나님도 감정적으로 반응한다. 그렇지만 하나님의 분노는 처벌로 표현되는 것이 아니라 모세에 맞춰 주시는 것이다.4:14 모세를 위한대변자로 하나님은 그의 형제, 레위인 아론을 세우신다.4:14-16 여기서 우리는 모세의 소명이 약화됨을 감지한다. 그의 인간적인 약함은, 하나님께서 강함으로 바꾸실 수 있으신것이며4:11, 이제는 그 약함이 감안되어야 할 진정한 장애로 남고 있다. 동시에, 아론을세우는 것은 하나님의 인내와 은혜를 보여주는 더 나아간 표징이다.

아론과 모세의 관계는 하나님과 예언자의 비유로 설명된다: 하나님께서 예언자들을"대변인들mouthpieces"로 삼으신 것처럼, 모세도 아론을 자신의 대변자로 사용할 것이다.

이런 비유의 더 분명한 공식에 대해서는 7:1 참조 모세가 우선한다는 것은 완전히 지켜지게 되지만, 아론은 진정으로 하나님의 인도와 영감을 공유하게 된다: 나는 너의 입과 그의 입에 함께 할 것이며, 너희복수가 무엇을 할지 너희복수를 가르칠 것이다.4:15 따라서 아론은 모세만을 위해서가 아니라 모세처럼 말하고 행동하게 될 것이다.

출애굽기에서 이야기가 더 진행되면, 우리가 모세와 아론 사이의 놀랄 만한 "교환"에 주목하게 된다. 어떤 경우에는 한 명이 바로에게 말하는 일이 있을 것이며, 다른 경우에는 둘이 바로에게 말할 것이다. 어떤 경우에는 한 명이 권위의 지팡이를 행사하게 되며, 그런 후에는 다른 이가 그렇게 할 것이다. 그렇지만 모세가 우선한다는 것은 출애굽기에서 항상 논란의 여지가 없이 남아있다.그렇지만 민 12장 참조

아론은 모세의 형제뿐만 아니라 레위인으로도 소개된다. 레위인은 제사장이 되는 지파의 일원이다.2:1 참조 그의 이름이 갖는 의미는 알려지지 않았으며, 아마도 이집트식 이름인 듯하다.Spencer: 1:1 반복 독자에게 있어서, 아론과 그의 자손들이 제사의 수행자들로서 하게 될 미래의 역할은 이 장면에서 놓칠 수 없는 부분이다. 우리가 듣고 있는 것은 단순히 아론의 개인적인 부르심의 이야기가 아니다. 그 이야기 속에서, 그리고 그 이야기와 함께, 제의의 필요성조직화된 종교과 제의의 합법성이 우리에게 소개되며, 아울러 하나님의 계시를 의사소통하기 위한 제의의 본질이 우리에게 소개되는 것이다.

그리고 최종점으로, 하나님께서 모세에게 권위의 상징인 그 지팡이를 가지고 이적을 행하고 그의 임무를 수행하라고 지시하신다. 모세는 더 이상 거부하지 않는다.

성서적 맥락에서의 본문

소명 이야기들

모세의 소명 이야기는 다른 곳에서, 특히 스데반의 설교에서 언급되고 있지만행 7:30-34, 몇몇 다른 구절도 그 이야기를 시사하고 있다. 사 42:8; 47:8, 10; 그리고 요한복음의 "나는 ~이다" 언급들을 참조; 아래를 보라 반면, 성서는 여러 가지 방식으로 모세의 소명과 유사한 이야기들을 담고 있다.

모벌리는 모세의 소명은 구약성서에서 최초의 소명 이야기라고 주장한다. 이스라엘의 조상들/아버지들창 12-50이 "하나님 아래 사는 삶을 살았지만, *YHWH*가 다른 이들에게 행하고 말하신다는 것을 통해 그들이 대리자가 된다는 의미는 찾아보기 어렵다" 1992:13, n. 13 그가 인정한 예외적인 사례는 요셉이었지만, 요셉은 회고하면서 자신의 "소명"을 깨

달았다. 창 45:5-8 참조 모벌리는 분명 모세의 소명에 따라오는 새로운 시작을 강조한다는 점에서는 옳다. 그렇지만 난 모세의 소명 이전에 충분히 선행하는 것들이 있었다고 본다: 노아의 소명창 6:11-7:5; 6-9장 참조과 아브라함의 소명창 12:1-3, 그리고 그로 인해 그들과 그들의 가족들에게 부여된 역할들. 그들 속에서도, 하나님께서는 개인들과 가족들을 자신의 계획을 수행할 대리인들로 삼으신다.

그럼에도, 모세의 소명에 더 가까운 병행들이 이후 성서의 이야기 속에 따라온다. 게다가, 모세의 소명은 전형적인 사례paradigmatic로 보이는데, 이것은 신구약성서가 거의 가깝게 따라가는 다른 소명 이야기들의 모델이다. 신명기 18:14-22에 따르면, 하나님은 이스라엘을 위해 "나와 같은 선지자모세"를 세우실 것이다. 이것은 궁극적으로 미래의 메시아적 지도자를 가리키기 위한 것으로 유대교 내에서 이해되었다. 행 3:19-23; 행 7:37; 요 1:22, 25; 6:14 참조 그렇지만 아마도 그 원래의 의미는 하나님께서 모세로 대표되는 선지자의 유형type으로 이스라엘과 계속적으로 의사소통하신다는 것이다. Wilson, 1980: 157-55, 이런 형태의 예언의 특징에 대해서는 이 책을 참조할 것

모세의 소명과 가장 가까운 것은 아마도 예레미야 1:4-10일 것이다. 삿 6:11-18 참조; 그리고 어떤 면에서는 삼상 3:1-14 특히 그런 소명이 갖는 특징은, 하나님께서 부르신 사람에게 부여된 임무를 피하려고 하거나 망설이는 사람과의 대화이다. 신약성서에서 베드로의 소명은 이런 형태와 조금 닮아있다. 눅 5:1-11 짐멀리W. Zimmerli는 다른 형태의 소명 이야기와 이런 유형을 대조시키면서, 특히 이사야 6장그의 처음 소명보다는 새로운 임무로 부르시는 것; 왕상 22:19-23; 그리고 사도행전 9장을 예로 들고 있다. 이런 유형 속에서, 하나님은 천상의 의회로 둘러싸인 자신의 보좌에서 말씀을 하시고, 언급되는 사람은 반항하지 않고 그 왕의 명령을 받든다.

두 가지 유형의 소명 이야기 사이에는 구조와 주제 상으로 상당히 겹치고 있지만, 에스겔 1-3은 두 가지를 결합시킨다. Zimmerli, 1979: 97-101 이들과 다른 소명 이야기들은 각각의 특징을 가진다. 그렇지만 공통적으로 나타나는 요소들도 있다:

- 하나님의 거룩함과 만남
- 인간의 무가치함을 깨달음
- 하나님에게서 오는 안도감
- 임무를 부여받음

성서 이야기 속의 결정적인 부분에서 그런 소명들이 자주 나타나는 것은, 하나님께서 직접적이고 절대적인 힘을 사용하여 세상 속에서 그의 계획들을 이루시는 것이 아니라,

겁쟁이에다 의지가 없는 인간 대리인들을 통해 역사하신다는 것을 우리에게 말해주고 있다. 그런 소명들은 하나님의 은혜와 인간의 책임을 증언하고 있다. 이스라엘의 백성 전체가 특별한 책무를 위해 하나님께 부르심을 받고 위임을 받았다. 이런 주제는 19장과의 연결 속에서 나타난다.주를 볼 것 기독교 교회는 항상 유사한 방식으로 부르심을 받고 세상 속으로 보내지는 백성으로 스스로를 이해해 왔다.

하나님의 새 이름: 야웨주님

우리는 이미 하나님의 이름 야웨주님가 새롭게 계시된 것과 모세 앞에서 그 이름을 사용하는 문제를 고찰했다.3:13; 15, 주를 볼 것 또한 이 새 이름의 계시가 "구약의 구약"조상들/아버지들의 이야기, 창 12-50과 "구약의 신약"출애굽기 3장부터 계속되는 *Yahwist* 이스라엘의 이야기. 3:13-15 주 사이의 분수령을 표시한다는 모벌리의 중요한 논지도 주목했다. 하나님은 모세에게 이렇게 말씀하신다: 이것은 영원한 내 이름이다, // 그리고 이것은 모든 세대를 위한 내 호칭이다.3:15

출애굽기에서 여섯 개의 다른 구절들이 분명하게 야웨주님라는 이름의 의미를 발전시킨다: 6:2-8; 15:3; 20:7; 33:19; 34:5-7; 34:14. 그 이름은 구약에서 거의 6,800회가 넘게 사용된다. 이스라엘의 하나님에 대한 다른 이름들 역시 하나님께서 스스로를 모세에게 야웨로 계시하신 후에 사용되고 있다. 그들 가운데 가장 두드러진 것은 ' *Elohim*하나님이다. 야웨라는 이름이 독점적으로 이스라엘의 하나님의 개인적인 이름이라면,' *elohim*은 다른 신들에 대한 포괄적인 용어로 기능할 수 있다. 동시에, 이스라엘의 하나님을 가리킬 때에는,' *Elohim*은 개인 이름의 특성을 가지며, 대부분의 맥락 속에서는 야웨와 아주 흡사한 역할을 한다.

칠십인역에서, 하나님을 가리키는 야웨,' *Elohim*과 다른 이름들은 *kurios*주님이나 *theos*하나님으로 번역되고 있다. 전자는 하나님과 그리스도의 관계에 있어서 초대 교회의 강한 고백으로서, 예수 그리스도로 사용되기도 한다. 야웨는 수많은 이름의 접두사나 접미사로 나타나기도 하지만예를 들면, 요나단과 예레미야, 다른 단어로 나타나기도 한다.예를 들면, 할렐루야!= *Yah*[weh]!를 찬양하라 성서는 새로운 이름 야웨가 모세에게 하나님의 계시로 나타난 단락을 다른 곳에서 분명하게 언급하고 있지는 않다. 그렇지만 학자들은 요한복음에 나오는 예수의 나는 ~이다 언급들이예를 들면, "나는 세상의 빛이다," 요한복음 8:12; 8:24 등을 참조 출애굽기 3:13-15의 신성한 나는~이다/나는 앞으로도 ~일 것이다.I am/Will be 와 구약에 나오는 수많은 "나 야웨[이다]" 언급들예를 들면 출 6:6; 레 19:4; Brown: 1:533-38;

Gowan: 95을 의식적으로 차용한 것으로 보고 있다.

모세의 저항과 하나님의 응답

이미 앞서 본 것처럼, 부르심을 받은 사람의 입장에서 머뭇거린다거나 저항한다는 것을 보도하는 것이 성서의 부르심에 나타나는 특징이다. 루돌프 오토Rudolf Otto는 이것을 "피조물의 의식creature-feeling," 즉 모든 인간이 거룩한 이를 만날 때 특성상 수반되는 왜소감과 무가치감으로 본다.창 18:27, 아브라함 참조; Otto: 8-11 어떤 의미에서, 이것은 악한 거절이 아니라 마땅한 반응이다. "내가 여기 있습니다. 나를 보내소서!"라는 이사야의 자원은 분명코 그 예외이며, "오, 슬프도다!"사 6:8, 5라는 이사야의 표현이 선행되어 있기도 하다.

저항은 요나의 이야기가 대부분 분명히 묘사하듯이 불순종과 거부라는 특징을 갖는다. 모세는 어디에 서 있는가? 그의 저항은, 요나를 제외하고는, 다른 소명 이야기들 속에 있는 것보다 더 크고, 유창하며 집요하기까지 하다. 그렇지만 이런 모세의 소명이 갖는 특징은 다른 순서로 나타난다.

먼저, 하나님의 손아귀에서 벗어나려고 모세가 애쓰는 것과, 하나님의 예증적인 대리인으로서 이후에 모세가 끈질기게 성실한 모습을 보이는 것 사이에는 적절한 균형이 있는 듯하다.

두 번째로, 잰슨J. G. Janzen이 보는 것처럼, 우리는 모세의 저항을 극복하는 하나님의 "성공"과 바로의 경우에서 하나님의 "실패"를 의도적으로 대조시키고 있는 것인가를 물어볼 수 있을 것이다. 이스라엘은 신앙이냐 거부냐 사이의 중간에 서 있다.1979:236

세 번째이자 아마도 가장 중요한 것은, 하나님의 방식을 우리가 더 잘 이해하기 위해 하나님의 인내심 있는 응답을 암시하는 것이다. 가혹하게 신성한 권위를 행사하는 대신, 하나님은 모세의 내적인 저항을 포함하여, 인간 파트너의 인격이 자기주장을 하는 것을 허락하신다. 유사하게, 하나님은 나중에 이스라엘 백성의 저항을 인내심 있게 극복하려 하실 것이다.

마지막으로, 하나님이 모세와 함께 길고도 인내심 있는 대화를 하시는 것은 분명코 중재자로서 모세의 특별한 지위를 강조하기 위한 것이다. 하나님과 인간 상대자 사이에 비슷한비록 짧긴 하지만 길이의 "대화"는 구약 성서에서 오직 다른 한 곳에서만 보도되는데, 하나님께서 많은 양보를 하시는 것이 담겨져 있다. 이것은 소돔과 고모라를 위해 아브라함이 탄원하는 이야기이다.창 18:16-33 물론, 아브라함은 다른 이들을 위해 탄원하지만 모세를 자신을 위해서 한다. 그렇지만 여기에는 유사성이 조금 있다. 양쪽의 경우에 인간 대화 상대자는 하나님 앞에서 특히 특권을 가진 것처럼 보인다. 그렇지만 우리는 하나님의 참으심이 굳은 다짐이 부족하기 때문이 아니라는 것에 주목해야 한다. 각각의 이야기에서 하나님은 협상할 수 없는 제한을 두신다.모세와 예수에 대해서는 에세이 [모세, 473쪽]를 보라

교회생활에서의 본문

일반적으로 소명 전승—우리가 아래에서 되돌아갈 주제—을 제외하고, 교회생활 속에서 특히 생생하게 증명된 우리의 본문의 특징들은, 불타는 가시덤불과 신성한 이름이다.

불타는 가시덤불

불이 붙지만 타버리지 않는 가시덤불은 초기 유대교에서 이미 우화적인 해석을 탄생시켰다. 이것이 초대교회에서 이어졌으며, 중세시대를 거쳐 근대시대로 들어왔다. 유대교에서 불타는 가시덤불은 고난을 받되 지치지 않는, 유대백성을 나타내는 것으로 간주되었다. 교회에서는 다양한 우화적인 의미들이 발견되었다.

가시덤불은 다음의 것들을 나타낼 수 있다. 고난을 받되 지치지 않는 교회Glossa Ordinaria; 신성과 인성이라는 그리스도의 두 가지 본성니사의 그레고리, 출산을 하지만 동정녀로 남아있는 동정녀 마리아파두아의 안서니 가시덤불에서 말하는 그 천사는 많은 이들에게 있어서는, 의심할 수 없이 예수 그리스도였지만유세비우스, 더 작은 목소리로서는, 어거스틴이 그 천사가 단순히 그리스도를 나타내는 것으로 여겼다.Childs: 84f; Jeffrey, 1992a:115 우화적 해석이 종교개혁 이후에는 감소하였지만, 완전히 죽어버린 것은 아니었다. 불붙은 가시덤불은 여전히 교회, 그리고 천사와 함께 있는 그리스도와 동일시될 수 있었다.Childs: 86

계몽주의 시대와 낭만주의 시대 이래로, 그 가시덤불은 계속해서 우화와 예술적 상상에 영감을 주었는데, 대부분 자연 속에서 계시된 하나님을 보는 효과에 집중되었다.Elizabeth Barrett Browning, Whittier, Emerson, Willa Cather, Aldous Huxley; Jeffrey. 1992:115f를 보라 20세기 찬송가 작가인 윌리엄 스티저William L. Stidger가 쓴 시, "매일 불붙는 가시덤불"의 마지막 구절은 이 주제를 잘 말해주고 있다:

하나님의 음성이 매해 봄마다 내게 말씀하시네

난 그의 이름을 듣네

진홍빛 장미덤불이 꽃망울을 터뜨리는

화염이 번뜩이는 곳 M면: 13에서 인용됨

회화는 불타는 가시덤불에 매료되었다. 예를 들면 Holbein의 "모세와 불타는 가시덤불," Maus: 119

현대의 이성적 해석은 우화를 절제되지 못하고 눈살을 찌푸리게 하는 것이라고 여기지만, 우화에 대한 새로운 평가도 일부 있다. 시이든 미술이든, 예술적 상상은 더 수용될 수 있지만 계몽주의 이래로 교회의 많은 부분들 속의 비주류로 자주 격화되어 왔다. 우리는 앞선 시대의 환상적인 우화작업으로 돌아가고 싶어 하지는 않는다. 그렇지만 우리는 이성에 꽁꽁 묶여있는 것에서 우리의 해석을 자유롭게 할 것이며, 성서의 메시지를 받아들이는 명상적이고 미적인 방식에 더 많은 능력을 발휘할 것이다.

신성한 이름

모세에게 주신 하나님의 이름, 야웨는 'ehyeh 'aser 'ehyeh로 해석되는데, 아마도 미래 시제의 문장으로 이렇게 가장 잘 번역될 수 있을 것이다. 나는 앞으로도 나일 것이다. I will be who/what will be 3:14, 주 참조 그 이름이 헬라어와 라틴어로 번역되었을 때, 시제 체계를 가진 언어들은 히브리어와는 완전히 달라져서, 현재 시제 문장으로 바뀌었다: 나는 나다. I am who I am 이렇게 읽으면 순전한 존재나 본질에 대한 헬라 철학의 관심과 연결되고 만다. 하나님의 존재의 본성에 대한 넓고도 지속되는 논의로 이어지는 것이다.

차일즈는 이렇게 말한다. "기독교 신학의 역사에서, 대부분의 주된 신학적 문제들은 출애굽기 3장의 논의로 들어간다" 88 초기와 중세 교회 속에서 어마어마한 숫자의 조약들이 3장을 다루고 있다. 교부학적 해석은 3장을 플라톤적인 의미에서 하나님의 자기계시를 순수한 존재로 보았다. 유세비우스와 어거스틴은 플라톤이 순수한 본질의 철학 vs 모세에서 나온 덧없는 실존을 배웠을 것이라고 제시한다.

스콜라철학은 순수한 존재/본질의 주제를 가지고 발전시켰다. 예를 들면, Thomas Aquinas, 존재와 본질; Purdy: 369; Childs: 85f; Jeffrey, 1992a:115를 보라 차일즈에 따르면, 종교 개혁가들에게 있어서, "철학적 화두로서 하나님의 존재에 대한 논의가 이제는 하나님의 [역동적인] 통치하심, 지배하심, 그리고 세상을 구원하심으로 초점이 옮겨졌다" 86

번역자들은 출애굽기 3:14에 나오는 하나님의 자기계시를 현재시제문장I am who/that I am이라고 고집하는데, 더 오래된 토착어 번역본예를 들면, KJV뿐만 아니라 더 최근의 번역본들에도 마찬가지다.그렇지만 각주에서는 미래시제이다 이런 고집은 기독교의 관심이 하나님의 영원성과 불변성에 계속 집중되게끔 만들었다. 그런 해석은 헨리 라이트Henry F. Lyte의 유명한 찬송에서 전형적인 본보기가 되고 있다:

> 내가 보는 모든 것은 변하고 쇠퇴합니다.
> 당신은 변하지 않으시고 제 옆에 계십니다.

하나님의 영원하심과 불변하심신실하심을 단언하는 것에는 신학적으로 잘못된 것이 없다. 그렇지만 하나님의 영원성이라는 개념은 존재/본질이라는 헬라철학적인 개념들과 그리 가깝게 묶여있어서는 안 된다. 우리는 세상 속에서 역사하시는, 하나님에 대한 성서의 개념을 보존해야만 한다. 성서번역이 오래된 전통들과의 관계를 끊고 여기에서 추천되는 논의 하에서 그 절을 해석—나는 앞으로도 나일 것이다—한다면 이런 우려는 더욱 만족스럽게 해소될 수 있을 것이다.

20세기 중반에, 성서에 "헬라적 사고"를 부여하는 것에 맞서는 강한 반응—아마도 과도한 반응—이 새로운 방식으로 출애굽기 3:13-15를 읽는 길을 열었다. 우리는 이들 가운데 일부를 앞서 논의했다.3:13-15에 대한 주를 보라 이들은 과거에 활동하시는 하나님과 약속을 신실하게 지키시는 하나님우리 아버지들/조상들의 하나님에 대한 강조를 포함하고 있다. 하나님은 혁명적인 개혁가가 아니라, 변덕스럽다기보다는 "하나님답게" 행동하시는 일관된 창조주이자 보존자이신 것이다.

야웨로 모세와 이스라엘에게 계시된 하나님의 이름과 성품은 하나님의 이름을 영원히, … 모든 세대에 이르도록3:15b 간직하는 것이다. 그 이름은 이스라엘이 경험한 그 의미를 영원히 전하는 것이다: 구원자20:1-2 그렇지만 하나님은, 하나님을 섬기는 자들에게 이미 알려지고 그들이 경험했던 방식이 아니라, 새롭고 예측할 수 없는 방식으로 역사하기도 하신다. 이런 가능성은 **나는 앞으로도 나일 것이다** I will be who I will be3:14라고 모세에게 하신 하나님의 말씀 속에 표현되어 있다.

이렇게 미래시제로 이해하는 것은 학적인 주석들에서도 나타난다. 그것은 브라이언 렌Brian Wren이 쓴 최신 찬송 "많은 이름을 가지신 하나님God of Many Names"에서 나타나듯이, 교회의 삶으로 들어온다: "당신의 영광으로 우리에게 오셔서 우리를 만나소서/ 움직이시며, 끝없이/ 되어 가시며." 우리는 새롭고 예측할 수 없는 방식으로 하나님께서 우리를 이끄시는 것을 믿는가, 아니면 하나님에 대한 전통적인 이해 속에서 우리의 안위만을 찾는가?

마지막으로, 우리는 또한 하나님의 이름, 혹은 성품이 언제나 신비함으로 둘러싸여 있다는 것을 기억해야 한다. 이것은 설명할 수 없고, 해석과 이해를 위한 우리의 모든 노력을 거스르는 것들이 남아 있는 것이다.

부르심

모세를 부르심이 갖는 독특성과 중재하는 역할을 위해 보세가 부르심을 받은 것은 출애굽기 곳곳에서 강조된다. 그렇지만 그것은 또한 후대의 예언자들을 위한 전형적인 모델이 된다.신 18:18 출애굽기 19장의 주에서, 우리는 하나님의 산시내에서의 모세처럼, 한 민족으로서의 이스라엘의 부르심과 위임받음을 탐험한다. 따라서 모세의 부르심은 구약성서 자체에서 적어도 두 그룹의 백성들에게 개인적인 독특성을 넘어서서 확대된 것이다: 모세와 같은 형태의 예언자들과 전체로서의 이스라엘 백성.

어느 정도까지, 그리고 어떤 면에서 모세의 소명은 교회 속에 있는 개인들에게, 혹은 교회 전체에게 확대될 수 있으며, 확대되어야 하는가? 하나님의 부르심은 예수 그리스도를 통해 모든 사람에게 확대되어 왔다. 모든 이들이 받아들이지는 않지만, 신앙으로 응답하는 자들은 "부르심을 받은 자들"의 상태가 되는 그리스도인으로서 새로운 그들의 지위를 이해할 수 있다.바르트가 이것을 풍성하게 확대시켜 논의하고 있다; 4/3, 후반부, 단락 71:571f

그리스도인의 경험에 대한 모세의 부르심을 적용하는 것은 이런 준거틀에서 이해되어야만 한다. 다른 말로 하면, 그리스도인의 질문, "하나님께서 나를 부르셨는가?"에 대한 대답은 곧바로 이런 것이 되어야 한다. "그래요, 어디에나 있는 모든 이들처럼; 그리고 만일 당신이 예수 그리스도 안에서 신앙으로 응답한다면, 당신은 부르심을 받아들인 것입니다." 부르심을 받은 자들, 그리고 부르심을 받지 않고 그저 "흔한" 그리스도인들인 자들처럼, 두 개의 그리스도인들의 그룹은 있을 수 없다.

달리 말하면, 모세의 부르심은 반드시—무엇보다도—어떤 이들에게 적용되고 어떤 이들에게는 적용되지 않는 것이 아니라, 모든 그리스도인들에게 적용되거나 어느 누구에게도 적용되지 않거나 하는 것이 되어야 한다. 성서적인 부르심의 전통 속에서 회상되는 "전형적인" 시각에 적절한 관심을 주는 대신, 만일 우리가 모세의 소명이 갖는 독특하고 역사적인 시각을 배타적으로 강조하게 된다면, 그것을 어느 누구에게도 적용시키지 않는 선택은 남아 있을 것이다.

첫 번째로, 몇몇 그리스도인들이 하나님/그리스도의 부르심을 받음을 통해 경험하는 것들은 다른 그리스도인들의 부르심보다 모세의 부르심에 더 가까운 것인가? 모세의 부르심과(및 모세에서 바울에 이르기까지 성서의 소명 전통 속에 있는 다른 부르심의 경험들) 극적인 회심(어거스틴의 정원 경험2))이나 삶의 방향전환(루터의 탑 경험3)) 사이에서 어떤 은유가 보이는 일이 많다. 바르트는 그런 어떤 비유도 완전히 거부한다.4/3, 두 번째후 반부, 71:671f

대체로 나는 바르트가 옳다고 본다. 모세의 전통 속에 있는 부르심은 극적인 상황이나 감정적인 격렬함으로 정의되는 것이 아니라, 그것이 가진 목적으로 정의된다. 그 목적은 항상—그리고 모세의 경우에서 전형적으로—세상 속에서 역사하시는 하나님을 선포하는 것이다. 그런 목적으로 부르심은 극적인 상황이나 감정적인 상태 속에서도 받을 수 있다.

그럼에도, 모세의 소명의 관점과 몇몇 그리스도인들을 향한 하나님과 그리스도의 부르심의 경험 사이의 비유에 주목하는 것이 당연하고 유용하다는 의미가 있다. 우리는 다음과 같은 몇 가지 일반적인 관점을 본다:

- 누군가가 양떼를 지키는 동안 찾아오는 예상치 못한 부르심출 3:1 ;
- 어떤 흔하지 않은 현상불타는 가시덤불, 3:2-3을 통해서 거룩한 지와의 만남이 가지고 있는 강렬한 의미; 혹은
- 벅찰 것 같은 의무로 인해 그 소명을 피하려고 하는 오랜 몸부림출 3-4

우리에게 그런 경험들이 있었다면, 그건 아마도 우리가 혼자가 아니라고 안심시키고 일깨우기 위해 스스로에게 말하는 것일 수 있다. 우리는 적어도 모세까지 거슬러 올라가는 긴 전통을 서로 나눈다. 그렇지만 모세의 소명그리고 그런 전통 속에 있는 다른 소명들에 대한 그런 비유를 우리 시대에 소명의 진실성을 시험하기 위한 것으로 만들지 않는다는 것이 무엇보다도 중요하다. 이런 유형의 극적인 경험을 가지지 못했던 다른 그리스도인들은 그런 경험을 가졌던 자들과 같이 진실한 부르심을 받은 것이다.

두 번째로, 몇몇 그리스도인들은 구별된 임무를 위해 다른 이들과는 다른 방식으로 부

---

2) 어거스틴이 밀란의 정원에서 회심을 경험한 사건을 말함. 역자 주.
3) 루터가 비텐베르크 수도원 내 탑에서 이신칭의 교리를 깨달은 사건을 말함. 역자 주.

르심을 입는가? 이미 우리는 성서에서 하나님/그리스도의 부르심이 갖는 핵심적인 목적은 항상 하나님의 역사하심을 선포하는 것이라는 것을 고찰했다. 우리가 만일 다른 그리스도인들이 다른 임무를 위해 부르심을 입었는가를 묻는다면, 첫 번째 대답은 항상 이것이 되어야 한다. "아니오, 우리는 모두 하나님의 역사하심—말씀과 삶을 통해—을 선포하기 위해 부르심을 받았습니다." 우리가 이미 언급했듯이, 그런 임무로 부르심을 입지 않는 그리스도인, 혹은 인간은 없다.

그리스도인과 비그리스도인 사이의 차이는 그리스도인은 이 임무를 보고 받아들인다는 것이다. 우리는 이 시점에서는 교회의 외부로 확대된 하나님의 부르심이라는 질문 속으로 들어갈 수 없다. 이사야서는 그런 사건을 증언한다: 고레스 황제 자신은 부르심을 입었는지도 모르지만 하나님께서는 그를 부르신다. 사 45:1-4

우리가 삶의 방향을 재설정하는 기본적인 부르심을 이렇게 이해할 때만, 우리는 그리스도인의 "소명들"을 다양하게 받아들일 수 있다 롬 12:1-8; 고전 12; 엡 4:11 그렇지만 이런 연결에서, 바울은 "부르심"이라는 어휘를 피하고 대신 성령의 은사들의 다양성을 말하고 있다. 이런 은사들은 그 단어의 엄밀한 의미에서 다른 "소명들"이라기보다는 하나님의 역사하심을 선언하기 위한 기본적은 소명을 수행하도록 그리스도인들을 준비시키는 여러 가지 다른 방식인 것이다.

가끔 우리는 소명이란 단어를, "X란 사람은 사역으로 부르심을 받았다"거나 "Y란 사람은 고아원을 설립하라는 하나님의 부르심을 느꼈다"라는 경우에서처럼, 특정한 은사들이나 책무들 속에 있는 다양성에 적용하기도 한다. 만일 이렇다면, 우리가 성서의 용어를 느슨하게 사용하고 있다는 것을 기억해야 한다.

그렇지만 우리가 모세의 소명에 우리의 소명을 밀접하게 연결시킨다면, 우리가 그 소명을 그 독특성과 위엄 속에서 세울 때, 그 성서 본문이 우리를 잘 도울 것이다. 우리는 어떤 명화의 세부사항을 잘 검사한 후에야 그것을 전체적으로 보기 위해 한 걸음 뒤로 물러서게 된다. 마찬가지로, 믿기 어려운 모세의 소명이야기를 수세기를 거슬러 올라가서 보는 것은 하나님의 본성, 하나님의 은혜, 그리고 인간이 어떤 선택으로 응답하는지에 대한 대부분의 성서적 증언들을 한 곳에 모으게 될 것이다.

모세가 되돌아가서 바로와 만나다

사전검토

모세는 이집트로 떠난다. 이드로를 떠나 이전에 자신이 도망쳐왔던 발자취를 따라가면서, 모세는 하나님께 받은 말씀으로 다시금 자신의 위임을 확신하게 된다. 그 여정에서 모세는 두 가지 중요한 조우를 하게 된다. 첫 번째는 하나님께서 몸소 그의 생명을 신비롭게 위협하신 것이다. 두 번째는 아론을 만난 것으로, 그와 함께 모세는 자신의 소명과 임무를 나눈다. 그들은 함께 이집트에 도착하여 장로들과 이스라엘 백성을 모으고 그들의 임무를 보고하고 진실함을 보여주기 위한 이적들을 일으킨다. 이스라엘 백성은 야웨를 믿고 섬긴다.

바로와의 만남에 따라오는 것이 그리 격려할 만한 것은 아니다. 이스라엘을 보내달라는 요구가 이 통치자를 화나게 한다. 그는 이스라엘 백성이 게으르다고 비난하면서 노예의 나사를 바짝 조인다. 새롭고 더 가혹한 방법의 압제가 명령의 사슬에 내려진다. 큰 타격을 입은 이스라엘 지도자들은 새로운 역경을 당하자 모세와 아론에게 책임을 돌린다. 결국, 모세는 가망도 없는 임무를 자신에게 지워 보내게 하고서는 이제 자신을 포기하냐면서 하나님을 비난한다. 그렇지만 하나님은 모든 것이 계획대로 이뤄지고 있으며, 이스라엘을 자유롭게 하도록 바로에게 압력을 가하도록 마련된 무대가 마련되었다고 응답하신다.

개요

모세가 이집트로 돌아가다, 4:18-31

    4:18-20 모세가 떠나다

    4:21-23 하나님께서 모세에게 지시하시다

    4:24-26 하나님께서 모세를 공격하시다

    4:27-31 모세와 아론이 백성에게 오다

모세가 바로와의 충돌을 개시하다, 5:1-21

    5:1-5 모세와 아론이 바로의 화를 돋우다

    5:6-14 공사감독이 바로의 명령을 시행하다

    5:15-21 이스라엘 감독관들이 불평하다

모세가 하나님께 불만을 터뜨리고 확신을 얻다, 5:22-6:1

주석

모세가 이집트로 돌아가다, 4:18-31

이 과도기적 단락은 느슨하게 묶여진 여러 개의 구분된 장면으로 구성되어 있다. 그것은 마치 매끄러운 진행을 거의 신경 쓰지도 않은 채, 서술자가 모세의 여정에 대한 이런저런 모든 정보 속에 던져놓은 듯하다. 강조점은 회의와 상호작용에 있다: 모세와 이드로, 모세와 가족, 모세와 아론, 모세와 장로들, 그리고 언제나처럼 모세와 하나님.

4:18-20 모세가 떠나다

18절은 모세가 두 가지 세상 사이, 즉 그를 받아준 미디안 가정과 이집트에 있는 그의 친족들문자적으로는 형제들 사이에 있다는 것을 보여준다. 쉽게 사용할 수 있는 통신수단ready communication이 없는 고대의 환경 속에서, 주된 문제는 당연히 그들이 여전히 살고 있는지창 45:3 참조이다. 이 질문은 이드로가 보기에 모세의 여정은 충분히 정당하다는 것으로, 이드로는 자애롭게도 가부장으로서 허락을 해 주고 여정의 행복을 빌어 준다. 분명히 모세는 이드로에게 그의 소명이 하나님께로 온 것이라고 말하지 않는다. 모세는 그의 반대를 예상했던 것인가? 모세는 아직 스스로도 확신하지 못했나? 우리는 그런 이야기를 듣지 못한다.

19절은 하나님께서 내리신 이전의 지시들과 더 완전한 지시들을 요약하며3:1-4:17, 그의 과거를 기억하는 사람들이 모세의 임무를 더 이상 위험에 빠뜨리지 않을 것이라는 새로운 정보를 더하고 있다.마 2:20 참조 이제는 모세가 도망친 살인자2:11-15로서 체포된다거나, 이전에 바로의 집에서 살았던 그의 지위 때문에 주목을 받는다거나 해서 일에 지장을 주지도 않을 것이다.2:10

소박한 출발 장면은 가족의 친밀한 포옹을 보여준다.4:20 이 장면은 나중에 올 재회를 위한 분위기를 준비한다.18:1-17 게르솜 이후에 둘째 아들이 태어난 것은2:22 자연스럽다: 그의 상징적 이름엘리에셀은 18:4까지 소개되지 않는다. 그곳에서 보도된 사건들의 관점에서18:1-7, 우리는 모세가 자신의 가족을 안전을 위해서 이집트로 가는 어딘가에서 혹은 이집트에서 이드로에게 돌려보냈다고 가정해야만 한다. 마지막 부분에 그의 손에 하나님의 지팡이가 들려있다는 것을 언급하는 것은 출발장면에서 화목한 가족의 분위기에도 불구하고, 모세가 하나님의 임무를 준비하고 있다는 것을 알리고 있다.4:20; 4:1-5 참조

4:21-23 하나님께서 모세를 훈육하시다

다시 한 번, 19절에서처럼, 주님의 말씀이 연속되는 사건들 속에 개입한다. 주님은 이제 우리가 이미 4:1-17의 연결에서 추정하는 것을 분명히 한다: 여기서 경이로움이라고 불리는, 이스라엘 사람들을 납득시키기 위해 원래는 모세에게 주어진 이적들은 또한 바로를 위한 것이기도 하다.[전염병, 표징과 이적] 동시에, 경고가 덧붙여진다. 모세의 부르심을 통해 하나님께서 모세와 함께 하실 것이며 모세의 임무의 성공을 보증하신다는 확신을 하나님께서는 모세에게 주시는 것이다. 그렇지만 지금 하나님은 모세에게 손쉬운 성공을 생각하지 말고 오히려 힘든 싸움 이후의 승리를 생각하라고 주의를 주고 있다.3:19-20에서 간략하게 예고됨

그런 싸움은 여기서 모세의 장자권을 위한 아버지의 싸움으로 요약된다. 하나님은 이 아들을 원하셔서 그로 하여금 나를 섬기게 하신다. 이 히브리어weya' abdeni는 **그가 나를 섬기도록**이라고 번역될 수 있다. 이 히브리 동사 'abad, 섬기다/예배하다가 지닌 이중의 의미에 달려있는 언어유희는 바로를 섬기는 것에서 하나님을 예배하는 것으로 이스라엘의 의도된 변화를 잡아내고 있다.

이스라엘을 하나님의 아들로 특징짓는 것은 구약에서 자주 찾아볼 수 있는 것은 아니지만신 8:5; 렘 31:9; 호 11:1 여기서는 강력한 이미지로 사용되고 있다. 바로는 장자를 갖겠다는 하나님의 권리에 맞설 것이다. 그 결과로, 그리고 그가 그의 희생자에게 하고자 한

것처럼 범죄자에게 행해져야 하는 원칙에 따라신 19:16-19, 바로는 자신의 장자를 잃게 될 것이다. 이 두 절들은 7-12장에서 자세히 보도되는 싸움 전체를 미리 끌어안고 있으며, 10번째 전염병에서 절정을 맞고 있다. 이것은 또한 독자는 물론, 바로의 마음을 완고하게 하는 동기에서 모세를 처음 소개하는 것으로, 이후에 아주 두드러진 주제가 된다.7:8-11:10 주를 보라 [바로의 마음이 완고해 짐]

4:24-26 하나님이 모세를 공격하시다

바로와의 위험천만한 맞대결이 다가오는 것에 우리의 관심이 집중되고 있을 때, 완전히 예측하지 못했던 자료에서 온 아주 다른 위험이 모세에게 끼어 든다: 주님이 모세를 만나 그를 죽이려 했다.4:24 주석가들은 이 구절로 인해 혼란스러워하면서 여러가지로 이론화를 시도했다.Childs: 95-101, surveys views 어떤 점들은 신비스럽게 남지만 다른 부분들은 분명해 보인다. 모세의 생명을 위협하는 정확한 외적인 본질은 이름이 밝혀지지 않는다. 아마도 갑작스런 질병일 수 있다.

십보라가 살리는 행동을 하여, 여인들을 통한 구원이라는 주제에 대한 또 다른 사례가 된다.출 2, 성서적 맥락 속의 본문 참조 그 행동 자체는 모세의 아들에게 행해진 할례의식이다. 십보라의 행동을 묘사하기 위해 유일한 아들이 필요한 것처럼, 외동아들이 언급된 것은 4:20과 상충되지 않는다. 선행하는 절들이 장자들을 말하고 있으므로, 우리는 이 본문이 모세의 장자를 의미한 것이라고 추정할 수 있다. 현대의 쇠칼이 아니라 부싯돌청동로 된 칼을 사용하는 것은 전통적인 대상들을 사용하기 위한 의식의 경향을 가리킨다.수 5:2-9 참조

히브리어 본문은 십보라가 피 묻은 표피를 그의 발에 갖다 댄다고 말하지만, 이 대명사는 분명 그의 아들이 아니라 모세를 지칭함에 틀림없다. 발은 다른 곳에서처럼예를 들면 사 6:2; 7:20; 룻 3:4-14, 생식기를 완곡하게 표현한 것이다. 이런 상징적인 행동으로 아들의 할례가 아직 할례를 받지 못한 모세에게로 옮겨진다는 것이라고 볼 수 있다. 진실로 당신은 내게 피의 남편입니다!라는 십보라의 언급은 아마도 그 이야기가 기록되었을 때 이미 구식이 되어버린 의식을 나타낸 것일 수 있다. 4:26이 부분적으로 설명을 해주고 있기 때문이다.다른 시각으로는 Propp를 보라

다양한 사회들 속에 있는 가능한 배경들에 대한 이론들은 풍부하지만, 그 설명의 정확한 의미는 우리를 피해간다. 그 돌칼과 더불어, 십보라는 고대의 관습으로 내려오는 대상과 말들을 사용하면서 어떻게 그 의식을 적절히 실행해야하는지를 알고 있다고 여기서 단

순히 표현한다. 그렇지만 십보라가 "제사장의 지위를 부여받았는지"Setel: 30f에 대한 증거를 보는 것은 불필요한 것이다. 할례는 가족의 의식이었다. 아버지가 일반적으로 그 의식을 수행하게 되는데, 모세 자신이 어떤 면에서 그 행동의 대상이 되기 때문에아래를 보라, 십보라가 그 의식을 수행할 수 있는 유일한 성인이다.

어떻게 이런 기이한 사건이 있단 말인가? 유대교 해석자들은 다른 이들의 생각을 따라서, 모세가 스스로 할례를 구하지 않음으로써혹은, 그의 아들들을 할례하지 않음으로써 하나님의 법창 17:9-14을 등한시했다고 생각한다. 그러니까 모세는 하나님의 심판을 초래하게 되는데, 그 이유는 그 법이 자신의 특별한 소명조차도 대체하는 것이기 때문이다. 반면 프로프W. H. Propp는 모세가 이집트인을 죽임으로 자신의 생명을 박탈당했다고 주장한다.2:12 십보라는 장자의 피를 가지고 임시변통으로 속죄의식을 치렀는데, 이것은 유월절 밤에 있을 사건들을 예시하고 있다.495-518

모세가 할례를 등한시했다는 것-혹은 그의 살해행위-이 그의 생명을 위험에 빠뜨리는 원인이 되며, 모세의 아들에게 대신 할례를 준 것이 모세가 빠뜨린 것, 혹은 저지른 죄를 위한 속죄가 된다는 것이 분명해 보인다. 반복 독자들은 유월절의 보호하는 피가 여기서 함축하는 것을 놓치지 않을 것이다: 이스라엘의 삶을 예표하는 모세의 삶은 피로 구원이 된다.12:21-28의 주를 보라 이때 모세의 할례가 그의 임무를 행하는데 있어 일시적으로나마 걸림돌이 되고 있으므로, 모세의 아들에게 즉흥적으로 그 할례를 행해야 한다.

그렇다고 한들, 이런 해석들은 그 사건들을 잘못 보고 있는 듯하다. 여기서 중요한 질문이 하나 있다: 이 사건은 왜 이 이야기 속에 이런 특정한 부분에서 발생하는가? 얍복 강에서 일어난 야곱의 이야기창 32:22-32는 어떤 실마리를 제공할 수도 있다. 여행 중인 야곱은 거기서 그에게 원한을 품은 형, 에서와의 임박한 만남이 가져올 결과에 대한 긴장감에 사로잡혀있었다. 그런 긴장이 절정에 다다를 때, 그 만남이 있기 바로 전날 밤, 아주 예상치 못했던 공격이 그를 덮쳤다. 그것은 나중에 하나님으로 밝혀진 어떤 사람에게서 온 것이다.

그의 새 이름 이스라엘이 상징하는 것처럼, 그 경험은 야곱의 인생 전체를 송두리째 바꾸었으며, 축복을 훔친 것에 대한 결정적인 대립은 그의 형 에서가 아니라 하나님과의 대립임을 그에게 가르쳐주었다. 하나님과의 이런 결정적인 대립이 있은 후에, 다음 날 에서와의 만남은 평화롭게 진행된 나머지, 거의 용두사미와 같은 결말을 맞았다.

바로의 완고한 마음과 그를 기다리는 맹렬한 싸움이 경고한 것처럼, 모세도 유사하게 그 결정적인 대결이 아무리 격렬할지라도 바로와의 대결이 아니라 하나님과의 대결이라는 것을 그 신비한 밤의 경험으로 떠올리게 되었다. 만일 모세와 하나님의 관계가 올바르게 잡혀 있다면-우리가 보았듯, 피의 속죄를 통해서-바로를 이기는 길이 열리게 된다.

4:27-31 모세와 아론이 백성에게 가다

앞서 약속한 것처럼4:10-17, 이제 하나님께서 아론을 보내어 모세와 합류하게 하신다. 모세가 그곳에서 이드로에게 돌아가서 이집트를 향해 출발하기 때문에, 하나님의 산에서 아론이 모세와 만나는 것이 우리를 놀라게 한다.4:27; 3:1 참조 이 산은 이드로의 집과 이집트 사이 어딘가에 있는 곳으로 생각해야 할까? 우리는 단순히 이 사건들이 일어난 정확한 지리를 모른다. 아론은 하나님의 부르심과 모세의 지시에 온전하게 순응했다.

이들 두 형제가 이집트에 도착하여 이스라엘의 장로들을 모이게 했을 때, 아론은 즉각 자신의 새로운 역할이 모세의 대변자 노릇이라는 것을 알았다. 게다가 아론은 모세의 이적을 수행하는데, 이 이적들은 하나님의 지시들을 넘어선 것으로 보인다.4:14-16 그렇지만 우리는 그 이적들이 그들이 중요하다는 것을 보여주는 것이 아니라 언급된 메시지의 한 부분을 이루고 있다고 생각해야 한다. 예언자들의 상징적인 행동과 예수의 큰 사역에서도 마찬가지이다.

백성들이 믿었다.4:31는 간략한 문장은 하나님의 권리3:18-4:5와 이전에 모세의 불신앙4:1을 증명하고 있다. 하나님께서 돌보신다는 보도는 백성들을 압도했으며 그들의 예배를 불러일으킨다. 모세의 임무는 성공으로 가는 듯하다.

모세가 바로의 갈등이 시작되다 5:1-21

이 단원은 바로가 무자비하게 통치하는 세상 속으로 우리를 데려간다. 이곳은 이미 1:8-14에서 우리에게 소개된 세상이자 광야의 환대와 자유를 위해 모세와 함께 우리가 잠시 떠난 곳이다.

5:1-5 모세와 아론이 바로를 진노하게 만들다

이스라엘 백성과의 성공적인 만남에 한껏 취해, 모세와 아론은 담대하게 바로와 마주한다. 그들은 바로에게 그리하여 주께서 말씀하셨다라는 예언적 전령의 공식으로 말한다.[모세, 473쪽] 그들의 요구는 직설적이고 무조건적이지만, 현재로서는 그 목적이 완전한 탈출이 아니라 단지 주님의 절기를 축하하는 허락에 불과하다.3:18b-22에 대한 주를 보라 바로의 응답은 똑같이 직설적이다: 그 주님이라는 자가 누구냐 ··· 나는 그를 알지 못하며 이스라엘을 보내지 않을 것이다.5:2 1차 독자는 그 결과에 놀라움을 금치 못할 수 있겠으나, 반복 독자는 바로가 곧 이 주님야웨을 너무나 잘 알게 될 것이라는 것을 떠올린다.7:5 참조; 9:29; 14-25

모세와 아론의 담대함은 즉각 무너져 내린다.5:3 야웨라는 이름 뒤로 숨으며, 그들은 바로에게 익숙한 용어들에 기댄다: 히브리인들의 하나님이 우리에게 몸소 자신을 드러내셨다.3:18 참조, 주 [이집트의 이스라엘, 499쪽] 그들은 자신들의 요구가 본질상 제한되었다고 역설하며사흘간의 여행: 3:18b-22, 주, 자신에게 안 좋은 사고가 생기지 않도록 이 여행에 임할 것을 강요받았다고 설명한다. 함축적으로, 전염병이나 칼로 건설노역자들이 줄어든다면 바로 입장에서도 손해를 입을 것이다.

그렇지만 바로는 그들의 간청과 해명을 그저 게으름이나 피우려는 핑계로 무시해 버린다. 바로는 모세와 아론을 폭동을 일으키는 자로 보고, 이스라엘이 힘과 숫자를 믿고 자신만만하고 거만하게 된 것이라고 생각했다. 그의 태도는 1:8-10에서의 앞선 왕들과 다를 바가 없다.

5:6-14 공사감독들이 바로의 명령을 시행하다

바로에게는 허비할 시간이 없다: 바로 그 날에 그는 억압을 강화하라는 명령을 내린다. 나중에 공사감독들은 예언자의 전령공식이 반향된 말로 그의 명령을 인용한다.5:10: 바로가 말하기를Thus says Pharaoh은 모세와 아론의 주께서 말씀하시기를5:1과 첨예하게 대조된다. 최종적인 권위를 놓고 경쟁이 시작된다. 이런 명령들은 이집트 공사감독들과 이스라엘 감독관들을 향한 것이다.NIV: 각각 노예감시인들과 감독들: 전형적인 이야기 방식으로, 그들은 즉시 명령을 받든다.[서사기법, 479]

이어지는 이야기 속에서, 우리는 어떤 무자비한 통치자의 잔인한 마음뿐만 아니라 바로로부터 시작되어 이집트 공사감독들과 이스라엘 감독관들을 통해 정면으로 맞서는 이스라엘 백성에게로 확대되어 오는 압제의 모든 방식이 전개되는 것을 본다. 그 이후 줄곧 계속되는 유사한 체계 속에서처럼, 그 목적은 이스라엘 사람들이 그들의 운명을 개척하기 위해서 혹은 지도자들이 그렇게 하려고 의견을 수렴하기 위한 시간이나 노력을 들이는 것이 아니다.5:9

압제를 늘리는 방식은 생산할당량을 유지시킬 때 원자재를 감소시키는 것으로 이루어진다.5:7-8 이어지는 부분은 이집트의 세부적인 건축 지식들을 보여준다. 이집트의 무덤에서 나온 벽화는, 주전 15세기 중반, 아마도 모세 이전의 2세기경으로 추정되는데, 당시의 벽돌 만드는 모습을 묘사하고 있다.Pritchard, 1954: 35 그 벽화에서 눈에 띄는 것은 막대기이나 채찍을 들고 앉거나 서 있는 노예감시자들이다.[이집트의 이스라엘, 499쪽]

5:12의 보도는 이스라엘 백성의 역경을 생생하게 나타내고 있다: 지푸라기가 없어서 그들은 그루터기를 찾아 두루 돌아다녀야 했다. 그들은 지푸라기를 찾아 이집트 땅 이곳 저곳에 흩어졌다; 이것은 그 장면을 축소시키는 서사 속에서, 모든 것이 가까이에 있음을 보여주는 또 하나의 사례이다. 이스라엘 감독관들은 비난을 정면으로 받았는데, 그 이유는 완수되지 못하는 할당량이 있을 경우 책임을 묻고 처벌을 받게 되기 때문이었다. 이런 시나리오가 시베리아의 포로들과 강제수용소뿐만 아니라 어디에서든 얼마나 다시 반복되어 왔는지!

5:15-21 이스라엘 감독관들이 불평하다

이 절들은 이스라엘 감독관들NIV: 십장들이 바로에게 직접적으로 항의를 하여 그들 스스로와 백성을 위한 유예를 구하고자 하는 노력이 헛되다는 것을 묘사한다. 그들이 그에게 다가가는 것은 다시금 모든 것이 인접해 있는 이야기의 측면이다. 우리는 바로가 더 엄격한 방법을 지시한 후에 얼마나 많은 시간이 지났는지 알 수 없다. 이 호소는 전면적으로 거부된다; 이것은 눈 하나 깜빡 하지 않는 바로의 가혹함과 이스라엘 사람들의 희망 없는 상황을 강조하기 위한 것이다.

아마도 모세와 아론은 이런 대표단과 협력하였거나 적어도 그것을 알고는 있었을 것이다. 왜냐하면 그들이 되돌아오는 감독관들을 만나려고 기다리고 있었기 때문이다.5:20 따라서 낙심한 감독관들의 분노와 좌절이 곧바로 그들에게 터졌을 수 있다. 그들은 진짜 범인이 아니었는가? 그들이 상황을 그대로 두기만 했더라도 이스라엘은 지금보다는 훨씬 나았으리라! 이 경우는 아주 분명해서 그들이 모세와 아론을 통해 계시된 그 이름을 사용하여 주님이 그들의 증인이자 심판관이 되어 달라고 간구한다.5:21

모세가 하나님께 불평하고 확신을 얻다 5:22-6:1

감독관들과 그들의 비난에 맞추어, 모세도 그들이 들먹이기도 했고 이 곤경의 최종적인 원인이 되는 주님께 돌아간다. 모세는 하나님께 이야기할 때는 분명히 아론을 필요로 하지 않는다. 담대하게 하나님을 비난하면서, 모세는 바로의 행동들을 하나님께 직접적으로 돌린다: 오, 주님, 왜 이 백성을 홀대하십니까? 그리고 난 후에 모세의 비난은 한 걸

음 더 나아간다: 왜 저를 보내셨습니까? 이런 비난어린 질문은 예전에 저항하면서 했던 모세의 질문을 떠오르게 하며제가 누구입니까? 3:11; 제가 무엇이라고 해야 합니까? 3:13, 뒤돌아봤을 때 그 질문들이 합당했다는 것처럼 보이게 한다.

모세는 감독관들이 자신에게 쏟아내는 비난을 받아들인다.5:23 물론 모세는, 지금 자기가 보기에 속이 빈 것으로 판명이 난 하나님의 약속과 확신3-4장에서 반복됨을 믿으면서 이런 모든 사단을 일으켰다. 그렇지만 바로의 완고한 마음은 줄곧 하나님의 계획의 일부가 되어 왔다.4:21-23; 그렇지만 이런 것은 모세의 마음속에 기억되지도 않았으며 이스라엘이 고난을 겪는 와중에서 그에게 아무런 의미가 없다.

하나님의 응답은 바로와의 만남으로 촉발된 사건들을, 간략하지만 완전히 다시 해석하는 것으로 이루어져 있다.6:1 실패라고는 볼 수 없는 그 만남은 다음의 행동을 위한 무대를 준비시킨다. 바로가 권력을 행사하는 것은 하나님의 거대한 손과 이제 만나게 될 것이다.3:19-20 참조 바로는 이스라엘을 떠나도록 허락하지 않을 것이다. 바로는 이스라엘을 쫓아내고, 광적으로 이스라엘을 밀어붙여서 이집트가 하나님의 역사하심에서 벗어나고자 한다.12:29-32 참조

성서적 맥락에서의 본문

임무가 있는 여행

이 본문의 첫 번째 부분4:18-31은 모세가 이집트로 되돌아가는 여정에서 오는 사건들을 말하고 있다. 그는 하나님께서 보내신 사람으로서 여행을 하며, 그 길을 따라 하나님과 만난다. 여정은 항상 인간의 삶 속에서 일반적으로 중요한 것이지만, 성서의 서사 속에도 두드러지게 들어오고 있다. 아브라함은 하나님의 명령으로 우르를 떠났으며 결국 가나안에 정착했다.창 12; 이집트에서의 짧은 막간이 있음 요셉은 자신이 원하지 않던, 이집트로 가는 여정이 가족을 구원하시라는 하나님의 부르심의 일부였다는 것을 삶을 뒤돌아보고 알았다.창 45:4-8 아모스는 자신의 모국, 유다에서 양떼를 따라 가다가 하나님께 붙잡혀 이스라엘 주변에서 하나님의 말씀을 선포하도록 보냄을 받았다.아모스 7:14-15

예수의 사역은 내내 여행을 하는 선교였으며 그의 제자들은 "사도들"이 되는데, 그 의미는 "보냄을 받은 이들"이었다. 바울은 가장 두드러진 여행하는 특사였다.마 28:19-20; 행 1:8; 13:1-3 하나님께 보냄을 받는다는 것은 항상 문자적인 여정을 의미하는 것은 아니다.사 6:8-9 참조 그렇지만 하나님을 위한 여행 이야기들은 하나님으로부터 행진명령을 받

는 것을 의미하는 생생한 그림들을 보여준다. 요나는 그런 명령들을 따르기를 거부하는 모델이 되지만 하나님의 부르심에서 벗어나지는 못했다.

모세와 야곱

모든 성서의 여행이야기가 명백하게 신성한 위임을 받은 결과는 아니다. 야곱은 사기를 당한 자신의 형, 에서의 보복을 피해 도망쳐 하란으로 가야만 했다. 창 27장 그렇지만 야곱이 도망갔다가 돌아오는 이야기는 모세가 이집트에서 도망쳤다가 다시 되돌아오는 이야기와 여러 가지 부분에서 맞닿아있다. 야곱이 에서에게서 도망쳤듯이, 모세가 이집트에서 도망 나온 것도 자신의 잘못 때문에 이루어졌던 일이었다. 2:11-15 두 남자 모두 우물에서 미래의 아내를 만났다. 창 29; 출 2:16-22 두 남자 모두 드물게도 하나님의 거룩하심과 만나게 된다. 창 28:10-22; 출 3:1-12 두 남자는 또한 자신들의 귀향 여정에서 무시무시한 공격을 맞는다. 창 32:22-32; 출 4:24-26

우리는 꽤 자세하게 이런 공격 이야기들 속의 병행을 살펴보았다. 4:24-26 주 전체로 보면, 야곱의 도망과 복귀는, 미래에 하나님의 선택을 받은 민족의 이름이 되는, "야곱"에서 "이스라엘"로 이름이 바뀌는 결과를 낳았고, 하나님의 특별하신 인도로 표시된다. 이런 의미에서, 야곱의 여행과 모세의 여행은 모두 하나님께서 어떻게 구원을 이루시는지를 그려내는 것으로 볼 수 있다.

적으로서의 하나님?

구원하시는 하나님의 사랑이라는 성서의 메시지로 가득 차 있는 그리스도인 독자들은 주께서 [모세를] 만나셔서 그를 죽이려고 했다. 4:24는 부분에서 충격을 받는다. 우리는 성서 전체가 인간 피조물다른 피조물과 함께을 구원하시기 위한 하나님의 사랑하시는 뜻을 증명하고 있으며 인간을 그 충만함 속의 삶으로 이끄신다고 말할 수 있다. 그럼에도, 본문이 공격을 하는 하나님을 그리는 것은 성서에서 결코 독특한 것이 아니다. 이 본문과 유사한 본문들을 잘 해명하는 대신에, 우리는 그 본문들을 함께 두고 보고 무엇을 의미하는지를 물어야 한다.

야곱이 얍복 강에서 씨름하는 것과 더불어창 32:22-32; 위를 보라, 우리는 특히 눈에 띄는 다음의 본문들을 열거할 수 있다: 삼상 16:14f; 왕상 22:19-23; 시편 88:6-18과 같은 수많은 한탄시편의 언급들. 공격자로서의 하나님을 묘사함에 있어 가장 눈에 띄는 것은 욥의 연설이다. 예를 들면 욥 6:4; 9:20-24 물론 우리는 여기서 성서가 줄곧 선언하는 죄와 죄인에 대한 심판을 말하는 것이 아니다; 우리의 관심은 하나님께서 선택하시고 사랑하시고 자신을 섬기려고 하는 이들에게 예외적이면서 "정당한 이유도 없이" 공격을 하시는 것에 있다. 그런 구절들을 우리는 어떻게 이해해야 하는가?

이런 장면들을 쉬운 심리학이나 문화인류학적 방식으로 설명하지는 않을 것이다. 우리는 그리 급하게 이야기해서는 안 된다. 문제가 되는 사람들은 하나님께서 그들에게 맞서는 것처럼 느꼈다; 아니면, 이들은 하나님을 마귀로 보는 원시적인 시각을 가진 남은 자들이다. 그 대신, 우리는 그런 본문들을 신학적으로 이해하려는 시도를 가지고 응답해야 할 필요가 있다.교회 생활에서의 본문, 아래

바로가 이스라엘을 압제함

바로의 억압적인 태도가 어디에서 나온 것인가는 1장과 연관시켜 이미 살펴보았다. 5:1-21에서, 초점은 억압이 갖는 거대하고 잘 조직된 체계와 하나님의 이름으로 하는 도전에 그 체계가 저항한다는 것에 있다.

후대의 역사 속에 보면, 이스라엘은 다시금 압제하는 제국들, 어떤 경우에는 "이집트"로 불리며 이집트와 비교되는 제국들에 종속되었다.1:22 다음의 성서적 맥락 속의 본문 아브라함의 자손들은 북왕국이스라엘에서 앗수르 제국왕하 17; 주전 722년에 이르기까지, 그리고 남왕국유다의 멸망에서 바벨론 제국왕하 25; 주전 587/586년에 이르기까지, 주후 70년에 로마에 의한 예루살렘의 멸망에 이르기까지 계속해서 외국의 지배 아래에 살았다. 마카비 국가대략 주전 165-63는 상대적으로 간략하게 정치적 독립을 이루었다.

이들 제국들이 보이고 있는 힘과 무자비함, 그리고 무엇보다도 하나님과 선택된 백성에 대한 거만함은 성서 본문 속에서 다양하게 특징되어 있다. 예를 들면, 우리는 앗수르에 대해 이사야 10:5-19; 나훔 3; 그리고 바빌론에 대해 하박국 1:5-11; 시편 74; 애가 1에서 읽는다. 신약성서에서는, 로마 제국의 모든 것을 아우르는 힘이 모든 것을 위한 배경을 이룬다. 요한계시록 18장은 "바빌론"이라는 이름 하에서, 로마의 아주 상징적인 특징을 일관되게 그린다.

이들 본문들 모두가—그리고 더욱 많은 본문이—억압하는 제국들의 맹위를 떨치는 힘을 묘사한다. 이스라엘 사람들은, 그리고 그들과 함께 지상의 다른 민족들은 그들의 무거운 손아래에서 신음하고 있다. 그렇지만 이들 본문들은 이 제국들의 마지막 운명에 대해 질문으로 남겨두지 않는다. 성서 기자들이 제국의 힘을 보도함에 있어서 갈팡질팡하는 일이 잦긴 하지만, 이들 기자들은 그런 권세가 자율적이면서 궁극적이지 않다는 것을 결코

의심하지 않았다. 성서 기자들은 그 제국들이 궁극적으로 하나님의 높으신 권세와 심판에 속하게 된다는 것을 안다. 그런 교훈은 이스라엘이 이집트에서 겪은 경험을 통해 잘 배울 수 있다.

반면, 출애굽기 5장의 이야기에 참여하는 자들에게는, 그런 교훈이 여전히 미래에 있다. 그들에게 있어 바로는 여전히 주님에게까지 맞서는, 궁극적인 힘을 위협하는 경쟁자로 나타나고 있다. 우리는 그들이 여전히 "출애굽기 이전의 시대"에 살고 있다고 말할 수 있으며, 성서의 나머지 부분은, 우리 시대를 포함하여, "출애굽기 이후의 시대"로 들어간다. 제국들의 이미지가 이집트에서 구원을 받는 이스라엘의 경험을 통해 신자들에게 있어 변천된다는 것을 과장하는 것은 어려운 일이다.

풀이 죽은 전령들

이 본문의 마지막 부분5:22-6:1은 모세를 풀이 죽은 하나님의 전령으로 그린다. 하나님의 위임을 수행하고자 하는 그의 노력은 실패했을 뿐만 아니라 그의 백성의 상황을 더 악화시켜 버렸다. 바로는 이스라엘을 보내라는 것에 단호하게 거절했다; 먼저 모세와 그의 임무를 받아들였던 이스라엘 지도자들은 이제는 모세에게 등을 돌렸다. 그렇지만 하나님은 이런 발전단계가 하나님의 승리로 가는데 있어 필요한 것이라는 확신을 모세에게 준다.

우리는 유사하게 다른 성서 본문들에서 하나님의 전령들이 풀이 죽어 있는 것을 본다. 그들 가운데 가장 뚜렷한 사례는 엘리야와 예레미야이다. 바알 숭배에 맞서서 성공적인 싸움을 이끌었음에도왕상 18 엘리야는 이세벨 여왕의 단호한 반발에 깊은 낙담을 한다.왕상 19:1-18 자기의심과 절망 속에서, 모세는 호렙 산을 향한 순례에 착수하는데, 이것은 모세와 그를 더욱 연결시키고 있다. 그런 와중에, 그의 절망이 최고조에 달했을 때, 엘리야는 어떤 천사로부터 힘을 얻어 그의 여정을 계속해 나갈 수 있게 되어 하나님에게서 오는 새로운 명령을 받게 된다.

예레미야의 낙담은 소위 "한탄"이나 "고백"으로 가정 온전하게 표현되고 있다.렘 11:18-23; 12:1-6; 15:10-18; 17:14-18; 18:18-23; 20:7-18 그에게도 하나님의 확신이 낙담을 막는다.

교회 생활에서의 본문

공격하시는 하나님?

이집트를 향한 모세의 귀국여정은 내가 아는 한 교회에서 큰 관심을 끌지는 못하고 있다. 공격자로서의 하나님과 만나는 것조차4:24-26, 할례의 중요성을 강조하는 유대교에서 사용되는데, 그리스도인들 사이에서는 똑같은 관심을 받지 못하고 있다.

그렇지만 오늘날 기독교의 정황 속에서 출애굽기를 가르치는 누군가는 이 사건에 대해 강의실에서 분명 질문을 받게 될 것이라고 생각할 수 있다. 질문하는 학생들은 만족스럽게 들을만한 답변을 받는 일이 드물다. 오히려, 비합리적이고 악의적인 하나님이라는 구약의 원시적 개념을 보여주는 명백한 증거 때문에 아마도 어깨를 움츠리게 될 것이다.

그러므로 이 본문이 우리를 위해 어떤 메시지를 남기고 있는지를 우리가 묻는 것이 더욱 중요하다. 구약의 사본들은 정경화되기 이전에 오랜 시간 동안 떠돌았으므로 더 이상 변경될 수는 없었다; 따라서 서사 속에 이 사건-모든 이들이 인정하듯, 분명 고대의 것-이 왜 간직되고 있었느냐에 대한 문제가 제기된다. 슈미트W. H. Schmidt는 짧지만 심오한 대답을 주고 있다: "왜냐하면 그것[이 사건]은 선택하시고 심판하시는 하나님이라는 후대의 경험과 모순되지 않기 때문이다"Schmidt: 232; 내 번역

다른 말로 하면, 후대의 신자들-그리고 여기서는 이스라엘과 교회 모두를 포함할 수 있다-은 때때로 그들의 삶에 있어서 하나님에게서 오는 공격을 경험한다. 그들은 변변찮은 설명들마저 불가능한 경험을 한다. 그런 경험들은 "계몽된" 신학들과 매끄럽게 합쳐지는 것을 견디고 있지만, 또한 안이한 설명들로 그들을 피하려는 어떤 시도를 충분히 거부할 만하다. 당신과 내가 우리의 존재의 내적인 중심을 공격하는 방식으로 하나님께 공격을 받아온 적-그저 느낌이 아니라-이 있는가? 이 본문은 모세가 하나님께 공격을 받았다고 말하고 있는 것이다.

물론 하나님을 공격자로 경험하는 것은 마지막이나 유일한 단어도 아니다. 논의되고 있는 절들 속에서조차, 모세를 구원하는 방식은 열려진 채로 남아, 십보라가 발견한 방식이지, 모세 자신이 발견한 것은 아니다. 게다가 그것처럼 이 이야기와 다른 이야기들도 위의 교회 생활에서의 본문 구원자이신 하나님의 압도적인 메시지가 있는 더 긴 성서의 서사 속에 박혀있다. 그럼에도 불구하고, 그런 본문들과 그 본문이 확증하는 경험들은 우리가 신뢰하는 신비한 하나님에게 무서운 면이 있다고 우리를 일깨워 준다.

예수에게도 마찬가지다. 내가 가장 존경하는 교수들 가운데 한 분인, 위대한 동양학자 토킬드 제이콥슨Thorkild Jacobsen은 언젠가 수업시간에 이렇게 질문을 던졌다. "예수에 대

해서 무서운 것들이 많이 있지 않을까요?" 그것은 동의를 바라는 수사적인 질문이었다. 그 당시에 난 그 질문에 대답할 준비가 되어 있지 않았지만, 자꾸만 생각해보니 동의해야만 했다. 우리의 본문은 그런 경험들이 그 그림을 산산조각내거나 장악하게 만들지 않은 채, 우리가 그런 경험들의 실재와 수용성을 세상과 하나님에 대한 성서의 그림 속으로 통합시키도록 도움을 주고 있다.

이집트에서의 압제

이집트와 바로는 교회사와 서구역사 내내 압제의 상징 노릇을 해왔다. 우리는 이미 이런 주제에 어느 정도 관심을 두었다.1:22 이후의 성서적 맥락에서의 본문 초기와 중세의 저술가들은 이집트의 노예신분에서 약속의 땅으로 이스라엘이 이동하는 것이 죄에서 구원으로 그리스도인이 탈출하는 것을 의미한다고 우화화했다. 이런 주제에서 이집트는 죄악된 삶과 동일시되었고 바로는 마귀와 동일시되었다.52쪽 메노의 시를 참조

최소한 17세기로부터 계속하여 바로는 정치적인 우화 속에서, 그리고 강압적이고 거만한 허풍쟁이 통치자를 풍자하는데 더욱 사용되었다. 작가의 관점에 따라, 이들은 찰스 1세일 수도 있었고Milton에 따르면, 루이 14세Dryden, 혹은 나폴레옹Wordsworth 등Tamburr: 609일 수도 있었다. 미국의 건국신화 속에서, 유럽은 이민자들이 약속의 땅, 미국으로 탈출해야 할 압제적인 이집트로 불리는 일이 많았다.예를 들면 Cotton Mather의 Magnalkia Christi Americana[1702] 비유를 뒤집어서, 미남부의 흑인노예들은 미국을 이집트라고 여겼으며, 많은 이들은 미국에서 벗어나는 것이 천국을 향하는 것으로 여겼다.Jeffrey, 1992b, 260

오늘날 해방신학은 출애굽기 이야기를 전용한 나머지, 완전히 정치적이고 종교적인 영역을 함께 엮었다. 이집트는 압제적인 정치-경제체계의 원형이 된다. 출애굽기 5:1-21은 현대의 압제자들이 사용하는 수단을 위한 진정한 패러다임이 된다. 예를 들어 픽슬리 G. Pixley는 억압의 전략에 있어서 세 개의 단계를 분리시키는데, 이 단계들은 여전히 어떤 라틴 아메리카 국가들과 그 외의 곳에서 일반적으로 사용되고 있다.

먼저, 주인여기서는 바로이 해방의 지도자들을 게으른 선동가들여기서는 모세와 아론로 폄하한다. 두 번째로, 주인은 "노동자들에게 교훈을 준다."는 방식으로 노동환경을 통제를 조종하는데, 노동자들로 하여금 그들의 복지가 자신의 선의에 달려있다고 느끼도록 한다. 세 번째로, 그는 억압받는 이들 가운데에서 감독관이나 십장들을 선택한다. 그들은 어떤 특권을 갖게 되고, 그리하여 주인에게 협조하면 이익을 받는다는 것을 말해주는 살아있는 사례가 된다. 그러므로 노동자들은 자기들끼리 내분을 겪게 된다.Pixley: 32-33

이전의 소비에트 연방에서 내 어린 시절의 기억들은 비슷한 주제로 채워져 있다. 픽슬리가 첫 번째로 지적한 것에 따라서, 지도자들에 대한 정면공격이 있었다. 어느 누구든지 압제의 체계에 동조하고 있지 않다고 조금이나마 의심을 받는 자가 있다면-예를 들면, 메노나이트 사역자였던 내 아버지가 그랬다-공공의 이익을 해치는 적으로 선포되어 모든 권리를 박탈당하고, 결국에는 강제노동을 하도록 집단수용소로 보내지게 되었다.

두 번째로, 보상과 처벌의 체계가 있어서, 이 체계는 공동작업의 정도나 대부분 의심을 받는 자들의 저항의 정도에 기반하고 있다. 훈장이나 물질적인 이점이 전자에게 주어 진다; 명예훼손, 불이익, 그리고 궁극적으로 시베리아에 있는 집단수용소가 후자를 기다렸다.

세 번째로, 협조자들, 거의 끄나풀들이 사람들을 분열시키도록 사용되었거나, 집단수용소에서는 죄수들이 그런 경우가 되었다. 픽슬리의 억압유형론에 더하여, 우리는 구소련의 주요 압제의 표시를 추가해야 한다. 그것은 바로 "철의 장막"으로, 국경선을 엄격하게 폐쇄시켜서 아무도 그 나라를 떠날 수 없게 하는 것이다. 바로처럼, 스탈린 정부는 노예로 만든 백성을 보내지 않았다.

이 본문은 우리로 하여금 하나님과의 충돌선상에 놓인 현대의 통치자들과 체계들을 식별할 수 있게 해준다. 그렇지만 주의가 필요하다. 픽슬리의 비평은 계급 구조에 대한 마르크스-유물론자들의 시점에서 나온 것이다. 나의 경험-그리고 수많은 다른 이들의 경험-은 마르크스주의자들의 제국의 소위 계급 없는 사회라는 정황 속에서 온 것이다. 우리가 출애굽기 본문의 도움으로 하나님에 맞서는 억압의 체계를 식별하려고 노력할 때, 반드시 우리는 이상적인 꼬리표가 아니라 압제의 징후 자체만을 보아야 한다. 정치적인 좌파뿐만 아니라 우파, 독재자뿐만 아니라 관용적이지 못한 풀뿌리 운동들, 모두가 오늘날의 "바로"와 "이집트"가 될 가능성을 갖는 것이다.

풀이 죽은 하나님의 전령

모세와 아론는 자신의 신성한 위임을 수행하려고 열심히 노력했으며, 고난과 중대한 위험에 처했다. 그렇지만 모세가 "계란으로 바위를 쳤을 때," 그는 그의-하나님의-대의를 위해서는 아무런 미래도 볼 수 없었다. 5:22-23

앞서 우리는 스스로를 모세처럼 소명을 받았다고 스스로를 정당화시키는지, 어느 정도까지 정당화시키는지의 문제를 언급했다. 4:7 이후 성서적 맥락 속의 본문 그럴지라도, 하나님의 대의 속에서 열심히 일하는 사람들 대부분은 낙심과 좌절의 시간을 안다. 그들은 심지어 여기 모세처럼, 자신의 백성을 인도하기 위해 아무것도 하지 않는다고 하나님을 비난하기도 했다. 우리가 느끼기에, 하나님의 대의는 실패하기 마련이다. 아마도 우리가 추구하는 어떤 기획이나 방향은 실제로는 틀림없이 실패할 것이다. 성공은 모든 모험에서 성서가 약속하는 것이 아니다.

그렇지만 미래로 가는 하나님의 길은 결코 막혀있을 수 없다. 이 점에서, 우리는 지도자들이나 억압받는 백성들 스스로를 그 명분으로 달리게 하고 그것이 효과가 있다고 믿게 만드는 해방신학에 경고를 해야 한다. 우리의 활동가들의 노력들의 자원이 고갈될 때, 그것은 꼭 완전히 바닥을 치는 알콜중독자의 삶과 같다; 그런 후에 하나님께서는 일을 시작하실 수 있다. 이것이 모세에게 주는 하나님의 확신이다.6:1

하나님께서 모세의 위임을 단언하시다

사전검토

바로와의 만남이 모세를 산산이 부서뜨렸지만 하나님은 그 조각들을 다시 집어 드신다. 모세의 소명은 실패하고 허탕을 친 것이 아니다. 이 본문은 모세의 소명 이야기에서 언급되는 많은 내용들을 자신만의 방식으로 단언하고 있다.3:1-4:17 내용이 아주 닮아 있어서, 이 본문은 모세와 아론의 족보를 예외로 두고6:14-27, 본질을 잃어버리지 않은 채 모세의 소명이야기를 대신할 수 있다.

이 본문은, 서로 다른 복음서들이 예수의 삶을 언급하는 병행의 이야기들비록 똑같지는 않지만처럼, 모세의 소명을 병행되는 방식으로서 어느 시대에서 순환되었다고 보는 것이 가능하다.[자료이론, 502쪽] 그렇지만 현재의 정황에서 이 본문은 그런 소명이 실패하여 무효화된 것처럼 보일 때 모세의 앞선 소명을 어떤 점에서 단언하는 역할을 한다.5:22-23

모세에게 있어서, 하나님께서는 이스라엘의 조상들아브라함, 이삭, 야곱에게 일찍이 알려졌던 전능하신 하나님' El Sadday; NRSV 각주: El Shaddai이란 이름과 비견되는 그 이름 주님야웨을 다시금 강조하셨다. 이 새 이름과 관련하여, 그렇지만 여전히 이들 조상들과의 언약을 기억하면서, 하나님은 인도하시겠다는 약속을 이스라엘에게 선언하신다. 백성들은 듣지 않아 모세는 낙담에 빠진다. 아론이 이 이야기 속에 들어오며, 모세와 아론의 족보도 그렇게 들어온다. 오래지 않아서 모세와 아론은 다시 바로를 만난다.

개요

조상과 하신 언약을 이행하시다, 6:2-13

    6:2-8 야웨, 언약의 하나님

    6:9 이스라엘, 낙담한 언약파트너

    6:10-13 모세, 낙담한 언약의 전령

모세와 아론은 언약의 전령으로 합법화되다, 6:14-27

모세와 아론이 권능과 함께 보냄을 받다, 6:28-7:7

    6:28-7:2 하나님께서 아론은 대변자로 세우시다

    7:3-7 하나님께서 모세와 아론에게 하나님의 승리를 확언하시다

주석

조상과 하신 언약을 이행하시다 6:2-13

6:2-8 야웨, 언약의 하나님

하나님은 그가 미래에 하실 일들로 모세의 관심을 끌며, 자신의 백성을 인도하는데 아무런 것도 하지 않았다는 모세의 비난을 간단히 반박한다.5:23 발사대는 이제 준비되었다.6:1 지금의 본문6:2-8은 하나님이 하실 미래의 일들로 확대된다. 행하실 이께서는 나는 주이다.Yahweh; Zimmerli, 1982:1-28라는 자기표시의 공식으로 소개되고 있다. 이런 공식은 네 차례 나타나며 이 본문의 중요한 특징이 된다.6:2, 6, 7, 8

주님Yahweh이라는 이름은 이스라엘로서는 새로운 이름이다. 그렇지만 현재의 정황은 그 사실을 분명히 언급하지 않고 그 이름과 모세가 최근에 일면식이 있다는 것을 보여준다.3:13-15, 아마도 4:30에서 이스라엘에게도 보고되었을 것이다 그렇지만 여기서의 강조점은 이런 새로움에 있는 것이 아니라 이 이름 속에 내재하는 권위에 있다. 팍스Fox는 나는 주이다에 "권위의 표현authority formula"이라는 걸맞은 이름을 붙였다.39

이런 권위는 과거와 미래에 기초한다. 3:6에서처럼3:14, 16; 4:5 참조, 조상들아버지들의 하나님과 주님과의 연속성이 곧바로 확언된다.6:3 그들은 하나님을 ' El Sadday로 알고 있었는데, 전통적으로는 전능하신 하나님으로 번역된다.NRSV: El Shaddai; 창 17:1; 28:3; 35:11; 43:14; 48:3 이런 번역은 헬라어70인역 본문을 따른다. ' El이 "하나님"을 의미한다면, Sadday의 의미는 분명치 않다; "그 산의 하나님God of the Mountain"은 저명한 해석자들이 고수하는 대안적인 번역이다.Cross, 19783: 52-56

이런 오랜 이름을 언급하는 것은 곧바로 우리 본문을 창세기 17:1-8과 연결시키는데, 이곳은 하나님이 스스로를 아브라함에게 소개하시는 장면이다: "나는' *El Sadday*이다." 6:3에 따르면, 그것은 타당하긴 하지만 완전한 자기소개보다는 못한 것이다. 이제 이스라엘이 경험하는 하나님의 성품의 측면은 그런 앞선 자기소개를 확대시킬 것이다. 그것은 하나님의 경험된 지식의 온전함으로 이끌 것이며, 그 이후부터 새 이름 야웨주님; 창 4:26에서처럼 창세기에서의 주님의 언급과 의미에 대해서는, 출 3:13-15 주를 볼 것로 포용될 것이다.

하나님은 스스로를 앞서 모세에게 아브라함, 이삭, 야곱의 하나님과 동일시하신다.3:6, 15 그렇지만 이곳, 6:2-8에서만, 모세의 조상들과의 언약을 모세에게 떠올리게 하신다. 그것은 아브라함의 자손들을 크게 늘리실 것이고, 그들에게 가나안 땅을 주실 것이며 그들의 하나님이 되겠다는 하나님의 약속이었다.창 17:1-8 이 언약의 약속의 첫 번째 부분은 이스라엘이 이집트에서 큰 집단이 되었을 때 이루어졌다.출 1 그렇지만 이스라엘이 이집트에 있을 때, 그 땅의 약속은 아직 이루어지지 않았으며, 모세는 그들과 하나님의 관계—비록 하나님의 관점에서는 온전하지만예를 들면 2:23-25; 3:7-9—를 물었다.5:22-23 이제 하나님은 언약의 맹세를 통해 이 백성에게 실제로 위임되었다는 것을 의심하고 있는 모세에게 강조하신다.내가 맹세하였다, 6:8 참조

이 위임 덕분에 하나님은 이제 행동하실 것이다: 나는 내 언약을 기억한다.6:5 이렇게 기억하시는 것은 이미 2:2에서 언급되었으며, 독자에게도 알려진다. 그렇지만 모세가 들을 때, 여기서는 처음으로 표현되고 있다. "'기억하고 있음'은 앞서 하셨던 약속이 움직이고 있다는 것이다"Hyatt: 77 그것은 정확히 하나님께서 지금 하시는 것이다. 내가 … 기억했다는 과거 시제 이후 미래로의 전환이 따라오지만, "권위의 공식"이 다시금 상기되기 전에는 아니다: 이스라엘에게 말하기를, "나는 주이며, 내가 … 할 것이다"6:6

이어지며 새로운 신성한 이름의 의미를 발전시키는 절들6:6-8은 마틴스E. Martens가 야웨의 "설계design"이라고 특징지은 것으로, 출애굽기의 나머지 부분뿐만이 아니라 구약성서 전체에 해당하는 것이다.Martens: 18-19; 11-24 참조. 아울러 그의 성서신학의 제목은 *God s Design* [언약, 492쪽]

미래 시제로 된 다섯 개의 구두진술은 하나님께서 이전의 언약 약속을 진행하실 것이라는 것을 선언한다. 나는 너희를 자유롭게 할 것이며, … 인도할 것이며, 너희를 구원할 것이며, … 너희를 내 백성으로 삼을 것이며, … 너희의 하나님이 될 것이다.6:6-7 세 번째 동사, **구원하다**.gaʾ al는 처음 두 개의 행동을 요약하고 있다. 이 동사는 도움을 필요로 하는 가까운 친척을 도와야 할 책임이 있는 친척이 지고 있는 의무를 가리키는 것으로, 노

예신분에서 그 친척을 풀어줄 의무를 포함하고 있다. 예를 들면 레 25:48-49 그렇게 "구원받은" 사람에게 있어서, 삶은 새롭게 시작할 수 있는 것이다. 이스라엘에게 있어서 이것은 하나님과 함께 하는 새로운 삶을 의미하는 것이다.

내가 너희를 내 백성으로 삼을 것이며 너희 하나님이 될 것이다. 6:7라는 구절은 아마도 고대의 혼인 공식, "내가 당신을 내 아내로 맞을 것이며 당신의 남편이 될 것입니다"를 모델로 했을 것이라는 주장이 널리 받아들여지고 있다. 비유적으로 사용되긴 했지만 호세아 1:9; 2:2의 전환을 참조 구원하다를 사용하면서, 언약관계를 위한 이런 혼인의 언어는 하나님께서 도우실 이 백성과 하나님의 "친족과 같은 친밀성"을 강조하는 것이다. 이스라엘이 하나님의 장자로 거론되고 있는 4:22 참조 하나님의 구원하시는 행위의 목적은 이스라엘에게 그 땅을 주시는 것이다. 6:8; 3:8의 주를 볼 것 하나님이 원래 모세에게 주신 위임3:16-22 이후에 모세의 반항4:1-17이 이어지고, 그 다음에 그의 여정이 따라오지만4:18-31, 여기서 모세의 반응은, 있다 해도, 주목을 받지 못한다. 스포트라이트는 오롯이 그리고 온전히 하나님의 행위에 있는 것이다.

6:9 이스라엘, 낙담한 언약 파트너

이스라엘 백성을 만나러 가기 위한 여정이나 아론을 왜 대변자로 삼아야 하는지와 같은, 모든 세부적인 정황은 여기서도 똑같이 생략된다. 하나님의 온전하고 자기희생적인 계획이 이스라엘의 완전한 낙담과 극적으로 대조되고 있다. 5:21-23 참조 우리는 모세가 도착했을 때 모세를 받아들였던, 믿음 있고 예배하는 백성과는 완전히 딴판인 이스라엘을 본다. 4:31 바로는 탈출을 꿈꾸었던 자신의 노예들의 어떤 희망도 부숴버렸고, 혹은 이집트에서 누가 주인인지에 대한 어떤 의심도 깨부수는 교훈을 주었다.

6:10-13 모세, 낙담한 언약의 전령

행동할 준비기 되신 하나님은 낙심한 백성을 잠시 뒤로 한 채, 당장 바로를 상대하신다. 하나님은 모세의 앞선 위임을 단언하신다: 가서 이집트의 왕 바로에게 이스라엘 사람들을 그의 땅에서 내보내라고 말하라6:11; 3:10 참조 3:18과 5:3에서처럼, 사흘이라는 언급은 없다.

성공하지 못한 임무에서 더 무시무시한 임무를 가지고 보냄을 받은 모세는 처음으로 이만남에서 말을 하고 자신의 낙담을 토로한다. 6:12 그의 거부는 문자적으로는 이렇게 읽을 수 있다. 저는 음경포피가 있는foreskinned 입술을 가진 사람입니다. Fox:40; NRSV 각주: 할례

받지 못한 입술 그는 웅변의 문제를 언급하고 있는데, 4:10-17에서와 같다. 그렇지만 이런 이미지는 단순히 말에 어려움을 의미하는 것이 아니라, 성화가 필요하지만 부정함을 의미한다.사 6:5-7 참조 자기 확신이 없는 것은 무가치함을 깊게 느끼는 것과 혼합되어 있는 것이다.

설명, 확신, 혹은 약속이 없이, 아론이 이 시점에서 소개 된다: 그리하여 주께서 모세와 아론에게 말씀하셨다 … 6:13 제시되는 단어 그리하여NRSV; 보통 그리고를 의미하는 히브리어 접속사를 번역하는 이 언급을 모세의 자기비하적인 저항과 올바르게 연결시킨다. 문제가 되는 점을 이렇게 풀이함으로 강조할 수도 있다: "그러므로 주께서, 모세에게가 아니라, 모세와 아론 모두에게 말씀하셨다." 동시에, 6:13도 이어지는 족보의 도입부 역할을 하며 따라서 많은 주석가들이 그것으로 통합되었다.

반복독자는 이 장면에서 아론의 개인적인 모습뿐만 아니라 제사장직의 대표의 도래로서 아론의 모습을 파악할 것이다. 제사장직은 이스라엘을 성화시키는 역할을 맡은 제도이다. 그렇지만 아론의 역할에 대해 더 듣게 되기 전에, 바로와의 두려운 만남의 결과에 대해, 이런 긴장의 순간에 독자를 긴장 속에 내버려 둔 채, 서술자는 아론과 모세의 족보를 자기 것으로 받아들인다.

모세와 아론이 언약의 전령으로 합법화되다 6:14-27

성서의 족보들은 현대의 가계도와 같기도 하고 다르기도 하다. 이 족보들은 자손들을 추적하는데 있어서는 후자와 같다. 이 족보들은 완전하고 손상되지 않는 혈통에 대해 관심을 갖지 않는 현대의 족보들과는 다르다. 이런 차이가 있는 이유는 그들의 목적 때문이다. 성서의 족보들은, 현대의 가계도가 그러는 것처럼, 단순히 역사적 호기심을 만족시키거나 유전적은 특성을 찾는 것을 바라지 않는다. 그들의 목적은 정체성과 지위를 자리매김하기 위한 경우가 아주 많다.

그래서 "예수가 누구인가?"라는 질문은 마태복음 1:1-17로 대답되는데, 예수를 구약에서 위대한 두 명의 약속의 수신자인 다윗과 아브라함과 연결시키고 있다. 중간세대들은 14대씩 세 번을 연결되는 양식을 갖는다.14는 "거룩한" 숫자 7에 2를 곱한 것이다 족보는 요셉을 통해 거슬러 올라가지만, 요셉은 예수와는 어떤 혈통적 연결점도 없이 예수를 기른 아버지라고 보도되고 있다.마 1:18 이런 족보는 예수를 역사적으로, 그리고 신학적으로성서적으로가 아니라 그가 성취하러 온 구약의 위대한 약속들에 연결시키는 기능을 한다.

유사한 방식으로, 모세와 아론의 족보는 그들의 정체성과 지위의 문제에 대한 응답이다. 그들이 누구인가? 그들이 얼마나 중요한가? 앞서, 모세의 혈통의 문제가 간략하게 모세의 부모가 레위집안 출신이라는 사실을 언급함으로써 다루어졌다.2:1 그렇다면 우리는 모세의 소명을 포함하여 그의 개인적인 경험들을 듣는다. 그렇지만 고대 이스라엘 사람들의 마음속에서는, 이것으로 충분하지 않다. 고립된 개인의 실존이 가능한 것으로 생각되기는 힘들다. 그것은 정체성이 없는 실존이 된다. 모세와 아론을 말하는 것은 그들의 혈통이라는 맥락에서 이야기하는 것이다. 우리 본문의 족보는 이런 필요에 응답하고 있다.

족보는 야곱/이스라엘의 세 아들을 나열함으로 시작한다: 르우벤, 시므온, 레위6:14-19 레위는 특별한 관심을 받는 사람으로, 그의 계열이 더 추적될 것이다. 그는 왜 단독으로 언급되고 있지 않은가? 혹은 야곱의 열 두 아들 모두가 왜 언급되지 않을까? 처음 세명은 레위를 야곱의 아들의 맥락 속에 두기에 충분하며 그들 가운데 레위의 지위를 표시하는데 충분하다. 유사하게, 레위의 세 아들들도 언급된다: 게르손혹은 게르솜, 고핫과 므라리6:17 그렇지만 주된 관심은 아므람의 아버지인 고핫에 있는데, 그는 결국 아론과 모세의 아버지가 된다.

이런 확실성은 전체 족보의 목적이다. 이것은 이스라엘을 인도한 두 위대한 대리자를 야곱/이스라엘로 시작하는 그들의 백성의 역사와 연결시키는 것뿐만이 아니다. 이 족보는 또한 그들의 자리가 특별히 제사장가문으로 선택된 레위 가족 속에 있음을 보여준다.2:1 참조; 민 26:57-61

그렇지만 왜 다른 이름들이 나오는가? 카수토는 옛 랍비전통을 따라, 여기서 이 목적은 토라/오경 속에서 나중에 언급되는 모든 [중요한?] 레위인들을 소개하기 위해서라는 그럴 듯한 주장을 편다.87 특히 나중에 두드러지는 나답과 아비후출 24:1-11; 28:1; 레 10:1; 민 3:2-4; 26:60-61, 고라민 16:1-35, 엘르아살출 28:1; 레 10:6; 민3:2 등 및 비느하스민 25를 주목하라.

아론의 아들들이 포함되었지만 모세의 아들들은18:2-4에서 언급은 되지만; 삿 18:30 참조 위의 기준에 분명히 부합하지 않는다. 이 족보에서 특별한 관심을 받고 있는 아론의 계열은 후기 역사에서 크게 중요한 부분이 될 것이다. 모세의 이야기는 독특하게 부름을 받은 개인의 이야기로서 계속 존재할 것이지만, 아울러 "모세와 같이" 개인적으로 부름을 받은 예언자들의 연결고리 속에서도 존재할 것이다.4:17 이후의 성서적 맥락에서의 본문을 보라 동시에, 레위의 제사장 계열과 모세의 연합은 의심의 여지없이 그의 지위를 강화시키는데, 특히 이스라엘 백성이 그의 말을 듣기를 거부하고 있는 서사 속의 이 시점에서 그러하

다. R. Wilson, ABD, 2:932

모세와 후대 레위인들의 연합은 이스라엘 역사 속의 어느 때에 이스라엘에서 그들의 지위를 향상시켰다는 점도 분명하다. 반면, 족보 속에 있는 아론계열을 강조하는 것은 아론의 이미지를 강화하고 그와 함께 아론의 제사장직을 강화시킨다. 출애굽기 본문이 제시하는 것처럼, 출애굽기의 서사 속에서 아론의 종속적인 역할은 독자의 눈에는 그의 존귀함을 손상시키지 않을 것이다.

아론과 모세 계열에서 세 명의 구성원들의 나이는 다음과 같다: 레위 137세, 고핫 133세 아므람 137세. 레위는 이집트로 옮겨 간 요셉의 형제들 가운데 한 명이었고, 아므람의 아들 모세는 출애굽기 세대에 속해 있었으므로, 이 족보에 따르면 이집트에서 4세대가 그 시간에 걸쳐 있게 된다. 그렇지만 이것은 창세기 15:13의 400년이나 출애굽기 12:40의 430년을 메꾸기에는 충분하지 않다.

두 가지 해석방식이 열려있는 듯하다. 첫 번째는 족보의 목적에 대한 앞선 설명들을 언급하는 것으로, 그 목적은 이름과 세대를 완전히 열거하지 않았을 수 있다는 것이다. 두 번째는 시간이 지난 지금의 우리가 이해할 수 없는 여기서의 숫자들을 다루는 것을 의심하는 것이다. 그렇지만, 족보에서 어떤 어머니들은 언급이 되고 다른 어머니들은 언급이 되지 않음과 같이, 우리는 이것을 확신할 수도 없고 어떤 다른 족보의 특징들의 중요성도 확신할 수도 없다.[이집트의 이스라엘, 499쪽]

26-27절은 다시 한 번 그 족보를, 이제는 적합한 자격을 갖춘 아론과 모세와, 그리고 출애굽기 사건들과 연결시킨다. 아론과 모세가 나이 순서대로 먼저 나열되고6:26, 이후에 권위의 순서대로 나열된다.6:27 이스라엘을 이집트에서 데리고 나오는 그들의 역할은 군사행진과 같이, 중대별로 군사조직과 연관된 기술적 구문 간략히 묘사된다. 이스라엘은 도망친 노예와 같이 탈출할 것이 아니라 개선하는 군인처럼 행진하게 될 것이다.[야웨 전쟁, 489쪽]

모세와 아론이 권능과 함께 보냄을 받다 6:28-7:7

6:28-7:2 하나님이 아론을 대변자로 삼으시다

28-30절은 대개 10-12절을 되풀이하는데, 족보가 개입되는 이야기를 시작하는 문학 장치이다. 이제 아론의 역할은 명백히 예언자의 역할과 비교되고 있다는 것을 제외하고는, 자신의 웅변능력이 부족한 것에 대한 모세의 불만을 4:14-17과 유사한 방식으로 하

나님께서 다루고 계신다. 이런 비교는 서로와의 관련 속에서 기능하는 그들의 각각의 기능을 보여주는 것에 한정된다: 아론은 너의 예언자가 될 것이다. 그들의 실제 역할이 혼동되어서는 안 될 것이다. 모세는 결코 신성하지 않지만 예언자로 특징화되는 일이 많다; 아론은 예언자는 아니지만 제사장직의 아버지이자 상징이다. 이 구절에 있는 어떤 것도 모세의 대변자가 되는 아론의 앞선 지명을 다시 언급하지 않는다.4:10-17 그렇지만 이런 맥락 속에서, 우리는 현재의 지명을 모세의 앞선 지명의 확정으로 받아들여야 한다.

3-7 하나님께서 모세와 아론에게 하나님의 승리를 확언하시다

이제 이어지는 것은 모세의 낙담한 질문, 저는 말이 어눌한 사람이기에(문자적으로는 포피가 남아 있는 입술을 가진), 바로가 제 말을 왜 듣겠습니까?6:30에 대한 하나님의 응답이다. 그 질문의 첫 번째 부분은 아론을 대변자로 재지명함으로 다뤄지고 있다. 두 번째 부분은, 하나님께서 이제 말씀하시는 것으로, 이를 테면 다음과 같다: "바로는 정말 듣지 않을 것이다. 내가 몸소 바로가 듣지 못하도록 할 것이다. 그렇지만 너의 임무의 의도를 막는 대신에, 이것은 진전될 것이다. 왜냐하면 이것은 내 행동을 위한 무대를 마련할 것이기 때문이다"6:1 주를 볼 것 그런 행동은 이집트에 대한 강력한 "심판의 행위"로 이루어져 있는 것으로, 중대별로 이스라엘이 개선의 행진을 하도록 바로를 압박할 것이다.6:26 참조 [야웨 전쟁, 489쪽]

이 부분은 4:21-23과 닮아 있어, 앞서 바로와 하나님의 싸움에 대한 선언과 여러 가지 관점에서 하나님께서 바로를 이기셨다는 것을 확대시킨다. 가장 중요한 것은 다가오는 "전염병plague"의 특징으로서, 우리가 그 전염병을 전통적으로 알듯이, 그것은 위대한 심판행위인 것이다.7:4 그것은 왜 하나님께서 몸소 하나님의 이적과 기묘한 일들에 맞서 바로를 완악하게 했는지를 예비적인 방식으로 설명하고 있다. 후자는 백성을 납득시키는 잠재력을 가지지만4:30-31, 바로에게 보였을 때 주로 그런 목적으로 의도된 것은 아니다. 이집트의 왕이 이스라엘 사람들을 핍박했을 때, 그는 심판에서 벗어날 기회를 박탈당한 것이다.

그렇지만 "마음을 완고하게 하는" 동기 속에서, 역사하시는 복잡한 역동성을 완전히 다루기 위해서는 먼저 이곳에서 간단하게 예측되는 사건들을 연구해야 할 필요가 있다.7-12장 [전염병, 표징과 이적, 504쪽] [바로의 마음이 완악해 짐, 477쪽] 하나님의 선언에 있어 중심이 되는 것7:5은 하나님께서 이스라엘 사람들을 위해서 뿐만 아니라3:11-15 참조; 6:7 이집트인들을 위해서도 의미 있게 주님야웨의 이름을 채우실 것이라는 언급이다. 이스라엘 사람들과 이집트인들은 하나님께서 압제자를 부수고 압제당하는 자들을 자유롭게 하실 분이라는 것을 배우게 될 것이다.9:16 주를 참고

마지막 두 절은 이 본문을 맺고 있는데, 처음 것은 모세와 아론의 순종7:6을 언급함으로, 그리고 나중의 것은 그들의 나이를 언급함으로7:7 끝을 맺는다. 심한 반항과 낙담이 지나고 결국 모세는 순종하게 되지만 결코 최종적인 것은 아니었다. 주께서 그들에게 명하신 대로 그들이 행했다.7:6라는 구절은 모세와 아론이 여기서 하나님과의 관계에 이르렀다는 것을 보여준다. 이 관계는 나중에 많은 시간이 지나서야 이르게 되는—그 당시에는 일시적인—이스라엘과 하나님의 관계를 예표해 준다. 35–40장에서 반복적으로, 우리는 이 구절이 모든 민족에게 적용된다는 것을 알게 된다.에를 들면 39:1, 21

모세와 아론의 나이에 대한 주는 이 순간의 중요성을 보여주는 표시 역할을 하고 있다. 그들의 삶은 결정적인 분수령에 도달한 것이다.

성서적 맥락에서의 본문

나는 주야웨다

이 본문6:2에서 하나님이 모세에게 말씀하시는 "자기소개 공식"은 구약의 많은 부분에서 나타난다.이어지는 많은 부분은 Zimmerli의 고전연구에서 차용된 것이다. 1982:1–28 이 공식은 나는 야웨 너의 하나님이다.예를 들면 출 16:12; 레 18:2 혹은 나는 야웨 너의 하나님, 이집트에서, 노예의 집에서 너를 데리고 나온 이다.출 20:2; 레 19:36 참조로 확대될 수 있다.

너에게 가나안 땅을 주겠다.레 25:38 혹은 다른 추가 부분들예를 들면 레 20:8, 24; 21:15, 23; 22:9, 16, 32f, 26:13; 출 29:46; 민 35:34과 같이, 하나님의 또 다른 성품, 행동 혹은 약속들이 이 공식에 추가될 수 있다. 그러므로 자기소개 문구 나는 야웨다는, 단독으로 나타날 때는, 이스라엘의 하나님에 대해 언급되는 모든 것을 위한 약칭shorthand으로 드러나고 있다. 실제로는 이 공식의 의미가 "나는 온전히 나—하나님/야웨—이다.I am all that I–being God/Yahweh–am"이다. 그 다양한 확장은 이런 의미를 분명하게 만들고 있다.

이런 자기소개 문구는 "인식 문구recognition formula"로 변환될 수 있다: 너희/그들이 내가 야웨인 줄 알게 되리라. 이것은 출애굽기에 반복적으로 나타나는데, 이집트/이집트인들을 향할 때는 무시무시한 어조가 되며7:5, 17; 14:4, 18 이스라엘에게 말할 때는 약속이나 확신을 부여하는 어조가 된다.6:7; 10:2; 16:12; 29:46; 31:13 자기소개 공식과 같이, 이런 인식문구도 확장될 수 있다. 예를 들면 겔 37:28 이것은 특히 에스겔에서 자주 찾아볼 수 있

는데, 이 문구가 이스라엘을 향할 때 어둡고 위협적인 어조로 나타나지만예를 들면 6:7, 10, 이집트와 같은 다른 나라를 향해서도 마찬가지이다.예들 들면 30:8, 26

단순 문구 **나는 야웨다**.사 45:5, 18와 확장된 인식 문구 모두 이사야 40ff에서 빈번하게 나타난다.예를 들면 45:3; 49:23 이들은 시편뿐만 아니라 다른 에언서들에서도 발견된다.예를 들면 호 12:9; 요엘 2:27; 시 81:10

그렇지만 나는 야웨다 공식은 하나님의 자기소개 문구와 인식 문구 역할만을 하지는 않는다. 이 문구는 야웨의 권위를 단언하기도 한다. 그처럼, 이 문구는 법률적인 부분들을 여닫기도 하거나, 그 율법 배후에 있는 야웨의 권위를 단언하는 일련의 율법들 속으로 받아들여진다.예를 들면 레 19:3, 10, 12, 14, 16, 18, 25, 28, 30, 31, 32, 34, 37 이것은 단순한 반복성이 아니라 "법적인 격언들의 작은 무리들이 각각 그렇게 함으로 야웨의 구약의 계시의 핵심 중에서 법적인 의사소통이 되는 것이다" Zimmerli, 1982: 12

짐멀리에 따르면 십계명의 도입부출 20:2 조차도 출애굽기 사건들을 요약하는 역할뿐만 아니라 이어지는 계명들의 권위를 확증하는 역할을 하기도 한다.1982:25 우리 본문출 6:6-8을 개괄하는 에스겔의 구절에서, 야웨의 자기소개는 서약의 효력으로 주어지고 있다.겔 20:5-7 [계시와 임무 471쪽]

언약들

이 본문은 일찍이 아브라함, 이삭, 그리고 야곱과 했던 언약을 상기시킨다.창 17; 창 15 참조 노아와 하나님의 언약창 9:8-17과 아담과 이브와의 언약창 1:28-2:3이 그 언약을 선행하고 있다. 그 밖의 언약들과 언약의 갱신들이 아브라함과의 언약을 뒤따르고 있다.[언약, 492쪽]

족보들

이 본문6:14-27에서의 모세와 아론의 족보와 유사한 족보들가계도은 성서의 다른 곳에서도 상당수 발견된다. 예를 들면 창 5; 10; 46:8-27; 대상 1-9; 마 1:1-17; 눅 3:23-29 윌슨R. Wilson에 따르면, 족보들은 고대근동의 문헌들에서는 희귀하지만 구약에서는 약 25개가 있다. ABD, 2:929f 그들은 다른 맥락 속에서 다르게 기능을 한다. 대체로 이 족보들의 중요성은 성서에서 인간이 우주적인 상태에서 유추한 것이라기보다는 가족의 비유에서 유추한 것으로 이해되고 있다는 사실과 연결되고 있음에 틀림없다.

다른 말로 하면, 인간은 최초의 부모라는 한 쌍에서 내려오는 커다란 가족으로 볼 수 있다. 유사하게, 이스라엘은 가족의 패턴으로, 야곱/이스라엘과 그의 12 아들들의 후손으로 보는 것이다. 이런 친족의 비유는 형제와 누이의 가족으로서 교회의 자기이해 속에 영속된다.W. Janzen, 1994:32f., 203f. 참조

이 본문과 내용면에서 연결되고 있는 본문들은 다음과 같다: 창세기 46:8-11; 민수기 3:1-3, 17-20; 26:5-14, 57-60; 역대기상 6:1-19; 23:6-23 참조. 이들에게는 어떤 공통적인 특징이 있긴 하지만, 형식, 길이, 세부사항, 그리고 목적에 있어 다양하다. 따라서 각각의 족보는 그 족보가 속해있는 정황 속에서 해석되어야 한다. 다시금 족보들은 이스라엘의 제사장 지파인 레위 지파의 중요성 및 레위 지파 내부에서 아론 자손들의이 갖는 특별한 지위를 강조하고 있다.

교회 생활에서의 본문
하나님의 언약은 신실하다

인간과 함께 하는 하나님의 이야기는 뿌리와 일관성이 있다. 우리 인간에게 유리한 입장에서 보면 하나님이 역사하시는 새롭고 전례 없는 방식은 놀랍고 혁신적이며 의심할 만한 것으로 보인다. 그렇지만 하나님의 관점에서, 이 방식들은 인간에게, 이전과 새 언약의 백성에게, 그리고 개인들에게 하셨던 하나님의 앞선 위임들과 조화를 이룬다. 하나님이 어떻게 행하시는지를 이해하는 방법을 우리가 쉽게 찾지 못한다고 해도 하나님은 변덕스럽게 역사하시지 않는다.

하나님의 새 "이름"과 옛 "이름"에 연결시키는 데에는 시간과 노력이 들어가며, 우리가 과거에서 가져온 하나님의 방식들을 아는 지식을 의미하고 있다. 야웨는 다름 아닌 바로 우리 조상들의 하나님이다. 오늘날 그리스도인들은 언약이라는 맥락 소에서 그들의 삶을 살아야-그렇게 살 수 있는 특권을 받았다-한다. 하나님은 낯선 하나님으로 우리와 대면하는 것이 아니라 언약의 약속들 속에서 우리에게 헌신하시는 하나님으로 우리와 대면한다. 모세와 아론이 바로와의 첫 번째 대면에서 분명 실패했던 것처럼, 우리가 어떤 것에 실패했다고 생각할 때, 이것은 특히 기억해야 할 만큼 중요한 것이다.

이미 우리에게 헌신하신 이 하나님은 하나님의 언약적 위임 속에 뿌리박은 대로, 우리가 인식하지 못하는 방식으로 우리를 인도하실 수 있다. 우리는 새로운 "이름" 혹은 새로운 행동방식 하에 하나님을 경험할 수 있다. 그렇지만 새로운 이름 야웨를 받고 여전히 "구원자"라는 내용을 경험할 필요가 있었던 모세와 아론와는 달리, 우리는 그것을 경험한

이스라엘과 교회의 기나긴 역사 속에 서 있다. 어떤 하나님의 새로운 이름이나 성품이 우리에게 주어진 것을 대신하지 않을 것이다: 이것은 영원한 내 이름이다.3:15 주

만일 우리가 바르트의 "전적인 타자Wholly Other"와 같은, 하나님을 가리키는 새로운 이름을 사용한다면, 이 이름은 하나님의 창조 속에 있는 어떤 것과 하나님을 혼동해선 안 된다는 것을 의미할 때 적절한 것이며, 따라서 우상을 숭배하는 것이 된다.20:1-6 참조 그것은 우리가 하나님의 불가해한 위대하심과 신비를 제거하려들지 말라는 것을 뜻할 수도 있다. 그것은 하나님이 알려지지 않은 자the Unknown One로 우리와 대면한 적이 결코 없다는 것을 의미한다. 성서의 시각에서, 하나님은 항상 언약의 축복과 약속 속에서 이미 우리에게 헌신된 분으로 다가오신다.

족보들?

기독교의 해석에서, 성서의 족보들은 두 가지 방식 가운데 하나로 기능하는 일이 많지만, 두 가지 모두 부정적인 것이다. 첫 번째는 "거룩한 수학"의 족보로서, 특히 세상의 나이를 추측하는 것이다. 따라서 족보들을 사용하는 것은 족보가 지닌 목적을 놓치는 것이다. 그렇지만 많은 그리스도인들에 있어서는 족보들이 전혀 의미가 없다. 사람들은 성서를 읽을 때 족보를 "지루하게 낳는 이야기들" "아무개가 아무개를 낳았다"로 여겨 지나치고 만다. 그 족보들은 항상 우리의 삶으로 다가올 수 있는가?

저명한 내 교수는 언젠가 강의에서 이렇게 말했다. "성서에 나오는 족보들의 매력에 푹 빠지게 되면, 성서학자가 될 것입니다." 겉모습과는 달리, 족보들은 성서의 신학과 메시지를 담고 있는 심오한 부분이다. 종합해 볼 때, 족보들은 가족으로서의 인간을, 세상에서 역사하시는 하나님의 방법으로서의 세대의 흐름을, 신자들의 가족과 같은 공동체를, 그리고 개인들이 어떻게 혼자 있는 것보다 더 크게 어떤 이야기 속에 담겨지는지를 증언하고 있다.

게다가, 각각의 족보는 특별한 기능과 메시지를 담고 있다. 족보가 제공하는 정보를 넘어서, 모세와 아론의 족보는 위대하고 특별한 개인들이 더 위대한 이야기 속의 한 부분이라는 것을—그리고 그렇게 보일 필요가 있다는 것을—우리에게 상기시켜 준다. 그것은 예언과 제사장직의 제도를 되돌아보게 하며, 모세와 아론이 "형제"이지만 보완적인 다른 부르심을 받았음을 되돌아보게 한다. 그것은 우리를 위한 조상들과 확장된 가족의 중요성의 본보기가 된다.

두 번째 출발

모든 실패경험이 우리가 하나님의 부르심을 잘못 판단했다는 것을 뜻하지는 않지만, 몇몇 실패는 그런 증거가 될 수 있다. 게다가 우리가 실패라고 경험하는 모든 것이 하나님의 시각에서는 실패가 아니다. 모세는 인간의 성공잣대로 측정했기에 바로와의 만남을 실패로 보았다. 이 본문은 하나님께서 어떻게 그런 "실패"를 하나님의 장기적인 계획의 맥락 속으로 위치시키는지를 보여준다. 그런 맥락 속에서는 모든 것이 "예정대로"되고 있는 것이다.

우리가 출애굽기 14장을 논의할 때 어떤 상황에 대한 인간의 평가를 하나님이 재해석하는 더 결정적인 사례를 보게 될 것이다. 실패가 우리를 다시 생각하게 할 때, 그리고 실패가 우리로 하여금 다시 생각하게 하고 두 번째의 출발을 하도록 이끌 때를 판단하는 것은 쉬운 일은 아니다. 우리 본문의 모델은 때로는 후자-다시 생각하고 새로 시작하는 것-를 해야 할 필요가 있다고 우리에게 강하게 충고해주고 있다.

실현:이스라엘에 초점

Realization :Focus on Israel

제3부

이스라엘의 구원

출애굽기 7:8-18:27

개관

긴박한 드라마가 이 속에서 우리 앞에 펼쳐진다. 이스라엘의 참된 주인은 누구인가? 출애굽기 전체를 통해 흐르고 있는 이 질문이 야웨와 바로라는 두 경쟁상대 사이에서 싸움을 벌이고 있다. 결과는 반복 독자에게 있어서 의심의 여지가 있을 수 없다. 야웨가 심판의 열 가지 행위로 바로를 뭉개버리신다. "전염병," 7:8-11:10

이스라엘은 유월절 의식을 지킴으로써 새 구원자이자 주님께 순종과 감사함으로 스스로를 드린다. 12:1-13:16

바로가 마지막 경주를 하여 자유를 위한, 아니 야웨를 예배하고자/섬기고자 하는 행진을 하는 이스라엘을 추격할 때, 야웨는 홍해갈대바다의 물로 바로의 군대를 궤멸시킨다. 이스라엘은 이제 진정으로 자유를 느끼게 되었으며 위대한 찬양의 노래를 하며 벗어난다. 13:17-15:21

그렇지만 놀랍게도, 1차 독자는 바로의 패배가 아직 이스라엘의 자유를 이루어 내지 못한다는 사실을 알게 된다. 폭군에게 노예로 있다가 풀려난 이스라엘 백성은 여전히 다음과 같은 다른 것들의 노예가 되어 있다: 자신 없어 함, 신앙의 부족, 그리고 반항심. 이제 광야에서, 그들은 새로운 주인의 인도하심을 신뢰하기를 거부한다. 엄밀히 인간의 시각에서 그들의 상황을 본다면, 그들은 절망하고 반역한다. 열심히 야웨는 신성한 힘을 입증하고 기꺼이 이스라엘 백성을 이곳에서 저곳으로 옮기면서, 이스라엘 백성의 반항하는 마음을 자신에게로 이끄시느라 애를 쓰신다. 15:22-17:16

외부적인 압제에서 해방되는 것은 아직 구원은 아니다. 이스라엘이 완전히 주님께 헌신하여 두려움과 의심을 내어버릴 수 있을 때만 구원이 완성될 것이다. 이 길로 가는 정거장은, 일종의 "귀향"으로서, 이드로가 유목 목자의 삶으로 이스라엘 백성들을 환영하여 받아들일 때 축하를 받는다. 18:1-27 이것이 우리의 이야기 제3부를 완성하는데, 이 부분을 우리는 "이스라엘의 구원"이라고 부른다. 이스라엘의 완전한 구원을 위한 하나님의 애쓰심은 출애굽기와 그 밖에서도 계속될 것이다.

개요

하나님께서 바로를 이기시다, 7:8-11:10

이스라엘이 바로에게서 벗어나다, 12:1-15:21

하나님께서 이스라엘과 씨름하시다, 15:22-17:16

이스라엘의 탈출이 완성되다, 18:1-27

하나님께서 바로를 이기시다

사전검토

이곳과 관련된 이야기들은 하나님의 강한 타격을 표시하며 반항하는 적, 바로가 되돌아오는 장면이 따라오는 격렬한 전투를 그리고 있다. 이 이야기들은 앞서 간략히 "사전검토"에서 예견된, 하나님께서 바로에게 승리하시는 세부적인 과정을 자세히 설명하고 있다. 3:19-22; 4:21-23; 6:6; 7:3-7 폭스Fox가 전통적인 "전염병들plagues"이라고 부르는 것처럼, 열 번째 "타격"이 마침내 노예가 된 이스라엘을 보내라고 바로를 압박한다. Fox: 45ff 전염병이 바로의 심경의 변화를 일으키게 될 것이며, 이스라엘 사람들을 좇아가도록 바로를 촉발시켜, 홍해갈대바다에서 바로의 전멸로 이어지는 최후의 발악이 되고 만다.

그렇지만 전체적인 싸움은 단순히 권력의 쇼가 아니라 영적인 싸움이다. 신앙에 호소하고 기회가 주어졌다 놓치게 되며, 반전이 따라오는 일부 반응들과, 항상 바로의 마음이 완악해짐을 서술자가 묘사하면서 미묘한 뉘앙스로 풀어내는 것이다.

그 싸움은 "주님야웨"과, 의도적으로 이름은 밝혀지지 않았지만 사탄과 같은 대적자로서 있는 바로 사이에서 이뤄진다. 이집트의 신들바로는 역사적으로 이집트의 신 가운데 하나로 여겨졌다은 배경 속에 남아 있다. 12:12의 주 모세와 아론은 하나님의 대리자로 확고히 나타나며, 그들의 역할은 제한적으로 이집트의 주술가들에 대응하는 것이지만, 주님과 바로라는 주요 경쟁자들을 분명하게 나타낸다.

특히나 매혹적인 것은 하나님의 전략에 이어서 자연을 활용하시는 것이다. 그렇지만 이 펼쳐지는 드라마를 이해함에 있어 그 전투에서 정작 이스라엘을 완전히 제외시키는 것보다 더 중요한 것은 없다. 그것은 이스라엘을 위한 전투이지, 어떤 면에서도 이스라엘이 행하는 전투가 결코 아닌 것이다. 모세는 이스라엘의 역할을 간결하게 정의 내린다: 주께서 너희를 위해 싸우실 것이며 너희는 가만히 있으라.14:14

개요

권위의 싸움, 7:8-13

열 개의 심판 표징들signs, 7:14-11:10

      7:14-24 첫 번째 심판 표징: 피

      7:25-8:15 두 번째 심판 표징: 개구리

      8:16-19 세 번째 심판 표징: 이

      8:20-32 네 번째 심판 표징: 파리

      9:1-7 다섯 번째 심판 표징: 가축 전염병

      9:8-12 여섯 번째 심판 표징: 악성 종기

      9:13-35 일곱 번째 심판 표징: 우박

      10:1-20 여덟 번째 심판 표징: 메뚜기

      10:21-29 아홉 번째 심판 표징: 흑암

      11:1-10 열 번째 심판의 표징이 선언되다: 장자의 죽음

주석

권위의 싸움 7:9-13

이 본문은 이어지는 열 개의 심판 표징 본문들전염병과 많은 것을 공유하지만, 후자의 어떤 본질적인 특징은 찾아볼 수 없다.

첫 번째로, 이스라엘을 보내라는 분명한, 혹은 함축된 요구가 없다. 그런 요구는 배경 속에 있는데, 왜냐하면 이것이 모세와 아론이 바로 앞에 최초로 모습을 드러내는 장면이 아니기 때문이다.5:1 참조 그렇지만 이 시작하는 장면 속에 그들이 없다는 것은, 초점을 기본적인 이슈에서 예비적인 이슈로 전환시킨다: 모세와 아론이 누구인가? 그들에게 바로와 협상할 권위가 있는가? 이런 문제는 하나님이 예상하신 것처럼 바로의 요구 속에 포착되고 있다: 이적을 보이라.7:8; RSV: 기적을 일으켜서 너희 스스로를 증명하라; 요 2:18 참조

두 번째로, 모세와 아론이 준 그 이적은 나중의 전염병과 같은 실제적인 "전염병"이 아니다. 아무도 그것으로 고통을 받지 않았기 때문이다.

세 번째로, 이 본문은 명백하게 의도된 공식적인 열 개의 재앙들1) 보다 앞서 자리 잡고 있다. 그러므로 현재 본문은 진짜 전투의 서문, 권위의 문제를 말하는 서문이 된다.

앞서 바로 앞에 등장했을 때, 모세와 아론은 특별한 권위를 입증하지 않고5:1 단순히 예언의 말을 바로에게 전했다.주께서 말씀하시기를 이제는 하나님께서 모세와 아론에게 이스라엘 사람들 속의 믿음을 일깨웠던 증거를 만들어 내라고 지시한다.4:30-31 그들은 하나님께서 몸소 앞서 주셨던 불신앙과 싸울 수단 가운데 하나에 의지하는 것이다.4:1-5

모세와 아론이 바로 앞에 나타날 때7:10, 바로가 하나님이 예상하신 그 요구를 하는 것은 당연한 것이다.7:8-9 바로는 기적을 보고자 한다. 모세와 아론은 곧바로 놀라운 일히브리어: mopet로 자신들의 권위를 증명한다. 표징들signs과 기적들wonders은 동일한 행동이나 사건들을 가리키기 위해 성서에서 함께 사용되는 일이 잦다. 여기서 강조점은 하나님을 가리키는 표징으로서의 특징 보다는, 그 사건이 갖는 놀랍고 경이로운 측면에 있다.4:8에서처럼 바꾸어 말하면, 바로는 극적인 쇼를 요구한 것이다.누가복음 23:8 참조 [전염병, 표징 그리고 이적, 504쪽]

바로의 요구는 아론의 지팡이가 무시무시한 뱀으로 바뀔 때 이루어진다.Durham: 89; 히브리어: tannin; 4:3에서처럼, 단순한 뱀, nahas가 아니다 다른 곳에서 쓰인 히브리어 tannin은 혼돈의 괴물들에 대해서 말하는 고대의 신화학의 맥락에서 바다괴물이나 용을 의미한다.예를 들면, 겔 29:3; 32:2; 시 74:13; 148:7; 욥 7:12; 사 27:1 더 나아간 "재앙"이 혼돈 속에 있는, 균형을 잃은 자연을 보여주게 될 것이므로, 여기서의 뱀이 이미 미묘하게나마 전조가 된다고 보는 것도 가능하다. 그것은 모세의 지팡이라기보다는 아론의 지팡이이다: 아론은 모세를 위해서, 말뿐만이 아니라 상징적인 행동을 통해서도 일한다.4:1-5 참조

그렇지만 신앙을 일깨우는 대신에, 그 기적은 단지 그 기적을 흉내 내는 비법을 가진 이집트의 전문가들에 도전하는 행동이다.7:11 이집트의 전문가들은 상대적으로 성공을 거둘 수는 있다. 이 장면은 이런 "기적"이 다른 설명을 배제하는 하나님의 증거로 이해될 수는 없다고 우리에게 경고하고 있다. 우리가 이 "기적"과 앞으로 올 것들을 어떻게 보든, 우리는 고대인들의 사상세계라는 맥락에서, 분명코 그것이 놀라운 것이지만 완전히 독특한 것은 아니라는 점을 기억해야만 한다.[전염병, 표징 그리고 기적]

---

1) 원문에서 저자는 이집트에 내린 하나님의 표징들을 가리킬 때 '재앙(disaster)' 이 아니라 '전염병 (plague)' 이라는 단어를 일관되게 사용하고 있다. 역자 주.

차일즈는 "그 상황의 진정한 모호성"을 지적한다: 하나님의 전령들을 정당화하기 위해 하나님께서 몸소 내리신 표징이 그렇게 행해지지는 못했다. 그것보다 더 좋지 않은 것은, 그것을 따르는 이집트 주술가들의 능력이 그 표징을 "마술가들의 싸구려 마법과 같은 것으로" 만든다는 것이다. 그렇지만 차일즈는 이런 모호성은 설명되어선 안 되고 의도된 대로 인식되어야 한다고 경고한다. 다음과 같은 질문이 발생한다. "바로는 어떻게 하나님의 손을 분별하게 되었나?" Childs: 152

그 해답은 "손가락을 한번 툭 치는 것"으로 신의 전능하심을 입증하는 것이 아니라, 나의[야웨의] 이름이 온 천하에 전해지도록 할9:16 초인적인 힘의 분투인 것이다. 이런 분투는 주께서 최후의 승자로 나타나실 때까지출 15 우리의 관심을 끌 것이지만, 그 결과는 결코 의심스럽지 않다.9:14-16 참조 이 본문은 전투에 앞선 소규모의 접전일 뿐이지만, 앞으로 올 일들의 맛보기가 된다.

아론의 괴물과 같은 뱀이 주술가들의 뱀들을 집어 삼킨 것은 미래에 벌어질 일들을 예표한 것으로서, 미래의 사건에서 하나님의 강한 행하심은 그런 주술가들을 능가할 것이다.8:18-19 그렇지만 모세와 아론에 뒤처지지 않는 주술가들의 첫 능력은 자연스럽게 보이는 것들을 피할 기회를 바로에게 준다─하나님이 여기에서 역사하신다고 믿도록 하는 가능성을 열어두는 것이다. 이스라엘 사람들은 앞서 확신을 얻게 되었고4:1-5, 30-31 참조, 나중에는 이집트 주술가들이 확신을 얻게 되었다.8:19

하나님의 위대하신 행함이 역사하시는 하나님을 가리키는 진정한 "표징들"이 되도록 하는 것은 이렇게 거부되는데, 다음과 같은 말로 여기에서, 그리고 이후에 기술된다: 바로의 마음이 완악해졌다.7:13 여기서는 이스라엘을 보내라고 하는 요구가 없기에, 일반적으로는 바로가 모세와 아론의 말을 듣는 것을 거부했을 것이다. 바로는 그들을 신성한 권위를 가진 대변인으로 거부한 것이며, 그로인해 바로는 그들을 보내신 하나님을 거부한 것이다.

하나님께서 앞서 내다보셨던 것이 이것이다.7:13; 3:19 참조; 4:21; 7:3 사실 하나님께서는 직접 바로의 마음을 완악하게 하신다.4:21; 7:3 이곳과 나중에서 언급하고 있는 것은 단순히 하나님의 예지가 아니라 바로의 행동을 결정하시는 하나님의 방식인 것이다. 바로가 응답할 자유와 그의 응답을 미리 하나님께서 결정하신 것 사이의 긴장을 완전히 이해하는 것은 우리가 7-12장에서 보듯이 점진적으로 나타나게 될 것이다. 이 시점에서 우리는 단순하고 편파적인 설명들을 향해 뛰어들어서는 안 된다.[바로의 마음이 완악해짐, 477]

열 가지 심판의 표징들 7:14-11:10

심판의 표징들의 개요

이 부분의 제목, "심판 표징들"은, 이제 따라오게 될 하나님의 열 가지 강력한 행하심을 묘사하는 전통적인 용어, 전염병들9:14를 신중히 대체한 것이다. "심판 표징들"은 이런 신성한 행동들의 의도를 결합하고 있다: 그들은 표징들이 되거나 하나님을 가리키는 것이 된다. 그 표징들이 후대의 역사 내내 이스라엘을 위해 행해졌듯이 아울러 그 표징들은 바로의 마음이 완악해 졌기 때문에 심판을 불러오는 역할을 한다. 심판의 행동들, 히브리어: *sepatim*, 7:4 참조

이런 용어를 선택하는 것은 논의해야 할 신성한 행동들을 우리가 이해함에 있어 굉장히 중요하다. 그것은 전염병들이나 표징들이라는 용어가 간결성을 위한 논의에서 사용될 때만 염두에 두어야 한다.[바로의 마음이 완악해짐, 477]

각각의 "재앙" 본문을 차례대로 고찰해 보기 전에, 이런 신성한 행동들의 일반적인 특징들을 개괄해 보도록 하자. 먼저, 약간의 수정들이 있다고 해도, 세 가지 본질적인 요소들이 재앙-본문의 패턴을 지배하고 있다:

- 바로가 이스라엘을 보내라는 분명하거나 양해된 요구.
- "재앙"이나 표징-사건.
- 바로가 일시적으로 패배하는 10번째 전염병을 제외하고, 바로의 마음이 완악해 지는 것에 대한 보고.

굉장히 반복되고 있는 특징들과 함께, 이런 본질들은 재앙단락에 어떤 균일성을 부여하고 있다. 그렇지만, 이것을 넘어서서는, 각각의 단락들이 상당한 차이들 보인다.

의심의 여지없이 이들 차이들 가운데 일부는 우리가 가진 현재의 본문이 원래는 몇몇 다른 사본들에 기반하고 있다는 사실에 기인한 것이다. 이런 공식에서, 예수 그리스도에 대한 네 복음서의 단락을 가지는 교회와 같이, 수세기를 통해서 하나님의 위대하신 행하심을 고백했다.[자료 이론] 그렇지만 우리가 지닌 최종적인 성서 본문에서의 차이들은, 부분적으로는 이런 다른 전통에서 왔음에도, 의도적으로 제거되지는 않았다. 그들은 하나님의 행하심을 우리가 이해하는 데에 있어 중요한 관점들로 이바지했으며 치열한 전투의 오르락 내리락을 생동감 있게 묘사하는 효과가 있다.[전염병, 표징 그리고 이적, 504쪽]

출애굽기 7-11장의 재앙 이야기들 속에 있는 주요 차이점들을 미리 보면 다음과 같다. 모세가 항상 포함되어 있지만, 아론은 어떤 때에만 행동을 취하고 정도에 있어서도 차이를 보인다. 어떤 경우에는 모세와 아론와 바로 사이에 대화가 있으며 곧 닥칠 재앙에 대한 경고를 포함하고 있지만, 다른 경우에는 말로 하는 의사교환이 일어나지 않는다. 모세와 아론의 지팡이는 어떤 경우에서는 사용되지만 다른 경우에서는 아니다. 대개 바로만이 이 경쟁에서 이집트의 편에서 행동하지만, 그는 자신의 관리들에게 둘러 쌓여있다. 그렇지만 때로는 바로의 조신들이 참여하기도 한다. 이들은 심지어 하나님의 행하심에 대한 반응에서 바로와 다른 길을 가기도 한다.

어떤 경우에서 이 본문은 이스라엘 사람들이 재앙에 해를 입었다고 분명히 진술하고 있다. 우리는 이것이 곳곳에서 암시되어 있다고 상정해야 하는데, 그 이유는 이스라엘의 구원은 이 모든 사건들의 최종 목표이기 때문이다.

재앙에서 혹독함의 진전이 있었는지 결정하는 것은 쉬운 일이 아니다. 한쪽 면에서, 각각의 재앙은 아주 심각하게 그 땅 도처에서 일상생활을 뒤엎을 정도로 평범한 수준을 넘어서고 있는 자연현상으로 나타난다. 동시에, 처음 9개의 재앙 가운데에서 7번째만이 인간의 죽음으로 이어지며, 모세의 경고에 주의를 기울이지 않은 사람들만이 죽음에 이른다. 이런 사고의 흐름을 따라서, 열 번째 재앙 이전에는 어떤 진정한 증가가 없었다고 결론지을 수도 있다. 반면, 7-9개에 이르는 재앙의 몇 가지 특징들은 하나님의 심판의 정도가 심해지는 것이 7개의 재앙 이후부터 계속 보이고 있다는 점을 설득력 있게 만들고 있다.9:13ff의 주를 보라

그 재앙들로 인해 정신을 차린 바로의 반응들에서는 분명한 진전이 있다. 처음 두 가지 재앙은 바로를 움직이지 못했다. 그의 주술가들도 똑같은 것을 할 수 있었기 때문이다. 세 번 째 재앙 이후에, 바로는 기꺼이 이스라엘 사람들을 보내고 이집트 내에서 희생제물을 가져오고자 한다.8:25 그 후에는 조금 떨어져 있다.8:28 7번째 이후, 바로는 자신이 죄를 범했음을 고백하고 이스라엘 사람들을 보낼 것이지만, 곧 자신의 결정을 다시 돌이킨다.9:27-28

8번째 재앙이 있기 바로 직전에, 바로는 그 사람들만 보내겠다고 선언한다.10:8-11 8번째 재앙 이후, 바로는 다시금 자신이 죄를 지었다고 고백하며 모세의 중재를 요청한다.10:16-17 9번째 재앙 이후에 바로는 동물은 빼고 이스라엘 사람들을 보내려고 한다.10:24 마지막으로 열 번째 재앙 이후에 그는 실제로 이스라엘 사람들을 보내고 축복을 청하지만12:31-32 반복 독자들은 이스라엘 사람들이 떠나자마자 바로가 자신의 결정을

뒤집을 것이라는 것을 안다.14:5-9

따라서 우리는 바로의 반응에서 분명한 진전이 있다고만 말할 수 있다. 마음 속 깊은 곳에서는, 바로가 고집이 세고 하나님의 강하신 손이 그를 손봐야 한다.6:1; 16:6, 12 참조 [바로의 마음이 완악해 짐]

이제 우리는 이 재앙들의 형태에 관심을 좀 가져야 하겠다. 이들은 하나님의 심판의 수단이다. 이들 모두, 열 번째재앙을 제외하고는, 이집트와 아마도 다른 곳에서 덜 극단적인 형태로 알려진 자연현상과의 연결되어 있음을 제시한다.그런 "자연현상"의 요약본은 다음을 보라. Hyatt: 336-45; Hoffimier, ABD, 2:374-6 하나님은 심판을 위해 창조의 무시무시하고도 파괴적인 측면들도 사용하실 수 있으며, 그것을 통해 회개를 불러오고자 하신다. 이것이 성서에서 일반적으로 가르치고 있는 것이며 아모스 4:6-12보다 더 분명히 이 내용을 말하고 있는 곳은 없다.특히 4:10에서 이집트의 재앙에 대한 언급

이집트의 재앙들이 갖는 중요한 특징은 이런 "자연" 현상이 창조의 질서가 뒤집어지는, 그런 일반적인 경험을 넘어서는 것에 이른다는 것이다. 프리다임T. Fretheim은 그 재앙들을 혼돈으로 가는 창조의 역설로서 특별히 관심을 가졌다.12-14, 106f.과 여러 곳; 1991b:385-96; 아울러 렘 4:23-28을 볼 것 그 재앙들은 하나님께서 창조를 궁극적으로 지배하신다는 것을 입증하고 있다; 자연적으로 일어나는 일반적인 범위를 훨씬 넘어서는 지배인 것이다.

따라서 그 재앙들에 대한 소위 자연적인 해석들, 자연적이지만 자주 일어나지는 않는, 이집트에서 경험될 수 있었다고 조금이나마 그 재앙들을 설명할 수 있는 해석을 찾는 것은 무의미한 것이다. 인간의 수준에서 도도한 거만함과 부당함이 넘쳐흐르는 척도는 창조 그 자체의 균형을 뒤엎어 놓는 결과로 끝이 난다.Fretheim, 1991c:385-96

창조가 혼돈으로 반전되는 모티브가 재앙 본문괴물 같은 뱀에 대한 주를 참조, 7:8-13과 관련된 성서 본문들성서적 맥락 속의 본문, 아래 속에서 두드러지게 나타나고 있지만, 과대평가되어서는 안 된다. 이 본문에서는 인간과 비인간적인 영역 사이의 고유한 연결점에 그리 강조점을 많이 두지는 않는다. 오히려 강조점은 통치자 하나님께서, 인간의 모든 능력과는 다르다는 것을 보여주는 무기를 가지신다는 사실에 있다.

하나님이 바로를 심판하기 위해 "자연" 수단을 사용하신다는 것은 이스라엘의 구원자로서 하나님의 완전한 자치권을 강조하는 역할을 한다. 하나님은 이집트를 공격하는 적들과 같은 인간 대리자들을 필요로 하지 않으신다. 그렇지만 하나님은 성서 곳곳에서 그런 대리자들을 사용하시는 일이 잦다. 그렇지만 무엇보다도, 가장 중요한 것은, 하나님

께서는 이스라엘의 자유에 있어서 이스라엘의 협력을 필요로 하지 않으신다.

마지막으로는 재앙들이 우리에게 말해주는 문학 형태에 대한 단어이다. 바로는 하나님의 위대한 행동이 보여주는 이적의 진가를 인정하지 않으려했다. 그렇지만 이스라엘 사람들은, 이어지는 그들의 역사를 통틀어서, 경이로움과 감사함으로, 그들이 하나님의 지워지지 않는 이적들을 증언했다고 고백했다. 따라서 이런 고백을 보존하고 있는 문헌은 고백적인 찬양 혹은 찬양하는 고백의 문헌인 것이다. 이스라엘의 역사적 경험에 탄탄히 기초되어 있음에도, 역사책보다는 찬양에 훨씬 더 가깝다.

그러므로 시편 78:42-51 그리고 시편 105:28-36에 나오는 재앙들의 숫자와 순서가 출애굽기 단락과는 다르다. 예수의 삶의 윤곽이 "내가 놀라운 십자가를 볼 때When I Survey the Wondrous Cross"와 같은 찬양이 되듯이, 이스라엘의 세부적인 역사경험은 그와 같은 문학 속에서 잘 알려져 있지는 않다.

이 본문들을 완전히 문학적이고 산문적으로 읽으면 우리를 불가능과 모순들로 빠뜨리게 될 것이다. 예를 들면, 모든 가축들이 이미 죽었다면9:6, 그 가축들이 어떻게 종기로 고통을 받거나9:10 아니면 우박에 맞을 수 있단 말인가?9:25 만약 모든 물이 이미 피로 변해버렸다면,7:19, 25 어떻게 이집트 주술가들이 물을 다시금 피로 바꿀 수 있단 말인가7:22? 그런 특징들을 그럴듯하게 설명하는 대신, 우리는 그런 특징들을 적절히 과장하는 고백의 용어로 받아들여야 한다. 그런 후에는 인도자이신 하나님의 위대한 이적들을 이스라엘이 증언하는 것이 우리를 새롭게 밝혀줄 것이다. [서사 기법, 479쪽]

7:14-24 첫 번째 심판 표징: 피

이 본문은 바로의 마음의 상태를 하나님이 묘사하시는 것으로 시작하는데7:14, 그 상태란 앞선 만남에 대한 바로의 응답에서 나온 것이다.7:13 어휘가 약간 달라진다. 13절에서 우리는 그리고 바로의 마음이 완악해졌다.히브리어 동사: hazaq를 문자적으로 반항의 의미로 읽는다. 14절은 문자적으로 하면 바로의 마음이 아주 무겁다.히브리어 형용사: kabed가 되는데, 좀처럼 움직이지 않았다는 의미가 된다. 이런 상태나 조건은 7:13과 동일시되는 언어적 표현으로 7:22에서 묘사되고 있다. 동일한 현상이 묘사되고 있지만, 정형화된 표현이라기보다는, 뉘앙스를 가진 표현들이 생동감 있게 내적 행동들의 의미를 전달한다는 것은 분명하다. [바로의 마음이 완악해짐, 477]

영어권 독자들에게 있어 마음은 감정과 연관되어 있지만, 히브리어에서 이 단어는 추론과 결정내림의 자리를 가리키며, 우리의 정신mind에 대응하고 있다. 사르나N. Sarna는 마음이 완악해지는 것이 "자기성찰, 자기진단, 선악에 대한 편견 없는 판단을 위한 능력을 일부러 억누르는 것을 함축하고 있다"고 잘 설명하고 있다.1986:64

바로의 정신적 상태를 토대로 하여, 하나님은 모세와 아론을 보내어 강둑에서 바로를 만나게 함으로써 전투를 시작한다. 모든 것이 가까이에 있는 이야기와 바로를 쉽게 알현할 수 있다는 것은, 그들이 출애굽기의 앞선 이야기들을 표시하는 것처럼 곳곳에 있는 재앙 서사를 표시한다.[서사 기법, 479쪽] 모세는 강둑에서 바로를 만나야 한다.7:15 카수토는 이런 배경을 강둑에서 모세가 구조된 것과 연결시킨다.2:3; 히브리어는 이 본문과 동일하다 양쪽 모두, 이스라엘과 모세에게 각각에 있어서, 구원의 처음 순간을 나타낸다.97

예언자처럼, 모세는 메시지를 가지고 바로에게 파견되며 그리하여 주께서 말씀하셨다 라는 예언자적 "전령 문구messenger formula"으로 소개된다.[모세, 473쪽] 그 메시지는 이스라엘을 보내어 그들로 하여금 광야에서 나를 예배하게 하라7:16는 이런 요구로 되어 있다. 예배하다에 해당하는 히브리어 동사는 역시 섬기다를 의미하기도 하는데, 노예의 섬김에서 쓰인 것과 같은 동사이다. 그렇게 핵심적인 문제가 제기된다: 이스라엘이 섬기는 자는 누구인가? 주님인가 바로인가? 이슈가 되는 것은, 광야로 떠나는 일시적인 순례이냐, 영구적으로 떠나는 것이냐 하는 것이다.3:18b를 보라

바로의 마음의 상태를 보면7:14, 모세는 답변을 기다리는 것이 아니라, 나일강물을 피로 바꾸고 나중에는 이집트의 모든 물을 피로 바꾸는, 곧바로 첫 번째 심판의 이적을 행한다. 지금까지, 이적들은 권위를 증명하고 신앙으로 초대하는 역할을 했다.4:29-31; 7:8-13 7:15에서, 하나님은 그 지팡이가 앞서서 뱀으로 어떻게 바뀌었는지를 모세에게 상기시킨다.7:10 그렇지만 이제, 그 이적은 바로에게 나는 야웨/주라는 것을 바로에게 가르칠 놀라운 힘을 증명하게 될 것이다.7:17; 이런 "인정 문구recognition formula"에 대해서는 6:2의 주와 7:7 이후의 성서적 맥락에서의 본문을 볼 것

신성한 행동을 시작하려고 지팡이를 사용하는 것은 아론에게 이전된다.7:19 이것은 단순히 아론이 모세의 대변자일뿐만 아니라 상징적인 행동을 통한 의사소통에 있어서 모세의 조력자이기도 하다는 것을 의미한다. 지팡이로 하는 상징적 행동은 다시금 예언자들의 행동을 떠올리게 하는데, 예언자들은 상징적인 행동을 자주 벌였다. 예를 들면 렘 19:1-13; 겔 4:1-3 그것은 구술된 단어가 포함된 동일한 메시지를 의사소통하는 대안적이고 가시적인 방식이다. 우리는 그 지팡이를 마법의 힘이 거하고 있는 다른 것과 혼동해서는 안 된다. 무슨 일이 일어나든, 오롯이 하나님의 뜻으로 인한 것이지, 마법사의 마술봉 때문은 아닌 것이다.

이집트 주술가들도 똑같은 일을 한다.7:22 후대의 발전에 비추어서 우리는 이것을 동일성을 지닌 피상적 겉모습으로 보아야 한다. 다른 말로 하면, 그들은 피상적으로 자신들의 비법으로 하나님의 말씀을 흉내 낼 수 있다는 것이다. 인간들은 자연을 어느 정도 통제할 능력을 받았고, 이런 통제가 무제한적이라는 하나님과 같은 생각으로 남들을 그리고 자신들을 쉽사리 속일 수 있다고 말할 수 있을 것이다. 주술가들이 그렇게 생각하든 아니든8:19 참조, 그들의 행동은 여기서 바로가 하나님을 가리키는 표징으로 자신의 눈앞에서 수행되는 기적들을 받아들이도록 하기에는 충분한 것이다.주술가들이 어떻게 물이 이미 피로 변한 것과 동일한 일을 행하는지를 묻는 문자적 해석에 대해서는 위에서 언급한 "심판 이적들의 개요"를 볼 것

마지막 절들은 바로가 태연하게 자신의 집으로 출발하는 것을 바로의 국민들이 당하는 고통과 노고와 대조시킨다.7:23-24 통치자들은 그들의 국민들이 하는 만큼 자신들의 행동이 초래한 재앙에 정면으로 맞서는 일이 좀처럼 없다.

재앙의 순서는 시편 78, 시편 105, 그리고 출애굽기에서 다르다. 출애굽기와 시편 78에서는 물이 피로 변하는 것이 먼저 오지만, 시편 105편에서는 어둠의 재앙이 먼저 온 후 피의 재앙이 곧바로 이어진다. 양쪽의 패턴이 의도적이라는 결론을 피하긴 어렵다. 물은 항상 생명의 표징이지만, 피몸 밖으로 나오는 죽음을 의미한다. 반면에 어둠은 혼돈 상태에 있는 세상의 특징으로서, 하나님께서 빛을 가져오라고 하시는 첫 번째 명령 이전에 있는 것이다.창 1:2-3

따라서 첫 번째 재앙은 생명이 죽음으로 돌아가는 것출 8; 시 78 또는 창조에서 혼돈으로시 105 되돌아가는 것을 상징한다. 출애굽기에서 어둠을 가져오는 그 재앙은 아홉 개의 연속되는 재앙을 맺고 있어서, 그 연속은 특정한 포괄성이 따라오는 창조의 격변을 표현하고 있는 두 개의 재앙에 의해 표현되고 있다.[전염병, 표징 그리고 이적, 504쪽]

25-8:15 두 번째 심판 표징: 개구리들

첫 번째 문장은 일시적인 것이다.7:25 이 문장은 첫 번째 재앙이 아무런 변화를 가져오지 않고 있음을 보여준다. 이 상황은 하나님으로 하여금 두 번째 심판 표징을 행하시도록 만들고 있다. 전체적으로, 서사가 두 가지의 중요한 특징들과 함께 첫 번째 재앙의 패턴을 따르고 있다. 먼저 바로는 사전경고를 받는다.8:2 바로가 한번 주님의 힘을 경험했기에, 그런 경고에는 무게가 실릴 수밖에 없다. 바로가 그 경고를 일축하는 것은 명백히 언급되지 않고 이후에 추정된다.

두 번째로, 바로는 주님께 탄원해달라고 모세와 아론에게 청한다.8:8 이것은 바로가 모

른다.5:2고 주장했던 하나님을 어느 정도 인정하고 있다는 것을 의미한다. 교활하게 흥정하고자 하면서, 바로는 이스라엘 백성이 주님께 제사 드리러 가도록 보내줄 것을 약속하는데8:8, 모세가 첫 번째로 요구한 것처럼7:16, 예배할 장소를 나타내지 않고 있는 모세의 요구8:1를 말 그대로 인용하고 있다. 이것은 나중에 바로가 다른 속임수를 쓸 것을 보여준다.8:25

모세는 중재자의 역할, 예언자적 특징의 역할을 받아들인다.아모스 7:2, 5 참조 그의 응답은 다음과 같이 자유롭게 번역된다. 내가 언제 간구할지 나에게 잘 말해주시오8:9, Kindly tell me when I am to pray, NRSV NIV 번역도 다소 자유롭게 하고 있지만, 히브리어 원문의 의미를 더 잘 살리고 있다: 내가 언제 기도할지 당신이 시간을 정하도록 예우해 주겠소I leave to you the honor of setting the time for me to pray 바로가 내일이라고 한 응답은, 그가 그 재앙을 멈출 시간을 짧게 허락함으로써 모세와 하나님를 시험하고자 한다는 것을 내포한다.

모세는 자신이 하나님께 기도하기 전에 동의함으로써 자신의 믿음을 입증하고 있으며 하나님께서는 모세를 실망시키지 않으신다.8:12-14 다시 한 번 이집트의 주술가들이 똑같은 일을 행하지만, 이것은 신앙을 통한 것이 아니라 그들의 비밀스런 비법으로 하는 것이다.8:7; 7:22 참조 이런 마술쇼가 첫 번째 재앙에서 바로의 마음을 완악하게 했다면7:22, 이번에 바로의 마음을 완악하게 한 것은 유예 기간이 있었다는 사실에서 온 것이다.8:15

재앙 자체는 엄청난 개구리 떼가 습격을 한 것으로서, 개구리 떼는 심지어 화덕과 같은 건조한 곳에도 들어간다.8:3 개구리들은 떼로 올라오는데8:3, 이 동사는 창조의 맥락에서 사용되었으며창 1:20, 이스라엘의 인구수가 급증할 때도 사용되었다.출 1:7; 다산했다, NRSV 양쪽 모두 하나님의 창조적인 힘이 역사하신다는 본보기가 된다. 그렇지만 지금 언급되는 그 떼를 지음은 균형이 틀어진 창조의 신호인 것이다.

마침내 이 재앙이 멈추자 약취가 남았는데8:14; 7:21 참조, 아마도 5:21을 암시하는 것 같다. 5:21은 바로가 이스라엘을 역겨워 하고 있다.bad odor with Pharaoh고 언급된다.2) 이런 재앙이 초래하는 섬뜩함은 차치하고서, 그것은 아마도 심판 이적들 가운데 가장 해가 없는 재앙일 것이다.그렇지만 시 78:45를 참조 [전염병, 표징 그리고 이적, 504쪽]

---

2) 한글성서에서는 냄새와 관련된 표현이 나타나지는 않지만, 몇몇 영어성경에서는 다양하게 냄새의 뉘앙스가 나타나고 있다. 예를 들면, odious in Pharaoh's sight(NASB), stink before Pharaoh(New Living Translation), stink in the sight of Pharaoh(ESV), a stench to be abhorred in the eyes of Pharaoh(New Heart English Bible). 역자 주.

8:16-19 세 번째 심판 표징: 이

이 부분은 가장 짧은 재앙 서사이다. 세부적인 설명도 없고 바로에 대한 사전 경고도 없으며 바로와 모세와 아론 사이의 대화도 없이, 오로지 본질적인 부분만 보도된다. 이어지는 재앙에 이바지하는 새로운 요소는 이집트 주술가들이 똑같은 것을 행할 수 없었다는 것이다. 이것은 하나님의 손가락이다.8:19라는 그들의 고백은 사실상 표징이 무엇인지에 대한 정의에 이르고 있는 것이다. 그렇지만 바로는 특성상 자신이 목격하고 있는 표징의 본질을 파악하지 못한다.

재앙 자체는 이가 급증하는 것이다. 히브리어 단어로는 잘 이해되지 않는다. 그 단어는 분명히 성가신 곤충들을 가리킬 것인데, 아마도 현장노동자들의 눈, 코, 입으로 들어가는 수확각다귀chironomidae이거나 혹은 말라리아를 옮기는 학질모기들, 아니면 뎅기열을 전파하는 모래파리psychodidae일 것이다.W. Frerichs, IDB, 2:403 지상의 먼지에서 나오는8:16-17 살아있는 피조물들의 비상상태에 대한 삼중적인 언급은 땅의 흙에서 나오는 살아있는 존재가 갖는 창조의 중요성을 상기시킨다.창 2:8; 3:19 다시금 우리는 창조가 균형에서 벗어남을 알 수 있다.[전염병, 표징 그리고 이적, 504쪽]

8:20-32 네 번째 심판 표징: 파리

이 재앙은 첫 번째 재앙처럼 시작된다.7:15; 9:13 참조 이 재앙은 일면식이 있는 다음과 같은 몇 가지 특징들을 내포하고 있다: 이스라엘을 보내라는 요구에 경고가 따라온다; 재앙 자체; 바로가 모세에게 중재를 요청하고 모세가 그렇게 한다; 재앙이 중단됨; 그리고 마지막으로 바로의 마음이 완악해진다.

모세와 아론의 행동이 그 재앙을 초래했다는 어떤 언급도 없으며 지팡이에 대한 언급도 없다. 모세가 그것을 선언한 후에 하나님께서 몸소 협박을 행한다.8:24 아론이 이 서사에 딱 한번 등장한다.8:25 이 모든 것은 모세를 말씀의 사람, 예언 선언자이자 중재자로 모세를 돋보이게 하기 위함이다.[모세, 473쪽]

재앙 그 자체는 파리로 이루어져 있지만 우리는 이 곤충의 정확한 종을 확신할 수는 없다. 더럼Durham은 날아다니는 곤충들flying insects, 111로 번역하고 있다. 시 78:45는 그들을 삼켜버렸던 파리곤충?떼를 말하고 있다.

그렇지만 두 가지 새로운 주제가 이야기 속에 들어온다: 그 재앙에서 이스라엘의 영토인 고센 땅창 46-47 참조이 분명히 보호를 받는 것8:22-23과 이스라엘 사람들의 제사를 이집트인들이 업신여긴다는 것이다.8:26 이스라엘이 이 재앙 단락 내내 재앙으로부터 벗어났다고 추정할 수 있다고 믿는 것이 일리가 있어 보인다. 왜냐하면 그들의 목적은 이스라엘의 구원이 기 때문이다.9:6도 참조 이스라엘이 제사 드리는 것을 이집트인들이 싫어하는 것은 아마도 "일반 이집트인이 이스라엘이 하는 모든 것에 반감을 가지고 있다"는 이유에서 일 것이다.Durham: 115; 창 43:32 참조; 46:34; 아울러 이스라엘 사람들의 핍박

바로와 모세 사이의 협상은 지금까지 가졌던 것보다 더 큰 관심을 받고 있다.8:25-29 이스라엘 사람들을 그 땅에 그대로 묶어두려고 하는 바로의 고집에 맞서, 모세는 이스라엘 사람들이 제사지내는 것sacrificing, sacrifices가 아니다; Childs: 157이 이집트에게 혐오감을 불러일으킬 수 있다고 주장하여 논쟁에서 이긴다. 그렇지만 광야로 사흘 길의 여정을 허락해 달라는 모세의 요청에 대한 응답으로, 바로는 이스라엘 사람들이 조금 덜 멀리 가야 한다고 고집을 부린다.3:18b-20 주 참조 바로가 또 거짓으로 합의해서는 안 된다는 모세의 주장으로 조율된 이런 거래는 생생한 장면을 연출하며 많은 고정관념의 특징들로 표시되는 서사의 맥락에서 개인적 특성이라는 의미를 전달하고 있다.[전염병, 표징 그리고 이적, 504쪽]

9:1-7 다섯 번째 표징: 가축 전염병

이 재앙, 역병pestilence이 동물들에게만 닥친다는 사실 말고는, 이 간략한 단락에서 아론은 전혀 언급되지도 않고 어떤 새로운 주제가 소개되지도 않는다. 물론 이스라엘 민족은 가축을 잃었으므로 간접적인 영향을 받는다. 앞선 재앙 이야기에서 시작된, 이스라엘이 해를 입지 않는다는 주제는 다시금 시작되어 바로가 이것에 특별히 주목한다고 언급된다.9:7 [전염병, 표징 그리고 이적, 504쪽]

9:8-12 여섯 번째 표징: 피부병

이 짧은 재앙 단락은 흔치않은 상징적인 행동으로 시작되는데, 지팡이를 사용한다거나 단지 구두전갈이라기 보다는 그을음이 공기 중으로 날아가는 것이다. 이것은 예언자들의 상징적 행동이 빈번하게 행해지는 것과 일치하고 있다.[모세, 473쪽] 그 결과는 피부병으로 인한 고통이다.

세 번째 재앙에서 마지막으로 언급된 이집트 주술가들의 역할은 다시 이어진다. 그들은 그 재앙을 따라할 능력이 없다고 시인한다.8:19; 여기서 그들의 지위는 이 재앙으로 인해 속수무책인 희쟁자가 되는 것처럼 완전히 축소되고 있다. 바로의 마음이 완악해 짐에 있어서 하나님의 역할은 특히 강조된다.9:12 [전염병, 표징 그리고 이적, 504쪽]

9:13-35 일곱 번째 심판 표징: 우박

우박으로 특징되는 일곱 번째 재앙 단락은 가장 길면서도 가장 포괄적이다. 이집트의 주술가들의 역할은 예외로 두고, 만일 그것이 유일한 것이었다면, 우리는 전체 재앙 주기의 모든 본질적인 주제들을 그 속에서 발견할 수 있었을 것이다.

지금까지 우리에게 익숙해 진 것은 다음과 같다:

- 바로와 만나라는, 모세에게 내려진 신성한 명령그러므로 주께서 말씀하신다로 도입되는 예언적 담화와 함께
- 이스라엘 사람들을 보내라는 요구.
- 재앙의 위협이번에는 우박
- 모세가 이 재앙을 개시하기 위해 자신의 손/지팡이를 앞으로 뻗다.
- 이 재앙의 처참한 결과들.
- 이스라엘의 영역, 고센 땅이 제외됨.
- 바로가 분명 부드러워짐
- 모세의 중재와 재앙이 그침
- 마지막으로, 바로의 마음이 완악해져 고집을 부림.

그렇지만, 이 단락은 몇 가지 뚜렷한 특징을 포함하고 있다. 먼저, 연설과 설명이 더 길고 더 풍부하다. 하나님이 모세에게 위임하신 것은 모든 재앙 속에 있는 하나님의 목적에 대한 포괄적인 설명을 제공한다. 하나님은 바로를 하나의 실례로 만들어, 너에게 내 힘을 보이고 온 세상을 통해 내 이름이 알려지도록 하겠다.9:16; 9:29 참조는 교훈을 주고자 즉각적인 파멸을 내리진 않았다.

다른 말로 하면 하나님의 목적은, 빠르게 이루실 수 있었던, 이스라엘을 당시의 압제로부터 벗어나게 하려는 것뿐만 아니라 하나님의 이름을 전 세계에 알려지도록 하기 위함이었다.인도자인 하나님의 성품; 3:13-15 참조; 20:12 이집트와 이스라엘뿐만이 아니라 모든 나라가 압제에 반대하는 하나님의 우주적 통치를 인식하는 것이다.그리하여 네가 전 세계가 주님의 것임을 알리라. 9:29; 레 25:23 참조; 시 24:1

하나님께서 모세에게 전하라고 위임하신, 바로를 향한 연설 9:15는 해석자들에게 있어 난제가 된다. NRSV와 다른 번역본들은 이것을 비현실적인 조건으로 번역하고 있다: 이제 내가 손을 뻗어 너를 치면, … 너는 세상에서 끊어졌을 것이다.For by now I could have stretched out my hand and struck you, … and you would have been cut off form the earth [그렇지만 나는 그러지 않았다] 그렇지만 더럼은 이것이 문법적으로 적절하지 않다고 지적한다.127 대신 그는 이렇게 번역하고 있다. **이제 실로 나는 내 힘을 풀어서 … 네가 세상에서 없어져 버리도록 할 것이다.** Indeed now I will let loose my power … so that you will be effaced from the earth, 124 이런 근거로, 그는 이 재앙이 강화되는 것이 여기서 선언되었다고, 이 재앙이 열 번째와 마지막 재앙에 이르기까지 파괴가 확대될 것이라고 주장한다.127; 비슷한 주장으로 Fretheim: 123f

이 경우를 문법적으로 결정하는 것은 어려운 일이다. 아마도 혹독하게 강화된 것은 이 재앙에서 시작했을 것이다.앞에 있는 "심판 표징들 개요"를 보라 인간의 죽음이 처음으로 포함되어 있다는 사실은—비록 이집트인들에게 그 죽음을 피할 기회가 주어졌음에도—그런 주장을 지지한다. 동시에, 하나님은, 과거에 있었고 여전히 오게 될, 전반적인 재앙을 고려하여 이집트인들을 완전히 멸망시키지 않았을 것이다.

이 단락에 나타난 두 번째 새로운 특징은 우박이 가져올 결과에서 벗어날 방법을 분명히 준다는 것이다.9:18-19 이집트인들은 종들과 가축들을 우박으로부터 보호하도록 권고를 받는다. 이것은 이집트의 연대 속의 붕괴로 이어 진다: 바로의 몇몇 관리들은 경고에 주의를 기울여서 노예들과 가축들을 보호할 길을 찾지만, 다른 이들은 그러지 않는다.9:20-21 주술가들이 세 번째 재앙에서 하나님의 손가락을 알게 되었을 때, 바로의 법정에서 그런 연대에 흠집이 난 일이 앞서 일어났지만, 바로는 알지 못했다.8:18-19 이것은 여덟 번째 재앙에서 다시 일어난다.10:7 이런 사건들은 하나님의 목표가 개별적인 이집트인들의 파멸이 아니라 최고 압제자를 으스러뜨리는 것임을 확언하고 있다.

세 번째 새로운 특징은 **이번에는 내가 죄를 지었다**라는 바로의 고백과 뒤따라오는 그의 중재요청이다.9:27-28; 하나님의 위협 속에 있는, **이번에는,** 9:14 참조 이것은 바로가 앞서 동의한 것보다 더 나아가는 것으로 보인다.8:8; 8:25 그렇지만 죄를 지었다는 단어*hata̕*, 9:27, 34는, 종교적으로 깊이 우러나오는 회개를 가정하지 않는, **실수했다, 잘못을 행했다**를 의미할 수도 있다. 어떤 경우에도, 바로의 회개는 분명하다; 그의 마음속에 진정한 변화는 없는 것이다.9:34-35

마지막으로, 그런 온전하고 요약적인 단락은 우박과 연결되어야 한다는 것이 우리를 놀라게 할 수도 있다. 그렇지만, 되풀이되어 언급되지만, 우박은 다른 것들 가운데 오직 한 가지 특징이 있을 뿐이다: 주께서 천둥과 우박을 보내시고 불을 내렸다.9:23, 그것이 한창일 때 우박과 불이 계속해서 번쩍거렸다.9:24, 번개와 우박9:33, 비와 우박과 번개

9:34 누적된 영향이 커다란 우박폭풍 훨씬 이상을 가리키고 있다; 그것은 구약에 나타난 위대한 신의 현현들theophanies 중 일부를 우리에게 떠올리게 한다.예를 들면 출 19:16-19, 주; 시 18:13-14; 77:16-18

그러므로 일곱 번째 재앙 단락은 그 자체 내에서 바로에 내리는 하나님의 심판표징들의 힘 전체를 집결시킨다. 아마도 7이란 숫자가 이런 포괄적이고 맹렬한 묘사와 관련이 되어 있을 것이다. 하나님이 7일째에 쉬셨다면창 2:1-3, 창조가 파괴적인 심판의 표징들로 반전되는 것이 방금 나열된 신의 현현적 현상의 맹습과 더불어 일곱 번째로 나타나는 것에서 절정을 맞는다. 그렇지만 이런 사고방식은 아주 추측에 근거한 것으로 남아야 한다. 앞서 이야기한 것처럼, 일곱 번째 재앙으로부터 격렬히 진행되는 것이 의도되었을 수 있지만, 결론적으로 입증되었다고 보기는 어렵다. 유사하게, 긴 재앙과 짧은 재앙 단락들이 분배된 것은 뚜렷한 패턴을 따라가지는 않는다.[자료 이론 및 재앙, 표징, 그리고 기적]

10:1-20 여덟 번째 심판 표징: 메뚜기

다시 우리 앞에 아주 긴 단락이 놓여 있다. 바로의 마음이 완악해 진다는 언급이 보통 그 전염병의 경험을 따라가지만, 이번에 우리는 그런 완악함이 불가피하다는 말을 듣는다.[바로의 마음이 완악해 짐] 일부 해석자들이 주장하듯이, 바로가 지고 말았다는 표징을 보여준다.10:16-17는 것은 사실이 아니다. 왜냐하면 하나님의 목적이 아직 실행되지 않았기 때문이다. 그 목적은 일곱 번째 재앙 단락에서, 하나님의 이름성품이 온 천하에 선포되는 것이라는 특징을 갖는다.9:14-16 거기서는, 강조점이 하나님의 행하심이 우주적인 규모라는 것에 있다. 여기서는, 새로운 측면이 강조되는데, 다름 아닌 하나님의 행하심이 계속적으로 역사적 유효성을 갖는다는 것이다.

이집트 압제자들을 하나님께서 정복하신 것은 이스라엘에서 대대로 전해져야 하는 것으로12:26-27도 참조; 13:8-9, 14; 신 6:20-25, 그리하여 너희는 내가 야웨인줄 알리라10:2; 이런 "인정 문구"에 대해서는 6:2 주와 7:7 이후에 나오는 성서적 맥락 속의 본문을 보라 다른 말로 하면, 이집트에 대한 이런 심판의 행위들은 표징들이 되거나10:1-2에서 두 번 사용됨; 7:3도 참조; 8:23; 앞에 나오는 "심판 표징들의 개요" 모세에게 선언되고 있는 그의 이름 야웨주님 속에서 이해되고 있는 하나님의 성품을 가리키는 것이다.3:13-15

이런 하나님의 심판 표징들은 내가 이집트인들을 어떻게 웃음거리로 만들었는지how I have made fools of the Egyptians, 10:2라는 구문에서 조금 더 묘사된다. 차일즈는 내가 이집트인들을 어떻게 가지고 놀았는지how I toyed with the Egyptians로 번역한다.26 핵심적인 생각은 그 상황이 완전히 하나님의 손아귀 속에 있다는 것으로, 바로와 이집트인들은 하나님의 손 안에 있는 장난감과 같았다는 것이다. 하나님께서 경박하고 잔인한 고양이와 쥐 게임을 하고 있다는 것이 아니다. 오히려 그 반대로, 하나님께서 마지막을 향해 가는 굽히지 않는 전개를 추구하신다는 것이다. 그렇지만 바로와 같이 자신들이 지배한다고 생각하는 자들은 하나님의 노리개와 같다.

이 도입부가 만드는 무대가 놓인 후에서야, 우리는 예상되는 재앙의 패턴을 향해 간다. 이번에 바로에게 선언된 골칫거리는 메뚜기 재앙이다. 모세와 아론은 즉시 그 재앙의 규모와 독특성을 설명하는데10:4-6, 나중에 메뚜기들이 덮쳐서 파괴적인 일을 행할 때 확인되고 있다.10:14-15 모세와 아론의 위협은 **얼마나 네가 거부할 것이냐 …?**How long will you refuse …?, 10:3라는 외침으로 도입된다. 이것은 시간에 대한 대답을 기대하는 질문이 아니라, 많은 시편 속에서처럼예를 들면 13:1-2, 충격, 이해할 수 없음, 그리고 탄식의 표현인 것이다.

바로의 관리들은 겁에 질려 바로에게 비슷한 비난을 한다.10:7, NRSV는 어려운 번역상의 문제를 이렇게 푼다: 얼마나 이 자가 우리에게 덫이 되어야 합니까?How long shall this fellow be a snare to us? 히브리어에서는 자fellow가 없고 단순히 이this를 언급한다. 더럼 1987:131은 난관impasse을 내어 놓는다.131 그렇지만 아마도 그 언급은 모세를 지칭하는 것이겠지만 경멸적인 단어 자fellow가 이 자리에 어울리지 않는다; 바로와는 달리, 적어도 몇몇 이집트 관리들은 겸손해졌다.9:21 참조 그들의 주인과는 달리, 그들은 교훈을 얻었고, 하나님의 계획을 이해하지 못했어도 적어도 그 위험은 알아챘다. 그들은 이렇게 묻는다. **아직도 이집트가 망했다는 것을 모르십니까?**10:7 다시금, 일곱 번째 재앙에서처럼9:20-21, 바로의 궁중에서는 결속력이 무너진 것이 확실해 졌다.

바로는 궁중의 압박에 따르게 된다. 그는 모세와 아론과의 협상을 시작하지만 옳다고 믿는 것은 아니다. 바로의 말, **가서 야웨를 섬기라**에 곧바로 그런데 **갈 사람은 누구누구냐?**가 따라 온다.10:8 바로가 문자 그대로의 의미로 자신의 관리들의 말에 따를 준비가 되었다는 것이 확인되었다. 그들은 사람들을 가리키는 더 일반적인 단어*anmasim*; NRSV: people를 사용하면서, **그 사람들을 보내소서!**(10:7, RSV라고 말했다.

모세는 이에 타협하지 않고 모든 이스라엘 사람들과 그들의 가축이 함께 가야한다고 맞받아친다. 바로는 성인 남자들로 분명히 한정하는 히브리 단어*gebarim*, 신체가 튼튼한 남자들, 10:11를 사용하면서 남자들만 가라는 자신의 생각을 분명하게 한다. 가족들을 인질로 묶어두고, 바로는 그 남자들이 돌아올 것을 바라는 것이다. 그런 전략은 우리 시대의 독재자들이 자주 써먹는 수법이다. 바로는 예배하러 광야로 들어가도록 해달라는 모세의 요청이 도망을 위한 구실이라고 생각한다. 10:10; 3:18b-20의 주를 참조

그렇게 바로는-자신이 보기에는-몇 가지 목적을 이룬다:

- 그는 모세와 아론이 한 요구를 자신이 그 요구를 받아들이기로 한 것처럼 이루었다. 너희가 바라는 것이 그것이기 때문이다. 10:11 그 당시에는, 예배 순례는 이스라엘에서조차 남자들을 위한 것이었다. 예를 들면 23:17
- 자신의 관리들이 의도한 것보다 더 제한된 의미로 남자들을 데리고 간다고 해도, 바로는 자신의 관리들의 조언에 귀를 기울였다.
- 바로는 떠나는 이스라엘 남자들이 되돌아 와야 할 것이라고, 그렇게 함으로 자신이 노예를 잃게 되는 일이 없도록 한다.

다른 재앙의 위험에도 불구하고, 바로는 이스라엘과 야웨의 이름이라는 값을 치러 스스로를 풍자로 삼는 현명한 정치공작에 충분히 만족하고 있다. 설사 내가 어린 아이들을 너희와 함께 보내준다 해도 야웨히브리어 동사 ~이다와 연관됨가 실로 너희와 함께 있을 것인가! 10:10; 3:12 참조 더럼의 말을 인용하자면 이렇다: "내가 보냈을 때, 그렇다, '계시는 분' 께서 너희와 함께 있을 것이다 ,,." 한마디로 하면, 한 가지 가능성은 다른 가능성만큼이나 그럴듯하지 않다"133 마지막 거만한 행동으로서, 바로는 모세와 아론을 궁정에서 쫓아낸다. 10:11,

바로의 교만함과 자기만족 때문에 피할 수 없이 따라오는 메뚜기 재앙은 전례가 없고 비교할 수도 없는 것이다. 10:14-15 이 재앙은 우박의 소행으로 이어져 끝을 맺는다. 대부분의 농작지에서 골칫거리인 메뚜기들은 하나님의 심판으로 여겨지는 일이 많았다. 욜 1:1-2:11, 아주 생생한 단락에서는 메뚜기들의 침입이 야웨의 날에 심판의 군대가 되고 있다

미묘하지만 불길한 전조가 하나님이 사용하시는 동풍 속에서 반복 독자에게 전해진다. 나중에 그런 동풍은 이스라엘의 구원과 이집트의 파멸을 위한 바다를 가르는 하나님의 대리인이 될 것이다. 14:21 하나님은 서풍NRSV을 사용하여서 메뚜기들을 홍해바다나 갈대바다로 몰아내신다. 히브리어에서 서풍은 문자적으로는 바닷바람인데, 지중해가 팔레스타인의 서쪽에 위치하기 때문이다. 그렇지만 이렇게 문자적으로 읽는 것은 의심의 여지가 없이 이집트인들의 운명을 이야기하는 힌트로 의도된 것으로, 특히 메뚜기들이 바닷바람에 의해 바다로 몰려간다고 읽을 경우 그러하다. 그리하여 모든 이집트인들이 바다 속으

로 들어가 아무도 살아남지 못하는 것처럼14:28, 메뚜기 한 마리도 남지 않게 된다.10:19

충격을 받은 바로는 급하게 모세와 아론을 불러 자신이 야웨에게 죄를 지었다고 고백한다.10:16; 9:29의 언급을 보라 그는 모세와 아론에게 이번만 나의 죄를 용서하라고, 이런 생명을 앗아가는 것히브리어: 이런 죽음, 10:17을 없애달라고 야웨에게 탄원해 달라고 청한다. 그의 다급한 요청과 이런 죽음을 말하고 있는 것이 분명히 보여주듯이, 바로는 진정으로 겁에 질렸다. 죄와 용서를 얘기하는 그의 간구는 순간적인 두려움이나 다른 회피책이 아니라 진정한 회개를 표시하고 있다. 사실상, 서론에서10:1 우리는 그런 피할 수 없는 결과가 무엇일지를 들었다. "바로의 마음이 다시금 완악해져서 이스라엘 사람들을 보내지 않을 것이다."10:20 [바로의 마음이 완악해짐, 477쪽; 전염병, 표징 그리고 기적, 504쪽]

10:21-29 아홉 번째 심판 표징: 흑암

지난 두 가지 재앙 단락과는 대조적으로, 이 단락은 간결하고 빠르게 진행된다. 하나님은 모세에게 이집트에 또 다른 재앙, 흑암을 불러오도록 지시한다. 모세는 하던 식으로 그렇게 한다. 바로는 타격을 입기 전까지는 경고를 받지 못한다. 어둠은 사흘간 지속되는데, 짙은 어둠10:22이 느껴졌다.10:21: NRSV와 다른 번역들 후자의 구문이 완전히 짙고 평소 같지 않은 이런 어둠의 속성을 강조하기 위한 것이라면, 더럼의 번역이 더 유용할 것이다: 어둠이 너무 짙은 바람에 사람들이 손을 더듬으며 움직여 나갈 것이다.138f

우리는 그런 어둠을 다른 재앙들처럼 무서운 재앙으로 여기지 않을 수도 있겠다. 그렇지만 그 재앙이 일곱 번째 재앙으로 시작하여 두려움이 점점 고조되면서 진행된다는 것을 보여주는 표시가 있다. 성서 독자들에게 이것은 지상에서 생명의 우주적인 한계를 상기시키고 있다: 창조와 eschaton마지막 때 하나님의 창조적인 활동은 자율적인 명령으로 시작했다: 빛이 있으라!창 1:3 완전한 어둠이 깔리는 것은 이제 창조의 역행, 생명/빛에서 혼돈/어두움으로 움직이는 것에 다름없다.

심판의 형태로서의 어둠은 구약에서 반복적으로 선언된다.예를 들면 신 28:29; 사 8:22; 렘 4:23., 28 [창조의 역행이라는 맥락에서]; 겔 32:7-8[이집트에 맞서] 그런 어둠은 특히 야웨의 날, 하나님께서 하나님의 원수들에게 마지막 날에 승리하시는 것과 특징적으로 연계되어 있다.예를 들면 욜 2:1-2[메뚜기와 결합됨]; 암 5:20; 습 1:15 따라서 이집트에 내린 어둠은 불길하며, 고집 센 반항으로 왜곡시킨 창조에 내린 창조주의 마지막 심판을 예고하고 있다.

프리다임은 이어지는 서사들이 밤과 어두움이라는 주제에 스며들어 있다고 지적한다.11:4; 12:12, 29-31, 42; 14:20-21; Fretheim: 129 몇몇 해석자들은 이 재앙을 이집트의 신 가운데 우두머리인 태양의 신 라Re를 향한 특별한 일침으로 보지만, 이 본문은 그런 연결성을 주고 있지 않으므로, 이것이 가능하다고 하지는 말아야 한다. 우리는 바로 자신이 신성하다고 여겨졌다는 것을 떠올리지만, 출애굽기에 나타난 하나님의 대적자는 바로이지 이집트의 어떤 신이 아니다.

어둠은 바로의 간구나 모세의 중재에 대한 응답이 아니라, 모세의 결정으로 사흘 동안으로 한정되고 있다. 그렇지만 이것은 바로가 그의 마지막 제안보다 더 호의적인 새로운 제안을 모세에게 하도록 만들기에는 충분하다.10:10-11 가축만 남겨놓는다면, 남성들만이 아니라 모든 이스라엘 사람들이 가도 좋다.10:24 바로는 아직도 굴복이 아니라 흥정을 하고 있는 것이다.

또 한 번 모세는 전적이고 무조건적으로 이스라엘 사람들이 떠나도록 허락해 달라고 고집한다. 모세는 제사에 쓰일 짐승이 필요하기 때문에 가축도 반드시 가야한다고 주장한다.10:26 그렇지만 이집트를 떠남에 있어서, 이스라엘은 야웨에게 예배하러 광야로 들어가는 일시적인 여행을 하지 않을 것임은 분명하다. 아마도 고작 사흘 길의 여행이 아니라 완전히 도망갈 심산이었을 것이다.3:18b-20의 주를 보라

바로는 분노하여 단호하게 거절한다. 그는 다시는 돌아오지 말라고 모세를 보내면서, 그의 생명을 위협한다.10:27-28 우리는 이 전투에 나오는 주요 등장인물들이 슬슬 마지막 갈등을 준비하고 있다는 것을 알게 된다; 하나님은 우주적 어둠을 보내시고 바로는 모든 협상을 어긴다. 모세는 반복 독자만이 대응위협counterthreat같은 방식으로 그 위협을 받아들인다: 당신 말대로 하시오! 난 절대로 다시는 당신의 얼굴을 보지 않겠소.10:29

우리는 바로가 그를 보지 않으려고 했다는 것을 안다; 모세와의 모든 연락을 끊음으로써, 바로는 하나님의 최후의 심판에서 벗어나는 유일한 방법을 포기하고 있는 것이다. 그럼에도 모세는 바로 앞에 다시 한 번 나타난다.12:31-32; 11:6-8 참조 이것은 두 가지 방식 중에서 하나로 설명될 수 있다. 먼저, 우리는 하나님이 모세가 바로에게 한 마지막 말을 무시했다고 말할 수도 있다. 두 번째로, 그리고 더 그럴듯하게는, 12:31-32에서 모세의 역할은 앞선 역할과는 다르다. 모세는 이제 더 이상 바로와 협상하는 사람이 아니라 바로의 굴복을 받는 승리자인 것이다.[전염병, 표징 그리고 기적, 504쪽]

11:1-10 열 번째 재앙 표징이 선포되다: 장자의 죽음

하나님과 바로 사이의 분명한 교착상태가 이제 깨지려고 한다. 11장은 10번째이자 마

지막 재앙으로 우리를 이끈다. 7:8-13의 서곡 이후 7:14에서 시작된 대치 시리즈를 완성하게 될 것이다. 그렇지만 이 재앙의 결과는 유월절에 있어서 아주 무시무시하고 깊이 박혀 있어서, 이스라엘의 후기 예배의 핵심적인 주제이며, 이전의 재앙단락들의 이야기 패턴은 상당히 수정된다.

재앙의 그림(11:4-8 11장은 열 번째 재앙을 요약한 단락을 우리에게 내어놓고 있지만 미리보기의 형식일 뿐이다. 모세는 바로에게 앞으로 일어날 일을 선포한다. 이 재앙은 실제로 12:29-32에 이르러서야 보도된다. 이것은 앞으로 이어질 많은 세기들 내내 자세히 상술될 유월절 절기 의식에 깊이 박혀 있어서, 역사와 제의가 더 이상 구분되지 않게 된다. 미리보기의 형식으로 11장에서 열 번째 재앙의 도입부가 되는 이런 배열은 독자들로 하여금 11장에 나오는 재앙 시리즈의 분명한 결론에 이르게끔 한다. 그 후에 그들은 절정으로 이르는 결말을 기념하는 종교적 축제에 대한 명상을 마음껏 하게 된다.

11장 자체로는 간단하고 직설적인 단락이지만, 설명이 세 부분으로 잘 이루어져 있다: 1-3절, 4-8절, 그리고 9-10절. 더 긴 중간의 부분이 핵심을 이룬다. 많은 해석자들은 이것이 10:28-29의 이야기를 이어가고 있다고 본다. 여기서 바로는 화가 나서 모세를 내보내고 모세의 생명을 위협하고 있다. 모세도 바로를 떠나서 다시는 만나지 않겠노라고 뜻을 같이 한다.10:29 그렇지만 모세가 바로에게 야웨가 앞으로 하실 일을 예언자적 언어로 선언그리하여 야웨께서 말씀하시기를…, 11:4하기 전이다.11:4-8 바로에게 열 번째 재앙의 선언을 퍼부으면서, 바로를 향한 모세의 임무가 완수된다. 모세는 바로의 분노에 필적할 만큼10:28 아주 화가 나서 바로를 떠나 버린다.11:8

다가 올 재앙의 묘사는 하나님의 직접적인 행동을 강조한다: 내가 이집트 가운데로 나아갈 것이다.I will go out through Egypt, 11:4 하나님의 마지막 방문은 한밤중 가장 어두운 때로 설정된다. 이것은 마지막 재앙을 유월절 밤의 의식뿐만 아니라 앞선아홉 번째 어둠의 재앙과 연결시킨다.12장 재앙 자체는 모든 가축의 처음 난 것을 포함하여 바로의 맏이로부터 가장 지위가 낮은 여자노예의 맏이에 이르기까지, 이집트의 모든 처음 난 것들의 죽음으로 이루어진다.

이것은 실제로 재앙히브리어: neqaʾ, 11:1으로 묘사되는데, 연속되는 재앙 속에서 이곳에서만 사용된 단어다. 이 단어는 아울러 강타함smiting으로 표시될 수도 있어서, 질병과 연관이 있는 경우가 많다.특히 레위기 13-14 [전염병, 표징 그리고 이적, 504쪽] 우리는 이 재앙을 극단적인 병, 죽음과 동의어로 생각할 수도 있다. 그런 대규모의 죽음은 전례 없던 대량의 울부짖음을 만들어 내기에 충분한 것으로, 이집트에서는 전무후무한 일이었

다.11:6

희생자들은 처음 난 남성들이다.13:13 참조; 34:19-20 이것은 또 다른 무시무시한 측면을 더하고 있다. 고대근동을 통틀어, 처음 난 남성은 가족과 부족의 미래를 상징했다. 따라서 처음 난 것들을 목표물로 삼는 것은, 바로가 하나님을 거역하는 노선을 따르는 나라에게는 미래나 희망이 없으리라는 하나님의 선포로 보여야만 할 것이다.바로에 대한 심판에 전 이집트가 포함된 것에 대해서는 성서적 맥락 속의 본문과 교회 생활에서의 본문 아래를 보라

앞선 재앙들에서처럼 이스라엘만 살아남을 것이다. 전혀 예측하지 못한 이집트인들이 통곡한 것은 이스라엘의 영역에서는 절대적으로 안전했다는 것과 완전히 대조되며, 그런 타격은 이스라엘을 손대지 못했다. 개 한 마리도 이스라엘을 향해 으르렁거리지 못한다. 일상의 흔한 위협인, 개의 으르렁거림이 없다는 것은 소란 가득한 나라 속에서 완전한 평화의 섬으로 보존시키는 하나님의 기적과 같은 표징이다. 유월절 의식은 더 발전된 상징주의와 함께 이런 주제를 발전시켜 나갈 것이다.12장

바로의 시야에서 사라져서 다시는 돌아오지 말라는 명령을 받은 모세는10:28 이스라엘을 놓아달라는 요구를 하려고 다시 나타나지는 않을 것이다. 대신, 바로의 관리들은 모세에게 가서 그의 백성과 함께 떠나달라고 정중하게 애원한다.11:8 물론 그들은 앞서서 이미 그렇게 하려고 했던 것처럼, 바로와의 결속이 끊어진 채로 자신들의 뜻대로 하게 될 것이다.9:20; 10:7; 11:2-3에 대해서는 3:21-22의 주를 보라; 바로의 항복에 대해서는 12:31-32의 주를 보라

구성을 이루는 절들1-3, 9-10 내가 생각하는 것처럼, 4-8절이 10:28-19의 이야기 선상을 실제로 이어나간다면, 우리는 1-3절이 어떻게 그 이야기에 맞아 들어가는지를 물어야 할 것이다. 모세가 바로와 열띤 논쟁을 벌이고 있는 동안 하나님이 모세에게 급속히 새로운 계시를 주셨다고는 가정하기 힘들다.

카수토는 이 절들이 "모세의 마음속에서 바로 그 순간에 일어나고 있었던 것들을 보여주는 것"이라는 기발한 주장을 편다.133 그는 이 절들 속의 어떤 것도 이전에는 예측할 수 없었던 것임을 지적한다. 이제 모세는 이런 일들이 일어날 때 그 순간이 도래했음을 깨달은 것이다. 그렇다면 3절은 이집트에서 모세의 공적인 위상에 대한 해설노트로 여겨져야만 할 것이다. 이런 제안은 솔깃하지만 완전히 설득력이 있는 것은 아니다. 왜냐하면 그렇게 내적인 반향을 들여다 봄으로써 구약의 서사흐름을 깨는 일이 많지는 않기 때문이다. 그렇지만 창 17:17; 18:12를 보라 그렇지만 우리는 여기서 하나님의 말씀이 새로운 계시가 아니라는 카수토의 의견에 동의해야만 한다. 그렇다면 우리는 언제, 그리고 어떻게 그들이

모세에게 전달되었는지의 문제를 연 채로 둘 수 있게 된다.

11:1-3이 해당 정황 속에서 어떤 기능을 수행하려는 것이었는지를 묻는 것이 더 중요하다. 이 절들은 그 이야기의 흐름을 왜 방해하고 있는가? 프리다임은 이 절들이 8절과 함께 완악함 속에 있는 바로의 고립을 보여준다는 가능성을 주장한다.131 이스라엘 백성은 이집트인들의 환심을 구하며, 이집트인들과 이집트 관리들 눈에 모세는 위대한 사람으로 보인다.11:3 후자는, 바로가 없이, 이스라엘이 떠나는 것을 격려하기 위한 행동까지도 하고 있다. 바로만이 고립 된 채 혼자 고집을 부리고 있다.

동시에 이 절들은 바로의 대의명분에 희망이 없음을 강조한다. 바로를 실각시키고 이스라엘을 승리자로 떠나게 하는 데는 마지막 한 방이 필요할 것이다.이것에 대해서는 아래를 보라 바로는 이스라엘을 보내도록 허락할 뿐만 아니라 너희를 내쫓게 될 것이다.11:1 그들이 떠나는 것은 바로에게 있어 기다리던 일이 될 것이다.

2-3절은 이미 3:21-22에서 선언된 이집트인들에 대한 소위 노략질을 다시금 예상한다. 이런 명령을 수행하는 것이 12:35-36에서 보도될 것이다.시 105:37도 참조 약간의 차이들이 있긴 하지만, 이 구절들의 의미는 같다. 그 내용은 3:21-22주와 연하여 어느 정도 상세히 다룬바 있다.

3:22와 12:36에 사용되었으나 여기서는 없는 **노략질하다.**nasa!라는 동사가 열쇠를 제공한다: 이스라엘은 개선하는 군대가 전리품을 가득 실은 채 전장을 떠나듯이 떠나게 될 것이다. 아직은 이스라엘이 싸우지는 않을 것이다. 크신 팔로 바로를 이겨내실 하나님은 심리적 권위를 행함으로써 이집트인들을 이겨내실 것이다. 하나님은 이스라엘을 향한 그들의 적대감을 호의로 바꾸실 것으로, 증거는 다른 곳에서 나타난다.예를 들면 8:26 따라서 심리적으로 패배하여, 이집트인들은 싸우진 않았지만 승리한 군대, 이스라엘에게 전리품으로 보물들을 기꺼이 내어 놓을 것이다.Childs: 175-7 [야웨 전쟁, 489쪽]

11장은 두 절들9-10로 마무리되는데, 이 절들은 지금까지의 재앙들을 되돌아보고 재앙들이 분명 효과가 없었음을 요약하고 다시금 그 이유들을 진술한다. 하나님의 이런 행동은 바로의 생각마음을 바꾸려는 헛된 시도는 아니었다; 오히려 하나님의 행동은 바로를 심판하기 위한 심리적인 방안에 신성한 힘을 행사하고자 하시는 방식이었다.7:1-4 참조; 10:1-2 이런 "심판 이적들"을 완수한 후에, 하나님은 이제는 그저 심판뿐만이 아니라 변화를 가져올 수단이 될 한 가지를 더하실 것이다.11:1 이번에는 바로가 이스라엘 사람들을 보낼 것이다.

성서적 맥락 속의 본문

재앙

먼저 우리는 심판의 수단으로 자연현상을 사용하시는 하나님을 염두에 둘 것이다. 그러고 나서 우리는 이집트의 재앙들과 관련되거나 그것을 다루고 있는 출애굽기 외부의 본문들에 관심을 기울일 것이다. 마지막으로 우리는 간략하게 열 개의 재앙을 따로 보고 그들 가운데 일부와 연관되는 다른 본문들에 주의를 기울일 것이다.

신의 심판수단이 되는 자연현상

성서에 따르면, 하나님의 심판이나 처벌은 다양한 형태를 갖는다. 두 가지 눈에 띄는 것은 적에게 패배를 당하는 것과 같은 역사적인 무력을 통한 심판과, 아울러 병, 날씨현상, 홍수, 전염병 등과 같이 자연의 힘을 통한 심판이다. 이 두 가지 형태는 결합되는 일이 잦다. 예를 들면 암 4:6-13; 아래를 보라 세 번째이자 가장 덜 빈번한 신성한 심판의 수단은 심리적 방법이다. 7:8-21에 대한 주를 참조; "바로의 마음이 완악해짐," 아래와 에세이를 보라

이런 맥락에서, 우리는 수많은 성서 구절들이 인간의 행위윤리와 자연 현상들을 옳게 혹은 그릇되게 연결시키고 있다는 것을 알아야만 한다. 따라서 올바르고 의로운 왕의 통치는 왕의 땅에 적으로부터의 평화를 가져올 뿐만 아니라 곡식의 번창을 가져올 것으로 기대되고 있다. 예를 들면 시 72, 특히 72:16 반면, 백성과 지도자들의 신앙이 없으면 가뭄과 흉년을 낳는다. 호 4:1-3; 학 1:7-11 이것은 인간의 행위와 자연사건 사이의 마술적이니 연결이 아니라 하나님의 축복과 심판으로 각각 이해되어야 하는 것이다. 신 28을 참조

사도 바울은 모든 창조가 인간의 죄 때문에 "신음하고," "묶여" 있으며, 인간의 구속의 결과로 "자유롭게 되기"를 기다리는 것이라고 묘사하기 까지 한다. 롬 8:18-25 우리가 여기서 창조신학의 이런 측면을 발전시킬 수는 없지만, 자연 속의 사건들을 통해 신성한 심판에 더 구체적인 관심을 기울이기 위한 맥락을 이루는 부분으로 그것을 인식해야만 한다.

하나님은 출애굽기에서 바로와 이집트인들을 심판하기 위해 역사적인 수단/인간의 수단을 사용하지 않는다. 하나님이 처벌수단으로 자연을 사용하시는 것은 전염병 단락들 속에서 두드러지고 광범위한데, 이 재앙들을 우리는 "심판 표징들"이라고 부른다. 7:8-11:10; 위의 "심판 표징들의 개요"를 볼 것

성서 이야기는 하나님이 생명을 부여하시고 생명을 존속시키는 창조활동으로 시작한다. 창 1-2 그 결과는 "아주 좋았다"라고 묘사되며창 1:31 축복과 연계된다. 창 1:22, 28 따라서 하나님의 창조의 요소들이 희미해지거나 생명이 파괴될 때는 언제나, 이것이 반창조적

인 것counter-creational으로, 하나님의 질서가 혼돈이나 혼란으로 역행하는 것으로 보인다. 그런 것은, 구약의 바로와 신약의 사탄에서 잘 나타나는 것처럼, 권력으로 힘을 모아 하나님에게 도전하는 것이다.

그렇지만 하나님은 죄를 통해서 창조질서를 뒤집는 사람들에게 심판을 가져오기 위해, 생명을 부여하는 자연의 질서를 흐리게 하거나 되돌릴 수도 있다. 하나님에게서 자주적이고자 하는 행위 첫 번째 사례는 같이 창조된 피조물들과 자신들의 조화를 희석시킴으로, 아이를 낳는 축복을 고통의 부담을 더하게 함으로, 그리고 생명을 존속시키는 흙이 인간의 노동에 저항하도록 만듦으로 아담과 하와에게 내린 하나님의 심판이다. 창 3:14-19 또 다른 분명한 사례들은 대홍수창 6-8와 소돔과 고모라의 파멸이다. 창 19:24-26

이런 측면에서 특히나 교훈을 주는 구절은 예레미야 4:23-26이다. 이 예언자는 세상을 헛되고 공허한 것으로 본다. 천상에는 빛이 없고 산들이 흔들리며 모든 인간과 인간이 아닌 생명들이 사라지고, 결실을 맺는 땅이 사막이 된다. 창조는 체계적으로 역행되는데, 그렇게 되는 이유는 하나님의 백성들의 불신앙 때문이다. 습 1:2-3 참조

자연현상은 위대한 종말론적 "야웨의 날"에 모든 사악한 이들에게 내리는 하나님의 최후의 심판과 연결되는 일이 많다. 예를 들면 암 5:18-20; 욜 1:15-20; 2:1-11; 특히 2:3; 에덴동산이 광야로 바뀌었다! 신약성서에서 요한계시록 6:12-14는 창조에서 혼돈으로 역행하는 것에 대해 하나님의 강력한 심판의 이미지를 마련해 준다.

무시무시하고 흔치않은 자연현상으로 그런 포괄적인 신성한 심판의 시나리오에 더하여, 더 일상적인 자연현상이 경고와 심판의 수단이 되는 수많은 사례들이 많이 있다. 아모스 4:6-13은 기근, 가뭄, 병충해, 흰곰팡이mildew, 메뚜기, 그리고 "이집트에게 했던 방식의" 재앙을 열거하고 있다. 4:10 아울러 소돔과 고모라와의 비교도 있다. 4:11 그렇지만 이 목록은 "자연적인 것"과 "역사적인 것" 사이의 구분을 너무 날카롭게 해서는 안 된다는 점을 일깨워주는 전쟁을 포함하고 있다.

"전염병"과 "역병"은 하나님의 심판수단으로 자주 언급된다. 창 12:17; 출 32:35; 레 26:21; 민 14:37; 16:47; 25:8f; 수 22:17; 그 외의 많은 구절들 특별히 생생하게 표시되는 단락은 사무엘하 24장에서 발견되는데, 여기서 다윗은 "야웨의 자비는 크시기 때문에 나를 사람의 손이 아니라 야웨의 손에 떨어지게 해달라고[이 경우에는 전염병에 걸리는 것]" 청한다. 24:14f

가끔씩 우리는 모든 병을 포함하여 어떤 형태든 모든 재앙이 하나님의 심판이라고 여기는 것 같은 인상을 받는다. "세속적"이거나 종교적으로 중립적으로 여겨지는 것은 아무것도 없다는 사회에서, 그것은 어떤 의미에서는 의심의 여지가 없는 사실이었다. 반면,

우리는 그런 모든 사건들에 똑같이 신학적 중요성이 부여된 것은 아니라고 안심하고 추정할 수 있다. 다른 말로 하면, 고대 이스라엘 사람들은 의심의 여지없이 우박, 번개, 혹은 병과 같은 사례들을, 그 속에서 하나님의 특별한 말씀을 인식하지 않고 일상생활의 단순한 부분으로 경험했다.

자연현상의 심판이라는 이 넓은 주제에 비추어 이집트의 재앙을 생각할 때는, 우리가 그 재앙들을 기적적인 장관의 영역에서 끄집어내어 세상과 함께하는 하나님의 방식에 통합시킨다. 프리다임은 그 재앙들은 인간의 행동과 신성하게 질서가 잡힌 자연적 결과 사이의 일치를 표시하고 있다는 설득력 있는 주장을 편다; 생명을 억압하는 바로의 반창조적 행위는 창조의 질서를 뒤흔드는 것으로 이어진다. "그리하여 재앙들은 바로의 죄에 대하여 임의적으로 선택된 신적인 응답이 아니다. 마치 그 방법이 외국의 군대나 내부적인 혁명인 편이 나을 뻔 한 것처럼 말이다. 그 죄악들이 창조적이므로 그 결과들은 우주적이다" Fretheim, 1991b: 395; 385-96 참조

크리스토퍼 세이츠Christopher R. Seitz는 이사야서에서 창조를 거스르는 유사한 죄의 역동성을 언급하는데, 여기서는 신의 심판이 뒤틀린 창조질서의 형태로 따라온다. "시온의 안녕은 이스라엘이 하나님께, 하나님이 거하시는 곳에, 그리고 하나님의 온전한 창조계획에 주목하지 않기에 위협을 받는다. 포도원은 피 흘리고 우는 장소가 된다. 하나님께서 몸소 자신의 창조가 있는 교차로가 되는 장소, 시온에 심판을 가져오신다.1-12장 그렇게 함으로 창조질서 전체가 황폐해진다.13-23장; '보라, 주께서 땅을 황폐하게 하고 황량하게 하실 것이며 그가 땅의 표면을 뒤트시고 그 주민들을 흩으실 것이다': 24:1 Seitz 1988:122

그런 창조의 역행은 하나님께서 악하게 되신다는 결론으로 이어져서는 안 된다. 오히려 우리는 세상에서 창조를 거스르는 힘인 악, 그 기원과 범위가 신비 속에 남아있음에 틀림없는 악조차도 하나님의 궁극적인 종말에 따라야한다는 것을 안다.

이집트의 재앙들과 관련된 본문들

몇 가지 고립된 기억들 말고는신 28:60; 삼상 4:8, 이집트의 재앙들은 이스라엘 역사 속에서 하나님의 행하심을 요약한 것 속에서 주기적으로 나타난다. 어떤 경우에는 이런 언급들이 간략하다.신 6:22; 26:8; 수 24:5; 느 9:10; 시 135:8f; 행 7:36 표징들, 놀라운 일들, 기적들, 재앙들처럼 어휘상으로 차이가 난다.

이런 간략한 언급들을 넘어서, 이집트의 재앙들은 성서 속에서 놀랍게도 미미한 역할을 한다. 시편 78:44-51과 105:28-36만이 몇 가지 재앙을 나열한다. 이들 본문은 일곱

개의 재앙을 밝히고 있는데, 출애굽기 단락과 다른 단락 사이에 순서상에 차이가 난다. 그렇지만 맏이의 죽음은 모든 단락에서 마지막을 장식한다.7:14-24에 대한 주를 보라

특별한 경우는 요한계시록에서 전염병을 사용하는 것으로 특히 16장8장도 참조이 그렇다. 물이 피로 변함, 흑암, 개구리 그리고 우박이 이집트의 재앙들과 연결되고 있다는 점을 간과하기는 어려운 일이다. 반면, 일곱 개의 재앙 모두가 이집트의 재앙에 따라 명명되지는 않는다. 게다가 이 재앙들은 자연현상이라기보다는 묵시적 이미지로 정교하게 그려진다. 마지막으로, 이들은 앞으로 다가 올 종말론적 심판의 비전이다.Gowan: 154-6도 참조 이런 측면에서, 이 재앙들은 야웨의 날과 연결된 미래의 심판을 연상시킨다.위를 보라

개별적인 재앙들. 출애굽기 단락의 열 가지 재앙들 가운데 개구리, 이, 파리, 가축병, 그리고 종기의 재앙들은, 병행구절이 없지는 않지만, 성서의 주된 주제가 되지는 않는다. 피는 빈번한 주제이자 하나님의 심판과 연결되는 일이 많다.예를 들면, 신 32:39-42; 사 34:1-6; 겔 39:17-20 피는 흑암과도 결합될 수 있다. 욜 2:30f, "야웨의 날"에; 계 6:12 피는 심판의 결과라기보다는 심판의 대리자로 이집트의 재앙들을 반향하기 위해 나타나는 요한계시록의 어떤 구절들 속에서만 찾을 수 있다. 계 8:9; 11:6; 14:20; 16:4-7 반면에 우박, 메뚜기, 흑암, 그리고 맏이의 재앙들은 다른 많은 구절들과 연결되며 앞으로 간략하게 논의될 것이다.

우박. 우박은 단순히 신의 현현에 뒤따라오는 자연현상들 가운데 하나가 될 수 있다.시 18:6-15; 특히 18:12 우박은 신의 심판의 수단이 되는 경우가 많다. 여호수아 10:11에서 말하는 야웨 전쟁의 정황 속에서, 하나님은 이스라엘의 적들을 무찌르고 그들에게 거대한 우박을 부으신다.[야웨 전쟁, 489쪽] 더 빈번하게는, 우박들이 이스라엘과 이스라엘의 적들을 심판하기 위해 신의 무기로 사용되는 자연현상을 이루고 있다.사 28:1-3; 30:30; 겔 13:11-13; 38:22 계시록 16:21은 "약 100파운드45kg"의 우박이 있는 "우박재앙"을 언급한다.

메뚜기. 메뚜기는 신의 심판의 대리자로 성서에 빈번하게 언급되는데, 곰팡이, 애벌레, 전염병, 가뭄, 원수 등과 같은 다른 대리자들과 함께 언급되는 일이 잦다.예를 들면 신 28:38; 42; 왕상 8:37; 대하 7:13 군대는 메뚜기로 비교되거나 그 반대이기도 하다. 사 33:4; 렘 51:27; 욜 1:2-7; 2:1-11; 잠 30:27; 계 9:7 몇몇 메뚜기의 종들의 이름이 밝혀지는데, 이들은 농업사회에 엄청난 손실을 가져왔다.요엘 1:4 요엘 1-2장의 시적인 파노라마에서, 무시무시한 메뚜기 재앙은 "야웨의 날"에 유린하는 적들의 침략을 나타내는 이미지가 된다.

흑암. 흑암과 창조이전의 혼돈의 연계성, 악, 죄, 교만, 그리고 다른 부정적인 것들이

성서 곳곳에 퍼져있다 그에 반해서, 모든 것이 하나님의 영역에 속해 있는 것처럼, 하나님은 빛과 연결된다. 하나님의 첫 번째 창조활동은 창조 이전에 있던 어두움에 빛을 가져오는 것이다. 창 1:1-3 반대로, 창조를 무효로 만드는 것은 어둠으로의 역행으로 묘사된다. 예를 들면 렘 4:23; 위의 "자연현상"

신약에서는, 빛과 어두움의 대비가 특히 요한의 기록들에 두드러지게 나타난다. 예를 들면 요 1:1-5; 요일 1:57 어두움은 특징적으로 야웨의 날에 올 심판과 연결된다. 사 13:9f; 겔 30:18f; 암 5:18-20; 8:9; 스바냐 1:14f; 요엘 2:1-2; 3:14-15 신약성서에서 이런 주제는 막 13:24f에서 반향되고 있다. 마 24:29f; 그렇지만 아래를 보라 이 모든 단락들은 어둠의 재앙은 평범한 심판을 넘어서서 우주적인 원상복구cosmic undoing라는 주제에 속한다는 것을 보여준다.

아홉 번째 재앙의 사후세계를 좇는 통찰력 있는 글에서, 제이콥 엔즈Jacob J. Enz는 성서 내적인 관계들을 마련하는 복잡성에 관심을 쏟는다. 그는 구절들을 다른 유사한 구절들과 연결시키는 것으로는 충분하지 않다고 주장한다. 차일즈와 더불어 그가 "내부 신학비평inner theological criticism"이라고 부르는 것에도 주의를 기울여야 한다. Enz: 30; Childs: 169f 참조 따라서 출애굽기에 나오는 어두움 재앙은 아홉 번째, 혹은 끝에서 두 번째 재앙이다; 그 이후에 마지막 심판의 행위가 되는 장자의 죽음이 온다. 어두움이 곧바로 세계의 심판에 선행하는 이런 패턴은 위에서 인용된 종말의 구절들 속에서 빈번하게 나타난다. 이것은 묵시적인 솔로몬의 지혜서와 요한계시록에서도 찾아볼 수 있다.

반면 엔즈는, 어둠이라는 끝에서 두 번째의 심판 이후에 궁극적인 파멸이 아니라 궁극적인 빛이 따라오는 역패턴counter-pattern이 이런 순서에 도전하고 있다고 주장한다. 사 8:22-9:2; 60:1-3; 막 13:24-26, 마 24:29-31 어둠은 십자가처형 장면에 몰려온다. 눅 23:44f 십자가-부활 전체 단락이 이런 순서를 공유하고 있다. "이른 새벽," 24:1; "눈부신 옷들," 24:4 엔즈는 요한복음의 일곱 이적들이 일곱 재앙 목록, 시편 105편과 솔로몬의 지혜서에서 발견되는 재앙의 숫자에 상응하도록 의도된 것이 아닌지를 묻기까지 한다. Enz: 29-38

우리는 빛의 패턴이 출애굽기의 재앙 순서 속에 끝에서 두 번째 어둠이 존재하지 않는다는 것을 따라 가는지도 물을 수 있다. 불기둥은 이스라엘을 이집트 밖으로 인도한다.

맏이. 혈통을 잇는 장자는 법적으로 특혜를 받았으며 가족의 미래를 상징했다. 따라서 이 장자는 아이들 가운데 가장 높은 것으로 여겨졌으며, 만일 그가 죽는다면 가장 크게 애도를 표시했다. 슥 12:10 이집트의 맏이들이 죽을 때 해를 입지 않은 이스라엘의 맏이들은 그로인해 하나님의 소유가 되었으며 대속을 받을 필요가 있었다. 민 3:13; 대속의 법에 대해서는 출 13의 주를 보라 때때로 레위인들은 하나님의 장자로 여겨지고 있다.민 3:12, 41, 44f; 8:18 집회서에서는 이스라엘 전체가 하나님의 장자로 여겨진다.Sir 36:17=36:11, 70인역; 솔로몬의 지혜서 18:13; 에스드라 후서/에스라4서 6:58; 출애굽기 4:22를 반향함

맏이가 갖는 높은 지위로 인해서, 이스라엘의 이웃들 가운데 일부 부족에게 있어서는, 신에게 맏이를 드리는 것은 분명히 최상의 헌신 행위로 여겨졌다.왕하 3:27 미가 6:6-8은 이스라엘 사람들이 때때로 이런 최상의 제사를 드릴 필요가 있다고 생각했다고 말한다. 아브라함은 이삭을 거의 희생할 뻔 하지만, 그런 행위는 하나님께서 예비하신 동물로 대체된다.창 22 이 이야기는 하나님께서 똑같은 최고의 헌신을 원하시기는 하지만 실제로 장자의 제물을 원하시지는 않는 것을 보여준다.출 13:2, 11-16; 22:29; 34:19-20에 대한 주를 참조

우리는 출애굽기 바깥에서 이집트인들의 맏이가 죽는 것에 대한 분명한 언급들을 찾아볼 수 있다.시 78:51; 89:27; 105:36; 135:8; 136:10; 히브리서 11:28 그렇지만 그런 사건은 대개 이집트를 향한 하나님의 크신 행위에 대한 더 일반적인 언급들로 통합된 것으로 보인다. 예를 들면 신 26:8; 수 24:5 구약의 어느 곳에서도 하나님이 심판의 수단으로 장자의 죽음을 사용하셨다는 부분은 없다.

이와 대조적으로, 신약성서는 하나님이 자신의 장자, 예수 그리스도를 죽음에 넘겨주었다고 선언하고 있다.롬 8:32; 8:29 참조 누가복음 2:7에서 예수는 문자적 의미로 마리아의 "맏이"라고 불린다. 그렇지만 다른 곳에서 그는 "대가족 가운데 맏이"로문자적으로는 "많은 형제들 가운데," 롬 8:29; "모든 창조 중의 맏이"골 1:15; 히 1:6 참조; "죽은 자들 가운데 맏이"골 1:18; 계 1:5; "첫 열매 그리스도," 고전 15:23 참조

그리스도를 따라, 구속받은 그의 추종자들도 "맏이"로 불릴 수 있다.히 12:23 그렇지만 여기서 우리는 이 강조점이 맏이의 죽음에서 죽음으로부터 맏이의 신성한 보존부활으로 전환되었다는 것을 본다.엔즈가 "내부 신학비평"에 대한 민감성을 요구하는 것을 참조; 위의 "흑암"

바로의 마음이 완악해짐

우리는 앞서 이 주제가 복잡하다는 것을 보았다.7:8-21에 대한 주, 그리고 위의 "심판이적들의 개요"를 볼 것 [바로의 마음이 완악해짐, 477] 바로의 결정은 확실히 한 치도 양보하지 않는 반응을 내포하고 있는 것이다. 그런 측면에서, 그의 마음이 완악함은 성서 곳곳에서 이야기하는 만연한 인간의 죄와 거역이라는 주제에 속해있다. 어떤 경우에는 마음이 완악해짐이라는 용어가 포함되어 있지만예를 들면 시 95:8; 잠 28:14; 마 19:8; 히 3:8, 13-15; 4:7,

보통 다른 용어가 사용된다. 광야에서 떠도는 동안 이스라엘이 하나님을 거역한 것은 출애굽기에서 완악함으로 묘사되지는 않지만 시편 95:8에서는 그렇게 불리고 있다.히 3:8, 13-15; 4:7 참조

반면, 바로는 단순히 자유의지, 즉 이스라엘을 바로가 억압적으로 다루는 바람에 박탈당했던 선택을 행사하는 것이 아니다. 하나님은 바로를 파멸시키는 수단으로 그의 마음을 고의적으로 완악하게 하셨는데, 이것은 심리학적인 차원에서 행사되는 심판인 것이다. 우리는 이것을 연속되는 재앙 내내 하나님께서 바로에게 분노를 쏟으신다는 야웨 전쟁 혹은 거룩한 전쟁의 일부로 특징화한다.아울러 Wilson, 1979:33 야웨 전쟁의 정황 속에서 바로의 패배를 초래하기 위해 적의 마음을 하나님께서 완악하게 하신다는 또 다른 분명한 사례들은 신명기 2:30과 여호수아 11:20에 나타나고 있다. 이사야 63:17에서 이스라엘이나 이스라엘 내부의 어떤 무리들은 하나님께서 그들의 마음을 완악하게 하셨다고 기술된다.

출애굽기 외부의 어떤 곳에서도 이사야 6:9-10에서처럼 직설적으로 사람의 마음을 완악하게 하시어 심판행위로 삼는다는 하나님의 역할이 언급된 곳이 없다. 이사야에서 하나님은 예언자 이사야에게 그의 말을 듣는 사람이 이해하고 회개하지 못하게 하는 방식으로 설교하라고 명하신다:

> 이 백성들의 마음을 둔하게 하고 그들의 귀를 어둡게 하며hakbed, kabad에서 왔으며 사역 [hiphil] 형태 그들의 눈을 닫게 하라; 그들이 눈으로 보고 귀로 듣고 마음으로 깨달아서 내게로 돌이켜 고침을 받지 않게 하기 위해서이다.이사야 6:10; RSV

kabad 동사의 어근은 출애굽기에서 완악하게 하다는 어휘의 일부이다.7:8-21의 주를 보라; 위의 "심판이적들의 개요" 이 동사의 몇몇 *HIphil*사역 형태들이 출애굽기에서 발견되는데, 바로의 마음이 완악해지는 것과 연결된다.8:11; 9:34; 10:1 그런 구체적인 어휘 연결을 넘어서서, 이 이사야 구절6:9-10은 명백하게 예언의 말씀을 통해 하나님께서 듣는 자들에게 시판을 가져오기 위한 심리적인 차원으로 역사하신다는 것을 언급한다.사 29:9f도 참조 적어도 이것은 그 말씀의 즉각적인 영향이다.

해석자들은 이 의미를 설명해 내기 위해 많은 노력을 기울였다. 예를 들어, 어떤 사람들은 이것이 실제로는 이사야에게 하신 하나님의 명령이 아니라, 오랜 기간 동안 효과를 보지 못한 설교들이 있은 후에 이 예언자가 회고하면서 결론을 내렸다고 주장한다.이 주제를

고전적으로 다루는 Hesse를 보라; 아울러 Evans 70인역 본문은 이미 명령체에서 직설체로 바꾸면서 이 영향을 부드럽게 만든다: "이 백성들의 마음이 굳어졌기/둔해졌기 때문이다." 우리는 이것을 여기서 다룰 수는 없다. 그렇지만 심판을 실행하기 위해 자연의 재앙이나 적의 군대를 사용하실 수 있는 하나님이 적을 굴복시키기 위한 심리적인 "전장"에서 역사하실 수 없다고 볼 이유는 없는 것이다.

이사야 6:9-10은 신약성서에서 반복적으로 인용되거나 언급된다.Hesse: 64-79 공관복음서와 사도행전은 명령형보다는 직설형으로 완악하게 하다라는 언급에 있어서 칠십인역을 따르고 있다; 따라서 마태복음 13:15는 이렇게 말한다: "이 백성의 마음이 둔해졌기 때문이다"막 4:12; 눅 8:10; 행 28:26f 참조 그럼에도 공관복음서 구절의 맥락은 예수가 비유를 말하는 방식은 효과적으로 가르치는 방법뿐만이 아니었다고 제시한다. 그의 방식은 "그들이 볼 수는 있어도 깨닫지는 못하"도록 하나님의 말씀을 완전히 분명하게 드러내지는 않는 형식이었다. 막 4:11-12; W. Janzen, 1981:113f 참조 가드너Gardner는 이것을 "백성이 스스로 눈이 멀고 귀가 먹음으로, 예수가 비유로 말하기 시작할 때부터 확실히 한 것"이라고 부른다.212

반면, 요한과 바울은 마음을 완악하게 한 이를 하나님으로 지칭함으로써 히브리어 본문을 따른다.요한복음 12:37-41; 롬 11:7f 마음을 완악하게 하는 용어를 사용하는 것에 더하여, 심리학적 차원으로 하나님께서 어떻게 심판을 행하시는지를 증언해주는 다른 성서본문들도 있다.예를 들면 삼상 16:14f; 왕상 22:19-23; 시 88:8-16; 그리고 다른 한탄의 시편들; 6:1 다음에 나오는 성서적 맥락 속의 본문 속에 나오는 "적으로서의 하나님?"을 보라 도널드 고원Donald Gowan은 출애굽기 5-15와 로마서 1:18-32의 병행적 측면에 관심을 갖는다. 이 본문 나중에, 하나님은 창조를 통해 하나님의 뜻을 알았어야 했지만 그렇게 하기를 거부한 이들을 심판하신다. 하나님의 심판은 "하나님이 그들의 마음에 있는 욕망 속에 그들을 내버려 두셨다"는 사실로 이루어진다.1:24; 1:26 참조; Gowan: 156f

하나님이 사람의 마음의 완악함을 바꾸어 하나님 아래에서 새로운 삶을 살도록 하실 수 있고 그렇게 하신다는 반전의 상황은 성서에서 거의 아주 흔하다. 때때로 이것은 완악하거나 돌과 같이 단단한 마음을 하나님께서 변화시키는 것으로 표현되고 있다.예를 들면, 겔 35:26f; 렘 32:38-40; 렘 31:31-34 참조; 고후 3:3 그렇지만 다른 어휘가 빈번하게 사용된다. 따라서 시편의 저자가 하나님께 자신 속에 "깨끗한 마음"을 "창조해 달라"고 구할 수 있는 것이다.시 51:10 하나님은 "예수 그리스도 앞에서 하나님의 지식을 밝히기 위해" 마음속에서 빛을 비추신다.고후 4:6; 갈 4:6 참조; 엡 3:17 등 그렇지만 만일 하나님께서 인간의 마음/

정신 속에 그리고 그것을 통해서 심리적인 차원에서 구원을 위해 역사하신다면, 우리는 하나님께서 그런 차원에서도 심판을 행하실 수 있다는 것에 놀라서는 안 될 것이다.

교회 생활에서의 본문

하나님과 악: 주제의 한계

이 출애굽기 본문은 두 가지 주된 단언을 하고 있다. 먼저, 이 본문은 바로가 주님을 인정하지 않고 주님의 백성, 이스라엘을 보내지 않아 그들을 그대로 노예로 남게 했다는 단락 때문에 하나님이 어떻게 바로와 이집트에 무시무시한 열 가지 심판의 표징들을 가져오셨는지를 말하고 있다. 두 번째로, 비록 바로가 거의 스스로 원하여 참여했음에도, 하나님은 바로의 "마음"정신, 이해을 완악하게 하셨다. 그 결과로 바로는 심판의 표징재앙들을 하나님의 표징으로 알아채지 못했다. 이것은 바로를 파멸에서 구원하게 해 줄 유일한 응답이었다.

이것은 악의 기원과 하나님의 본성이라는 쌍둥이 문제를 불러일으킨다. 하나님이 창조하신, 바로로 대표되고 있는 악한 권세들이 어떻게 이 세상에 있을 수 있단 말인가? 하나님이 악을 창조하셨는가? 나아가, 만일 하나님이 악과 싸우신다면재앙, 바로의 마음을 완악하게 하심, 하나님은 악에 관여하시지 않는가? 그런 문제가 우리의 머릿속에 떠오르기 마련이다.

반면에, 어떤 인간도 악의 문제를 "해결"할 수가 없다. 우리 머리는 그 반대의 것, 악이 없이는 선을 생각할 수 없다; 증오 없이는 우정을 생각할 수 없고, 분노 없이는 사랑을 생각할 수 없다; 등등. 성서는 악의 본성에 대해서, 그리고 악에 대한 우리의 절절한 응답을 많이 말하고 있긴 하지만, 성서 자체로는 악의 기원을 설명하고 있지 않다. 대신, 성서는 세상이 전능하시고 선하신 하나님의 지배를 받고 있지만 악이 존재한다는 역설적인 단언을 주장한다.

여기서 우리는 하나님에 대한 방대한 주제와 악의 존재에 대한 문제로 폭넓게 들어갈 수는 없다. 대신, 우리는 출애굽기 본문이 구체적으로 제기한 이런 주제에 한정해야 할 것이다. 지난번 섹션에서처럼 우리는 다음의 두 가지 주요 주제 아래에서 이것을 하고자 한다: 먼저는 재앙이고 두 번째는 바로의 마음이 완악해 진 것이다.

재앙: 해석의 역사

우리가 본 것처럼, 출애굽기를 제외한 성서가 재앙을 강조하고 있지 않다는 것에 주목하는 것이 중요하다. 요한계시록은 제외 하나님의 이적과 놀라운 일들을 의미하는, 이스라엘을 위한 하나님의 위대하신 행동에 대해 수많은 언급들이 있지만, 상세하게 회고되는 것은 드물다. 가장 중요한, 그들을 암송하는 것의 핵심은 항상 하나님의 구원을 고백하는 것이다. 이들은 폭력을 상세하게 즐기는 것에 사용되거나 바로와 이집트의 무시무시한 운명을 고소하게 생각하려고 사용된 것도 아니다. 이 재앙들에 대한 우리의 의지를 위한 커다란 안내지침이 여기에 있다.

우리 시대에서는, 과거의 폭력사건들을 기억하는 것이 국가적인, 종교적인 혹은 인종적인 혐오를 영속화시키는 것을 옹호하고 타오르는 보복의 불꽃을 유지시키는데 사용되는 일이 많다. 그런 것들에 맞서서, 우리는 성서에서 과거의 폭력을 기억하는 것이–하나님께서 하신 일이라 해도–하나님의 구원의 일을 강조하는 목적을 이루기 위한 것임을 상기해야 한다.

성서에서 이렇게 재앙을 과묵하고 고백적으로 사용하는 것은 결국 뒤에 남게 된다. 외경 솔로몬의 지혜서11-18로 시작하여 초기 유대교와 기독교 해석을 통해 이어지는, 재앙과 함께 하는 광범위한 정신적인 집착이 번창했다. 이들은 세부적인 이집트의 압제와 이스라엘로 말미암아 받는 축복과 연관되었다.

모세의 영웅성, 모세의 진정한 기적들과 이집트 주술가들의 마술 사이의 대조, 그리고 십계명과 관련된 10이라는 숫자의 중요성과 같은, 다양한 주제들이 사람들의 마음을 사로잡았다. 이런 수많은 관심들이 종교개혁시대와 그 이후의 시대로 이어졌다. Childs: 1647; Jeffrey, 1992c: 618f

17세기로부터 계속해서, 재앙을 해석함에 있어서 현대과학의 영향력이 점점 두드러지게 되었다. 자유주의자들과 보수주의자들이 모두 그 재앙들을 이집트에서 알려진 자연현상과 연관시켰다. 자유주의자들은 가능한 한 많은 기적들을 성서 단락에서 삭제하기위해 과학적 설명을 사용했다. 보수주의자들은 과학적 설명이 성서 단락의 사실성을 뒷받침한다고 보았다. Childs: 167f 대부분의 해석자들이 이 재앙단락들에 일부 지역적 이집트의 채색이 있다는 것에 동의하지만, 이것에 매달리게 되면 흔히 성서 서사 속에 있는 메시지들을 놓친다. 그런 이론들에 대한 조심스러운 평가를 위해서는 다음을 보라. Hyatt: 336-45; Hoffmeier, ABD, 2:374-6

하나님은 여전히 재앙을 심판 이적으로 사용하시는가?

자연의 격변, 주요한 측면의 자연적 재앙들—폭풍우, 홍수, 우박, 메뚜기 및 다른 곤충들, 가뭄, 지진, 전염병 등등—은 분명 여전히 이 세상에서 주요하고 무시무시한 삶의 일부이다. 그리스도인들은 이런 현상들이 하나님의 뜻과 행하심과 관련이 있는지 궁금해한다. 이런 자연현상들은, 항상 혹은 때때로, 보험약관에서 사용되는 일반적인 의미에서뿐만 아니라 신학적인 의미가 있는, "하나님의 행하심"들인가? 아니면 자연과학이 제공하는, "자연적" 원인에 대한 우리의 위대한 통찰이 그런 자연현상들에서 신학적 의미나 하나님과의 연결성을 없애버리고 있는가? 자연의 모든 것은 하나님이 그 속에 자리 잡게 하신 법칙에 따라 기능을 한다는 것은 일반적인 주장인가?

우리는 이집트의 재앙들이 갖는 역할이 하나님께서 우주를 힘 있게 통치하시며 하나님의 백성의 섬김/예배를 받으시기에 합당하다는 것을 단언한다는 것을 상기한다. 이런 단언은, 힘이 더 작으면서도 자신의 한계를 넘어선 통치를 주장을 하고 있는 바로의 맞주장 counterclaim을 향하고 있다. 힘과 주권이 그 이슈이다. 만일 우리가 이것을 안다면, 우리는 권력과 주권에 대한 근거 없는 주장이 가끔씩 우리 시대 이곳저곳에서 이루어질 뿐만 아니라 역사의 다른 어떤 시기보다도 더 특유하다는 것을 금방 알아챌 것이다.

오늘날 인간이 그렇게 하듯이, 인간이—서구과학기술사회가 이끌어 가는—스스로의 운명과 세상의 운명을 지배한다는 포괄적인 주장을 늘어놓은 적이 지금까지 있었는가? 말 그대로, 건설적이든 파괴적이든, 산을 옮길 수 있는 힘을 만들어 내는 인간의 능력이 거의 한계가 없는 것으로 보이지는 않는가?

우리는 쟁기질, 채굴, 벌채, 댐 발전소, 물길을 돌리기, 바다 통제 등을 통해서 거대한 땅을 바꾸어 버리는 우리의 거대한 기계, 땅을 다듬는 활동들을 생각한다. 우리는 심지어 인간이 동물의 세계를 지배하도록 한 사냥꾼의 총으로부터 모든 생명을 초토화시킬 수 있는 원자폭탄과 핵폭탄에 이르기까지, 폭발시키는 힘을 생각한다. 인간의 힘과 주권이 행사되는 것에는 아무런 제한도 없는가?

토네이도가 파괴하면서 길을 내고 홍수가 강과 바다의 장벽을 부수어 버리거나 에이즈 같은 "전염병"이나 암이 인류를 유린한다. 우리가 만들어 내거나 제어할 수 있는 어떤 것을 완전히 넘어서는 힘 앞에 놓였을 때, 인간의 힘은 갑자기 미미한 노력으로 축소되고 만다. 우리가 더 이상 무시하지 않아 왔거나 무시하고 싶지 않은 거대한 힘에 휘둘린 나머지, 갑자기 우리는 다시금 작아지고 무력해진다.

우리는 성서 본문의 도움으로 이런 시나리오 속에 참여하고 있는 사람들의 이름을 명명할 수 있는가? 단순한 문자주의가 요구되지는 않지만, 신중하고 진중한 제안들이 우리의 자기이해와 방향에 도움을 줄 수 있을 것이다. 우리는 현대판 "바로"의 권위와 힘의 한계를 잘못판단하고 넘어서는 인간이라고 주장할 수 있는가? 우리의 한계를 넓게 보는 더 큰 힘들이 "야웨/주님"과 "바로"의 만남을 나타내고 있는가?

여기에 비추어 보면, 분명히 무의미한 "자연재해들"은 실제로는 의미 있는 언어로 우리에게 말하기 시작한다. 이 재해들은, 최고의 권위와 힘으로 스스로를 교만하게 높이는 인간의 자만심에 도전하는 권위 있는 목소리를 얻는다. 그 보다 더-그리고 여기서 우리가 다음 섹션을 예상한다-그 재해들은 반응을 필요로 한다. 오늘날의 인간인, 우리들은 "기적들" 즉 빈번하게 일어나는 무시무시한 일들을 세상의 유일한 통치자 하나님을 가리키는 "표징들"로 인식할 것인가? 그렇지 않다면 우리는 "마음을 완악하게" 하여 권력의 표시 속에 나타나는 신성한 말씀 또는 창조 속의 혼란을 듣기를 거부할 것인가? 우리는 우리의 다음 번 과학적, 기술적, 의학적 혹은 다른 발명들을 뿌듯하게 여긴 나머지, "결국에는 우리의 주술가들이 똑같은 것을 할 수 있다!"라고 말할 것인가?

그런 생각들은 질문의 형태로 주어진다. 우리가 우주를 전체로서 다룰 때에는, 자연의 신비를 다룰 때에는, 그리고 선악이라는 궁극적인 질문을 다룰 때에는, 위대한 침묵이 요구된다. 그렇지만 더욱 많이 요구되는 것은 하나님의 목소리에 굉장히 민감하게 반응하는 것이다.

만일 우리가 자연의 심한 표징들 속에서 하나님의 무서운 목소리를 듣는다면, 우리는 하루하루 우리에게 축복을 내리는 자연의 질서를 확신하면서 그것을 들을 것이다.창 1:28-31; 8:22; 시 19:1-6; 104; 마 5:45 등 만일 우리가 인간의 교만함에 대한 표적 심판들을 읽지 못한다면, 성서 속에 풍부하게 들어있는 축복의 언어를 읽지도 못하게 될 것이다.

인간행위윤리와 자연현상

지난 섹션에서 표현된 반영은, 자연의 모든 격변을 하나님이 지정하신 인간의 한계들을 넘어서려는 인간이 가진 성향들과 연관시킨다. 만일 우리가 "특정인이나 어떤 집단의 특정한 행동이 특정한 자연 현상에 영향을 주거나 자연현상을 일으키는가?"라고 묻는다면 완전히 다른 문제가 생긴다. 결국, 출애굽기 본문은 바로가 자만심을 통해서 뿐만 아니라, 이스라엘의 억압이라는 죄악의 행동이라는 모습으로 하나님을 자극했다고 주장한다. 이것은 구체적인 시간과 공간에서의 구체적 역사적 행위였다. 출애굽기 본문은, 그것이 그 당시 이집트에서의 자연격변현상-재앙들-을 촉발했다고 말한다. 따라서 이 본문

은 인간의 윤리를 자연의 흐름과 연결시킨다. 앞선 섹션을 보라

우리는 어떻게 인간의 행위를, 특히 처벌을 자연의 사건과 그렇게 연결시킬까? 바꾸어 말하면, 하나님은 여전히 구체적인 죄의 행위로 인해 어떤 통치자나 백성을 처벌하기 위해 자연의 사건들의 형태로 된 재앙들—우박, 메뚜기, 질병, 지진 등—을 보내시는가? 하나님이 한 번이라도 그렇게 하셨는가, 아니면 우리로서는 실제로는 중립적으로 받아들이지만, 고대의 사람들은 그런 일들을 징벌이라고 미신적으로 해석했는가? 혹은 하나님이 오늘날에는 아니지만 고대 이스라엘의 특별하고 예외적인 이야기에서는 그런 방식으로 행하셨는가? 몇 가지 의견들이 도움이 될 것이다.

먼저, 우리는 병에 걸린 사람들을 악하게, 혹은 벌을 받는 것으로 보고, 모든 병과 재앙들을 신성하거나 마귀적인 행동으로 보는 고대 근동의그리고 일반적으로는 인간의 널리 퍼진 성향들을 이스라엘이 공유했다는 것을 꼭 인정해야 한다. 클라우스 시볼트Klaus Seybold의 말로 하면, "이스라엘의 신앙이 병자에게 유일한 대안을 제공했다: 일반적인 회개의 의식과 더불어 고백의 기도와 치료를 간구하는 것이다" 22: 16-35 참조 이런 시각은 이미 구약에서 도전되었으며 다시금 신약성서에서 도전된다.

욥은 하나님이 자신에게 고통을 보내셨다고 생각할 수 없었지만, 자신이 겪는 그 고통들이 죄로 인한 징벌이 될 수 있다는 가능성을 단호하게 거부한다. 그 시대에 널리 퍼져있는 생각을 표현하고 있는 그의 친구들은 욥에게 회개하라고 권고한다. 욥의 고통은 그들 생각으로는 욥에게 어떤 특별한 죄가 있다는 것을 분명히 지적하는 것이다. 결국 욥의 입장은 그의 친구들에 맞서서 옹호된다. 그의 고난은 응당 받아야 하는 개인적으로 주어지는 신의 징벌이 아닌 것이다. 그렇지만 그의 고난은 설명되지 않는다. 고난은 신비로 남는다.

구약성서에서 한 가지 더 눈에 띄는 사례를 들자면, 고난 받는 종 역시도 죄를 지어서 고난을 받는 것이 아니라, 하나님의 구속 계획의 일부분으로서 고난을 받는다. 사 52:13-53:12

신약성서에서 예수는 병과 재앙이 응당 신의 심판이라고 보는 것을 거부한다. 눅 13:1-5; 요 9:1-3 그렇지만 예수는 사람들에게 내려지는 재앙은 하나님의 심판이 결코 아니라고도 말하지 않는다. 그 반대로, 예수는 이렇게 경고하고 있다. "너희가 회개하지 않으면, 그들처럼 너희도 모두 멸망하리라" 눅 13:3, 5 예수의 경고는 특별한 죄를 지어 특정한 고난을 받는다고 쉽사리 동일시하는 것을 향하고 있다.

물론 예수의 고난과 죽음은 모든 고난이 개인의 죄에 따르고 있다는 것에 맞서는 가장

위대한 성서적 반론이다. 예수는 자신의 죄 때문에 고난을 받은 것이 아니다. 그렇지만 모든 인간의 죄를 위해서 예수가 고난을 받았다는 기독교 교리는 그의 고난을 죄에 대한 하나님의 진노와 연결시킨다. 바울은 그의 "육체의 가시"와 그의 다른 고난들을 하나님의 은혜의 맥락 속에 두지만, 자신을 위한 하나님의 뜻에서 그것들을 따로 떨어뜨리지 않는다. 고후 12:1-10

정리하자면, 신구약성서는 사람에게 찾아오는 모든 구체적인 병이나 재앙을 그 사람의 특별한 죄로 인한 하나님의 처벌로 보지 말라고 우리에게 경고한다. 반면, 질병과 고난이 마치 중립적이고 가치중립적인 영역에 속한 것인 양, 하나님으로부터 질병과 고난을 구분하라는 성서적인 허가증도 없다.

두 번째로, 일어나는 일들에는 어떠한 신학적 의미도 없어서 하나님의 뜻과는 완전히 분리된 것으로 볼 수 있고 그렇게 보아야만 한다는, 중립적인 자연적 과정의 개념을 위한 성서의 허가증도 없다. 『선한 이들에게 나쁜 일들이 일어날 때When Bad Things Happen to Good People』라는 책에서 랍비 해럴드 커시너Harold S. Kushner와는 달리, 성서는 하나님에게는 한계가 없다는 것을 안다. 이 하나님은 모든 고난을 막고자 하시지만 인간의 본성이 지닌 자율적인 법칙에 종속되어 있기 때문에 그럴 수는 없는 하나님이다. 성서 곳곳에서, 하나님은 전 우주의 자율적인 창조주이자 통치자로서, 자신의 선한 목적을 궁극적으로 이루기 위해 자신의 창조를-타락한 상태에 있더라도-사용하실 수 있고, 사용하시는 분이다.

하나님은 세상에서 신비스럽게 존재하고 있는 악자연의 왜곡이나 재앙들과 같은, 혹은 바로의 마음이 완악해 짐과 같은마저도 정당화시키거나 하나님 자신이 악이 되지 않고도 하나님의 도구로 사용하실 수 있다. 그렇다고 인간이 "악"을 선한 목적을 위해 사용하는 것이 정당화될 수는 없다 그 이유는 "악"한 것은 대개 그것을 행하는 이에게 달려있기 때문이다. 의사의 절개가 범죄자의 칼에 의한 자상과는 같지 않다! 달콤하고 사랑스러운심리학적 의미에서 하나님으로 이해하기 위해서 세상에 있는 악에 대한 하나님의 이런 마지막 권위를 배제하는 것은 하나님을 제한시키고 무력하게 만드는 것이다. 또한 그것은 우리 모두가 그것을 경험하듯 삶과도 무관하다.

다시 한 번, 우리는 악의 존재에도 불구하고 하나님이 다정하면서 전능하다는 신비스러운 역설을 주장해야 한다. 시 62:11-12 친절하지만 한계가 있는 하나님이라는, 랍비 커시너와 다른 신자들의 접근방식이 갖는 문제점은, 악의 신비를 제거하고자 하며 마치 "모든 데이터가 안에 있다"는 듯이 악의 문제를 다루어 마지막 결론에 도달한다는 것이다. 악의 신비를 제거하려는 그런 노력은 비성서적이다.

세 번째로, 그렇다면 하나님은 오늘날 구체적인 역사적 상황 속에서 개인과 집단을 향한 심판으로서 "재앙들"을 질병을 포함한 자연의 격변들 사용하시는가? 우리가 앞서서 두 가지로 지적했던 것들을 반영해 보면 성서가 이런 가능성을 완전히 열어두었다고 본다. 그렇지만 이것은 특정한 죄를 특정한 심판으로 일상적이고 쉽사리 동일시해선 안 된다고 경고한다. 교회 역사를 통틀어 많은 이들, 그리고 교회 밖의 몇몇 사람들은 하나님의 심판이 개인적인 재앙으로 그들에게 보일 수도 있다는 강한 개인적인 신념들을 증언하고 있다, 그들은 또한 독재자와 제국들의 몰락과 같은 공적인 사건들 속에서 하나님의 심판을 본다고 주장한다.

1505년의 여행에서 번개가 루터의 옆을 때려 그를 땅에 내던졌을 때, 루터는 에르푸르트Erfurt 대학의 법대생이었다. 갑작스런 죄의 공포와 죄의 각성으로 루터는 이렇게 소리쳤다. "성 안나여 나를 도우소서! 수도사가 되겠나이다!" Bainton: 25 루터는 약속을 지키고 세상을 변하게 했다. 하나님이 번개를 보내어서 루터는─바로와는 달리─그 심판의 이적에 주의를 기울였는가? 이것이 루터가 스스로를 본 방식이다. 아니면, 루터가 단순히 그 당시와 지금을 사는 수많은 이들처럼 번개에 대한 미신을 믿었는가?

만일 우리가 루터처럼 하나님이 번개를 보내셨다고 한다면, 욥과 예수의 책이 반박하는 것처럼, 하나님의 행하심이 수없이 많은 심판으로 이어질 수 있다 생각했을 것이다. 위를 보라 반면에, 우리가 문제가 되는 번개가 신학적으로 무의미한, 대기 중의 전기가 방전되는 것이라고 말한다면, 우리는 다시금 하나님의 행하심, 여기서는 더 적합하게 하나님의 한계에 대한 어떤 지식을 추정하는 것이다. 그런 지식은 성서적으로도 부당하며, 아마도 무신론적인 가정들에 기초한 것일 것이다. 하나님이 없이 전개되는 세상이라는 가정들

따라서 각각의 노력은 결국 번개를 신학적으로 해석하려 하며, 그리고 하나님에 대한 너무 많은 지식을 주장하는 것일 수 있다. 우리가 그의 "주관적 확실성"이라 부르는 것으로 루터를 인정하는 것이 더 낫겠지만, 선하신 하나님의 뜻과 함께 분명히 자연적인 악의 행사가 상호작용한다는 것이 신비로 남아 있다는 것을 허용해야 한다. 그렇지만 많은 그리스도인들이 루터의 일이 가지는 더 커다란 그림을 하나님의 이끄심으로 해석할 것이다; 그리고 결국 그 번개는 그것의 일부였다.

거대한 원양 여객선 타이타닉 호는 그린란드에서 빙산에 찢겨 1912년 4월 14일에 침몰하였으며, 1517명의 승객들과 승무원들의 죽음으로 이어졌다. 위대한 기술적 확신의 시대에서, 이 배는 바다의 위험을 기술의 승리로 지배하였기에, 결코 침몰하지 않는다는 이

야기가 돌았다. 이 재앙 이후에, 많은 이들-꼭 그리스도인들은 아니지만-이 이 사건을 인간의 오만에 대한 더 높은 심판이라고 여겼다. 다른 이들은 이 재앙을 신학적으로 중립적인 사건, 기술과 항해상의 오판의 결과로 생각했다.

의심의 여지없이, 우리는 타이타닉 호의 침몰을 희생자들의 특정한 죄악에 내린 심판으로 간주해서는 안 된다. 그렇지만 우리는 인간의 오만에 대한 어떤 심판을 인식해야 하는가? 우리는 "주관적 확실성"을 가진 채 그들 스스로와 그들의 사회가 그런 방식으로 다뤄지고 있다고 여기는 사람들이 그런 효과를 표방하는 것을 거부할 수 있는가? 그런 심판에서 벗어난 구경꾼들에게서 나오는 객관적인 "예, 이것이 하나님의 심판이었습니다"란 말에는 분명히 문제가 있는 것이다.

반면에, 신의 심판의 가능성을 부인하는 것은 하나님을 제한하는 것이며, 따라서 루터의 경우가 그렇다는 것을 부인하듯이, 문제가 되는 신학적 주장을 하는 것이다. 다시 루터의 경우에서처럼, 우리는 사랑하시는 하나님과 빙산의 파괴적인 힘이 어느 정도는 고난과 악의 미스터리라는 맥락 속에서 연결될 수 있다는 역설을 주장해야만 한다.

유사한 방식으로, 자연의 사건과 인간에 미치는 그들의 영향에 대해서 주장과 맞주장이 이루어지고 있다. 나폴레옹과 히틀러의 군사작전을 멈추게 했던 차디찬 러시아의 겨울은 신학적으로 중립적이었는가? 아니면 그들은 스스로 강탈한 권위와 그런 통치자들의 힘을 제한하고 그들에게 심판을 내리기 위한 하나님의 도구였는가?

하나님의 심판을 생각하는 자들이 갖는 특별한 문제는 개인에게 내리는 신의 정의와 공정성이다. 똑같은 원리가 타이타닉 호에서 죽어간 희생자들에게 적용되며, 더 일찍이는, 바로에 대한 심판 표징들로 피해를 입은 평범한 이집트인들에게 적용된다. 그렇지만, 현대의 개인주의적 정의의 개념에 기초하여, 우리는 정말로, 마치 사람들이 개인적으로는 비난받는 일이 없는 것처럼, 그들의 통치자와 사회에 대한 심판 속으로 개인들은 끌려들어가지 않는다고 주장할 것인가?

근대정신이 인간의 행동과 자연의 격변 사이에 있는 연결점을 보는 것이 가능하며 필수적이기까지 하다는 분야가 최소한 하나 있다. 바로 환경적인 잘못이라는 영역이다. 오늘날 우리 중에서 극소수만이 무책임하고 이익이 이끄는 삼림파괴, 비료에서 화학물의 과다사용, 통제할 수 없는 연료와 쓰레기 배출, 원자력의 오염, 그리고 환경에 해를 끼치는 다른 행습들이 진정으로 반창조적anti-creational 현상으로 이어지게 된다고 주장할 것이다: 강과 호수에서 물고기의 죽음, 흙의 부식, 천식과 앨러지, 핵 사고들은 몇몇 주요한 사례들 가운데 일부에 불과하다.

현대 세계에 살고 있는 많은 이들은 이런 시나리오를 인과관계로 분명히 이해할 수 있다고 해석한다. 이들은 변화의 필요성은 받아들이지만, 인간의 능력으로 자연을 더 나은 모습으로 만들 수 있다는 생각에 그들의 희망을 둔다. 다른 이들은 종교에 이르는 자연의 신비주의로 생각한다. 우리가 자연에 손대지 않고 그대로 놓아둘 때만, 자연이 가장 잘 안다고 그들은 말한다.

그렇지만 그리스도인들에게 있어서 환경의 격변과 치유는 하나님과 관계되어야만 하는 것이다. 죄, 심판, 그리고 회개의 개념들은 이런 문제를 논의하고 해결책을 찾는 적합한 언어를 제공한다. 이것은 과학적 이해와 기술의 발전을 구하는 것을 배제하는 것이 아니라, 이런 탐구를 유일하신 참 주님과 창조주에 대한 윤리적 책임이라는 맥락 속에 두는 것이다.

이 출애굽기 본문이 말하는 방식에서는, 환경의 재앙에 적절하게 응답하는 것은 착취의 정신을 버리는 것이다. 생활수준에 엄청난 비용을 치르고, 이집트의 궁전이나 오늘날 초고층빌딩과 우주왕복선과 같은 기념비적 건축을 통해서 인간의 힘을 스스로 강화시키는 값을 치르더라도, 우리는 "노예들을 보내야" 한다.

바로의 마음이 완악해 짐

바로가 자신의 마음을 완악하게 했는가, 아니면 하나님이 바로의 마음을 완악하게 하셨는가? 답은 이 두 가지 선택 가운데 하나를 선택하는 문제가 아니다. 이들은 미묘하게 뒤얽혀 있다.[바로의 마음이 완악해 짐] 신학의 역사 속에서, 이 문제는 인간의 자유의지와 신의 예정이라는 주제로 거의 끝도 없이 논의되었다. 인간은 하나님에게 제대로 응답할 자유의지를 가졌는가, 아니면 하나님이 이미 인간의 반응을 예정해—컴퓨터 용어로는 프로그램을 해—두어서 후자만이 진정한 인간의 선택으로 나타나게 되는가?

생각이 깊은 모든 신학자들은 이 답이 양자택일이 될 수는 없는 것이고, 두 가지의 결합이 되어야만 한다는 것을 깨달을 것이다. 그 자체가 하나님이 주신 선물인 인간의 자유와 모든 생명에 대한 신의 통치는 성서적이며, 철학적으로 의미가 통하고, 경험이 그것을 지지한다. 그럼에도, 어떤 쪽이 더 주된 강조점이 되어야 하는가에 대해서는 교회사 내내 큰 분열이 있어왔다.

어거스틴, 루터, 그리고 칼빈은 신의 예정에 강조를 두었던 위대한 사람들이다. 그들의 동기는 구원에 있어서 하나님을 의지하는 것이었다. 하나님은 내 "마음" 속에서 변화를 일으키시는 것이 분명하다; 내가 하는 노력으로는 완전히 부족하다. 이런 강조점으로, 이

신학자들은 사도 바울 뿐만 아니라예를 들면 롬 9:6ff 인간의 마음이라는 차원에서 하나님의 역사하심에 대한 구약의 구절들에도 크게 의지했다.3:21-22와 11:2-3에 대한 주를 보라

다른 이들, 특히 칼빈의 전통 속에 있는 사람들은 더욱 문제가 될 만한 입장들을 발전시켰다. 가장 첨예하게 논쟁이 되는 것은 이중 예정의 개념으로서, 하나님이 구원을 받을 사람들과 저주를 받을 사람들을 미리 정하셨다는 교리이다.Synod of Dort, 1618-19 예정의 교리와 관련된 것은, 하나님이 모든 역사와 모든 개인의 삶을 고정시켜 두고 계획하셨다는 널리 알려진 개념이다. 많은 그리스도인들은 결코 이런 형태의 예정을 완전히 결론으로 끌어오지 않았지만 그럼에도 "내 인생을 위한 하나님의 계획"이라는 다소 꽉 막힌 개념을 받아들인다.

이와는 대조적으로, 어거스틴의 동시대 인물인 펠라기우스Pelagius는 인간의 자유의지를 강조되었으며, 이것이 펠라기우스주의Pelagianism라고 불린다. 종교개혁 시기 동안 자유의지와 결정에 대한 강조는 에라스무스Erasmus, 아르미니우스Arminius, 그리고 재침례교의 입장이었다. 많은 메노파교인들이 여전히 이 입장을 견지하고 있지만 대개의 경우 극단적인 형태는 아니다. "반펠라기우스주의자semi-Pelagian"; 어떤 이들은 아마 "반어거스틴주의자semi-Augustinian"일 것이다. 아래 인용을 참조 이런 강조점에 기초하고 있는 것은 교회를 자발적으로 그리스도를 따르는 자들로 이해하고 성인의 침례를 통해 이것을 확증하는 공동체로 이해하는 것이다.

인간의 의지는 개인의 결심과 회심을 강하게 역설하는 웨슬리와 감리교, 그리고 뒤따르는 다양한 부흥운동에 의해 더욱 조장되었다. 돌이켜 회개하고 올바른 길을 선택하라는 등의 많은 성서적 권고들이 이런 강조를 지지해 주었다. 게다가 그들의 결심이 그들의 것이라고 많은 이들에게 호소한다. 더 깊이 심사숙고하거나 개인적인 무력감의 상황 속에서만, 그런 의미의 선택과 결정의 자유가 간혹 도전을 받는다.

이것은 넓고 복잡한 주제를 손톱만한 스케치로 표현한 것에 불과한 채로 남아 있다. 흥미롭고도 의미 있는 세속적 변종이 우리 시대에 명성을 얻는다. 그것은 응용범죄학criminal justice이라는 분야에서 가장 뚜렷하게 나타난다. 만일 어떤 범죄자가 잡혀 법정에서혹은 여론으로 범죄여부가 가려지게 되면, 두 가지 측면이 나타날 것이다. 어떤 이들은 혹독한 선고를 요구할 것인데, 그 이유는 이 사람이 명백히 다른 대안이 있었음에도 범행을 선택했기 때문이다. 범죄는 완전히 범죄자의 책임이다.

다른 이들은 정상을 참작해 달라고 간청한다. 그들은 범죄자의 가난한 가정환경과 다른 요소들, 심지어는 우리 사회의 영향도 있다고 일반적으로 지적한다. 그들은 이 사람에

게 실제로는 자유의 선택을 할 기회가 없었고 그런 성향이 되었으며, 아마도 범행으로 이어지는 과정을 따라가게 한 유전적이고 환경적인 요소들이 결합됨으로 인해 그런 운명에 처하게 되었다고 지적한다. 범죄는 최소한 범죄자의 외부에 책임이 있는 것이다.

자유의지와 예정을 엄격하게 구분하지 않는 것이 도움이 된다. 다음의 고백적 진술이 하고자 하는 말처럼, 이들은 함께 결합되어야 한다:

> 죄를 통해, 지배력, 분열, 파괴와 죽음이 인간과 모든 창조 속에서 풀려버렸다. 마침내 그들은 인간을 죄와 악의 힘에 종속시켰다… 우리가 죄를 더 많이 지을수록, 우리는 죄에 더 옥죄이게 된다.[그래서 선을 덜 선택하게 된다] 우리의 죄로써 우리는 스스로를 사탄의 힘에 묶이도록 내버려 둔다, 죄와 죄가 가져오는 결과물로 인해서, 선한 일을 하고자 하고 진리를 알고자 하는 인간의 노력은 지속적으로 타락하게 된다. …
>
> 그렇지만 하나님께 감사하게도, 그는 그 힘들이 우리의 창조를 지배하도록 내버려 두시거나 인간에게 희망이 없도록 놔두시지 않으신다. 메노나이트의 신앙 고백, 31–32, art.7; 주석, 33, n.4 참조

우리는 바로의 마음이 완악해 진 것과 관련된 본문들을 해석하는데 큰 부담을 느껴서는 안 된다. 이 본문들은 자유의지와 예정에 대한 전체적 논의를 위한 기초가 될 수도 없고, 그래서도 안된 다. 그렇지만 이 본문들은 그리스도인들로 하여금 이 문제를 더 연구하도록 자극을 줄 수 있으며 그래야 한다. 우리가 바로의 편과 하나님의 편 사이의 상호작용을 깨닫게 된다면, 죄와 심판의 본성, 회개와 은혜의 본성, 인간의 행위와 하나님의 주권의 본성 속으로 우리가 더 깊은 통찰을 하게 된다.[바로의 마음이 완악해 짐]

바로에 대한 하나님의 심판 속에 전 이집트가 포함됨

재앙 본문들이 제기한 문제 가운데 하나는 바로에 내린 하나님의 심판 속에 모든 이집트인들이 포함되었다는 것이다. 이 본문들 중의 일부에서, 우리는 이집트인이 바로의 결정과 거리를 두어 그 심판을 피할 수 있는 어떤 기회들이 있었다고 언급했다. 그럼에도, 현대의 개인주의적인 사고에서는, 하나님과 바로 사이의 선투에서 "무고한 시민들"이 고통을 받는다는 것이 부당한 법이다. 물론 다른 많은 성서의 이야기들 속에서도 동일하다.

그렇지만 동시대의 현실은 고대의 시나리오를 지지한다. 무자비한 독재자들과 정권들

이 부서지면서 항상 이런 체계들을 만들어 내는 것과는 개인적으로 관련이 없는 이들과 그 체계들에 반대할 가능성이 거의 없는 이들, 그리고 그 체계들로부터 스스로 벗어나는 이들의 고난을 가져오고 있다. 우리는 "일반 시민들"이나 "무고한 민간인들"이, 권력의 브로커들이 어떤 나라에 가져다주는 좋은 점을 공유할 때는 보통 불평하지 않는다는 것을 기억함으로써 어느 정도 이 문제의 균형을 잡아야 한다, 여전히 우려는 남는다. 그런 우려는 이스라엘과 이스라엘 외부에서도 느껴져 왔음에 틀림이 없지만, 우리 시대의 개인주의적인 사고 때문에 크게 증가되었다.

아마도 일반 이집트인들에 대한 그 재앙들의 결과를 성찰하면서 우리가 할 수 있는 최고의 것은, 그 시나리오가 우리가 살고 있는 사회 속에 그리스도인으로서 우리가 얼마나 휘말려있는지를 새롭게 깨달을 수 있도록 해주는 것이다. 이집트의 주술가들과 관리들 가운데 몇몇 사람과 같이, 우리가 그 아래 살고 있는 바로와의 관계를 우리는 끊을 수 있는가? 만일 그렇다면, 그 한계점들은 무엇이며 어떤 방법으로 우리가 그렇게 할 수 있는가? 우리에게는 우리의 목소리를 낼 수 있는 용기가 있으며출 8:19; 10:7; 11:8 아울러 하나님을 두려워하고 하나님을 따를 용기가 있는가9:20?

출애굽기 12:1-15:21

이스라엘이 바로에게서 탈출하다

사전검토

압제에서 벗어나는 것은 이중적인 운동이다. 외부의 상황뿐만 아니라 그 정신을 포함하고 있다. 이런 두 가지 영역, 내부와 외부 속의 해방은 꼭 동시에 일어나는 것은 아니다. 바로에게서 이스라엘이 벗어나는 것은 두 가지 움직임으로 우리에게 나타난다.

먼저, 이스라엘은 충성의 대상을 바로에게서 야웨에게로 바꾼다.12:1-13:16 하나님은 소위 재앙 이야기들 속에서 바로를 다루신다. 이 이야기 속에서 이스라엘은 전투에 참여하지 않았다. 이제 하나님은 그의 백성에게 이집트를 떠날 준비를 하라고 하신다. 바로가 여전히 이스라엘의 인간 주인으로 공식적으로 군림하긴 하지만, 여기서부터 계속하여, 이스라엘은 더 이상 바로의 명령을 받지 않고 그들의 하나님, 야웨의 명령을 받는다. 이 백성은 10번째의 위대한 심판행위가 바로의 저항을 부수기도 전에 유월절의 지침-하나님이 정하신 출발의식들-을 따르고 있다. 우리는 바로가 외적으로는 여전히 통치하고 있음에도, 영적으로는 이스라엘이 해방되었다는 것을 본다.

두 번째로, 이스라엘은 바로의 외적인 지배에서 벗어난다.13:17-15:21 열 번째 재앙 이후에, 모든 이집트의 맏이들의 죽음이 바로의 저항을 부수고 이스라엘은 자신의 여정을 떠난다. 바로가 하나님의 백성을 다시 붙잡고자 필사적인 최후의 노력을 시도할 때, 하나님은 홍해가 이스라엘은 지나가게 하지만 추격하는 바로의 군대는 궤멸하도록 만드신다. 해방된 이스라엘은 위대한 찬양의 노래로 바로에 대한 하나님의 최후의 승리를 기린다.15:1-21

개요

주석

이스라엘이 주인을 바꾸다 12:1-13:16

하나님이 10번째 재앙을 행하신 것이 12:29-36에서 간결하게 보도된다. 그렇지만 12-13장에서의 강조점은 이 사건에 있는 것이 아니다. 이미 11장에서 언급되었듯이, 이 마지막 타격은 일어날 것으로 예상된 현실로 추정되고 있다. 강조점은 이제 바로와 이집트인들이 아니라 이스라엘에 있는 것이다. 이스라엘을 위한 바로의 수단에 맞선 하나님의 마지막 일격은 무엇인가? 이스라엘은 그것을 어떻게 표시하고 있나? 이스라엘은 그것을 어떻게 기억하고 미래의 후손들에게 계승할 것인가?

이 질문들에 대한 답으로, 12-13장은 이야기, 의식과 율법을 혼합하여 우리에게 제공한다. 이집트에서 이스라엘이 탈출한 전체 단락은, 현대적 의미의 역사라기보다는 고백적인 찬양이거나 찬양하는 고백이다.7:14-11:10, "개요" 이 장들12-13은 고백적인 특성과 광활한 시간의 지평에 대한 특정한 민감성을 가지고 읽어야 한다. 이 장들은 이스라엘이 어떻게 수 세기를 통해 이야기와 의식 준수를 통해, 하나님이 바로의 지배에서 이스라엘을 해방시키셨고 이스라엘의 새롭고 자애로운 주인이 되셨다는 것을 고백해 왔는지를 묘사한다. 원래의 사건들 속에서 일어났던 것과 나중에 그 사건들을 예배로 기억하는 것으로 이루어진 것을 이 고백에서 구분하는 것은 이제 불가능하다. 양쪽 모두 하나님에 대한 이스라엘의 신앙형성 경험을 가리키고 있다.

12:1-20 하나님이 유월절을 도입하다

새 시대. 하나님은 모세와 아론에게 말씀하지만 재앙들의 순서에서처럼 더 이상 바로를 언급하지는 않는다. 여전히 이스라엘이 이집트의 땅에 살았음에도12:1, 이것은 이스라엘을 위한 하나님의 새로운 말씀, 새로운 현실을 시작하는 말씀이다. 성서에서 그리도 빈번히 나타나는 것처럼, 외부의 사건들이 그 말씀을 증언하기 이전부터, 새로운 것은 하나님의 말씀으로 시작한다.예를 들면 창 1:3; 사 40:1-2

마지막 재앙이 아직 바로를 치지 않았음에도, 새로운 시대는 바로 이 곳, 그리고 지금 이스라엘을 위해 시작된다. 그 해의 새 시간 구조가 이 새로운 현실을 딱 맞게 인식한다. 같은 방식으로, 나중에 그리스도인들도 재림절-성탄절의 축제 시즌으로 시작하는 교회력을 통해 그리스도 안의 새로운 현실을 인식하게 된다. 이스라엘은 유월절 달로부터 그 해의 시작을 생각한다.12:2 여기서 이름은 주어지지 않았지만, 13:4에서 그것은 *Abib*의 달이라고 불린다.*b*가 연음이기에 *Aviv*라고 발음함; 23:15; 34:18; 신 16:1 참조 고대 이스라엘의 해는 태음년lunar year이었기에, 이 달들은 우리의 태양년solar year의 달들과는 딱 맞아 떨어지지는 않는다. 그렇지만 *Abib*의 달이 봄, 대략적으로 3/4월에 시작한 것은 분명하다. 나중에는 바빌론의 영향으로 *Nisan*이라 불린다; 느 2:1; 에 3:7 참조

유월절과 무교병. 유월절 절기는 이 달의 14일과 15일에 걸쳐서 밤에 열린다.12:6, 8, 18 유월절 양은 4일 전인 10일에 선택된다.12:3 아마도 이것은 급하게 임시변통하기 보다는 적합한 동물을 신중하고 제대로 고르기 위함일 것이다. 게다가 다른 동물에서 이 선택된 동물을 구분하는 것은 어떤 축성의 형태, 그 동물을 일반적인 사용과 거리를 두는 것을 암시할 것이다.

그래서 유월절은 일주일에 걸친 무교병히브리어 복수형: *massot*; 단수형: *massah*; 12:14-20 축제가 뒤따라오며, 근엄한 집회로 시작해서 끝을 맺는다.12:16 무교병의 7일이 유월절을

포함하는지12:18 아니면 그것에 뒤따르는지12:14, 15는 분명하지 않다. 어떤 경우이든, 유월절과 무교병은 구약성서에서 서로 일관되고 긴밀하게 연결되어 있어서 실제로 이들이 하나의 절기를 이루고 있다.

유월절에는 양이나 염소를 먹는 것이 중심이며, 무교병은 곡식으로 만든 발효되지 않은 밀가루 반죽을 시작하는 것에 초점을 둔다. 따라서 결합된 절기는 목자의 활동과 농부의 활동 모두와 연결된다. "세상의 빛" 예수 그리스도요 8:12의 생일인 크리스마스에 기독교가 빛을 강조하는태양의 복귀 오랜 독일의 동지 축제를 재해석한 것처럼, 많은 해석자들은 더 오래된 기념일들이 이스라엘의 새로운 목적에 각색되었다고 본다. 그런 방식으로, 목자들새로운 목초지를 찾으려 출발함과 농부들새로운 농작기를 시작함의 더 오래된 여름 축제들이 각각 유월절과 무교병의 배경이 된다고 여겨지는 경우가 많다. 그렇지만 이것은 가설로 남아있다.

공동의 의식. 유월절/무교병과 연관된 구체적인 기념행위가 가지는 성서적 의미는 분명하다. 3-4절은 공동체의 측면을 강조한다. 이스라엘은 보통 종교 공동체를 의미하는 회중히브리어로 '*edah*이라고 언급된다. 이집트에서 이스라엘이 아직은 엄숙한 언약 속에서 하나님과 묶여져 있지는 않지만24장 아래를 보라, 여기서 사용되는 이 단어는 후대 역사를 염두에 둔 것이다.

그렇지만 회중으로서 모든 이스라엘이 함께 묶여있다는 축하의 연대에도 불구하고, 강조의 무게는 가족에게 있다. 유월절은 중앙적인 의식이라기보다는 가족 속에서 기념되어야 한다. 이스라엘의 후대 역사에서 어떤 경우에는 중앙 성소예루살렘 성전: 신 16:1-6을 보라에서 유월절 짐승을 잡았다. 그렇지만 그때에도 가족 의식으로 고기를 먹었다.예수가 "가족"인 제자들과 함께 예수가 유월절을 지켰음을 참조; 마 26:17-19 오늘날에도 여전히 유대인들은 그렇게 한다. 작은 규모의 두 가족들이 유월절 고기를 먹고자 함께 하여서, 아무것도 남기지 않았다.12:4 이것은 다른 의식들이 강조하는, 급하게 떠난다는 주제를 알리는 것이다.

희생? 유월절 짐승을 죽이는 것은 엄밀하게 말하면 희생은 아니다. 그 짐승이 하나님께 "드려진" 것이거나 하나님과의 공동 식사에서 공유되는 것이 아니기 때문이다. 전체이든 부분이든, 그것은 제단에서 희생되지 않는다. 그래서 유대인들은 성전파괴와 함께 제사가 중단된 이후에도 그것을 기념했다. 그럼에도 유월절은 제사 관습과 연관이 있으며 따라서 유월절 희생이라고 불릴 수 있는 것이다.예를 들면 12:27

모든 제사에서처럼, 이 짐승은 흠이 없는 것이어야 했다. 병이 없고 기형이 아니어야 하며 이상이 없을 것 다른 곳에서 희생에 쓰이는 동물들의 자격요건에 대한 근거를 우리가 모르는 것처럼, 왜 한 살짜리 수컷 양어린 양이나 염소이어야 하는지는 설명되지 않는다. 우리는 왜 이 짐승을 삶지 않고 구워서 먹어야 하는지도 모른다.신 12:8-9; 그렇지만 신 16:7 참조: NRSV는 "cook요리하다"; RSV는 "boil끓이다"

이스라엘을 보호. 이 절기의 다른 측면들은 더 분명하다. 먼저, 이 절기는 마지막 재앙, 맏이들의 죽음에서 이스라엘이 보호된 것을 축하하는 것이다. 이스라엘은 집에서 가족들이 모여야 한다. 두 개의 문설주와 문의 대들보가 이 동물의 피로 표시되어야 한다.12:7 그러면 하나님께서 심판을 위해 이집트를 관통하는히브리어 ʼabar, 12:12 마지막 시간에 이르러서 모든 맏이들을 죽일 때에, 어떤 집이 이스라엘 사람들의 집인지 보시고 그들을 넘어가실 것이다.히브리어 동사: *pasah*, 12:13

*pasah*라는 동사는 아마도 원래는 **지나가다**skip, **절뚝거리다**limp를 의미했을 것이다.삼하 4:4; 왕상 18:21, 26 그렇지만 이사야 31:5에서는 이 동사가 **보호하다**protect라는 의미로 사용된다. 이것은 출애굽기의 사용에서 나왔을 수 있다.Durham: 155 히브리어 어원이 아닐 수도 있다. *pasah*라는 동사는 *pesah*라는 명사, 즉 이 절기의 이름인 유월절과 관련된다.12:11 23절에서 하나님이 "넘어 가심"은 파괴자를 막기 위한 보호하는 행동으로 보인다.아래를 보라

이집트의 신들. 이집트의 모든 맏이들을 치시는 하나님의 행동이 이어지고 짐작건대 다음의 언급으로 해석 된다: 이집트의 모든 신들에게 내가 심판을 내리리라12:12; 18:11 참조; 민 33:4 이것은 그 재앙들이 바로를 향한다기보다는 이집트의 신들을 향한다는 이론을 발생시켰다. 어떤 이들은 각각의 재앙이 어떤 특정한 이집트의 신을 겨냥했다고 보기까지 했다.이런 시각의 논평에 대해서는 Hoffmeier, 2:376f를 보라

그렇지만 민수기 33:4와 함께, 이집트의 신들에 대한 이런 미미한 언급은 그런 이론을 타당하게 보지 않는다. 이 서사의 갈등은 주로 주님과 바로 사이에 있는 것이지만, 후자는 역사적으로 신성을 가졌다고 여겨졌다. 호프마이어는 바로의 주된 직무 가운데 하나는 우주의 질서를 유지하는 것이라고 지적한다. 재앙으로 나타나는 자연의 격변은, 이집트인의 시각에서 보면, 이런 핵심적인 책임을 완수하기 위한 왕의 능력에 심각한 도전으로 나타난다.Hoffmeier: 2:376f

보호의 피. 문에 표시할 동물의 피를 선택하는 것에 대해 어떤 설명도 주어지지 않는다. 동물제사는 인간의 생명을 대체하기 위한 것으로 이해되는 일이 잦다.예를 들면 창 22:13; 출 13:15; 레 16 여기서의 피는 이스라엘의 장자가 동물의 희생을 통해 구원을 받는다

는 것을 보여주기 위함인가? 모세가 이스라엘에게 그런 구속을 명령한 것은 후대 이지만 13:13-15; 34:19-20 유월절 어린양이라는 방법으로 행해진 것은 아니다. 이 본문은 대체하는 제물로서 유월절의 짐승을 해석하는 어떤 것도 제시하지 않는다. 다른 한편으로, 신약에서는 예수가 자신의 피를 우리의 구속을 위해 흘리는 유월절 어린양으로 본다.성서적 맥락 속의 본문, 아래

　하나님이 이스라엘의 장자들을 "건너 뛴다"는 언급 속에서, 우리는 투박하거나 원시적으로 우리에게 보일 수 있는 구체적인 언어를 보게 된다. 하나님은 정말로 어떤 집이 이스라엘 사람들에 속했는지를 알기 위해 출입문에 피의 흔적을 필요로 했는가? 그렇지만, 우리 인간의 모든 언어는 정확히 그런 인간의 언어가 아닌가? 우리가 주기도문으로 기도할 때, 하나님은 우리가 매일 먹을 빵이 필요하다는 것을 들으셔야 하는가마 6:11? 우리가 인간의 정황 속에서 이야기하듯 하나님께 이야기하지만, 우리는 마치 그런 것인 양 이야기한다는 것을 안다-이스라엘도 그것을 알았다. 초월적이고 완전히 다른 하나님은 그런 언어로 완전히 담아낼 수가 없다. 하나님의 은혜는 비록 적합하지는 않지만, 우리가 인간의 언어로 하나님에 대한 진리를 표현하도록 허락하신다.

　이 본문은 하나님의 대리자인 파괴자12:23를 가리킨다. 이것은 열 번째 재앙으로서 어떤 구체적인 행위가 이집트와 이스라엘에게 역사적으로 발생했던지 간에 그것이 장자를 치거나 지나치는 하나님으로, 문자적으로는 어떤 사람으로 생각되어서는 안 된다.삼하 24:15-17, 멸망의 천사 참조 하나님이 그 위대한 파괴자일 수 있다는 것은 앞선 재앙단락에서 이미 우리가 살펴보았다. 중요한 점은 하나님이 이스라엘을 보호하셨으며, 이스라엘은 순순히 표징-행동sign-act을 수행함으로써 이런 보호를 받아들였다는 것이다. 비슷하게, 우리는 그런 표징-행동을 침례와 성찬으로 우리가 순순히 행함을 통해서 하나님의 은혜를 받아들이고 있다는 것을 보이고 있다.

　다급한 출발. 의미가 분명한 유월절 기념의 두 번째 측면은 이스라엘의 다급한 출발을 강조하는 다양한 특징들이다. 작은 두 가족이 모여서 그 짐승 전체를 남기지 않고 먹는 이유는 이스라엘이 다음 날 떠날 것이기 때문이다.12:4, 10 이런 주제 역시도, 알림을 받자마자 떠날 준비가 된 사람들처럼, 발에 신을 신고 손에 지팡이를 든 채로, 급하게 유월절을 먹어야 할 요구사항에 속하는 것이다.12:11

　나중에 유월절 식사와 무교병이 함께 하는 것12:8 역시도 급함을 보여주는 신호로 해석된다; 이스라엘에게는 누룩이 반죽에 스며들기를 기다릴만한 시간이 없었다.12:34, 39 그렇지만 쓴 나물이 왜 이 식사에 포함되는지는 설명되지 않은 채 남는다.12:8 유대교는 나

중에 이 풀을 이집트에서 이스라엘의 쓰디쓴 노예생활을 포현하는 것으로 이해했으며, 이 풀을 유월절 식사 속에 간직했다.

14-20절은 유월절/무교병 축하가 갖는 기념적인 특징을 다시금 강조한다. 그 시간의 구조는 반복된다. 나아가, 그 백성더러 어떤 것을 금지하라는 경고를 준다: 이 축제의 시기에, 이스라엘 사람들은 발효가 된 것은 무엇이든 먹지 말아야 하며, 심지어는 집에 누룩을 두지도 말아야 한다. 왜 누룩은 안 되는 것인가? 우리는 이미 급하게 떠나는 것과 누룩의 관계를 언급했다.12:34 누룩 없는 빵을 먹는 것은 의심의 여지없이 새로운 시작의 신호이다. 누룩은 발효를 위해 미리 준비해서 남겨둔 것이므로, 반죽이 부풀게 할 발효의 매개체로서 새로운 반죽에서 사용될 수 있는 것이다. 그러므로 누룩은 과거를 미래로 옮겨오는 것을 상징하게 된다.

이것과는 대조적으로, 누룩이 없는 새로운 반죽을 시작하는 것은 새로운 시작을 상징한다. 수 5:10-12 참조 그러므로 무교병은 바로의 이스라엘 구속이 깨어진 후에 하나님의 인도하심 속에 이스라엘이 새롭게 시작하는 것을 잘 표현하고 있다. 무교병은 유목민들의 특징이었다고 주장되기도 했다. 창 19:3; 삿 6:19; 삼상 28:24 따라서 무교병 절기 역시 이스라엘이 유목민의 양치기 생활로 돌아간 것을 가리킨다.

각각의 경우에서 무교병을 포함한 식사를 인용하는 구절들이 특별한 손님들을 섬겼기에, 무교병은 또한 특별한 경우를 위한 음식으로도 생각할 수 있다. 무교병을 사용하는 것은 이스라엘이 하나님의 손님이 되는, 하나님의 구속하심이 불러일으키는 축제의 분위기를 강조하는 것이다. 무교병은 꿀과도 연관되는데레 2:11; 꿀 역시도 제단에서 불살라서는 안 된다, 꿀의 특별한 특징을 나타내고 있다.

그러므로 누룩을 먹지 않고 무교병을 먹는 것은 의미의 전반적인 의미들과 연결된다. 그렇지만 성서 본문 그 자체는 무교병을 오직 급한 출발의 동기와만 연결시킨다. 게다가, 의식과 상징들은 의미가 있는 합리적인 설명을 필요로 하지 않는다는 점을 기억하는 것이 중요하다. 오늘날 누가 악수나 포옹을 합리적으로 설명하는 것을 필요로 한단 말인가? 의식과 상징적 행동은 다시 그리고 또 다시 실행됨을 통해서 의미를 갖게 된다.

출애굽기 12:19는 무교병에 대한 수칙을 어기는 심각한 결과에 대해 경고한다. 그 처벌은 이스라엘의 **회중**' *edah*에 대해서는 위를 보라에서 쫓겨나는 것이고, 그 처벌은 또한 외국인에게도 적용된다.아래를 보라 누룩이 있는 빵을 먹지 않는 것은 아마도 유월절/무교병을 온전히 지키는 것을 상징할 것이다. 이 절은 다른 유월절의 지침들이 처벌을 받지 않고 무시될 수 있다는 것을 의미하지는 않는다.

12:21-28 모세가 장로들에게 유월절의 지침들을 되풀이하다

이 부분에서, 모세는 하나님께 받은 유월절의 지침들을 이스라엘의 장로들에게 전한다.12:1-20 따라서 우리는 모세의 이 말과 앞선 하나님의 말씀 사이에서 많은 부분이 겹친다는 것을 본다. 그렇지만 모든 중심은 무교병 절기를 언급하지 않고 유월절 그 자체에 있다. 이 구절이 미래에 지켜져야 할 많은 유월절을 염두에 두고 있기는 하지만, 11장에서부터 이어져 온 줄거리를 따르고 있기도 하다. 모세는 장로들에게 구체적인 명령들을 내려서 최초의 유월절이 축하될 수 있도록 한다.

이 구절이 본질적으로는 12:1-20에서 온 강조점들을 다시 말하고 있지만, 몇 가지 새로운 특징들을 언급할 만하다. 그 피는 문설주와 인방에 히솝hyssop으로 발라야 한다. 히솝은 성서의 의식에서 많이 사용되는 작은 관목이다. 레 14:4, 6, 49, 51-52; 시 51:7; 요 19:29; 히 9:19 참조 파괴자12:23에 대한 언급은 앞서 논의되었다.위 마지막으로, 이 본문은 유월절의 의미에 대해 아이들에게 미래에 줄 지침을 마련하고 있다.12:25-27; 신 6:20-25 참조

모세가 말을 한 후에, 이스라엘 백성이 엎드려 예배를 드렸다.12:27 이들은 처음으로 모세의 임무를 듣고 앞서 그렇게 한 번 한 적이 있다.4:31 때때로 이스라엘 백성은 낙담을 떨쳐 버리고 일어나 그들의 한 가운데에서 하나님께서 역사하신다는 것을 인식하는 듯하다. 이들은 또한 그 시점에서 모세의 지시를 따를 준비가 되었다.12:28

12:29-39 열 번째 심판 이적과 이스라엘의 떠남

이 절들은 11장에서 예견된 것처럼, 끝을 맺고 있는 몇 개의 관찰을 따라서12:37-39, 간략하게 하나님이 열 번째 재앙을 실행하심을 보도한다.12:29-36 성취의 보고가 그리 간략할 수 있는 이유는 실제의 클라이맥스가 앞선 다양한 시대에 언급된 신의 보호의 말씀으로 이루어져 있기 때문이다. 그것들은 당연히 이행되기 마련이다.

이 구절이 가지고 있는 다른 특징들의 의미는, 예견된 것과의 관련 속에서 앞서 논의되었다. 독자들은 그것에 대한 다음의 주를 참조할 수 있다: 자정의 타이밍12:29; 11:4 참조; 장자의 중요성12:29; 11:5와 성서적 맥락 속의 본문 참조; 굉장한 아우성12:30; 11:6 참조; 10:28-29에 따라 바로가 앞서서 모세에게 다시 보는 일이 없도록 경고했음에도, 모세와 바로의 마지막 만남12:31; 11:1-10; 이스라엘이 떠나야 한다는 바로의 긴급한 명령12:31-32; 11:8; 그리고 마지막으로 3:21-22에서 선언된 것처럼, 이집트인들을 향한 약탈과 강탈12:35-36; 11:2-3 참조

그러므로 12:29-36의 전체 내용은 이렇게 요약될 수 있겠다: 신의 말씀이 앞서 명하

신 대로 모든 일이 일어난다. 하나님이 바로를 물리치신 것은 철두철미한 것이며 바로의 항복이 이루어진다. 이스라엘이 가축떼를 함께 데리고 가야한다는 그의 요청은, 앞서 그가 했던 것처럼, 그가 더 이상 얼버무리거나 흥정하지 않는다는 것을 보여주는 것이다.10:10-11, 24 또한 바로는 스스로를 축복할 것을 구하는데, 아마도 그가 마침내 꼼짝도 못하게 되었다는 또 다른 신호일 것이다.12:32 그렇지만 이 이야기가 계속 진행되어 나가면서, 10:16-17에서처럼, 이것이 또 다른 얕은 회개가 되게끔 할 가능성이 많다.

누룩이 반죽에 스며들 시간이 없을 정도로12:34 이스라엘이 급하게 떠나는 것은 우리를 출애굽기의 서사 속에 있는 어떤 주요한 경계선-그 경계선이라고 해야 할까?-으로 데려가고 있다. 여기서 이스라엘은 주인을 바꾸어, 바로의 권위가 미치는 영역을 떠나, 그들의 새롭고 유일한 정당한 주인인, 하나님 아래서 이집트에서 행진해 나온다.

이 시점에서, 떠나는 무리에 대한 간략한 소개가 주어진 것은 적절하다.12:37-39 이스라엘이 정말로 떠난다는 사실은 그들의 여정에 있어서 첫 번째 무대에 대한 언급으로 강조된다. 이스라엘은 자신들이 건설해 온 람세스를 떠나1:11 숙곳의 경계에 있는 마을로 간다.12:37 그들의 경로에 대한 단락은 13:17에서 계속될 것이다.[출애굽의 경로, 506쪽]

다음으로, 떠나는 이들의 숫자가 나온다: 아이들을 제외하고도 걷는 남자가 60만 명이며, 그 외에도 다른 여러 민족들mixed crowd이 함께 했으며 그들의 가축도 함께였다.12:37 이런 포괄적인 묘사가 바로의 완전한 항복의 그림에 더해 진다: 지금 떠나는 무리는, 바로의 한정된 말남자들만, 10:11이 아니라, 모세가 앞서서 요구한 조건과 맞아 떨어진다 10:9

아이들은 제외하고라는 문구는 여자들과 아이들을 제외하고라는 일반적인 번역과 차이가 난다. 예를 들면 RSV, NIV 제외하고 이후 히브리어는 오직 한 단어를 사용한다: *tap*. 이 단어는 종종 "아이들"을 의미한다. 예를 들면 창 34:29; 45:19; 46:5, 여기서는 *tap*과 여성들이 구분되어 나열됨 다른 경우에서, *tap*은 "여자들과 아이들" 혹은 아마도 일반적으로 "식구들"을 가리킨다. 예를 들면 창 47:12, "식구들," NRSV; 50:21; 민 31:16-17 참조

이 본문에 있는 보행하는 남자들이라는 단어는 남자들을 가리키는 일반적인 단어'*ana-sim*가 아니라 힘과 활력이 내포되어 사용된 남성을 뜻하는 단어이다.*gebarim*, 10:11에서처럼, 주: KB 따라서 여기서 의도된 대조는, 대부분의 번역본과 주석가들의 의견처럼, 신체가 튼튼한 남자들Durham: 169, 싸울 수 있는 남자들과 그들의 식구들Childs: 180 사이에 있는 것으로 두어야 가장 잘 이해될 수 있다. 이런 의도는 여성을 비하하는 것이 아니라, 이스라엘을 거듭하여 행군 중에 있는 군대로 묘사하기 위한 것이다. 그렇지만 결코 바로에 맞서 실

제로 싸우지는 않는다 우리는 이미 이런 모티브를 되풀이하여 언급했다.12:51 아래도 참조

약 60만 명이라는 숫자는 여기서 대략적이고 근사치적인 숫자이다.38:26 참조; 민 1:46에서는 603,550명으로 계수한다; 민 26:51에서는 601,730명으로 계수한다! 만일 그 숫자가 우리가 앞서서 이야기한 것처럼 "신체 건강한 남자들"만을 가리키는 것이라면, 여자들, 아이들과 장애인들과 노인들을 합친 이스라엘의 전체 인구 및 섞여 있는 다른 사람들까지 포함하여 문자 그대로 이야기 하자면 약 200만 명에 이를 것이다.Fretheim: 144 이것은 고대의 시간과 광야에서 먹을 것이 희귀했다는 것을 감안했을 때 경이적인 인구 규모이다. 그런 이유로, 대부분의 주석가들은 이 숫자를 문자적인 통계 정보로 보지 않고 여러 가지 방식 가운데 하나로 설명하고 있다.

어떤 사람들은 이 거대한 숫자를 문학적인 과장으로 보고, 하나님의 행하심을 찬양하는 가운데 의도적인 과장으로 여긴다. 우리가 "수천 개의 혀들이 위대하신 구원자를 찬양하도다"라고 노래하듯이 말이다. 다른 이들은 천에 해당하는 히브리어 단어 *elep*가 "씨족"을 의미하기도 한다고 지적하면서 우리가 이것을 600개의 부족으로 번역해야 한다고 주장한다. 이런 주장은 더 작은 숫자의 사람들을 생각하는 것이다.

절대적으로 확실한 것은 불가능해 보이지만, 세 번째의 이론도 솔깃하다고 본다. 이 이론에 따르면, 이 숫자는 후대의 시간, 아마도 다윗과 솔로몬 치하에 있는 이스라엘의 대략적인 인구를 나타낸다는 것이다. 그렇다면 이것은 후대의 모든 이스라엘 사람들이, 비록 그들은 비록 그 당시에는 말 그대로 없었지만유사하게는 Fretheim: 144, 신명기 26:6-9에서 주장하는 것처럼, 이집트에서의 탈출이라는 공감대를 가지고 있었다는 신학적인 진술이 된다. 이것은 "우리 모두가 십자가 아래 섰다."거나 "우리는 모두 예수와 함께 십자가에 못 박혔다."라고 그리스도인들이 자주 언급하는 것과 유사하다. 인용된 본문들 속에서 주어진 구체적인그리고 다양한 숫자들에 대한 그럴듯한 설명은 없다.

다른 여러 민족들도 함께 가는데, 아마도 이들은 이스라엘 사람들이 아닌 자들을 포함하는 듯하다.12:38 이것은 그 당시의 이스라엘과 나중의 이스라엘이 결코 혈통으로 정의된 순수한 인종적인 총체가 아니었다는 사실을 가리킨다. 다른 사람들이 이스라엘 역사속의 다양한 단계에서 이스라엘에 합류할 수 있었고 합류했었으며, 그리하여 이들도 야곱/이스라엘의 자녀로 여겨졌다.예를 들면 모압 사람 룻; 아울러 레 24:10을 참조

39절은 이스라엘이 급하게 떠나는 모티브를 반복하는데, 무교병의 상징을 통해 표현되고 있다.12:34의 주를 보라

12:40-51 유월절에 참여하기 위한 규칙들

이 본문이 시작과12:41-42 끝12:50-51으로 그 이야기에 통합되고 있긴 하지만, 강조점은 이 질문에 있다: 누가 유월절의 축제에 참여하는가? 시작하는 절들40-41은 유월절 밤으로 표시되는 이스라엘의 중대한 전환점을 강조한다.12:1-2의 주를 참조 4세기들의 시대가 끝에 달하고 있으며 새로운 시대가 시작되고 있다.

이집트에서 이스라엘이 머물렀던 기간은 여기서 430년으로 주어진다. 이 기간은 400년이라는 숫자와는 조금 다르며창 15:13, 네 세대의 시기와는 크게 다르다. 창 15:16; 출 6:14-27 70인역의 역자들은 이미 이 문제를 알고 있었다. 조화를 이루기 위해, 그들은 40절을 가나안땅과 이집트의 땅에서라고 확대시켜 읽는다. 그리하여 그들은 야곱이 이집트로 옮겨가기 전 조상들의 시대 중의 일부가430년 속에 포함되었다고 주장한다.

다른 이들은 이런 갈등들을 조화시키고 설명하는데 힘을 썼다.Cassuto: 87 참조 그렇지만 이들의 노력 가운데 어떤 것도 설득력은 없다. 노예가 되어버린 오랜 시간의 거주기간이 끝나고 하나님이 이스라엘을 이집트에서 이끄신다고 말하는 것이 가장 좋고 적합해 보인다.[이집트의 이스라엘, 499쪽]

바로 그날12:41은 430년의 마지막 날을 가리킨다. 유월절의 밤이 이스라엘 사건의 전환을 전형적으로 보여주고 있으므로, 우리는 그것의 다음날을 생각할 수 있을 것이다. 이 본문은 이런 중요한 순간을 의식적으로 기술한다. 물론 역사적으로 큰 무리의 사람들은 준비를 위한 시간이 필요했을 것이다.12:35-36도 참조 이 본문은 다시금 떠나는 이스라엘을 군대, 주님의 중대들companies로 묘사한다.12:41; 6:26 참조; 12:17, 51; 12:37의 주를 보라 [야웨 전쟁, 489쪽]

42절은 **밤샘**vigil이라는 단어 혹은 "지킴watching"을 중심으로 한다. **밤샘**NRSV은 주께서 그 밤에 깨어 계셔서 이스라엘을 지키셨다고 언급하는 것이다. 시 121:3-4 참조, 이스라엘을 지키시는 자, 여기서 "밤샘/지킴"에 가장 가까운 단어 결국, 이스라엘은 밤샘을 계속할 것으로, 미래의 모든 세대 내내 이 밤유월절 밤을 지키고 기억할 것이다.

누가 이 유월절 준수에 참여해야 하는가? 우리는 이스라엘에서 태어난 모든 이들이 포함된다는 것을 당연하게 생각할 수 있다. 43-49절은 일부 미미한 상황들을 이야기한다. 유월절은 이스라엘과 이집트 사이에 선을 긋는 기념일이다. 따라서 차후의 유월절들에는 외국인들을 배제시킴으로써 이스라엘을 구분할 것이다. 그렇지만 누가 외국인인가? 보통 그것이 분명하긴 하지만 약간의 미심쩍은 경우가 생길 수 있다.

외국노예 출신인 사람이 참여해도 되는가? 만일 그 노예가 할례를 받아 이스라엘에 통합되었다면 대답은 분명하다. 이것은 "이스라엘"은 성서적인 독립체라기보다는, 먼저 역사-신학적인 독립체로 여겨져야만 한다는 것을 다시금 보여준다.12:38의 이스라엘에 합류한 다른 여러 민족들 참조: 6:14-27의 족보에 대한 주를 참조 노예로 묶여 있거나 노예로 고용된 사람은 이 축제에 참여할 수 없다.12:45 더럼은 임시거주자a transient나 고용노동자a hired hand로 번역한다.169 채용되어12:44 이스라엘에 영구히 소속된 사람들과는 대조적으로, 여기서의 언급은 일시적으로 체류한 자들과 이스라엘과 끈끈히 연대되지 않은 사람만을 의미한다.

46-47절은 다시금 유월절이 독점적인 이스라엘의 축제이며, 회중12:1-2에 대한 주를 참조로서, 종교 공동체로서의 이스라엘을 강조하면서 집 안에서 머물면서 그 밤을 상징적으로 구분한다는 점을 역설한다. 이 언급이 유월절 준수에 한정되어 있는지Durham: 173 아니면 일반적으로 할례 받은 외국인 거주자들에게도 적용되는지는 분명하지 않다.Cassuto: 150; 레 24:22도 참조; 민 9:14; 15:15-16, 26, 29-30

50-51절은 끝을 맺는 요약이다. 연속되는 재앙 동안 수동적이었던 이스라엘은 이제는 순종의 행위로 유월절의 지침에 응답한다. 우리는 모세와 아론이 자신들의 임무를 처음으로 선언하는 것을 떠올리게 된다. 그 때에 그 백성들이 믿었으며 … 절하고 예배했다.4:31 하나님은, 중대별로, 마치 개선하는 군대처럼 순종하는 백성을 이집트에서 나오도록 이끄셨다.12:51; 12:41에 대한 주를 참조 그렇지만 이들은 전투를 벌인 것이 아니라 하나님을 믿고 따른 군대이다.

13:1-16 하나님의 주되심을 인정함

이스라엘은 이제 바로의 통치에서 벗어나서 새롭고도 정당한 주인의 모든 지침들에 따르고 있다.12:50-51 따라서 관심은 미래로 향한다. 이 본문13:1-16은 한 가지 중요한 점을 지적한다: 이스라엘의 미래는 하나님께서 어떻게 그 백성을 이집트의 노예생활로부터 벗어나도록 이끄셨는지 계속해서 기억하고 기념함으로써 인도를 받을 것이다. 새로운 시작에 대한 두 가지 구체적인 상징이 이것을 돕기 위해 제시된다: 하나님께 모든 맏이들을 드림13:1-2, 11, 16, 그리고 무교병을 먹음13:3-10

이 본문의 구조는 주석가들을 당황하게 만든다. 왜 이 부분은 맏이들을 다루고 있는 와중에13:1-2, 10-16 무교병을 다루고 있는가13:3-10? 게다가, 1-2절은 하나님이 모세에게 하신 말씀을 보고한다. 3-16절은 모세가 백성에게 준 지침들이지만, 두 번째 부분12:10-16이 신의 명령을 전하고 상세히 알린다.13:1-2 이런 방식에 대한 적합한 해명은 없다.

반면, 이 본문의 구조는 마구잡이식이 아니다. 차일즈는 무교병에 대한 부분13:3-10과 장자에 대한 부분13:11-16 사이에 주목할 만한 병행이 있음을 지적하고 있다:

- 각각은 약속의 땅에 이스라엘이 들어가는 것과 연관된다.13:5, 11
- 각각은 아이의 질문에 대답하는 것에 초점을 맞춘다.13:8, 14, 13:8에 있는 이 질문은 언급되었다기보다는 상정된 것이다
- 각각은 너희 손에 있는 표를 가리킨다.13:9, 16
- 마지막으로, 각각은 하나님께서 이스라엘을 이집트에서 인도하시고자 행하시는 행위들과 연관된다.Childs: 203

이런 공통의 주제들은 결합된 부분들이 주된 요지를 보여 준다: 약속의 땅에 살 미래의 이스라엘은 이집트로부터의 구원 속에 뿌리박은 그곳에서의 삶을 볼 것이다. 나아가 이스라엘은 이 지식을 기억하고 전해야 한다. 먼저, 이스라엘은 미래지향적인 상징을 통해 이것을 해야 한다.지정된 시간에 오래된 누룩을 먹지 말고 맏아들을 드림 두 번째로, 이스라엘은 출애굽 이야기를 젊은 세대에게 이야기함으로써 이런 의식들을 내리 설명해야 한다.

무교병에 대한 부분은13:3-10 앞선 지침들12:14-20을 반복한다. 그렇지만 이 맥락에서의 반복은, 오래된 누룩의 반죽에서 단절된, 새로운 반죽에서 구워진 빵으로 표시되는 새로운 시작을 강조하는 역할을 한다. 이 부분은 12장에서 이미 주어진 것들을 넘어선 지침들은 포함하고 있지 않지만, 한 가지 언급은 예외이다: 이것은 너희를 위해 너희 손의 표시로 삼고 너희 이마에 붙이는 표가 될 것이다.13:9 거의 같은 진술이 다음 단락에서도 나오는데, 장자의 법에 대한 언급이다.13:16

이런 각각의 언급들 속에서, 시작하는 대명사 그것이 앞의 어떤 것을 받고 있는지는 분명하지 않다. 아마도 이 대명사는 출애굽기의 사건들을 기억하기 위해 적합한 구절들이 적힌 작은 두루마리를 손팔뚝에 감고 있는 관습을 의미할 것이다.신 6:6-8; 11:18-20 참조 적어도 이것은 후기 유대교가 이런 방안들을 어떻게 해석했는지를 보여주는 것이다. 그들이 앞선 시대에 덜 문자적인 것을 의미했는지, 아니면 더 은유적으로 의미되었는지를 판가름하기는 어려운 일이다. 비유적인 이미지를 통해서든 문학적 습관을 통해서든, 그들은 분명코 이스라엘의 마음속에 생생하게 출애굽 사건을 인상 깊게 만들기 위한 의도였을 것이다.

반면에 11-16절은 12장에 이미 주어진 내용들에 새로운 요구사항을 추가한다, 이스

라엘은 사람과 동물을 포함한 모든 맏이, 즉 태를 처음에 열고 나온 모든 것들을 주님께 바쳐야 한다.13:12 이들은 주님께 속했으며 원칙상으로 주님께 희생되어야 한다. 구약의 율법에서 아주 빈번하게 나타나듯이, 특수한 조건들을 상세히 다루는 하위법들이 주된 법을 개정한다.예를 들면 21:1-11

먼저, 이 법은 남자들에게만 한정되어 있으며22:29f 참조; 34:19f, 따라서 그것을 이스라엘의 사회구조와 연결시키고 있다. 이스라엘의 가족은 부계의 사회였으며, 남자의 계열을 통해 지속되었다. 장자가 가정의 머리로서 아버지를 계승했으며 두 배 몫의 유산을 받았다.신 21:15-17 그는 아버지의 이름을 이어갔다.신 25:5-10; 창 27 참조; 룻 4 그렇게 되면 장자는 가족의 미래와 동의어였다.11:4-8의 주를 보라 따라서 장자를 희생시키는 것은 아버지의 제단에 너의 미래를 내어 놓는 것과 같은 말이다.아브라함이 그렇게 한 것을 참조; 창 22

그렇지만 하나님은 자애롭게도 부모의 권리가 아니라 하나님의 선물로서 그 장자를 되돌려 보낸다.다시 창 22 참조 그리하여 두 번째 하위법은 인간의 맏이를 구속하기 위한 대비책을 세운다. 하나님은 처음난 동물의 희생을 받으시지만13:15, 인간의 맏이의 생명을 위해 어떤 동물을 대신하는 것을 허락하신다.34:19-20도 참조; 창 22:11-14

우리는 왜 처음난 당나귀 수컷이 구속될 수 있는지 의아해 한다.13:13 카수토는 이 당나귀는 의식상으로 부정한 동물이고 희생에 적합하지 않아서 의식상으로 깨끗한 동물, 즉 양이 대신 드려졌다고 주장한다.153 그렇지만 이것은 인간의 맏이의 구속과 병행하는 의미를 가진 "구속함"이 되는 것은 아니었다. 더럼에 따르면, 당나귀가 부정한 것으로 여겨졌다는 증거는 없다. 대신, 그는 당나귀는 실제적인 이유로 예외가 되었을 가능성을 제시한다; 당나귀는 그 사회 속에서는 귀중한 짐 운반자였다.Durham :179

그렇지만 이 본문에서 장자의 법은 이스라엘의 부계 구조에만 뿌리박혀 있거나 얼추 그 구조에 뿌리박혀 있는 것은 아니다. 이 법은 열 번째 재앙 동안 이스라엘의 맏이를 하나님께서 보존시키신 것에 분명히 연결되어 있다.13:15 생각의 흐름은 이렇다: 하나님께서 우리이스라엘의 맏이들을 이집트의 맏이들처럼 취하실 수도 있었다. 그렇기에 우리의 맏이들은 하나님의 소유–하나님의 창조의 일부보다는 더 구체적인 방식–이다. 만일 하나님께서 우리로 하여금 맏이들을 지키게 하셨다면, 이것은 우리의 미래를 위한 하나님의 은혜와 하나님의 계획인 것이다. 민수기 3:11-13과 8:15-19에 따르면, 하나님은 레위인들의 섬김을 이스라엘의 맏이로 받으신다.

바로에 맞선 하나님의 최후의 승리 13:17-14:31

이 섹션의 사건들은 앞서 이집트에서 하나님께서 행하신 큰일들을 광야에서의 강한 행하심을 통해 하나님이 새로이 스스로를 나타내시는 것과 연결시킨다. 출애굽기 전체의 목적은 이중적인 질문에 답하는 것이다: 누가 하나님/주님야웨이며 이스라엘은 야웨와 바로 중에서 어떤 주인에게 속해있는가? "서론," 24

주님의 승리는 열 번째 재앙에서 분명해지고 효과를 드러냈다. 이스라엘이 바로라는 주인에서 주님에게로 충성을 바꾸는 것이 12:1-13:16에서 다뤄진다. 그것을 염두에 두고, 나는 우리의 현재 환경의 사건들13:17-15:21이 이미 과거에서 일어난 출애굽한 이스라엘보다는 이스라엘의 광야의 방황에 들어맞는다는 조지 코츠George Coats의 말에 동의한다.1968:128-37

우리는 바로가 이미 풀어준 노예들을 되찾으려고 필사적으로 노력하는 것을 본다. 그렇지만 동시에 우리는 하나님이 자신의 백성을 위해 하시는 결정적인 행하심을 본다. 이스라엘이 바다 속으로 던져질 때tossed, 14:27; 문자적으로는 떨쳐 버리다, shaken off; 14:27 아래를 보라 하나님은 동시에 이집트인들이 하나님의 주되심을 인정하도록 만드신다. 이런 관점에서 보면, 홍해에서의 사건은 재앙들 곳곳에서 펼쳐지는 전쟁을 완성한다. 따라서 홍해의 사건들은 연속되는 재앙들과 광야에서의 방황 모두에 속해 있는 것이며 두 가지를 함께 묶는다.

차일즈는 13:17-14:31의 구조에 비추어, 하나님과 바로 사이의 상호작용에 대한 뛰어난 분석을 제시한다.22-49 차일즈에 따르면 보도된 사건들은 바로의 전략과 하나님의 전략의 관점에서 볼 때 대안적으로 보이는 것이다. 이스라엘은 먼저 바로의 관점만을 받아들일 수 있다. 그리고 나서 모세를 통한 하나님의 말씀과 마침내 그 사건들 자체가 하나님의 관점에 이스라엘이 눈을 뜨도록 한다. 우리는 약간의 수정과 함께 이 본문에 대한 차일즈의 구조화를 따를 것이다.

13:17-14:4 하나님의 전략

12:17에서 시작된 이스라엘이 이집트를 떠나는 이야기는, 설명12:40-51과 지침13:1-6으로 중단된 후에 다시금 13:37에서 이어진다. 13:14-14:4의 초점은 이스라엘이 밟아야 할 경로에 관한 것이다. 이 본문은, 이것이 단지 인간이 계획하는 문제가 아니라 하나님이 인도하시는 문제13:17라는 것을 분명히 한다. 그럴듯한 선택은 블레셋 사람들의 땅으로 가는 길로서, 이 길은 이집트와 가나안 사이에 놓이고 지중해 연안의 남쪽을 따라가

는, 가장 많은 여행객들이 다니는 단단한 주 고속도로인 것이다.[출애굽기의 경로 및 지도] 그렇지만 여기서 이스라엘은 곧 이집트 군대 초소들과 만나서 쉽사리 낙담하여 이집트로 되돌아가려 한다.

이스라엘의 특징은 독자들을 놀라게 하는데, 이집트인들을 약탈한12:36 주님의 중대12:41로서 이스라엘이 개선행군으로 이집트를 나오는 것을 회상해 보면 특히나 그렇다. 우리는 여기서 광야에서 이 백성의 특징으로 나타나는 중얼거림과 불평의 전조를 본다. 그렇지만 공포와 불만족, 그리고 의심이라는 정신 상태에 대한 희미한 암시가 5:21과 6:9에 나타난다. 어떤 경우이든, 우리는 이스라엘의 출애굽기를 압제당한 백성들의 자기해방을 이루는 영웅적 행동으로 그리는 일부 현대 해석자들의 어떠한 경향도 단호히 거부해야 한다.

출애굽기 13:17-18, 20; 그리고 14:2는 하나님이 정하신 경로를 그린다. 이곳에 나오는 장소들숙곳, 에담, 비하히롯, 미그돌, 그리고 바알제본을 현대의 장소와 동일시하려는 수많은 시도들이 있었다. 그렇지만 이 제안들 가운데 어떤 것도 확실한 주장은 아니다. 고대의 지명들은 단순히 사막의 모래에 이름이 새겨진 것도 아닐뿐더러, 정착된 사람들이 계속해서 천년 동안 이름이 바뀌지 않은 지명을 물려받는 것도 아니다. [출애굽기의 경로 및 지도] 대신, 이 본문이 분명히 밝히고 있는 것은 하나님의 전략이다.

이스라엘은 빙 돌아가는 특이한 경로를 따라 이동해야 한다. 이것은 두 가지의 목적을 이루기 위한 것으로, 하나는 이스라엘에 대한 것이고 하나는 바로에 대한 것이다. 이스라엘은 이집트 군대가 있다는 것에 겁을 집어 먹고는 이집트로 돌아가려 해서는 안 된다.13:17b 반면 바로에게는 이스라엘이 광야에 갇혀길이 막혀 이스라엘이 방향을 잃고 헤맨다는 인상을 주어야 한다.14:3

아마도 광야로 들어간 이후 되돌아가라14:2는 지시를 받고 이스라엘이 다시 이집트의 영토로 들어가서 의도적으로 눈에 띄도록 하라는 명령을 받았다는 카수토의 의견이 맞을 것이다.Cassuto: 160 이것이 바로에게 즉각 보고되어 바로로 하여금 이스라엘을 다시 붙잡게 하려는 미끼를 물게 할 것이다. 그러면 하나님은 다시금 예전의 재앙에서처럼 심리적인 차원으로 바로의 마음을 완고하게 하여 마지막으로 이스라엘을 쫓도록 함으로써 바로에게 심판을 내리실 것이다. 이것은 하나님으로서는 영광을 받으시고14:4 바로에게 이 하나님이 누구인지 분명히 보여줄 것이다. 바로는 이 주님이 누구인데 내가 이스라엘을 보내야 하느냐? 나는 주님을 모른다고 말했었다.5:2

영광을 얻는 것14:17도 참조은 굴복시키다.master over KB, 대상 4:9 "가장 세력 있는"을 가리킴로 번역될 수도 있다. 이것은 하나님의 목적을 출애굽기의 핵심적인 질문과 분명히 연관시킨다: 이스라엘과 세상을 지배하는 정당한 주인이 누구인가?위를 보라?

이 본문에 있는 몇 가지 다른 특징들은 언급할 만하다. 홍해13:18과 다른 곳는 70인역구약성서의 초기 헬라어 번역을 따른 번역이다. 히브리어 본문은 문자적으로는 *Yam Sup*으로 읽는데, 현대 학자들은 갈대의 바다/갈대바다라고 이해하고 있다. 이것은 현대의 수에즈 운하 지역에 있는 호수들 가운데 하나를 가리키는데 사용되어왔다. 그렇지만 *Yam Sup*은 오늘날 "홍해"라고 불리는 수역을 가리킬 수도 있거나, 두 개의 북쪽의 줄기인 수에즈만과 아카바만the Gulf of Aqaba 가운데 하나를 가리킬 수도 있다.왕상 9:26 따라서 "홍해"냐 "갈대바다"냐의 복잡한 문제가 다시금 시작되어 왔다.[출애굽의 경로, 506쪽]

이스라엘 사람들은 전투에 대비한 채로 이집트에서 나온다.13:18 이 히브리 단어의 의미는 분명하게 번역되지 않는다. 70인역은 이 단어를 5번째 세대에서 라고 번역한다. 그렇지만 대부분의 주석가들은 이 단어를 전투대형과 연결시킨다. 이렇게 하면 이스라엘의 출애굽에서 군사적인 용어가 빈번하게 사용되는 것과 잘 맞아 떨어진다.예를 들면 7:4; 12:41, 51 이런 질서정연한 주장은, 하나님께서 예상한, 이스라엘은 광야에서 발이 묶였고 14:3 도망친 노예무리14:5라고 바로가 잘못 알고 있는 생각과는 대조가 된다.

이스라엘이 질서정연하게 출애굽하는 것은 요셉의 유언대로창 50:25; 수 24:32 참조 요셉의 유골을 가지고 가는 언급에서 더욱 강조된다. 다른 말로 하면, 이스라엘이 떠나는 것은 무질서한 도망이 아니라 신중한 떠남이라는 것이다. 요셉을 언급한 것도 이런 떠남을 요셉이 내다보았던 계획, 하나님의 장기적인 계획과 묶고 있다.

그렇지만 하나님의 이끄심에 대한 가장 강력한 증거는 낮에는 구름기둥과 밤에는 불기둥으로 인도하시는 하나님의 존재이다.13:21-22 이들이 등장하는 곳은 어디든, 하나님의 강력한 존재의 이미지인 것이다. 14:19-20 참조; 33:9-10; 민 12:5; 14:14; 신 31:15; 시 99:7; 느 9:12-19 그들은 다양한 것들을 연상시킨다. 성서 곳곳에서 불과 구름은, 따로나 함께나, 하나님을 둘러싸고 있는 광채, 영광, 신비와 경외심을 표현하는 일이 잦다.예를 들면 왕상 8:10-11; 겔 1:4, 13-14, 27-28; 행 1:9

출애굽기에서, 불/구름의 등장은 불타는 가시덤불에서 하나님이 모세를 부르시는 것 3:2-5, 시내 산에서 하나님이 이스라엘에게 계시하신 것19장; 또한 33:9-10; 34:5도 참조, 그리고 하나님의 임재가 장막을 채우는 것40:34-38과 연결된다. 나중에 솔로몬의 선정 앞의 두 기둥인 보아스와 야긴은 아마도 화로*braziers*를 지탱했으며 구름기둥과 불기둥을 건축 의식architectual-ritual으로 표현한 것 같다.왕상 7:21-22

광야에서 이스라엘을 이끌던 불과 구름을 과학적으로 설명하려 한다면 요점을 놓치는 것이다. 어떤 사람들은 화산의 현상으로 보거나 불타는 화로가 깃발처럼 이스라엘 백성 앞에서 운반되었을 것으로 생각한다. 이 본문은 하나님께서 이스라엘을 신비한 방식으로 이끄셨다고 주장한다. 성서의 저자가 멀리 떨어진 구경꾼의 감각으로 여겨져 온 이런 현상들을 얼마나 실제적으로 생각했는지, 아니면 어느 정도까지 오직 신앙의 눈으로만 볼 수 있는 어떤 것을 기술하는 것이었는지를 우리가 풀기는 어렵다.14:20 주를 참조; 행 9:3-7

14:5-9 바로의 전략

이집트인들의 편에서 보면, 바로와 관리들이 이스라엘에게 떠나라는 허락을 해주었음에도14:5, 이스라엘은 단순히 도망친 것이다. 두 개의 설명이 이런 태도의 변화를 말해줄 것이다. 카수토는 바로가 원래 허락한 것이 "짧은 시간이 지나서 돌아올 심산으로 일시적으로 떠남"이었다고 본다.161 그렇지만 바로가 지금 듣고 있는 보고에 따르면, 이스라엘의 행군이 영원한 탈출을 의미하는 것으로 바로는 확신한다.

두 번째이자 더 그럴듯한 설명은 바로가 마음을 바꾼 것을 연속해서 재앙이 벌어지는 동안에 바로의 행동을 표시하고 있는 패턴의 반복으로 보는 것이다. 일시적으로 마음이 부드러워지거나 하나님께서 역사하시는 것을 알고 난 다음에 반대로 마음이 완고해 지는 것이 이어지는 것이다.8:8, 28; 9:27; 10:16f; 14:4 그렇지만 바로의 행동이 이스라엘에 맞선 것일지라도, 이런 변화나 완고함은 이스라엘을 구하기 위해서 심리적인 차원에서 앞서 하나님께서 선언하신 전략과 맞아 떨어진다.14:4, 8

이 본문의 나머지 부분은14:6-9 이스라엘을 추격하는 바로의 노력의 규모를 상세히 기술한다. 이집트의 다른 모든 전차들 중에서 600개라는 숫자의 전차를 뽑아내는 것은, 어떤 의미에서는 이스라엘의 전투부대를 이루고 있는 보병 60만 명과 바로의 엘리트 군대가 필적하다는 뜻이다.12:37 주

한편 이스라엘은 담대하게 나아가고 있다.14:8, 문자적으로는 위압적으로 with a high hand 이 표현은 자신들을 위협하는 위험을 무시함에서 나오는, 이스라엘의 확신을 말하는 것이다. 그렇지만 도보로 행진하는 무리가 전차부대에서 도망칠 수가 없는 법, 이스라엘은 곧 따라잡히고 만다.

14:10-14 바로와 하나님 사이의 이스라엘

바로의 군대가 시야에 들어오자 이스라엘은 크게 놀랐다. 놀란 것 이상으로, 이 일은 이스라엘의 사기를 크게 떨어뜨렸다. 14:10-12 이스라엘이 주님께 부르짖었다고 우리가 읽지만14:10, 이것은 도움을 바라는 기도가 아니라 절망의 울부짖음으로 보인다. 오랜 기간의 노예생활을 통해 바로의 권세와 잔혹성을 잘 알고 있어서1, 5장 참조 탈출이나 자비를 기대할 수 없는 것이다. 이스라엘 백성이 느끼는 모든 것은 감히 도망치려고 했던 것을 후회하는 것이다.

절망으로 인해 신앙의 풀이 죽는다. 잠시 동안 예배와 순종을 불러일으킨 하나님의 행하심12:27-28, 50이 이제는 잘못된 계획, 혹은 선동가 모세의 사악한 계획으로 소급되어 재해석된다. 바로와 모세의 만남에서 이스라엘이 보였던 낙담5:21; 6:9, 다시 나타나게 될 것이라고 하나님이 예상했던 이스라엘의 낙담13:17이 지금 대거 발생하고 있다. 14:11 사실 이스라엘 백성은 모세를 따르기 보다는 언제나 자신들이 더 잘 안다고 주장하고 있으며14:12; 5:21 참조, 자신들의 지식에 따라 행동했었어야 한다고 역설한다.

모세는 앞서 절망과 불평 속의 이스라엘의 낙담을 하나님 앞에 가져왔다. 5:21-23 그 대답으로, 하나님은 아직 모세와 이스라엘 백성이 자신의 계획을 보지 못했으므로 최근의 사건들에 대한 이런 관점을 가지게 되었다고 모세에게 설명했다. 6:1, 주 지금도 유사하게, 바로의 전차 병력이 눈에 보이자 이스라엘이 낙담하는 것은, 바로의 관점에서만 이 상황을 보는 사람들의 절망인 것이다. 바로의 전략은 이스라엘 백성에게는 충분히 먹혔으나 하나님의 계획은 여전히 보이지 않는다.

그러므로 모세는 이스라엘에게 "시각을 달리하라"고 권고한다. 일반적인 용어가 사용되긴 했지만14:1-4, 하나님의 계획이 담긴 계시를 받고, 모세는 이제 하나님의 의도를 분명히 볼 수 있게 된다. 짧지만 호소력 있는 연설에서, 모세는 자신의 백성에게 바로의 눈으로 이 상황을 판단하지 말 것을 호소한다. 14:13-14 바로의 군사력에 비해 불리한 이스라엘의 군사력이 아니라, 하나님의 뜻에 비해 불리한 바로의 권세가 이런 대결을 결정하게 될 것이다.

60만 명의 보병이 중대별로 구성되어 있으며 담대하게 앞으로 행군해 나가는 이스라엘이 어울리는 곳은 어디인가12:37, 51? 대답은 간단하고도 분명하며, 항상 신자들의 귀에 울려 퍼지고 있다: 주께서 너희를 위해 싸우실 것이니 너희는 가만히 있기만 하라14:14 만일 출애굽기의 핵심으로 한 구절을 선택해야 한다면—아마 추천되지는 않는 행동이겠지만—나라면 이 구절을 택할 것이다. 이 본문은 이스라엘의 반응을 기술하지는 않지만, 그 사건들이 말하도록 해 준다.

14:15-18 하나님의 전략이 전개되다

이어지는 사건들은 하나님이 모세에게 내리시는 지침들로 시작한다.14:15-18 간략한 신성한 질책이 선행된다: 왜 너단수형는 나에게 울부짖느냐? 용기를 북돋워주는 말에도 불구하고14:13-14 이스라엘이 큰 공포 속에서 울부짖을 때 모세는 이 백성의 공포와 낙담을 일부 마음속으로 품고 있지 않는가14:10? 더 그럴 듯하게는, 모세는 이스라엘 백성의 신앙부족으로 인한 절망 속에서 하나님께 울부짖었다.5:22-23 참조; 17:4

질책을 한 후 하나님은 모세에게 새로운 지침들을 내린다. 그는 재앙 이야기 속에서 자신의 역할과 비슷한 방식으로 행동해야 한다. 모세를 통해 역사하시는 하나님의 힘을 상징하는 자신의 지팡이와 손을 들어 올림으로써, 모세는 하나님이 결정하신 것을 불러와야 한다. 그렇지만 재앙 시나리오들과는 대조적으로, 그 효과는 우선 바로에 내리는 심판이 아니라 이스라엘을 위한 구원이 될 것이다. 바다를 통한 구원의 길이 열릴 것이다. 이것은 앞으로 우리가 부르게 될, 이스라엘이 광야에서 방황하는 동안 따라올 "지속되는 표징들sustaining signs"을 개시한다.

이스라엘을 위해 이런 구원의 행위가 이루어졌을 때, 바로는 그것을 역사하시는 하나님의 표징으로 받아들이려 하지 않을 것이다. 마치 바로가 앞선 재앙들을 하나님에게서 온 심판의 표징들이라고 보지 않았던 것처럼 말이다. 특별한 이적들을 역사하시는 하나님의 표징으로 보지 않으려는 이런 거부는 앞서서 그의 마음이 완악해짐이라고 불렸다. 이 말이 여기서 다시금 불리고 있다. 그렇지만 그것이 바로의 주권적 결정으로 나타날지라도, 바로는 사실상 자신도 모른 채 하나님의 전략에 따르게 될 것이다. 이런 완악해짐이라는 외적인 표현은 이집트인들이 이스라엘을 계속 추격하게 될 것을 의미하며, 그들은 곧바로 갈라진 바다 속으로 들어가게 된다.

그렇다면 반복독자는 바로와 그의 군대에게 일어나게 될 일을 알게 되며 여기서는 베일에 싸인 단어로 묘사된다: 하나님께서 바로와 그의 전차부대를 쳐서 **자신의 영광을 얻으실 것이다**.gain glory, 14:17-18; 이 용어에 대해서는 14:4의 주를 보라 하나님이 이스라엘의 진정한 주인이라는 것이 분명해 질 것이다. 그러면 이집트인들은 내가 주야웨임을 알게 될 것으로, 이것은 출애굽기에서 아주 특징적인 인정 구문으로서 다시금 등장한다.3:15 참조; 5:2 [계시와 임무 471쪽]

14:19-31 하나님의 전략이 실행되다

하나님의 전략의 실행 속에서는, 하나님이 직접 하신 것과 모세를 통해 행하시는 것이 서로 엮여있다. 하나님의 첫 번째 움직임은 천사와 구름기둥을 이스라엘의 군대*mahaneh*; 막사나 군대란 의미도 가능하지만 분명한 군대용어임를 이끄는 자리로부터 후발대가 되는 뒤쪽으로 전환시키는 것이다.14:19-20 우리는 천사와 기둥을 두 가지 다른 개체로 생각해서는 안 되고, 오히려 하나님의 인도하시는 임재를 표현하는 두 가지 다른 표현방식으로 생각해야 한다. 우리는 이미 구름기둥과 불기둥이 불타는 가시덤불, 하나님의 천사와 관련된 현상이라는 것을 언급했다.3:2 주 하나님의 인도하심을 말하는 천사 용어는 출애굽기에서 다시 나타날 것이다.23:30, 23; 32:34; 33:2; 창 24:7 참조

천사/구름의 전환은 처음에는 보호용이다. 군사들을 두 개로 구분함으로써 무력충돌을 방지한다.14:20 아마도 어두운 밤에 기둥의 광채는 이집트인들에게 겁을 주어 공격을 못하도록 할 것이다. 혹은, 다른 해석에 따르면, 구름은 달과 별을 가려서 이집트인들에게는 밤을 더 어둡게 만들고 이스라엘 사람들에게는 인도하는 빛을 비춰주는 것이다.Cassuto: 167 교착상태가 밤새 지속된다.14:20

21-25절과 26-29절은 서로를 보완하며 균형을 잡아 준다. 각각의 섹션은 모세가 하나님의 명령으로 자신의 손을 바다 위로 뻗는 것으로 시작한다.14:21-25 첫 섹션에서 이것은 이스라엘을 위해 바다를 통해서 도망갈 길을 여는 역할을 한다.14:21-25 두 번째로, 이것은 물을 되돌려서 추격하는 이집트인들을 덮는다.14:26-29

21-29절이 처음에는 위대한 하나님의 바다의 기적의 "역학mechanics"을 하나씩 묘사하는 것으로 보인다. 이 절들은 독자로 하여금 이 사건들을 따라 가고 일반적인 용어로 그 순서들에 대한 정신적 이미지를 만들어 내도록 한다. 대략적으로 다음과 같다: 두 군대 간에 밤새 지속된 교착상태는 강한 동풍이 바닷물을 몰아치는 시간을 벌어준다.10:12-19 주를 참조, 강풍과 병행구조 그 결과, 물이 갈라져서 이스라엘 사람들은 바다를 가로질러 건널 수 있게 된다. 물이 그들을 위해 왼쪽과 오른쪽으로 벽을 만들었다.14:21-22

다음에 일어나는 일은 그리 분명해지는 않다. 이 본문을 이해하는 한 가지 방식은, 이집트인들이 이스라엘을 추격했다.14:23는 보도가 약간 뒤에 일어났던 일을 예상하는 언급으로 생각하는 것이다. 그렇지만, 먼저 24절은 우리를 교착상황14:20으로 돌려보낸다: 새벽녘이 되어 주께서 불기둥과 구름기둥에서 이집트 군대를 내려다보시며 이집트 군대를 혼란에 빠뜨리셨다. 이스라엘로서는 어떤 싸움도 하지 않고 하나님이 이스라엘의 적들 가운데 만들어 내신 그런 혼란은 구약성서의 야웨 전쟁보도들 가운데 핵심이다.[야웨

전쟁, 489쪽] 이런 혼란은 곧바로 다음의 결과를 가져왔다: 전차들이 배회하더니 해변가의 젖은 모래에 빠지거나 손상을 입은 것이다. 그렇지만 바다는 이 시나리오 속에서 어떻게 이집트인들을 덮는가?

또 다른 이해는 이스라엘이 마른 땅을 건넌 후에 이집트인들이 바다 속으로 쫓아 들어갔다.14:23고 추정하는 것이다. 이집트인들이 바다를 오고가며 움직이는 가운데 불기둥과 구름기둥의 혼란 효과를 경험하게 된다. 아마도 이런 이해는 기둥이 이스라엘의 후방 부대로서 따르고, 아침이 밝을 때 이집트인들이 자연이 기이하고 두렵다고 느꼈다는 것이다.

그러자 모세는 하나님의 명령대로 손을 들고 바닷물을 원래대로 흐르게 한다. 이집트 군사들은 쓸려나가, 주께서 그들[이스라엘]을 위해 이집트에 맞서 싸우시고 계신다는 것을 깨달으면서 죽어간다.14:25; 14:14 참조 다른 말로 하면, 이집트인들은 죽게 되어서야 내가 주14:4, 18임을 알게 된 것이다. 그들의 눈은 하나님의 전략을 향해 열리게 되었다.

이집트 군대의 종말은 특히나 그림 같은 용어로 묘사되고 있다: … 주께서 이집트인들을 바다 속으로 던져 넣으셨다.14:27 물로 된 벽의 이미지가 이집트인들에게 밀려오는 것을 시각적으로 일치시키는 것은 어렵다. 그렇지만 던졌다yenaer라는 동사는 누군가를 떨쳐 버리다shake oneself free, 떨쳐 내다shake off를 의미하기도 한다. 따라서 우리는 이 언급을 문자적인 서술이 아니라 은유적인 결정타로 생각할 수 있다: 주께서 이집트인들을 바다로 떨쳐 버리셨다. 바다의 기적과 함께 주님께서는 이집트인들에게 이렇게 말씀하시는 것이다. "너희에게 질렸다! 썩 꺼져라!" 그리고는 몸소 이집트인들의 매달림을 영원히 떨쳐버리시는 것이다.

이런 행동의 최후는 간략한 마지막 부분에 요약되고 강조되어 있다.14:30-31 이스라엘은 하나님의 전략을 보게 된다.하나님의 위대한 역사하심; 문자적으로는 위대한 손 주님을 무서워하고 주님을 경외와 숭배 속에서 붙잡으며 주님과 그의 종 모세를 믿을 준비가 되었다. 이것은 이스라엘의 한탄, 낙심, 그리고 웅성거리는 이야기 속에서 신앙의 순간이 돌파하는, 출애굽기에서 세 번째이다.4:31 참조; 12:50

고백적인 찬양

14:19-29에 대한 주는 이 절들을 정확하게 사건들을 묘사하는 것으로 다루고 있다. 진행되는 이야기를 시각화하기 위해서는 이렇게 하는 것이 도움이 된다. 그렇지만 이 본문이 사실상 이스라엘을 구원함에 있어서 하나님의 "역학"에 대한 문자적인 단락을 이루

고 있다는 것을 가정하는 것이 옳은가? 가능하다면 현대의 비디오카메라가 묘사된 것과 가까운 연속된 사건들을 기록할 수 있었을까? 우리는 몇 개의 긴장들을 알고 있다: 예를 들면, 왜 그 구름은 다른 곳이 아니라 여기서 주의 천사와 동일시되고 있는가? 그 구름이 그들을 내려다볼 때 이집트인들은 어디서 혼란 속에 빠졌는가—바닷가인가 아니면 물의 벽 사이에서인가?

출애굽기 15장을 포함한 문자적 이해는 더욱 긴장을 만들어 낸다. 바로의 전차들과 관리들이 돌멩이처럼 깊은 곳으로 잠긴다는 언급15:5과 그들이 거센 물속에 납덩이처럼 잠겼다는 언급15:10을 생각해 보라. 우리는 그런 언급들을 14:19-29를 기반으로 그려진 그림과 어떻게 통합시켜야 할까? 만일 우리가 시편 77:16-20과 106:9에 주어진 묘사들을 추가한다면, 이 상황은 더욱 복잡해지게 된다.

몇몇 독자들은, 인용된 출애굽기 15장과 다른 구절들이 시poetry인 반면, 출애굽기 14:19-29는 "실제로 일어난" 것에 대한 산문이라는 결론에 재빨리 다다를 것이다. 그럼에도, 그런 해결책은 너무 단순하다. 14:19-29 속에 있는 긴장들이나 이 본문의 본질을 설명하지 않는다.

해석자들은 몇 개의 원래 독립된 기술들이 각각의 이미지들과 특성들을 가지고 있었는데 긴장을 간직한 채 통합된 이야기 속에 함께 짜였다고 가정함으로써 이런 모순들을 설명하는 일이 많았다. 우리가 네 복음서에서 예수의 삶을 그릴 때 습관적으로 이렇게 한다. 그런 접근방법은 일부의 긴장들을 설명하고 있으며 우리에게 이스라엘이 어떻게 홍해를 건넜는지를 너무 매끄러운 이야기로 보지 말라고 경고한다. 반면, 그것은 이 본문의 본질을 충분히 보여주고 있지는 못한다.[자료 이론]

앞서 재앙 이야기들과의 관계에서, 나는 그런 이야기들이 정확한 사건의 기술이 아니라 "고백적 찬양"이나 "찬양의 고백"이라 불릴 수 있는 형태의 문헌이라고 주장했다. 7:14-11:10의 "개요" 역사적 사건을 기반으로 했더라도—그런 본문은 우리의 역사책보다는 찬양에 더 가깝다. 바다에서 이스라엘의 구원을 말하는 것에도 똑같은 것이 적용된다. 그리고 출애굽기 전체에도!

나는 독자들이 뒤돌아서서 고백의 찬양을 통해 하나님의 구원의 이야기로 나아가는 이스라엘의 방식을 묵상할 것을 청한다. 7:14-11:10의 "개요"; 서론 [서사기법, 479] 출애굽기는 문학적 산문에 대한 우리의 강조와는 다르게 이야기하는 방식, 즉 예배와 고백 속에서 신앙의 내용을 표현하는데 걸맞은 방식을 사용한다.

이스라엘이 하나님의 구원을 찬양하다 15:1-21

15:1-18 모세와 이스라엘이 주님께 노래하다

모세와 이스라엘은 함께 노래로 하나님께 화답한다. 지금으로서는 적어도, 그들은 14:1-12에서처럼 공포와 의심으로 분열되지는 않지만 나중에 다시 그렇게 된다. 이 노래는 출애굽기에서 유일한 긴 시의 본문이다. 이 노래는 출애굽기의 서사 속에서 표지로서 자리매김 될 것이고 그 내용은 이 역할에 추가된다.

"바다의 노래"의 1부가15:1b-12 하나님께서 행하신 것을 뒤돌아본다면, 2부15:13-18는 앞으로 이어질 것을 기술하고 있다. 이런 관점에서, 이 노래는 19:3-6과 닮아 있다. 주 1부가 바로를 이기신 승리자 하나님을 기념하는 것이라면, 2부는 이스라엘의 지도자이자 왕이신 하나님을 찬양한다. 하나님은 이 찬양 내내 주체이다. 바로 이분이 야웨주님, 3:13-15의 이름 하에서 자신의 백성과 함께 하시는 하나님이시다. 더럼은 이 노래를 "출애굽기 전체의 신학적 기초를 요약해 놓은 것"이라고 잘 특징지었다.210

나는 1절에 기초하여 "노래"로, 그리고 하나님의 긍정적인 성품과 행하심을 찬양하면서 열거하는 것이 이어지는 자기촉구적인 시작"나는 노래하리라"에 기초해서 "찬양"이라 부른다. "승리의 노래," "감사의 시," "즉위의 찬양," 그리고 "유월절 칸타타"와 같은 다른 용어들이 이것에 적용되어 왔다. 이 모든 요소들이 있다. 그렇지만 최근에 일부 주석가들이 바다의 노래나는 편의를 위해 "노래"라고 부를 것이다가 여러 요소들이 혼합되어 있으며 독특한 장르를 나타내고 있다고 결론 내렸다.

이런 장르에서 뚜렷하게 나타나는 것은 서사적 요소로서, 이것은 "시편에서 발견되는 역사적 이야기들의 원형으로 나타나게끔" 만드는 것이다.시 78, 105, 106; Childs: 244 이 노래가 이스라엘의 역사 속에서 하나님의 구원행위를 되풀이하여 다시 선언하기 위해 이스라엘의 후대 예배 중에서 사용되었다는 공감대가 널리 이루어져있다. 그런 목적으로, 이 노래는 광야를 거쳐서 약속의 땅으로 들어가는 이스라엘의 행진을 포함시킴으로써 출애굽기 이야기를 완성하는데15:13-18, 이 사건들은 지금 이 노래가 불리는 이야기 속에서는 아직 이스라엘이 경험하지 않은 것들이다.

현재 형태의 이 노래가 비롯된 당시에 대해서는 학자들의 견해가 크게 다르다. 어떤 이들은 이 노래를, 가장 오래된 것이 아니라면, 10세기나 그 이전에 기록된, 이스라엘의 신앙 이야기에서 가장 오래된 기술 중 하나로 보지만Cross, 1973:123, 다른 이들은 아주 늦은 시기로 잡는다.M. Brenner, 1991:175-77

모세가 앞을 내다보는 예언을 말하고 있는 것이 아니라면, 이스라엘이 바다에 있을 때 아직 오지 않은 사건들로 인해 모세가 하나님을 찬양할 수는 없다는 것은 분명하다. 그렇지만 그런 말은 없다. 게다가, 모세와 이스라엘 백성은 그 노래를 함께 불렀다고 언급된다. 따라서 이 노래의 초판이 우리가 가지고 있는 현재의 본문일 수는 없다. 우리가 지닌 이 본문은 이스라엘이 가나안에 들어간 후에야 비로소 현재의 형태로 발전되어 왔다.유월절에 대한 주를 참조, 12:1-20 반면에, 이 노래의 원래 기원에 대한 논의들은 후대시기로 보는 논의들 보다는 더 설득력이 있다.Cross, 1972:112-44를 보라

이 노래의 두 부분의 핵심 주제는 하나님이다. 하나님은 신비로운 새 이름 야웨주님을 모세에게 드러내셨고 그 이름을 나는 앞으로도 나일 것이다.I will be who I will be라고 풀이 하셨다. 다른 말로 하면 모세와 이스라엘은 이 하나님이 스스로를 보이실 것이라는 것을 목격해야 한다. 3:13-15, 주 게다가 이스라엘과 이집트는 그들이 내가 야웨/주님임을 알게 될 것이다를 상기하게 된다.7:5, 17; 8:22; 10:2; 14:4, 18 이제 이집트에서, 특히 바다에서 하나님께서 행하신 일들을 목격하면서, 이스라엘은 적어도 이 신성한 이름의 의미를 부분적으로나마 알게 된다. 이 노래는 찬양으로 그 의미를 설명하고 있다.

하나님께서 바로를 이기심.15:1b-12 모든 이스라엘 사람들과 함께 참여한 모세는 자기-권고를 노래로 한다.유사한 자기 권고들이 있는 시 101:1; 104:33; 108:1; 144:9 참조 그러자 노래하는 이는 하나님이 바로그의 이름을 밝히지 않음를 이기신 것에 대해 짧은 2행시로 하나님의 이름의 의미를 표현한다.15:3:

> 주[야웨]께서는 전사이시며
> 주[야웨]가 그의 이름이다.

그런 후에 노래하는 이는 계속해서 바다에서 하나님의 승리를 반복한다.15:12에 이르기까지

주님을 전사로 특징짓는 것으로 되돌아가기 전에, 우리는 그 기반을 볼 필요가 있겠다. 15:1b-12의 몇 가지 특징들이 눈에 띈다.

먼저, 야웨만이 바로와 그의 군대를 무찌른다. 이스라엘에 대한 언급도 없으며 모세가 뻗은 지팡이와 손조차 언급되지 않는다.14:16, 26 참조

두 번째로, 야웨는 승리를 이루기 위해 자연의 요소를 사용한다: 바다.15:4, 10, 홍수 15:5, 바람15:10; 당신의 콧김, 15:8, NRSV: Durham: 200, 당신의 분노의 바람, 깊은 물15:8; 아래를 보라, 거센 물15:10, 그리고 땅15:12; 아래를 보라 야웨의 힘에 대한 더 비유적인 용어들은

그의 오른 손15:6, 그의 분노15:7, 당신의 콧김.15:8, 바람으로 번역되지 않는 경우; 위를 보라

세 번째로, 비할 데 없는 야웨의 힘과 바로와 군사들을 향해 그 힘을 쓰고자 하는 맹렬한 결의는 아주 동등하지 않은 전투부대들의 싸움을 그리고 있다. 바로의 목표와 결정이 9절에서 작은 목소리로나마 간략히 보도되고 있지만, 적에게는 기회조차 없다.

네 번째로, 노래하는 이들은 야웨의 승리가 그들을 위해 있는 것으로 분명하고 기쁘게 받아들인다. 하나님의 승리는 그들의 구원의 이야기이며15:2, 그리하여 그것이 그들이 부르는 찬양의 기초인 것이다.

여기에 근거하여 15:3은 야웨를 전사로 그린다. 많은 그리스도인들에게 있어서 이스라엘의 구원의 역사 중심에 있는 이런 중심적인 단언은 다음과 같은 구약성서 하나님의 이미지를 굳히는 것이다: 전쟁, 진노, 그리고 폭력의 하나님. 그들은 이것이 이런 하나님과 예수 그리스도의 사랑하시는 "아버지" 사이에서 큰 긴장을 완벽하게 보여주고 있다고 본다. 다른 이들에게, 이것은 적들이 전멸해야 마땅하다고 생각하여 그들의 십자군 속에서 이런 하나님을 닮기 위한 성서적인 소명을 마련해 주는 것이다. 이 두 개의 반응들 모두 이 본문을 피상적이고도 부적합하게 읽기 때문이다.

하나님과 바로 사이의 전투의 본질을 이해하기 위해 우리는 출애굽기에서 바로의 역할을 다시 봐야할 필요가 있다. 바로의 특정한 역사적 패배가 의심의 여지가 없이 이 본문의 기초임에도, 수많은 세부사항들이—바로의 이름을 포함하여—의도적으로 삭제되거나 시와 상징적인 이미지로 탈바꿈되어졌다. 이런 방식으로, 이 노래는 악에 대한 하나님의 승리의 찬양이 된다. 하나님의 고집스런 진노가 바로에게 내려지는 것은 신약성서에서 예수가 사탄의 영역에 고집스럽게 반대하였고 그것을 이겼다는 것과 가장 적합하게 대비되고 있다.

다시금 난 신구약성서에서 하나님이 결코 악과 타협하지 않는다는 것이 기본이라는 점을 강조해야만 하겠다.[바로의 마음이 완악해 짐] 이스라엘은 이집트와 바다에서 하나님의 승리를 경험했으며 그런 경험은 찬양과 소망을 위한 이스라엘의 기초가 되었다. 그리스도인들은 그 이야기를 예수와 사탄의 양보하지 않는 싸움, 하나님의 승리의 정점이 되는 부활의 기술 속에 덧붙인다.

그러면 우리는 인간의 전쟁에 대한 노래에서는 아무런 교훈도 배울 수 없는가? 밀러드 린드Millard Lind는 출애굽기 15:3을 기초로 한 성서적 평화주의에 대한 자신의 열렬한 주장에 야웨는 전사이다라는 이름을 붙였다. 그는 이 노래에서 가장 중요한 한 가지 단언을 지적한다: 지속적이고 의도적으로 이집트에서 개선해서 나오는 승리의 군대로 표시되고

있지만, 이스라엘은 이 전투에 관여하지 않는다. 왜일까? 2절이 해답을 제시한다:

> 주께서 내 힘이자 내 "노래"이며[히브리어; NRSV에서처럼 "권세"가 아니다] 그가
> 내 구원이 되신다.

전쟁에 인간이 참여하는 것에 대한 이 노래의 교훈은 부정적인 것이다. 하나님은 자신의 목표를 이루기 위한 그분만의 방식이 있다. 이스라엘은 앞서 모세가 말했던 것처럼 전투에서 제외된다.14:14 린드에 따르면, "갈대 바다의 구원은 이스라엘의 미래의 구원을 위한 패러다임을 이룬다." 48; cf. 48-54 린드가 어떤 경우에서는 자신의 주장을 과장하긴 하지만, 이런 주장에 있어서는 그가 옳다고 믿는다.[야웨 전쟁, 489쪽]

하나님께서 이스라엘을 이끄시다.15:13-18 이 절들은 이 노래의 두 부분을 이루고 있으며, 바다에서 이스라엘이 아직 경험하지 않은 사건들을 노래한다.이 섹션의 윗부분을 참조 다시금, 첫 번째 부분에서처럼15:1b-12, 하나님은 주연배우이며 하나님의 힘이 그가 하고자 하시는 것을 이루신다. 13절은 이 섹션을 요약한다: 변함없는 사랑에 힘입어, 하나님은 자신의 구원받은 백성을 거룩한 집으로 인도하신다.

이 절의 모든 부분이 중요하다. 먼저, 이런 인도하심에 대한 하나님의 동기는 이스라엘의 과거에 있는 어떤 특성이나 가치와는 별개이다: 그것은 하나님의 내적인 자아, 하나님의 사랑에서 흘러나온다. **변함없는 사랑**hesed; 신실함, 은혜로도 번역됨은 하나님의 언약적 성실하심을 자주 표현하는데, 하나님 속의 그런 특성은 언약의 상대자를 결코 포기하지 않는다. 여기서 그것은 아마도 과거로 거슬러 아브라함과 그의 혈통에 대한 하나님의 약속을 가리킬 것이다.2:24; 3:6, 15-17; 4:5; 6:3-4, 8

두 번째로, 출애굽기에 나오는 모든 하나님의 행하심의 목적은 단순히 자유를 향한 해방, 억압하는 권위로부터의 해방을 의미하지 않는다. 그것은 바로를 섬기라고 부당하게 부과된 것에서 유일하신 합법적인 주인, 하나님을 이스라엘인간이 섬기는 것으로 바뀌는 해방이다. 이스라엘은 하나님의 거룩한 집으로 인도된다.15:13

바다를 통해 이스라엘이 인도된 후에, 하나님은 이제 자신의 백성을 "열방의 바다"를 통해 인도하신다.15:14-16 민족들이 들으며 떤다.15:14 하나님이 이스라엘을 위해 하시는 일이 소문이 나서 이스라엘의 행군보다 그 소문이 앞섰으며, 가는 길에 민족들을 거뜬히 제압했다.민 22:1-6 참조; 수 2:8-11, 24 그렇지만 이것은 비단 심리적으로만 설명된 것이 아니라, **주님의 거대한 팔**로 앞서 언급된 이미지, 하나님이 하신 것으로 설명된다.6:6 참조

적들을 초자연적인 두려움 속에 던져 넣음으로써 적들을 이기는 것이 야웨 전쟁의 전형적인 특징이다.[야웨 전쟁, 489쪽] 14-15절이 이런 두려움을 불안해하며 떠는 것으로 표현한다면, 16절은 그 최후의 결과를 겁에 질린 채 침묵하는 것으로 나타내고 있다; 그들이 돌처럼 잠잠해 졌다. 이것은 이중적 암시를 말한다: 이스라엘의 잠재적 적들인 열방들은 돌처럼 깊은 곳으로 내려간 이집트인들15:5과 단어연상word association으로 연결된다. 그것은 또한 물이 쌓이고 깊게 물이 엉기는굳어짐, 15:8 바다의 이미지를 연상케 한다.

블레셋, 에돔, 모압, 그리고 가나안의 이름이 언급된다. 이스라엘의 행군 종착지인 가나안은3:8; 기타 마지막에 있으되, 열방의 이름이 밝혀지지도 않고 그 순서가 이스라엘의 정확한 경로를 표시하지도 않는다. 대신, 그들은 아마도 이집트와 약속의 땅 사이에 있는 눈에 띄는 나라들을 보기로 든 것이다. 이스라엘이 아무런 방해도 받지 않고 그 바다를 통해 지나간 것처럼, 이제 이스라엘은 겁에 질려 지켜보는 열방들의 바다를 통해 지나간다. 따라서 우리가 어떤 의미로는 보통 선교와 연관시키지 않을지라도, 이스라엘은 열방에 대한 증인, 열방에 대한 빛이 된다.사 42:6, 16; 49:6

이스라엘은 하나님의 백성이라는 특징을 갖게 되는데, 하나님께서 손에 넣으신acquired 사람들인 것이다.15:16, NRSV; 사들이셨다 bought, NIV 이 '손에 넣다'라는 동사는 **구속하다**.(혹은 자유롭게 하려고 값을 지불하다; 히브리어: ga'al, 15:13와 일치하는데, 경제상의 뜻을 함축하고 있다. 이스라엘에서는 이스라엘의 노예들이 "구속자들"로 불리는 친척들의 행동으로 "구속되거나 값을 지불하고 풀려날" 수 있었다. 출애굽을 뒤돌아보며 이 본문은 하나님을 노예가 된 이스라엘을 위한 친척/구속자로 행하신 것으로 그리고 있다. 이것은 가능한 해석이다. 그렇지만 '손에 넣다'로 번역된 동사15:16; 히브리어: qanah는 **창조하다** create 혹은 **자식을 낳다**beget를 의미할 수도 있다.Cross, 1973:130; Durham: 208 그렇다면 이스라엘은 이곳에서 새로이 하나님께서 창조하신 백성으로 나타난다.그렇지만 3:7-12 주를 보라

이스라엘을 이집트의 노예에서 벗어나게 해주는 것이 하나님께서 바로로부터 이스라엘을 산 것으로 보기는 힘들기 때문에, qanah를 창조하다라고 해석하는 것이 더 적절할 것이다. 하나님은 새로운 백성, 자신의 맏이를 창조하셨다.4:22 아마도 이 두 가지 히브리어 동사의 의미의 폭이 아주 넓기에, 여기서는 의도적으로 이스라엘과 하나님의 관계를 간결하지만 풍부한 특징으로 제시하고 있다.

하나님께서 이끄시는 종착지는 하나님의 **거룩한 집**히브리어: naweh, 15:13, 그[하나님]가 소유한 산, 하나님의 집히브리어: sebet과 성소15:17라고 불린다. 출애굽기에서는, 그것

만으로 보았을 때, 하나님이 이끄시는 종착지가 시내 산이며, 많은 해석자들이 그곳을 15:13, 17을 의미하는 것이라고 추정한다. 그렇지만 13절의 집*naweh*은 "양치기의 용어로서, 가나안 땅 전체를 표시할 수도 있다." Fox: 85; Cross, 1975:130에 따르면 거룩한 야영지 holy encampment 열방의 영역을 통해 가는 이스라엘의 행군15:14-16과 하나님께서 그들을 사들이시고 그들을 심으셨다는 언급15:17은 약속의 땅에 들어간 후 이스라엘이 도달한 장소를 제시한다.

십중팔구, 하나님이 거하시는 곳에 대한 언급은 시온산과 성전일 것이다. 이들은 분명이 노래가 예배에서 사용되는, 후대의 의미를 가진다고 판단이 된다.

우리는 출애굽기에서 이스라엘의 이동이-지리상으로는 이집트에서 시내 산에 이르는-바로의 주권에서 하나님의 주권으로 이동한다는 더 깊은 차원으로 이해해야 함을 기억해야 한다. 그렇지만 후자는 한 곳에 고정되고 제한되는 것이 아니라 그 백성들과 함께 움직이거나, 더 낫게는 그들보다 앞서 움직이는 것이다. 그런 의미에서 한편으로는 시내산과 성막 사이의 연속성이 있으며 다른 한편으로는 시내 산과 성전이 있는 것이다.Moberly, 1992:10 참조

핵심 메시지는 19:4-5에 요약되어 있다: 너희는 내가 이집트인들에게 무엇을 행하였고, 너희를 어떻게 독수리 날개로 업어 내게로 데려왔는지를 보았다[강조가 첨가됨] 18절은 같은 점을 강조한다: 바로가 하나님의 백성을 복종시키고자 하면서 도전하고 있는 주님의 왕되심kingship은 드디어 견고하게 세워지게 된다.

바다의 노래를 떠나기 전에, 두 가지 질문에 더 관심을 쏟아야겠다. 먼저는, 우리가 이 노래가 어떻게 홍해 사건들의 "산문 기술"이라고 불리는 14:19-29와 관련되는지를 물어야 한다. 세부적으로 정확히 비교하면 어느 정도의 차이들이 나타난다. 어떤 주석가들은 이집트인들에게 하나님께서 승리하신 것에 집중하는 이 노래가 바다를 나누고 바다를 통해 이스라엘이 행진하는 것을 분명히 언급하지도 않는다는 점을 지적한다.

두 가지 반응이 제시될 수 있겠다. 먼저는, 이런 찬양의 고백은 특성상 주의를 기울여야 할 어떤 요소들을 드러낸다; 찬양 고백에는 산문 서사가 갖는 일관적인 특성이 없다. 두 번째로, 처음에 나타나는 것보다 이 노래와 14장의 산문 서사를 연결시키는 더 많은 특징들이 있다. 예를 들면, 바로의 의도내가 좇으리라, 15:9는 이스라엘의 행군을 전제로 한 것이다. 게다가, 차일즈245는 14장에 나오는 물에 대한 두 가지 묘사는-바람으로 밀려남 14:21과 벽으로 섬14:22, 29-15:8과 10절에서 모두 반영되어 있다.

두 번째 질문은 이 노래에 있는 신화학적인 모티브의 중요성에 대한 것이다. 고대근동

에서는, 신화들신들에 대한 이야기들이 질서와 혼돈, 삶과 죽음의 우주적 세력 사이에서 이루어지는 다툼의 결과로 세상을 특징짓는다. 신들이 질서/삶을 지킨다면, 종종 바다의 용으로 그려지는 바다/심연이 혼돈/죽음을 나타냈다.

따라서 두 가지 극단적이고 유명한 신화의 순환들, 바빌론의 "창조 이야기" 에누마 엘리쉬Pritchard, 1969: 60-72와 바알의 가나안/우가릿 신화Pritchard, 1969:129-42가 혼돈의 권세각각 바다 괴물 *Tiamat*, 그리고 바다/*Yamm* 혹은 죽음/*Mot*를 가진 신들각각 마르둑과 바알의 싸움을 말해준다. 각각의 경우에서, 대장 신이 승리함으로써 위협적인 혼돈의 세력에게서 질서와 생명을 빼앗는다. 이런 "구원"에 대한 응답으로, 다른 신들은 승리자 신을 우주의 왕으로서 보좌에 앉게 한다.

그런 신화론적 동기가 구약에, 특히나 시편과 예언서의 시에 들어왔다.예를 들면 시 33:6-7; 74:12-14; 사 27:1 어떤 경우에 그런 구절들은 홍해의 갈라짐을 하나님이 인간과 비슷한quasi-personal 혼돈의 괴물에 맞서 승리하신 것과 연관되기도 한다.시 77:16-20; 106:9; 사 51:9-10 에스겔은-출애굽기의 정황이 아님에도-바로를 신화적인 바다용과 동일시하고, 바로의 패배를 하나님이 혼돈에 승리하신 것과 동일시하기까지 한다.겔 29:3-4; 32:2-3

하나님이 대적에게서 위대하신 승리를 거두었다는 것이 그런 관례적인 신화론적 언어로 기념되어야 한다는 것은 놀랍지 않다. 그렇지만 우리는 그렇다고 해서 구약의 신학이 이스라엘을 둘러싼 열방들의 것과 비슷하다는 결론을 내릴 필요는 없다. 접촉점과 유사성은 많이 있다. 그렇지만 구약의 저자들은 분명한 구별의 선긋기를 하고 있다. 우리가 할 일은 그 노래가 어느 정도까지 신화론적인 함축을 담고 있느냐를 묻는 것이다. 적어도 세 가지 특징들이 그 함축들을 지적한다.

먼저, 우리는 이미 개인의 이름이 아닌 "바로"가 단순한 한 명의 개인 이상을 대신하고 있다는 것을 보았다.

두 번째로, 바다yam; 위를 보라라는 용어는 문학적이거나 신화론적인 의미를 가질 수 있다. 그렇지만 홍수15:5와 깊은 물15:8이란 용어는 모두 *tehemot*을 옮긴 것으로, 태고의 혼돈의 물과 연관된 히브리 단어이다.창세기 1:2의 단수형, "깊음," *tehom*을 보라 *Tehomot*는 *Ti[h]amat*, 즉 신화 속의 바다 괴물과 관련된다.위를 보라 땅15:12; 아마도 여기서는 죽음의 영역과 연관됨이 그런 것처럼, 바다.홍수. 깊은 물는 마치 자신의 뜻대로 행동하는 양, 이 노래에서 특히 인간적인 역할을 맡고 있다.

세 번째로, 그리고 우리의 탐구에 있어 가장 중요한 것은, 이 노래 전체의 구조이다. 이 노래가 주께서 바다를 굴복시켜 왕으로서 군림하는 것으로 진행되는 것처럼, 이 노래는 앞서 언급된 고대근동의 신화가 순환되는 일반적인 패턴과 현저하게 병행된다. 크로스는 이것은 운율적인 문체와 유절strophic 구조에 있어서 고대 가나안의 시와도 가깝다고 주장한다.1950:86 이 모든 것들이 이 노래가, 이 노래가 역사적 사건들을 축하하는 것처럼, 역사적 사건들에게 신화론적 함축들을 통해 신화이상의suprahistorical 차원을 부여한다고 제시한다. 크로스는 이렇게 정리한다:

> 시작에서부터 이스라엘의 종교는 서방의 셈족의 신화, 특히 가나안의 신화를 만드는 패턴과 분명한 연속선상에 있었다. 그렇지만 이스라엘의 종교는 오래된 모태에서 출현한 것이 아니며, 역사적 사건들의 형성과 그 해석들의 영향이 그 제도들을 형성시켰다.… 이것은 모세의 시대와 정복의 시대에 함께 왔다. 1973:143, 이탤릭 부분이 추가됨; 112-44에서 이스라엘의 바다 전승 속에 나오는 그 노래에 대한 크로스의 광범위한 논의를 참조

그럼에도 불구하고, 이런 측면을 지나치게 강조하는 것은 그릇된 것이다. 시 77:16과 이사야 51:9-10과는 달리, 이 노래는 지상의 적들에 대한 하나님의 역사적인 승리를 혼돈의 물에 대한 우주적인 승리와 동일시하지는 않는다. 게다가, 홍해 혹은 갈대바다는 하나님의 대적자가 아니라 구원의 수단이다. 하나님이 바다의 파괴적인 힘을 사용하시는 대상은 하나님의 위대한 대적자, 바로이다.

15:19-21 미리암이 의식을 인도하다

19절은 간략하게 바다에서 일어난 하나님의 승리 사건들을 회고한다. 19절은 14장과 비슷한 단어를 사용하여 회고하고 있다.14:16, 22, 28-29 참조 이런 반복의 목적은 독자로 하여금 다시 한 번, 그렇지만 새로운 방식으로 "미리암의 노래"로서 그 사건들을 암송하게 하기 위함이다.15:21

미리암은 여선지자 미리암, 아론의 남매로 소개된다.NRSV에서는 선지자 그녀가 여기서 처음으로 이름이 밝혀졌음에도, 그녀를 그 여선지자the prophetess라고 언급한 것은 그녀가 알려진 인물이라는 것을 말해준다. 그녀를 언급하는 일곱 개의 성서 본문 가운데 어떤 것도 그녀가 광주리를 지키는 아기 모세의 누이와 동일시하지 않는다.2:4 7-8 반면, 이 본문 가운데 어떤 것도 같은 사람일 가능성을 배제하지도 않는다. 결국, 모세와 아론의 다른

누이의 이름이 족보에는 언급되지 않는다.민 26:59; 대상 6:3

그렇지만 미리암이 여기서 모세의 누이라고 신원이 밝혀지지 않는 것은 주목할 만하다. 이렇게 보는 시각과 다른 시각은 리타 번스Rita Burns로 하여금 누이가 혈족관계 보다는 미리암의 지위와 역할을 더 가리키고 있다고 믿게끔 했다. 그녀는 제사장과 관련되어 있으며—대제사장적인 인물인 아론—따라서 "특성상 제사장"으로 나타나고 있다.99 유사한 결론에 도달한 브레너M. Brenner는 후대에 레위인들이 스스로를 아론계열 제사장들의 "형제들"로 묘사하는 관행을 인용한다.45; 예를 들면 NIV: 대상 23:32; 에스라 3:8f; 느 13:13

이런 그럴듯한 해석에 따르면, 여선지자와 아론의 누이는 미리암을 여기서 공식적인 제의 능력을 수행하는 사람으로 밝히는 용어가 되는 것이다. 그녀의 춤과 탬버린 연주또는 타악기류 그리고 노래는, 입다의 딸이 탬버린을 들고 춤을 추며 그를 만나러 나오면서 하는 것과 같이삿 11:34; 삼상 18:6 참조 자발적인 기쁨의 행위가 아닌 것이다. 오히려, 그것은 종교적 리더십의 행위로 볼 수 있다.

미리암이 여선지자—암시된 역할이기는 하지만 민수기 12:1–15에서는 나타나지 않는 이름—로 불리기는 하지만, 여기서 그녀의 행위에 있어서 뚜렷하게 예언적인 것은 없다. 그것이 종교적 리더십에 있어서 "느슨히 적용된" 호칭이라고 주장한 번스가 맞을 지도 모르겠다. 그렇지만 번스는 저자가 우리가 모르는 미라임의 예언적 행위 중에서 일부의 지식을 가지고 있을 가능성을 열어 주고 있다.78–79; 41–79 참조; 아랫부분의 응창 노래에 대한 주를 볼 것

번스는 미리암이 "전투 자체에서 존재하는 구원행위에 대한 제의적 재연"을 이끈다는 그럴듯한 주장을 한다.31: 11–40 참조 주님께 노래하라고 그들에게 권고하면서 미리암이 그들에게 노래했다.15:21는 것은 번갈아 부르는 합창antiphonal singing이라는 것을 나타낸다. 그들이라는 대명사가 히브리어 본문에서는 남성형이기에, 번갈아 부르는 합창은 한 쪽 그룹의 미리암과 여성들, 그리고 다른 쪽 그룹의 남성들 사이에서 이루어졌을 수 있다. 브레너는 이 본문을 후대에 레위인들이 하는 관습을 반영한 것으로 본다: "주어진 그림은 남성과 여성의 합창단 사이에서 굉장히 잘 짜인 교대로 부르는 합창 가운데 하나이다"44

그런—레위인들이 하는—합창은 포로기 이후 이스라엘 속에서 예언으로 묘사될 수 있다.대상 25:1–3; 대하 35:15; M. Brenner: 44f 미리암이 그녀 당시에 여선지자라고 여겨졌든 아니든, 이것은 저자가 왜 미리암을 여선지자라고 부르는지를 말해줄 수 있다.

짧은 미리암의 노래15:21는 주님의 승리를 요약하면서 주님께 노래하자는 권고이다.1

줄 이것은 첫 번째 단어를 제외하고는, 바다의 노래의 시작과 동일하다.15:1 내가 노래하리라히브리어: 'asi-rah, 15:1라는 자기 권고 대신에, 미리암의 노래는 복수 명령형 노래하라ye!로 시작하고 있다.히브리어; siru, 15:21 이것은 교대로 부르는 합창에 따른 것이다. 시편과 다른 곳에서도 되풀이하여 발견된다.예를 들면 시 33:3; 68:4; 사 42:10; 렘 20:13

해석자들은 모세의 노래15:1-18와 미리암의 노래15:21의 관계에 대해서 다른 이론들을 제시한다. 미리암의 노래는 모세의 노래의 축약판인가? 아니면 후반부는 미리암의 노래의 확장인가? 크로스는 21절을 시작으로 보고 있는데, 이름으로 사용되는 노래의 첫줄이다.1973:123f 다른 말로 하면, 미리암은 그 노래의 시작을 읊조리면서 전체 노래15:1-18를 부르도록 외치는 것이다. 반면, 번즈는 "승리의 노래가 원래 짧은, 무한정 반복되는 두 줄짜리 연"이었을 가능성을 본다.15

이 문제는 아마도 확실하게 대답될 수는 없을 것이다. 현재의 상황 속에서는, 미리암의 노래는 모세와 이스라엘 백성이 부르는 하나님의 승리의 찬양을 다시금 강조하는 것으로 보는 것이 가장 좋다. 만일 미리암의 지위, 행위, 그리고 노래를 제의적으로 해석하는 번즈가 옳다면, 미리암의 노래는 주님의 승리를 더 공식적이고 제의적으로 축하할수록 모세와 이스라엘 사람들15:1이 찬양을 더 즉흥적으로 불렀을 수 있다는 것도 말하고 있다. 역사적으로, 우리는 이 바다의 노래 전체가, 짧은 형태이든 긴 형태이든, 수세기에 걸쳐 이스라엘의 예배에서 낭송되었다고 추정할 수 있다.

성서적 맥락에서의 본문

축제력Festal Calendar

유월절/무교병에 대한 언급과 기술들은, 하나의 이름이든 다른 이름이든, 소위 축제력으로 주로 구약성서에서 찾을 수 있다.출 23:15; 34:18-25; 레 23:5-8; 민 28:16-25; 신 16:1-8; 논의를 위해서는 23:14-19의 주를 보라

구약의 유월절/무교병

민수기 9:1-14는 시내 광야에서 이 제도의 첫 번째 주기를 맞아 유월절을 지키라고 백성에게 지시를 내리는, 모세에게 주신 하나님의 말씀을 보고한다. 이 본문은 의식상으로 부정한 사람들이나 정해진 시간 동안 여행을 하는 사람들을 위한 축제의 대안일한 달 후을 제공하고 있다. 역대기하 30장은 유월절/무교병이라는 국가차원의 축제가 의식상의

정결에서 결격사유가 있음으로 인해 한 달을 미루라는 히스기야 왕약 715-687 BC의 명령을 싣는다. 그 축제가 두 번째 주로 확대되고 기쁨과 열정이 가득한 위대한 축제가 따라온다.

유월절/무교병에 대해 상대적으로 몇 안 되는 언급들은 구약성서 곳곳에 흩어져있다. 그들 가운데 대부분은 특히 중요한 사건들—금방 논의한 사례와 같은—을 언급하고 있다: 원래 유월절에 대한 또 다른 언급민 33:3; 약속의 땅에서 맞는 최초의 유월절수 5:10f; 요시야의 유월절 갱신왕하 23:21-23; 대하 35:1-19; 아래를 보라; 포로기 귀환으로 두 번째 성전의 완공 이후의 최초의 유월절/무교병 축제에스라 6:19-22

에스겔은 새 예루살렘이라는 그의 거대한 환상 속에서 유월절/무교병의 축제를 위한 준비를 한다. 겔 45:21-24 유월절은 결국 7일 혹은 8일간의 축제 전체의 이름이 된다. 무교병은 분명히 언급되든 아니든, 마땅히 해야 할 것으로 유월절과 연관된다.

금방 나열된 유월절 축제들 가운데에서, 유다의 왕 요시야가 명한 것대략 640-09 BC에 특별히 관심을 기울일 만하다.왕하 23:21-23; 대하 35:1-9 이것은 성전 수리기간 동안왕하 22 발견된 율법서많은 이들이 신명기의 초기판이라고 생각하고 있음로 인해서 유시야 왕이 갱신한 위대한 계약갱신의 한 부분을 이루고 있다. 이 축제에 대해서 우리는 다음과 같이 읽을 수 있다. "이스라엘을 다스리던 사사들의 시대나, 이스라엘이나 유다의 왕들이 다스리던 시대에도 그렇게 지킨 유월절은 없었다" 왕하 23:22

이런 언급이 그와 같은 유월절 축제를 가리킨다고 보기는 어렵다; 대신, 이런 언급은 축제의 방식을 가리킴이 분명하다. 아마도 이것은 그 땅 곳곳에서 집안이라기보다는 성전에서 그 축제를 축하하는 관습의 시작일 표시하는 것 같다. 어떤 경우에든 이 언급은, 비록 수 세기에 걸쳐 지켜져 왔음에도, 유월절 의식이 다른 시대와 환경에 적합하도록 다양하게 수정되었다는 것을 우리에게 알려주고 있다.대하 30:26도 참조

신약성서의 유월절

무교병의 모티브와 맏이의 죽음이 따르는 유월절은 신약성서 속으로 다양한 방식으로 들어온다.신약성서의 장자라는 주제에 대해서는 7:14-11:10에 대한 성서적 맥락 속의 본문의 "맏이"를 보라 출애굽기 24장의 언약의식과 더불어피의 의식과 성찬식을 포함하여; 24:1-11의 주, 유월절은 주의 만찬의 구약적 근거를 부여하고 있다. 노먼 타이스Norman Theiss은 다음과 같이 간략히 요약한다:

처음 세 명의 복음서 기자들과 바울의 눈으로 보면, 예수는 열두 제자들과 함께 한 자신의 마지막 만찬을 새로운 유월절 만찬을 시작하기 위한 하나님의 계획의 성취로 이해했다. 이런 새로운 만찬에서, 예수는 자신의 죽음을 새로운 죽음으로 해석했는데, 이 새 출애굽 속에서 하나님의 새로운 백성은 자신들을 노예로 부리던 모든 것에서 해방되었으며 거룩한 삶으로 하나님을 섬기도록 자유를 얻었다. Theiss: 17

타이스는 유월절을 예수의 시대에 유대인들이 지켰던 것처럼 상당히 세부적으로 재구성하려했다. 이렇게 해서 그는 마지막 만찬과 예수의 죽음 단락의 많은 세부사항들을 유월절의 해석적 틀 속에 위치시킬 수 있었다. Theiss: 17-35 여기서는 일부를 수정하여 몇 가지의 강조점들만 요약될 수 있다.

누가는 유월절 주제를 예루살렘의 유월절 축제에 12살짜리 예수가 부모를 따라 가는 단락으로 소개하고 있다. 눅 2:41-51 예수의 부모가 여행길을 되돌리고자 예수를 찾았을 때 예수는 "성전에 교사들과 함께 앉아서 그들의 말을 듣고 그들에게 질문을 던지고 있었다." 2:46 이런 질문들은 어떤 아이가 유월절에 전통적으로 해야 하는 것이었을까?

마지막 만찬의 배경 속에서, 예수는 유월절 식사에서 가족—여기서는 모든 이스라엘을 대표하는 열 두 제자들—의 주인이면서 하나님의 백성을 위한 구원에서 죽임을 당하는 유월절 어린양으로 그려진다. 요한복음의 연대기에 따르면, 예수는 유월절 양이 성전에서 죽임을 당하는 바로 그 때에 십자가에서 죽는다. 유월절의 양인 예수의 역할을 강조하는 것이다. 마태, 마가, 그리고 누가는 마지막 만찬을 유월절 식사를 할 때로 둠으로써, 주인인 예수의 역할을 강조하고 있다. 그렇지만 이런 두 가지 강조점은 모순적이라기보다는 상호보완적인 것으로 보아야 한다. 이 강조의 목적은 역사적 자료를 보고하는 것이 아니라 그 사건들을 해석하는 데에 있다.

유월절 식사와 예수의 죽음에 대한 다양한 세부내용들이 유월절의 연결을 강조 한다; 여기서는 몇 가지만 언급될 수 있다. 요시야의 유월절을 따라가를 보라, 이 축제는 예루살렘에서 축하되어야만 했다, 예수는 의도적으로 예루살렘을 향한 여정을 시작하고, 그곳에서의 자신의 여정을 유월절과 연결시킨다. 마 26:2; 막 14:1; 눅 22:1, 7, 15; 요한복음 2:13 참조 식사에서 예수는 빵과 포도주를 축사함으로써 주인처럼 행동한다. 그렇지만 그가 빵과 포도주를 자신의 몸과 피라고 지칭함으로써, 예수는 또한 자신을 유월절 양으로 밝히고 있다. 마 26:26-28; 막 14:22-24; 눅 22:14-20; 고전 11:23-25

식사를 마치고 예수와 제자들이 부른 "찬양"은 아마도 할렐의 마지막 부분을 가리키는 것 같은데시 113-118, 유월절의 결론과 관련되어 있다. 그렇지만 유월절이라는 주제는 예수 그리스도, 유월절 어린양의 죽음이 오기 까지는 완성되지 않는다. 그의 "살육"에서는, 뼈가 하나도 부러지지 않아야 한다.요한복음 19:31-36과 출 12:46을 참조 원래의 유월절에서는 히솝이 사용된다.출 12:22 참조; 요 19:29와 민 9:12

그 유월절출 12장은 그 파괴자로부터 살아남은 것을 나타낼 뿐만 아니라 해방된 삶이 올 것을 내다보는 것처럼, 마지막 만찬 역시도 앞을 내다보는 것이다. 이것은 특히 하나님 나라에서의 종말론적 만찬에 대한 예수의 언급을 통해서 분명해 진다.마 26:29; 막 14:25; 눅 22:18; 사 25:6-9 참조

다른 구약 본문들 몇 개도 유월절의 언어를 채용하거나 암시하고 있다. 바울은 분명히 이렇게 말한다. "우리의 유월절 양으로, 그리스도는 희생되셨다" 고전 5:7 바울은 이전의 삶을 누룩과 비교하면서 이렇게 결론을 내린다. "그러므로 악의와 악독이라는 낡은 누룩이 아니라 성실과 진리라는 무교병을 가지고 이 축제를 지킵시다." 5:8

반면, 예수는 바리새인들의 삶과 가르침을 누룩에 비유한다.마 16:6, 11-12; 막 8:15; 눅 12:1; 갈 5:9 참조 다른 한편으로, 예수가 요한복음 6장에서 오천 명을 먹여 의도적으로 유월절과 관련시킨 것은6:4, "내가 생명의 빵"6:35이기에 자신에게 오라는 초대와 연결된다. 많은 다른 구절들이 예수 그리스도를 죽임당하고 부활한 어린양이라고 언급하고 있고, 예수의 피를, 식사에 참여하는 것을 하나님의 손님으로 언급하며, 예수 그리스도를 하나님의 맏아들이라고 가리킨다. 유월절이 어떻게 구체적으로 나타나는지를 아는 것은 언제나 어렵지만, 이런 것들이 유월절 및 유월절과 연관된 주제들에 대한 암시를 내포하는 것에는 무리가 없다.

신의 관점 vs 인간의 관점

이스라엘의 고통스러운 출애굽 경로가, 바로의 입장에서 보면, 이스라엘의 엉성한 탈출이자 바로가 자신의 노예들을 다시 붙잡을 수 있는 기회였다는 것을 우리는 보았다. 하나님의 관점에서는, 모세가 겁을 먹은 이스라엘에게 해석해 주었듯이, 이스라엘이 명백히 실패했다는 것은 그들을 위한 구원이자 바로의 파멸을 위한 하나님의 계획된 전략이었다. 성서 전체에 스며들어 있는 주제는 죄와 악의 대리자들이 스스로를 승리자로 여기지만 하나님이 그들의 파멸을 이미 이루시고 계신다는 것이다.

하나님과 같은 존재가 되고자하여, 아담과 하와는 하나님과 함께 하던 그들의 원래 지위를 잃었지만, 하나님의 은혜는 그들이 죽지 않도록 보존했다.창 3 자신들의 형제 요셉

을 제거하려는 죄스러운 시도를 하는 요셉의 형제들은, 생명을 보존시킴에 있어 요셉을 자신들의 주인이자 하나님의 대리자로 삼았다. 창 45:4-8 스스로를 자주적이고 최상의 권력과 영광으로 가는 길이라고 믿었던 수많은 폭군들과 열방들은 실제로는 죄에 대해 하나님이 내리시는 심판을 수행하고 있다. 이 심판은 그들의 몰락까지도 포함하게 될 것이다. 예를 들면 앗수르, 사 10:5-19 신약성서의 중심에도 십자가 위의 명백한 예수의 패배가 실제로는 그의 죽음을 유발시키는 권력에 대한 하나님의 승리를 이루고 있다는 주제가 있다.

바다를 건넘

우리가 예상하는 것처럼, 홍해에서 이스라엘이 구원을 얻은 것은 역사적인 요약들 가운데 일부에서 분명히 언급된다. 수 24:6; 느 9:9; 시 78:13-14; 106:7-11, 22, 136:13-15; 행 7:36; 히 11:29 다른 역사적 요약들에서는, 바다에서의 이스라엘의 구원은 "이집트, 바로와 그의 모든 집안에 맞선 이적들과 기이한 일들"로서 그런 일들을 언급하는 더 일반적인 조사들 속에 의심할 여지없이 포함되어 있다. 신 6:22 바다 사건들에 대한 다른 언급들은 여기저기에서 발견된다. 민 33:8; 신 11:4; 수 2:10

바다 사건과 신화론적 연관성

앞서 우리는 출애굽기 15장에서 나타난 것처럼 바다를 가르는 하나님의 구원행동이 적어도 고대근동의 신화적 모티브와 어느 정도 연관이 되어 있다는 것을 살펴보았다. 위를 보라 그런 고대 신화 속에서, 바다는 혼돈을 나타내고 있으며, 빈번하게 용이나 괴물로 의인화되어, 어떤 경우에는 이름이 드러나기도 한다. 예를 들면 티아맛, 레비아탄 질서를 바로잡고 생명을 보존케 하고자 최고 신마르둑, 바알; 위를 보라이 전쟁에서 이 괴물을 퇴치한다. 따라서 이런 행동은 창조의 기원과 관련된다.

구약에서 하나님 역시 종종 승리의 전사로 나타나며, 바다/혼돈 용/레비아탄/라합을 굴복시킨다. 예를 들면 시 78:12-16; 89:10f; 사 27:1 이런 모티브는 때때로 바다에서 구원을 이루시는 하나님의 위대한 행위와 결합된다. 예를 들면 시편 77:16-20은 하나님을 바다를 통해 행군하는 개선용사로 나타내고 있다: "물들이 당신을 보았을 때, 오, 주님, 물들이 당신을 보았을 때, 두려워하였습니다: 깊은 물도 떨었습니다." 이사야 51:9-10은 "용/라합"을 하나님이 물리치신 것과 "구원받은 자들이 건너도록" 바다를 마르게 하신 하나님의 행위를 병행시킨다.

홍해와 요단강

여호수아 3-4장에서 우리는 이스라엘이 메마른 요단을 건너는 기술을 읽는다. 이 이야기는 홍해바다/갈대바다를 건너는 이야기와 아주 닮아 있으며 두 이야기가 분명히 병행된다:

> 주 너희 하나님이 우리가 건너갈 때 까지 우리를 위해 홍해를 말리신 것처럼, 주 너희 하나님이 너희가 건너갈 때까지 너희를 위해 요단강의 물을 마르게 하셨다.수 4:23

여호수아 3-4장의 기술은 제의적 상징으로 아주 가득하다: 제사장들은 언약궤를 백성들 앞에서 나른다. 12명이 각각 돌 하나씩을 모아서 기념물을 세운다. 하나님이 홍해와 요단강을 통해 이스라엘을 인도하셨다는 것을 회상하는 가운데, "이 돌들은 무엇을 의미하는 건가요?"라고 미래의 아이들이 물으면 대답을 주기 위한 지침들이 주어진다.수 4:21 건넌 후에는 언약의 갱신축제가 길갈에서 열린다. 이 모든 것은 유월절 시기에 "첫 달의 10일째 되는 날에" 열린다.출 12:1-3 참조

이런 특징과 다른 특징들로 인해서, 많은 해석자들은 후대 이스라엘의 역사 속에서 요단강의 동편에 있는 아벨-싯딤Abel-sittim에서 서편에 있는 길갈에 이르는 행진을 통해미가 6:5 참조 바다를 건너는 것이 기념되었다고 생각한다. 아마도 이런 목적으로 인해 요단강을 일시적으로 둑으로 막았을 것이다. 법궤는 제사장들이 앞에서 운반했다. 길갈이라는 고대 성지에서 언약의 갱신 축제가 뒤따랐다.예를 들면 Cross, 1973:138-40 시편 114편은, 바다와 강을 동일시하면서, 그런 축제에 속했을 것이다.시 66:6도 참조; 하박국 3:8

이사야 40-55의 출애굽기 유형론

주로, 이사야서의 이 부분은 미래에 있을 하나님의 위대한 구원을 나타내기 위해 출애굽의 이미지와 주제들을 사용한다. 여기서 관련 있는 모든 언급들을 나열할 수는 없다. 두 가지 사례면 충분하다:

- 새 출애굽의 요약이 이사야43:14-21에 제시되다.
- 물을 통해 가는 새로운 구원43:1-3이 있을 것이며, 바다를 이기는 하나님의 새로운 승리가 있을 것이다.51:9-11; 신화론적 함축; 위를 보라; 사 40-55에 나오는 출애굽의 유형론을 모두 다루고 있는 B. W. Anderson: 177-95를 볼 것

예수와 바다

신성한 권위를 입증하고 있는 예수의 이적들에도 바다를 지배하는 주님으로서 예수를 보여주는 것들을 포함하고 있다는 것은 우연이 아니다. 이런 측면에 서 있는 두 개의 이적들은 폭풍으로 인해 걷잡을 수 없는 바다를 예수가 잠잠하게 한 것마 8:23-27; 막 4:36-41; 눅 8:22-25과 예수가 바다 위를 걷는 것이다. 마 14:24-33; 막 6:47-52; 요 6:16-21 예수의 명령으로 제자들이 고기를 많이 잡는 이적 역시도 바다에 대한 예수의 권위를 증명한다.눅 5:1-11 바다에 대한 예수의 권위가 출애굽기에서 하나님께서 바다를 가르시는 것과 분명히 연관되고 있지는 않지만, 어떤 병행이 의도된 것은 분명하다.

신약성서의 다른 언급들

마태복음 2:15에서는, 바다에 대한 어떠한 언급도 없지만, 이집트에서 부모와 함께 아기 예수가 돌아온 것이 출애굽한 이스라엘과 연결되고 있다.호 11:1; 출 4:22 참조 그러므로 예수는 구원받은 이스라엘과 병행되고 있다. 비시디아의 안디옥에서 했던 연설에서, 바울은 이스라엘의 역사, 즉 이집트에서의 구원부터 예수 그리스도 안에서의 새로운 구원에 이르기까지를 낭송하면서, 그렇게 함으로써 구원의 큰 두 가지 행위를 서로에게 연결시킨다. 행 13:16-25

그렇지만 다른 곳에서 바울은, "바다를 통해 건너왔으며 구름과 바다에서 침례를 받아 모세에게 속했던"고전 10:1-3 자신의 조상들과 독자들의 이스라엘 조상들이 아직도 죄와 악의 권세로부터 충분히 구원되지 않았다고 경고하고 있다. 예레미야 31:31-34에 기대어, 히브리서 8장 역시 이집트에서의 탈출과 그에 따른 옛 언약이 충분하지 않음을 선언하며, 새롭고도 더 적합한 언약을 가리키고 있다.

요한계시록 15장에서는 "짐승을 정복했던 자들이 … 모세의 노래, 하나님의 종, 그리고 어린양의 노래를 불렀다." 계 15:2-3 여기서 모세가 중재한 구원과 그리스도, 어린양이 중재한 구원은 하나님에 대한 위대한 하나의 찬양 속에 녹아있다.

그렇지만, 전반적으로 우리는 차일즈에 동의해야 한다: "이렇게 이집트에서의 탈출과 끊임없이 동일시되는 일이 신약성서에서는 좀처럼 일어나지 않는다는 사실이 중요하다" 233, 특히 행 13:1ff에 대한 언급; 눅 1:67ff. 그렇지만 이스라엘의 출애굽과 그리스도 안의 구원에 대한 언급 사이의 구체적인 연결이 이렇듯 부족하다는 것은 새로운 모세로 예수를 종종 유형론적으로 묘사하는 것과 교회를 새 이스라엘로 그리는 것으로 균형을 잡게 된다. 유일한 사례를 들자면, 앞서 13:1-16 이후의 교회 생활에서의 본문에서 언급한 유월절과 주의 만찬 사이 그렇지만 윌라드 스와틀리Willard M. Swartley는 신약성서에서 출애굽기그리고 시내산 사건들의 영향은 개별적인 상호참조cross-referencing가 발견할 수 있는 것 보다 훨씬 폭넓고 미묘한 차원에서 일어날 수 있다고 본다. 공관복음서마태, 마가, 누가가 공통으로 가지는 독특한 구조예수의 이동: 갈릴리, 여행, 예루살렘는 네 가지 주된 구약의 신앙 전통들로 형성되었다고 스와틀리는 주장하고 있다: 출애굽시내 산, 정복의 길, 성전, 그리고 왕위 전통이런 매혹적이고 포괄적인 그림에 대해서는 Swartley, 1994를 보라. 특히 복음서에서 출애굽기의 영향과 관련된 요약: 91-94, 254

교회 생활에서의 본문

유월절과 주의 만찬

그리스도인들을 위한 가장 중요한 유월절의 역할은 마지막 만찬 혹은 주의 만찬 및 그것을 넘은 예수 그리스도의 죽음과 부활을 해석하는 틀을 제공한다는 것이다. 그렇지만 주의 만찬을 구약의 유월절을 대체하는, 새롭고 더 위대한 유월절로서 예표론적으로 보는 것으로는 충분하지 않다. 그런 일이 일어난다면 정치적 차원의 구원도 사라진다. 그렇게 되면 폭군들이 백성들을 압제하는 것은 더 이상 하나님의 심판 아래 있게 되지 않으며, 억압당하는 자들도 더 이상 다가오는 하나님의 구원을 듣거나 축하할 수가 없다.

반면에, 구약의 유월절을 충분히 이해하지 않아, 정치적인 압제자들로부터의 해방을 일방적으로 강조하는 것은 구원의 개인적이고도 초월절인 차원을 놓치게 되는 것이다.

유월절과 주의 만찬 모두 역사적 기억, 되풀이되는 의식실행, 그리고 희망의 기대를 내포한다. 이 두 가지는 신자들을, 모두 고대 이스라엘이든, 유대인이든 혹은 그리스도인들이든, 토마스 만Thomas W. Mann이 "한계 시간liminal time"이라고 부르는 순간 속에 둔다. 유월절/주의 만찬 준수라는 순간에 신자들을 두는 것은 자유를 향해 가는 전날 밤이다. 그 밤은 하나님과 바로/사탄 사이의 위대한 전투가 여전히 맹위를 떨치는 밤이다. 동시에, 그 밤은 바로/사탄의 권세가 심판되고 신자들이 하나님께로 충성을 바꿔 돌리는 밤이기도 하다. 하나님께 구속과 미래의 삶이 속해 있다.

유대교와 기독교 사이의 연결

수 세기에 걸쳐 그리스도인들은 유월절 축제에 대해 양면적인 태도를 취해왔다. 우리가 일부 다른 구약의 준수들을 방치하는 것처럼 유월절을 내버려 둘 수는 없다. 차일즈는 설명과 질문을 함께 제시한다:

> 유대교와 기독교의 소망-양쪽 모두 과거를 바라보고 미래를 희망한다-사이의 공식적인 병행은 하나님의 최후의 승리를 공통적으로 증언하는 두 가지 신앙을 통합하는, 깊은 수준의 연대감을 단언한다. 그렇다면 거기에서 유월절과 성만찬을 공동의 찬양으로 연결시키는 하나님의 기쁨을 함께 나누는 것이 없어야 하는가?
> Childs: 214

다른 말로 하면, 옛 유월절과 새 유월절이 특별한 방식으로 두 개의 신앙을 연결시키지 못하는가? 만일 만Mann의 견해가 맞는다면, 이것은 수많은 교회들 속에서 크게 인정되고 단언되는 것이다:

> 어떤 방식으로 보통 부활절 시기에 가까운 유월절을 지키는 것은 지금 교회들에 있어서는 드물지 않은 일이다.… 어떤 교회들은 단축된 유월절 기념식을 그들의 교육 프로그램 속에 통합시킨다… 교회가 유월절을 지키지 않는다고 해도, 성서 본문과 성서의 동시대의 Haggadic [유대교 전통] 확장에 대한 이해는 기독교 예배, 특히 주의 만찬에 풍요롭게 참예하게 할 것이다. Mann: 249

나는 만의 견해와 훈계를 모두 단언할 수 있다. 그렇지만 유대교와 기독교 신앙 사이의 중요한 차이들을 무시하는 감상적인 친교를 피하도록 주의를 기울여야 할 것이다. 대신 약속할 수 있는 것은, 이 두 개의 신앙이 공통적으로 깊고 핵심적인 신념을 가지는 지점에서 다른 신앙에 대한 진정한 공감을 한다는 것이다.

유월절의 세부사항들에서 얻는 교훈들

1. 유월절, 즉 노예의 땅에서 하나님의 자유로운 섬김의 영역으로 향하는 여정을 시작하기 위한 축하의 준비는 이 세상에서 이방인과 일시 체류자로 사는 신자들의 지위를 떠올리게 한다.
2. 그 땅에서, 이스라엘의 맏이들-혹은 하나님의 장자로 이해되는 이스라엘 전체-을 포함하여, 모든 맏이들을 향한 위협은 미래가 하나님께 달려 있다는 것을 상

기시킨다. 우리를 위해 희생된 어린양의 피로 말미암아 파멸에서 살아나 그것이 다시 우리 손에 들어오게 된 것은 하나님께서 은혜롭게 마련하신 것이다.준-희생 quasi-sacrifice으로서의 유월절에 대해서는 12:1-20의 주를 보라 미래의 세대들은 하나님께 속한 것을 하나님께 드림으로써, 그리고 하나님께서 구속하도록 허락하신 것들을 구속함으로써 이것을 기억해야 한다.

3. 유월절은 공공의 축제가 아니라 긴밀하게 맺어진 신앙공동체를 함께 단결시키는 축제이다. 그 초점은 가족이지만, 나중에는 모든 이스라엘의 "가족" 속의 축제로 확대되었다.요시야 치하에서, 위를 보라 이방인들과 단기체류자들도 참여할 수 있지만, 할례로 표시되는 헌신, 즉 이 공동체에 스스로를 아주 진중하게 헌신해야만 한다.12:43-49 교회의 선교사들이 외부인에게 개방되었음에도, 성인의 침례나 유아세례의 재확인, 그리고 평상적인 합류자나 문의자들을 통해서 교회가 완전히 헌신된 자들 사이의 선을 그을 것을 필요로 하던 시기가 있다. 헌신으로 다져진 공동체만이 선교적인 위임을 달성할 수 있다.

4. 유월절은 가르치는 부모의 역할을 강조한다. 유월절 의식을 준수하다보면 아이들에게서 질문이 나오게 될 것이다. 그러면 다른 누구도 아닌 부모가 하나님께서 행하신 것을 아이들에게 대답하고 가르칠 것이다.12:24-37; 13:7-9, 14-16 우리는 특히 인용된 구절들 속에 있는 그 명령에 특히 주목한다: 그것은 아이를 예배로 이끄는 부모의 입장에서 가르치는 것이 아니다. 그 반대로, 그것은 가르침으로 가는 길을 여는 예배이다—여기서는 가족이 유월절을 지키는 것. 참되게 예배하는 부모는 아이들을 주일학교에 데려다 주고 자신들은 커피를 마시러 가는 사람들이 놓치는 교육의 기회를 갖게 될 것이다.

5. 마지막으로, 다시 요점: 유월절은 악의 세력으로부터 정당한 주인에게로 충성을 옮기는 것이 신성한 약속의 말씀의 기초에서 이루어질 수 있고 이루어져야만 하며 지켜져야 한다는 것을 가르친다. 아직 밤이고 악의 권세가 물러가지 않은 것처럼 보이는 때에도 우리는 이것을 행해야 한다.

해석의 역사

차일즈를 따라230-37 여기서는 몇 가지 중요한 요점들만 그릴 수 있다. 고린도전서 10장에 기초하여, 그리고 솔로몬과 필로의 묵시적 지혜서에 대한 우화론적 접근을 따라서10:15ff, 교회 교부들은 일반적으로 우화에 의존했다. 이들은 바다를 건너는 것을 침례와 동일시했으며, 이집트인들에게서 탈출하여 자유를 향해 가는 것을 침례에 영향을 받아 죄로부터의 자유를 얻는 것과 동일시했다. 이런 주제들은 중세 시대 내내 계속되었다.1:22 이후에 나오는 교회 생활에서의 본문, 메노의 시를 참조

루터와 칼빈은 새로운 관점을 가져왔다. 루터에게 있어서 바다를 건너는 것은, 인간적으로 말하자면 빠져나갈 길이 없어 보이는 상황 속에서 신앙과 은혜의 역학을 예표하고 있다. 루터는 우화적인 해석을 공격했다. 칼빈은 하나님의 백성을 대함에 있어서 하나님의 은혜뿐만 아니라 하나님의 위엄 있는 힘도 강조했다. 종교개혁 이후의 세기에서는, 지리적 측면에 대한 관심과 출애굽의 "자연적" 설명에 대한 관심이 나타났다.이 재앙들에 대해 병행되는 발전들을 참조: 11:10 이후의 교회 생활에서의 본문

최근 들어서 다양한 형태를 갖고 다양한 영역과 사회적 그룹에서 나오는 해방신학들이 출애굽을 정치적 압제와 다른 형태의 압제로부터 벗어나는 것과 동일시했다. 우리는 출애굽의 이야기를 도용하는혹은 거부하는 서로 다른 양식을 차별화해야만 한다.Sugirtharajah 교수의 책 229-95에서 수집한 라틴 아메리카, 한국, 아프리카계 흑인, 아시아 페미니스트, 팔레스타인, 그리고 아메리카 원주민들의 관점들을 참조 아울러 존 하워드 요더John Howard Yoder의 경고도 주의를 기울여야 할 필요가 있다: "출애굽은 모든 형태의 가치를 가진 모든 종류의 집단이 어떻게 모든 유형의 구원을 얻을 수 있는가에 대한 패러다임이 아니다. 출애굽은 불확실로 들어가는 특정한 물러남의 형태인 것이다." Yoder: 28

현대의 서구 그리스도인들을 위한 출애굽 신학

모든 그리스도인들이 성서 신앙의 모든 것과 이스라엘/유대와 교회 역사의 모든 것을 위해 이스라엘의 출애굽 경험의 핵심을 이해하는 것이 굉장히 중요하다. 모든 인간적인 권력의 패턴들을 거스르면서, 힘없는 노예 무리를 하나님께서 바로의 강력한 손아귀에서 구원하시는 것은 명확하게 하나님에 대한 유대교와 기독교의 신앙, 역사의 이해, 그리고 미래에 대한 희망을 형성했다.

그렇지만 이런 핵심적인 이해를 넘어서, 몇 가지의 강조점과 주의점들이 필요하다:

1. 출애굽 기술은 계속해서 하나님께서 악을, 특히나 다른 인간을 지배하는 폭군들의 주장 속에서 스스로를 드러내는 악을 심판하신다는 명확한 패턴을 제공한다. 우리는 어떤 방식에서는 이런 정치 외적인 측면에서 벗어나서 해석해서는 안 된다. 히틀러, 스탈린과 같은 사람들은 바로에 대한 하나님의 심판 아래 있다. 그들의 권력과 오만이 억제할 수 없는 것처럼 보여도 말이다. 이것은 용기, 위엄, 그리

고 억압된 민족과 사람들을 위한 희망을 계속해서 제공해 준다.

2. 그럼에도, 출애굽의 의미를 이렇게 현재의 정치적, 그리고 외부적 수준으로 제한시키는 것은 성서적으로도 적합하지 않다. 출애굽기 자체, 이런 외적인 해방의 종착점은 불법의 주인들에 대한 충성을 내려놓고 참된 우주의 주인인 하나님께 헌신하는 것이다. 이런 목적은 외적인 해방을 넘어선다. 그것은 하나님과 하나님의 위임에 대한 깊은 내적인 헌신을 바라보며, 그렇기에 중심적으로 종교적이다. 그것은 해방이라는 외적인 이야기를 구원의 이야기로 만든다.위의 "서론," 13ff

3. 출애굽 모티브의 변환과 재적용은 이미 구약에서, 특히 이사야 40-55에서 시작한다.위의 교회 생활에서의 본문 신약에서 이것이 이어진다: 예수 그리스도를 통해서, 사탄의 속박으로부터 모든 백성들의 구원은 하나님이 행하시는 출애굽기의 패턴을 더 넓고 우주적인 화면으로 보낸다.골 1:13 이것이 신자들로 하여금 1번으로 윤곽이 잡힌 관점을 버리도록 하지 않는다면, 잘못된 영성화로 보여서는 안 된다.

4. 이 마지막 요점은, 초대 교회 및 중세 교회에 의해, 죄에서 걸어 나가는 이야기 속으로, 침례를 통해, 기독교의 자유 속으로, 출애굽에 대한 우화화를 위한 어떤 정당성을 마련한다. 다시금, 그런 이해는 이미 논의된 역사 신학적 의미들을 몰아내지 않을 때만 보장된다.

5. 출애굽의 패턴을 현대의 정황 속에 적용할 때는, 그것이 지닌 본질들에 관해 그것을 변조하지 않는 것이 중요하다. 이를 테면 다음과 같은 중요한 측면이다: 하나님만이 이스라엘을 자유롭게 하신다; 모세의 리더십도 아니며 바로를 물리친 이스라엘 백성의 자유 항쟁에서 나오는 영웅주의도 아닌 것이다. 이스라엘 백성은 낙심하여 이집트로 돌아가려 한 것으로 나타난다. 모세는 하나님이 그의 눈을 열어 하나님의 더 큰 전략을 보도록 하시기 전까지는 이것에 직면했을 때 속수무책이다. 출애굽이 하나님과 바로의 거대한 싸움이라면, 이스라엘은 그 싸움에 아무 것도 관여한 것이 없다. 하나님만이 바로를 물리치셨고 우리가 기적적이고 자연적이라고 부르는 것의 조합을 통해서 그것을 이루신다.

이것은 또한 이사야 40-55에 나오는 출애굽 패턴을 다시 적용하는 것에서 강조되고 있다. 그곳에서 하나님은 바빌론 포로에서의 해방을 약속하신다. 이런 종착점을 향해, 하나님은 두 가지 형태의 힘을 사용하실 것이다: 페르시아 황제 키루스Cyrus의 군사적, 폭력적인 권세사 44:28; 45:1ff, 그리고 고난 받는 종에서 전형적으로 나타나는, 자신의 백성 이스라엘의 비폭력적인 종의 권세.사 52:13-53:12

6. 바다의 노래가 보여주는 것처럼_{출 15:1-18, 21}, 구원은 자연스럽게 찬양을 불어 일
   으킨다. 구원을 받은 백성은 찬양하며 예배하는 백성이다. 그때도 그렇고 지금도
   그렇다.

출애굽기 15:22-17:16

하나님이 이스라엘과 씨름하시다

사건검토

하나님이 바로와는 치고 받지만 이스라엘과 옥신각신할 필요는 없다. 하나님이 바로와 싸우는 내내, 이스라엘은 우리의 관심의 변두리에 남는다. 많이의 이적과의 연결 속에서만, 유월절 의식을 수행함으로써 이스라엘은 행동을 취하게 된다. 모세와 아론를 통해서 하나님은 모든 일을 이루신다. 이렇게 이스라엘이 수동적인 것은 바다에서의 구원 직전에 모세가 이스라엘에게 한 말 속에 최고조에 달한다: 주께서 너희를 위해서 싸우실 것이니 너희는 가만히 있기만 하라.14:14

이제 하나님과 바로의 싸움이 끝난다. 구원받은 이스라엘은 목적지인 약속의 땅과 함께 광야를 통한 행군을 시작한다. 하나님의 위대한 행동을 보고 구원자 야웨를 믿은 것 또한-적어도 우리는 그렇게 기대한다- 이스라엘이다. 결국 바다에서의 구원 이야기는 이렇게 결론을 맺는다: 그 백성이 주님을 두려워했으며 주님과 그의 종 모세를 믿었다.14:31

그렇지만 이것은 바로의 순간적인 항복을 연상케 하는, 일시적인 마음 상태로 드러난다.8:28; 9:27-28; 10:16-17 이스라엘이 광야를 통해 행군할 때 웅성거림이라는 주제로 얼룩진다. 바로의 저항을 이겨내신 하나님이 지금은 자신이 이집트에서 구원한 그 백성의 저항과 씨름해야 한다.

또 한 번, 하나님은 이번에는 바로가 아니라 이스라엘에게 증명할 표징, 나는 야웨=주,15:26; 등다에 기댄다. 최대의 압제자가 지닌 폭력적인 권세를 부수기 위한 표징들은 권세를 으스러뜨리는 실례였다. 그렇지만 이제 광야에서 낙담한 노예들을 겨냥한 표징들은,

비록 심판이 혼합되어 있긴 하지만, 하나님의 자비롭고 지속적인 힘을 보여준다. 하나님은 목마른 자들에게 물을 주시며15:22-27; 17:1-7 주린 이들에게 음식을 주시고16장, 적들이 공격해 올 때 막으시는 분이다.17:8-14 이스라엘은 바로처럼 계속 마음이 완고하게 되어 피할 수 없는 파멸을 맞을 것인가? 아니면 이스라엘은 하나님의 이적들로 극복하고 신앙으로 응답할 것인가?

이스라엘의 여정이 출애굽기를 넘어 지속되므로, 이 문제는 출애굽기에 나오는 예비적인 반응들만을 찾게 될 것이다. 민수기는 이런 출애굽 주제를 직접적으로 이어가고 있다. 민 10ff 그렇지만 어떤 의미로 구약의 전체 이야기가 그것을 말하고 있다. 이 섹션을 읽음에 따라 우리는 반복적으로 민수기에서 병행되거나 유사한 이야기들로 관심을 이어가야 한다.

개요

주석

식량공급의 표징 15:22-27

마라쓰다. 15:23는 소급적으로 주어진 이스라엘의 첫 번째 광야 경유지의 이름이다. 보도된 사건들은 출애굽기 17:16까지 확대된 이스라엘과 하나님 사이의 조우로 우리를 안내해 주며 민수기에서도 계속된다. 10장 각각의 부분에서 중심이 되는 것은 하나님이 주시는 표징과 이 표징에 이스라엘이 응답하는 것이다. 이런 시각에서, 이런 조우는 하나님과 바로 사이에 있는 것들을 연상시킨다.

15:22-25a 하나님이 단 물을 주시다

물은 살아가는데 있어 기본적인 요건이다. 광야에서는 물이 더욱 귀하다. 이스라엘 백성이 마라에서 마침내 물을 찾았을 때는 마실 수 없는 것이었다. 이스라엘이 불만을 터뜨리고 불평하는 것은 이해할 만하고 정당한 것이다. 이스라엘은 모세에게 불평했지만 15:24, 아직까지는 그들의 태도가 나중에 하게 되듯이 적대적인 것은 아니었다. 그렇지만 자신들을 이집트에서 금방 구원해 내신 하나님에게 어떤 부르짖음도 하지 않았다는 것은, 적어도 반복 독자에게 있어서는 불길한 말을 하는 것이다.

다른 곳에서처럼 이곳에서도, 모세에게는 자신만이 가진 밑천이 없다. 그의 유일한 밑천은 자신에게 위임을 하신 주님께 있는 것이다. 모세는 이것을 뼈아프게 느낀다; 울부짖었다*sā aq*라는 동사는 깊고 무력한 괴로움을 표현한다. 그렇지만 하나님은 내가 너와 함께 할 것3:12이라는 약속에 부응하시고, 쓴 물을 마실 수 있게 함으로써 이스라엘 백성의 필요를 채우신다.

쓴 물을 달게 만든 나무 조각혹은 나무은 하나님께서 식량의 근원이시라는 사실에게서 우리의 관심을 빼앗아 가지는 못한다. 하나님이 어떤 나무의 자연적인 특성을 사용하셨느냐, 아니면 나무를 물에 던지는 행위가 다른 곳에서 모세가 지팡이를 사용한 것처럼 엄밀히 상징적인 것이냐는 별반 차이가 없다. 이것은 이집트의 재앙이나 만나와 메추라기의 이야기와 같은, 다른 광야의 이적들과 같은 것이다. 16장 "자연적인" 설명들이 이 사건이 가지고 있는 이적의 신성한 특징을 "설명하는데" 사용되지 않는 한, 폭넓은 가능성이 고려될 수 있다.[전염병, 표징 그리고 이적, 504쪽]

물을 달라는 요구는 조만간 다시, 거의 반역에 가까운 정황 속에서 우리가 다시 다르게 될 것이다. 17:1-7; 민 20:1-13도 참조 여기서 물을 달라는 울부짖음은 인간의 기본적인 필요를 표현한다.

15:25b-26 미래와의 연결

이 절들에서 우리에게 이 섹션에 있는 다른 이적 이야기들의 특성이 소개된다.16:31-26; 17:14-16 참조; 난 이것을 "미래와의 연결"이라고 부른다. 이스라엘이 목격한 그 이적은, 각각의 경우에서 1차 독자에게는 여전히 알려지지 않았지만 반복 독자에게는 잘 알려져 있는 이스라엘의 후대 역사와 연결된다.

여기서 하나님이 물을 마련해주시고 목마름을 해결해 주시는 것 다음에는 신성한 법의 선포와 그 법을 따르라고 이스라엘을 타이르는 것이 따라온다. 하나님의 법으로 쓰인 단어들은법령들, 조례, 계명들, 그의 모든 법령들 조건적인 권고와 관련되어 있다: 너희가 그것들을 시험해보고자 듣고 … 행하고 … 주의하여 … 지키면, …. 이것은 바로 신명기그리고 다른 구약의 본문들가 시내 산에서 이스라엘에게 주었던 법을 이야기하는 그 용어와 문체인 것이다.

게다가 이 본문에서 이 법을 지키는 것은, 시내 산의 법이 영원히 다른 열방들과 구분되는 표시가 되는 것처럼, 이스라엘과 이집트인들을 구별하게 될 것이다. 우리가 여기서 다름 아닌 그 시내 산 언약을 예상하는 것 같다.19-24장

이스라엘이 사흘 길의 여정으로 광야로 들어간다는 것을 우리가 볼 때 이것은 더욱 분명해진다. 이것은 정확히 모세가 바로에게 우리 하나님 주께 제사를 드리러 가게 해달라고 바로에게 요구했던 시간 혹은 거리인 것이다.3:18b 5:3; 8:27 참조 3:1, 12를 고려하면, 하나님께 예배하기 위해 광야로 들어간 이스라엘의 여정의 종착지는 하나님의 산 호렙이었다. 나중에 이스라엘은 이 목적지에 도달한다.17:6 게다가 이 여정을 완성하는 예배는 3:12 18:8-12에서 보도되는 것 같다.주

다시금, 하나님의 산 호렙은 3개월 후에 이스라엘이 도달하는 시내 산과 같은 곳인 듯하다.19:1, 주 출애굽기 본문의 주된 요점에 따르면, 이스라엘은 그제야 하나님과의 언약 속으로 들어가서 율법을 받는다. 그렇다면, 이스라엘을 구하신 하나님을 위한 최고조의 예배와 하나님께 언약의 헌신을 드림과 함께, 이스라엘이 목적지에 도착한 장소와 시간은 어디인가?

아마도 우리는 이스라엘이 하나님을 중요하게 경험한 것이 우리 손에 있는 현재의 본문으로 결합되기 전에 여러 가지 판version으로 돌고 있었다고 추정할 수 있다.예수의 생애에 대한 네 가지 복음서의 보도를 참조! 지금 우리가 있는 자리에서는, 우리는 사건들이 일어난 정확한 순서에 대한 온전한 확실성을 더 이상 얻을 수는 없다.예를 들면 예수가 부활 이후에 나타난 것을 시간과 공간의 분명한 패턴으로 배열하기에 어려운 것처럼 말이다 하나님과의 결정적인 조

우는 일부 초기 전승에서는 마라와 관련되었을 수 있다.Pixley: 98f 이 본문의 최종 형태에서, 마라에서의 "간결한 언약"은 준비 역할을 한다.

우리가 가지는 정경적인 출애굽기 본문은 정확한 역사기록이 아니라 신학적인 동기로 선택되고 배열된 것이다. "공식적 서론"의 시대에 앞서 언급된 다른 주제들과 더불어예를 들면 16장에서의 안식일 주제, 마라 본문은 이스라엘과 우리을 시내 산에서 하나님의 완전한 계시를 맞이하도록 준비시킨다. 그런 계시는 지금은 갑작스러운 놀라움으로 찾아오지 않는다. 그 방식은 마라의 이야기로 준비되는 것이다.[자료 이론]

이런 예고적인 기능에 더하여, 마라에서 하나님의 자기계시는 구약에서는 상대적으로 드물거니와 완전히 위로를 주시는 하나님의 측면을 보존하고 있다: 나는 너희를 치유하는 주다.신 32:39도 참조; 시 103:3, 호 6:1; 독일어 *Heiland* ["치유자"와 관련된 용어는 영어가 구세주를 사용하는 곳에서 예수에게 주어진 호칭이다 5:3에서 이스라엘은 광야로 사흘 길의 여정을 가게 해달라고 요청했다. 하나님께서 재앙이나 칼로 우리를 치시지 않게 하기 위함이다. 우리가 지금 가지고 있는 본문은, 그것이 이집트에 내린 재앙들에게서 이스라엘을 면해줄 지리적인 삭제가 아니라 하나님을 쉽게 예배하고 따르는 것임을 분명히 하고 있다.15:26 하나님의 뜻이라고 전해진 생활방식은 치유된 생활방식이다.

15:27 엘림, 물과 식량의 장소

엘림을 경유한다는 이 간단한 언급은 출애굽기가 기술하는 이스라엘의 광야 경험이 선택적이라는 사실을 다시 한 번 상기하게 해준다. 민수기 33장에 나오는 이스라엘의 여정의 단계들이 기술하는 것에는 출애굽기에서 다른 장소들이 완전히 생략되었다. 도대체 왜 엘림이 언급된 것일까?

세부내용들은 몇 개 되지 않으며 수수께끼이다. 12와 70은 완전하고 신성한 숫자이다. 샘물과 야자나무는 물과 식량을 말해준다. 앞선 경유지마라에서 하나님은 물을 마련하셨다. 다가 올 경유지에서는16장, 하나님께서 식량을 마련하실 것이다. 더 완전한 기술이 주어지지 않은 곳에서도, 엘림에 대한 언급은 물과 식량을 마련하는 것이 이스라엘을 지탱한다고 제시함으로써 두 가지를 연결시키는 것으로 보인다.

약속과 심판의 표징 16:1-36

일반적으로 16장의 주제는 15:22-26의 주제와 유사하다. 이스라엘은 불평하고 하나님은 표징으로 응답하시며 이스라엘은 그에 반응하고 미래와의 연결이 언급된다. 그렇지만 차이는 있다. 이스라엘이 수군거린다는 표현은 그저 이런 시간이 필요하다는 것이 아니라 반역을 표현하기도 한다. 만나와 메추라기를 선물하시는 하나님의 표징은 단연코 이스라엘에 대한 시험으로서, 앞선 본문15:25에서 간략하게 언급된 역할이다. 결국 하나님과 백성 사이의 중재자인 모세의 괴로움이 강조된다. 대체로 더 침울한 분위기가 이 광야의 사건을 특징짓고 있다.

16:1-3 불만으로 울부짖음

제사장의 관점이 이 장을 꽉 채우고 있다.[자료 이론] 이 본문은 이스라엘을 회중'edah, 16:1, 집회qahal, 16:3라고 부르는데 뉘앙스에서 차이가 난다. 이 단어 모두 더 일반적인 지칭인 이스라엘의 자녀/아들들=이스라엘 사람들, 1:1, 7, 등; RSV, KJV 참조를 넘어서서 이스라엘의 종교적인 본질을 강조하고 있다. 이스라엘의 여행경로에 대해서는 다음의 글을 보라.[출애굽의 경로, 506쪽]

엘림16:1과 시내17:1란 이름을 밝히고 다른 장소의 이름들을 생략한 것은, 이스라엘의 최초 광야 경유지들 가운데 하나와 시내 산에서 임시적이지만 여전히 멀리 떨어진 경험 사이에 현재 사건을 위치시키는 것이다. 이것은 단순히 지리적인 주가 아니라 이 사건들을 예고적인 방식으로 보도되도록 하되, 앞에 놓인 목적지를 향한 긴 여행으로 묘사하는 것이다. **광야/죄의 사막**이라는 이름에서, 히브리어로 **죄**는 **시내**라는 단어의 첫 번째 부분과 똑같은 철자이다.아울러 영어로 sin이라는 단어와는 연관이 없음

두 번째 달의 15일째는 한 달 앞의 유월절12:1, 6, 41-42, 그리고 시내 산에 이스라엘이 도달한 것과 관련되어야 한다.19:1 주 이윽고 장소뿐만 아니라 이스라엘은 이동 중에 있지만 여전히 먼 길을 가야 한다. 아마도 광야에서 이스라엘의 외로움, 즉 "멀리 외떨어진 곳에서"로 이해될 수 있을 것이다.

다시금 15:24에서처럼 이스라엘 백성은 모세에게일반적으로 제사장적인 입장에서 아론과 연합된다 불평을 한다. 그렇지만 이번에 이들은 드러내놓고 적대성을 보이면서 모세와 아론을 죽이려는 듯이 비난한다. 그렇지만 마라에서 불평하는 것과는 대조적으로 이번에 하는 불평은 부당한 듯하다. 그 불평은 마라에서 그 이적에 곧바로 따라오는 것일 뿐만 아니라, 하나님이 식량을 공급하시려는 뜻을 입증했어야 한다.15:27 주 참조 그것이 갖는 형태는 적절하지도 않고 심지어 반역하는 것으로 그 불평을 표시하고 있다.

먼저, 이집트에서 노예생활은 호화롭고 편한 시절이었던 것으로 바뀐다. 고기는 매일 먹는 것은 아니었다. 억압받는 노예들이 정말로 이집트에서 **고기 가마**fleshpots 옆에 앉았

던가? 현실을 일부러 왜곡시키는 일이 일어나고 있다. 두 번째로, 마라에서 불평하는 것이 아마도 하나님에 대한 신뢰의 부족에서 나와 모세만을 향한 것이었다면, 여기서의 불만은 부정적이고 거부하는 방식으로 주님을 주목한다. 반복 독자는 우리를 데리고 나왔다는 표현이 이스라엘의 기본적인 구원의 고백의 중심에 있는 용어라는 것을 안다. 예를 들면 20:2 여기서 16:3 그것은 출애굽을 죽음으로 가는 행진을 나타내는데 사용되었다. 이스라엘의 회중에 의해서 말이다!

일찍감치 죽었어야 했다는 소망은 고대에서나 현대에서나 고통 중에 있는 사람들에게는 흔한 것이다. 욥 3; 렘 20:14-18 참조 되돌아보면, 이스라엘이 왜 주님의 손에 죽기를 바랐는지 분명하지는 않다. 아마도 그 말은 이스라엘이 은혜를 입어 면하게 된 이집트에서의 재앙들을 말하는 것 같다. 만일 그렇다면, 그것은 이스라엘의 태도를 특히나 냉소적으로 만들고 있는 것이다.

16:4-12 약속과 시험

해석자들은 이 부분에서 논리적인 이야기 줄기가 확실히 부족한 나머지 이해에 어려움을 갖는다. 이 이야기는 "왔다갔다" 하는 것 같다. 반면, 이 이야기의 주제는 분명히 드러나며, 더룸은 반복이 이런 주된 주제들을 강조할 교훈적인 기능을 한다는, 유용한 주장을 편다. 221 민수기 11장 역시도 어떤 부분들을 명확하게 하는데 도움을 줄 수 있다. 민수기 11장이 출애굽기 16장과 여러 가지 면에서 병행되면서도 분명한 차이들을 보이기 때문이다.

이스라엘 백성은 이집트에서의 고기 가마를 기억하며 향수에 젖어 불평을 늘어놓으며 차라리 거기서 죽었어야 한다는 왜곡된 소망을 한다. 16:3 이에 대한 응답으로, 하나님은 이스라엘에 일용할 양식을 공급하고자 하늘에서 빵의 비를 내리실 것이다. 그렇지만 이런 하나님의 은혜를 보여주는 증거는 곧바로 시험이 뒤따른다. 그 시험이란 그들이 내 말을 따를 것인지 아닌지이다. 16:4; 15:25b-26 참조

이스라엘은 이집트를 방탕에 아주 인접한 풍성한 땅으로 회상하고 있으며 이집트에 환상을 가지고 있다. 16:3; 민 11:5에서 이집트에 대한 생생한 묘사를 참조 반대로, 하나님의 공급하심은 절제의 시험이 동반된 것이다: 그들은 날마다 모아야 할 것이다 … 그 날 먹을 것으로 충분하다. 16:4 이렇게 스스로 절제해야 한다는 요구는 순종의 시험이다. 그것은 이스라엘의 신앙의 시험이거나 동시에 하나님이 주신다는 것을 신뢰하는지에 대한 시험인 것이다. 주기도문의 간구를 참조: "우리에게 일용할 양식을 주옵시고," 마 6:11

탐욕에 맞서서 이렇게 스스로 절제하는 것은 하나님이 인색해서 제한하시는 것으로 봐서는 안 된다. 안식일을 예고하면서 하나님은 6번째 날에 두 배의 양을 모을 수 있도록 하셔서 7일째 날에도 충분할 것이다. 따라서 하나님의 약속16:4-5은 16장의 나머지 부분에서 발전되는 주요 주제들을 소개한다.

이제 모세와 아론은 함께 이스라엘 백성에게 말한다. 먼저, 그들은 정확한 기록을 준다, 모세와 아론을 향하긴 했지만16:3 이스라엘의 불평은 실제로는 하나님을 향한 것이다. 이제 막 받은 하나님의 말씀에 기초하여, 모세와 아론은 하나님께서 이스라엘의 불평 뒤에 있는 더 깊은 요구를 말씀하실 것이라고 백성을 안심시킬 수 있다. 즉 하나님이 그들을 이집트에서 데리고 나오신 분이며 하나님이 여전히 그들과 함께 있다는 것16:6-7을 확신하게 할 필요가 있는 것이다.

모세는 하나님의 영광을 드러내는 것은 저녁에 고기를, 아침엔 빵을 주시는 것이라고 덧붙인다. 이런 연설이 모세와 아론의 앞선 연설의 대부분을 반복하는 것이기에, 그것을 강조하는 역할을 한다. 반복은 계속된다. 모세는 아론에게 백성으로 하여금 주님께 가까이 오도록16:9 하라고 말한다. 이런 표현은 보통 예배행위를 묘사하는 것이다. 여기서 다시금, 이스라엘은 회중16:10; 16:1 참조, 예배하는 공동체라고 불린다. 그렇지만 언약궤, 성막 혹은 성전−후대 이스라엘의 중심지이지만 이 시대에 아직은 존재하지 않는−에 다가가는 대신, 아론은 회중의 눈이 광야를 바라보도록 한다.16:10 광야가 이스라엘을 에워쌌으므로, 이것은 이상해 보인다.

아마도 우리는 광야, 이스라엘의 여정의 방향으로 더 눈을 돌리는 것을 생각해야 한다. 구름 속에서 주님이 나타나시는 그런 **영광**kabod에 대한 언급을 따라, 그런 행동은 시내의 광야를 말하고 있다는 더럼의 주장을 뒷받침할 수도 있다.220 이스라엘을 시내 산의 현현 속에서 이스라엘을 만나실 하나님은 길의 중간에서 이스라엘을 만나러 오고 계신다. 이 전체 장은 예상의 분위기에서 앞으로 나가고자 한다.

그렇지만 이스라엘 백성의 시각에서 보면 예배행위가 보도되지 않는다. 그들의 기도나 다른 예배행위에 대해 응답을 하는 대신, 주께서는 그들의 앞선 불평에 응답하신다. 하나님의 말씀은 2:24를 연상시킨다. 하나님께서 그들의 신음을 들으셨다 2:24에서 우리는 하나님이 노예로 잡힌 자신의 백성에 대한 관심을 알 수 있다. 그들의 신음이 불만이 섞인 불평으로 대체되긴 했지만 하나님의 관심은 변하지 않는다.16:2 하나님은 불평에도 불구하고 고기와 빵을 공급하심으로 자애롭게 응답하실 것이다. 고기는 이스라엘이 이집트의 고기 가마를 연상시키지만16:3 메추라기라는 선물을 소개하기도 한다.16:13 아래 하나님의 궁

극적인 목표는 여전히 동일하다: 너희는 내가 주님을 알리라.16:12

16:13-30 신뢰를 가르침

하나님이 이스라엘을 위해 저녁에는 고기를, 아침에는 빵을 약속하신 것이 이제 이루어진다. 메추라기가 고기로 온다. 메추라기는 작고 토실토실한 사냥감으로서 유럽과 서아시아에서 새끼를 낳지만 겨울에는 팔레스타인과 시내를 통해서 아프리카로 이동한다. 역풍을 맞거나 지쳐서 땅에 떨어지면 쉽게 잡을 수 있다.Kohler-Rollefson 1996:906f; 민 11:31 참조

이 본문에서는 메추라기가 빵과 더불어 하나님의 좋은 선물이 되지만 민수기 11장에서는 두 개가 다른 역할을 한다. 만나가 이스라엘의 여정에서 하나님께서 매일 자애롭게 공급해 주시는 것을 나타낸다면, 메추라기는 "고기"를 달라고 "그들 가운데서 폭도들이 난리를 칠 때" 하나님께서 보내신 것이다.11:4 비유적으로나 문자적으로, 메추라기가 얼마나 풍족하게 왔던지 이스라엘 백성들은 물릴 정도였다.민 11:19-20, 32-33

이 본문에 불법적인 갈망이라는 주제가 있지만16:3 명확하게 메추라기가 오는 것과는 연결되지 않는다. 현재 광야에서 배회하는 이야기의 흐름 속에서, 민수기 11장의 사건들은 아마도 이스라엘의 새 언약의 지위에서 볼 때, 시내 산에서 이스라엘이 머무는 것을 따라가며 웅성거리는 주제라는 악화된 주제를 드러내고 있다.

하나님이 약속하신 빵은 이스라엘 백성이 아는 그런 형태로 곧바로 오지는 않는다. 13b-15절은 상세하게 이스라엘 사람들이 진을 안개가 둘러싼 것을 보았다고 기술한다.16:31 참조; 민 11:7-9 그들은 호기심에 묻는다. *Man hu'*?그게 무엇인가? 16:15a, 잘 알려진 **만나**라는 이름의 어원연구어원에 대한 설명를 제공하는 듯한 구문을 사용하는 것으로, 그 이유는 발음이 유사하기 때문이다.16:31; 히브리어: *man*; 헬라어: *manna* 그러자 모세는 이것이 주님께서 주신 약속의 땅이라고 설명한다.16:15b; 시 78:25는 이것을 천사들의 빵이라고 부른다

메추라기와 마찬가지로, "자연적" 해석이 가능해 보이며 어떤 경우에서는 해석자들의 관심을 끌기도 했다. 시내 사막에서 베두인족bedouins은 여전히 능수버들 나무의 수액을 먹고사는 곤충들이 생산해 낸 분비물을 모아 둔다. 이런 설명은 성서가 만나를 기술하는 일반적인 방식과 부합하는 듯하다. 태양의 열기가 분비물을 말리기 전에 혹은 개미들이아마도 16:20에 나오는 벌레를 의미할 것이다 분비물을 먼저 먹기 전, 분비물은 아침에 모이는 것이다.

메추라기와 만나에 대한 그런 "자연적" 설명들은 그 이야기에 지역색을 부여한다; 그렇지만 재앙들에 대한 각각의 "자연적" 설명들에서처럼, 그런 설명들에 의지하는 것을 주의해야만 한다.11:10 이후의 교회 생활에서의 본문 [전염병, 표징 그리고 이적, 504쪽] 하나님께서는 자연현상을 사용하실 수 있지만, 강조점은 이스라엘을 위해 하나님께서 놀랍게 식량을 마련하시는 것에 있으며, 그것은 설명되어선 안 되는 것이다.

이 섹션의 나머지 부분은16:16-30 식량을 모으는 것에 대한 규제들을 발전시킨다.16:4-5 주 참조 그것으로 주님은 이스라엘 백성의 순종과 신앙을 시험하실 것이다. 각각 필요한 만큼만 거두어라16:16a는 기본적인 원칙이다. 거두는 양은 한 사람당 한 오멜 씩이다.16:17 나중에 오멜은 십분의 일 에바라고 설명이 붙기도 하고16:36, 아니면 약 2쿼트에 달한다.NIV 미주; Durham 225

이스라엘 백성은 많이 거둔 자들에게 아무 것도 남지 않고 조금 거둔 사람도 모자라지 않았다.16:18는 것을 알게 되면서, 순종과 신뢰에 대한 첫 번째 교훈을 배우게 된다. 이런 비교는 게으름 대 부지런함으로 적용되어선 안 되며 탐욕이나 근심 대 신뢰라는 구도로 적용되어야 한다. 또는 신체적인 활력 대 약함으로 적용될 수도 있다. 하나님께서는 성취에 따라 제공하시는 것이 아니라 필요에 따라 하시는 것이다.

두 번째 교훈은 미래를 위해 무엇인가를 쌓아두려고 하는 인간의 욕구를 말하고 있다. 마치 미래를 위해 보험이 필요한 것처럼 말이다. 어떤 이스라엘 사람들은 그것을 시험해 보았지만 모아서 남겨 보았자 벌레가 먹고 상하게 되어 쓸모가 없어진다. 21절은 기본 원칙을 다시 강조한다: 매일 아침마다 그들은 필요에 따라 그것을 거두었다. 신 8:3 참조

순종과 신뢰에 대한 세 번째 교훈은 안식일과 관련된다. 안식일 자체는 하나님의 자애로운 선물로서, 이 엄숙한 휴식의 날16:23은 반복 독자에 의해 안식일 계명과 곧바로 연결될 것이다.20:80-11, 주 1차 독자에게 있어, 안식일은 여기서 예비적 기능을 하고 있으며, 다가 올 것에 대한 더 완전한 설명을 예고하는 것이다.15:25b-26에서 하나님의 법과 계명들을 지키는 것에 대한 언급들이 그러듯이; 주 안식일을 위해 더 모아 둔 만나는 상하지 않는 것처럼, 신앙은 보상을 받는다.16:24 모세는 일곱째 날에는 만나가 없을 것이라고 예고하며16:25 안식일의 원리를 요약한다.16:26

그렇지만 불신앙은 항상 존재한다; 어떤 이들은 일곱째 날에도 만나를 거두러 나가서, 안식일을 마치 일상적인 노동의 날로 생각한다. 그들이 위반한 것에는 열매가 없다.16:27b; 이런 행동은 모세를 통해 주님에게서 오는 질책을 초래한다. 배우는 것이 오래 걸리는 사람은 나머지 공부가 필요한 법이다!

16:31-36 미래와의 연결

우리가 보았던 것처럼, 미래를 내다보거나 앞에 있는 것을 바라보는 것이 이 장 전체를 표시하고 있다. 마지막 절에서, 미래와의 연결이 마련된다.15:25b- 26 및 17:14- 16 참조 메추라기는 이 이야기에서 사라졌다; 분명 메추라기는 일시적인 선물이었을 뿐이었다. 반면, 만나는 이스라엘이 40년간 광야에서 방황하는 동안 내내 하나님께서 보살피시는 것을 의미한다.16:33

하나님으로서는 이런 지속족인 보살핌이 후대에서 잊혀 져서는 안 된다. 미래의 세대들이 구체적으로 떠올리도록, 모세는 하나님의 지침을 따르며 아론에게 주님 앞에서 1 오멜의 만나를 단지 속에 넣으라고 지시한다.16:33 앞선 명령처럼, **주께 가까이**16:9, 주라는 이 표현은 보통 이스라엘 속의 장소, 즉 그 언약궤가 보관된 곳, 성막 속, 그리고 결국에는 성전 속을 묘사하는 것이다. 이어지는 언급, 아론이 그것을 그 **언약**히브리어: 'edut 앞에 두었다가 이것을 확증하고 있다. 왜냐하면 그 궤의 정식 이름이 **언약의 궤**' aron ha- 'edut; 예를 들면 25:22; 26:33; 30:6; 등였기 때문이다.

그렇지만 그 이야기의 이 부분에서, 그 궤는 아직 만들어지지 않았다; 언약궤는 한참 후에야 만들어지게 된다.37:1-9 아론은 어떻게 여기서 만나의 단지를 그 속에 넣을 수 있단 말인가? 왜 이런 시대착오가 있는가? 1차 독자에게 있어서, 이것은 후대의 설명이 필요한 수수께끼로 남겨진다. 반면에 반복 독자는 언약궤가 보관하게 될 다른 물품을 곧바로 떠올리게 된다: 십계명의 돌판들신 10:5 차일즈는 이 의도된 메시지를 이렇게 지적하면서 요약한다. "만나[하나님께서 거저 주신 자애로운 선물]와 돌판들[하나님의 요구사항들]은 하나님 앞에서 모두 속한 것이다. 신약의 용어로 하면 복음과 율법은 구분될 수 없는 것이다." Childs: 292

궁극적인 의존의 이적 17:1-16

언뜻 보면 이 장은 동일한 장소, 르비딤에서 일어나서 합쳐진, 완전히 구분된 두 개의 사건들로 이루어진 것처럼 보인다. 그렇지만 더 살펴보면, 두 개의 사건이 처음 보는 것보다는 더 긴밀하게 연결되어 있음을 보게 될 것이다.

17:1-7 "주께서 우리 중에 계시는가, 아닌가?"

이스라엘은 16:1에서처럼 다시금 회중으로 소개된다.주 우리는 여기서 보도된 반역이 하나님께서 자신의 회중으로 삼으시려고 준비하는 자들에 의해 촉발되었다는 것을 잊어선 안 된다. 이스라엘은 단계별로 여정을 했다; 이 사실은 우리 이야기가 보도하는 것에 있어 선택적이라는 것을 암시해 준다. 민수기 33장12-14절의 여정은 두 개의 경유지를 언급하는데, 죄의 광야출 16와 르비딤 사이에 있는 돕가와 알루스가 그곳이다. 이 모든 장소들의 위치는 분명하지 않다.

그렇지만 모든 언급들이 이스라엘은 지금 호렙/시내와 가까운 거리에 있다고 입을 모으고 있다.17:6; 18:6; 16:1; 민 33:15 참조 17:6에 따르면 모세는 호렙 산의 바위를 치지만 18:5와 19:2에 의하면 이스라엘은 그곳에 하루씩 늦게 도착했다—같은 산을 의미한다고 추정해 볼 때. 정확한 지리상의 관계들은 더 이상 확실하게 재구성될 수는 없다.[출애굽의 경로, 506쪽]

15:22-24에서처럼, 물이 부족하자 백성들이 모세에게 등을 돌린다. 그렇지만 르비딤에서의 분위기는 다르다. 15:22-24에서처럼 그것은 무엇인가를 달라는 울부짖음만은 아니다. 16:2-3에서 표현된, 불만과 이집트의 향수를 뛰어넘는 것이다. 다투다.17:2라는 동사는 히브리어로 *rib*이다. 이 단어는 모세가 왜 나와 다투느냐?17:2라고 대답하는 곳에서도 사용되며, 므리바다툼의 장소라는 이름뿐만 아니라 이스라엘 사람들이 다투었다는 17:7에서도 사용된다.

이 동사, 그리고 같은 형태의 명사*rib*, 다툼, 고소는 법적으로 기소할 때, 법정에서 소송을 시작하고 실행할 때 사용된다. 나중에 이스라엘이 정착한 시대에서는, 그런 법정 소송은 문에 있는 장로들이 들었다. 이 본문 속에 있는 이런 법적인 용어는 이스라엘이 모세를 공식적으로 기소하여, 백성들의 죽음이 모세 때문이라고 비난한다는 것을 뜻하는가? 노골적으로 악한 기획이 아니었다면, 모세가 잘못된 계획을 수행하면서 신의 명령이라고 주장하며 사기를 쳤다고 기소를 당하는 것인가?

*rib*이란 단어는 엄밀하게 법적인 영역의 외부에서도 사용될 수 있다는 것은 사실이다. 더럼은 이 본문을 "비공식적이고 법 이전의 상황"으로 본다.230 그렇지만 추가적인 요소들이 내가 보기에는 법적인 정황을 지지하는 듯하다. 모세는 간신히 돌에 맞는 것을 피했는데17:2, 이것은 고대 이스라엘에서 법적인 사형을 실행하는 관습적인 방식이다. 모세는 장로들 앞에서 자신이 진정으로 신의 권위를 가졌다는 것을 입증한다. 이들은 후대의 이스라엘에서 법적인 결정들을 내린 사람들이었다.17:5-6 마지막으로, 7절에서 요약된 것처럼, 문제는 분명한 결정을 요구하고 있는 것이다: 주께서 우리 가운데 계시는가, 아닌가?

이런 시각에서, 난 모세가 여기서 하나님이 자신을 보내셨으며 하나님을 위해 행동했다는 자신의 주장에 대한 재판을 마주하거나 거의 마주하고 있다고 본다. 그것은 수많은 세기가 지난 후에 예수가 왕을 사칭하는 죄목으로 재판을 받는 것과 다르지 않은 재판이다.

앞서 언급한 것처럼, 문제는 모세가 신의 인가를 받았느냐하는 것이며, 그것과 더불어 이집트에서 나와 지금까지 이르도록 구원 전체가 올바른 것이냐 잘못된 것이냐 하는 것이다. 따라서 모세는 자신에 대한 이런 소송이 진정으로 하나님을 시험하는 것이라고 제대로 언급하고 있다.17:2 이 사건을 기억하기 위해 선택된 두 개의 이름, **마사**시험와 **므리바**다툼. 소송은 이스라엘 백성이 각각 하나님과 모세에게 하고 있는 것을 짚어 내고 있다.17:7

모세의 울부짖음15:25 참조. 주에 다시 한 번 자신과 함께 있을 것이라고 약속한 하나님의 도우심이 따라 온다.3:12 모세는 장로들 앞에서 나일 강을 치고 걸었던 그 지팡이를 붙잡는다. 그 지팡이는 하나님께로부터 온 그의 권위를 상징한다. 이집트의 재앙의 첫 번째 언급은 그 지팡이가 여기서 경고를 의미하는 것임을 보여준다.15:26 참조 그것은 마음이 완고해 진 바로에 맞선 권위의 상징이 되어왔다. 그 지팡이는 이스라엘에 맞서 사용될 수 없었는가? 결국, 이스라엘은 바로가 했던 것을 그대로 하고 있다. 시편 95:8은 이 사건을 마음이 완고해 진 것으로 기술한다.

하나님은 모세가 어떤 바위를 쳐야 하는지를 보여주시기 위해 네단수 앞에, 모세 앞에 서실 것이다. 분명히 오직 모세만이 이런 신의 현현을 본다.Durham: 231 모세가 행한 증거를 통해 장로들은 모세의 권위가 하나님께서 주신 것임을 납득하게 되었고 그리하여 그들 가운데 야웨께서 임재하심을 알게 되었다.

이 이야기와 거의 병행되는 곳이 민수기 20:1-3에서 일어난다. 이 이야기도 므리바마사가 없이에서 일어나는데, 이번에는 시내 산의 사건 이후에 벌어진다. 이 장소는 지리적으로 시내 반도의 북서쪽에 있는 카데쉬와 가깝다. 겔 47:19; 48:28에서 므리바-카데쉬의 연결을 참조 그곳에서 하나님은 모세에게 그 바위에게 말하라고 하시지만 모세는 불순종하여 그 바위를 친다. 우리는 같은 이야기를 두 가지 방식으로 다루고 있는 것인가복음서에서 세부적인 차이가 있는 그런 병행들을 참조?

유대교 전통은 그 바위가 이스라엘을 따랐다고 경건하게 단언한다.바울이 그 바위를 그리스도와 동일시하는 고전 10:4를 참조 그렇지만 역사적 조화를 시도하는 것 보다는 각각의 이야기의 신학적 메시지를 그 정경적인 정황 속에서 보는 것이 더 중요하다. 출애굽기 17:1-7에서, 바위에서 나온 물은 모세의 신성한 권위를 증명하고 주께서 우리 중에 계시는가, 아닌가?하는 질문에 예비적인 방식으로 단언적으로 대답하는 역할을 한다.

시편 95는 광야에서 모든 이스라엘의 반역하고 마음이 완고해 진 것을 마사/므리바 사건에서 집중된 것으로 보고 있으며, 마땅히 그럴 만하다. 출애굽기 14:11-12에서 시작하여 15-17장에서 지속되고 있는 웅성거리는 주제가 가장 추악하고 극단적인 표현에 달하고 있는 곳이 이곳이다. 당분간은 그것이 극복되며 우리는 계속 읽어나감에 따라17:8-24:18 모세가 모두가 받아들이는 리더십을 갖는다는 것을 알게 된다. 그렇지만 반복 독자는 반역이 다시금 그 머리를 들게 된다는 것을 안다.32장

17:8-13 단언적인 대답

광야에서 생명이 위험에 처하게 되는 요인에는 물과 식량의 부족뿐만이 아니라 아말렉 사람들과 같은 호전적인 방락종족의 위협도 있다. 1차 독자에게 있어 아말렉 사람들이 이스라엘의 방황하는 이야기 속으로 불쑥 등장한 것은 그런 사막의 공격들이 갖는 갑작스럽고도 예측할 수 없는 본성과 잘 들어맞고 있다. 신명기 25:17-19는 겁이 많고도 잔인한 공격을 말하고 있다. 반면, 반복 독자는 에서의 후손들인창 36:15-16 아말렉 사람들을 곧바로 인식하게 된다. 이들은 다른 민족들보다도 더 나중에 이스라엘을 향한 적대감을 상징하게 된다.

유사하게 1차 독자가 예측할 수 없었지만 반복독자에게는 잘 알려져 있는 것은 이스라엘의 군사 지도자인 여호수아라는 인물이 소개 없이 등장한 것이다. 그의 이름은 구원을 의미한다. 그 이름이 여기서 단순히 흔한 이스라엘 사람의 이름그 중 하나가 "예수"이다을 말하고 있는 것인지, 아니면 그 이름에서 우리가 공격자들로부터 하나님의 구원이 선언되는 것을 들어야 하는지를 판단하는 것은 어려운 일이다.

여호수아의 군사 지도력은, 나중에 가나안 정복에서 그의 역할이 아주 특유한 것으로, 이미 여기서 가정되어 있다. 그렇지만 그는 다른 곳에서는 모세의 개인적인 보좌관으로 등장한다.출 24:13; 32:17; 33:11; 민 11:28 이 본문 상에서, 구원이 여호수아가 군사를 다루는 기량에 달려있지 않다는 것은 분명해 진다. 대신, 모세는 앞선 사건에서 확고해 진, 그의 신성한 권위의 상징인 하나님의 지팡이를 가지고, 그 언덕에분명히 알려진 장소 자리를 잡는다.17:5

아말렉 사람들, 여호수아, 훌, 그리고 그 언덕은 모두 더 소개되지 않고 언급되고 있다. 이런 부족한 묘사로 인해 주석가들은 이 본문이 앞선 저작, 아마도 야웨의 전쟁서the Book of the Wars of Yahweh에서 발췌되었다고 생각한다.민 21:14; Durham 234-37 충분히 가능한 생

각이지만, 만일 그렇다면, 그런 발췌는 의도적으로 그 당시의 정황 속에 들어가 있는 것이다. 야웨가 우리와 함께 계신가, 아닌가?라는 최종적인 질문에 대답을 하기 위해서 말이다.

바로를 격퇴한 이후 이스라엘이 만나는 것보다 더 위험한 상황에서는, 모든 것이 하나님의 임재에 달려 있으며, 그런 임재는 모세만을 통해서 중재된다. 모세가 손을 드는 것은 기도의 행동으로 해석되어 왔지만, 이 본문에서는 그런 표시가 없다. 모세가 말하는 다른 어떤 단어들보다도, 그들의 위치가 결정적이다. 그것이 "중재하는 힘의 도구"라고 보는 차일즈의 시각이 더 나은 듯하다.315 우리가 마법같이 생각할 수도 있겠지만, 기도를 포함하여 모세가 하는 어떤 기여와 대조하여, 이것은 하나님이 자신의 도구로 모세를 선택했다는 중요성을 강조한다.

아론과 훌과 모세의 손을 지탱하는 것은 같은 점을 지적하고 있다; 그들이 자신의 손을 드는 것이 아니라 모세의 손을 지탱한다. 동시에, 모세는 고립되어 행동하지 않는다. 24:14에서 모세는 자신이 없을 때 아론과 훌에게 사법상의 권위를 넘겨준다. 후기 이스라엘에서, 사법적 권위는 제사장과 장로들에게 속했다. 물론 아론의 역할은 제사장의 머리가 되는 자신의 역할을 예고한다. 따라서 훌이 장로들의 머리 역할을 한다는 생각을 하는 것은 적어도 설득력이 있다. 만일 그랬다면, 우리는 여기서 종교적 권한과 공적인 권한에 힘입어, 모세가 하나님의 힘을 중재하는 것을 보았을 것이다. 그렇지만 이런 제안은 잠정적으로 남아야 한다.

그렇지만 분명한 것은 야웨가 우리 가운데 계시는가, 아닌가?라는 질문에 대한 대답이다. 야웨는 그곳에 계실 뿐만 아니라 야웨만이 이스라엘의 생명을 보장하시고, 그런 생명은 모세를 통해 중재된다. 이스라엘 사람들이 자신들을 죽음에 처하게 만드는 거짓된 주장을 했다고 기소한 모세와 돌에 맞아 거의 죽을 뻔 했던 모세17:1-7는 같은 인물이다. 이제 모세는 이전 보다.14:10-18; 15:25; 16:28 더 분명하게 이스라엘과 죽음 사이에 서 있는 것으로 보인다. 모세의 이런 중재자 역할은 출애굽기 19; 20; 32-34장에서 더욱 발전될 것이다. 지금으로서는, 모세에게 모두가 반대하는 것이 해결된 것처럼 보인다; 18장은 모세를 모든 것을 장악한 지도자로 나타낼 것이다.

17:14-16 미래와의 연결

15:25b-26과 16:32-36에서처럼, 하나님이 위급상황에 처한 이스라엘을 도우시는 것에 이스라엘이 현재 도움을 받는 경험을 이스라엘의 미래와 연결시키는 신성한 지침이

따라온다. 각각의 경우, 기념비가 세워진다: 그것은 법규와 조례15:25b, 보관된 만나 한 오멜16:32, 그리고 핵심 요지는 분명하지만 구체적인 부분에서는 해석하기 어려운 일련의 지침들이다.

먼저, 모세는 더럼이 "약속 저주"237라고 부르는 것을 책이나 두루마리로 적어야 한다: 내가 하늘 아래 아말렉에 대한 기억을 완전히 덮어버릴 것이다. 고대 세계에서는, 그런 말을 써 내려가는 것은 단순히 문서보관소에 남기기 위한 서류작업이 아니었다. 특별한, 분명히 보이는 실재와 효용성을 그런 말에 심는다고 믿었다.

이런 기념비는 특별히 여호수아를 위해 마련된다. 그에게 아말렉인들과 싸우는 임무가 주어지며, 하나님께서 몸소 그 싸움을 싸우실 것이라는 확신이 함께한다. 여기서는 금지 요소도 있다. 장군들은 군사력과 전략을 믿곤 한다. 그렇지만 여호수아는 결정적으로 승리를 이끄는 것, 즉 하나님이 선택한 중재자 모세가 하나님의 권세의 통로가 된다는 것을 기억해야 한다. 바꾸어 말하면, 이스라엘이 미래의 아말렉인들에 맞선 방어는 이스라엘이 가진 군사력이 아니라 하나님일 것이다. 이스라엘이 싸움을 거치면서 무엇을 하게 되더라도 하나님의 행하심에 있어 완전히 부차적인 것이 될 것이다.[야웨 전쟁, 489쪽]

17:15-16의 명령은 이런 점을 강조한다. 야웨는 나의 깃발이라는 제단의 이름은 이스라엘의 적들을 이기는데 있어 하나님이 중심이 된다는 것을 강조한다. 의심의 여지가 없이, 승리를 주시는 하나님께 감사를 드리기 위해 제단에 희생이 드려질 것이다.

16절은 불분명한데, 그 이유는 히브리 본문이 알려지지 않거나 의미가 없는 어떤 단어 *kes*를 포함하고 있기 때문이다. 살짝 변화를 주어, 깃발을 뜻하는 *nes*로 읽거나RSV에서처럼 아니면 보좌를 뜻하는 *kisse'* 로 읽을 수도 있다.NIV에서처럼 전체 절은 문자적으로 *Yah* 야웨의 축약어의 보좌혹은 깃발를 향해혹은 위에 손을 들기 때문에로 읽을 수 있다. 여러 가지 버전들과 주석들은 추측이다. 그렇지만 그 의미가 무엇이든 아말렉에 대한 "약속의 저주"를 뒷받침하려는 의도였음은 분명하다.

마지막으로 고려해 보아야 할 것이 중요하다. 이 구절 속에서 보복하는 하나님이 자신의 백성을 다른 민족에 맞선 증오의 역사 속으로 보내는 것으로 보기 십상이다. 특히나 사무엘상 15장을 읽을 때처럼 말이다. 그렇지만 우리는 아말렉인들은 바로의 역할과 비슷하게 상징적이고 대표성을 갖는 역할을 갖는다는 것을 기억해야 한다. 후자는 개인으로 나타난 것이 아니라 최악의 압제자, 모든 압제자들의 전형으로 나타난다. 유사하게, 아멜락인들은 여기와 다른 곳에서 하나님의 백성의 적들에 대한 상징으로 여겨진다.

이 본문의 메시지는 이스라엘이 호전적이고 용서를 모르는 백성이 되라는 것이 아니라, 이스라엘이 생명을 위협하는 적들을 향해 승리를 안겨주시는 하나님을 신뢰할 수 있다는 것이다. 이것은 지금의 사례에서 뿐만이 아니라 앞으로 올 시대에서도 마찬가지이다. 하나님께서 궁극적으로 그의 모든 적들을 완전히 덮어버리실 것이다.17:14

성서적 맥락에서의 본문

광야에서의 이스라엘

이스라엘이 광야에서 방황하는 것—더 낫게는, 이스라엘이 질서 있게 "군사행진"을 하는 것G. I. Davies, ABD, 6:912 참조—은 주로 출애굽기15:22와 민수기10:33-22:1에서 다뤄지고 있다. 민수기 33:1-49는 이스라엘의 경로를 표시하는 장소의 이름을 나열함으로써 여행일정표를 제공한다.[출애굽의 경로, 506쪽] 신명기 1-3장에서는 모세가 광야에서 이스라엘의 방황을 되새기지만, 거기에서의 강조점은 거의 절대적으로 시내 산에서 머무는 것에 이러지는 구절에 있으며, 따라서 출애굽 이야기의 일부는 아니다.

다른 많은 성서 본문들 역시도, 특히나 시편과78:14-41; 52-53; 81:7; 95:8-11; 105:37-42; 106:13-27 예언서들에서예를 들면 렘 2:2-6; 겔 20:20-26; 호 2:14-15; 13:4-5; 암 2:10; 5:25 이스라엘의 광야 경험을 언급한다.

출애굽 모티브는, 광야를 통한 이스라엘의 행진을 포함하여, 특히 이사야 40-55에서 아주 두드러진다.사 35장도 참조 이 장들에서는, 그 예언자가 한동안 바빌론의 포로로 있었던 이스라엘 사람들에게 이렇게 공표한다: 하나님의 구원이 가까웠다. 하나님은 그들을 바빌론에서 시온으로 가는 새 출애굽으로 그들을 인도하실 것이다.

이집트에서의 출애굽에 대한 많은 이미지들과 모티브들이 예형론적으로 이 새 출애굽에 적용된다. 버나드 앤더슨Bernhard W. Anderson에 따르면 이들은 다음의 광야여정 주제들을 포함하고 있다.183; 177-95 참조:

- 야웨가 광야를 통한 길을 예비하심사 40:3-5; 42:16; 43:19; 11:16 참조; 35:10
- 야웨가 식량과 마실 것을 공급하심사 41:17-20; 43:19-21; 49:10, 바위에서 물을 내시는 것을 포함48:21
- 출애굽 이야기를 넘어서서, 광야의 경이로운 변화사 49:9-11; 55:13; 35:6-7 참조

광야 기간: 다른 관점들

신학적으로, 이스라엘의 광야 기간은 다양하고 복잡한 의미들이 있다. 출애굽을 이해

하는 더 폭넓은 틀은 하나님께서 아브라함에게 좋은, 비옥한 땅을 주시기로 약속한 것이다. 창 12:1-3, 잦은 반복; 이스라엘이 머물렀던 이집트는 비옥한 땅이지만 이스라엘이 노예생활을 하던 곳이다: 이스라엘이 광야에서 40년을 머물다; 그리고 마침내, 약속된 좋은 땅을 차지한다.여호수아서에서 보도됨

이런 틀 속에서, 비옥한 이집트에서 하나님께서 오랜 기간 동안 모습을 드러내지 않은 것은 광야에서 자신의 백성들을 위해 하나님께서 꾸준하게 돌보시고 결정적으로 자기 계시를 하신 것시내 산에서의 현현; 19-24장, 주와 나란히 놓여있다. 이것은 자연스럽게 광야의 기간을 영광의 빛으로 표현하는 경향이 있다. 시편 105편은 광야에서 이스라엘을 위해 하나님이 돌보시고 공급하신 것을105:37-45 이집트에 내린 재앙과 나란히 놓고 있다.105:28-36 광야의 기간은 이스라엘의 신부와 같은 성실함과 하나님께 가까이 하는 시기이다.렘 2:2; 호 2:15 참조

겐 사람들/미디안 사람들과 관련된 이스라엘 속의 그룹인 레갑 사람들이대상 2:55 농업 생활로 정착하는 것을 거부한 것으로 보인다. 그들은 계속해서 광야의 방식에 따라 살았는데, 아마도 이스라엘이 이상적으로 신실했던 시간으로 보였을 것이다.렘 35

반면에, 광야에서 이스라엘의 반역을 강조하는 상대적으로 많은 본문들이 있다. 이 본문에 분명히 드러나고 있는 불평과 반역이 황금송아지 사건과 더불어 출애굽기의 고조에 다다르고 있으며32-34장, 신명기에서도 계속된다. 민 11 참조; 14; 16; 20:1-13; 21:4-9 시편 78:14-41은 이런 특징을 전형적으로 보여주고 있다:

그들이 하나님을 거스르면서 말하기를 "하나님이 이 광야에서 잔칫상을 차릴 수 있단 말인가?"78:19
그들이 광야에서 그에게 얼마나 자주 반역하였고 그를 괴롭혔던가!
그들은 하나님을 거듭거듭 시험하고 이스라엘의 거룩하신 이를 노엽게 하였다
78:40-41

시편 95는 므리바/마사에서의 반역출 17:1-7을 경고의 사례로 사용하고 있다:

므리바에서처럼, 맛사 광야에서의 그 날처럼, 너희의 마음을 완고하게 하지 말라.
너희 조상은 내가 한 일을 보고서도 나를 시험했었다.95:8-9

히브리서의 저자는 이런 경고를 확대시켜 사용한다. 히 3:7-11; 4:3-11

광야 기간을 말하고 있는 모든 본문이 긍정적이거나 부정적인 것은 아니다. 광야의 기간이 갖는 복잡성은 신명기 8장이 잘 잡아내고 있다. 거기서 이스라엘은 하나님의 아들로 그려진다. 광야의 시간은 시험, 훈육, 겸손의 시간으로 특징되어서, 이스라엘은 "사람이 빵으로만 살 것이 아니라 주님의 입에서 나오는 모든 말씀으로 살 것"을 알게 될 것이다. 8:3 광야의 시간은 또한 하나님의 돌보심과 공급하심의 시간이기도 하다: "지난 사십년 동안 너희 몸에 걸친 옷이 해어지지 않았고 너희 발이 부르트지 않았다." 8:4

궁극적으로 그 시간은 이스라엘을 약속된 비옥한 땅으로 인도하기 위한, "나중에 너희가 잘 되게 하려는" 신명기 8:16 하나님의 의도였다. 그렇지만 그 땅은 유혹을 가진 곳이어서, 이스라엘이 "너희를 크고 무시무시한 광야를 통해서 인도하신" 8:15 주님을 잊게 된다면 그 유혹을 거스르지 못할 것이다.

이런 시험이라는 주제는 광야에서 예수의 시험 단락에서도 이어진다. 마 4:1-11//막 1:13//눅 4:1-13 신명기 8장과의 연결은 시험이라는 주제로 표현되고 시험하시는 것은 하나님의 역할이지만 역설적으로 여기서는 사탄이 시험을 한다; 광야라는 지역으로 표현되며; 40일 밤낮으로 표현되어 광야에서 이스라엘의 40년을 회고하고 있다; 아울러 특히나 신명기 8:3을 예수가 인용하는 것으로 표현되고 있다. 마 4:4//눅 4:4

야생 짐승과 천사가 예수와 함께 있다고 마가가 간략하게 언급한 것은 아마도 광야 경험의 두 가지 측면을 잡아내고 있는 것 같다. 시험과 하나님의 돌보심 그렇지만 야생 짐승은 새 아담인 예수를 둘러싼 회복된 낙원을 나타내고 있을 가능성도 있다. 사 11:6-9 참조 예수가 반복적으로 광야나 황무지로 물러서는 것은, 보통 그것을 구체적으로 언급하고 있지는 않지만, 의심의 여지없이 이스라엘의 광야 시절을 반향하는 것이다. 그렇지만 아래의 "먹이는 기적들"을 보라

치유자 하나님

하나님이 이스라엘의 치유자라는 주제는 나무 조각을 이용해서 마라에서 쓴 물을 하나님이 "치유하시는" 것으로 소개된다. 출 15:22-25a 눈에 띄게 유사한 구절이 예언자 엘리사와 연관된다. 왕하 4:39-41; 집회서 38:5도 참조

그렇지만 일반적으로 인간은 하나님이 치유하시는 대상이다. 15:26에서 우리는 간략하지만 중요한 언급을 보게 된다: 나는 너희를 치유하는 주이다. NRSV; 더 문자적으로 풀면: 나는 주, 너희의 치유자이다 이것은 하나님의 계명에 순종하라는 훈계를 따르고 있으며, 그

렇기에 치유를 순종과 연결시키고 있다. 하나님의 치유는 이집트에 내린 재앙여기서는 전염병diseases 으로 불림과 대조되며, 물론 그 재앙은 죄로 인한 것이다.

구약성서 곳곳에서 병과 건강은 하나님의 영역이다. 클라우스 시볼트Klaus Seybold는 다음과 같이 말한다:

> 구약에 따르면, 유일한 하나의 권세만 있을 뿐이다: 병과 치유는 야웨가 자신의 백성과 함께 임재 하는 현현과 행동의 형태로서 구체적으로 의인화되고 있다.67

신명기와 욥은 이런 시각을 뒷받침한다:

> 나는[하나님] 죽이고 살린다; 나는 상처를 입히고 치유한다. 신 32:39
> 그가[하나님] 상처를 입히시지만 싸매신다; 그는 때리시지만 그의 손으로 치유하신다. 욥 5:18

따라서 병과 건강은 개인적인 차원에서나 국가적인 차원에서나 죄와 용서와 밀접하게 엮여져 있다.예를 들면 시 103:3 인간 치료자의사나 치유법이 치유를 중재하거나 수반하는 일은 좀처럼 없다. 집회서 38:1-15 마술이나 "신성한 기술", 즉 어떤 제사장들이나 약을 주는 이들의 영역에 속하면서 합법적으로 병을 다루는 방식에 의존하는 것도 아니었다. 그런 일은 이스라엘의 이웃 국가에서나 있는 일이었다.Seybold: 24-34 대신, 구약에서는 치유를 위한 많은 기도들이 있는데 고백과 회개가 수반되는 일이 많았다.예를 들면 민 12:13; 시 41:4; 렘 17:14 신성한 치유가 보고되거나 약속된 경우도 많은데, 감사와 찬양과 관련되는 일이 많다.예를 들면 왕하 20:1-11; 시 30:2; 107:20; 147:3; 사 38:1-5; 렘 30:17

신약성서에서는 죄와 병, 용서와 치유 사이의 연결이 그와 같이 녹아있지는 않다. 마 9:1-8을 참조 그렇지만 적어도 두 가지 이해의 변화가 일어난다: 먼저, 사탄/마귀의 영역은 많은 병을 일으킨다고 믿었다. 예수가 보여주는 것처럼, 따라서 신성한 치유는 악마를 축출하는 형태로 일어나는 일이 잦다.

두 번째로, 예수는 병 혹은 재앙과 개인적인 죄 사이의 연결을-이스라엘의 고대 근동 유산의 일부-없앤다. 눅 13:1-5; 요 9:1-3 예수는, 개인의 고난이 고난당하는 사람의 죄들에 대한 신의 심판이라고 자동적으로 해석될 수는 없다는 욥기의 주장 및 다른 구약 본문들의 주장을 강하게 역설한다.예를 들면 사 52:13-53:12 이것은 고난을 당하는 이들에게 있어서는 진정으로 위로의 메시지인 것이다! 그렇지만 이것은 건강/안녕과 병/고난에 대한 하나님의 주권이 부정된다는 것을 의미하지는 않는다.고후 12:7-10 참조

먹이는 기적들

만나와 메추라기를 하나님께서 선물로 주시는 것에 대한 언급은 구약의 고백적 요약들 가운데 일부에서 찾아볼 수 있다: 시편 78:24만나; 시편 105:40메추라기; 그리고 느헤미야 9:20만나 여호수아 5:12는 만나가 이스라엘이 가나안 땅에서 나오는 열매를 먹게 되자마자 멈추었다고 보고한다.출 16:35 참조

예수는 생명의 빵에 대한 긴 담화를 하는데, 이것은 오천 명을 먹이신 후에 일어난 일이다. 예수는 이스라엘이 광야에서 받았던 만나는 자신과 비교했을 때 사람을 살 수 있게 하는 힘에 한계가 있다고 비교하면서, 자신은 하늘에서 내려온 진정한 생명을 주는 빵이라고 한다.요 6:25-51 주의 만찬과 간접적인 연결이 여기에도 암시된 것으로 보인다.12장의 주를 참조; 24장 히브리서의 저자는 천상의 성소에 있는 언약궤에 만나를 담은 황금 항아리가 들어있다고 언급한다.히 9:4 이것은 모세가 아론에게 언약궤 속에 만나를 조금 보존하여 두라고 지시한 것을 가리킨다.출 16:33-34 마지막으로 요한계시록에서는, 성령이 "이기는 모든 자들에게" "숨겨진 만나의 일부"를 약속하고 있다.계 2:17

광야에서 만나와 메추라기에 대한 구체적인 언급이 없이, 하나님이 식량과 물을 예상하지 못하는 방식으로 마련해 주신다는 폭넓은 이해는 다양한 성서 본문 속에서 발견되고 있다. 따라서 하나님은 하나님께서 허락하신 가뭄 기간 동안에 까마귀들이 가져다 준 "빵과 고기"로 엘리야를 살리신다.왕상 17:1-17 나중에 호렙 산으로 가는 길에, 어떤 천사가 엘리야를 먹인다.왕상 19:1-9 결과적으로 엘리야는 사르밧 과부와 아들을 위한 하나님의 수단이 되어 그녀의 "뒤주의 밀가루가 떨어지지 않고 병의 기름이 바르지 않게 되었다" 왕상 17:8-16; 유사한 엘리사의 이야기, 왕하 4:1-7 참조

기적으로 음식을 먹이는 또 다른 이야기는, 이번에는 엘리사가 백 명을 먹이는 것왕하 4:42-44, 예수가 광야에서 군중들을 먹이는 것을 우리에게 소개하고 있다.오천 명: 마 14:13-21; 막 6:32-44; 눅 9:10-17; 요 6 [위를 보라]; 사천 명: 마 15:29-39; 막 8:1-10 그렇지만 일반적이지 않은 방식으로 하나님께서 음식을 제공하신다는 그런 모든 사례들은 피조물들을 위해 하나님께서 마련하시는 특별한 표징들로 보아야만 한다.창 1:29-30; 시 104; 마 6:25-34

안식일

출애굽기 16:23에서, 이 성서의 이야기는 안식일을 처음으로 언급하고 있다. 그렇지만 하나님께서 창조의 일곱째 날에 쉬셨다는 것은 인간이 안식일을 지켜야 한다는 것을 내포하고 있다.창 2:1-3 우리는 안식일 계명에 대한 우리의 논의를 위한 성서적 맥락을 나중에 고려할 것이다.20:8-11. 주 자주 나오는 성서의 주제는 사람이 매일의 필요를 위해 하나님을 신뢰하라는 것으로, 미래를 너무 걱정하지 말라는 것이나 재산을 축적함에 있어 탐욕을 부리지 말라는 것이다.예를 들면 신 8:1-5; 사 5:8; 렘 17:11; 마 6:11; 눅 12:18, 22-30; 딤전 6:6-10

이스라엘과 아말렉인들 사이의 적대감

창세기 36:15-16에 따르면, 아말렉 사람들은 에서의 손자 아말렉의 후손들이었다. 그들은 유다의 남부와 동부를 어슬렁거리면서 여러 차례 이스라엘 사람들을 공격했는데, 이것이 다윗 시대에까지 이어졌다.예를 들면 삿 6:3; 7:12; 삼상 14:48 아마도 그들의 기습 공격-출애굽기 17:8-13에서처럼-은 예측할 수도 없거니와 맹렬했기 때문에 이스라엘이 특히나 그들을 무서워하고 증오했을 것이다.

사무엘을 통한 하나님의 말씀에 따르면, 앞서 이스라엘을 공격했던 심판으로서출애굽기 17장 사울이 아말렉인들을 멸망시키지 못하는 바람에 하나님이 왕 사울을 거부하게 되었다.삼상 15 우리는 아말렉인들이 하나님에 대한 거부와 초기 이스라엘을 이끄신 것에 대한 완벽한 보기라는 것을 가정해야만 한다. 이것으로만 그들이 미움을 받고 그들과 싸우게 되는 열의를 설명할 수 있게 된다. 이런 시각을 증언하는 것은, 악과의 마지막 전투에서 멸망되어야 할 곡과 레비아단과 같이, 아말렉을 종말론적인 적으로 변환시키는 긴 유대교 전통인 것이다.Levenson, 1988:39-41

교회 생활에서의 본문

삶의 패러다임이 되는 이스라엘의 광야 여정

이집트에서 팔레스타인으로 가는 이스라엘의 여정은 신앙생활을 위한 풍부한 패러다임을 이어지는 세대에게 전달하고 있다. 광야는 이런 여정의 출발점, 노예의 부유한 땅과 목적지, 젖과 꿀이 흐르는 약속의 땅 사이에 놓인 곳이다.

이스라엘의 신앙 공동체가 토라모세의 다섯 책, 오경를 주요한 성서로 정경화했을 때, 이스라엘 공동체는 출애굽과 요단으로 가는 광야의 여정을 신앙의 정체성을 형성하는 것으로 강조했다.Sanders: 31-53 "이스라엘 사람/유대인은 누구인가?"라는 질문은 이제 "약속된 땅으로 광야를 통해 가는 방향 속에 참여하는 사람개인적으로 혹은 역사적 정체성으로"이라고 대답할 수 있다. 이스라엘이 수세기 동안 그 땅을 역사적으로 점유하고 있었음에도, 도착은 여전히 미래에 있다. 성서가 형성한 서구세계에서, 신앙의 사람은 길을 가고 있는 사람이 되어왔고, 여전히 길을 가고 있는 사람이며, 그런 길은 광야를 통해 인도하고 있다.

　기독교는 신앙생활이 광야를 통한 여정이라는 이런 이해를 유대교에서 도입했다. 신자들은 에덴동산이나 낙원과 빈번하게 동일시되는 이 약속의 땅이 이 삶에 어느 정도까지, 그리고 어떤 의미에서 닿을 수 있는 것인지 궁금해 하는 일이 많다. 다른 그룹과 개인들이 이 문제를 다양하게 인식하고 있다. "기독교 역사 속에서 사막의 성서적 경험The Biblical Experience of the Desert in the History of Christianity"이라는 자신의 광범위한 책에서광야 모티브에 대한 메노 사이먼스의 강의를 부제로 하였음 조지 윌리엄스George H. Williams는 이렇게 썼다:

> 광야 모티브는 미국의 역사뿐만 아니라 일반적인 교회의 역사의 해석에 있어서 어떤 범주가 되는 국경으로서의 중요성을 능가할지도 모른다는 것이 기독교 역사 속에서는 참으로 아주 기본적인 개념이다. 왜냐하면, 국경처럼, 광야는 지리적일 뿐만 아니라 심리적이기도 하기 때문이다. 광야는 마음의 상태이자 자연의 상태일 수 있다. 광야wilderness는, 대안적으로 말 그대로 야생wilds일 뿐만 아니라, 당혹감의 상태이거나 보호받는 피난의 장소이자 훈련을 받는 사색의 장소일 수도 있다. Williams: 4; 이어지는 대부분의 것이 그의 저서에 기초한 것이다

　고대 교회에서, 침례 자체는 세상에 해당하는 이집트에서 나와 핍박과 유혹의 광야를 거쳐 약속된 땅, 교회로 가는 새 이스라엘의 구성원들의 여정으로 이해되었다. 이것이 예수의 침례와 이어지는 광야에서의 유혹과 결부되기 십상이었다. 많은 수도사들이 문자 그대로 시리아와 이집트의 사막 모래, 광야로 들어가거나 유럽에 있는 미지의 숲으로 들어갔다. 덜 문자적인 사람들은 그들의 그리스도인의 삶을, 수도원 공동체에 있든 세상 속에 있든, 이집트에서 나와 광야로 들어가는 철수출애굽으로 보았다.

　중세 신비주의자들과 후대 경건주의자들에게 있어 광야는 심리적으로, 더 위대한 영적인 환상으로 가는 영적인 유혹과 메마름의 시기로 여겨지는 일이 많았다. 광야는 항상 양

면성을 지니고 있다; 한편으로 광야는 유혹의 영역이면서 사탄과의 전쟁의 영역이다.아말 렉 사람들을 참조! 다른 한편으로 광야는 하나님과 함께 피신하는 장소였다.광야의 한가운데에서 이스라엘의 시내 산 현현을 참조!

17세기 종교개혁시대에서, 주로 아나뱁티스트들과 메노나이트들을 포함한 급진주의 자들이 수도사들과 신비주의자들의 광야 모티브를 다뤘다.Williams: 65-73 참조 그들에게 있어 광야는 안전을 찾거나 변화를 추구하도록 그들을 움직이게 만드는 적대적인 사회일 수 있었다. 아울러 더 문자적으로는, 광야는 보호처가 되고 예배의 자유를 주는, 멀리 떨어진 숲과 골짜기들일 수도 있었다. 후자의 측면은 계시록 12:6과 빈번하게 결부되었는데, 이 본문에서는 핍박받는 여인교회이 광야에서 피난처를 발견하게 된다.

최소한 어떤 아나뱁티스트들에게 있어서, 광야는 내적인 상태를 지칭하는 것일 수도 있었다. 이것은 멜키오르 호프만Melchior Hoffmann에게 있어서는 두드러진 사례였는데, 그에게는 광야가 "설립된 교회에서 탈출하는 것과, 신비적인 *Gelassenheit* '내어맡김' [중세 신비주의자 마이스터 에크하르트로 거슬러 올라가는 개념] 속에서 그리스도에게 완전히 열려있는 것이라는 이중적 의미"가 될 수 있었다.Williams: 52-67

종교개혁에서 지금에 이르기까지, 광야라는 주제는 다수의 그리스도인 그룹들과 운동들−주류보다는 대부분 주변에서, 그렇지만 항상 그런 것은 아니었다−속에서 표면화되었다. 광야는 놀랄 만큼이나 다양한 적용들과 표현들이 되었다. 청교도, 퀘이커, 독일의 경건주의자들, 스코틀랜드 커버넌터 신자들Covenanters, 그리고 남아프리카의 네덜란드계 보어인들Dutch Boers은 자신들의 존재를 광야를 통해 방랑하는 것으로 이해한 수많은 이들 가운데 일부이다.

어떤 이들은, 예를 들면 보어인들의 그레이트 트랙Great Trek 1)과 같이, 문자 그대로 야생으로 들어가는 여정을 했다. 다른 이들은 어떤 사람의 기독교적인 삶을 모든 시험과 유혹이 함께 하는 여정으로 보았다. 존 웨슬리John Wesley, 1703-91의 사상을 윌리엄스는 이런 입장으로 잘 특징지어 묘사하고 있다:

이스라엘 사람들이 이집트에서의 구속에서 벗어나 잠시나마 구원을 받고 광야에서 방랑한 것처럼, 모든 그리스도인들은 침례로 잠시나마 구원을 얻지만 약속된 왕국이나 완전한 상태에 이르기까지는 성령의 계율에 지속적으로 따라야만 한다. 웨슬

---

1) 1830-40년대에 영국의 남아프리카 식민지 지배에서 탈출한 보어인들이 북방내륙으로 이동한 사건을 말함. 역자 주.

리에게있어서 광야는 구원받은 이들의 삶을 언급하는 분명한 신학적 용어였던 것이다.89f

많은 문학적 비유들이 이런 광야의 모티브를 표현하고 있다. 그들 가운데는 다음의 작품들이 있다: 존 밀턴의 서사시 『실락원』1667과 『복락원』1671 ; 존 번연John Bunyan의 우화 『천로역정』1678 ; 요한 하인리히 융슈틸링Johann Henrich Jung-Stilling의 소설 『향수』*Das Heim-weh*, 1794-97와 정기간행물 *Der graue Mann*: *Biblische Erzahlungen*1814 삽입구로서, 융슈틸링의 사상은 러시아에서 투르케스탄의 광야로 이동한 메노나이트 종말론적 선지자 클라스 엡Claas Epp에게 영향을 주었다.W. Janzen, 1977:127-39 『반지의 제왕』*The Lord of the Rings*, 1954-5이란 작품에서 톨킨J. R. R. Tolkien은 광야를 방랑하는 모티브를 추구하는 당시 작가들 가운데 한 명이었다.

미국이 약속된 새로운 땅이라는 시각에서, 널리 퍼진 미국의 새 이스라엘이라는 자기 정체성은 다양한 광야의 방랑 주제를 만들어냈다.Williams: 98-131 유럽을 뒤에 남겨진 이집트로 보는 것은 쉬운 일이었다. 미국의 미지의 야생은, 적어도 지리상으로 한시적이지 않다면, 에덴동산이나 약속의 땅이 앞에 놓였다는 희망, 그리고 광야의 시험과 유혹을 가진 정착민들과 조우하였다. 그렇지만 성서 본문들 속에서처럼, 광야에 대한 부정적인 관점도 긍정적인 관점과 조화롭게 유지되었다: 광야는 하나님의 임재와 부양하심을 경험할 수 있는 피난의 땅이자 새로운 시작을 할 수 있는 곳이었다.

이런 피상적인 조망은, 다른 광야의 본문과 함께예를 들면 창 1-3장의 에덴동산, 예수의 시험, 그리고 계 12:6 교회의 신학과 서구문화가 어떻게 이스라엘의 광야 방랑 이야기에 영향을 받았는지를 충분히 보여준다. 오늘날 우리 그리스도인들이 이런 풍부하고 다양한 패러다임을, 하나님과 함께 우리가 공동으로, 그리고 개인적으로 걷기 위해 계속해서 사용하는 것과, 그것을 새로운 방식으로 적용하는 것은 마땅한 일이다. 우리는 이제 우리의 주제가 가지고 있는 몇 가지 측면들이 우리와 어떻게 관련되는지를 살펴볼 것이다.

광야생활의 시험과 유혹

1. 식량과 물이 부족한 것은 이스라엘의 첫 번째이자 계속되는 시험이었다. 식량과 마실 것이 필요한 것은 기본적이고 당연한 것이다. 오늘날 전례가 없이 사람들이 이렇게 식량과 물의 부족을 경험하고 있다. 이것은 절망과 하나님께 버림받았다는 느낌을 위한 비옥한 토양이다. 다른 채워지지 않은 필요들은 동일한 효과를 갖는

다. 하나님께서 기적을 행하실까? 하나님이 만나를 보내시고 바위에서 물을 내실 것인가? 하나님은 우리를 통해서 그 일을 하실까?

2. 정당한 필요는 악의적인 갈망으로 변하기 십상이다.출 16 삶에서 오는 부풀려진 기대, 높은 생활수준을 추구하는 것, 사치를 갈망하는 것은 그 상황에서 적절한 것을 뛰어넘는다─이것은 역시 하나님에게서 벗어나도록 이끄는 것이다.

3. 필요는 불안과 탐욕으로 이어진다. 출 16 이스라엘은 하나님이 일용할 빵/만나를 주실 것이지만 미래를 위해 쌓아 두는 것은 역효과가 난다는 것을 배워야 한다. 이런 측면에서 두 번째 교훈은 안식일의 원리를 배워야 한다: 신앙은 아무것도 하지 않고 하나님의 공급하심을 믿으면서 위험을 감수해야 할 때가 있다. 이것은 모든 것이 우리가 하는 최상의 노력에 달려있는 것처럼 보이는 어려울 때에 특히나 힘들다.

4. 과거에 대한 향수, "이집트의 고기 가마"에 대한 향수는 널리 퍼져있지만, 현재의 어려움을 다루는데 있어서는 비생산적인 대응 체계이다. 우리가 가지고 있는 좋은 것에 감사하거나 개선할 필요가 있는 것을 개선할 노력을 기울이는 대신, 우리는 좋았던 시기에 젖어 있다. 회고는 놀라운 인간의 능력이다. 그렇지만 단 한 번도 이뤄진 적이 없었던 완벽함을 과거에 부여하는 감상적인 향수는 있으며, 그로인해 현재를 긍정적으로 대하게 하는 우리의 능력을 약화시킨다. 우리는 그것을 이발소에서 듣거나 다른 장소에서 편집자에게 보내는 편지 속에서 읽는다: 더 이상 좋은 것은 없으며, 항상 그래왔던 방식인 것을.

반면, 우리는 현재를 가능한 한 긍정적으로 생각해서는 안 되며, 가끔 그렇게 말하지 않았는가? 해방신학자들은 과거에 연연하며 몸과 마음을 약하게 만드는 어떤 특정한 태도를 지적한다. 이것은 압제당하는 민족들이, 불확실한 미래 속으로 위험을 무릅쓰는 대신, 그것이 얼마나 악할 수 있는지 상관하지 않고 이전의 안전함에 집착하는 경향이다.예를 들면 Pixley: 88

5. 범죄자를 찾는 것은, 또 다른 비생산적이지만 널리 실천되는, 어려움을 대하는 방식이다. 이스라엘에게 있어 범죄자는 모세였다. 우리에게 있어 그것은 정치인이나 교회 지도자일 수도 있다. 그런 사람들은 많이 노출되어 있으며, 욕을 먹어 마땅한 사람이라는 만만한 대상이 될 수 있다. 그들이 무고한 경우는 많다. 어떤 경우에 그들에게 잘못이 있을 수 있지만 좋은 신앙을 가진 것처럼 행동한다. 우리는 얼마나 빨리 판단해야 할까?

이스라엘이 모세에게 비난을 돌리는 행위 역시 또 다른 차원이 있다: 이런 행동은 하나님의 인도하심을 배제하고 인간적인 것이 원인이 되는 것처럼 경험되는 사건들을 해석하는 것을 의미한다. 범죄자를 찾는 것은 말하자면 하나님의 손에서 문제를 빼앗는 것을 의미할 수 있다. 그것은 신앙을 거부하는 형태이다.

6. 예상하지 못한 적들.아말렉 사람들, 17:8-14 이스라엘은 스스로 싸우지 않고 바로에게서 벗어났다. 모든 문제, 적어도 모든 군사적 문제는 광야에서 끝났어야 하지 않는가? 그렇지만 여전히 갑자기 공격해 오는 적들은 있다. 두 가지가 우리와 관련되어 있다:

먼저는, 우리가 하나님의 구원을 경험했다고 해도신체적으로나 영적으로, 그것이 완벽한 하나님의 나라로 안내하지는 않는다. 기적적으로 치유를 받은 어떤 이들도 다시 아플 수도 있다. 하나님의 도우심으로 위기가 해결된 가족은 계속 다른 위기가 없다는 것을 보장하지는 않는다.

두 번째로, 새로운 인도하심은 전적으로 하나님께 달린 것이다. 이스라엘은 바로에 맞설 때 보다 아말렉 사람들에게 맞서 대항할 때가 더 나은 입장이었다. 그렇지만 승리를 위해 이스라엘은 여호수아의 군대에 의존하는 것이 아니라 모세의 중재에 의존하는 것을 배워야만 했다. 우리 역시도 큰 위기 속에서는 하나님의 구원에 우리 스스로를 버릴 준비가 되어 있지만 작은 위기가 있을 때는 자기 확신이나 자기 의존적으로 될 수도 있다.

광야에서의 신성한 임재와 도움

1. 월터 브루그만Walter Brueggemann은 인생의 역설을 땅이 없는 것과 땅을 소유한 것 사이의 움직임으로 확대시켜 발전시켰다. 이스라엘의 역사 곳곳에서, 소유하는 것과 땅을 지배하는 것은 신앙이 없는 것과 하나님의 부르심에서 떠나는 것에 수반되는 것이었다. 반면에, 땅이 없는 것은광야와 포로기 하나님께로 돌아와 가까이 가는 시간이었다. 그는 출애굽 이후에 광야에서 방랑하는 것을 놀랍게도 "이스라엘이 스스로 '아무것도 가진 것이 없으되 부족함도 없다'"는 것을 깨닫는 시간이었다고 특징지었다 1977:28, 그리고 그의 저서 *The Land* 내내 나타남

이스라엘이 놀란 것의 핵심은 하나님이 계속 임재하신 것이었다. 물론 이런 임재는 시내 산에서 하나님의 현현과 언약을 주시는 장면에서 절정에 달한다. 다시금, 수 세기에 걸쳐 그리스도인들은 하나님이 광야의 안팎의 상황에서 뜻밖에도 가까

이에 계셨음을 경험했다. 그런 상황들이 일어날 때에 하나님의 임재를 기대하면서 바라보도록 하자!

2. 하나님께서 임재하시는 방식은 또한 이스라엘에게 있어서도 놀라운 것이었다. 이스라엘 백성은 바위에서 물이 나올 것이라는 것을 예상하지 못했다. 그들은 만나를 몰랐다. 그들은 안식일의 원리를 경험하지 못했다. 그 이후로 광야에서 많은 이들이 하나님의 여러 가지 자원들을 경험함에 놀랐다. 새로운 길을 여는 것은 하나님께서 역사하시는 준비가 된 형태이다.

3. 자연적이고 기적적인 것들이 이스라엘이 하나님의 도우심과 공급하심을 경험하는데 섞여있다. 예를 들어 해석자들은 만나가 성서적으로 설명할 수 있는 "자연적" 광야의 현상이었는지, 아니면 만나가 독특하고 "기적적인" 하나님의 행하심이었는지를 말하고 있다. 주를 보라 그렇지만 역사하시는 방법의 전체 범위는 하나님의 처분에 있다.

소비에트 연방의 스탈린 지역에서 고초를 겪었던 독일의 어떤 메노나이트 여성은 내게 이렇게 말해 주었다. "추방된 우리들은 문자 그대로 카자흐스탄의 광야 속에 떨어뜨려졌다. 굶주림을 피할 수는 없을 것 같았다. 그렇지만 놀랍게도, 물구멍들이 어떤 물고기들로 꽉 차 있어서 우리는 살아남을 수 있었다. 유목민들은 이런 물고기들이 그 지역의 고유종이지만 최근에는 아주 귀하게 되었다고 알려줬다. 하나님께서 우리를 위해 기적을 베푸신 것이다." 이 여성은 하나님께서 자신들을 위해 독특한 방식으로 행하셨다는 것을 의심하지 않았다. 우리는 그것을 의심해야 할까?! 그렇지만 하나님께서는 우리가 쉽게 받아들일 만한 방식으로, 인간과 인간이 아닌 대리인들을 통해 놀랍게도 우리가 살아가도록 하신다.

이스라엘의 탈출이 이루어지다

사전검토

이 장은 주제와 서법이 크게 변하면서 15:22-17:16과 구분된다. 앞선 부분은 외적인 고난, 내적인 갈등, 그리고 신의 개입이라는 극drama이었다. 이에 반하여 이제 우리는 고요함, 심사숙고, 축하와 화합의 장면으로 들어간다. 모세는 자신의 백성을 하나님의 산으로 데려간다.18:5 모세가 그들을 구하기 위해 이집트로 보내진 곳이 이곳이었다.3:1

바로의 진노에서 벗어난 모세를 받아준 미디안의 제사장 이드로는 이제 이스라엘을 받아 주면서 하나님의 인도하심을 통해 이집트에서 빠져나온 이스라엘의 이야기를 듣는다. 이드로, 모세, 그리고 이스라엘의 장로들이 하나님을 함께 예배할 때18:12, 3:12에서 약속된 표징이 완성된다.

앞서 모세는 이드로의 가정에서 자신의 새롭고 일상적인 삶을 시작할 수 있었다.2:20-22: 3:1 이제 모세와 이스라엘은 이드로의 안내를 받아 미래에서 정리된 삶을 준비한다.18:13-26 이드로가 떠날 때, 우리는 모든 것이 구원받은 이스라엘에게 좋다는 것을 안다.

개요

다시 만난 가족, 18:1-7

보고와 축하, 18:8-12

정리된 삶을 준비함, 18:13-27

주석

다시 만난 가족 18:1-7

여행, 도착, 그리고 맞이함. 4:18에서 행운을 빌며 여행을 떠나게 해 주었던 사위를 만나게 되자 이드로가 모세를 환영하는 것은 자연스럽다. 모세의 아내 십보라와 모세의 두 아들을 다시 남편과 아버지에게 데려오는 좋은 일이 생긴 것이다. 1절이 직접적으로 그렇게 말을 하고 있지는 않지만, 상세한 이야기를 듣고 이집트에서 하나님께서 이스라엘을 인도하셨다는 놀라운 소식을 확인하는 것은 이드로에게 있어 더욱 중요한 일이었다는 것을 암시한다. 환영을 마친 후에 이것은 적어도 대화의 주된 주제가 되었다.

모세의 아내와 아들은 4:20에서 언급되고 있는데, 2:22에서는 게르솜만 등장하며 4:25에서는 이름이 밝혀지지 않은 아들 하나만 언급한다. 그렇지만 2:22에서의 관심은, 모세가 이전에 외국땅[이집트]에서 외국인으로 거주하던 신분과 대조되어게르솜이라는 이름의 의미, 모세가 정착하여 가정을 꾸렸다는 표징이 되는 말이와 관련된 것이다. 4:25에서 유일한 아들이 이 행동에 암시되어 있다. 여기서 우리의 관심은 모세의 가정의 규모가 아니라 아들들의 이름의 의미이다.

4:20에 따르면 모세는 아내와 아들들을 이집트에 함께 데려갔다. 그들이 어떻게 지금은 이드로와 있을 수 있단 말인가? 2절은 모세가 그들을 되돌려 보냈다고 설명하는데, 아마도 바로와의 갈등이 고조되어 그들의 생명이 위험에 처했을 때였을 것이다. 모세의 장인으로 이드로를 자주 언급하는 것뿐만 아니라18:1-12에서는 8차례; 아래를 보라, 모세의 가정사에 대한 이 모든 관심은 마음편한 가족적인 분위기를 만들어 낸다. 이것은 궁핍, 불평, 그리고 적으로부터의 위험이 있는 앞선 이야기들과는 크게 다른 것이다.

모세가 공손하지만 따뜻하게 자신의 장인을 맞이하는 것은 이런 분위기를 고조시킨다.18:7 모세가 장인에게는 입을 맞추지만 아내와 아이들에게는 다른 언급이 없다는 것은 그 나이와 사회의 관습과 어우러진다. 가족 사이의 상호작용은 친밀한 감정보다는 관습과 예절에 의해 영향을 받는다. 이것이 우리 문화에는 크게 와 닿지 않겠지만, 무시나 무례를 의미하는 것은 아니다.

약속이 성취된다. 그렇지만 이 본문은 화목한 가족이 다시 만나는 것을 묘사하는 것 이상을 내포하고 있다. 이것은 우리가 만남의 장소와 두 아들의 이름을 생각해 보면 분명해

진다. 다시 만나는 것은 하나님의 산, 호렙/시내 산에서 이루어진다.18:5 이 산은 모세가 덤불나무를 보았던 곳이자 그가 자신의 소명을 받았던 곳, 아울러 이집트로 가야 하는 그의 임무를 부여받은 곳이기도 하다.

게다가 하나님께서는 모세에게 약속하셨다: 내가 너와 함께 할 것이다; 그리고 이것이 내가 너를 보낸다는 표시가 될 것이다: 네가 그 백성을 이집트에서 데리고 나올 때, 너는 이 산에서 하나님을 예배할 것이다.3:12 이드로, 모세, 아론, 그리고 장로들이 함께 참여하는 예배가 이 표시를 완성한다.18:12 모세의 즉각적인 위임이 성취되고 있다.

하나님의 산은 이드로가 사는 곳에서 조금 떨어진 곳이지만, 후자는 목가적인 환경이 변화되었을 수도 있다.3:1 이드로의 입장에서는 어떤 여행이 이 본문에 암시되어있다. 그럼에도, 그 산은 유목 이동을 하는 미디안사람들이 점유하는 영역 속에 있다. 2:16-22에서 모세는 자신과 같은 유목민들에게로 "귀향했다." 마찬가지로, 그는 이제 그들과 같은 사람들에게로 모든 이스라엘을 "집으로 데려 온다"2:16-22, 주

그런 예전 시대에는, 이런 귀향은 게르솜이라는 모세의 맏아들의 이름으로 기억된다. 그 이름의 뜻은 내가 이방 땅에 거주하는 외국인이 되었다라고 해석된다. 이것은 모세가 도망쳐 나온 이집트를 가리킨다.2:22, 주 그 이름과 해석은 여기서 그 아들이 있음으로 회고된다.18:3 두 번째 아들의 이름, 엘리에셀은 내 하나님[은 나의] 도움을 의미한다. 지금까지 언급되지 않은 그의 이름은 모세의 구원 이야기를 완성한다. 첫아들의 이름은 이집트에서 모세의 신분을 가리킨다; 두 번째 아들의 이름은 구원 이야기를 아우른다. 그 이름이 의도하는 의미는 해석적 문장 속에 있다: 내 아버지의 하나님은 나의 도움이셨으며 나를 바로의 칼에서 구원하셨다.18:4

왜 두 번째 아들의 이름이 앞이 아니라 여기서 나타나는 것인가? 아마도 모세의 구원 이야기는 그의 백성이 그 속에 참여할 때까지는 이루어지지 않기 때문일 것이다. 2:23-25에서 모세의 구원은 이스라엘의 지속되는 노예 신분과 대조된다. 회생하면, 두 아들들의 이름은 모세의 경험을 특징짓고 있으며 또한 이스라엘의 구원 이야기를 포괄하는 것이다.

이 본문은 왜 두 아이들의 이름을 그렇게 중요시하는가? 이것은 성서가 빈번하게 메시지를 교환하는 방식이다. 이집트에 도착한 요셉은 그의 아들들에게 이집트에서 그의 신분을 나타내는 이름을 주었다. 창 41:51-52 이사야가 아하스 왕에게 말할 때사 7:3 이사야의 아들 스알야숩"남은 자가 남으리라/되돌아오리라" 이 침묵 속에 있는 것이 더 많은 것을 말해준다. 이 아들이 말하는 것이나 그에 대해 말하는 것은 없지만, 그는 이사야가 아하스

왕에게 하는 예언의 주된 주제 가운데 하나를 나타내고 있다.사 7:14 참조; 8:1-4; 호 1:4-9

이런 이야기들 속에 곧바로 참여하는 이들을 위해, 물론 그런 무시무시한 이름들을 가진 아이들은 계속해서 자신들의 이름이 담고 있는 메시지를 되새길 것이다. 그런 고백적인 이름을 가진 모세의 아들들이 있는 데서 이스라엘은 하나님의 산에서 이드로를 만난다. 그 만남과 아들들의 이름은, 이스라엘을 이집트에서 데리고 나오는 모세의 위임3:10이 이루어졌고 이스라엘은 "도달했다"는 점을 강조하는 역할을 한다.

보고와 축하 18:8-12

보고와 환희. 만남이 끝난 이후, 이드로와 모세는 모세의 천막에 들어가는데 그곳에서 진짜 방문이 시작된다. 모세는 두 가지 단계로 상세한 보고를 한다.모든 것을 … 전했다 먼저, 모세는 주께서 바로에게 하신 일과 이스라엘을 위해 이집트인들에게 하신 일을 말한다. 그리고 나서 모세는 광야에서의 고초와 주께서 어떻게 이스라엘을 구원하셨는지를 보고한다.18:8 웅성거림과 반역이라는 주제는 특별한 언급을 받지 못한다.

하나님' Elohim과 주Yahweh라는 이름은 모두 이번 장에서 사용되었다. 그렇지만 모세가 나중에 이드로에게 보고하는 내용 속에서 사용하고 있다. 야웨는 하나님이 모세에게 하나님께서 행하실 새로운 방식과 관련된 새로운 이름으로 주신 이름이다.3:13-15 한편 이스라엘의 구원은 새로운 의미를 담고 있는 이름으로 채워진다. 이 하나님과 아버지들의 하나님의 연속성은 3:5-6에서도 강조된다. 18장에서는, 내 아버지의 하나님이 나의 도움이셨다.18:4라고 해석되는 이름 엘리에셀 속에 회고되고 있다. 모세의 보고를 듣고, 이드로는 좋은 소식을 들은 자처럼 기뻐한다.18:9

이드로의 고백. 그리고 나서 이드로는 더욱 공식적인 신앙고백을 한다: 주야웨께 축복이 있기를… 이제 나는 주께서 다른 모든 신들보다 더 위대하신 것을 알았도다.18:10-11 우리는 이드로가 이전에는 몰랐던 하나님께로 "개종"했다고 생각할 필요는 없다. 그의 말을 그가 이미 알고 있는 하나님야웨에 대한 확실성의 확언으로 이해하거나 야웨의 위대하심을 더 높이 보게 된 것으로 이해하는 것이 바람직하다.

이드로가 이미 야웨를 알고 있다는 해석은 이드로가 곧바로 희생의 기념과 공동만찬을 주도한다는 사실에 기초한 것이다. 모세, 아론, 그리고 이스라엘의 장로들이 이 식사에 참여한다. 이스라엘의 이 지도자들이 이드로를 다른 신들의 제사장으로 여긴다면, 몇 분 전의 개종에도 불구하고아래를 보라 이 미디안 제사장의 지도력을 받아들이려 하지 않을 것이다.3:1; 18:1

이드로의 고백 마지막 절은 히브리어 원문에서는 모호하다. 11절모든[다른] 신들 이후의 끝부분을 이해하기 위한 모든 시도들은 번역자들의 추측이다. NRSV와 NIV를 비교해 보라!

성별된 환영만찬. 주도권은 이드로에게 돌아간다: 그리고 이드로가 … 번제[히브리어: 'olah]와 제물히브리어: zebahim을 가져왔다[히브리어: took] 이드로가 제물을 취한 것은 그가 제물을 모세나 모세가 이끄는 의식에 참여한 사람들에게서 취했다는 의미는 아니다. 이드로의 높은 지위와 지도력은 이곳과 이 장 전체를 통해 분명히 나타난다. 그는 그 동물들을 준비하고 가져온 이들에게서 그 제물을 취한다. 번제'olah는 완전히 태워졌다. 그 제물zabahim 가운데 일부분만이 태워지고 남은 부분은 공동의 만찬에 사용된다. 이런 관습은 빵을 먹는 것을 언급함으로 이곳에서 강조되고 있다.빵은 음식을 뜻하기도 한다; 24:11 참조

이런 예배행위의 이유는 이스라엘의 구원과 귀향을 축하하는 것이다. 몇몇 사람들이 주장하는 것처럼, 만일 어떤 언약이나 조약의 측면도 포함되었다면, 그것은 이 본문이 강조하는 것은 아니다. 더럼240-46은 18장의 핵심 주제가 사라=이스라엘와 그두라=미디안인들을 포함한 이스라엘의 동쪽 친척들; 창 25:1-4를 통한 아브라함의 후손들의 위대한 재결합이라고 주장한다. 내 생각으로는 그런 주제는, 적어도 있다손 쳐도, 기껏해야 부차적인 것이다.

이드로와 모세. 앞에서처럼2:16;3:1 여기서는 이드로의 일반적인 삶과18:1 제사 식사를 주도하는 그의 제사장 직분이 강조된다. 이 장의 나중 부분에서, 통치와 정의의 사건에서 발휘되는 그의 지혜가 돋보이게 될 것이다.18:13-16 반면 인간적으로 말하자면 이스라엘의 "창립자"이자 가장 위대한 지도자인 모세는 눈에 띄게 부수적인 역할을 한다.

그렇기에 몇몇 학자들은 미디안 사람들이 원래 야웨를 숭배하던 자들이었으며 그들이 모세에게 그 하나님을 소개해 주었다고 주장한다.Rowley: 35-63에서 "겐/미디안 가설"을 설명하고 있다; 3:13-15 참조. 주 우리가 가진 정보는 그런 가설을 입증하기에는 너무 부족하다. 그렇지만 그 가설은 이드로가 야웨를 알고 경배했다는 우리의 지금 장에 근거하여 그럴 가능성이 있다. 사라 부족과 그두라 부족을 통해 아브라함에 거슬러 올라가는 오래된 공동의 예배 전통이위의 Durham 참조 출애굽기에 그려지는 이스라엘과 미디안의 관계 뒤에 서 있는 것인가?

그렇지만 18장에서는, 이드로를 모세의 장인이라고 반복적으로 지칭함으로써12차례 제사장으로는 모세보다 이드로가 우선한다는 생각을 의도적으로 막고 있다. 비록 모세와

이드로가 모두 야웨 신앙을 공유하고 이스라엘의 최근 경험으로 인한 새로운 의미를 채우고 있다고 해도, 모세가 이드로에 종속된다는 것은 주로 미디안의 제사장과 관련된 것은 아니다. 대신, 그것은 더 나이가 많은 가장에게 모세가 예속되는 것이다. 이것은 다시금 이방의 땅을 나온 모세와 이스라엘의 "귀향"에 강조점을 둔다.

이드로는 명예로운 최고 장로로 행동한다. 지금 본문에서는 이드로의 주된 역할이 귀향자들을 맞아들이고 그들의 보고를 들으며 위험한 모험에서 그들을 보존하게 해 주신 하나님께 그들의 충성을 중재하는 것이다. 모세를 향한 이드로의 역할과 아브라함을 향한 멜기세덱의 역할 사이에는 결정적인 유사점이 있다. 창 14:18-20 이스라엘 조상들 가운데 두드러진 지도자인 아브라함은 위험천만한 모험에서 돌아와 이스라엘의 외부에서 온 지방의 왕-제사장에게 만찬으로 환대를 받으며 그를 통해서 하나님께 충성을 한다. 특히 18:10에서 이드로의 축복과 창세기 14:19-20에서 멜기세덱의 축복을 비교해 보라.

정돈된 삶을 대비함 18:13-27

이드로의 지혜. 이 부분은 18장의 첫 부분에서 시작된 가정방문의 분위기를 그대로 간직한다. 이드로의 사위의 일상생활을 보기 위해 그 다음 날 장인을 방문하여 돌아보는 것보다 더 자연스러운 것이 있겠는가? 공동체의 생활을 조직화함에 있어서 연륜이 있고 모세보다 더 경험이 쌓였기에, 이드로는 개선을 위한 몇 가지 제안을 한다.

이드로의 조언은 모세를 과도한 업무 스트레스로부터 벗어날 수 있게 해주고 백성들을 위해 더 효과적으로 법적인 봉사를 제공하고자 한 것이다. 그 조언은 그 속에 담겨 있는 정신으로 받아들여진다. 모세는 장인의 말을 들었고 그가 말한 모든 것을 했다. 18:24 고대에서는 연륜에서 나오는 경험이 젊은이들의 독립을 방해하는 것이라고 거부되는 것이 아니라 높이 평가되었다. 권위의 위임과 그로 인한 노동의 분리는 스트레스를 줄이는 현대적 방법이라는 인상을 준다.

대민(Military-Civic) 행정. 그렇지만 18장의 앞부분에서처럼, 이 부분을 개인과 가족이라는 차원에서만 읽는 것으로는 충분하지 않다. 이스라엘의 내적인 통치가 위기에 처해 있다. 여기서 우리가 보는 것은 한 사람을 통해 신정적으로theocratically 인도되는 백성이, 일상의 일들에 있어서 시민 행정부가 통치하는 백성으로 변모하고 있다는 것이다. 그렇지만 이런 시민 구조는 중앙적인 종교 권위를 갖는 중재의 대리자, 모세를 통해 높으신 하나님께 책임이 있는 것이다.

모세는 모든 종류의 일들을 심판하거나 판결을 내리면서 "모든 일들을 모든 이들에게" 맡겨 오고 있었다.2:14 참조! 이드로의 조언은 모세가 자신의 에너지를 이스라엘 백성과 하나님 사이를 중재하는데 써야지18:19 백성 사이의 일들로 인해 소모해서는 안 된다는 것이었다. 이드로는 또한 그들에게 규례와 율법을 가르치고 그들로 하여금 마땅히 가야 할 길과 마땅히 해야 할 일을 알도록 한다.18:20 다시금, 여기서 사용된 표현들은 15:25-26에서처럼, 시내의 언약과 율법을 내다보는 듯하다.

해석자들은 이 시민 구조의 묘사천부장, 백부장, 오십부장, 십부장, 18:21; 18:25 참조가 군사적인 특성을 갖는다는 것에 놀라면서 당혹해 한다.삼하 18:1 참조 이스라엘의 역사 내내, 정의는 부족의 장로들의 손에 있는데 이들은 성문에서 정의를 행했다.koehler: 127-50

이 본문 속에 있는 것과 유사하게 모세의 고충을 덜어주는 것은 민수기 11:10-17, 25에서 볼 수 있다. 그렇지만 거기에서는 70명의 장로들이 모세를 돕고자 지명되고 있는데, 이스라엘의 이후 사법체계를 더욱 대표하는 방식이다. 신명기 1:9-18에서 우리는 이 본문과 가까운 병행구절을 찾을 수 있지만 시내 산 사건 이후에 위치되고 있으며 이드로의 역할이 생략된다. 그 본문에서는 군사적 지도력과 부족의 지도력이 결합된다. 역대기하 19:4-11에서만 우리는 왕여호사밧이 임명한 판관을 볼 수 있으며 장로들에 대한 언급은 없다.

따라서 어떤 주석가들은 이 본문에서 그런 이후의 개혁을 모세에게 돌림으로써 그 개혁을 정당화하기 위한 후대 편집자들의 노력을 보고 있다. 그렇지만 여호사밧의 개혁은 이드로의 조언과는 크게 다른 것이다. 이 본문에서 이스라엘 백성의 군사 조직에 기초한 이전의—아마도 오래가지는 않은—시민행정체계를 보는 것이 더 낫다. 우리는 이미 광야에서의 기간과 가나안 정복의 시기에 적응해 왔다. 그렇지만 그것은 나중에 장로들에 의한 정의집행에 자리를 내주었을 지도 모른다.

이스라엘이 정착하다. 이드로의 조언 속에 반영된 역사적 현실이 무엇이든, 현재의 형태와 배경을 지니고 있는 이 본문은 이스라엘이 정돈된 삶의 방식으로 정착하기 시작하고 있다는 것을 보여주는 역할을 한다. 앞서 모세는 이드로의 가정에 정착했다.2:21-22 여기서 이드로는 이스라엘이 앞으로 다가올 무기한의 시간을 위해 정돈되고 평화로운 삶을 살게 할 공동의 질서를 마련하도록 돕는다. 모세가 자신의 장인을 전송할 때18:27, 이드로는 유목생활로 즐거움을 찾는 자유 속에서 평화롭고 정돈된 생활을 누릴 준비가 된 이스라엘을 뒤로 한 채 떠난다. 그렇지만, 이것은 "폭풍전의 고요"임이 드러난다.Childs: 327

성서적 맥락 속의 본문

이드로

출애굽기 외에서는 이드로에 대한 언급이 없다. 그렇지만 민 10:29 참조; 삿 4:11 [서사 기법: 고르지 못함] 구약은 다른 곳에서 이 장의 사건들을 언급하지 않지만, 신명기 1:9-18의 유사하지만 다른 단락은 예외가 될 가능성이 있다. 위를 보라 사법개혁은 민수기 11:10-17, 25와 역대하 19:4-11에서 보도된다. 위를 보라 이드로가 모세를 주인으로 맞는 것과 멜기세덱이 아브라함을 그렇게 맞는 것창 14:18-20 사이의 병행도 논의되어 왔다. 위를 보라

교회 생활에서의 본문

도착과 성취

이드로와 18장의 사건들은 기독교 해석가들 사이에서 한정된 관심을 일으켰다. 어떤 이들은 이드로가 진정한 하나님에게로 개종한 비-이스라엘인을 모델로 한다는 유대교의 입장을 넓게 고수한다.

이 장의 두 번째 부분, 모세가 이드로의 법적인 개혁 조언을 따르는 것은 신성한 진리를 이교도적 근원에서도 배울 수 있다는 일부 교부들의 신념을 확인했다. 오리겐, 클레멘트 루터와 다른 학자들은 여기서 교회와 국가, 세속과 영적인 정부 사이의 구분을 위한 제안을 발견하고 있다. Childs: 333-34 그렇지만 이 모든 해석들은 이 장을 성서의 서사 속에 있는 그 기능에 주로, 그리고 직접적으로 연결되지 않은 논쟁으로 이끄는 것으로 보인다.

출애굽기의 극적인 이야기 속에서, 이 장은 대체로 조용한 서막을 나타낸다. 그렇지만 정확히 그 이유로 이 장은 깊고 격려하는 메시지를 포함한다. 만일 그리스도인의 삶이 광야를 통한 여정으로 이해된다면, 종착지의 문제가 발생한다. 17장 뒤의 교회 생활에서의 본문을 보라 대부분의 그리스도인들은 온전한 의미에서의 "도착"이 이런 영원의 측면을 경험할 수 없다는 것에 입을 모으고 있다. 그렇다면, 신앙의 여정에 있어서 어떤 휴식이나 완성은 없는가?

이 장은 이 생활 속에서조차 도착과 완성이 있다고 선언한다. 이 장은 하나님의 산에 이스라엘이 도착한 것을 하나님이 모세에게 약속하신 것을 이룬 것으로 보도한다. 3:12 이런 완성은 고백되고 축하된다. 계속되는 여정에서 일시적인 머무름이 있지만, 그것은 하나님께서 약속하신 도착지로 이끄신다는 표시로 행동하고 있다.

많은 그리스도인들은 삶 속에서 도착과 완성이라는 그런 표징들이 있어왔음을 증언하고 있다. 그런 시기는 삶의 격동을 돌아봄으로써, 아마도 시험과 불평으로 가득한 때, 하나님께서 줄곧 약속하신 목적지까지 인도해 오셨음을 깨달음으로 표시된다. 창 45:1-8 참조 그런 완성의 시간은 고백과 축하로 특징된다. 그리스도인들은 결코 완성되지 않은 기대에 힘입어 쉼 없는 방랑이라는 벌을 받는 것이 아니다. 이 삶 속에조차 완성과 도착이라는 표시들이 있다.

상징적으로 위대한 기독교 축제들은 완성이라는 방식으로 우리를 뒤바꾼다: 크리스마스에는 빛이 어둠 속에 들어온다. 부활절에는 죽음이 정복된다. 표시들을 통한 완성의 시기에는 매일의 현실이라는 형태를 취할 수도 있다. 우리가 평화를 즐기고 우리가 필요한 모든 것을 갖는 시기가 있으며, 우리 가정의 모든 것이 좋을 때가 있으며 하나님의 약속이 구체적인 현실로 바뀔 때가 있다. 그것들을 놓치거나 그것들의 현실을 폄하하지 않도록 하자. 왜냐하면 우리는 이 여정이 계속될 것이라는 것을 알기 때문이다. 잠시 쉬고 고백하고 축하하도록 하자!

4부

이스라엘의 위임

출애굽기 19:1-40:28

개관

이스라엘이 시내 산에 도착한 것은 출애굽기의 이야기에서 획기적인 사건을 나타내고 있다. 이것은 19:3-6의 간략한 요약이 보여주고 있듯이, 이스라엘의 구원경험의 중앙지점을 표시하고 있다. 탈출과 방랑의 이야기가 이스라엘의 배후에 놓여있다; 그 앞에는 시내 산에서 길게 머물렀던 것이 펼쳐진다. 하나님의 행하심과 이끄심이 과거를 표시했고 지금은 이 하나님을 섬길 언약의 헌신의 형태로 이스라엘의 응답이 시작되고 있다.

어떤 이들은 출애굽기의 전반부를 복음으로, 후반부를 율법으로 지정하기까지 한다. 자유 운동Freedom movements은 기꺼이 이스라엘의 해방을 그들을 위한 패러다임으로 삼고 있지만, 이스라엘의 새로운 지위를 그들의 미래의 꿈을 형성하기 위한 하나님의 언약백성으로 보는 일은 드물다. 1-18장을더 정확하게는 7:8-18:27을 19-40장과 분리하려는 이런 해석들은 어느 정도 타당하다. 그렇지만 이런 해석들은 너무 심하게 강조될 경우 잘못된 인상을 주게 된다.

결국 이스라엘의 방랑은 시내 산을 넘어서도 계속된다.민 19ff 이스라엘이 언약의 책무로 부르심을 받게 될지라도, 19장으로 시작하는 도입부는 여전히 앞으로 우리가 보게 될 것처럼 하나님에게 남아있다. 출애굽기의 후반부에서 율법에 대한 큰 강조가 있다면, 우리가 하나님의 은혜복음와 대조된 것으로 그 율법을 놓게 된다면 우리는 이 율법-하나님께서 자신의 백성과 세상을 위한 자애로운 뜻-을 오해하는 것이다.

오히려, 19장으로 개시된 새로운 출발을 이스라엘이 새로운 임무로 위임을 받은 것으로 보는 것이 더 바람직하다. 바로에게서 도망 나온 하나님의 첫 번째 사람 모세가 새로운 임무로 하나님께 위임을 받은 것처럼3:1-4:17, 구원된 이스라엘은 이제 세상의 열방들 가운데 특별한 임무로 위임받고 있다.

개요

현현과 언약, 19:1-24:18

예배를 위한 비전, 25:1-31:18

자칭 대안과 그 결과들, 32:1-34:35

하나님을 위한 건축, 35:1-40:38

현현과 언약

개관

가시덤불에서 하나님과 모세의 만남 및 이어지는 모세의 위임3:1-12은 여기서 반복되고 있으며, 어떤 의미에서는 모든 이스라엘을 위한 것이다. 위대한 현현하나님의 거룩하심의 경험에서, 이스라엘은 언약 속에서 하나님께 결합되어 있으며 임무를 위해 보내진다.

이 부분의 자료들은 다양하고 복잡하지만 이들은 서로 신학적으로 단단하게 연결되어 있다. 하나님이 이성으로는 이해할 수 없이 나타나시는 것현현, 19장과 언약의 순종 속에 있는 새로운 삶을 향해 하나님께서 분명히 표시하신 방향두 가지 법전: 십계명, 20:1-17; 그리고 언약서 20:22-23:33에는 이중적인 위임의 의식이 따라온다.성만찬과 제사, 24:1-11 이 부분은 하나님께서 모세에게 또 다른 지침들을 받기 위해 산으로 오르라고 명하시는 것으로 결론을 맺고 있다.24:12-18 이 장들에서, 하나님은 이스라엘을 제사장 나라와 거룩한 민족이 되도록19:6, 세상을 위한 하나님의 뜻을 본받도록 부르신다.

개요

시내산에서의 현현, 19:1-25
십계명, 20:1-21
일상 생활에서의 공동체 샬롬언약규정, 20:22-23:33
언약을 맺음, 24:1-18

출애굽기 19:1-25

시내 산에서의 현현

사전검토

하나님과의 만남을 어떻게 묘사할 수 있을까? 그게 될 수 있을까? 그런 만남이 어쨌든 일어날 수 있을까? 18장에서 이스라엘의 고요한 귀향과 정착이 보도된 후에, 이스라엘-앞서 모세처럼3:1-4:17-은 하나님과의 독특한 조우로 말미암아 새로운 역할 속으로 갑자기 뛰어들게 된다.

현현(사람이나 집단에게 신이 나타남은 성서 곳곳에서 보고되고 있다. 예를 들면 아브라함에게 나타나신 하나님창 17장, 야곱의 꿈창 28:10-17, 이사야의 성전 환상사 6장, 에스겔의 왕의 마차 환상겔 1장 및 바울의 다메섹으로 가는 길의 경험이 있다.행 9:1-9 시내 산에서 이스라엘의 현현사건이 이런 사례들과 많은 특징들을 공유하고 있지만, 또한 시내 산의 현현은 구약에서 규모면에서나 기초적인 중요성에서나 독특한 것이다.

따라서 19장에 있는 인간의 말들은 일관된 이야기라기보다는, 말을 더듬고 제대로 말하지 못하는 것과 같아 보인다. 그렇지만 이런 인간의 말들은 이 사건의 막대한 중요성, 하나님의 위엄, 이스라엘 백성의 공포와 매혹, 그리고 마지막이지만 역시나 중요한, 모세의 중재하는 역할을 잘 전달하고 있다.

이스라엘이 하나님과 조우하는 목적은 19:5-6에 요약되어 있다: 이스라엘은 다른 이들과 구분되는 백성, 제사장 나라와 하나님의 나라의 거룩한 민족을 만들어 줄 하나님과의 언약 속으로 들어가도록 초대된다. 이 장의 나머지 부분은 하나님과의 만남과 언약의 결론을 준비하는 것을 그린다. 후자는 이스라엘이 십계명20:1-17과 언약서혹은 언약규례, 20:22-23:33의 형태로 된 하나님의 율법을 들은 후에 24장에서만 이루어질 것이다.

개요

시내 산에 도착, 19:1-2

언약 소개, 19:3-9a

      19:3-6 이스라엘의 위임 요약

      19:7-9a 이스라엘의 첫 반응

준비와 하나님이 나타나심현현, 19:9b-25

      19:9b-15 이스라엘의 정화를 위한 지침들

      19:16-19 하나님께서 다가오시다

      19:20-25 그 밖의 지침들

주석

시내 산에 도착 19:1-2

본문은 앞에 놓인 중대한 경험들의 시간과 장소를 간략히 소개하고 있다. 이스라엘 사람들이 이집트의 땅에서 나온 이후 세 번째 초하룻날[세 번째 달로 번역하는 NIV보다는 나은 번역]19:1은 12:1-3, 14-18, 51을 회고한다. 70인역은 나왔던had gone out이라는 이 표현을 명사, 나옴outgoing으로 번역한다. 헬라어: exodou, ~에서 나오다, exodos에서 비롯된 단어이다 이것은 이 성서의 책이 "출애굽기Exodus"란 이름을 갖게 된 이유이다. 시 105:38=104:38, 70인역을 참조; 헬라어 눅 9:31

바로 그날On that very day, 19:1b은 NIV가 번역하듯이 첫 달 전체를 가리키는 것이 아니라, 새로운 달이 떠오르는 날, 즉 새 음력의 달의 첫 날을 강조하여 가리키고 있는 것이다. 이런 표현은 또한 바로 이날12:17과 바로 그날12:51이라는 시간지정을 상기시키고 있는데, 여기서와 거의 같은 표현이다.

카수토는 19:1에서 계산하는 시간은 이스라엘의 행군의 일곱 번째 주안식 주간!라고 본다; 그렇지만 그것은 12장의 시간언급보다는 더 정확한 결론으로 보인다. 그렇지만 새로운 달의 날, 새 시간이 도입되는 날이 이스라엘이 경험하는 새로운 일들을 가리킨다는 그의 주장에는 설득력이 있다.Cassuto: 224 이곳과 12장에서의 정확한 날들에 대한 언급은 의심의 여지없이 하나님의 인도하심이 정확하다는 것을 의도적으로 강조하고 있는 것이다. 바로의 대조적인 시각을 참조, 14:3

1b-2절의 지리적인 언급에는 몇 가지 문제점들이 있다. 우리는 시내 산의 위치를 모른다. 비잔틴 시대로부터 계속되는 전통은 그 산을 무사 산Jebel Musa, 즉 시내 반도의 남쪽 끝자락과 동일시하고 있지만 그 전통은 이미 생명력을 잃었으며 신빙성도 의심받고 있다.[출애굽의 경로, 506쪽]

게다가, 이 본문은 이스라엘이 르비딤에서 시내광야에 도착했다고 알려주고 있다.17:1, 8 참조 그 산19:2는 3:1에 나오는, 모세의 덤불나무 경험의 장소, 하나님의 산과 동일하다는 것에는 의심의 여지가 없을 것이다. 그렇지만 이 약속은 이스라엘이 하나님의 산에서 이드로와 만났을 때 이미 이루어졌다.18:5

동등한 확신을 가지고, 3:1에서 호렙이라 불리는 후자의 산은 19장의 시내 산과 동일하며, 단순히 그 산으로 불린다.19:2; Cassuto: 225를 참조; 덤불에 대한 3:1-6의 주를 보라. 히브리어: seneh는 시내Sinai로 들린다 따라서 이스라엘은 18:5와 19:1-2에서 하나님의 산/호렙산/시내 산에 분명히 도착했다. 이런 긴장은 지리상으로 고려해 보면 만족스럽게 해결된다; 서로 다른 문학적 자료들에 대한 이론들은 그런 자료들을 다루는 한 가지 방식이다.[자료 이론]

간략하게, 이스라엘의 역사적 경험은 이런 경험들이 현재 우리가 지닌 본문이 형성되도록 결합되기 이전에 다양한 버전version들로 다시 언급되고 기념되었다.예수의 생애에 대한 네 복음서의 단락들을 참조 이들 초기 버전들 가운데 하나는 이드로와의 만남을 담고 있음에 틀림없으며18장, 또 다른 버전은 이스라엘이 직접적으로 르비딤에서17장 시내 광야로19:1 왔다는 내용을 따른다. 그렇지만 현재 본문의 배열에서는, 18장의 세 가지 주제들이 이스라엘이 예상치 못하게 하나님과 새로이 만나고 그에 이어지는 새로운 임무를 위임받는다는, 필수적이고도 적합한 "발사대launching pad"를 이루고 있다. 이런 주제들은 하나님의 산에 이스라엘이 도착한 것, 이드로가 주도하는 환영만찬, 그리고 이스라엘이 정착을 위한 준비를 한다는 것이다.18장 주

언약 소개 19:3-9a

19:3-6 이스라엘의 위임 요약

출애굽 이야기의 이 예리한 지점에서, 화자는 잠시 멈춰서 이스라엘의 최근 경험들을 살짝 돌아보고 앞으로 올 일들을 바라본다. 우리는 바다의 노래에서 비슷하게 요약하는 역할을 언급했었는데15:1-18, 주, 과거에서 하나님의 행하심을 찬양하고 미래에서 하나님의 행하심을 기대하는 것이다. 출애굽기 19:3-6은 공식적인 의미의 시가 아니라 고조되는 언어와 정교한 이미지로 말하고 있다.

이 본문의 대부분을 차지하고 있는 하나님의 말씀에 대한 간략한 도입부19:3a는 모세와 하나님의 만남을 기술한다. 이스라엘이 그 산 앞에서 야영을 하자마자19:2b 모세는 하나님께로 올라간다.19:3a 상상력을 좀 동원하면, 우리는 모세가 하나님께 하는 말을 들을 수 있다. "이곳에서 제가 제 백성과 함께 있습니다. 제게 임무를 주셔서 바로에게 보내셨을 때 당신께서 제게 약속하신 바로 이 땅에서 말입니다." 3:12 참조

마치 당면한 급한 일들을 다루는 성미 급한 사람처럼, 하나님은 모세가 산꼭대기에 이르기 까지 기다리지 않고 올라오는 종에게 그 산 아래에서 부르신다:

> 너는 야곱 가문, 이스라엘의 후손들에게 이렇게 말하라:
> 너희는 내가 이집트인들에게 한 일을 보았고 또 내가 어떻게 너희를 독수리의 날개에 태워 내게로 데려왔는지를 보았다.19:3-4

공식적으로 하나님의 이 말씀은 히브리 시의 시구 특징 사이에 있는 사고의 병행을 보여준다. 더 많은 문자적인 이스라엘의 자손들혹은 아들들/자녀들은 다른 곳에서 이스라엘 사람들이라고 수정한 것보다는NRSV 운율영어을 간직하고 있다. 나중에 예언자들이 그러한 것처럼, 무엇보다 모세는 하나님과 이스라엘 백성 사이의 사자로 위임을 받는다.[모세, 473쪽]

그 후에 이스라엘의 선행하는 전체 역사는 두 부분으로 요약된다. 하나님이 바로와 바로의 군사들을 무찌르고 심판하는 것은 내가 이집트인들에게 했던 것이라는 무채색의 구문 속에서 언급된다. 이스라엘은 적들의 패배를 흡족하게 바라보아선 안 된다. 반대로, 이스라엘의 구원은 반짝이는 최고의 비유로 이루어진다: 내가 너희를 어떻게 독수리의 날개에 태웠는지.

버지니아 램지 몰렌코트Virginia Ramsey Mollenkott는 이것이 어미 독수리의 이미지라는 그

럴 듯한 주장을 편다. 욥기 39:27-30, 특히 신명기 32:11-12을 언급하면서, 그녀는 "어미 독수리가 독수리 새끼들을 날개에 태우고는 새끼들이 단독 비행을 하도록 갑자기 급강하한 후에 새끼 독수리가 단독 비행을 이어가기에 너무 지칠 때마다 다시금 그들 아래에서 가까이 머문다."고 묘사한다.85: 83-91 참조 이 정황에서, 독수리 이미지는 하나님만이 이스라엘을 이집트로부터 광야를 통해 태우고 나왔음을, 그리고 하나님께서 힘을 주시고 어머니같이 돌보시고 신속하게 그리 하셨음을 강조하고 있다.

이스라엘의 탈출 목적지는 이름이 밝혀지고 있다: 나는 … 너희를 나에게로 데리고 왔다.19:4 바다의 노래에서, 그 목적지는 [하나님이] 소유하신 산15:17, 주, 하나님의 거룩한 집15:13, 주: 15:17 참조, 그리고 하나님의 성소15:17라고 불린다. 나에게로19:4라는 간단한 구문은 하나님의 목적을 더욱 친밀하게 드러낸다. 바다의 노래가 미래의 투영을 약속의 땅으로 확대시킨다면15:17, 주, 여기서 사용된 나에게로는 시내 산에서 이스라엘을 위해 하나님께서 임재하신 것을 가리키는 것임에 틀림없다. 출애굽기 사건에서 하나님의 전적인 관심은 야곱의 집/이스라엘의 자손들, 하나님의 백성과 씨름하는 것, 그들을 억압하는 주인 바로에게 속박된 것에서 해방시키는 것, 그리고 그들을 올바르고 사랑하시는 주께로 데리고 오는 것이다.서론, 13ff

이 백성은 하나님의 소유가 되는 역할을 받아들일 것인가? 광야에서 이스라엘이 반역하는 이야기는 이스라엘이 이런 역할을 자연스럽게 쉽게는 받아들이지 않을 것임을 분명히 하고 있다. 이제 이스라엘이 구원을 받게 되어 이것이냐 저것이냐의 선택에 직면하게 될 것이다. 그러므로 지금, 모세는 그들에게 되새긴 과거를 기초로 하여 미래를 위한 결론을 이끌어내는 전형적인 예언적 사자의 연설로 그들에게 말하고 있는 것이다.

모세는 이스라엘 백성들 앞에서 조건적으로 초대를 한다. 이스라엘 백성은 모든 민족들 가운데 하나님의 보물 같은 소유가 되도록 순종으로 응답해야 한다.19:5; 히브리어: segulah; 혹은 특별한 보물; Durham: 262 이 역할은 이스라엘을 자유로운 사랑으로 하나님께서 부르시는 것이다. 그 언약은 이스라엘의 조상들과 맺어진 것이며창 15, 17, 출애굽기 앞부분2:24에서 독자들과 모세가6:4-5 상기하는 것이다. 이제 모세는 그 언약을 구원된 이스라엘 앞에서 조건적인 초대로 두고 있다: 만일 너희가 내 말을 따르고 내 언약을 지킨다면19:5a 그런 순종과 언약을 지키는 것에 세부적으로 따라오는 것은 십계명20:1-7과 언약의 책20:22-23:33, 그리고 다른 율법에 있는 하나님의 뜻을 보여주는 사례들을 통해 자세하게 설명될 것이다.[언약, 492쪽]

언약을 지키는 것은 이스라엘을 하나님께서 부르시는 그 역할에 부합시킬 것이다. 이런 역할은 여기서 두 가지 묵직한 구문으로 묘사되고 있다: 제사장 나라와 거룩한 민족.19:6a 제사장 나라, 혹은 제사장의 나라NIV는 모든 민족들, 그리고 하나님께 속한 전 세계의 배경에 맞서서 보아야만 한다.19:5 노스North는 나라에 대한 특별한 강조는 없다고 지적한다. 그것은 정부의 형태를 말하고 있는 것이 아니라 "국가state"와 동의어인 것이다.North: 157 이스라엘은 하나님의 백성과 하나님의 땅에서 제사장의 역할로서 지상의 다른 민족들에 대한 역할을 해야 할 것이다.

제사장은 결코 스스로를 위해 행동하지 않고 항상 그의 백성을 위해 행동한다. 제사장의 역할은 하나님과 백성 사이를 중재하는 것이다. 유사하게, 이스라엘은 지상의 민족들에 대한 하나님의 계시의 중재자로서 행동하도록 위임을 받는다. 이런 중재는 분명코 열방 앞에서 하나님의 뜻토라의 사례대로 사는 것과 열방에게 하나님의 뜻을 가르치는 것을 포함한다. 섬김의 자세는 이런 소명의 특징이지만 어떤 위엄 역시도 내포될 수 있다.사 61:5-6

더럼은 "힘과 묵인에 따른 정치인들이 운영하는 나라가 아니라 야웨에 의지하는 제사장들이 운영하는 나라, 통치하는 국가 대신 종의 국가, … 야웨와의 언약이 어떻게 한 백성을 변화시키는지를 세상에게 보여주는 전시 백성, 쇼케이스showcase"라고 말한다.Durham:263 물론 그런 역할은 이스라엘을 거룩한 나라, 하나님을 섬김으로 다른 나라와 구별되는 나라로 만들 것이다. 모세에게 맡겨진 메시지가 시작되고 너는 이렇게 말하여라, … 이 말을 일러주어라 … 19:3a, 6b라는 말로 특별한 엄숙함을 얻게 된다.

19:7-9a 이스라엘의 초기 반응

모세는 즉각 자신의 메신저 임무를 위해 진행을 한다.19:7 그가 장로들에게 말했지만앞에서 처럼; 4:29 참조, 이 언급에는 모든 백성이 포함되어 있는 것이다. 즉각적으로, 그리고 언약의 위임이 어떤 것들을 수반하고 있는지 자세히 듣지도 않고, 이스라엘 백성은 모두가 한 목소리로 말한다: 주께서 우리에게 말씀하신 모든 것을 우리가 할 것입니다! 우리는 이것을 세 가지 방식으로 이해할 수 있다. 먼저, 이것은 경솔하고 성숙하지 못한 헌신일 수 있다.수 24:14-22 참조 두 번째로, 이것은 그저 준비의 선언일 뿐, 아직 온전한 의미에서의 헌신일 수는 없다. 후자는 24:3에서 오게 될 것이다. 마지막으로, 이것은 함축적으로 하나님을 신뢰하며 조건을 듣지 않고 헌신하고자 하는 놀라운 준비로 여겨질 수 있다.

만일 우리가 첫 번째 선택을 받아들인다면, 모세는 하나님께서 빽빽한 구름 속에서 나타나실 것19:9a이라는 선언을 모세가 중재할 때19:8b, 그 메시지는 현현 속에 있는 하나님의 거룩하심에 조우하기 전에 섣불리 말하지 않도록 경고하는 무게를 가지고 있는 것이다. 만일 두 번째 선택을 받아들인다면, 하나님께서 오신다는 것은 이스라엘 백성의 준비의 선언에 대한 하나님의 응답이 될 것이다. 세 번째 선택은 언뜻 보기에 이스라엘이 처음과 나중에 하나님과 모세를 불신하는 것에 입각하는 것 같지는 않지만, 이 이야기는 신뢰의 순간이 삽입되었다.4:31; 12:27-28; 14:31 이들 선택 가운데 하나를 선택하기란 어려운 일이다.

그렇지만 아마도 우리는 완전히 다른 방식으로 우리의 문제를 풀어야 할 것이다. 문학적인 견지에서 보면, 19:3-9a는 뒤따라오게 될 언약 결론 사건들의 요약처럼 나타난다. 이 절들은 상당히 자세하게 말해지게 될 이후 사건들을 미리 보여준다고 생각도록 이끈다. 32:15-34:35에 대한 32:7-14주가 유사한 미리보기의 역할을 한다.

어떤 경우에든, 19:9a에서 선언되는 신의 현현은 하나님의 대변인인 모세의 역할을 인증하게 될 것이다. 하나님을 대표하는 모세의 역할이 백성들에게 의심을 받게 된다는 것은 하나님께서 처음으로 모세를 불렀을 때 모세의 두려움이었다.3:11, 13; 4:1 이런 두려움은 우리가 백성의 웅성거림의 이야기를 따라갈 때 정당화되는 것으로 판명이 나는데, 이것은 쉽사리 그들의 어려움들을 위해 모세를 희생양으로 쉽사리 탈바꿈시킨다.5:20-21; 14:10-12; 16:2-3; 17:1-7 이제 하나님은 모세의 중재에 대한 이 같은 문제제기를 영원히 끝내리라고 약속하신다. 이스라엘 백성은 구름 가운데에서 모세에게 하나님이 말씀하시는 것을 듣게 될 것이다.19:9a 그렇지만 반복 독자는 이것조차도 백성들의 의심을 결국 해소하지 못하게 되라는 것을 안다.32:1 참조

준비와 신의 나타나심현현 19:9b-25

이 본문은 세 부분으로 이루어져있다: 9b-15, 16-19, 그리고 20-25. 1부와 3부는 하나님의 나타나심현현을 위해 스스로를 준비시키도록 이스라엘 백성에게 내린 지침을 분명히 포함하고 있다. 두 번째 부분은19:16-19 그 현현 자체를 묘사하는 듯하다. 그렇지만 이것은, 만일 현현이 이미 일어났다면, 20-25절이 어떻게 9b-15에서 시작되는 지침들을 이어갈 수 있는지라는 문제를 야기한다. 해결을 위한 세 가지 해결책이 제시되어 있다.

먼저 우리는 몇몇 해석자들을 따라서 20-25절을 15절과 16절 사이의 위치시킬 수 있다. 두 번째로, 우리는 현재의 순서를 그대로 둘 수 있지만 20-25절을, 신의 현현이 보도된 후에, 준비에 대한 다른 정보들로 채워지는, 특히 제사장직과 관련되는 추신과 같은 것으로 생각할 수 있다. 세 번째로 우리는 16-19절에 보도되는 사건들을 예비적인 것으

로 보고, 온전한 현현은 20:1에서만 시작된다고 생각할 수 있다: 하나님께서 말씀하셨다. …

이 선택들 가운데 하나를 선택하기란 쉽지 않다. 이어지는 해석에서 나는 두 번째 선택을 기반으로 진행해 나갈 것이다.

19:9b-15 이스라엘의 정화를 위한 지침들

이스라엘 백성의 말19:9b은 기꺼이 따르고자 한다는 백성의 준비된아마도 너무 준비된 표현이 담긴 해설을 담고 있다.19:8a 그들이 빨리 받아들이는 그 자체로 충분하다고 여기는 대신, 하나님은 모세에게 오늘과 내일 그들을 정화시키도록 명하신다.19:10 이것은 셋째 날에 주께서 모든 백성이 보는 가운데서 시내 산에 내려갈 것이기에 그들을 준비시키는 것이다.19:11; 세 번째 날에 대해서는 3:18b 주를 참조

이러한 준비는 그들이 옷을 빨아 입는 것19:10b, 14b과 여인을 가까이 하지 않는 것, 즉 성관계를 금하는 것15b으로 이루어진다. 성관계를 금지하는 것은 옷을 빨아 입는 것에 대한 하나님의 지침에 모세가 추가한 것이다. 아마도 이것은 구분된 명령은 아니었으나 같은 관심을 가리키는 다른 방식으로 보인다. 옷을 빨아 입는 것은 성관계로부터 제의 상 부정하게 된 후에 제의적인 정결을 회복하는 것이었다.레 15; 삼상 21:4-6 성관계는 악하거나 죄가 되기 때문에 이스라엘 백성에게 금지된 것이 아니라, 다른 삶의 영역-여기서는 성관계와 예배-이 서로 구분되어야 하기 때문이다. 이들은 각각의 시간과 장소에서 서로의 영역에 적합한 관심을 주어야 한다.

그렇지만 이런 준비들에 대한 주된 측면은, 나팔이 신호를 보내기 전에, 그 산에 너무 가까이 가거나 이르게 오르지 말라는 것이다.19:12-13 모세는 한계들limits을혹은 경계들boundaries을; Durham: 258 설정한다. 거룩이라는 말이 여기서 사용되지는 않았지만그렇지만 성별하다, 거룩하게 하다, 19:10 참조, 이런 정화들의 목적은, 23절이 비슷하게 표현하듯이, 그 산을 거룩한 구역으로 인식하고 승인하고자 함이다. 여기서 이스라엘 백성에게 명령되고 있는 것은 가시덤불에서 모세에게 주셨던 하나님의 말씀과 병행을 이룬다: 더 가까이 오지 말아라! 네 발에서 신을 벗어라. 네가 서 있는 땅은 거룩한 곳이다.3:4, 주

인간이나 동물이나, 이 경계를 넘어서는 자들에 대한 처벌은 돌에 맞거나 궁수들이 쏜 화살에 죽는 것이다. 이런 처형방식이 선택되어 어떤 인간의 손도 그들을 손대지 않을 것이다. 왜냐하면 그들이 그 산을 만졌기 때문이다.19:12b-13a 마치 어떤 구체적인 신체적 전염physical contamination이 그런 불순종의 만짐으로 인해 영향을 미친 것처럼 말이다. 그렇

지만 프리다임은 그 산의 거룩함을 마기 전기의 힘과 같이 곧바로 죽음에 이르게 하는, 신비하고 위험한 힘으로 보는 것에 대해 잘 경고하고 있다. 삼하 6:6-8에서 분명히 드러나듯이 그 자체를 만지는 것은 죽음을 가져오지 않을 것이다; 그 공동체는 위반한 자를 처형해야 한다. 민 1:51 참조; 14:15; Frethem: 217 이 정황에 따르면, 강조점은 순종에 있다. 사형 속에 포함된 동물들에 대해서는, 사람을 들이받는 소의 법을 참조, 21:29, 주

19:16-19 하나님께서 가까이 이끄시다

셋째 날의 현현은 자연현상의 형태이다: 천둥, 번개, 짙은 구름. 19:16, 19 이들은 폭풍우의 측면, 구약에서예를 들면, 시 18:13-14; 겔 1; 하박국 3:11, 그리고 고대 근동에서Hiebert: 508f; 505-511 참조 가장 신의 현현과 관련된 현상이다. 어떤 사람들은 연기, 가마의 불, 그리고 산의 심한 떨림에 대한 언급19:18으로 인해 화산현상이라고 생각했다. 그렇지만 히버트Hiebert가 지배적인 폭풍우의 이미지로 본 것이 옳다.

화산활동과 관계된 장소, 즉 화산활동이 없는 시내 반도의 외부를 찾는 것은 타당하지 않다. 소위 "화산" 현상은 폭풍우가 수반되는 것으로 보일 수도 있다. 연기=구름; 불=번개; 산의 떨림=뒤따라오는 천둥소리 그렇지만 이들은 그저 문학적이거나 제의적인 상술일 수도 있다. 9:13-35 주

동시에, 이 본문은 단순히 폭발하는 폭풍우를 보도하는 것이 아니라 폭풍우라는 수단을 통해, 혹은 폭풍우 이미지의 도움을 입어 기록된, 이스라엘 민족에 전해진 독특하면서 초자연적인 인상을 강조하는 것임에 틀림없다. 왜 꼭 이런 신의 자기계시란 방식인가? 히버트는 간결하고도 잘 언급하고 있다:

> 이스라엘의 무한한 신성이 본질적으로 평범한 세상 속에서 구체적인 공간에 자기제한selflimitation으로 나타나게 되는 것처럼, 그런 신성은 일상적인 현실로부터 익숙한 형태를 취한다. 이런 형태들 가운데 일부는 자연현상이고 다른 형태는 인간이나 사회적 현상이다. Hiebert: 508

이 세상의 특면에서 자기제한이라는 방식으로 나타나는 하나님의 계시의 원리는-여기서는 폭풍우 현상이 둘러싼 그 산-예수 그리스도 속에 있는 하나님의 성육신과 유사하다.

분명히 자연을 통해 직접적으로 오지 않는 신의 현현의 유일한 측면은 나팔소리

다.19:16, 19; 19:13 참조 그것은 초자연적인 폭발인가 인간의 신호인가? 이 본문이 그것에 말을 아끼고 있기 때문에, 우리가 확실히 말할 수 있는 것은 없다. 한 가지 설명은 역사적 경험과 제의적 축제가 여기서 결합되었다고 보는 것이다. 출애굽기 19장은 12장유월절/무교병과 16장만나/메추라기, 안식일과 같은 예배의 특징들이 담긴 서사가 서로 얽혀있는, 적어도 어느 정도는 판연히 "제의적인" 장이다.

시내 산에서의 사건들은 후대의 예배에서 기념되었으며신 31:9-13 그런 기념들이 가진 특징들 가운데 일부가 시내 산 서사 속으로 회고되어 소개되었을 수 있는가? 나팔소리가 그런 특징들 가운데 있었을 수 있다.레 25:9 참조; 삼하 6:15; 시 47:5 반면에, 프리다임은 12장과 16장과는 대조적으로 19장이 후대 세대들 내내 시내 산 사건들을 기념하기 위한 분명한 지침들을 포함하고 있지 않다고 주의를 준다.214 또한, 시내 산으로 가는 정기적인 순례들이 이루어지지 않았다는 노스의 지적Noth, 1940:5-28은 일반적으로 수용되지 않고 있다; 엘리야의 여정은 독특한 것이다.왕상 19; G. I. Davies, ABD, 6:49

물론 모든 신의 현현 현상의 목적은 하나님과 사람들의 만남이다. 이스라엘 백성은 산기슭에 섰다.19:17 셋째 날에, 그리고 정화된 이후, 분명코 그들은 앞서 허용된 것보다 이제는 더 가까이에 오는 것이 허락된다.19:12 이제 주께서는 불 속에서 그곳[시내 산]에 내려오신다.19:18 어디에서 내려오시는 것인가? 하나님은 장소에 제한받지 않으신다. 여기서 하나님이—다른 많은 고대 근동 국가의 신들과는 달리—시내 산에서 사는 것으로 생각되는 것이 아니라는 것에 주목하는 것이 중요하다. 그런 언어가 가끔 사용되기는 하지만예를 들면 하나님께서 시온 산에 거하신다: 시 9:11; 시 68:16 참조, 은유적으로 이해하는 것이 가장 좋다.

우리는 또한 초월적인 하나님이 모든 신비를 벗기는 어떤 막 되먹은 방식으로 이스라엘에게 임재 하시게 된 것이 아니라는 점에 주목해야 한다. 인간의 형태나 다른 실제적인 형태가 없다. 하나님은 불 속에서 내려오신다.19:18; 24:17 참조; 신 4:11-12, 15, 33; 겔 1 하나님이 모든 백성이 보는 앞에서 시내 산으로 내려오실 것을 약속하셨을 때19:11, 그 약속은 하나님이 신비의 베일을 벗기는 것이 아니라, 논의된 신의 현현 현상의 시야를 가리키는 것이다.하나님을 "보는 것"에 대해서는 33:18-23, 주 참조

하나님은 이런 웅장한 현현으로 이스라엘을 가까이 하신다. 그런 행동은 하나님과 백성 사이의 중재자로서 모세를 인증해 주는 즉각적인 목적을 갖는 것이다. 백성은 하나님과 모세 사이의 "대화"를 증언해야 하며 모세가 하나님의 말씀을 그들에게 전한 후에 영원히 확신하게 된다. 하나님은 이런 목적을 모세에게 선언하셨으며19:9a 이제 그것이 실

현된다.19:19

모세가 가시덤불에서 소명을 받은 이래로 하나님과 이스라엘 사이를 중재해 왔지만 3:1-12, 그의 위임은 주로 이스라엘을 이집트에서 데리고 나오는데 있었다.3:10 그런 임무는 이드로가 이스라엘을 하나님의 산에서 맞이할 때 이루어졌다.18장 이스라엘이 시내산에서 새롭게 위임을 받으면서 모세의 역할도, 언약의 맥락 속에서 구속된 백성을 위해, 이스라엘을 이집트에서 데리고 나오는 것에서 하나님의 뜻을 중재하는 것으로 바뀔 것이다.[모세, 473쪽]

우리가 어떻게 하나님과 모세 사이의 이런 "대화"를 생각해야 하는지는 분명하지 않다. 히브리어 단어로 표현된 **번개**qol, 19:19가 빈번하게 사용되고 있지만, 문자적으로는 목소리를 뜻한다. 신명기 4:12는 이 들리는 목소리를 다른 시각적인 형태의 부재와 대조시킨다. 그렇지만 여기서의 신비는 하나님이 누군가에게 말하셨다는 다른 많은 성서의 보도들 보다 더 대단한 것은 아니다.예를 들면 아브라함, 창 12:1

19:20-25 또 다른 지침들

20-25절은 19:9b-15주에서 주어진 준비를 위한 지침들에 대한 부록이나 후기로 여겨질 수도 있다. 모세는 하나님과 "이야기할"뿐만 아니라19:19 그 산에 오르도록 소환됨으로 이 장에서 지목되고 있다.19:3, 8-9[함축됨], 20; 20:21도 참조; 24:1-2, 9-1, 12-13, 15, 18; 34:4 출애굽기 내내 모세와 자주 관련되고 있는 아론은 어떠한가? 이 본문은 아론이 어떤 특별한 지위를 받았다고19:24, 24:1, 9-11에서 진술하고 있다. 아론은 거기서 다른 지도자들과 함께 있다.24:1-11, 주 그렇지만 이런 특별한 지위는 모세의 대변자로서3:10-17; 6:30-7:1, 혹은 장래 이스라엘의 대제사장으로서 아론에게만 부여된다. 이 지위는 다른 제사장에게는 적용되지 않는 것이다.19:22, 24

그렇지만 이 본문의 주요 주제는 이스라엘 백성이 그 산에 접근하거나 오르지 말라는 하나님의 경고이다. 이런 주제는 이미 12-13절에서 소개되었다. 이스라엘 백성은 주님을 보려고 경계를 넘지 말라는 경고를 받는다. 그렇지 않으면 많은 이들이 죽게 될 것이다.19:21 13절에서처럼 돌에 맞거나 화살에 맞는다는 언급은 없다. 죽음의 위협은 독특하다: 만일 이스라엘 백성이 주님의 경계를 넘으면19:21, 24 주께서 그들을 쳐서 죽일 것이다.19:22, 24

히브리어에서는, 두 가지 다른 동사가 이스라엘 백성과 하나님의 행동을 위해 각각 사용된다. **경계를 넘다**히브리어: *haras*는 앞서 정해진 한계나 경계를 언급하는 것이다.19:12;

19:23 참조 **쳐서 죽이다**히브리어: *paras*는, 유사한 의미로 종종 사용되긴 하지만 폭력을 함축하고 있다.예를 들면 삼하 5:20 그렇지만 이 본문은 그런 폭력이 하나님에게 있어 어떤 형태를 취하는지를 기술하지 않고 많은 이들이 죽을 것이라고 한다.19:21 시편 106:29에서처럼 재앙이 머리에 떠오르는데, 이 시편은 주님을 화나게 하는 자들에게 재앙이 "닥친다"고 말한다.

모세가 하나님이 잊으셨다고 비난하려 한 것은 이상해 보인다.19:23 하나님이 앞서 설정한 한계19:12에 대해서 상기시키려는 목적은 이런 한계들을 더 분명하게 소개하고자 한 것이다. 아론이 모세와 함께 오를 수도 있지만, 제사장들은 이스라엘 백성들과 함께 뒤로 물러서야 한다. 제사장들은 앞서 그들이 입어야 할 장비에 대해 언급된다.레 8-9; 반복 독자는 그들을 알고, 이곳에서 예표되는 거룩함의 제한을 따르기 위한 그들의 미래의 임무도 알게 될 것이다. 그 산은 아마도 나중의 성전과 성막의 지성소처럼 이곳에서 보이고 있는데, 이곳은 대제사장아론만이 들어갈 수 있는 곳이었다.레 16:12-14 이야기와 이후의 의식관습이 하나로 다시금 녹아있는 것이다.12, 16장 참조

왜 이 백성은, 장엄한 신의 현현이 그들을 떨게 했음에도19:16 그 산으로 뛰어들지 않게 하기 위해19:12-13, 21-24, 경계 내에서 있어야만 하는가? 성스러움의 의미The Idea of the Holy라는 고전적인 책에서 루돌프 오토Rudolf Otto는 인간에 대한 거룩함의 영향을 기술하기 위해 세 가지 라틴어를 채용한다: *mysterium*, *tremendum*, 그리고 *fascinans*1-40. 우리는 이 단어들과 영어가 어원이 같음을 안다. 하나님의 거룩하심을 만나는 것은, 무엇보다도, 위대한 신비와 직면하는 것이다. 더럼은 16-19a절은 "야웨의 찾아오심에 대한 기술할 수 없는 경험을 기술하기 위한 시도"라고 적절하게 말한 바 있다.270 이사야와 에스겔의 위대한 신의 현현에서도 같은 것이 언급된다.사 6, 겔 1

이런 신비는 맞닥뜨린 인간을 공포감, 경외심의 떨림으로 뒤흔든다. 이사야는 "재앙이 내게 닥치겠구나! 나는 이제 죽었다"사 6:5라고 말하고 있으며 에스겔은 아무 말도 못한 채 땅에 엎드려 "7일간을 두려워 떨었다."겔 1:28; 3:15 그렇지만 신비와 떨림에는 거의 거부할 수 없는 매력이 뒤따른다. 얍복에서 어떤 남자/하나님과 씨름하던 야곱은 이렇게 말한다: "내게 축복하기 전에는 당신을 놓아 주지 않을 것입니다."창 32:26 이사야는 이렇게 자원한다. "제가 여기 있습니다. 저를 보내주소서!"사 6:8

똑같은 역동성이 시내 산에서 하나님의 임재를 이스라엘이 경험한 단락에 스며들어 있다. 백성은 위엄에 눌렸지만 거룩하신 분께로 뛰어들고자 한다. 창조주를 찾고자 하는 깊은 인간의 갈망 때문이다. 그렇지만 보는 것으로 충만함, 신비의 베일을 걷는 것은 섣부

르게 강요되어서는 안 된다.33:18-23, 주

19장은, 구름, 불 그리고 신비 속에 가려진, 형언할 수 없는 하나님의 임재를 기술하고자 한다. 그렇지만 이것은 겨우 신의 현현의 서론에 불과하다. 구름과 불의 신비로부터 그의 백성을 위한 하나님의 뜻을 분명히 표현하는 뚜렷한 목소리가 울린다.20:1ff; 왕상 19:11-16 신명기 4:11-14는 특히 신비와 분명한 선언을 함께 붙잡고 있어야 할 필요를 우리에게 상기시키고 있다.

성서적 맥락 속의 본문
현현
인간들과 무리들에게 하나님이 나타나시는 것은 성서 곳곳에서 보고되고 있다. 몇몇 현현들은 이미 언급되었다.위를 보라 그 배경이 종종 기술되지는 않았지만예를 들면 창 12:1-3, 신의 현현은 일반적으로 산과 폭풍우, 성스러운 나무들, 그리고 물의 근원과 연관되어 있다.이어지는 논의의 많은 부분에 대해서는 Hiebert, ABD, 6:505-11 참조

이미 오랜 고대동방의 신화에서처럼, 구름과 폭풍우로 둘러싸인 그 산은 천상과 지상을 연결하는 특이하나 강력한 상징을 마련해 주었다. 시내 산/호렙 산에서의 현현은출 19-40 가장 두드러진 사례다. 다른 구절들이 그러는 것처럼, 신명기 1:6-18은 이 사건을 회고하고 있다.예를 들면 신 4:9-15, 33; 18:16; 삿 5:5; 느 9:13; 시 68:8 엘리야는 호렙/시내 산으로 순례를 가서 그곳에서 모세의 경험에 대한 신의 현현을 회상한다.왕상 19; 출 33:12-23 참조

그렇지만 시내 산과 하나님의 관련성은 하나님의 임재에 대한 고정적인 지리적 장소를 제시해서는 안 된다. 하나님은 이스라엘을 구름과 불기둥으로 광야를 통해 이끄신다. 시내 산에서, 하나님은 모세에게 성막, 즉 이동식 하나님의 임재의 상징을 짓도록 명하신다.출 25-31 나중에 솔로몬의 성전이 있는 시온 산은 하나님의 임재의 장소로서의 중요성에서 시내 산을 대신한다.시 9:11; 11:4; 50:1-3; 암 1:2; Ollenburger, 1987

시내 산의 것과 같은 자연 현상들은 하나님의 등장과 도우심에 대한 그들의 기대를 표현하고자 성전에서의 예배자들에 의해 사용된다.예들 들면 시 18:6-19; 29:1-11; 97:1-5; 144:1-11 그렇지만 하나님은 그런 장소에 묶이지 않으시지만, 몸소 그 성전을 허물고 자신의 백성과 함께 포로생활을 하신다.겔 8-10 시온 산에서 모든 민족들에게 하나님께서 자기 계시를 하신 것은 종말론적 미래를 예측하는 것이다.예를 들면 사 2:2-4; 66:15-23; 요엘 3:9-21; 슥 8 그렇지만 현현의 핵심 메시지를 이루고 있는 것은 지리적 위치와 그것과

연관된 자연의 상징보다는 그의 백성과 함께 있기 위해 하나님께서 오신다는 것이다.W. Janzen, 1982b: 137-57 참조

히버트는 이런 다수의 현현들 속에서 하나님의 임재의 삼중적인 패턴을 그리고 있다: 하나님이 그의 백성을 구하시고자 전사로 오신다; 하나님이 그들의 주 혹은 왕으로 그의 백성에게 인식된다; 그리고 하나님이 그의 백성에게 자신의 뜻/칙령을 선포하신다.Hiebert, ABD, 6:505-08 모든 현현 본문이 조직적으로 전쟁→구원, 즉위→언약, 신성한 뜻의 반포→율법이라는 순서를 따르지는 않는다. 그렇지만 이것이 많은 신의 현현 본문들이 들어맞고 있는 패턴이다.신 33:2-5, 26-29; 삿 5:3-5; 하박국 3; 시 68

신약성서에서도 산에서의 현현이 있다. 예수의 변화산은 하나님의 영광의 임재 속으로 예수를 움직이며 그를 모세와 엘리야와 결부시킨다. 이들은 시내 산에서 하나님의 현현을 경험했던 사람들이다.마 17:1-8//막 9:2-10//눅 9:28-36; 벧후 1:17-18 참조; 모든 네 구절 속에서, 그 목소리는 구름에서 나온다

예수의 산상수훈마 5-7은 신의 현현은 아니지만 시내 산의 현현에서 율법을 주는 요소들을 반영하고 있다. 마지막의 현현에서, 예수는 갈릴리의 어떤 산에서 제자들에게 나타났으며 그들에게 대위임을 맡기고 떠난다.마 28:16-20 "광야"에서와 "아주 높은 산"에서 사탄의 거짓 현현이 시내 산과 얼마나 밀접하게 연결되고 있는지 언급하기는 힘들다.마 4:1-11; 막 1:12-13; 눅 4:1-13

특징상으로, 히브리서의 저자는 그리스도인들이 접근하는 이스라엘에게 증여된 낮은 시내 산의 현현을 "시온 산과 살아계신 하나님의 도시, 천상의 예루살렘"에 비견한다.히 12:22; 12:18-24 참조 시온 산 역시 선택된 이들에게 어린양이 종말론적으로 나타나는 장소이다.계 14:1-5 반면, 다메섹으로 가기 전 바울이 경험한 놀라운 현현은 산과 연관되지는 않는다.행 9:1-9

언약

이스라엘과 하나님의 언약 맺음이라는 주제가 이스라엘의 시내 산 경험의 핵심이긴 하지만, 그곳에서 시작되지는 않는다. 하나님은 모든 인류의 대표인 노아창 9:1-17와 이스라엘 조상인 아브라함과 언약을 맺으신다.창 15:17-21; 17:1-21 후자의 지속적인 타당성을 앞선 출애굽 이야기에서 하나님이 재확인하신다. 하나님이 아브라함, 이삭, 야곱과 자신의 언약을 기억하셨다는 것이 살아 움직이는 출애굽 사건을 설정하고 있다.2:24; 6:5 참조

언약이라는 주제는 특히 신명기에서 두드러진다. 구약의 나머지 부분에서, **언약**berith

이라는 단어는 대략 280차례 나온다. 이런 사례들 가운데 많은 것은 시내 산에서 맺어진 언약을 언급하고 있는데, 빈번하게 "언약궤"라는 구문 속에 나온다. 그렇지만 언약이라는 단어는 하나님과 인간, 혹은 인간 상대자들 간의 언약에서처럼 다르게 사용되어 나타나는 일이 많다. 언약이라는 용어는 구약에서 하나님–인간의 관계를 가장 빈번하게 기술하는 것 가운데 하나이지만, 유일한 것은 아니다. 구약성서는 인간과 이스라엘에 대한 하나님의 헌신에 대해 이야기하는 수많은 방식이 있다. 기독교 속에서는 언약이라는 용어는 가끔 과용되어 왔다.

이런 경고에도 불구하고, 언약이라는 주제는 아주 두드러진다. 이스라엘의 이야기는 언약이라는 용어가 사용되든 아니든, 언약을 맺고 갱신하는 것을 중심으로 돌아간다.[언약, 492쪽]

교회 생활에서의 본문

신의 현현

두 가지 요점이 19장에서 보도되는 시내 산에서의 하나님 현현과 관련하여 강조되어야 한다. 먼저, 우리는 이스라엘의 이야기 속에서 이런 근본적인 사건의 독특성을 폄하해서는 안 된다. 다른 말로 한다면, 우리는 교회 역사에 스며들어 있는 "산꼭대기 경험들"을 너무 성급하게 연결시켜선 안 된다. 시내 산은 모든 독특성 가운데 첫 번째이다.

두 번째로, 출애굽기 19장에서의 이성을 넘어서는 충격을 가진 현현 보도는 현현의 절반에 불과하다. 후반부는 십계명에서 볼 수 있는 것과 같이 이성적인 단어로 하나님의 뜻을 분명히 선언한다.20:1-7, 시내 산은 신비스러운 경험이나 거대한 규모의 종교적 "극치점high"이 아니라, 하나님이 분명하게 정의하신 섬김을 위해 어떤 백성에게 위임하는 것이다.

이런 경고들을 언급함에 있어서 우리는 시내 산의 현현의 계속되는 메시지에 대해 물을 수 있다. 시내는 하나님을 무섭고 경외스러우면서 두렵고 매력적으로 보여준다. 하나님은 "전적인 타자Wholly Other"Otto: 25-30로서, 그럼에도 우리 속에 나타나시고 우리를 섬김으로 부르신다. 거룩한 것과 일반적인 것은 경계로 구분된다. 그렇지만 거룩함이 우리의 일상생활을 이루기 위해 우리의 세상 속으로 들어온다.

20세기에서, 특히 마지막 3세기에서는 거룩함의 개념이 기독교 예배, 경험, 그리고 사상을 포함하여 서구 문화 속에 빠르게 자리를 잃어가고 있다. 위대한 중심적 실재요 신비스럽고 두렵고 경외스럽지만 거부할 수 없는 매력을 가진 하나님은 더 이상 오늘날의 기독교 예배의 중심이 아니다. 일상생활은 말할 것도 없다. 제한받지 않는 인간의 자기단언이 생활의 신비들에 손을 뻗고 "감동을 주는" 모든 제한을 무시한다면, 그들은 다른 행성이나 다른 유전자 코드genetic code일 것이다.

많은 그리스도인들에게 있어 예배는, 하나님을 흠모하고 하나님의 뜻을 듣고자 하는, 더 이상 거룩한 하나님 앞에서 경외감 가득한 모임이 아니다. 오히려 예배는, 가능한 한 작은 그룹 속에서 서로에게 아주 다정한 친교로서, 그 속에서 하나님은 보이지 않는 동등한 지위로 축소되어간다. 오직 몇 가지 경우에서만 현대인들은 경외와 침묵으로 하던 일을 멈춘다−아마도 큰 재앙에 직면하고 설명할 수 없는 탈출이나 치유, 혹은 아주 예외적인 아름다움이나 선함을 놀랍게 마주했을 때일 것이다. 많은 오래된 찬양과 제의 전통들이 있는 이 시내 산 본문은, 일상생활이 거룩하신 하나님을 향해 있을 때만 궁극적인 의미를 가진다는 것을 일깨워 주고 있다.

언약

현현과는 대조적으로, 언약의 언어와 사고는 현대 교회의 수많은 정황 속에서 두드러진다. 비록 우리가 일시적인 유행을 좇는 것과 생각이 없는 것을 향하는 유행을 거슬러야 함에도, 그런 언어와 사고는 그렇게 두드러져야 한다. 하나님−인간의 관계나 인간사이의 유대의 모든 측면들이 언약이라는 단어 속에 붙들려 있거나 그렇게 함으로써 가장 잘 기술되는 것도 아니다. 우리는 우리가 사용하는 성서의 뉘앙스들을 따를 필요가 있다.

예를 들면, 그것은 시내 산에서 하나님과 이스라엘 사이에 맺은, 언약 당사자들이 동등하지 않은 언약의 주된 표시인 것이다; 하나님은 자애롭게 그럴 자격이 없는 백성에게 관계를 허락하신다.[언약, 492쪽] 반면, "결혼 계약"은 우리에게는 아주 잘 알려진 용어이지만 성서에서는 겨우 한두 번만 사용된다. "언약으로 맺어진 네 아내," 말 2:14; 겔 16:8 참조; 잠 2:17 우리는 그 언약을 동등한 사람들 사이의 관계로 분명히 이해해야만 한다. 다시금, "우리가 서로 언약을 맺었다"고 말하는 것은, 예를 들면 지역의 회중 속에서 함께 일하는 것으로, 하나님과 이스라엘의 언약관계와는 완전히 병행되지 않는, 동등한 자들끼리의 공동적 합의를 표현하는 것이다.

그럼에도 불구하고, 언약의 언어는, 세심하게 사용된다면, 하나님께서 우리의 삶 속으로 들어오는 사건을 우리가 아주 잘 말하도록 해준다. 그것은 그럴 가치가 없는 사람들에게 하나님께서 헌신하신다는 것을 강조한다. 하나님은 그런 헌신에 신실하시다. 아울러 예배와 윤리적 삶 속에서 인간 파트너의 응답을 하나님은 기대하신다. 인간의 측면에서, 그것은 하나님이 계시하신 뜻에 다라 살려는 노력뿐만 아니라 하나님의 우선적이고 과분한 은혜를 감사함으로 응답하는 것을 강조한다.

우리가 주의 만찬고전 11:25-26의 맥락에서 "새 언약"을 기념할 때, 우리는 또한 그것이 갖는 종말론적인 방향성을 떠올리게 된다. 새 언약은 예수 그리스도를 통해 가능하게 되는, 하나님과 교회 사이에 존재하는 관계들일 뿐만이 아니라, 아직 완전하게 경험되지 않은, 기다리고 기대하는 관계의 표시이기도 하다.

십계명

사전검토

십계명과 함께, 우리는 넓고도 복잡한 구약 율법의 주제에 대한 공부로 들어간다. 그것은 구약에 나오는 율법의 본질과 기능에 대한 어떤 것들을 분명하게 하기 위한 가장 중요한 첫 번째인 것이다.

1. 무엇보다 가장 중요한 것은, 하나님이 그 백성을 이끄시는 것 속에 있는 율법의 자리이다. 값없이 주신 사랑에 따라, 그리고 조상들 아브라함, 이삭, 그리고 야곱에게 하신 약속을 지키기 위해, 하나님은 이스라엘을 이집트의 노예 신분에서 풀어주시고 광야에서 그들을 지키셨다. 그런 뒤에야 하나님은 이스라엘에게 율법을 주시고 언약의 맥락에서 그 율법에 대한 헌신을 요구하신다. 다른 말로 하면, 율법은 은혜를 따른다. 더 나은 표현으로 한다면, 율법은 은혜의 새로운 형식이다. 율법은 이스라엘의 구원에 기초한 것이 아니라, 신약에서처럼, 경험된 구원에 대한 반응하라고 초대하는 것이다.

2. 십계명을 비롯하여 율법은 이스라엘이 하나님의 구원에 응답하는 새로운 삶의 요지를 마련한다. 그런 삶은, 십계명, 언약의 책 출 20:22-23:33, 레위기 19장 및 레위기-민수기에서의 다른 법들 혹은 신명기 법 전 12-26에서처럼, 아주 간략하지만 더 온전하게 특징지을 수 있다. 신 6:4 참조; 미가 6:8 구약성서에서 율법이 삶의 모든 영역을 다루지는 않는다. 구약성서에 나오는 율법의 모든 형체들은 구원받은 자들의

새로운 삶은 이런 영역에서 혹은 저런 영역에서 어떻게 보여야 할지를 설명해주는 상세히 견본으로 보여주기sampling나 사례들을 나타내고 있다. 모든 영역을 다루려는 어떤 노력도 없다. 왜냐하면 법적인 결의법casuistry이 그 목표를 안내하지 않기 때문이다. 목적은 하나님의 요구사항의 정신에 대한 이해를 소개하는데 있다.

3. 다른 율법군처럼, 십계명 역시 견본으로 보여준다. 그리스도인들이 종종 율법을 모든 삶을 다루는 헌장으로 생각하지만, 그것을 반영하는 몇 가지 순간들은 많은 중요한 영역들이 나타나고 있지 않다는 것을 보여줄 것이다. 레위기 19장과의 비교는 교훈적이다. 19장 역시도 하나님의 뜻 아래에서 사는 여러 가지 필수사항들을 나열하고 있다. 이것들 가운데 많은 것들은 십계명과 겹치고 있지만, 레위기 19장은 가난한 자에게 베푸는 것9-10장, 몸이 불편한 사람들을 보호하고14장, 편파적이지 않은 정의를 보증하고15장, 이웃을 사랑하라고 요구하며18장, 이방인을 보호하는 법들을 포함하고 있다. 금방 언급된 모든 영역은 구약의 윤리와 예수의 가르침에 있어서 필수적이지만 십계명에는 빠져있다. 십계명은 하나님의 뜻을 본받고자sample 하지만 포괄적인 법적인 적용범위는 부여하지 않는다.

4. 이런 견본 보여주기와 율법을 거의 임의로 선택하는 것그렇지만 아래에 있는 너에 대한 주를 보라은 율법 그 자체에 대한 문자적으로 불공정한 양상에 반영되어 있다. 일부는 간략하고 간결하지만 다른 것들은 길다. 어떤 것들은 부정적이고 어떤 것들은 긍정적이다. 어떤 것들은 설명을 꾀하는 절이 있지만 다른 것들은 그렇지 않다.

학자들은 반복적으로 십계명, 모든 간결하고 부정적인 계명들"너희는 ~ 말지니라"의 일정한 연속성을 정제하고자 해 왔다. 그 외의 모든 것들은 후대의 편집적 확장으로 여겨진다. 십계명의 출애굽기 버전과 다른 온전한 버전신 5:6-21, 그리고 구약과 신약에 있는 다양한 부분적인 나열들을 비교해 보면, 그런 편집상의 수정은 분명하다. 그렇지만 그런 편집활동은 명백히 계명들을 위한 대칭적인 모양새를 만들거나 회복하는데 목적이 있는 것은 아니었다. 그 다양한 형태는 성서 자체가 학자들이 만들어 낸 짧고도 대칭적인 재건에 관심이 없음을 보여주고 있다.

개별적인 계명들이 꽤 다양한 모양을 가진 것은 구약 성서에서 율법의 표본추출이라는 본질을 잘 반영하고 있다.산상수훈에서 예수가 아주 임의적으로 주제들을 다루고 있는 것을 참조! 마 5-7 의도된 것이긴 하지만34:28, 10이라는 숫자조차 적용하는 것은 쉽지 않다. 예를 들어 가톨릭, 성공회, 그리고 루터교는 3-6절을 하나의 계명으로 여기고 17절을 두 개로 나눈다, 동방정교회와 종교개혁 전통은 4-6절을 3절과 분리시키고 17절을 하나로 친다.

5. 그럼에도, 십계명은 다른 법의 모음집들보다 훨씬 우위에 있다고 주장할 수 있다. 그것은 언약의 우위라기보다는 기능의 우위이다.W. Janzen, 1994:87-105 참조 내용에 있어 그것은 표본추출이며, 따라서 우리가 금방 본 것처럼 불완전한 것이다. 그렇지만 기능상으로 다음과 같이 특별하다는 것을 보여주고 있다:

* 십계명은 시내 산에서 하나님의 뜻을 선언하는 것에 먼저 서 있다.
* 신명기 5:22-23에 따르면, 십계명은 오롯이 하나님께서 직접적으로 이스라엘에게 하신 말씀이다. 다른 모든 법들은 모세를 통해 중재되었다.
* 덧붙여진 조건이나 처벌의 추신이 없이, 절대적인 요구사항으로 이루어진 것은 유일한 구약의 법전이다.기술적인 용어: 필연법 다른 법전들은 구체적인 조건이나 처벌을 언급하는 법전을 포함하고 있다. 출애굽기 21:28-32: 만일 … 하면, …와 같이 판례법이나 사례적인 법
* 위에서 언급했던 계수의 어려움에도 불구하고, 의도된 숫자 10은 완전성을 나타낸다. 히브리어: 열 개의 단어, 출 34:28 그렇지만 그것은 모든 삶의 영역을 다루는 율법들이라기보다는 하나님의 뜻에 대한 완성되고 적합한 표본을 우리가 갖는다는 것을 말해준다.

개요

백성의 응답, 20:18-21

주석

구원자의 자기소개 20:1-2

하나님은 나는 야웨다라는 것을 상기시키는 동시에 스스로를 소개한다. 그것은 모세에게 주신 하나님의 이름으로서3:13-15, 그 이름은 일찍이 하나님께서 이스라엘을 위해 주신 더 친숙한 이름들을 대신하는 것이다. 그 이름은 하나님이 이스라엘을 놀라게 하시는 새로운 행하심과 맞아 떨어진다.6:2-3 그 당시에, 이런 새로운 행하심은 여전히 나는 앞으로도 있을 자이다라는 신비스러운 해석으로 암시되고 있는 미지의 미래 속에서 모세에게 여전히 둘러싸여 있다.3:13-15, 주

그렇지만 이제 그런 신비는 지금까지의 경험, 즉 출애굽기에서 보도하고 있는 이집트의 노예 신분에서의 구원경험으로 대체되어오고 있다. 이제부터, 이스라엘은 야웨라는 이름이 **구원자/구속자**Savior/Redeemer를 의미한다는 것을 항상 기억해야 한다. 2절은 이스라엘의 하나님에 대한 정의와 구약성서에 가장 가깝게 상응하는 것이다.적어도 이 이야기의 이 부분에 이르기까지; 34:6-7 주 참조:

나는 야웨 너희의 하나님, 너희를 이집트의 땅, 노예의 집에서 데리고 나온 이다.

이런 자기소개문구, 혹은 나는 야웨다라는 짧은 형태는 구약에서 빈번하게 회고되고 있다.예를 들면 레 19에서 수차례; 6:2-7:7에 대한 Zimmerli, 성서적 맥락에서의 본문을 참조 [계시와 임무, 471쪽] 그것은 여기서 다시 한 번 출애굽기 1-18장에서 말하고 있는 이스라엘의 구원이야기를 요약한다. 그것은 하나님의 뜻에 따르는 새로운 삶으로 그에게 응답하도록 그가 구속한 사람들을 하나님께서 초대하는 이런 구원에 기초한 것이기 때문이다. 이런 기초가 없이는, 이어지는 계명들은 독특한 그 계명들만의 중요성을 잃게 될 것이다.

모든 민족들은 예배를 행하고 공휴일을 세우고 조상들을 경외하며 살인이나 간음과 같은 반사회적 행위를 제한시키고 재산을 보호하는, 이런 저런 형태의 규정들을 갖는다. 다른 말로 하면, 십계명 대부분은 독특한 것으로 두드러지는 것은 아니지만, 그렇다고 십계명의 내용을 덜 중요하게 만들어 버리지는 않는다. 그렇지만 곳곳에 독특한 특징이 있다: 이런 계명들을 따르기 위한 동기들이다. 우리는 정말로 살인의 계명에서처럼 십계명 각

각에 앞서 2절을 읽어야 한다: "너희는 이집트와 광야에서 야웨가 목숨을 지키신 것을 경험했다; 따라서 너희는 살인하지 말라." 우리가 그와 같이 다른 계명들을 강조해도 정당하다.

2절은 계명들 각각이 그러한 것처럼, 너를 2인칭 단수 너*thou*로 말하고 있다. 여기서의 너는 누구인가? 어떤 의미에서 너는 모든 이스라엘 사람들을 의미한다. 그렇지만 어떤 부분에서, 안식일 계명에서 가장 두드러지는데, 이것이 좁혀진다: 너, 너의 아들이나 너의 딸, 너의 종이나 여종, 너의 마을문자적으로는 문들gates; "아내"가 생략된 것에 대해서는 20:8-11 주를 보라에 있는 가축이나 이방인들. 적어도 여기서 말하는 너는 확장된 가족의 가장이다.종종 "아버지의 집"으로 불리는데, 창 12:1; 41:51에서처럼 히브리어로는 *beth' ab*

개별적인 계명을 우리가 해석함에 있어서 우리는 여기서 언급된 너를 확인하는 또 다른 증거들을 찾을 수 있다. 물론 이것은 개별적인 계명들이 모든 이스라엘 사람 하나하나를 말하고 있다는 것을 의미하는 것은 아니다. 모든 이들에게 살인, 도둑질, 간음 등이 금지되었다. 그렇지만 가장은 이스라엘의 기본 생활 단위인 대가족이라는 맥락에서 하나님의 뜻을 지킬 책임이 있었다.

이런 해석은 왜 십계명이, 하나님 아래에서 새로운 삶을 견본으로 나타냄에 있어, 다른 영역을 다루는 것이 아니라 십계명이 다루는 삶의 특정 영역을 선택하는지에 대한 실마리를 제공한다. 십계명의 내용은 주로 확장된 가족 속에서 삶을 규제하기 위해 특히나 중요한 측면들에 초점을 맞춘다. 언약법전은 주로 부족이나 마을에 초점을 맞춘다: 출 20:23-23:33에 대한 "사전검토," 주. 신명기법전, 신 12-26은 이스라엘을 한 나라로 언급하고 있다

1-2절은 이어지는 요구사항들을 소개한다. 우리는 후자를 "계명들"로 생각하지만, 다른 곳에서처럼 여기서 그들은 단순히 **말씀들 words**로 불린다.34:27-28 참조 이것은 예수에게 주어진 특별한 호칭 "말씀"을요 1:1 연상시키는 위엄을 그들에게 부여함으로써 다른 많은 계명들 위에 그들을 높이고 있다. 이제 그것을 들어보도록 하자.

가장 중요한 계명 20:3

내 앞에서혹은 나 외에는 다른 신들을 가지지 말라. 히브리어 본문은 문자적으로 내 **얼굴 앞에서**before my face로 읽는다. 사실상 하나님은 이렇게 말씀하시는 것이다. "다른 신들을 치워버려라! 내 임재는 다른 신들을 견딜 수 없다." 마치 하나님이 제일이기를 원하시지만, 그런 신들이 낮은 순위에 있는 한 이스라엘 사람들이 다른 신들을 섬기는지 신경 쓰지 않는 것처럼, 여기서 앞에서의 의미로 읽는다면 그릇된 것이다.

왜 다른 신들의 존재가 노골적으로 부인되는지 물을 수도 있을 것이다.예를 들면 사 44:6; 43:11-13 참조 해석자들은 가끔씩 이스라엘이 초기 역사에서 단일신교henotheism, 하나의 신을 섬기되 다른 신들에 대한 신앙을 배제하지 않음를 행했으며 나중에서야 유일신교하나의 신을 배타적으로 신앙하며 그 신을 섬김를 행했다는 증거를 여기서 보고 있다. 대신, 나는 여기서 함축적이거나 실천적인 유일신론을 보고자 한다. 십계명은 포괄적인 정의를 찾는 사적적인 글이나 종교철학이 아니다. 십계명은 누구를 섬길 것인지에 대해 이스라엘의 가장들을 훈육하는 것이다. 그 답은 야웨이며, 오직 야웨뿐이다.신 6:4, NRSV에 나오는 쉐마를 참조 이런 독점적인 충성심이 구약을 지배하고 있으며 이스라엘의 삶의 기초를 형성했다.

이런 요구는 우리에게 잘 알려진 것처럼 이스라엘에게 있어서 급진적인 것이었다. 고대 세계의 종교 가운데 어떠한 것도, 그리고 성서의 종교들 외부에 있는 몇 개의 종교들유대교, 기독교, 이슬람도 다른 모든 신들을 배제하고 한 하나님을 믿었거나 믿지 않는다. 이스라엘의 이웃들에게 있어 이 세계는 본질상 다수의 힘들이 상호작용하는 것으로 인식되며, 이들은 인간으로, 신들로바람의 신, 비의 신, 태양의 신, 지상의 신, 강의 신 등 여겨졌다. 이들은 선이나 악으로, 서로 싸우고 평화를 이루는 것으로__ 인간에게 호의적이거나 해를 끼치는 것으로 보였다.

이와는 대조적으로, 구약의 유일신론은 우주를 인지된 다양성 하에 있는 기본 단일체로 통합된 것으로 이해할 가능성을 마련해 준다. 결국 이것은 세 가지 추구를 가능하게 한다:

- 일관된 질서를 추구이후 서구에서는 과학의 탐구
- 의미를 추구힘들이 혼돈으로 다투는 것이 아니라 하나님이 역사를 이끄심
- 모든 것의 목표가 되는, 모두를 위한 하나의 인간과 하나의 정의를 추구하나님의 통치/하나님 나라를 통해

이런 이유로 나는 이 섹션을 "가장 중요한 계명"이라 부른다.

형상 계명 20:4-6

이 계명은 로가 가톨릭, 영국국교회, 그리고 루터교가 두 가지를 하나로 보는 앞선 것과 아주 긴밀히 연결된다. 동방정교회와 대부분의 개신교회들은, 4-6절, 하늘에 있는 것이나 … 땅에 있는 것이나 …, 물 속에 있는 것을 … 우상의 … 형태로[RSV: 닮은 것 likeness]… 만들지 말라를 두 번째 계명으로 본다. 이것은 이스라엘의 이웃들 가운데에서 우

주의 상aspects이나 권세를 나타내는 신들의 형상을 만들었던 관습을 묘사하고 있다.

5절은 이런 금지에 대한 이유를 명백히 한다: 너희는 그들에게 절하거나 섬기지 말지니라. 그들이란 아마도 다른 신들을 가리키는 것 같은데20:3, 왜냐하면 우상과 형태/닮은 것은 단수 명사이고 "그것"이라는 단수 대명사가 따라올 것이기 때문이다. 이것은 3절과 4-6절이 가까이 연결되어 있음을 강조한다.

상들을 금지하는 것은 하나님의 질투를 가리킴으로 더 설명되고 있는데, 여기서는 "경쟁자를 허용하지 않는다."는 뜻을 지닌 단어이다. 이 단어는 이스라엘이 독점적으로 충성을 하라는 하나님의 요구를 강조하지, 영어 단어 질투하다jealousy로 나타내는 부정적인 성품을 가리키는 것은 아니다.

독점적으로 충성하라는 하나님의 요구의 진지함은 3대와 4대로 확대되는 배신행위에 대한 처벌의 위협이 따라옴으로 강조되고 있다.20:5 이것이 비록 천 대에 까지 확대되는 NRSV 주, 혹은 수천 대 하나님의 위대한 사랑과는 대조되지만, 그럼에도 결코 많은 그리스도인들에게 문제가 되지는 않는다.

이것은 마치 하나님이 죄인의 후손들을 추적하고는 기어이 아무것도 모르는 손자 혹은 증손자에게 보복하는 것처럼 보이기도 한다. 이런 개념은 요점을 놓친 것이다. 앞서 설명한 것처럼, 너라는 단어는 대가족의 가장이다. 그런 대가족 혹은 "아버지의 집"은 몇 대로 구성되어 있어, 아마도 유목 시대에는 같은 천막 지붕 하에 살거나 정착시대에는 이웃한 집들 속에 살았을 것이다. 그것은 아이들, 손자손녀들, 삼촌과 숙모들 등을 포함하고 있는데, 아마도 북미 시골에서 "가족농장"에서 성탄절에 모이는 가족모임과 같을 것이다.

예를 들면 만일 그런 가장이 술주정뱅이에다 공격적이고 정직하지도 않다면, 그의 행동은 즉각 그의 가족 전체, 함께 거기서 거주하는 3대와 4대에 이르기까지 영향을 미칠 것이다. 하나님을 집요하게 앙갚음하는 분으로 묘사하는 대신, 이 구절은 죄의 공동적 본성을 지적한다. 가장인 너는, 따라오는 너희 전 가족들을 연루시키면서 부당한 일iniquity에 관여하게 된다. 개인적인 죄, 너만을 건드리는 죄는 없다. 이런 경고는 형상 계명에만 국한되지 않고 여러 가지 다른 정황 속에서도 발견된다.예를 들면 출 34:7, 14 주; 신 4:24; 7:9-10 그렇지만 이런 해석은 조상들의 죄의 영향이 현재의 가족구성원들을 일시적으로 넘어서까지 확대된다는 이해를 배제하지 않는다. 우리는 오직 그런 문제들을 태아알콜증후군 fetal alcohol syndrome과 같이 생각할 필요가 있을 뿐이다.

왜 형상들이 그렇게도 엄격하게 금지되었는가? 이것을 이해하기 위해서는 우리는 먼저 이스라엘의 이웃들의 마술적인 관습들을 돌아봐야 한다. 미술은 어떤 사람이 하는 끝을 향한 우주의 신성한 그리고/혹은 신비적인 힘들을 조종하기 위한 노력이다. 신들의 이미지는 이런 "성화된 기술"에 있어 중요했다. 그 형상이돌, 철 혹은 나무 조각상 그 신을 시각적으로 나타낼 뿐만 아니라 신의 실재 속에 공유되고 있다는 신념 때문이다.

　이것은 우리 생각과 완전히 이질적이지 않다. 대부분의 사람은 자신에게 있어서 소중한 누군가의 사진에 침을 뱉는 것을 주저할 것이다. 왜인가? 그것은 그저 한낱 종이에 불과하지 않은가? 우리는 그것이 그 이상임을 안다. 만일 우리가 사랑하는 누군가의 "이미지"에 침을 뱉는다면, 우리는 그 사람을 불명예스럽게 했다고 느낀다. 그 이미지는 그 사람의 사진일 뿐만 아니라 적어도 작은 의미에서는 그 사람이기 때문이다. 만일 우리가 이미지와 사람의 부분적인 정체성을 느낄 수 있다면, 우리는 조상들이 이미지들을 어떻게 느꼈는지를 작게나마 회상하는 것이다. 똑같이, 많은 사람들은 어느 정도까지는 그것이 나타내는 것인 양 깃발에 경의를 표한다.

　고대근동에서 형상들은 그 형상들이 나타내는 신들과 동일시되지는 않았지만, 그런 신들이나 힘들이 가지는 실재 속에서 공유되었다. 그 형상은 신/여신을 가까이 데려와 그/그녀에게 다가가게 해주었다. 따라서 가까이 가져온 그 신성은 희생을 통해서 끌어들일 수 있고, 주술을 통해서 영향을 받으며, 수확량이 얼마 안 되는 것을 보고 비를 불러 오기 위해 밭으로 데려가기도 했다.

　그런 마술적인 행습들은 인간에게 어떤 의미의 힘과 신성에 영향을 끼치는 지배력을 준다고 사람들은 믿었다. 이와는 대조적으로, 형상 계명은 이스라엘에게 하나님을 조종하려하지 말라고 금지한다. 하나님은 최고 권력자이다. 하나님은 자신이 시작하신 일을 행하시고 이스라엘이 이집트를 탈출 할 때 경험했듯이 하나님이 자애롭게 태도로 그의 백성을 대하신다는 것이 이미 증명되었다. 하나님의 뜻에 영향을 주는 유일한 것은, 합법적으로 이스라엘에게는 열려 있는 것으로, 기도를 통하는 것이다.

　고대근동의 종교적 환경에서 벗어난 이스라엘은 유일하신 한 분 하나님만 예배하기에는 어려움이 있다는 것을 발견했음이 틀림없다. 열방의 많은 신들과는 달리, 그 예배를 하나에게로 제한시키는 것은 보잘 것 없기도 하고, 거의 무신론으로 보였을 것임에 틀림없다. 이제는 이런 한 분 하나님조차도 가까이 둘 수 없으며 형상을 통해서 다가갈 수도 없는 것이다! 때때로 우리는 그리스도인이 되는 것은 아주 큰 것을 믿어야 되는 것이라고 생각한다. 고대 이스라엘 사람들은 어떻게 사람이 만질 수 있는 종교로 그리 작은 것을 해나갈 수 있었는지에 대한 문제와 씨름했음이 틀림없다.

　구약의 다른 곳에서 우리는 하나님이 몸소 형상 혹은 그와 닮은 것을 창조하셨으며, 그것을 그의 세상 속에 두셨는지에 대해 듣고 있다. 그것은 인간이라는 피조물, 남자와 여자인 것이다. 창 1:26-27 그렇지만 그 구절의 히브리어 단어, **형상과 닮음꼴**likeness은 이 계명의 단어와는 다르다. 이것은 아마도 이교도의 우상들의 흔적을 인간에게 붙이는 것을 피하기 위해 그랬을 것이다. 평범한 이스라엘 사람은 인간을 비인간적인 신성한 묘사들형상들로 대신하는 것에서 편안함을 얻기 위한 비교적 성서연구에 거의 참여하지 않을 것이다. 그렇지만 우리는 창 1:26-27과 이 계명의 관계를 생각하는 것이 마땅하다.

그리스도인들에게 있어, 완벽한 인간, 예수 그리스도가 하나님의 이미지로서 우리 가운데 오셨다는 것을 인식하는 것이 특히나 중요하다. 그리스도는 이교도의 이미지가 표현했던 신성의 근접성에 대한 갈망과 열망을 이루셨다. 골 1:15

이름 계명 20:7

너는 너의 하나님 주님야웨의 이름을 그릇되게 사용하지 말지니라. NIV는 이렇게 말하고 있다. 너는 **오용하지 말라**; 다른 번역들은 이렇게 말한다. **너는 너의 하나님 주님의 이름을 헛되이 취하지 말라.** 예를 들면 RSV 그릇되게 뒤에 있는 히브리 단어는 "공허함, 헛됨"을 의미한다.

앞서 묘사된 이미지들의 사용과는 다르지 않게, 야웨의 이름을 마술로 사용하는 것이 원래적인 의미일 수도 있다.Noth: 163 야웨의 이름을 발음할 수 있게 하는 것은, 아마도 주문이나 맹세에서, 어떤 이의 목적을 위해 하나님을 조종하는 방식이 될 수도 있다. 우리와 원래의 것과의 거리는 그 계명이 1차 청자first hearers나 독자들에게 의미했던 것을 정확하게 알기에는 너무 큰 것이다. 따라서 우리는 그것을 그릇된 사용이나 오용으로 표현하는 더 일반적인 최신의 번역들을 받아들이는 것이 바람직하다.

잘못 사용되어선 안 되는 것은 야웨의 이름이다. 성서에서 그 이름은 전달자의 총체성, 전달자의 성격을 의미하고 있어서 정체성의 주요한 변화가 있을 때는 이름이 바뀌는 것으로 표시된다.예를 들면 야곱에서 이스라엘로, 창 32:28; 시몬에서 베드로로, 요 1:42 이런 시각에서, 야웨의 이름은 구술적 혹은 기록된 어휘 야웨보다는 훨씬 더 많은 것을 의미하고 있다. 그것은 야웨가 뜻하는 모든 것, 야웨의 성품, 혹은 이스라엘의 종교의 모든 것을 의미한다. 우리는 자유로이 이렇게 다시 말할 수 있다: "너는 너의 종교를 오용하지 말지니라." 네가 하나님을 아는 것, 하나님의 자기계시하나님의 이름는 하나님에게 언약적인 충성의 삶 속에서 하나님을 찬양하고 너를 인도하도록 너에게 주신 것이다. 다르게 사용하는 모든 것들은 그릇된 사용이다.

하나님의 이름으로 하는 진정한 맹세가 수용될 수 있는 것이었다면예를 들면 신 10:20, 잘못 사용하는 구체적인 경우는 하나님의 이름으로 거짓으로 맹세하는 것일 수 있다.렘 5:2; 슥 5:4; 교회 생활에서의 본문 아래 어떤 경우에도, 하나님의 이름을 잘못 사용할 가능성의 범위는 넓음에 틀림없다.

다시금, 말하자면, 이스라엘의 이웃들 가운데에서 무성한 종교적 관습들에 비교해 볼 때, 처음 두 개의 계명에서처럼, 이스라엘의 종교는 다듬어진다. 다시, 이미지 만들기 사례에서처럼, 경고가 붙는다. 하나님은 자신의 이름을 자못 사용하는 누군가에게 무죄를 선고하거나 무죄라고 여기지 않으실 것이다.RSV. NIV 그 처벌의 구체성은 표시되지 않는다.[이름, 영광, 얼굴/임재, 손/팔, 496쪽]

안식일 계명 20:8-11

우리는 오직 하나님 한 분만을 위하고, 형상을 금하며 하나님의 자기계시를 신중하게 사용하라는, 이스라엘의 종교적 신념들과 행습들을 제한하고 있는 연속된 세 계명들을 보았다. 이제는 계명들의 목록이 이스라엘의 예배에 대한 긍정적인 언급들로 옮겨간다: 안식일을 기억하고 그것을 거룩하게 지키라. 드디어 이스라엘은 하나님을 위해 무엇인가를 할 수 있게 된다! 그렇지만 곧바로 우리는 안식일을 거룩하게 지키는 것의 본질, 그것을 따로 두는 것은, 아무것도 하지 말라는, 안식일에 쉬라는 이야기를 듣는다!

이것은 은혜의 역설, 즉 인간이 하나님을 위해 할 수 있는 가장 중요한 것은 어떤 것을 하려고 하지 않는 것이라는 것이다. 모든 종교는 인간의 종교적 행위를 북돋워준다. 성서 역시 희생, 순례, 절기, 금식, 그리고 기도에 관한 수많은 지침들을 포함하고 있다. 그렇지만 이 모든 것은 하나님이 시작하신 것에 인간이 반응하는 것을 뜻하지, 인간이 하나님을 활성화시키는 것이 아니다. 무엇보다 안식일은 하나님을 하나님이 되시게 하며, 종교적 사역과 업적을 포함한, 일과 업적을 통해 세상을 관리하려는 모든 인간의 시도를 그만두라는 요청이다.

때때로 8-9절은 이중의 계명, 6일은 일하고 7일째 되는 날에는 쉬라고 이스라엘에게 요구하는 것으로 보인다. 그것은 잘못된 것이다. 6일간 일하는 것은 묘사적으로 언급된다. 6일 동안 너는 일하게 될 것으로, 모든 최저생계 경제 속에 있는 피할 수 없는 인생의 현실인 것이다. 여기서의 관심은 이런 노동이 그 주의 모든 7일 동안을 채워선 안 된다는 것이다. 우리는 자유로이 이렇게 표현함으로써 그 계명의 정신을 알아챌 수 있을 것이다: 오직 6일 동안만 너는 일할지니라.

인간의 창조는 세상의 그 정원을 "가꾸고 … 지키라"는 위임을 포함하고 있다.창 2:15 그래서 잠언서는 계속해서 게으름보다는 부지런함을 격려한다.예를 들면 잠 6:6-11; 10:4; 12:11 고대근동 사회와는 달리, 그리고 일이 노예와 하인들의 것이라고 여겨졌던 그레코-로만 사회와는 대조적으로, 구약성서는 노동의 모든 측면들을 높게 보고 있다. 하나님은 몸소 일하시고 쉬셨다.창 1:1-2:3 하나님은 몸소 농사기술을 가르치신다.사 28:23-26 왕관을 쓴 후에도 사울은 계속 소로 자신의 밭을 갈았다.삼상 11:5

그럼에도, 바벨탑을 짓는 이들이 그랬던 것처럼창 11:1-9, 인간이 세상을 하나님과 같이 통제하려는 교만으로 가장 시험을 받은 것은 일을 통해서이다. 그리고 난 후, 이집트에서 이스라엘이 압제적으로 경험한 것처럼, 인간은 동료 인간들을 노예로 삼으려 했다. 따라서 안식일의 계명의 관심은 노동윤리를 촉진시키고자 하는 것이 아니라 오롯이 하나님을 섬김 속에서 쉬는 것이다.W. Janzen, 1992a:121-38 그러므로 10절은 반복적으로 부정적인 형태의 8절, 십계명의 가장 특징적인 부분이 긍정적으로 언급된 계명을 반복하고 있다: 너는 일을 하지 말라.

후대의 전통이 제사, 회당예배 등을 추가하지만, 본질적인 안식일의 특징은 일을 금하는 것이다. 이것은 우리가 가진 여가의 개념과 동의어가 아니다. 여가는 그 목적상 자기만족을 갖는다. 안식일의 쉼은 주 너의 하나님께 대한 안식일20:10로 그것을 거룩하게 지키는 것20:8이다. 이것은 그 뜻의 결정에 기초하여, 하나님을 섬기면서 쉬는 행위를 포함하고 있으며, 그렇게 들리는 것처럼 역설적이다. 인간이 하나님을 섬기기 위해 성별된 동물이나 성별된 공간을 따로 분리해 둘 수 있는 것처럼, 시간의 기준이 되는 어떤 날을 신성하게 한다. 그것을 통해, 의심의 여지가 없이, 모든 시간은 하나님의 시간으로 신성하게 되는 것이다.

너로 언급된 가장은, 특권층, 하인, 동물, 그리고 외국인 거주자를 포함하여, 안식일의 휴식을 가족 모든 구성원들을 위해 확보해야 한다.20:10b 만일 네가 가장이라면, 특히 마지막 계명에 있는 유사한 목록에 그녀가 포함되는 것을 고려하면, 왜 아내가 언급되지 않는가에 대한 문제가 생긴다.20:17 두 가지 해석이 가능할 듯하다.

먼저, 그 의도는 가족의 모든 구성원들을 열거하는 것이 아니라, 나머지 사람들이 쉬는 동안에도 일을 할 확률이 가장 높은 사람들만을 열거한 것이다. 예를 들면 조부모, 숙모, 그리고 다른 이들도 가족에 속하지만 언급이 없다. 가족의 열거순서에서 가장의 아내는 휴식의 특권을 빼앗겼을 것 같지는 않다.

두 번째로, 아내는 가족의 공동가장으로서 너에 속해있다고 볼 수 있다.문법적으로는 단수이긴 해도 아버지와 어머니는 모두 율법에서예를 들면 레 19:3; 신 21:19; 22:15와 지혜의 가르침들에서예를 들면 잠 1:8; 6:20; 10:1; 20:20 가족 권위의 문제에 있어 공동의 인물로 묘사되는 경우가 잦다는 사실이 이 주장을 뒷받침한다. 이것을 놓고 볼 때, 난 후자의 해석을 선호하지만 확실한 것 같지는 않다.

11절은 안식일 준수를 위한 이유를 제시하는 동기의 절이다. 그런 동기의 절들은 구약의 법적인 본문들 속에 배치되어 있다. 이 본문들은 단순히 청자의 외적인 준수 보다는 내적으로 율법을 따르고자 하도록 의도된 것이다. 안식일 계명에 첨부된 이 동기의 절에서, 우리는 출애굽기 20장과 신명기 5장의 유사한 십계명 본문들 사이의 가장 큰 차이점을 발견하게 된다.

출애굽기 20:11은, 6일간의 창조 이후에 7일째 되는 날에 하나님이 쉬신 것으로 안식일에 동기를 부여한다. 창 2:1-3 따라서 이스라엘은 하나님의 역사의 완성을 기념하도록 초대되는 것이다. 강조점은 6일 동안의 역사의 완성에 대한 만족감에 있다: "하나님께서 만드신 모든 것을 보셨고, 실로 그것이 아주 좋았더라."창 1:31 그렇지만 이스라엘이 안식일을 지키는 것이 그들의 안식일 준수를 과거의 주를 "아주 좋은" 일을 완성한 기념으로 여긴다면, 아주 심각한 오해가 벌어지는 것이다. 인간의 일은 단편적이고 불완전한 채로 남아 있지만 하나님은 인간을 창조주 하나님과 함께 축하하도록 초청하신다. 그들의 불완전한 일이 아니라 하나님의 완전한 창조를 기념하는 것이다.

그렇게 이해하게 되면, 안식일을 기념하는 것은 불완전한 인간의 노력이 하나님의 일이나 하나님의 나라의 완벽한 성취에 합쳐지게 된다는 기대와 희망을 내포한다.마 6:10; 히 4:9 하나님의 자애로운 초대로, 인간은 이런 종말론적 성취를 미리 맛봄으로써 기념하게 될 것이다.

안식일 준수에 있어서 크게 다르지만 모순되지는 않는 동기는 신명기 5:14b-15에서 주어진다. 여기서의 핵심은 하나님을 창조주라기보다는 구속자와 동일시한다는 것이다. 이스라엘은 이집트에서의 사역을 통해 노예생활을 경험했으며, 이후 야웨는 그런 노예 신분에서 구속해 주었다. 그 결과로, 이스라엘 가장은 가족의 일이 끊임없는 지루한 것으로 변질되지 않도록 해야 했다. 가족 가운데에서 가장 낮은 위치에 있는 구성원이라 해도 "너희처럼 쉴 수 있도록" 해야 한다.신 5:14b

출애굽기 20장과 신명기 5장의 동기가 되는 구절들은, 안식일 준수를 통해 이스라엘을 창조주이자 구속자로서 경험한 하나님께 함께 묶어 두고 있다. 이스라엘의 성대한 종교 절기들 가운데에서 안식일은 가장 겸손한 것이자 위대한 것이다.아래의 성서적 맥락에서의 본문, 교회 생활에서의 본문 이스라엘 사람 하나하나는, 예배행위와 같이, 사람이 하나님 께 직접적으로 표현할 수 있는 가장 중요한 섬김은 아무것도 하지 않는 것, 세상을 운영하 는 것을 멈추는 것, 그리고 신앙으로 하나님의 통치에 그것을 두도록 하는 것임을 명심해 야 한다.

이것은 이스라엘을 이집트에서 이끌고 나오신 하나님에 대한 이스라엘 가족의 태도와 행동을 통치하는 일련의 네 개의 계명들을 결론짓는다. 안식일 계명도 이웃을 대하기 위 한 암시들을 갖는다. 그렇지만 지금 십계명은 언약의 공동체 속에서 사람들 사이에서 관 계들을 규제하는 계명들에게로 더 분명한 변화하고 있는 것이다.

부모 계명 20:12

성서 본문 속에서 남아있는 계명들의 배열은 다르지만예를 들면 호 4:2, 가족과 공동체의 삶을 규제하는 것들의 선두에 있는 부모계명의 자리는 분명 우연한 것은 아니다.레 19:3의 탁월한 자리를 참조 부모–아이 관계는 어떤 사회를 함께 유지하고 세대들의 정돈된 흐름을 보증하는 "접착제"이다.

명예롭게 하는 것은 탁월, 존엄, 중요성의 위치에 부합하는 것을 뜻한다. 레위기 19:3 은 숭배라고까지 한다.히브리어: yare' 이 동사는 하나님을 "두려워함"으로 자주 사용되고 있다 우 리는 여기서 언급되는 너가, 무엇보다도, 어린 아이라기보다는 대가족의 가장이라는 것 을 상기해야만 한다. 행당 세대는 밀려나서 도외시될 위험에 있는, 나이 들어가는 부모들 에 대한 공경을 확대해야 한다. 명예롭게 하는 것은 사회 보장을 제공하는 것 이상이라고 지적한 더럼은 옳지만, 후자는 분명 포함되어 있을 것이다.291; 마 15:3-6, 종교적 거부를 예 수가 고발한 것을 참조

아버지와 어머니는 동등하게 공경되어야 한다.레 19:3은 심지어 어머니의 이름을 먼저 밝힌 다 이스라엘이 가부장적 사회였음에도, 수많은 율법들과 지혜의 가르침들은 어머니는 성장한 아들을 포함하여 자녀들에 대한 존엄과 권위의 위치를 아버지와 공유했다는 증 거를 보여준다.레 20:8-11, 주; 신 21:18-21 이것은 고대근동에 있어서는 예외적인 일이었 다.Durham: 291

첨부된 동기를 부여하는 절은 부모를 공경하는 것을 약속된 땅에서의 장수와 연결시킨 다. 여기서 땅은' adamah, 히브리어로는 "광야"와 대조되는 "경작지, 비옥한 흙"을 의미 한다. 좋은 땅에서 장수와 안전한 거주는 함께 축복의 내용이 되는 것이다. 구약에서, 언 약을 지키는 것은 축복과, 언약 관계를 만질 수 있는 징표로 이스라엘에게 하나님이 주신

땅에서 "휴식"의 선물 혹은 안전한 삶이라는 선물과 연결된다. 예를 들면 신 28:1-14 반면, 언약을 위반하는 것은 이스라엘이 그 땅을 요구하는 것을 위험에 빠뜨리게 한다. 예를 들면 신 28:15-68

이런 빛에 비추어 보면, 부모 계명의 동기가 되는 절은 언약의 축복의 무게를 부모를 공경하는 것에 부여하고 있으며, 암시적으로는 그것을 등한시하여 언약을 깨는 것에는 저주가 있는 것을 말하고 있다. 그런 중요성을 줄이지 않고, 우리는 이런 동기가, 첫 계명이 사회를 규제하는 것처럼 부모 계명에 부여되지 않고 있는지를 물을 수 있다. 그 계명에는 뒤이어 따라오는 모든 계명에도 적용된다는 암시가 있다.

살인 계명 20:13

전통적인 영어의 표현은 '너는 죽이지 말지니라' !you shall not kill!이다. 예를 들면 RSV 더 정확하게는, 최근의 번역들은 이렇게 말하고 있다. 너는 살인하지 말라! you shall not murder NEB, NIV, NRSV 히브리어 원어는 단순한 두 가지 단어로 구성된 간략한 명령이다: lo' tirasah, 살인하지 말라!

이렇게 단어를 조금만 사용하게 되면 이 계명의 시야를 해석하는데 두 가지 실마리만이 우리에게 남게 된다. 먼저, 구약은 한 번도 이 계명을 전쟁에서의 죽임, 사형, 그리고 동물을 죽이는 것을 금하는데 사용하지 않는다. 두 번째로, 여기서 사용된 어근 동사 rasah 는 일반적으로 죽이는 것을 가리키는 일상적인 히브리어 단어 가운데 하나가 아니라, 더욱 제한된 의미를 가진다. 이 동사가 거의 40차례 나타나는 것에 대한 몇 가지 연구가 있었지만 정확한 의미에 대한 완전한 합의를 이끌어내는데 실패하고 말았다. Durham: 292-3, 간략한 개요

차일즈는 rasah라는 동사가, 일반적으로 피의 보복을 일으키는 모든 죽임을 일찍이, 객관적으로 가리킴에서 진화된 것이라는 그럴듯한 주장을 편다. 예를 들면 창 9:5-6 그 죽임이 의도되었든 아니든 말이다. 후대에서는, 이 동사가 살인, 개인적인 원수를 의도적으로 죽이는데 국한되었다. 419-21 나중에 이런 의미는 살인 계명을 알리고 있다. 따라서, 스탬Stamm과 앤드류Andrew의 요약적인 정의는 이렇게 적용하고 있다: "rasah가 의미하는 것은 … 공동체에 해를 끼치는 불법적인 죽임이다" 99 아합이 사법적으로 나보스를 살인rasah한 것은 특히 십계명에서 금지된 결정적인 폭력 사례인 것이다. 왕상 21:19 대안적인 성격은 레위기 19:17-18에서 강력하게 묘사되고 있다. 마 5:21-22 참조

간음계명 20:14

선행하는 계명처럼, 간음계명도 겨우 두 개의 히브리 단어로 이루어진다: 간음하지 말라! 구약에서는 간음이 기혼녀나 약혼을 한 여인과 성관계를 갖는 것을 의미하고 있다고 지적되는 일이 많다.Stamm: 100 그런 경우에서는 남성과 여성이 사형에 처해진다.레 20:10; 신 22:22 유부남과 미혼 여인, 그리고 유부남과 약혼하지 않은 여인 사이의 성관계가 간음의 범주에 들어가는지는 분명한 증거가 없다. 그렇지만, 이것이 허용되거나 승인되었다는 것을 의미하지는 않는다.

구약의 곳곳에서 성매매를 강하게 비난하는 것이 이것을 증언하는데, 왜냐하면 우리는 많은 성매매 여인들이 결혼하지 않은 여인이었음을 추정하기 때문이다. 동정인 이스라엘 사람에게 동정에 있어서 혼전 성관계에 대한 처벌은 바로 죽음이었다.레 21:9; 신 22:20-21 그렇지만 어떤 상황 하에서 동정과 성관계를 갖는 것은 간음보다는 덜 심각한 범죄로 간주되었다. 아마도 그녀가 여전히 결혼이라는 틀 속에 들어갈 수 있었기 때문이었다.출 22:16-17; 신 22:28-29 그 남자가 이미 결혼했어도 이것이 가능할 수 있었는데, 그 이유는 일부다처제가 금지되지는 않았기 때문이다.

구약성서 곳곳에 있는 본문들은 간음을 살인과 같은 다른 주요 범죄들과 빈번하게 연관시키고예를 들면 욥 24:14-15 사형을 간음에 적용함으로써예를 들면 레 20:10; 신 22:22 간음의 심각성을 강조하고 있다. 현자들은 열정적으로 간음에 반대한 설교를 행했으며예를 들면 잠언 5장 구약은 반복적으로 간음을 하나님과의 언약관계를 깨는 비유로 사용하고 있다.예를 들면 호 1-3; 22:16-17 주 참조

혼전성관계, 동성애, 근친상간, 강간 혹은 수간과 같이 다른 곳에서 명쾌하게 금지하고 있는 다른 성범죄와는 달리, 우리는 왜 간음이 십계명에 포함되었는지를 물을 수 있다. 우리는 십계명 속에 있는, 그렇지만 아마도 대가족이나 아버지의 집을 주로 향하고 있는20:1-2, 4-6, 주 견본 보여주기라는 본질에서 그 답을 찾아야만 한다.앞의 "사전검토" 모든 성적인 일탈들이 심각한 결과가 따름에도, 간음처럼 직접적으로 가족을 위협하는 것은 없다.

도둑질 계명 20:15

히브리어로는 두 가지 단어로 된 세 번째 계명이다: 훔치지 말라! 간략하고 간단하므로, 이 계명은 분명하게 재산소유권을 보호하는 것처럼 보인다. 마지막 계명20:17이 똑같은 목적을 갖는 것으로 나타난다는 사실에서 문제가 나온다. 대대로, 해석사들은 17질에

있는 내적인 욕구탐심를 강조함으로 두 개의 계명 사이를 차별화하고자 했다. "탐내다"히브리어 hamad, 신 5:21라는 동사에 견주어 "욕망하다"히브리어 ' awah라는 동사가 신명기에서 사용된 것으로 이미 분명히 의도된 경향인 것이다. 그렇지만 외부적 행동출 20:15과 내부적 욕망20:17을 대조시켜 두 계명을 봄으로써 두 계명을 구분하는 것은 충분하지 못하다는 것을 보일 것이다.아래

알브레히트 알트Albrecht Alt는 출애굽기 21:16과 신명기 24:7의 기초 위에서, 이 계명이 원래는 대상을 가지고 있었다고 제시함으로써 문제를 풀고자 했다: 너는 사람을 훔치지 말라.333–40 그렇다면 이 계명은 납치를 가리키는 것이 된다. 다른 곳에서 납치는 사형을 부른다. 사형, 간음, 그리고 위증죄와 같은 중대한 범죄들을 다른 십계명에서 금하고 있다는 방침에 납치가 놓이게 된다. 대조적으로 재산 범죄는 구약에서 사형에 처하지 않는다.

이 계명은 이스라엘의 역사의 어떤 부분에서 이해될 수 있다는 것을 부인하기는 어렵다. 그렇지만 구약에서 훔치다라는 동사의 일반적인 의미는, 일부 비밀의 요소에 강조점을 둔 채로, 모든 영역의 절도를 포함한다.Childs: 423

이것은 우리가 절도 계명의 일반적인 의미를 받아들이는 것이 더 낫다는 것을 알려준다. 그렇지만 그런 비밀스런몰래하는"! 절도는 가난한 자들이 하는 특징적인 행위이다. 한스 클라인Hans Klein이 이 문제를 가장 잘 푸는 것 같다: 아마도 15절은 가난한 자들이 부자들에게서 훔치는 것을, 17절은 부자들과 권세 있는 자들이 가난한 자들과 약한 자들에게서 "훔치는" 것을 말하고 있다.60; 20:17 주 참조

증언 계명 20:16

문자적으로는 이렇게 번역할 수 있다. 거짓으로 증언하여 네 이웃에게 불리하게 답하지 말라. 이 계명의 주된 목적은 법적인 절차를 지키라는 것이다. 이스라엘에서 법적 정의는 부족이 수행했었다.히브리어 mispahah; 수 7:17 참조 이들은 대가족들이나 "아버지의 집들" 그리고 종종 어떤 부락에 함께 거주하는 자들로 이루어진다. 법적 공방이 생기면 남성 시민들이 "문에" 모일 것인데, 장로들이나 아버지의 집의 가장들의 지도력 아래 있다. 부당한 취급을 받은 사람은 자신의 소송에 참석한다. 변호인이 대응한다. 참석할 경우 증인은 한쪽의 주장이 승리하여 장로들이 심판을 선고할 때까지 토론에 참여하여 "대답answer"한다.Koehler: 127–50

현대의 범죄학적 증거지문 등가 없었기에, 증인의 증언이 가장 결정적인 증거였다. 그렇

지만 모든 이가 그 부족/마을의 모든 사람을 알고 많은 사람들이 서로 관계되어 있었다. 그렇기에 증언이 친척이나 친구를 위한 증언으로 기울어지려는 엄청난 압박이 틀림없이 존재했을 것이다. 다양한 법들예를 들면 출 23:1-3; 신 19:15-21과 부당한 대우를 받았다고 느끼는 많은 사람들의 한탄시들예를 들면 시 27:12 편견적인 사법 절차의 심각성을 말해 주고 있다. 나봇의 이야기는 허위 증언 속에 내재하고 있는 충격적으로 파괴적인 가능성들을 묘사한다.왕상 21

마지막 세 가지 계명들과 대조하여, 증언계명은 그 범죄를 저지르지 않았음에 틀림없는 그 사람의 이름을 밝힌다: 네 이웃. 이것은 지리적인 용어가 아니라 사회적-법적-종교적 용어이다. 이 계명은 이웃하여 사는 사람이나 길 건너 사는 사람만을 가리키는 것이 아니라, 동료 이스라엘 사람, 언약 공동체의 일원을 가리킨다. 아마도 그 역시 누군가의 아버지의 집의 "형제" 혹은 친척일 것이다. 가장 법적인 목적으로, 그 이웃은 인접한 아버지의 집의 일원이다.

이렇게 이해하는 것은 이 계명을 뒤따르는 탐욕의 계명과 연결시킨다. 방금 풀이된 법적인 맥락은 이 계명의 이해에 있어 기초가 된다. 그렇지만 구약성서에서 이미 이 계명을 더 일반적으로 험담과 비방에 적용하는 움직임이 있었던 것 같다.Childs 425 따라서 호세아 4:2는 명백히 십계명을 부분적으로 언급한 것으로서, "거짓말하다"kahas라는 동사를 "살인하다"와 "도적질하다"와 나란히 나열한다. 신명기 5:20장에 나오는 약간 다른 구문, "공허한 증언"히브리어 역시도 이 계명의 범위를 넓히는 것으로 나타나고 있다.Durham: 296

탐하는 계명 20:17

도둑질 계명을 논의하면서, 우리는 그 계명과 탐하는 계명이 재산소유권을 보호하는 데 관심을 두는 것과 분명히 겹치는 것을 보았다.20:15, 주 부적합하긴 하지만, 우리는 이 문제를 해결하기 위한 두 가지 시도를 제시했다. 가장 확대되어 해결을 위해 논의되는 시도는 탐하다. 히브리어 hamad는 동사의 의미에 중심을 두고 있다. 전통적인 시각은 이 동사가 내부적인 욕망을 가리킨다고, 즉 이 계명을 내면적으로 다른 모든 계명과 구분하고 있다는 것이다. 이런 관점은 도전을 받기도, 옹호되기도 했다.논란의 요약으로 다음을 보라. Childs: 425-28; Durham: 297-99

전통적인 견해에 도전하는 사람들은 탐하다hamad라는 동사가 욕망되는 것을 구하기 위한 외적인 행동을 포함함으로써 내적인 욕망을 뛰어 넘고 있다고 주장한다. 그렇게 되면 도둑질 계명에 있는 훔치다라는 동사와 겹치는 것이 더욱 완전해 신다. 다른 이들은 탐하는 것이 행동으로 확대될 수는 있더라도 기본적으로는 내적인 욕망을 표시한다고 주장하며 강한 증거를 제시한다. 신명기 5:21에 있는 두 번째 "탐하다"를 "욕망"히브리어 'awah과 대체할 수 있다는 사실이 이를 뒷받침한다.

더럼은 행동이라기보다는 태도의 묘사로 이해하면서, **탐하다가 의도적으로 선택되고 마지막 계명에 두 번 반복된다**는 도발적인 주장을 편다. 그의 주장에 따르면, 이 계명은 목록에 있는 하나 이상의 것이다. 이 계명은 이어지는 다른 계명들을 어기는 것에서부터 이 언약의 공동체의 다른 구성원들을 향한 내적인 태도를 요약하고 있다.Durham : 298-99 다른 말로 하면, **너의 이웃에게 속한 어떤 것도 탐하지 말라**내적인 욕망는 계명은 나이든 부모에 대한 책임을 다하지 않는 것, 살인이욕, 명예를 위해서 등, 이웃의 아내와 간음을 저지르는 것 등을 효과적으로 지키는 것이다. 흥미롭고 매력적이지만 더럼의 제안은 증명하기 어렵다.

재산과 관련된 두 가지 계명들 사이의 구별과 이어지는 탐욕하는 계명의 해석은 탐하다의 의미에 일방적으로 기초하고 있다고 본다. 이것은 무엇을 탐해서는 안 된다는 목록에 관심을 두는 것을 거부하고 있다. 이 목록에서 이웃의 집이 먼저 나온다.이웃에 대해서는 20:16을 보라 그 후에 이웃의 아내로 시작하는 두 번째 문장이 이웃의 다른 소유들을 모든 것을 설명하고 있다.

우리는 십계명에서 언급하는 너가 주로 "아버지의 집"의 가장이라는 것을 떠올린다.20:1-2, 4-6. 주 따라서 여기서의 **이웃의 집**은, 이 용어에 포함된 모든 것과 모든 이가 있는, 이웃하는 확장된 가족이나 아버지의 집을 가리키는 것으로 보는 것이 가장 좋다. 바꾸어 말하면, 이 계명은 다른 확장된 가족을 희생시켜 누군가의 확장된 가족을 높이려는 감정을 막는 것이다.

이 계명은 비단 가난하고 굶주린 자나 어려움에 빠진 자들의 양을 납치하는 것처럼 일회적이거나 단편적인 형태의 "절도"를 금지하는 것뿐만이 아니다. 어떤 이의 아버지의 집을 돌보이기 위해 이웃의 아버지의 집을 파멸시키고자 하는 경쟁이나 적대심을 갖지 말도록 하고 있다.

만일 그렇다면, 포함될 수 있는 모든 구체적인 행동들을 상세히 기술하는 것은 어려울 것이다. 훔치거나 살인하는 것과 같은 구체적인 행동들 보다는 근본 태도가 밝혀지는 이유가 이렇게 설명된다. 다른 아버지의 집을 망치는 것은 일회적인 범죄보다는 훨씬 더 장기적인 추구의 문제이다. 이것은 한스 클라인이 인식한 것처럼Hans Klein, 60: 20:15, 주를 보라, 가난한 자아버지의 집에게서, 경쟁의 몸부림 속에서 살아남을 수 없는 약한 확장된 가족에게서 "훔치는" 부자아버지의 집인 것이다.

우리가 이 계명을 떠나기 전에, 그 아내의 자리에 대해 살펴보는 것이 순서일 것이다. 우리는 아버지와 어머니가 나란히 그려지는 일이 얼마나 잦은지에 대해 이야기했으며, 난 십계명에서 언급되는 너에는 그 아내가 내포되어 있다고 제시하였다.20:8-11, 주 여기서 그녀가 "소유물" 가운데 하나로 나열되는 것은, 이름이 먼저 명명된다고 해도, 구약에서 아내는 그저 남편의 재산이라는 시각으로 이어지는 일이 잦다. 그런 시각은 일반적으로 구약에서 아내의 자리에 해당되는 것이 아니다. 신명기 5:21에 나오는 "아내 ⋯ 집"이라는 거꾸로 된 순서는 그런 오해를 피하기 위해 의도되었을 것이다

재산이 무엇인가에 대한 가장 간단한 시험은 그것이 팔 수 있을지를 물어보는 것이다. 아내는 이스라엘에서 팔릴 수 없었다.빚을 지고 노예가 되는 것은 예외로서, 이 경우도 동등하게 남편의 경우에도 마찬가지였다 고대 이스라엘에서 여성들의 위치는 여기서 제대로 다룰 수 없을 정도로 복잡한 주제이다. 금방 나타난 탐욕의 계명을 해석하는 정황 속에서, 아내를 포함하는 것은 단순히 그녀가 지금 논의하고 있는 아버지의 집의 구성원이라는 것을 의미한다. 그런 의미에서 그녀는 가장이 가장 소중하게 여기는제일 먼저 이름이 거론되는 "소유"로서 가장에게 "속해있다."

백성의 반응 20:18-21

이런 간략한 본문이 이스라엘의 현현의 서사를 계속하고 있음에도19장, 몇몇 사람들이 주장하는 것처럼 19:19 이후에 위치되어서는 안 된다. 현재의 자리는 십계명을 현현 속에 괄호로 두고 있다. 이스라엘에 대한 하나님의 자기현현은 신비가 가득한 하나님의 거룩하심의 환상뿐만이 아니라 분명한 말씀으로 표현되는, 이스라엘을 위한 하나님의 뜻을 소통하는 것을 포함하는 것이다.

18절은 19:16-19에서 묘사되는 경외심을 불러일으키는 현상을 요약하는데, 우리가 루돌프 오토Rudolf Otto와 함께 전율하지 않을 수 없는 떨림mysterium tremendum이라고 부르는, 두려움과 떨림의 반응이 함께 그려지고 있다.19:16-19, 주 백성이 멀찌감치 섰다는 것은 그들에게 내려진 한계를 지키는 것을 의미할 수도 있다.19:12, 23 그들이 하나님을 두려워하고 경외한 나머지 하나님과의 조우 속에 모세에게 중재자 또는 중개자 역할을 해달라고 요청한다.신 4-5, 특히 5:4, 22:31 참조 그들은 모세더러 앞서서 이 조우의 최선봉에 서라고 등을 떠민다.

하나님의 임재를 경험하자 그들은 재빠르고도 쉽게 이렇게 나온다: 주께서 우리에게

말씀하시는 모든 것을 우리가 하겠습니다.19:8 모세의 대답은 모순 같다.20:20 두려워하지 말라는 백성들이 어쩔 줄 몰라 하자 모세가 잠잠하게 하는 응답이다. 그렇지만 안심시켜야 할 이유는 정반대의 반응을 보증하는 것으로 나타난다: 하나님께서 너희를 시험하시려고 오신 것이며 너희가 그를 두려워하게 하신 것이다.

이런 분명한 모순을 이해하기 위해서 우리는 두 가지 종류의 공포를 구분해야 한다. 하나는 신비로운 초자연적 현상에 직면했을 때, 언제 어디서나 나타나는 인간의 공포이다. 그런 상황에 있는 인간은 실존적으로 자신의 능력을 넘어서고 운명을 좌우할 있는 힘에 위협을 받는 것으로 느낀다. 이스라엘이 여기서 그러하듯이 성서의 사람들은 이런 공포를 공유한다. 그런 피조물의 공포는 종종 확신의 도입부로 성서의 현현 속에서 예상되는 일이 잦다.예를 들면 창 15:1 혹은 확신의 응답으로 즉시 언급되기도 한다. 그런 응답은 이 본문에 제시된다: 두려워 말라마 14:26-27 참조; 눅 1:11-13; 2:8-10

하나님이 신비하고 위협적인 이유로 가까이 이끄시지 않았기에, 이런 형태의 두려움을 가질 필요는 없다. 대신, 하나님의 자기현현은 분명하고 이해할 수 있는 목적을 갖는다: 그것이 다른 형태이 두려움인지에 대해 이스라엘을 시험하기 위해서인 것으로15:25 참조; 16:4; 17:2, 그 두려움으로 너희가 죄를 짓지 않도록 하는 결과를 낳는다. 다른 말로 하면, 이 현현은 이스라엘 백성에게 계시된 하나님의 뜻을 잊거나 가벼이 여기지 않게 하기 위한 방식으로 하나님의 실재와 경외를 이스라엘 백성에게 심어주는 것이다. 이런 불순종의 두려움은 신비스럽고 예측할 수 없는 힘을 무서워하는 것과는 완전히 다르다. 그것은 궁극적으로 하나님이 알리시고 자애로운 뜻을 무시하는 두려움인 것이다.

21절은 이스라엘 백성이 두 가지 종류의 두려움을 모세가 구분했는지 이해한 것인지에 대해 우리에게 이야기해 주지도 않고 모세가 이스라엘 백성이 그에게 요청한 역할을 받아들였는지도 말해주지 않는다. 신명기 5:28에 따르면 이스라엘 백성은 적어도 지금은 하나님의 시험을 통과했다. 그리하여 하나님은 이스라엘 백성이 요청한 대로, 그리고 앞서 하나님께서 계획하신 대로 모세에게 중재자 역할을 하도록 하셨다.19:9a, 19, 주

출애굽기의 다른 이야기들 역시 하나님이, 모든 이스라엘 백성이 듣도록 십계명을 말씀하시면서, 어떻게 모세를 통해 그들에게 다른 지침들을 주시는지도 보고한다.20:22-23:33; 25-31장, 이런 극적이고 인상적인 방식으로, 십계명은 하나님의 자기계시 속에 있는 중심 역할을 이룬다. 십계명은 현현의 일부이며 그로써 하나님이 계시하신 자애로운 뜻에 따르는 것이 이스라엘과 하나님의 관계 속에 핵심이 되어야 한다는 것을 분명히 하고 있다.

그렇지만 이 본문은 십계명의 내용이 모세를 통해 중재된 하나님의 다른 계시의 내용보다 더 중요하다고 말하는 것이 아니다. 이스라엘혹은 세상을 위한 하나님의 뜻 전체가 십계명 속에서 이해된다고 말하고 있지도 않다.위의 "사전검토"를 보라

성서적 맥락 속의 본문

전체로서의 십계명

모든 십계명과 더불어 십계명의 본문 전체는 출애굽기 20:1-17과 신명기 5:6-21에서만 발견된다. 일반적으로는 아주 비슷하지만, 이들 두 버전들은 안식일 준수20:8-11, 주를 위한 동기에 있어서는 상당히 다르다. 계명의 형태로 된 것은 아니지만, 십계명을 되새기며 위반에 대한 부분적인 목록2개 이상이 예레미야 7:9여기서의 순서는 훔침, 살인, 간음, 거짓맹세, 다른 신들을 섬김와 호세아 4:2여기서의 순서: 맹세, 거짓말, 살인, 훔침, 간음에서 발견된다. 욥기 24:13-17에 나오는 살인자, 간음을 저지른 자, 그리고 도둑여기서의 순서도 십계명을 전제하는 것 같다. 시편 50:18-20과 에스겔 22:1-12가 십계명의 계명들을 반영하고 있는지는 언급하기 어렵다.Miller: 235, 이것을 확인함

다른 두 개의 본문은 특히 십계명과 가깝다. 레위기 19장은 거룩한 삶을 특징짓는 법률 목록이다. 이 장이 다른 것을 추가하고 있지만, 이들 법 가운데 수많은 부분이 십계명과 겹친다. 신명기 27:15-26은 언약을 어기는 다른 형태들에 대한 12가지 저주의 목록으로서, 적어도 십계명의 내용과 겹치는 부분이 네 개다.이 본문들과 십계명에 대해서는 다음을 보라. W. Janzen, 1994:92-95 덧붙이자면, 구약성서는 하나님의 "계명들"을 지속적으로 지키는 것을 언급하지만, 십계명을 언제 언급하는지를 아는 것은 불가능하다. 대부분의 경우 우리는 넓은 의미에서 하나님의 법들을 의미하고 있다고 추정할 수 있다. 이런 자료에 기초하여, 이스라엘 역사에서 십계명이 얼마나 핵심적인 역할을 했는지 말하는 것은 어렵다.

신약성서는 십계명의 율법의 특별하고 핵심적인 법전이라고 되풀이한다. 예수는 질문하는 자에게 말한다. "만일 당신이 생명으로 들어가고자 한다면, 계명들을 지키라." 그는 더 묻는다. "어떤 계명이오?" 예수는 십계명으로부터의 실례를 들며여기서의 순서는 살인, 간음, 도둑질, 허위 증언, 부모 공경, 그 후에 이렇게 덧붙인다.레위기 19:18 "네 이웃을 네 자신과 같이 사랑하라."마 19:16-19 참조; 22:39; 막 10:17-20, 12:28-31; 눅 10:25-27; 18:18-21

그렇지만 마태복음 5장에서 예수는 십계명의 계명들살인, 간음, 거짓 맹세과 다른 계명들

이혼, 눈에는 눈, 이웃을 사랑하고 적을 미워함; 마 5:17-18을 끄집어내어 몇 가지 계명을 해석한다. 이것은, 예수의 시대에서조차, 그리스도인들이 십계명을 뽑아내는 만큼 다른 구약의 율법들에서 십계명을 뽑아내지는 않았다는 인상을 준다.W. Janzen, 1994:87-105 참조

신약성서 서신들은 십계명에 대한 몇 가지 언급들을 포함하고 있다: 로마서 13:9간음, 살인, 도둑질, 탐심, "그리고 다른 계명"; 에베소서 6:2부모를 공경하는 것은 약속이 있는 첫 계명, 십계명 전체를 가리키는 언급; 야고보서 2:11간음, 살인; 다른 가능성 있는 암시와 논의를 위해서는 다음을 보라. Fuller: 243-55 전반적으로 나는 신약성서의 언급들이 십계명이 특별한 지위와 함께 법전으로 알려졌다는 것이라고 본다. 그렇지만 십계명은, 나중에 그리스도인들이 꾸준히 행하는 것처럼, 다른 율법과 완전히 구분되지는 않았으며, 심지어는 아마도 지금은 대체된 율법들과 대조되기까지 한다.

레지날드 풀러Reginald H, Fuller는 십계명에 대한 더 정의되고 핵심적인 역할을 보고 있다: "구약과 유대교에 있어서, 율법은 토라 전체를 품고 있지만 신약성서 기자들에게 있어 그 핵심 부분은 두 번째 목록[십계명 5-10계명]과 사랑 계명이다."Fuller: 255 그는 더 나아가 바울이 언급하는 "법"의 많은 부분이 십계명을 가리킨다고 주장한다.250-44

개별적인 십계명의 계명들

개별적인 십계명의 계명들 각각의 내용은 계명의 형태나 그렇지 않으면 무수히 많은 성서 본문에 나타난다. 난 이들을 하나하나 열거할 수는 없지만 더 큰 그림이라는 맥락에서 각각의 계명을 우리가 보도록 돕는 요점을 언급해 보고자 한다.더 온전한 연구를 위해서는 다음을 보라. Miller. 1989:229-42

가장 중요한 계명(출 20:3//신 5:7)

구약은 유일신교를 선언하는 추상적인 이론적 언급을 거의 하지 않고 있다. 유일신교란 다른 모든 신들을 배제한 채 유일한 한 분 하나님의 존재를 믿는 것이다.예를 들면 사 45:22; "나는 하나님이며 다른 신은 없다." 43:10 참조; 사 40-55에 나타나는 다른 언급들; 예 16:20 가장 중요한 계명을 반영하는 본문들은 다양한 곳에서 발견된다.예를 들면 신 6:4, 13-15; 시 81:8-9

그럼에도 그런 언급들을 넘어서서 구약 전체는, 조력자나 파트너가 없이, 한 분 창조주가 우주를 만드셨다는 것에서부터 그 나라의 온전함 속에서 하나님의 마지막 통치에 이르기까지 "유일신교"로 숨을 쉰다.예를 들면 사 41:10; 44:6-8; 단 7 하나님이 그들에게 심판을

가져올 것예를 들면 출 12:12, 주 하나님이 다른 신들과의 관계에 있어 비교될 수 없다.예를 들면 출 15:11; 18:11 참조; 시 86:8, 하나님이 모든 신들 위의 왕이시다.예를 들면 시 95:3, 그리고 다른 모든 신들이 그 앞에 절을 한다.시 97:7 등으로 말함으로써 다른 신들에게 실재를 부여하는 듯한 구절들 때문에 이 사실이 불분명하게 되어서는 안 된다.

그런 표현들은 다른 열방들의 신들이 많은 고대 이스라엘 사람들의 마음속에 상당한 실재로 자리 잡고 있다는 사실을 떠올리게 한다. 그렇지만 그들 당시의 정경적인 맥락에서 그들은 유일하신 참 하나님, 야웨의 위대함과 힘을 선언하는 역할을 한다. 고대 신들의 신화의 조각들이 가끔씩 구약의 정황 속에 자리 잡고는 있지만, 이들에게 독립적인 타당성이 주어져서는 안 된다.예를 들면 창 6:4; 신 32:8; 33:27

그런 유일신교는, 이론적으로 완전함으로 표현되든 아니든, 야웨에 대한 신앙을 다른 신들을 섬기는 우상숭배에 맞서 계속해서 싸워나가도록 했다. 이런 싸움은 곳곳에서 표현되고 있으며, 갈멜 산에서 바알의 선지자들과 엘리야의 절정의 대결에서 묘사된다.왕상 18:20-40 야웨 유일신교 역시 야웨의 것이든 다른 신들의 것이든, 형상을 만들고 섬기는 것과 지속적인 싸움을 벌였다.아래를 보라

형상 계명(출 20:4-6//신 5:8-10)

이스라엘이 형상/우상을 만들거나 섬기는 것을 못하도록 금하는 계명은 여러 차례 반복되고 있다.20:23; 23:24; 34:14, 17; 레 19:4; 26:1; 신 4:15-19; 16:21f; 27:15 이들을 넘어, 형상/우상과의 싸움은 신구약성서 곳곳에서 흐르고 있다. 시내 산에서 이스라엘은 계명들이 선언되자마자 곧바로 형상을 만들고 말았다.32:1-6, 주 신명기는 특히 한쪽 손에는 주님을 사랑하라는 것이 무엇인지, 다른 한 손에는 다른 신들을 따르는 것이 무엇인지예를 들면 신 12:1-5라는 윤곽을 그리고 있다. 가나안 땅에서 이스라엘의 초기 시대에 이스라엘 백성은 토착민들의 형상 숭배와 맞닥뜨렸다. 사사기 17-18절은 형상을 포함한 초기 이스라엘의 야웨 숭배에 대한 생생한 이야기를 전한다.

가나안의 형상 숭배는 수 세기 동안 이스라엘을 유혹에 빠뜨렸다. 북왕국이스라엘의 왕들은 벧엘과 단에서 여로보암 1세가 만든 두 개의 황금송아지를 포함한 숭배로 인해 대대적으로 비난을 받았다.왕상 12:25-33; 왕하 17, 특히 17:16 그렇지만 남왕국유다 역시도, 일부 왕들이 우상숭배와 싸워 찬양을 받기도 했지만특히 요시야; 왕하 23, 우상숭배로 인해 비난을 받았다.왕상 14:22-23 예언자들은 우상숭배에 맞서 지속적으로 전쟁을 벌였는데, 어떤 경우에는 신랄하게 비꼬면서 인간의 손으로 만든 우상을 숭배하는 것이 완전히 어리석다

고 조롱했다.사 40:18-24; 44:9-20; 렘 10:7-9

포로기 이후의 시대에 이르기까지, 한 분 주님을 형상 없이 섬기는 것이 명백하게 유대교에서 이루어졌으며 우상/형상을 만들고 예배하는 것에 맞선 논쟁이 느슨해질 수 있다. 그렇지만 그것은 외부로부터의 위협으로서, 그리고 핍박을 위한 잠재적인 이유로 경험된 것이었다.단 3

유사하게, 형상숭배는 예수를 따르는 이들과 유대교의 정황 속에 있는 초대 교회에서는 문제가 아니었다. 그렇지만 이교적인 그레코-로만 세계에서 형상 숭배는 새로운 강렬함을 지닌 어린 교회와 만났다. 바울은 진정한 하나님이 주신 지식을 버리고 "언젠가는 죽을 수밖에 없는 인간이나 새, 혹은 네 발로 걷는 짐승이나 파충류들을 닮은 형상"을롬 1:23 숭배했다고 이방인들을 비난한다. 그는 "우상숭배자들"을 도둑, 성적으로 부도덕한 사람들, 그리고 다른 무거운 죄를 지은이들과 함께 나열한다.고전 5:10; 갈 5:19-21. 육체의 공로 바울은 우상에게 드려진 짐승의 고기를 먹는 문제를 길게 설명하고 있다.고전 8, 10; 롬 14f 참조 간략히 바울은 이렇게 말한다. "그러므로 나의 사랑하는 자들이여, 우상숭배를 피하라."고전 10:14, RSV; 요일 5:21 참조

요한계시록은 하나님의 통치에 대한 마지막, 종말론적 거부를 거대한 최후의 우상숭배가 확 타오르는 속에서 동물의 형상을 숭배하는 것과 관련된 것으로 특징짓는다.계 13:11-15; 16:2; 20:4

이름 계명(출 20:7//신 5:11)

가장 가까운 병행구문은 레위기 19:12와 24:16이다. 주님의 이름은 축복으로예를 들면 삼하 6:18; 시 129:8, 저주로예를 들면 왕하 2:24, 기도로예를 들면 창 26:25; 시 116:4, 맹세로예를 들면 신 6:13; 10:20; 사 48:1, 전쟁에서시 118:10, 예언으로예를 들면 신 18:22; 렘 26:9, 그리고 다른 많은 맥락 속에서 사용된다. 이런 본문들은 구약 시대에 하나님의 이름을 사용하는 것이 아주 광범위하게 가능했다는 것을 증언하고 있다. 또한 신의 이름을 오용했을 가능성도 아주 크다는 것을 제시한다.

예수는 주기도문에서 이름 계명을 긍정적으로 진술함으로써 이름 계명의 취지를 강조한다: "당신의 이름이 거룩히 여김을 받으시며."마 6:9//눅 11:2 그렇지만 신약성서 곳곳에서 신성한 힘으로 가득한 그 이름으로 기능한 것은 예수의 이름이다. 예수의 이름으로 마귀들이 축출되고예를 들면 눅 10:17; 행 16:18, 병든 이들이 치유되며예를 들면 행 3:6; 4:30; 약 5:14, 효과적인 기도가 이루어지며예를 들면 요 14:13f; 15:16; 약 5:14, 생명을 얻는다. 예를 들

면 요 20:31 그리스도인의 삶 전체가 "주 예수의 이름으로 모든 것을 하는 것"이다. 골 3:17

그렇지만 예수의 이름은 심각한 결과를 초래할 만큼 예를 들면 마 7:21-33; 막 13:6 잘못 사용될 수도 있다. 궁극적으로, 하나님/예수의 이름은 그 이름을 전달하는 사람을 나타낸다. 위의 주를 보라

안식일 계명(출 20:8-11//신 5:12-15)

이 계명은 출애굽기 23:12 "안식일"이라는 단어를 사용하지 않음; 31:12-17 그것은 거룩하다; 하나님이 이스라엘을 거룩하게 하시는 표시; 겔 20:12 참조; 출 34:21 경작기와 추수기에도 지켜야 한다; 35:2f에서 다소 수정되고 특별한 강조와 함께 반복된다. 아울러 레위기 16:29-34 속죄일과 연관됨; 23:26032 참조; 19:30 성소에 대한 숭배와 연결됨; 26:2 참조; 23:3 거룩한 집회와 연관됨; 26:2 참조; 아울러 느헤미야 9:14와 예레미야 17:21에서도 반복된다. 출애굽기 16:22-30과 민수기 15:32-36의 이야기들은 안식일을 지키는 교훈들이다.

"안식일 원리," 여섯 단위를 일하고 한 단위를 쉬는 리듬은 하나님께서 몸소 본을 보이신 것이다. 창 2:1-3; 출 31:12-17 참조 한 주의 일곱 번째 날을 넘어서, 안식일 원리는 안식년 출 23:10-11, 주; 레 25:1-7; 출 21:2-6 참조; 신 15:1-3, 12-18과 희년레 25:8-55으로 표현된다.

안식일을 어기는 것은 하나님 자신을 모독하는 것이다. 겔 22:26; 23:38 안식일을 어기는 자는 사형에 처해진다. 출 31:15; 35:2; 민 15:32-36 다양한 본문에서 안식일안식년과 희년을 준수하지 않은 것은 바빌론에 포로로 붙잡혀 간 것과 땅을 잃은 이유가 되었다. 이스라엘 백성을 추방시킴으로, 하나님은 그 땅에게 안식일의 휴식을 주었다. 이스라엘은 그것을 준수하지 못했다. 레 26:33-39, 43; 렘 17:27; 대하 36:21; 애 2:6 참조

그렇지만 이스라엘에게 안식일을 준수하라고 촉구하는 것은 지속적인 싸움을 필요로 한다. 시내 산에서 안식일 계명을 반포하기 전에, 이스라엘은 광야에서 이미 "반-안식일 정서anti-Sabbath mentality"를 보여주고 있었다. 출 16:22-30, 주 이 문제는 계속되었고 민 15:32-36; 겔 20:12-13 예언자들은 싸움을 계속해 나갔다. 이사야는 "부당함"과 손을 잡고 어울리는 안식일 준수를 비난했다. 사 1:13 아모스는 사업을 하기 위해 안식일보다 오래 기다릴 수 없는 상업정신을 비난한다. 암 8:4-6 예레미야는 긴 설교로 이스라엘 백성에게 안식일을 지키든지 아니든지 하라는 선택을 부여했는데, 지키지 않으면 도시의 파멸로 이어지게 된다. 렘 17:19-27

바빌론 포로기 이후에, 회개하는 남은 자가 안식일 준수를 더욱 신시하게 지키고자 했

지만 여전히 그러기 위한 몸부림은 없었다. 이사야 56:1-7은 환관들과 외국인들을 포함하여, 안식일을 지키려는 모든 이들에게 널리 열려있다.58:13 참조 느헤미야 13:15-22는 안식일 준수를 위한 느헤미야의 투쟁에 대한 상세하고 생생한 보도를 한다. 결국, 완전한 예배는 새 하늘과 새 땅사 66:22-23이나 새 예루살렘겔 44:24; 46:1-12에서 완전한 안식일 준수를 포함하게 될 것이다.

신약성서에서 안식일을 지키는 것은, 적어도 바리새인들에게는 가장 진지하게 여겨졌다. 안식일 논쟁은 예수와 바리새인들 사이의 논쟁에 있어 중심이었다. 법적인 엄중함으로 인해, 바리새인들은 지속적으로 예수가 안식일에 치유하는 행위를 불쾌하게 여겼다. 예수와 그를 따르는 이들이 일반적으로 안식일을 준수했다고 볼 수 있지만눅 4:16, 31; 23:56, 예수는 안식일을 자주적 자유와 안식일의 원래 목적에 대한 지속적인 관심을 가지고 안식일을 다뤘다.

예수는 몇 가지 핵심적인 해석적 언급들을 한다. "인자는 안식일의 주인이다."마 12:8 "안식일이 사람을 위해서 있는 것이지, 사람이 안식일을 위해 있는 것이 아니다."막 2:27 "안식일에 선을 행하는 것과 해를 입히는 것, 생명을 구하는 것이나 죽이는 것 중에 어떤 것이 합법적인 것이냐?"막 3:4

복음서에서 예수의 이야기와는 별개로, 안식일은 사도행전에서 반복적으로 언급되지만, 바울이 회당에서 설교했던 날로서만 언급된다.예를 들면 행 13:14 그렇지 않으면, 안식일은 골로새서 2:16과 히브리서 4:9에서만 나타난다. 후자는 종말론적 안식일을 고대하고 있다. "그리하여, 안식일의 휴식은 여전히 하나님의 백성을 위해 남아있습니다."

부모 계명(출 20:12//신 5:16)

항상 동일한 형태가 아니라면, 이 계명은 21:15, 17주; 잠 20:20 참조과 다른 곳레 19:3, 어머니가 먼저 이름이 나옴; 20:9; 신 27:16; 마 15:4; 19:19//막 10:19//눅 18:20; 엡 6:2에서 본질상으로 되풀이된다. 많은 잠언들 역시 부모에게 합당한 생동을 강조하고 그 반대를 꾸짖고 있다.잠 1:8; 6:20; 10:1; 15:20; 19:26; 20:20; 23:22, 25; 28:24; 29:15, 어머니만; 30:11, f7

이런 법의 존재가 증명하듯이, 거역하는 아들의 법은 아들이 부모를 거부하는 것이 극단으로 갈 수 있는지를, 이따금씩은 틀림없이 그렇게 했음을 보여준다.신 21:18-21 그런 경우에서는 부모의 권위가 우세했다—비록 그런 아들을 처형하는 것이 성문의 장로들의 평결이나 적법절차를 필요로 했더라도 말이다.

대가족, "아버지의 집"이 이스라엘 사람들의 삶의 주된 정황이었다면출 20:4-6, 주, 많은 본문들은 아버지, 어머니, 그리고 아이 사이의 특별한 연대감을 인정하고 있다. 비록 결혼이 일반적으로 부모들에 의해 이루어졌지만,창 2:23-24; 마 19:5//막 10:7; 엡 5:31, 확장된 가족은 합법적으로 결혼 배우자들 사이의 더 친근한 유대감에 버금가는 것이다. 단연코 예외적인 상황으로, 룻은 자신의 친족이 아니라 그녀의 시어머니에 더 큰 헌신을 보임으로 칭찬받고 있다.룻 2:11

부모와 아이 사이에 있는 그것을 올바르게 대체할 수 있는 유일한 헌신은 하나님께 대한 더 큰 충성이다.신 13:6-11; 슥 13:3; 눅 14:26; 아울러 신 33:8-11 참조; 마 12:46-50 다른 한편으로, 예수는 바리새인들이 아버지와 어머니께 마땅히 드려져야 할 것을 하나님께 드리는 "종교적인" 관습을 비난한다.마 15:1-9 예수가 하나님께 더 높은 충성을 드리는 것은 자식의 순종과 연관되어 있다.눅 2:41-52 십자가에서조차, 예수는 자신의 어머니를 챙겼다.요 19:26-27

신구약성서에서 부모-아이의 관계는 아주 다양한 시나리오들을 보여준다. 야곱은 어머니 리브가의 도움을 받아 아버지 이삭을 속였다.창 27 라반은 레아의 결혼에 관심을 둔다.창 29장 요셉은 아버지의 편애를 받아 착취를 당했다.창 37장 아론, 엘리, 그리고 사무엘의 아들들은 부모의 말을 듣지 않는다.각각: 레 10:1-2; 삼상 2:29; 8:1-3 룻은 나오미에게 충성한다.룻 1 압살롬은 아버지를 반역하고 다윗은 압살롬을 계속 사랑한다.삼하 15; 18:9-15, 31-33 하나님에 대한 충성과 불충의 교차적인 태도는 유다의 왕들의 계보 속에서 아버지에서 아들에게 이르기까지 보여준다.예를 들면 왕하 3:2; 21:1-3; 22:1-2 그리고 다른 많은 부모-자식 관계의 시나리오들이 있다.

이스라엘의 초기 역사에서 온 부모-자식 관계의 예전. 요약하면, 부모 계명에서 명령되는 이상은 긴장으로 엮인 실재를 표현했다. 그렇지만 이 계명은 신구약성서에서 지시로 남아있었다.

살인 계명(출 20:13//신 5:17)

이 계명은 21:12와 레위기 24:17, 21에 있는 어떤 형태에 반영된다.민 35:30-34; 신 19:11-13 참조 영어성서가 "죽이다kill"를 400차례 이상 사용했지만, 47차례만이 살인 계명에 사용되는 히브리어 동사rasah를 기초로 하고 있다. 이 동사를 "살인하다murder"로 표현하는 것은예를 들면 NRSV 전체적으로는 맞지만, 그 의미의 영역은 완전히 이런 영어 단어와 동일하게 겹쳐지는 것은 아니다. 예를 들어 민수기 35:15-28에서는 의도적인 살인과 돌발적인 살인을 주의하여 구분하고 있다.신 19:1-13 참조 우리가 가진 번역들은 두 가지 구분되는 단어들을 사용하는 경향이 있지만예를 들면 "살인자"와 "살해자," NRSV, 히브리어는 같은 용어를 사용하고 있다.분사 *roseah*, "살인한/살해한 이" 이 동사를 47회 사용한 것 가운데 대부분은 도피성을 세우는데 있어서의 방안들 속에서 나타난다.민 35:1-34; 신 4:41-43; 19:1-13; 수 20:1-9 그렇지만 다른 몇 개의 구절들은 이것이 주로 책략을 꾸민, 악의적인, 무법적인 살인을 가리키고 있다고 제시한다.

따라서 잔인하게 억울한 죽음을 당하게 된 레위인의 첩삿 19은 "피살당한 이"로 언급된다.삿 20:4 하나님은 아합이 나봇을 "죽인" 것과 직면하도록 엘리야에게 이르신다.왕상 21:19는 그가 "죽였다"고 언급한다 다른 예언자들은 이스라엘 백성이 다양한 범죄들, 그 가운데에서 살인을 행했다고 비난한다.사 1:21; 렘 7:9; 호 4:2, 6:9 시편기자들은 살인을 포함하여 무법이 그들을 둘러싸고 있다고 한탄한다.시 62:4; 94:6 욥은 악한 자들이 그들의 일을 행하고 가난하고 궁핍한 자들을 죽이는 것을 하나님이 돌보시지 않는다고 비난한다.욥 24:14

요약하면, 구약성서의 단어 *rasah*는 사형, 전쟁에서의 살인, 혹은 짐승을 죽이는 것과 같이 사회적으로 승인된 죽임에 사용되지는 않는다. 거꾸로, 잠언 22:13은 밖에 나가면 사자가 해친다는 게으른 이의 변명을 적고 있다!

신약에서 살인계명은 명백하게 마태복음 19:18막 10:19//눅 18:20과 야고보서 2:11에 인용된다. 예수는 그것을 언급하면서 그 계명을 깨는 것은 내적인 증오와 적대감으로 시작한다는 것을 강조한다.마 5:21-26 이것이 분명히 도피성들에 대한 구절 속에서 언급되어 있으므로 새로운 것은 아니다.예를 들면 민 35:18-28; 위를 보라

간음 계명(출 20:14//신 5:18)

이 계명은 되풀이되거나 상기되는 일이 많다.레 18:20; 20:10; 신 22:22; 22:23-29 참조; 렘 7:9; 호 4:2; 마 5:27; 19:18//막 10:19//눅 18:20; 롬 2:22; 13:9; 야고보서 2:11 간음은 신구약성서에서 흔하고 중한 죄/범죄 가운데 하나로 규정된다.예를 들면 민 5:11f; 욥 24:15; 잠 6:32; 렘 9:2; 23:14; 29:23; 호 7:4; 롬 7:3; 고전 6:9; 히 13:4; 그리고 위의 언급들

예수는 사람의 속생각과 욕망에 있는 간음의 근원을 강조하며마 5:27-30; 15:19//막 7:21 간음이라는 행동 가운데에 이혼을 포함시킨다.마 19:9//막 10:11-12//눅 16:18 간음하다가 잡힌 여인에게, 예수는 큰 동정심을 보이지만 확고하게 "가서 이제부터는 다시는 죄를 짓지 말라"요 8:11고 덧붙인다.

그렇지만 문자적인 간음에 대한 관심에 더하여, 신구약성서 역시도 간음을 참 하나님

을 저버리고 우상숭배를 행하는 것의 은유로 사용한다. 유다: 렘 3:9; 예루살렘: 겔 16:30-34; 사마리아와 예루살렘 겔 23, 특히 23:43-45; 이스라엘: 호 4:12-14 이런 은유는 아마도 이스라엘을 둘러싼 종교들과 연관된 성적인 의식들 때문에 선택되었을 것이다. 이 주제는 특히 호세아 1-3에서 발전되고 있다: 하나님의 명령으로 결혼한 창녀, 호세아의 아내 고멜의 간음이 하나님에 대한 이스라엘의 간음을 행하는/신실하지 못한 관계에 대한 비유가 되는 것이다.

신약에서 간음은 또한 이스라엘 백성의 죄의 상태를 묘사하는 역할을 하기도 한다. 마 16:4; 막 8:38; 계 2:22[?]; 벧후 2:14[?] 잠언에서 지혜Lady Wisdom의 대척점은 "행실이 나쁜/낯선 여인"이나 "간음하는 여자"이다. 예를 들면 잠 2:16; 5:1-23 여기서의 경고는 분명히 문자 그대로의 간음을 향하는 것이며, 지혜를 거부하여 하나님을 거부하는 것을 향하는 것이다.

도둑질 계명(출 20:15//신 5:19)

이 계명은 자주 반복되고 상기된다. 레 19:11, 렘 7:9; 호 4:2; 마 19:18//막 10:19//눅 18:20; 롬 13:9 훔치는 것은 사회에서 빈곤으로 낙인찍히는 일이 잦았음에 틀림이 없다. 훔치는 이유 중에서 어떤 것은 배고픔과 가난으로 인한 것이었다. 잠 6:30; 30:9; 욥 5 다른 경우에, 훔치는 것은 폭력과 다른 어둠의 일과 연관된다. 욥 24:13-17; 호 7:1 일반적으로 절도는 배상처벌을 받는데, 주로 몇 배로 되갚아야 한다. 예를 들면 출 22:5ff; 눅 19:8 그렇지만 사람을 훔치는 것은 사형에 처해졌다. 출 21:16; 신 24:7

예수는 비유와 가르침으로 훔치는 것이나 절도를 반복해서 사용한다. 그것은 천국의 보물과는 대조적으로 이 땅의 재산이 불안함을 말해준다. 마 6:19f 예수는 양을 돌보지 않는 도둑을 선한 목자인 자신과 대비시킨다. 요 10:1-18 도둑이 예상치 못하게 오는 것은 인자가 다시 오는 것을 기다려야 한다는 이미지이다. 마 24:36-44; 유사하게 살전 5:1-11; 벧후 3:10; 계 3:3; 16:15

증언 계명(출 20:16//신 5:20)

이 계명은 출애굽기 23:1과 공관복음서에서만 반복된다. 마 19:18//막 10:19//눅 18:20 그렇지만 거짓으로 맹세하는 것에 대한 언급 역시도 이 계명을 떠오르게 한다. 렘 7:9; 슥 5:3f; 말 3:5; 마 5:33-37 이 죄에 대한 주된 배경은 재판절차이다. 출 23:1-3, 6-8; 21:1-11, 위의 서론을 보라 두세 명의 증인을 필요로 하는데, 특히나 사형에 해당하는 범죄의 경우에 있어 그렇다.민 35:30; 신 17:2-7; 19:15-21 초대 교회는 이 원리를 문자적이고 비유적인 방식으로 받아들였다.마 18:16; 고후 13:1; 딤전 5:19; 히 10:28; 요일 5:8; 계 11:3

거짓으로 증언하는 것은, 그에 속한 법뿐만이 아니라 적어도 열 개의 잠언들이 이런 행습을 책망하고 있다는 사실이 보여주듯이잠 6:19; 12:17; 14:5, 25; 19:5, 9, 28; 21:28; 24:28; 25:18, 이스라엘에서는 중대한 문제였다. 반면, 정반대의 것은 크게 칭찬을 받는다. "진실된 증언은 생명을 살린다."잠 14:25 한탄시들은, 다른 것들 가운데, 정의를 그릇되게 행하는 자들이 야기한 고난을 감정적으로 전달하고 있다.예를 들면 시 27:12; 35:11

이세벨이 책략을 써서 나봇의 것을 빼앗는 이야기는 무고한 사람을 사법적으로 죽이고자 허위 증언을 의도적으로 사용하는 것에 대한 지리적 보도를 제공하고 있다.왕상 21:8-14; 수산나의 외경 이야기를 참조 그것은 예수의 재판에서도 더 웅장한 규모로 반복되고 있다.마 26:59-61; 막 14:55-59 최초의 기독교 순교자인 스데반 역시도 허위 증언에 힘입어 사형이 선고된다.행 6:8-15

탐내는 계명(출 20:17//신 5:21)

이 계명은 로마서 7:7과 13:9에서만 반복된다.약 4:2 참조 히브리어 단어 "탐내다"hamad는 드물게 나타나며 그 동사가 묘사하는 탐심의 행위 역시 그렇다. 하나님은 "보기에 좋은"="탐할만한" nehmad, 창 2:9 나무들을 창조하셨는데, 하와가 동산 중앙의 나무에서 알아보았던 특성이다: 그것은 "사람을 지혜롭게 하도록 욕망되었던[nehmad]" 나무였다.창 3:6 이스라엘은 열방들이 가진 금이나 은으로 된 조각 형상들을 탐내어선 안 되었고 이런 형상들을 파괴했다.신 7:25 아간은 금지된 전리품을 탐내었는데, 이것은 내적인 욕망과 구체적인 행동 모두를 내포한 행동이었다.수 7, 특히 7:21

탐심의 심리학은, 내적인 욕망과 책략에서 나와 외적인 행동으로 이어지는데, 이따금씩 폭력을 내포하기도 하며, 특히 미가 2:2와 야고보서 3:2에서 잘 묘사되어 있다. 몇 개의 본문 속에서, hamad는 우상들이 발산하는 매력과 연관된다.신 7:25; 사 1:29, "너희가 즐기는"; 44:9 주님의 법령들 역시 "금보다 더욱 원하게 되는[=탐하는]" 것으로 묘사된다.시 19:10 지혜 교사들은 욕망이[=탐하는 것] 어리석은 길이라고 경고한다.잠 1:22; 6:25; 12:12

아합과 이세벨이 나봇의 포도원을 얻기 위해 책략을 꾸미는 이야기는 "탐내다"라는 동사를 사용하지는 않는다. 그렇지만 네 이웃의 집을 탐내다라는 의미와 완벽하게 맞아 떨어지는 실례가 되고 있다.왕상 21; 출 20:17 이 동사를 사용하지 않지만, 우리야의 아내 밧세바를 얻고자 하는 다윗의 계획은 네 이웃의 아내를 탐하지 말라는 것의 의미를 완벽히

묘사한다.삼상 11; 출 20:17

교회 생활에서의 본문

교회 역사와 서방 기독교국에서의 십계명

위에서 언급한 신약성서 본문들은 십계명이 이미 사도교회들의 도덕적 지침 속에서 특별히 자리매김을 하고 있었다는 사실을 증명한다. 2세기까지, 디다케초대교회 교리문답서와 같은 작품들 속에 포함되었다는 증거로서 교리문답 훈련 속에서의 특별한 자리를 차지했다고 여겨졌다. 아주 초기에도, 십계명은 모든 사람들에게 보편적인 진리가 확실히 드러난다는, 자연법의 개념과도 연관되었다.이미 저스틴, 이레니우스, 그리고 터툴리안에서도 나타남; Childs: 432

도덕적 지침을 줌에 있어서 십계명의 타당성과 핵심적 역할은, 교회뿐만 아니라 전체 사회에 대해서도, 서구 기독교국의 일반적인 가정이 되었다. 따라서 초기 영국의 왕 알프레드9세기는 십계명에 자신의 법적 규정 앞에 붙였다.Craigie: 756 칼빈과 청교도들은 십계명을 자신들의 사회의 법의 기초로 여겼다. 월터 해를슨Walter Harrelson은 십계명을 우리 시대 인권에 대한 지침으로 본다. 안식일 계명을 적용할 수 있느냐만 때때로 논쟁이 되었다.

서구세계가 점점 세속화됨에 따라, 공적인 담론 속의 십계명의 중요성도 쇠퇴했다. 문학 작품 속에서, 십계명은 빈번하게 제한적인 율법주의의 상징이 되어버려서, 폄하되고 왜곡되고 풍자되었다.예를 들면 Lord Byron의 시; Craigie: 758 그러나 이것에도 불구하고 십계명은 우리의 세속적 사회 속에서조차 가장 널리 알려지고 인용되는 성서의 일부로 남아있다.

기독교 교회 윤리를 위한 지침으로서 십계명의 핵심적 중요성은 사실상 논쟁이 되어오지는 않았지만, 기독교 신학에서 십계명의 정확한 자리와 역할은 다양하게 이해되고 있다. 신학자들의 책무는, 그리스도로 대체되어 온 구약의 율법을 고려하기 위한 교회의 일반적인 성향을 고려하여 볼 때, 항상 이런 구약의 법전이 어떻게 그리스도인들에게 타당성을 지닐 수 있느냐를 보여주는 것이 되어 왔다. "율법의 종결"로서, 롬 10:4

어거스틴, 토마스 아퀴나스, 루터와 칼빈은-가장 대표적인 신학자들 가운데 몇몇의 이름만을 밝히자면-각각 기독교적 정황 속에서 십계명에 새로운 의미를 부여하는 자신만의 독특한 신학적 방식을 발전시켜왔다.Childs: 432-34 예를 들면 루터는 십계명이 모든 사람들에게 알려진 자연법과 일치되는 한, 그리스도인들을 위한 권위를 갖는다고 주장했다. 루터는 이런 합의에서 몇 가지 측면들을 제외시켰는데, 특히 형상 금지와 같은 것으로, 그는 이것이 시간에 얽매인 것으로 간주했다.Steinmetz: 260f

현대 기독교 선언과 생활에서의 십계명

교회에서 십계명이 얼마나 강조되어야 하는가? 십계명은 얼마나 기독교 윤리 속에서 얼마나 특별한 우위에 있어야 하는가? 신구약과 기독교 전통은 우리가 무시할 수도 없고 무시해서도 안 되는 중요성을 십계명에게 부여한다. 그렇지만 이런 특별한 중요성은 그에 따르는 문제가 있으며, 유대교 해석 속에서 인식되는 사실이다. 그곳에서, 교회에서 십계명의 자리와 비슷하게 십계명에게 유일무이한 자리를 주는 것, 그리고 반면에 다른 율법들을 희생하여 십계명을 승격시키는 것을 주저하는 것 사이에 긴장이 만연해 있다.Childs: 435

출애굽의 정황 속에서 특별하긴 하지만, 십계명이 우산패션umbrella fashion 속에 있는 성서 윤리의 광범위한 영역을 다루지는 못한다고 언급한 바 있다.위의 "사전검토,"; W. Janzen, 1994:87-105 대신, 십계명은 어떤 관점에서, 신약과 구약 모두에게 아주 중요한 윤리학의 수많은 영역들을 그대로 둔 채, 하나님을 기쁘게 하는 삶을 본보기로 들고 있다. 이 부분에서, 난 십계명에 편향된 강조로 인해 구약의 풍부한 윤리적 자원들이야기, 격언, 예언적 가르침과 같이 율법과 다른 장르 속에서 발견 되는을 방치하지 말라고 기독교 독자들에게 다시 한 번 부탁하고 싶다.

한 가지 더 소리 내어 경고할 것이 있다: 전통적으로 십계명에게 부여된 배타적인 강조는 출애굽기의 정황, 즉 십계명보다 선행하면서 그 기초를 형성한 이스라엘을 구원하신 하나님의 이야기로부터 십계명을 떼어내는 경향이 있다. 만일 그런 일이 일어나면, 십계명은 더 이상 하나님의 은혜를 경험하고 새로운 삶율법 속에서 본보기가 되는으로 응답하도록 초대되는 언약의 백성옛 백성이든 새 백성이든에게 말하지 않게 되는 것이다. 대신, 십계명은 자연법이나 그 고유한 권위에 기초하여, 서사적인 정황이 없이 모든 이에게 말하는 것으로 나타나게 된다.

그렇지만 일단 우리가 이런 두 가지 위험을 깨닫고 피한다면, 십계명은 여전히 우리 시대에 있는 도덕적인 문제들을 중심적으로, 그리고 심오하게 말하고 있다. 십계명은 설교와 가르침을 위한 우리의 풍성한 자원들 가운데 하나를 이루고 있다.

교회 생활 속에서 개별적인 십계명의 계명들

십계명과 관련된 책들은 풍성하다. 여기서 내가 하고자 하는 모든 것은 이런 관련성을 가진 그리 확실하지 않은 측면들에게 관심을 기울이는 것이다.

가장 중요한 계명

오늘날 "다른 신들"은 경쟁이 되는 신성이 아니라, 철학, 이념, 물질적 소유, 그리고 목적이나 우리가 전적으로 충성, 헌신, 노력을 기울이는 어떤 것이라고 흔히 말할 수 있다. 보이지 않는 한 분 하나님만을 섬기는 것은, 이스라엘에게 있어, 종교적 보장이나 방종에 대한 희생적인 자기부인이라는 점을 우리는 잘 찾아보지 않는다. 만질 수 있는 형상을 통해 다가오는 많은 신들은 현대적 표현을 사용하면 "풍부한 종교적 자원들"을 제공했다. 이스라엘은 이런 안락함을 거부하고 스스로를 보이지 않는 한 분 하나님의 자비와 인도하심에 대한 신앙 속으로 던져 넣었다.

고대 이스라엘의 시대처럼, 우리 시대는 옛 종교운동과 새로운 종교운동과 인간의 마음속에 있는 종교적 열망을 만족시키려고 고안된 관습들이 풍성히 자리 잡은 종교활동의 시기이다. 히포의 어거스틴은 그런 열망을 고전적으로 묘사하고 있다: "당신은 당신을 위해 우리를 지으셨으며 우리의 마음은 당신 속에서 쉼을 얻을 때까지는 쉴 수가 없습니다."(3) 성서적 관점에서 그런 "쉼"–종교적 슈퍼마켓이 홍보하는 모든 형태의 "영성"이 지금 여기에서 우리에게 그리 풍성하게도 약속하고 있는–은 맛보는 방법 말고는 가능하지 않다. 우리의 종교적 배고픔을 진정으로 성취하는 것은, 하나님의 법칙에 의해, 하나님의 미래에서 보아야만 한다. 히 4:9

형상 계명

이 계명은 격렬한 논쟁의 역사를 갖는다. 이 계명은 교회 역사 내내, 다양한 "우상파괴적인 논쟁들" 즉 교회와 예배에서 형상조각, 그림, 십자가 등의 사용에 대한 언쟁들을 위한 주된 성서적 보증서를 이루었다. 이 문제에 대한 논쟁은 니케아 2차공의회주후 787년에서 자리를 잡을 때까지 교부시대를 거쳐 확장되었다. 이 공의회는 교회에서 형상의 표출을 허용했지만 진정한 예배하나님께만와 형상에 부여되었을 수 있는 숭배나 경외 사이의 구분을 강조했다.Van der Leeuw: 322 비록 토마스 아퀴나스와 다른 이들이 다른 뉘앙스들을 더하긴 했지만 이 공의회는 근본적으로 가톨릭의 입장으로 남아있다.

형상을 지지하며 되풀이되는 주장에 따르라고 형상이 교육적인 가치가 있다는 것이다;

사람들은 형상이 단순하고 글을 모르는 사람들의 "책"이라고 주장했다. 그렇지만 니케아 공의회 이후 논쟁들이 계속 불이 붙었다. 종교개혁시대에는, 다른 무리들이 개혁의 속도에 있어 다양성이 있었다.Steinmetz: 256-66 루터는 가톨릭의 입장에 가장 가깝게 남아있으면서 칼스타트Carlstadt와 다른 우상파괴자들에 맞선 분명한 입장을 취했다. 칼빈이 모든 종교적 시각예술에 반대한 것은 아니었지만, 칼빈과 특히 츠빙글리는 정반대의 입장에 섰다.

이런 논쟁에 참여한 대부분의 사람들은 형상 계명의 주된 요지는 우상숭배를 향한 것이지 그와 같은 모든 예술을 향한 것은 아니라는 것을 알고 있다. 그렇지만 시각예술은 청교도들 사이에서처럼 많은 집단 속에서 의심받는 채로 있다. 네덜란드의 메노나이트를 제외한 아나뱁티스트-메노나이트 교회들은 시각예술에 대한 츠빙글리-칼빈의 견해를 공유했다.

그렇다면 우리는 어떻게 오늘날 이런 주제를 생각할 것인가? 분명 우리는 우상을 만드는 것과/혹은 사용하는 것-형상을 숭배하는 것 또는 숭배할 위험에 있는 것-과 일반적인 예술적 표현을 구분해야만 한다. 단어들 역시 음악창작처럼 형상들이므로, 우리는 예배에서 사용하든 일반적으로 생활 속에서 사용하든, 사용하지 않는 것은 거의 어렵다. 그렇지만 바로 이런 사실은 우상숭배가 예술의 한 형태를 피함으로써 근절될 수 없다고 우리에게 경고한다. 그것은 시각적 형상에서처럼 언어 혹은 음악적 형상들에서 손쉽게 가능해진다.

고대 이스라엘에서 형상 계명은 이스라엘이 주위를 둘러싼 민족들이 했던 우상중심적인 예배로부터 자신들을 구분하도록 도움을 주었다. 우리를 둘러싼 우상숭배는 훨씬 더 미묘하고 편만한 형태이다. 아마도 우리는 조각과 그림 속에 있는 우상에 대한 잠재력에 맞서 우리의 의심을 풀어야 할 것이다. 만일 그런 의심이 우리의 전통 속에 단단히 박혀있다면 말이다. 우리는 글, 드라마, 음악, 영화, 그리고 인간이 표현하는 어떤 다른 형태의 자기표현 속에 있는 우상숭배에 더욱 경계해야 한다. 이런 표현들 모두는 인간을 자율적이고 신성하게 그리고자 하는 가능성이 있다-이것은 우리 시대에 있는 가장 일반적인 형태의 우상숭배인 것이다.

이름 계명

우리 사회에서 아주 만연하는 하나님과 예수 그리스도의 이름을 포함한 신성모독적인 언어의 흐름을 우리는 분명히 막고자 해야 한다. 그렇지만 우리는 이 계명을 저속한 신성모독으로 제한해서는 안 된다. 우리가 보았듯이, 그 이름은 그 이름을 전달하는 자와 관련된 모든 것을 의미한다. 그렇다면 하나님의 이름은 하나님이 의미하는 모든 것, 하나님의 성품 혹은 우리 종교의 모든 것을 포용한다. 이 계명은 어디서 나타나든, 스스로를 종교의 오용에 대항한다.

두드러진 영역은 정치, 비즈니스, 패션, 그리고 스포츠이다. 이런 정황과 다른 정황 속에서, 특정한 종교적 형상이 표를 얻거나 고객이나 인기를 가져올 수 있다. 구원과 인도하심으로 우리에게 자애롭게 주어진 하나님의 계시는, 어떤 영역에서든 이익을 얻고자 나타날 때는 분명 오용되는 것이다.

안식일 계명

이 계명은 십계명에서 유일한 "제의적" 계명이다. 안식일 계명은 그리스도인들이 일반적으로 교회를 위한 의문의 여지가 없는 권위가 되는 것으로 보지 않는 십계명 가운데 유일한 것이다. 일곱째 날보다는 첫째 날그리스도의 부활의 날, 일요일을 지키는 것은 신약성서에 뿌리를 둔다.행 20:7; 고전 16:2; 계 1:10

2세기에 이 계명은 널리 퍼지게 되었다. 콘스탄틴 황제가 일요일에 어떤 형태의 노동을 금했을 때, 그것은 안식일과 같은 특징을 얻었다. 성서에 힙입어예를 들면 히 4:9, 어거스틴은 안식일을 영생 혹은 여섯 개의 일시적인 시대에 이어지는 일곱 번째 시대로 비유적으로 이해했다.Jeffrey와 Garnet: 672 그가 생각하는 방식은 이후 세대주의를 연상케 한다.

교회가 일요일을 안식과 예배의 날로 유지했지만, 안식일 엄수주의Sabbatarianism, 일요일을 특별한 날인 토요일로 대신하는 다시, 또 다시 표면화되었다. 예를 들면, 우리 시대에서 안식일 엄수주의는 제7일 안식교에 의해 나타나고 있다. 그렇지만 일요일은 다른 집단들에 의해 다소 가깝게 안식일과 동일시되어오고 있다. 특히 칼빈주의자들의 영향 아래에서, 일요일은 교회와 사회에 있어서 엄격한 노동금지로 규제되는 일이 잦았다.

현대의 서구 사회에 널리 퍼진 그런 율법들의 자유화는 빈번하게 일요일의 스포츠, 일요일에 상점을 여는 것 등등에 대한 열띤 논쟁들이 수반되어왔다.다양한 교회 분파들 속의 안식일-일요일에 대한 입장에 대해서는 다음을 보라. Swartley, 1983:64-95

기독교 교회들은 안식일/일요일 준수에 대한 그들의 태도에 있어서 통일이 이루어지지 않았지만, 그들은 계속해서 어떤 형태로 안식일 계명의 지속되는 의미를 보존했다. 하나님이 주신 노동과 휴식의 리듬, "안식일 계명"을 보존하고 준수하는 것이 더욱 중요하다. 7일 중에서 하루를 따로 구분하는 것은 (1) 하나님의 창조를 함께 기념하는 것, (2) 하나님의 구원에 참여하는 것, 그리고 (3) 하나님의 자녀들을 기다리는 안식을 위한 종말론적 희망의 표현히 4:9인 것이다.

부모 계명

부모에 대한 공경의 태도가 어린 시절부터 계속해서 아이들 속에서 조성되어야 하지만, 그것은 이 계명의 요지는 아니다. 이 계명은 감독하고 있는 어른 세대와 "현장을 떠나는" 옛 세대에 대한 태도를 언급하고 있다.마 15:1-6 참조 우리의 가족에서, 교회에서, 그리고 사회에서 우리는 어떻게 연장자들을 돌보아야 하는가? 우리가 사는 시대는 기대수명이 늘어나고 노인들의 숫자가 증가하는 시대이다. 따라서 적절하게 사랑과 존경심을 가지고 나이든 세대에 대한 책임을 행사하는 것이 뒷받침의 부담을 진 사람들에게 있어 더욱 더 어려워지는 것은 당연하다.

"노인 학대"는 잘 알려진 용어가 되었다. 세대 사이의 양극화는 더욱 더 많이 언론의 기사와 프로그램에 등장한다. 노인들의 권리와 변호 그룹의 조직은 아버지와 어머니를 공경하는 태도가 이상적으로 보호해야하는 것을 대체하기 어렵다. 우리는 우리의 집과 교회에서 시작하여 그런 공경을 어떻게 일굴 수 있을까?

살인 계명

먼저 우리는 이 계명만으로는 전쟁에서의 살인이나 사형, 살인, 살해, 낙태, 안락사 등등과 같은 살인에 대한 모든 질문들을 언급하기에는 불충분한 기반이라는 것을 스스로 깨달아야 한다. 성서 본문의 더 넓은 선택은 이런 영역들을 고려하여 의지해야 한다. 살인 계명은 그런 넓은 성서적 맥락 속에서만 적절히 말할 수 있으며 따로 떨어져서는 말할 수 없다. 그렇지만 이 간결한 형태 속에서, 이 계명은 그런 논의를 위한 기본적인 방향, 생명을 보존하는 방향을 설정하도록 도울 수 있다. 생명을 앗아가는 가장 악랄한 형태, 살인을 금지함으로써, 이 계명은 그것에 이르는 모든 감정과 행동들 심판 아래에 두고 있다.마 5:21-26; 약 4:1-2

간음 계명

간음은 고대 이스라엘에서 결혼에 대한 가장 직접적인 공격이 된다. 우리 시대에서는 간음은 엄밀히 말해 혼외정사로서 이전보다 더 만연한 것이 되었다. 이런 일이 일어남에도 간음이라는 단어는 그런 행위에 적용되는 일이 잘 없어서 간음이라는 단어가 진기하고도 케케묵은 것처럼 들린다. 그리스도인들의 자리에 이런 일이 발생하면, 그것이 무엇인지 드러내기 위해, 이런 모호하고도 유서 깊은 이름으로 이 관습을 이름 짓는 것이 도움이 될 것이다. 그것을 넘어서서, 우리는 오늘날 결혼에 주된 위기를 이루고 있는 것이 무엇인지 물을 수 있을 것이다.

간음 행위는 결혼을 무너뜨리는 정서의 결과물로 나타난다. 우리가 그리스도인들을 위한 성관계를 합법적으로 마련하는 것으로서만 평생토록 일부일처제의 이성애적 결혼을 강조하는 시각과 실천들을 표현하고 옹호하고 용납하거나 변명할 때마다 우리는 사회적 간음을 저지르는 것이다. 이런 태도의 최전방에서, 우리가 간음에 저항하는 법을 배워야 한다고 나는 믿는다.

도둑질 계명

우리는 여기서 "좀도둑"을 말하고 있다. 아마도 법적인 방법을 통해 부자가 가난한 자를 사취하는 마지막 계명을 위해 남겨둔 것이다.20:15, 17, 주 침입, 강도, 차량절도, 소매치기, 가게 좀도둑, 횡령, 컴퓨터 사기, "공적" 재산을 그릇되게 얻는 것, 시험에서의 표절, 저작권 위반, 혹은 누군가의 재산을 합법적이지 않게 얻는 다른 형태들은 우리 사회에서 만연한 것이다. 다른 계명들처럼, 여기서 초기 태도 공식이 필수적이다. 부모와 다른 성인들의 사례는 결정적인 것이다. 어떤 도둑질의 형태를 진짜 도둑질이라고 간주하지 않는 경향이 있으므로, 다른 사람의 재산을 잘못된 방법으로 손에 넣는 다양한 형태를 "도둑질"이라고 명령하는 것 역시도 중요하다.

증언 계명

원래의 상황에서 이 계명은 공정하고 법적인 절차를 보호하고자 기획된 것이다. 그 당시에는 지금 보다 훨씬 더, 공의를 행하는 것이 증언의 정직성에 달려있었다. 우리 중에 몇몇은 법정의 증인으로 불렸을 수도 있고, 그럴 경우 완전히 정직하고 편파적이지 않도록 하도록 직접적으로 우리에게 들렸을 것이다.

이 계명은 전통적으로 정직을 위한 더 일반적인 관심을 포함하는 것으로 확대되어 왔다. 예를 들면, 이 계명은, 비록 법정에서 행해지는 않더라도, 허위나 악의적인 험담, 누군가에 대한 거짓된 "증언," 그 사람을 해치기 위한 의도를 직접적으로 향해있다. 우리 사회에서 이 계명은 신문에서든, 교회 주보에서든, 라디오 프로그램이나 어디에서, 어떤 형태의 보도를 포함해야 한다. 이 계명은 선전이나 광고를 포함해야 하지만, 보고서, 참조형태의 파일, 그리고 우리 "이웃"에 대한 다른 형태의 수많은 의사소통도 포함해야 한다.

탐심 계명

만일 우리의 해석이 맞는다면, 이 계명은 가난한 자에게서 부자들이 훔치는 것─공식적으로는 법적인 방식으로 자주 일어나는─에 맞서고 있다.20:17. 주 이 계명은 약한 자들을 능가하는, 혹은 약한 자들을 압도하는 강한 자들에게 말하고 있다. 이 계명은 우리 세상에서 셀 수 없는 시나리오들을 고발하고 있다. 어떤 측면에서는 경쟁이 모든 이들을 위한 최고의 상품이자 서비스이지만, 경쟁은 더 약한 경쟁자들을 "못살게 구는" 책략으로 변질되기 십상이다.

이런 약한 이웃은 소규모 농부나 강압을 받고 팔아야 하는 사업경영자일 수도 있다; 채광작업, 삼림벌채 등으로 자신들의 땅이 남들에게 "탐심을 불러일으키는" 원주민 집단, 혹은 자연자원이 정치적이고 상업적으로 강력한 나라들에게 "탐욕의 대상이 되는" 작은 나라들. 요약하면, 이 계명은 그것이 누구이든, 다른 이들의 "생활공간" "집"을 보호하고 있다.

출애굽기 20:22-23:33

일상생활 속의 공동체의 안녕

사건검토

구속자의 뜻에 따라 새로운 삶을 받아들이도록 하나님께서 구속된 이스라엘을 부르신다는 것은 직접 이스라엘 백성에게 말씀하신 것이다. 이것은 십계명으로 이루어져 있다. 이 섹션에서, 하나님의 부르심은 더욱 상세한 것을 포함하여 확장된다. 이스라엘이 하나님께서 직접 자신들에게 말씀하시지 말라고 두렵게 간청하여20:18-21; 신 5:22-31 참조, 하나님은 이제 모세를 대변자20:22로 사용하시거나, 아마도 미리 준비된 본문의 독자로 사용하신다. 후자의 가능성은 모세가 언약의 책the book of the covenant 24:7을 읽었다는 언급에서 나올 수 있는데, 우리가 이 구절을 다루기 위해 마련된 제목을 제공해 주는 언급이다.

형식에서나 내용에서나, 십계명20:1-17과 언약의 책혹은 언약 법전, 20:22-23:33은 율법 모음집이다. 구약의 율법에 대해 일반적으로 말한 것은 십계명 섹션의 "사전검토"를 다시 읽는 것이 좋다.20:1-21, 위 기능으로 말하자면, 두 모음집 모두 견본으로 보여줌으로써 하나님과의 언약 속에 있는 새로운 삶의 본질을 개괄하고 있다. 몇몇 부분이 형식과 내용에 있어서 겹치지만, 두 모음집들은 서로 완전히 다르다. 언약 서사 속에 있는 두 율법의 모음집이 하나님의 언약 백성을 위해서 하나님이 의도하신 삶을 견본으로 보여주는 방법은 하나가 아니라는 것은, 십계명조차도 하나가 아니라는 것은, 그 자체로 충분하다는 것을 우리에게 가르쳐주고 있다.

우리가 더 구체적인 방법으로 이 두 개의 모음집을 서로에게 연결시킬 수 있을까? 프리다임은 이렇게 언급한다. "전체로서, 그것[언약의 책]은 그 서론적인 기초가 되는 십계명의 암시들을 끄집어낸다.239 이것은 도움이 된다. 그렇지만 난 십계명이 주로 대가족 beth' ab, 아버지의 집, 20:1-2, 4-6, 주에서의 삶을 말하고 있다는 관측에 더 무게를 둔다. 언약의 책은 부족이나 마을mispahah, 가족으로 잘못 번역되는 일이 많다; 20:16, 주의 안녕에 주로 초점을 맞춘다. 따라서 하나님 아래의 새로운 삶의 샘플링은 이스라엘의 기초적인 생활 단위인 확장된 가족으로부터 그 다음으로 큰 단위인 부족/마을로 확장된다.이런 시각을 확장하면, 신명기적 율법 모음집은 일반적으로 이스라엘의 삶 전체를 언급한다; 신 12-26

언약의 책은 몇 개의 절대적 명령들십계명에 있는 모든 것들처럼, 필연적인 법들, 조건이나 처벌이 없다.특히 두 번째 부분, 22:21-23:19 반면 첫 번째 부분21:1-22:20은 신중하게 명시된 상황에서의 구체적 재판들을 규정하고 있는 판례들사례적 법들로 특징지어진다.

개요

언약의 책은 분명하고 일반적으로 받아들여지는 세부적인 것들을 전부 보여주지는 않는다. 그 자료를 순서대로 정렬하기 위한 다른 기획들이 제시되어왔으며, 일부는 유용했지만 모든 이들을 납득시키지는 못했다. 우리는 이미 형식을 기초로 하여 21:1-22:20기본적으로 판례들와 22:21-23:19필연적인 법들과 다른 형태들 사이의 구분을 살펴보았다. 아마도 더럼이 이런 법전이 어떤 일관된 조직적인 패턴으로 묶여져 있는 것이 아니라, 오히려 이 모든 법들은 자신에게 헌신하는 백성들을 위한 야웨의 뜻이라는 신학적 단언에 의해 묶여져 있다는 점을 강조할 때는 그가 옳을 것이다.318

어떤 해석자들은 언약법전이 십계명에 대한 체계적인 해석을 나타내어서 그 하부 섹션들이 구체적인 십계명의 명령들과 연관된다고 본다. 내가 보기에 이런 시각은 그리 설득력이 있지는 않다. 내용을 근거로, 이어지는 넓은 그룹들이 아홉 개의 섹션으로 이루어지는 것은 차일즈의 단순하고도 유용한 제시를 따르는 것이다.460 그의 주제상의 제목은 요소요소에서 수정되었으며 세부구분들이 추가되었다.

적합한 예배, 20:22-26

노예법, 21:1-11

사형죄, 21:12-17

     21:12-14 살인

주석

서론

언약의 책이 가지는 중요한 특징은 이 책에서의 몇 가지 법들이 성서 외의 고대근동법전과 아주 닮아있다는 것이다. 그 가운데 가장 유명한 법전은 주전 1700년 무렵 바빌론의 함무라비 법전이다.21:28-32, 주 이들 다른 법전들은 일상생활을 다스리는 법이나 민법으로 이루어진다. 반면, 언약서의 민법은 종교적 규정들로 틀에 짜이고20:23-26; 23:32-33 배열된다. 예를 들면 22:28-31 이스라엘에서 올바른 삶은 항상 하나님과 이웃을 생각하는 삶이다.

고대근동법전과의 다른 중요한 차이점이 있다면 재산과 비교했을 때 생명을 아주 가치 있게 여긴다는 점이다. 노예의 존재가 인정되긴 하지만 계급간의 차이는 크지 않다. 아울러 신체를 손상시키는 처벌이 사실상 없다.

이런 독특성 가운데 일부는 의심의 여지가 없이 하나님의 계시를 이스라엘이 경험한 영향력에 따른 것으로, 특히 이집트에서의 구원사건이다. 그렇지만 구약의 법들과 고대근동의 법들 사이의 차이점을 지나치게 강조하는 것은 잘못이다. 이스라엘 주위에 있는 나라들처럼 이스라엘은 같은 지리적이고 문화적 배경에서 살았으며 그리하여 유사한 상황과 문제들에 직면했다. 어떤 고대의 법들이 유용하게 이들 열방을 규제한 사례 속에서 이스라엘은 왜 그런 독특한 조항을 가졌어야 하는지에 대한 이유가 없다. 그런 법들은 하나님의 뜻, 즉 백성들이 그 법으로 사는지를 알고 한 분 하나님을 섬기느냐 아니냐로 이루어졌다.

일반적으로, 언약의 책은 이스라엘이 가나안에서 정착한 이후의 부족/마을의 생활을 반영한다. 이 책은 유목민적 생활보다는 정착적인 농업적 생활을 전제한다. 이 본문은 장로들이 이끄는 남성들의 모임이라는 맥락 속에서 "[마을/동네] 입구에서" 사용할 적합한 사법적 행위와 결정들에 특히 관심을 기울이고 있다.신 21:18-21 참조 왕에 대한 언급이나 왕실에 대한 어떤 증거도 없다. 이것은 아마도 그 법전의 기원이 초기시대였을 수 있지만 군주적이지 않은 방식으로 규제되는 이상적인 생활에 기인했을 수도 있다. 하나님은 신앙이 부족한 것에 대한 양보의 방식으로 상대적으로 나중에 이스라엘에게 왕권을 허락했다.삼상 8

적합한 예배 20:22-26

이스라엘 백성은 하나님께서 직접적이 아니라 모세를 통해 그들에게 말씀해주시기를 요청했다.20:18-21 따라서 하나님이 모세에게 말씀하시면, 모세는 하나님의 말씀을 이스라엘 백성에게 전달해 주는 것이다. 20:22a 모세는 기록된 본문으로부터도 그렇게 했을 수 있다.24:7 앞선 시내 산의 사건, 아마도 현현19장; 20:22와 19:4 참조과 십계명을 주시는 사건20:1-7을 간략하게 상기하는 것은 하나님의 법을 선포하는 것과 이스라엘의 최근 경험들20:22b을 연결시킨다. 나아가, 이렇게 상기하는 것은 하나님께서 모세를 통해 말씀하셔야 한다는 이스라엘의 요청에 하나님이 들어주신 것을 가리킨다.

이어지는 법들을 시작하는 첫 번째 계명은 십계명의 절대적필연적 형태를 갖는다. 너는 은으로 신들을 만들어 내 곁에 두지 못하며 너희를 위해 금으로 신을 만들지 못한다.20:23 이것은 십계명의 처음 두 계명을 합친 것으로20:3-4, 한분 하나님의 독점성을 강조하고 경쟁이 되는 신들의 형상을 만드는 것을 금지하는 것이다. 우리는 진정한 한분 하나님의 형상이 그 금지 속에 포함이 되었음을 당연하게 여길 수 있다.

이어지는 제단의 법20:24과 22-23절을 연결하는 것은 밝히기 어렵다. 어떤 이들은 24절을 새 법의 시작으로 본다. 따라서 NIV는 명령형, 흙으로 나를 위한 제단을 만들라는 새로운 문단으로 시작한다. 난 계속되는 단락, 금지된 방식과 대조가 되는, 예배에 적합한 방식을 규정하는 24-26절을 선호한다.20:23 NRSV는 이것을 잘 옮기고 있다: 너희는 나를 위해 흙으로 만든 제단만을 만들어라. 이 번역은 금이나 은의 형상이 없이 충분할 것이다. 동시에, ~만이 필요하다는 히브리어 너희는 할 것이다.you shall의 명령적 힘을 잘못 축소시키는 것처럼 보인다. 여기서 의미하고 있는 것은 선택이 아니라 명령이다.

두 가지 제물이 언급되는데, 두 개의 주요 형태는 번제와 화목제이다. 전자는 완전히 제단 위에서 불태워짐으로써 하나님께 드려지는 의미이다. 후자는 전통적으로 화목제 peace offerings로 표현되며NIV: fellowship offerings, 제물이 부분적으로 제단 위에서 불살라지고 나머지 부분은 예배자들이 먹게 된다. 이것은 하나님과 예배자들이 참여하는 식탁친교이다. 양과 소라는 두 종류의 짐승이 언급되는데, 각각 떼를 나타내며 동물 제사의 주된 두 가지 재료를 말하고 있다. 나열된 이 네 가지 항목들은 모든 형태의 제사를 위한 이런 단순한 제단의 타당성을 강조하고 있다.

그런 제단은 또 다른 방식, 장소로서도 적합하게 될 것이다. 많은 민족들이 진정한 예배는 금이나 은의 형상과 같이 적절한 공예품이나 정교하게 만들어진 제단으로만 행해지는 것은 아니라고 믿었다. 그들은 또한 제단이 본질적으로 거룩하다고 여겨지는 오래된 장소에서 행해져야 한다고 생각했다. 이와는 대조적으로, 여기서의 법은 내 이름이 기억되는 모든 곳에 있는 제단이20:24b 하나님의 임재하심과 진정한 예배의 축복을 중재하기에 적합할 것이라는 것을 함축하고 있다. 하나님의 이름은 하나님의 임재와 성품을 내포하고 있다. 하나님이 이런 임재를 느끼게 하실 곳 혹은 몸소 행하실 곳 어디에서든, 제단의 건물과 예배가 드려지는 것이 적합하다. 따라서 모든 땅은 잠재적으로 "거룩한 곳"이 되며, 하나님은 신성한 자기현현을 위한 장소를 몸소 선택하신다.

나중에 하나님은 어떤 특정한 장소에서 당신의 이름이 머물게 하시는데신 12:5, 나중에 예루살렘과 동일시된다. 그렇지만 그때조차도 예언자들은 그런 선택의 일시적인 본질을 이스라엘 백성에게 일깨웠다.렘 7:1-15; 겔 8-11 하나님은 어떤 장소가 거룩해서 그곳에 나타나시는 것이 아니라 그곳에서 스스로를 드러내실 때 그 장소가 거룩한 것이다. 우리가 "모든 신자들의 제사장직"을 말하는 것처럼, 우리는 "모든 장소들이 거룩함"을 말할 수 있다.W. Janzen, 1982b: 137-57 움직일 수 있는 성지가 중재하는 하나님의 임재라는 주제는 25-31, 35-40장에서 상세히 다뤄질 것이다.

25-26절은 어떤 구체적인 양보와 제한으로써 일반적인 제단법에 자격을 부여한다. 아마도 전통이나 지역에 대한 양보로서, 분명히 돌제단들은 모든 상황에 금지되지는 않았다. 자르지 않은 돌을 사용한 것은 흙으로 만든 제단으로 시작한 단순함이라는 주제를 이어간다. 그렇지만 끌을 사용하여 신성을 훼손한다는 언급은 단순함이 여기서의 동기만은 아니라는 것을 보여준다. 차일즈는 단순한 제단, 반유목적seminomadic인 전통이 여기서 석재로 마감된 가나안의 제단들과 대조되고 있다는 것이 가능하다고 여긴다.466, Conrad 를 언급하고 있음 우리가 완전히 확신할 수는 없다.

26절은 더욱 어려워진다. 어떤 이들은 예배자들보다 더 높이 발을 딛고 선 제사장들이 그들의 벗음생식기을 드러낼 수 있다고 본다. 그 이유는 속옷을 입고 있지 않기 때문이다. 또 다른 가능성은 그들이 걷는 걸음은 거룩하다고 여겨지며, 그들을 제사장들의 벌거벗음에서 보호할 수 있는 것은 아무것도 없다는 것이다.

어떤 경우에서든 우리는 거룩한 제단과 벌거벗음/성적인 것이 여기서는 꼼꼼하게 분리되었다고 생각해서는 안 된다. 왜냐하면 후자는 죄악의 것이기 때문이다. 오히려, 고대의 신념과 함께, 삶의 중요한 영역들이 혼합되어서는 안 된다. 예를 들면 전사들은 전쟁을 위해 성별되었고 그런 임무를 위해 따로 구별되었으므로 그들이 일하는 동안에는 성적으로 금욕해야만 했다.신 23:10-14 다른 말로 하면, 성적인 것과 예배, 혹은 성적인 것과 전쟁과 같이 두 가지 다른 영역들은 따로 분리되어야만 했다.

요약하면, 이런 서론적인 법들은, 형상이 없이, 단순한 제단과 함께, 하나님이 몸소 나타나실 어떤 곳에서, 그리고 제단에 의해 하나님이 나타나시는 거룩하심에 경의를 표하는 행동으로, 한 분 하나님을 예배하는 적합한 예배를 특징짓고 있는 것이다. 적합한 예배에 대한 강조로서, 이런 본문은 앞으로 따라오게 될 일상의 규제를 위한 적절한 기초를 이루는 것이다.

노예법 21:1-11

이어지는 법들은 법령이나 재판으로 소개되는데히브리어로 *mispatim* 아마도 21:1-22:17에서 자세하게 형성된 법들 대부분을 다루는 판례를 위한 기술용어일 것이다. 이들 가운데 첫 번째는 남성 히브리 노예를 궁극적으로 놓아주는 것과 관련된다. 히브리 혹은 이스라엘 노예는 비이스라엘 노예와는 달리 다뤄져야 한다. 후자는 무기한으로 노예로 남게 될 수 있다.레 25:44-46 참조; 히브리라는 용어에 대해서는 1:15, 주 및 [이집트의 이스라엘, 499쪽]을 보라

어떤 이스라엘 사람이 다른 이스라엘 사람을 노예로 삼게 되는 주된 이유는 부채였다. 자신의 부채를 갚을 수 없는 사람은 자신이나 가족 가운데 한 명으로 값을 치러야 했다.22:1 참조; 레 25:39; 암 2:6; 8:6 판례들은 흔히 주된 법을 먼저 언급한다. 그런 노예는 전 주인에게 다른 어떤 의무도 없이 6년 후에 해방되어야 한다.21:2 그리고 나서 구체적인 상황에 그 법을 적용하는 조건들이 따라온다.21:3-6

그 노예의 아내와 자녀들의 지위에 대한 질문이 생길 수도 있다. 이 질문들은 어떤 원칙과 부합하여 해결된다. 그 노예가 되었을 때 가져온 것은 가지고 나간다; 그가 주인의 집에 있을 동안 얻게 된 것은 두고 나온다. 우리는 주인이 그에게 준 아내는 그 주인의 노예가 된다는 것으로 추정해야 한다.

여기서 소유권은 결혼과 가족의 연대 위에 자리하고 있는데, 이런 관점을 우리가 이해하고 받아들이기는 어렵다. 우리는 초기 이스라엘의 생활을 지배하던 수많은 법들과 관습들이 고대 근동의 일반적인 문화와 공유되었었다는 것을 다시금 떠올려야 한다. 따라서 그런 노예제도는 여기서 지시되거나 논의되지 않을 것이며, 오히려 당연하게 여겨져야 한다. 하나님의 성품을 아는 이스라엘의 지식은 점차적으로만, 그리고 그런 법들과 관습들에 대한 변화되는 영향을 주게 될 것이다. 이것은 후대의 신명기 법전에서 이 법의 개정에 의해 특히 잘 묘사된다.신 15:12-18

그렇지만 가족의 연대는 완전히 무시되는 것은 아니다. 전형적인 판례 속에서는 주된 법6년 후에 해방됨에 대한 예외조항이 만들어진다.21:5-6 주인이 노예를 계속 소유하는 것을 주장할 수 없지만 노예는 주인과 함께 있는 것을 선택할 수 있다. 평생토록 노예생활을

하고자 하는 바람을 일으키는 동기는 그 주인, 아내, 그리고 자녀들에 대한 사랑 때문이다. 사랑은 우리가 하는 것처럼 꼭 따뜻한 감정적인 관계를 표시하는 것이 아니라 오히려 신실함과 충성을 나타낸다. 분명히 노예는 미워하는 주인과 함께 살기는 어렵다. 아내와 자녀들을 사랑하는 것은, 다시 말하지만 우리가 생각하듯 감정적인 함축들이 함께 하는 것은 아니며, 틀림없이 그런 결정을 하는 주된 요인이 되었을 것이다.

신명기 15:13-16과 비교해 보면 주인의 가정 속에서 안정감을 누리는 것은 이따금씩 빈곤과 불안함이 함께 하는 자유를 더 선호하는 것처럼 보인다고 제시하는 것이다. 이것은 아내와 자녀가 포함되어 있지 않은 곳에서도 그럴 수 있다. 명백한 법률을 통해서 떠나지 않고 머무는 선택을 하는 것은, 이스라엘에서 그런 노예제도가 그레코-로만 세계와 미국의 노예시대에서 우리에게 알려진 비인간적인 제도보다는 일반적으로 더 인간적인 형태의 노예상태였다는 것을 보여주고 있다.

주인을 섬기겠다는 그런 영구적인 헌신에 도장을 찍는 기념적인 행위는21:6 하나님 앞에서 문기둥에 대고 노예의 귓것?을 뚫는 것으로 이루어진다. 이 행동은 가장 가까운 성소에서 수행되어야 한다.Childs: 469, 예를 들면 실로, 삼상 1:3 아마도 제사장이 입회해야 했을 것이다.22:8-9 참조 이런 행위가 설명되지는 않았지만, 우리는 적어도 세 가지 관점에서 생각할 수 있다:

● 영어에서처럼 히브리어에서도 귀는 "듣는" 기관이므로 "따름"을 제시하고 있다.
● 그 문기둥이 성소의 것인지 주인의 것인지 분명하지 않다. 만일 전자라면 하나님 앞의 일부 의무들이 상징화되었을 것이다. 후자라면, 문기둥은 그 노예가 이제는 확실히 소속된 그 집을 나타낸다.
● 만일 나중에 문제의 소지가 될 수 있으므로, 귓불을 뚫는 것은 그 노예가 스스로 선택한 지위가 맞는지를 시험하는 신체적인 표시를 남기는 것이다.

여성히브리/이스라엘 여성 노예의 경우, 여러 가지 상황이 달랐으며, 특별한 제정이 필요하다.21:7-11 남성노예법과는 대조적으로, 이 법의 주된 요지는 여성노예에게 자유가 주어져서는 안 된다는 것이다. 대신, 어떤 권리와 보호가 그녀를 위해 있어야 한다. 특별한 조건 하에서만 그녀는 자유로워질 수 있다.

우리 기준에 놓고 볼 때, 이 법이 여성을 차별하는 것 같다는 인상을 우리가 받지만, 이 법의 의도는 여성노예를 보호하는 것이다. 아버지가 딸을 파는 고대 사회에서 그것은 당연시되는 것이다. 그보다 덜한 상황에서는, 아버지는 딸을 신랑에게 보내는 사람이기도 했다. 사실상 여기서 그 딸은 노예-신부로 팔려가는 것으로 추정될 수 있다. 그녀를 단순히 결혼조항도 없이 의무를 다하는 노예로 파는 것은 결혼과 양육에 대한 그녀의 기본적인 권리를 빼앗는 것으로 여겨져 왔다. 분명히 규정된 낮은 신분이 있었음이 틀림없지만, 이런 법조항은 이런 노예-신부와 평범한 신부를 구분하기 어렵게 만들었다.

구체적 조건들은 여러 가지 우발성들을 언급한다. 이런 노예 신부가 어떻게 주인을 불쾌하게 하는지 혹은 주인이 그녀를 부당하게 대하는지에 대해서는 분명하지 않다.21:8 이 구매는 아마도 온전한 혼약이 아니라 그녀와 결혼하는 구매자에 의한 감금에 이르는 것이다. 왜냐하면 혼약의 위반인 이혼으로 끝날 것이기 때문이다. 그는 반드시 그녀를 구속해 주거나 아니면 그녀의 아버지나 그녀를 책임질 다른 친척이 그녀를 속해 주어야 한다. 그는 그녀를 외국인, 아마도 비-이스라엘인에게 팔 수 없다. 패트릭이 이야기한 것처럼, 그 사람에게 그녀를 이스라엘 사람에게 팔 권리가 있음이 암시되어 있는 듯하다.71

만일 그가 그녀를 자기 아들에게 주려고 샀으면 그 여자를 딸처럼 대해야 한다.21:9 이 경우에 가장은 그녀와 성관계를 가질 수 없으며 그렇지 않으면 그녀를 학대하는 것이다. 만일 주인/남편이 다른 아내를 취한다면 그녀 역시 노예 아내로서 받는 불이익에서 보호되어야 한다.

노예 아내는 세 가지 기본권을 주장할 수 있다: 음식, 옷, 그리고 성관계이다. 후자는 의심의 여지없이 자녀를 염두에 둔 것으로서, 여성의 삶은 자녀들이 없이는 완성되지 않는다고 여겨졌기 때문이다.삼상 1 참조 주인이 가질 수 있는 또 다른 선택은 그녀를 해방시켜주는 것으로, 원래 그녀에게 지불하기로 된 금액을 박탈당하는 것이다. 이것은 계약을 깬 것에 대한 벌이다.

그와 같은 법이 여성을 보호하고자 한다면, 신명기 15:12-18의 수정은 노예 아내 범주를 포기하고, 6년의 노예 생활이 지난 후 그들을 놓아줄 때 여성과 남성 노예들을 동등하게 대하는 것을 주장하는 것에 주목하는 것이 중요하다.

사형 범죄 21:12-17

이 섹션은 사형에 해당하는 네 가지 범죄를 규정하고 있다: 살인12-14, 부모를 때림15, 납치16, 그리고 부모를 저주함.17 사형에 해당되는 그 외의 범죄들은 유사한 형태로 22:18-20에 나열된다. 이것과 부모와 관련된 두 개의 법들의 구분은21:15. 17 다시금 언약의 책에서 법들의 순서가 빈번하게 임의로 나타나는 것을 말해준다.

21:12-14 살인

주된 법은 사람을 죽이는 것에 대한 사형을 규정한다.21:12 계획된 살인과 우발적 살인을 구분함으로써 바로 수정된다.21:13-14 하나님의 행하심으로 나온다고 묘사되는 후자는 하나님이 그 행위를 야기했다는 것으로 이해해서는 안 된다. 대신, 이것은 그와 같은 살인으로 이어지는 상황들을 밝힌다. 그런 상황들을 계획했거나 예측할 수 있던 사람은 없다. 우리의 법적 용어는 이런 사용을 채용했다.

살인자가 도망칠 수 있도록 하나님이 지정했던 장소는 원래 제단이 있던 곳일 수 있다.21:14 참조; 20:24 특별한 도피성들은 이스라엘이 가나안 땅을 점령한 이후 어떤 시기에 지정되었다.민 35:9-15; 신 19:1-13; 수 20:1-9 이들 세 본문들은 간략한 본문이 상정하고 있는 일부 세부사항들을 채우고 있다.

이스라엘을 포함한 대부분의 고대근동 민족들이 행했던 피의 보복이라는 맥락에서, 사람을 죽인 사람은 피의 보복자에 의해 보복을 당했다.민 35:19-21 참조 도피 장소로 도망치면 곧바로 사람을 죽인 사람을 보호해 주어, 그 곳의 장로들이 수행하는 적절한 법적 절차가 그 살인이 계획된 것인지 아닌지를 가려낼 수 있었다. 만일 그렇다면 살인자는 피의 보복자들, 일반적으로 죽임을 당한 사람의 친척들에게 인도된다. 열왕기상 2:28-34에서 우리는 이런 관습을 대략적으로 그리고 있는 것을 볼 수가 있다. 차이가 있다면 솔로몬 왕이 장로들이 할 사법적 판결을 내리고 있다는 것이다.

21:15, 17 부모를 때리거나 저주함

이런 행동 모두 사형에 해당하며 부모를 공경하라는 십계명의 정반대를 나타낸다. 부모를 신체적으로나 언어로 공격하는 것 모두가 포함되어 있다. 어떤 주석가들은 여기서 사용된 분사, 저주하는 누구든지*meqallel*가 저주를 말하는 것 이상의 넓은 의미를 가진다고 지적한다. 이 분사는 공경하다*honor*의 반대이며, 결과적으로 욕보이다*dishonor*를 의미하는 것이다.Cassuto: 271; Childs: 470

거역하는 아들의 법은 사형으로 이어지는 절차를 상세히 기술하고 있지만 그 아들의 범죄들가 부모를 향했던 것인지는 명시되지 않는다.신 21:18-1 우리는 이런 범죄들로 인해 아들이나 딸이 처형되었다는 구약의 이야기를 들어본 적이 없다. 그 반대로, 다윗은 자신의 아들 압살롬의 생명을 살리기 위해 노력했는데, 압살롬은 다윗에 맞서 전쟁을 일으켰었다. 다윗은 압살롬의 죽음으로 크게 슬퍼했다.삼하 18:5-33 우리는 이 법들이 실제 처벌을 규정한다기보다는 범죄의 무게를 표시하는 역할을 했다고 추정할 수 있다.

21:16 납치

납치의 동기는 일반적으로 상업적인 것임에 틀림없다. 사람을 잡아다가 노예로 파는 것이다. 이익보다는 보복이라는 동기가 있지만, 요셉의 형제들이 요셉을 파는 이야기는 그런 일을 묘사하고 있다.창 37:25-28 외국인들과 노예거래는 존재했다. 이것은 이스라엘의 노예 아내를 외국인들에게 파는 것이 금지되어 있다는 것을 보여준다.21:8, 주

신체 상해 21:18-36

이 섹션은 신체상해라는 일반적인 주제로 느슨히 결합된 법들을 임의로 함께 가져오고 있다는 인상을 독자들에게 주고 있다. 이 주제를 온전하고 조직적으로 다루려는 시도는 없다. 마치 저자가 전통이 규정하고 있던 것보다 더 적합하게 그들을 규제하기 위해 초기 이스라엘 촌락의 생활이 갖는 화려하고 다양한 흐름을 보고 그 중에서 몇 개의 특성을 선택하는 것처럼 보인다.

광범위한 고대근동의 관습은 실제로 시작점으로서, 사람들 들이받는 황소의 법에서 특히 분명히 나타나게 될 것으로21:28-32, 이 법은 앞선 두 개의 메소포타미아 법전에서도 찾을 수 있다. 실제 생활에서 노예제도를 수용했다는 사실관계는 이런 법들이 이상적인 삶의 개념보다는 존재했던 그대로의 생활로 시작했다는 계속되는 증거를 제공하고 있다.

반면, 이런 법들 속의 어떤 특징들과 경향들은 다른 고대 법전과는 상당히 다르다. 그런 특징들 대부분은 아마도 이스라엘의 독특한 신앙의 영향에 기인한 것으로 보인다:

- 인간의 생명에 높은 가치를 둔다.
- 노예제도를 제외하고는 사람들 사이의 계급차는 없었으며 노예들조차도 권리가 보호되었다.
- 눈에는 눈이라는 등가법을 제한적으로 적용했기에, 실제로 신체 상해를 입히는 일은 없었다.21:23-25, 주

이런 특징들 보다 더 중요한 것은, 따라야 할 이런 법들과 다른 법들이 보복적이거나 처벌적인 취지를 가진 것이라기보다는 회복적이라는 것이다. 이 법은 희생자가 잘못 행한 것을 바로잡고 공동체의 지속적인 안녕shalom을 회복시키고자 하는 것이다. 계획적인 살인과 그에 상응하는 사형의 죄의 경우에만21:12-17 참조 죄를 지은 사람의 처형을 통해 이런 공동체의 안녕이 회복된다. 다른 경우에서 회복은 범죄자를 내포한다. 이런 관점에서

이 법들 가운데 다수와 구약의 다른 법들은 현대 서구 사법체계와는 크게 대조되고 있다. 그런 체계에서는, 처벌이 형법의 목표가 되며, 희생자들은 대체로 도외시된다.H. Zehr

21:18-27 격분이 폭력으로 이어짐

18-19절: 부상에 대한 법적 책임. 무슨 이유가 되었든지 사람이 다투게 될 것이라는 것이 여기서는 일상의 현실로 받아들여진다. 동기나 이유가 결정되지 않고 가해자 쪽을 찾지도 않는 것은 우리의 소송정신의 사회에서 보기에는 특히나 이상하게 느껴진다. 나아가 상해를 가했던 사람에게 부과되는 심판은 처벌적이 아니라 회복적인 것이다. 어떤 사람이 상해를 입어 고통을 받았고, 공평하게 하자면, 다른 쪽은 회복에 필요한 시간과 비용을 감당해야만 한다.

이런 회복은 이중적인 목적으로 기능한다. 먼저, 그런 싸움에서 비롯된 부담의 균형이 공유되며 상해를 입은 쪽은 그 상황 하에서 가능할 뿐만 아니라 살아나갈 수 있게 도움을 받는다. 둘째로, 싸움이 벌어진 그 공동체도 역시 회복된다. 유사한 법이 함무라비 법전에서 발견된다.Pritchard, 1969:175, 206법 이것은 언약의 책에 있는 법들의 출발점이 고대근동 법과 관습에 널리 퍼져있다는 것을 다시 한 번 우리를 일깨워주고 있다.

몇 가지 세부사항을 주목할 만하다. 부상은 돌이나 가해자의 **주먹** 때문에 발생한다.21:18 **주먹**은, 드물게 나타나는 히브리 단어를 번역한 것으로, 더럼은 **도구**_tool_란 단어를 사용한다.307, 312 사례가 어찌 되었든, 이 단어는 싸움이 한창일 때에 각각의 당사자가 즉각 사용했을 수 있는 수단을 가리킨다. 아마도 이 사례는 단검이나 다른 무기가 사용되었다면 달라졌을 것이다. 이것은 그 행동이 어느 정도는 사전에 계획된 것임을 지적하는 것일 수 있거나, 적어도 한쪽 당사자가 불평등하게 유리한 사용을 지적했을 수 있다.

게다가, 그 부상은 집안에서 절뚝거리며 걸어 다닐 뿐만 아니라 밖으로 걸어 다닐 수 있을 정도로, 피해자가 충분히 회복할 수 있을 정도로 미미했음에 틀림없다. 만일 그가 계속 다리를 절고 지팡이가 필요하다면, 삶의 현실들 가운데 하나로 받아들여진다. 피해를 입은 쪽이 온전한 치료-히브리어 동사는 **값을 지불하다**_pay_보다 더 일반적이다-를 위해 필요한 것을 주거나 제공해야하므로, 우리는 피해자가 그의 생계를 건사할 수 있을 것으로 추정할 수 있다. 피해자가 이렇게 기능할 정도로 회복하지 못했을 경우에는 상해를 입힌 자에게 어떤 책임이 지워졌는지 우리는 알 수 없다.

20-21절: 노예를 죽게 한 것에 대한 책임. 신체적 처벌을 집행할 노예 주인의 권리가

있듯이, 다시금 노예제도의 존재가 전제되었다. 그렇지만 노예의 생명은 보호된다. 만일 신체적 처벌로 인해 노예가 죽음에 이르게 되었다면, 12-13절에서처럼 그 죽음이 의도적이었는지 그렇지 않았는지를 구별하는 것이 반드시 다시금 이루어져야 한다. 노예가 곧바로 죽는 것은 죽이려고 한 의도가 있었거나 아니면 적어도 노예의 생명을 보존하려는 노력이 충분하지 않았다는 것을 보여준다. 그런 경우에는 노예의 주인이 처벌을 받는다. 학자들은 이것이 살인에 대한 의무적인 사형을 의미하는 것인지21:12 아니면 더 가벼운 처벌인지에 대해 논쟁을 벌이는데, 아마도 재판관이 결정을 내렸을 것이다.Childs: 471 표현이 구체적이지 않으므로 후자가 더 그럴 듯해 보인다.

노예가 하루나 이틀 동안 살아 있는 것은 그가 결국에는 죽음에 이르게 된 것이 주인의 의도는 아니었다는 것을 보여준다. 따라서 주인의 재산인 노예를 잃는 것은 주인의 행동에 대한 충분한 처벌로 여겨진다. 한편으로, 우리는 이런 살인의 사례를 다룸에 있어서 고대근동의 계급차별의 흔적을 보게 되는데, 12-14절과는 아주 다른 것이다. 반면에, 의도하지 않은 살인에 대한 처벌로서 배상하는 것은 21:30주에서 나타나듯이 노예들에게만 제한되지는 않았다. 이 법이 우리에게 만족스럽지 못한 것처럼, 고대의 정황 속에서 노예가 적어도 어떤 법적인 보호를 받는다는 것은 주목할 만하다.21:26-27 참조, 주

22-25절: 임신한 여인에게 상해를 입힌 것에 대한 책임. 이 법은 집안 일로 서로 다툼을 벌이는 남자들이 임신한 여인을 다치게 한 것에 대한 결과를 말하고 있다. 언뜻 보기에 그 부상은 애먼 제 3자에게 완전히 돌발적으로 해를 입힌 것으로 보인다. 이것은 그 상황이 기이한 사고라는 인상을 준다. 그렇지만 신명기 25:11-12는 적어도 그 여인이 남편에게 도움을 주려고 했다는 가능성을 제시한다. 이것이 그 시나리오를 더 현실적으로 만들 수는 있겠지만 우리가 이것이 그 사례인지는 확신할 수 없다.

부상이 의미하는 정확한 본질을 가늠하는 것은 어렵다. 미숙아출생인가 아니면 유산인가? 히브리어는 문자적으로 만일 그녀의 아이들이 나온다면and if her children come out이라고 말한다. 복수형 아이들은 하나 또는 둘, 남성 혹은 여성이 포함되어 있을 가능성을 열어두는 것이라고 카수토는 설명하고 있다.275 NRSV와 다른 번역들은 유산miscarriage으로 번역한다. 그런 경우에, 태아는 분명 사람으로 여겨지는 않을 것이다. 금전적인 벌금이 그 부상이나 잠재적인 손실을 보상하기 위해 충분하지만, 죽음에 이르게 하는 것이 포함되지 않아야 한다. 그렇지만 태아가 인간 이하의 상태인 것에 대한 결론은 부당하다. 왜냐하면 금전적 배상은 어떤 상황 하에서 사형 대신에 받아들여질 수 있기 때문이

다.21:30 참조

그렇지만 히브리어 표현은 잠재적으로 생존이 가능한 자식이 미숙아그래서 NIV는 각주에서 유산으로 표기로 태어나는 것을 말한다. 만일 더 이상의 피해가 없으면은 다소 모호하다. 히브리 단어 피해' ason, 창 42:4, 38; 44:29가 다른 곳에서 세 군데 언급되는 것은 죽음을 의미하는 것으로 보이는데, 아마도 여기서는 어머니나 그 아이들의 죽음을 말하고 있을 것이다.

벌금은 손실을 입은 가장인 남편이 결정한다. 남편이 지나친 요구를 하지 않도록, 공정한 판결의 체계가 있어야 한다. 재판관들이 결정한 대로라는 구문은 평가에 따라in accordance with assessment처럼 다르게 표현될 수도 있다.Patrick: 76

어떤 피해가 따라올 경우, 만일 어머니나 아이들이 죽었다면, 사형이 적용된다. 그렇지만 21:12-14와 다른 구절에 비추어 보면, 그것은 그 상황들 속에서는 거의 일어나지 않을 것 같다. 24f절에서 이어지는 일련의 등가법칙들눈에는 눈, 이에는 이 등을 문자적으로 읽는 것은 더욱 적절하지 않다. 규정된 똑같은 상해로 문자적으로 상해를 입히는 것은 구약성서 한 곳에서만 존재한다.레위기 24:19-20 그 구절에도 불구하고, 전체 구약성서 법의 요점은 눈에는 눈복수법이라고 불리는이라는 문자적인 이해를 반대하고 있다.

이 보복의 법은, 남자들의 싸움으로 인한 유산혹은 미숙아 출생에 대해서처럼, 함무라비 법전 속에서 문자 그대로 적용된다.Pritchard, 1969:175, 법 209-214 거기서는, 만일 상해를 입은 여인이 귀족 구성원의 딸이고 죽게 된다면, 상해를 입힌 자의 딸이 죽어야 한다.상해를 입힌 그 사람이 아니다! 만일 그 여인이 평민의 딸 혹은 노예의 딸이라면, 여러 가지 보상액으로 충분하다. 이와는 대조적으로, 구약에서는, 눈에는 눈은 죄에 비례하여 공정하게 처벌을 한다는 것과 동의어가 된다. 게다가, 눈에는 눈은 부한 이와 가난한 이 사이의 평등을 구한다. 양쪽 모두 문자적으로 이해되며함무라비 법전처럼 공평한 처벌의 원칙으로서, 보복법lex talionis에는 걷잡을 수 없는 보복을 막기 위한 의도가 있다.창 4:23f 참조

일반적으로 구약의 상황과는 달리금방 언급한 것처럼, 21:23-25는 문자 그대로를 의미한다고 보긴 어렵다; 상해에는 상해로 갚지 말라가 바로 앞선 구절에 적용되었다는 사실이 이를 보여준다.21:18-19, 아마도 26-27에서도 따라서 23-25절은, 정확히 그렇게 진행되어야 한다는 것을 상술하는 것보다는, "그렇다면 그 법이 온전하고 적절하게 진행하도록 하라"는 "굳어진" 표준형 의미로 이해하는 것이 가장 좋다. 이것은 적어도 정경적인 구약의 의미가 되는 것으로 보인다.

물론 고대 이스라엘의 법적 행위는 온전히 일관적이지 않았으며, "상해에는 상해로"를

문자적으로 적용하는 것이 이따금씩 요구/혹은 실천되었다는 것도 가능하다.예를 들면 레 24:19-20; 거짓 증언의 사례, 신 19:18-21은 의도적인 예외로 보인다 전체적으로 보아, 처벌의 형태로서 신체에 손상을 입히지 않았다는 것은 구약의 법과 다른 고대근동의 법 사이의 주된 차이점 가운데 하나를 이루고 있다.

26-27절: 노예를 다치게 한 책임. 아마도 이 절들이 21:23-25 바로 뒤에 위치하고 있는 것은 23-35절이 문자적으로 적용되지 않아야 한다는 것을 의식적으로 상기시키려는 의도일 것이다. 이 절들은 노예들이 법적인 보호를 받고 있다는 주제를 이어간다. 노예들은 완전히 그들의 주인의 수중에 있는 것은 아니다.21:2-11 참조, 특히 11; 21:20-21 이 법의 목적은 영구적인 여파들을 남기는 어떠한 노예 학대도 방지하기 위함이다. 그것은 노예제도가 있는 어느 곳에서나 있는 놀라운 인도적인 법이다. 이를 자유와 교환할 때 행복해지지 않을 사람이 얼마나 있겠는가! 차일즈는 이 법을 "구약이 새로운 방향으로 움직이는 훌륭한 사례"로 언급한다.[473]

21:28-36 과실치사

이 본문 대부분은 위험한 황소를 통한 부상과 죽음을 막는 것을 염두에 두고 있다. 그 황소는 힘이 센 것으로는 알아주는 가축이었다. 황소는 특히 밭을 갈고 짐을 끄는데 유용했다. 그렇지만 우리가 사회에서 자동차가 만들어내는 공공연한 위험들을 보는 것처럼, 힘이라는 것은 온전히 제어되지 못하면 위험한 법이다. 33-34절은 조금 주제를 바꾸지만, 황소라는 주제와 과실이라는 주제를 통해 이 본문의 나머지와 관련이 있다.

28-32절: 들이받는 황소로 인한 죽음에 대한 책임. 황소가 어떤 사람을 받아 죽게 했을 때, 따져야할 결정적인 질문은 이것이 예측하지 못한 사고였는지, 아니면 막을 수 있었는지의 여부이다. 만일 전자라면 황소의 주인은 죄가 없다. 그렇지만 흥미롭게도 황소는 범죄자 취급을 받는다. 그 황소는 죽임을 당할 뿐만 아니라-아마도 미래에 들이받는 일을 되풀이 하는 것에 대한 예방책으로서-돌에 맞게 되며 그 고기는 먹어선 안 된다. 돌에 맞는 것은 구약성서에서 가장 흔한 처형법이다.

그렇게 동물을 "인간"으로 취급하는 것은 우리로서는 낯선 일이지만, 하나님께서 노아에게 명하신 것과 부합하는 것이다.창 9:5 그것은 인간과 동물그리고 땅까지이 오늘날 그런 것처럼 서로 고립되지 않았다는 것을 보여주는 다른 구약의 본문들과 부합하기도 한다.

동일한 구성원은 아니더라도, 이들은 하나님의 우주의 동료 구성원들로서 간주되었다. 따라서 동물들과출 20:10 땅조차례 25:4-5 안식일을 지켜야 했다. 사람을 죽여서 "피의 죄"를 지은 황소의 고기를 먹지 말라는 금기는 아마도 이 성서 본문 뒤에 있는 더 오래된 타부임을 보여주는 것 같다. 그 죄가 어떤 신비스러운 방식으로 그 고기에 들어갔을 것이라고 두려워했다.

그렇지만 만일 그 소가 앞에서 들이받았고 그 주인이 경고를 받아 왔다면, 주인은 과실치사로 소와 함께 유죄가 된다. 소와 주인 모두 사형에 처해져야 한다.21:29 원칙적 진술은 이것이다: 생명에는 생명으로. 그렇지만 그 죽음이 계획된 것이 아니었으므로, 그 원칙은 절대적인 처벌결정이라기 보다는 죄의 평가로 보게 된다. 후자는, 사형의 원칙에서, 몸값으로 감형될 수 있다. 몸값은 생명을 앗아가는 것을 대신하거나 덮어주는 지불금액이다.21:30; 21:12-14, 주 참조

우리의 법체계 역시 범죄에 따라오는 평가와 그나 그녀에게 행해져야 했던 시효를 구분하고 있다. 예를 들면, 어떤 이가 종신형을 선고받았다면, 선고받은 사람은 실제로 죽을 때까지 감옥에 있지는 않게 될 것이라고 이해하는 것이다.

31절은 만일 그 황소가 **소년이나 소녀**(NRSV를 들이받는다면 똑같은 법을 적용한다. 히브리어는 아들이나 딸로 읽을 수 있다. 여기서의 문제는 피해자의 사이가 아니라 지위이다. 예를 들면 함무라비 법전에서는Pritchard, 1969:176, 230법, 상해에는 똑같은 상해의 원칙눈에는 눈이 만일 어떤 사람이 다른 이의 아들을 죽게 했을 때는 그의 아들그 자신이 아니다!이 죽어야만 한다는 방식으로 적용되었다. 보복법이 그렇게 문자적으로 적용된 것은 여기서 금지된다. 그의 아들이나 딸이 아니라 죄를 지은 사람이 처벌받을 사람이다.보복법에 대해서는21:22-25, 주

32절에서 우리는 다시금 남아있는 하나의 계급구별과 만난다: 노예의 생명에 값을 지불하는 것이 받아들여진다. 마지막 언급, 그리고 그 황소는 돌에 맞게 될 것이다는, 노예의 죽음의 경우에서조차, 창세기 9:5과 부합하는 행동으로 카수토는 해석하고 있다: "그 노예들 역시 신성한 형상으로 창조되었기 때문이다."280

이 본문의 어떤 특징들은 함무라비 법전에서 들이받는 소에 대한 유사한 법들대략 1700 BC; Pritchard, 1969:176, 250-252 법과 에쉬눈나의 메소포타미아 도시의 더 오래된 법들Pritchard, 1969:163, 53-55법과도 비교했을 때 더 분명해 지게 된다.

먼저 우리는 여기서, 언약의 책에 있는 대부분의 내용들—그리고 덧붙이자면 일반적으로 구약의 법 대부분의 내용들—이 다른 고대근동의 법들과 아주 유사하다는 사실이 가져

다주는 분명한 사례들을 찾아 볼 수 있다. 하나님의 뜻이 되도록 하기 위해 성서적 진리가 독특해야할 필요는 없다. 하나님의 뜻 가운데 많은 부분이 성서 밖에서도 역시 알려졌진다.롬 1:18-32 참조; 2:15-16 따라서 만일 황소가 습관적으로 들이받는다고 알려져 있지 않다면, 출애굽기 21:28처럼 함무라비250법는 들이받음으로 누군가를 죽게 했다는 것에 무죄를 선언할 것이다.

두 번째로, 이런 공통적인 배경과는 더 날카롭게 대립하는 어떤 차이들이 존재한다. 과실치사가 내포되어 있을지라도, 습관적으로 들이받는 소에 대해 에쉬눈나와 함무라비의 법들은 벌금을 부여한다.자유인의 죽음에 대해서는 더 많이, 노예의 죽음에 대해서는 더 적게 두드러진 차이 속에서, 습관적으로 사람을 들이받는 황소에 대한 성서의 법은 그 황소의 주인과 황소에게 사형을 촉구하고 있다.

언뜻 보기에는, 성서의 법이 훨씬 가혹한 것 같다. 그러지만 그 이유는 인간의 생명을 인성하게 하는 더 높은 시각에서 발견되어야 한다. "원칙적으로 성서에서의 인간의 생명을 잃는 것은 벌금으로 배상될 수 없다." Childs: 473 생명만이 생명을 속죄할 수 있다. 우리는 이미 사형을 평가하는 것이 초래된 죄의 평가를 이룰 수 있는 것이지, 죄를 지은 사람을 실제로 처형하는 것을 의미하는 것이 아님을 주목한 바 있다.위를 보라

돈으로 지불하는 것과 비교하자면, 사형의 두 번째 측면은 법 앞에서 모든 시민들-이런, 아직 노예들은 아니군!-의 평등이다. 부자들은 벌금을 낼 수 있기에 더 이상 범죄를 저지르지 않을 수 있다! 우리는 범죄행위들을 처벌하는 것을 오직 돈으로만 가능하게 되는 것을 원하는가?!

마지막으로, 돌을 던지는 것은 처형수단이었다. 이것은 특히나 잔인한 것으로 볼 수 있지만, 그렇게 생각할 필요는 없다. 돌은 그곳에 풍부하게 널려있었다. 오늘날에도 팔레스타인 사람들이 하는 것처럼, 어린 시절부터 소년들은 기술적으로 돌 던지는 법을 배웠다. 제대로 겨냥된 돌들 몇 개는 사람을 빨리 죽일 수 있었고 교수형이나 다른 처형수단이 가져오는 것보다 고통이 적었다. 그렇지만 투석이 갖는 더 큰 중요성은 그것이 지닌 공동의 본성 속에 있다. 모든 남성들이 참여해야했고신 13:9; 17:7; 21:21; 22:21 그렇기에 마을 성문에서의 사법회의에서 결정된 죽음에 책임을 짊어져야만 했다. 만일 오심이 일어났을 경우, 그 죄는 모든 참여자들에게 돌아갔다.

따라서 배심원들에 의한 우리의 재판의 역동성 가운데 일부가 포함되었다. 그렇지만 그것을 넘어서, 모든 남자는 자신이 힘을 보탠 사형의 집행자 가운데 한명이 되어야만 한다는 것을 알았다. 만일 사형을 실행해야만 한다면, 우리 사회에서 얼마나 많은 사형 옹

호자들이 자신들의 마음을 바꾸려고 할까?! 돌을 던져서 사형을 행하는 방식은 그 자체에 내재된 규제의 역동성을 포함하고 있는 것이라고 우리는 추측할 수 있다.

33-34절: 구덩이 덮기에 대한 과실. 과실은 이 구절의 주제이기도 하다. 그렇지만 사람이 죽거나 다치는 일이 없으므로, 손실에 대한 보상으로 충분하다. 목표는 배상이지 처벌이 아니다. 실제로, 과실을 통한 죄가 있는 사람은 그 고기를 보관하고/혹은 죽은 동물을 숨기는 것이 허용되어, 사고로 죽은 동물의 값이 죽은 동물의 값보다 손해를 덜 입도록 한다. 실제적이고 단순하게, 이 법은 이웃과 이웃의 가축, 그리고 사고가 낫을 경우 회유하는 태도에 대한 책임의 정신으로 숨 쉬고 있다.

35-36절: 사람을 들이받는 황소에 대한 책임. 사람을 들이받는 소가 관련되어 있지만, 이 법은 28-32절과는 따로 떨어져 있다. 패트릭은 이런 배열을 가축의 죽음은 인간의 죽음보다는 완전히 다른 것으로 간주되고 있다는 것을 의도적으로 보여주고 있다고 본다.78 실제로, 이 법은 손실에 대한 재정적인 보상만을 향하고 있다. 예측할 수 없는 손실과 예측할 수 있었던 손실이 28-32절에서처럼 구분된다. 과실이 없다면 사람을 들이받는 소의 주인과 죽임을 당한 동물의 주인은 손실을 공평하게 나눈다.21:35; 에뉘눈나의 53법에서처럼, Pritchard, 1969:163

죽은 황소의 주인이 완전히 보상을 받는다면, 과실이 있는 주인이 손실에 가장 큰 타격을 입는다.21:36 그럼에도, 33-34절의 정신으로 하자면위를 보라, 사람을 들이받는 소의 주인은 죽은 동물을 가질 수 있다. 이런 방식으로 그의 손실이 감소된다. 그가 과실이 있지만 그는 의도적으로 피해를 입힌 것은 아니다. 이전의 법과 다른 법들이 그렇듯이, 이 법은 본보기가 되도록 의도된 것이며 유사한 상황에 적용될 수 있다. 이 법은 특정한 사례에 국한되지는 안는다.

재산손괴 22:1-17

이 본문은 재산손실과 피해에 대한 넓은 스펙트럼을 다룬다. 이 본문은 그-혹은 어떤-사회의 경제적 상호작용의 특징이 갖는 수많은, 그리고 다양한 형식들을 반영한다. 이 모든 법들의 목표는 배상과/혹은 보상이며, 그렇게 함으로써 관계를 개선하고 공동체의 안녕을 회복하는 것이다. 어떤 법들은 처벌의 요소가 있어서 억제의 요소를 갖는다.

22:1, 3b-4 가축절도

다른 번역과 주석자들처럼, NRSV는 1절과 3b-4절을 논리단위로 한데 묶어서, 2-3a절이 구분된 단위, 분명한 삽입으로 따라오도록 한다.NIV는 원래 순서로 되어 있다 그렇지만 차일즈는 구절들의 원래 순서가 보상에 관심 앞에, 집주인이든 도둑이든, 생명을 지키는 것에 대한 관심을 위치시키고 있다는 점을 지적한다.474 이것은 구약성서의 법이 생명에 높은 가치를 두는 것과 부합되고 있다.

황소나 양을 훔치는 것에 관련된 주된 법은 완전히 보상이나 배상이다. 만일 가축이 죽임을 당했거나 팔렸으면 여러 배의 변상이 요구된다. 이것은 두 개의 목적을 가졌음에 틀림이 없다: (1) 억제, 왜냐하면 단순한 보상이나 배상은 잠재적인 도둑질이 발생하도록 부추길 수 잇기 때문이다; (2) 엄격한 재정손실을 넘어서 그의 생명에 대한 사건의 영향으로 주인에게 배상. 카수토는 황소보다는 양이 덜 보상을 받는 것은 황소를 기르는훈련시키는? 것보다는 양을 기르는 것이 훨씬 쉽기 때문이라는 사실에 기인한 것일 수 있다고 주장한다.282 만일 그 동물을 되찾게 된다면, 두 배로 보상을 하면 되는데, 아마도 자신의 동물에 주인이 애착을 보이기 때문일 것이다.Cassuto: 282

만일 그 도둑이 벌금을 낼 수 없다면, 그는 노예로 팔리게 된다. 먼저, 이것은 그 벌금이 아주 높을 수 있다는 것을 보여준다. 또한, 이것은 도둑질을 하게 되는 동기가 가난이라는 것을 가리킨다. 이런 조항이 우리가 보기에는 가혹할 수 있지만, 이스라엘에서 노예제도는 인도적인 제도였으며21:1-6, 주 다양한 문화들에서 절도에 대해 사형이나 신체상해를 행했다는 점을 기억해야만 한다. 따라서 함무라비 법전은, 성서의 법처럼 보상이나 배상을 요구하는 일이 많긴 하지만, 도둑이 그에게 경영을 맡긴 씨나 사료를 훔쳤을 경우 손을 자르도록 지시하고 있는 것이다.Pritchard, 1969:176, 253법

22:2-3a 도둑에 맞선 정당방위

이 법은 현행범으로 잡힌 절도범에 맞선 자기방어와 재산방어를 허용한다. 만일 어두운 상황에서 집주인이 침입자를 쳐서 죽인다면, 집주인은 살인죄를 저지른 것이 아니다.21:12-14, 주 여기서 맞다로 사용된 히브리 단어2절 = 1, 히브리어 *hukkah*는 살인 의도가 있는 것을 의미하지 않는다. 이 단어는 죽임을 뜻하지 않는다.2:11-15, 주 어두웠기 때문에, 집주인은 그 상황이 위험한지를 판단하거나, 그리고 그 침입자를 알아볼 수도 없기 때문이다.

이 사례는 절도범이 낮에 발견되었을 경우에는 달라진다. 촌락 사회에서는 모든 이가

서로를 알기 때문에 집주인은 그 절도범을 알아볼 수 있고 이 문제를 마을 문에 있는 재판 관들에게 맡길 수도 있었다. 대신, 만일 그가 침입자를 죽였다면, 이것은 의도적으로 죽이려 했다는 증거가 된다. 법정은 그 절도범에 대해서는 처벌을 약하게 내리게 되는데, 그 이유는 재산범죄는 구약의 법에서는 절대로 사형으로 처벌하지 않기 때문이다. 절도범이라고 해도 생명은 법으로 보호된다는 점이 주목할 만하다.

22:5-6 곡식피해

누군가 이웃의 곡식에 피해를 입혔다면, 방목하는 가축을 통해서든 화재로 불이 퍼져나가든, 배상을 해야 한다. 관심사는 그가 잃은 것을 피해자가 회복하는 것이지, 손해를 입힌 사람을 처벌하는 행위가 아니다. 따라서 후자가 그의 가축떼를 이웃의 밭이나 포도원에 들여 놓았든, 혹은 그가 그것을 막기 위해 충분한 노력을 하지 않았든 문제가 되지 않는다.

22:7-15 재산청구권 분쟁

7-8절: 위임된 물품에 대한 책임. 이 법의 첫 부분은 남에게 맡겼다가 도둑을 맞은 물품이나 돈에 적용된다. 똑같은 요구사항이 도둑맞았다가 되찾은 동물들에게도 적용된다.22:4: 도둑은 도둑맞은 물품을 두 배로 갚아야 한다. 만일 도둑이 잡히지 않았다면 혐의는 보호자나 수탁자에게 간다. 하나님 앞에서는 성소에서 그리고 제사장들 앞에서를 의미해야만 하는데, 제사장들은 어떤 경우에서는 판관노릇을 한다. 판관들 앞에서before the judges를 다른 해석으로 대체한다면NIV, 하나님 앞에서를 대안으로 각주로 표시 원문과는 너무 멀어진 것이다.

9절: 소유권분쟁. 재산청구권 분쟁은 수많은 물품에 대해 그리고 묘사하기에는 너무 많은 상황 하에서 일어날 수 있다. 따라서 일반적인 원칙이 여기에 삽입된다. 그것은 피해를 입은 쪽을 위한 두 배의 보상으로 이루어진다.22:4, 7 참조 유죄냐 무죄냐를 결정하는 것은 평상시의 사법 수단으로 가리기에는 너무 어려운 일이다.예를 들면 증언 이것은 신의 심판으로 남아야 한다.22:7-8, 주

10-13절: 위탁된 동물에 대한 책임. 만일 어떤 동물이 보관을 위해 누군가에게 주어졌다가 보관하는 사람의 통제에서 벗어나서 분실되거나 부상을 입게 되었을 때는 배상이 필요하지 않다. 결국, 만일 그 주인의 집에 머물렀다면 똑같은 일이 그 동물에게 일어날 수도 있었다. 유일한 관심사는 이것이 사실상 그 상황이며, 보관자가 몰래 그 동물을 납

치하거나 죽이지 않았다는 것을 가늠하는 것이다.

무죄를 가려내는 수단은 신의 심판이다.22:78, 9 참조 만일 도둑이 동물을 훔쳤다면 반드시 2배로 갚아야만 한다.22:12 참조, 7, 9 참조 이 절이 보관자가 유죄라고 하는지, 혹은 다른 도둑을 가리키는지는 분명하지 않다. 이 경우에서는, 아마 차이가 없는데, 그 이유는 그 보관자가 재산을 안전하게 보호해야 할 의무를 다하지 못했기 때문이다.

13절은 야생동물에게 상처를 입은 동물의 사례를 죽음, 상해 혹은 도둑질과 똑같이 다루고 있기에22:10 배상은 요구하지 않는다. 그렇지만 흥미롭게도 13절은 신의 심판을 필요로 하지 않기 위해 동물의 흩어진 사체, 즉 물증에 의지한다. 이것은 신의 심판에 호소하는 것은 평범한 법적 증거가 불충분한 곳에서 필요로 한다는 것을 확증한다. 일부 남은 사체를 수습하는 것은 따라서 그런 경우에서는 굉장히 바람직한 것으로, 그 이유는 그것이 무죄입증을 단순화하기 때문이다.암 3:12 참조; Wolff: 198 개인적인 위험을 무릅쓰고 그렇게 해야 할 필요는 위탁된 동물들을 보관자가 잘 보호하도록 동기를 부여하는데 도움을 주었을 것이다.

14-15절: 빌린 동물에 대한 책임. 앞선 구절들에 대해 유사한 원칙이 빌린 동물의 죽음이나 상해라는 다른 상황에 적용된다. 보호를 맡긴 동물이 죽거나 상해를 입어 전달된 사례와는 달리22:10-11, 여기서는 보상이 필요하다. 거래를 한 차용자가 동물을 보관해달라고 주인에게 요청을 받은 사람보다는 훨씬 큰 책임이 있는 것이다. 그는 그 동물을 통해 이익을 얻었거나 적어도 이익을 예상했을 것이다. 아마도 그는 그 동물에게 과한 일을 시켜서 죽거나 다치게 만들었을 것이다.

그렇지만 그 동물이 죽거나 다쳤을 당시에 주인이 있었으면, 그 동물을 학대한 혐의에 대해 차용자를 보호했을 것이다. 따라서 그 동물의 죽음이나 상해는 인간의 손을 넘어선 손실의 범주로 들어가서22:10-11에서처럼, 배상의 대상은 아니게 된다. 그렇지만 고용료는 반드시 지불되어야 하는데, 그 이유는 그 동물의 주인이 원래 합의의 일부를 지켰기 때문이다.

22:16-17 유혹을 받은 처녀

이 절들은 주요 법과 자격조건을 포함하고 있다. 주요 법은 약혼하지 않은 처녀를 유혹한 남자에게 그녀의 **몸값**bride-price를 지불하고 그녀와 결혼하라고 한다.22:16 약혼을 한 처녀를 유혹하거나 능욕하는 것은 간음과 같은 것이며, 유혹을 한 사람을 죽이는 처벌을 내릴 수 있다. 만일 여자도 동의했다면 사형을 받게 된다.신 22:23-27 참조 약혼의 때는 우리 사회에서처럼 관계를 시험하는 시간으로 여겨지는 것이 아니라 결혼 결속marriage union 을 위한 준비의 시간이다. 양쪽 가족이 이 결속에 이미 굳게 동의해야한다. 혼인 당사자들은 이미 서로에 대해 독점적으로 헌신되지만 성관계를 할 권리는 없다. 아마도 이 시기는 여성이 다른 남성으로 인해 임신한 것인지를 확인하는 역할을 했을 것이다.E. Otto: 54

이 법의 목적은 사회의 통념에 어긋나는 성적인 결속을 적절한 결혼으로 바꿈으로써 가족들 사이의 공동체 안녕을 회복시키고자 한 것이다. 신명기 22:29는 남편이 이런 방식으로 얻은 아내와 이혼할 수 없다는 점을 덧붙인다. 현대의 정서로 그렇게 문제를 해결하는 방식은 잔인하지 않다면 여성에게 부당해 보인다. 그렇지만 이 법은 잠재적으로 적대감을 갖게 될 수 있는 가문들을 화해시킴과 더불어 또한 여성의 이익을 위해 만들어진 것이다. 고대 이스라엘에서의 결혼은 개인적인 끌림과 사랑을 포함하는 일이 많았다. 그렇지만 근본적인 기초는 그런 감성이 아니라 오히려 여성의 안전, 가문의 연속, 그리고 관계된 가족들의 입장에서 공동적인 만족을 제공하는 사회적 협약이었다.

유혹을 한 사람은 그 여성의 가치를 훼손시키는데, 왜냐하면 그녀가 더 이상 처녀가 아니기 때문이다.삼하 13:20 참조 그는 그녀의 가족의 명예를 더럽혔다. 따라서 그는 양쪽에게 배상을 해야만 한다: 여성에게는 결혼이라는 안정성을 제공함으로써, 그리고 그녀의 가족에게는 그녀의 가족을 대표하는 아버지에게 몸값을 지불함으로써.

이 주된 법에 붙어 있는 특별한 조건22:17은 여성의 아버지가 그녀의 딸이 유혹을 한 사람을 거부할 수 있도록 선택하게 하는 것이다. 그런 조항은 두 가지를 보호한다. 첫째로는, 어떤 이유이든 간에, 아버지로 하여금 그가 원하지 않는 결속에 거부권을 행사하도록 하는 것이다. 둘째로, 이 조항은 이 결혼을 바라는 남자나 두 당사자가, 주어지지 않을 수 있는 아버지의 동의를 강요하기 위해 이 주된 법을 오용하는 것을 막고자 하는 것이다.

이 법은 처벌수단이라기 보다는 보상을 통한 공동체의 안녕을 구하고자 하는 다른 법들과 일치한다. 오토는 중동의 아시리아 법주전 12세기; E. Otto: 28; Pritchard, 1969:185, 55-56법, 및 171 참조, 함무라비 법전의 130법 속에 있는 아주 유사한 법의 취지에 관심을 기울인다. 이 법은 덜 배상지향적이며 더 처벌적이다.

이 법은 고대 이스라엘에서의 여성의 지위나 결혼의 본질에 대한 지나치게 해석되어서는 안 된다. 이 법은 어떤 법적이고 재정적인 문제들만을 규제하고 있다. 이들 가운데는 신부의 **몸값**도 있다. 이것은 여성을 재산으로 간주하여 지불하는 것으로 이해되어선 안된다. 앞서 난 재산을 구성하는 것은 그것을 되팔 수 있는지를 시험하는 것이라고 지적한 바 있다.20:17, 주 다른 구성원들과 마찬가지로 딸이 빚을 갚기 위해 노예로 팔릴 수는 있

었지만, 딸은 그런 의미에서 아버지의 재산이 아니었다. 21:1-11 주

히브리어 *mohar*를 잘못 표현한 단어인 몸값은 시장에서의 가격이 아니라 복잡한 사회적 협약을 의미한다. 매튜와 벤자민은 그것을 "땅과 자녀들을 미래에 얻기 위해 남성의 가정이 여성의 가정에게 투자하는 자산"으로 정의하고 있다.128 그런 투자는 "그녀의 유산에서 신부의 몫을 여성의 아버지의 가정으로부터 그녀와 그녀의 남편이 향후 얻게 될 자녀들에게 이전한다." Matthews: 127 따라서 돈이나 재산의 양은 각각의 방향으로 흐르게 되지만, 차이점은 이혼, 과부살이 등의 경우에서 누가 청구해야 하는가에 대한 문제 속에 있다.

오토는 신부의 **몸값**을, 아들들에게 신부를 마련해 주기 위해 가족들이 혼기가 찬 딸들을 맞교환하는 사회적 상황 속에서 비롯된 것으로 본다. 직접적인 "교환"은 혼기가 찬 딸들과 그들의 결혼가능성을 위한 동시적인 필요를 상정하는 것이므로, 만족스럽게 이루어지긴 어려웠다. 그렇다면 신부의 몸값은 결혼으로 인해 딸을 주는 가족의 요청을 제공하고자 도입되었다. 그녀의 가족은 그렇게 함으로써 그녀를 맞아들이는 가족의 딸을 요청했다. 왜냐하면 그 가족의 혼기가 찬 아들이 그것을 보증했기 때문이다. 신부의 몸값은 결국 그런 청구를, 이제는 재정적 지불 형태로 받지만, 다른 가족들에게 이전하도록 허락했다. 이것은 결혼합의를 단순히 허락된 딸들을 서로 교환하는 것 보다는 필요에 더 적응할 수 있는 것으로 만들었다.E. Otto: 53

그 밖의 종교적이고 사회적인 법들 22:18-31

어떤 주석가들은 18절이 언약의 책의 후반부를 연다고 본다. 예를 들면 차일즈는 법령들*mispatim*이나 판례가 22:16으로 끝나고, 다양한 법적인 형태를 포함하고 있는 말씀들 *debarim*이 있는 부분이 22:18에서 시작한다고 주장한다.Childs: 451, 477 다른 주석가들은 다른 곳에서 경계선을 긋는다. 의견의 일치는 없다.개요, 위를 보라

22:18-20 중대한 도착행위들

하나님의 언약의 뜻에 대한 중대한 도착행위들을 말하고 있는 세 가지 법이 여기서 한 곳에 모여이다.18-20절 이 절들은 주술사, 수간, 그리고 우상숭배에 대한 것이다. 이 세 가지 모두 사형에 해당한다.

18절: 여성 주술사. 이 법은 여성 주술사나 마녀에게 사형을 선고한다. 이 절들은 남성 주술사보다 여성에게 더 가혹한 것으로 읽혀선 안 된다. 모든 형태의 마법은 구약성서 곳

곳에서 엄격히 금지되어 있다. 신 18:9-14 참조, 왕하 9:21-26; 렘 27:8-11; 미 5:10-15 차일즈는 여기서 사용된 여성형은 주술행위가 여성들 사이에서 빈번하게 행해졌다고 생각되었기 때문이라는 그럴듯한 주장을 편다.478

신명기 18:9-14는 열방이 행하는 다양한 형태의 마술이나 마법행위를 나열하는데, 이 행위들은 이스라엘이 주님을 배신하도록 유혹했다. 주술사여기서는 남성형는 그들 가운데 하나이다.신 18:10 성서적 관점에서 보면, 이런 모든 실천들이 신의 뜻을 알고 영향을 주고자 하는데 있어 불법적인 것들이다.

19절: 수간. 이 법은 수간 또는 동물과의 성적인 관계를 비난하고 있다.레 18:23 참조; 20:15-16; 신 27:21 레위기 18:23에서 그것은 "도착"히브리어 *tebel*으로 특징짓고 있는데, 아마도 "혼란하게 하다.to confuse"를 의미하는 동사*balal*에서 유래된 것 같은 드문 명사이다. 동물과의 성관계는 의심의 여지가 없이 하나님의 창조질서의 혼란/도착으로 간주되었다. 하나님의 창조 질서에서 인간의 성관계는 오직 이성과의 혼인 속에서만 일어난다.창 1:26-28; 2:18-24

20절: 우상숭배. 이 법은 주님 외의 다른 신들을 섬기는 것을 비난한다. 이 법은 가장 중요한 계명을 다시 진술한다.출 20:3, 주 **파괴에 전념하다.**20절=19, 히브리어 *yaharam*, RSV: 완전히 파괴함는 가나안 땅을 정복하기 위한 야웨의 전쟁과 빈번하게 관련되는 표현이다. 예를 들면 민 21:1-3; 신 2:34 여기서 우상숭배를 하는 사람은 가나안 땅의 원래 거주민들과 같이 이스라엘의 신앙을 위협하는 것으로 간주되고 있다.[야웨 전쟁, 489쪽]

22:21-27 불우한 사람들을 돌봄

이 절들은 사회의 약한 구성원들, 즉 경제적으로 궁핍한 대출자를 비롯하여 외국인 거주자, 과부, 그리고 고아들을 보호하는 두 개의 법을 묶고 있다.21-24절 하나님께서 그들의 보호자이다. 만일 그들이 부당하거나 가혹한 대우를 받는다면, 하나님께서 그들의 고통의 울음을 들으실 것이며22:23, 27 압제자에 맞서 행동을 취하실 것이다. 그런 행동은 하나님의 자애로우신 성품에서 나온다.나는 자비로운 자이다. 22:27 그렇지만 하나님의 진노는 압제자들의 끔찍한 최후로 이어진다.22:24

21-24절: 압제. 여기서 금지하는 행위는 몇 가지 일반적인 동사들부당한 취급을 하다, 억압하다, 학대하다로 대략적으로 묘사되며, 상세한 부분은 우리의 상상력으로 채우도록 하고 있다. 그렇지만 우리는 **외국인 거주자**21절=20, 히브리어 *ger*, **과부와 고아**아버지가 없는 가 적어도 한 가지 기본적인 불리한 점을 공유하고 있다는 것을 안다. 그들은 남성 지주들

로 이루어진 마을 문의 민회legal assembly에 목소리를 낼 수 없었다.위의 서론

법적으로 목소리를 낼 수 없으므로, 억압받는 자들에 대한 관심을 표현할 때 구약성서 구절들은 반복적으로 체류하는 외국인, 과부, 그리고 고아를 열거한다.신 14:29; 16:11, 14; 24:19-21; 26:12-13; 시 94:6; 렘 7:6; 22:3; 슥 7:10 외국인 체류자를 보호하는 태도는 공감에서 나오는 것으로 볼 수 있다: 너희도 이집트 땅에서22:21; 23:9에서처럼 자주 나오는 동기 절; 레 19:33-34; 신 10:17-19; Van Houten 이방인이었기 때문이다[신명기에서는 "노예"로 자주 나옴]

25-27절: 궁핍한 자들을 재정적으로 착취함. 가난한 이웃에 빌려주는 것은 재정적 착취라기보다는 동정의 행위여야 한다. 여기서 돈을 빌리는 사람은 살기 위해서 억지로 빌려야 하는 상황 속에 있는 사람이다. 생업경제 속에서는, 이것이 흉작, 병 혹은 다른 문제로 인해 쉽게 이루어질 수 있었다. 이런 상황들 속에서 채권자-채무자는 기업체라기보다는 연대적 책임이라는 맥락 속으로 자리 되어야 한다.

채권자 자신이 더 부유해질수록, 그런 가난한 자들은 무엇보다도 나의[하나님의] 백성에게 속한다.22:25 가난한 자들은 너희 이웃이 절들 속에서 세 번 등장으로 간주되어야 한다. 돈을 빌려준 사람은 그들에게 **채권자**가 아니라 이웃처럼 행동해야 한다.22:25; 레 25:35-38 참조; 신 15:7-11 채권자로 행동하는 것은 비즈니스 관계라는 맥락으로 그 거래를 만드는 것이다. 아마도 비즈니스를 목적으로 돈을 빌리는 누군가에게 이자를 받는 것이 허용되었을 것이다.

담보로 잡은 이웃의 겉옷을 해가 지기 전에 돌려주라는 조항은22:26-27 이런 유형의 대출을 비즈니스 거래가 아니라 동정적인 행위로 특징짓고 있다. 밤이 오기 전에 되돌려줘야 할 겉옷은, 갚았든지 아니든지, 빌려준 이에게 담보를 제공하는 목적이어서는 안 된다. "그것은 빌려준 자의 보장이라기보다는 빌리는 자의 감정적인 이익을 위한 담보329"라는 더럼의 주장이 맞을지도 모르겠다. 아모스는 담보로 잡힌 의복 위에서 잠을 자는 자들에 대한 하나님의 심판을 선언한다.암 2:8

그렇지만 이 본문에서는 어떠한 법적인 처벌규정이 없다. 사람들은 한 손으로는 압제를 하는 기회를 제공하는 무수한 삶의 상황들을, 다른 한 손으로는 동정과 자비를 정확히 규정하고 수량화할 수 없다. 이들 "법들"은 이스라엘이 경험했던 하나님의 성품과 뜻을 모델로 한 윤리적으로 민감한 양심에 호소하는 것이다.

22:28-31 하나님께 합당한 공경

이 절들 속에 있는 완전히 다른 네 개의 다양한 법들이 하나님을 공경하는 주제를 공유한다. 더럼은 처음에 시작하는 너희는 하나님께 욕되는 말을 하지 말라28절와 너희는 나를 섬기는 거룩한 백성이다.31 언급을 하나님과의 올바른 언약관계를 강조하는 법들에 대한 서론이자 결론으로 본다. 나머지 구체적인 명령들은 언약적 충성이라는 일반적인 주제를 묘사하는 것으로 볼 수 있다.Durham: 329f

28절: 하나님을 모독하고 지도자를 저주함. 모독하다.28a-27a, 히브리어 teqallel, 어근: qalal는 "가볍게 하다, 하찮게 하다"라는 의미를 가진 동사의 형태이다. 그렇다면 그것은 "중요하지 않은, 말하기에는 너무 하찮은"이라는 의미로 사용되는 것이다.KB 참조 다른 말로 하면, 하나님은 충성의 입증을 무시하거나 거부함으로써 하찮게 되시지 않으시는 것이다.레 24:15f 참조 하나님의 백성의 지도자28b=27b, 히브리어 ta᾽or, 어근: ᾽arr를 저주하는 것은 주문 같은 것으로 그에게 악을 씌우는 것이다; 이것은 하나님을 가벼이 대하거나 하나님을 저주하는 것의 한 사례이다.

어떤 사람들은 두 개의 히브리어 단어가qalal, ᾽arr 동의어라고 생각한다.예를 들면 Noth: 187 짐작건대 이 지도자히브리어 nasi᾽ 는 올바르게 취임하여 하나님의 권위 가운데 일부를 나타낼 것이다. 지도자라는 용어가 왕을 가리키는 것은 아니지만, 그의 지위의 정확한 본질은 논란의 여지가 있다. 노스는 그가 "모든 이스라엘이 함께 보였을 때 그 사건에 대해 12부족의 대표자"였다고 본다.167 다른 이들은 이 칭호에 더 일반적인 의미를 부여한다.

29a절: 헌물을 더디함. 이 법은 간결하여 번역자들과 해석자들에게 문제를 주고 있다. 네 개의 히브리어 단어가 20개의 영어 단어로 표현된다.NRSV! 문자적으로, 더럼에 따르면, 이 명령은 네 모든 것과 네 기름을 가리키지만 그는 이렇게 번역한다. "너는 네 풍작과 고급 포도주 및 풍부한 기름 바치기를 망설이지 말라" 329, 309 명시되지 않은 헌물에 대해 인색한 것은 문제가 될 것이다.아마도 첫 열매; 레 23:9ff 참조; 26:1ff: 따라서 Childs: 479

29b-30절: 맏이를 바침. 이 법은 맏이를 바치는 것을 상기시키는 것으로, 따라서 하나님께 대한 언약적 충성의 영역을 견본으로 보여주는 것이다. 우리는 이미 이 요구사항들을 길게 살펴 보았다.13:1-2, 11-16, 주 어린 동물을 어미에게 맡기라는 조항은 동기 상으로는 인도적인 것일 수 있지만, 또한 동물의 생존능력을 보장해 주기 위해서이다.레 22:27 참조

31절: 토막난 고기를 멀리하라. 이 법은 이스라엘의 특별한 부르심을 상기시킨다.19:6 참조 이 지위가 어째서 야생동물에 의해 찢긴 동물들의 고기를 피해야 하는 결과가 되는

것인지는 확실하지 않다. 21:35에 따르면, 다른 황소가 들이받아 죽은 소는 상상컨대 음식으로 사용될 수 있었다. 죽을 당시의 알려지지 않은 시간과 상황들이 여기서의 요인일 수도 있다. 아마도 피가 완전히 빠지지 않았다는 사실이 요인일 수도 있다.신 12:27 참조 그렇지만 들이받힌 황소가 눈에 보여서 출혈로 바로 목숨을 잃은 것이 아니라면, 그것은 들이받혀 죽은 황소의 사례와는 다르지 않다.21:35

우리는 이스라엘의 법적이고 문화적 행습에서 약간의 유연성과 다양성이 있음을 알아야 한다. 그렇지만 이런 금기의 의도는 어떤 면에서 하나님께 성별된 민족이라는 이스라엘의 특별한 지위와 연결되고 있다. 하나님께 대한 제사가 흠이 없어야 하는 것처럼예를 들면 레 1:3, 10: 3:1, 6, 이스라엘은 개들에게 주는 토막 난 고기를 먹어선 안 된다.출 22:31 사려와 위엄이 지켜져야 한다.

공정한 정의 23:1-9

이 섹션에 있는 모든 법들은 관련된 당사자에게 편파적이거나 그렇지 않은데서 오는 부당함에 맞선 것이다.

23:1-3 부당한 정의에 맞서다

부족/마을의 장로들이 주재하는, "성문에 있는" 민회가 법을 집행하는 것은 십계명의 증언명령과 연결되어 논의되었다.20:16. 주 공정한 정의를 위협하는 것은 그 "법정"에서 익명일 수 있는 사람은 없다는 사실에서 나온다. 아울러, 많은 이들이 혈족이거나 오랫동안 알고 지내던 이웃들이다. 이런 사정을 생각하여, 이 본문은 공정한 정의에 대한 위협이 일어날 수 있는 네 가지아마도 다섯 가지 구체적인 형태를 상술하고 있다.

1a절: 잘못된 루머. 이 법은 잘못된 말이 퍼지는 것을 금한다. 그런 루머들이 소송절차를 제대로 밟고 있는 법정 외부에서 퍼져나갔다 해도, 루머들은 어떤 사람의 명성에 피해를 입히게 된다. 법정에서 그 사람의 위상은 그의 명성에 크게 달려있다.

1b절: 악인들과 합세함. 여기서 금지하고 있는 것 역시 법정 밖에서 시작하는 것이지만 법적인 결과로 이어진다. 악인들과 합세한 사람은 거짓된 증인이 될 수 있거나, 더 문자적으로는, 폭력의 증인이 된다. 이 말은 그 사람이 자신의 거짓 증언을 통해 그들을 비호함으로써 폭력을 행하는 그들과 합세하도록 강요를 받는 것을 의미하거나, 그들의 이익을 위한 거짓 증인으로 행하여 그가 법정이 오판을 하도록 하여 피의자에게 폭력을 행하도록 하는 것을 의미한다.

2절: 다수에 머리를 숙임. 이 법은 일반적인 생활 속에서나2a 혹은 법정의 증인으로서 나2b; 신 19:16 참조; 시 35:11-16, 집단의 압력이나 다수의 영향에 따라 범법행위를 행하는 것을 겨누고 있다.

3절: 가난한 이에게 편파적임. 이 법은 가난한 자에게 유리하게 편파적이지 말 것을 경고한다. 그런 편파는 동정심에서 나온 것일 수 있지만 그럼에도 부정을 행할 잠재성을 가지고 있는 것이다. 레위기 19:15는 똑같을 경고를 하고 있지만 다음과 같이 반대의 것을 말함으로써 균형을 이루고 있다. "너는 가난한 이라고 두둔하거나 권세가 있는 사람이라고 편들어서는 안 된다."신 1:17 참조

23:4-5 적의 동물들을 돌봄

이 절들은 1-3절과 6-8절에서 나타나는 금지들너는 ~ 말라과는 대조적으로, 내용에서나 긍정적인 형태에서나, 1-3절과 6-8절 사이의 삽입으로 보인다. 그럼에도 이 절들은 편파를 행하려는 어떤 유혹을 언급함으로써 이 맥락과 부합하고 있다. 구약성서는 동물에 대해 큰 돌봄과 동정심을 보이고 있다.예를 들면 20:10; 23:11-12; 신 25:4; 욘 4:11 그렇지만 여기서의 문제는 동물에 대한 관심이 아니라, 너의 적4절 또는 너를 미워하는 이5절에 대한 편파성이다.

일반적으로 떠돌던 동물이 주인에게 돌아오거나 짐을 끌던 동물이 넘어져 깔렸을 때 일으켜 세우는 것은 응당 해야 하는 이웃의 책임이다.신 22:1-4 일부 불화로 인해 누군가가 도움을 표현하지 못하도록 하는 유혹을 받을 수 있다.너는 망설이지, 5절 그렇게 내버려 두는 것은 적극적으로 그것을 초래하거나 부추기지 않고 이웃이 해를 입도록 방치하는 것이다. 이 법들은 그 역시 범죄라고 말한다.

23:6-8 편향된 정의를 다시 말하다

지금 우리 앞에 있는 법들은 1-3절에서 시작된 공정한 정의를 계속해서 부르짖는다. 이 내용들 대부분이 앞선 법들을 반복한다. 정의는 너의 가난한 자에게도 보장되어야 하는 것이다.23:6; 22:21-27 참조, 엄밀히 말하면 동정이 정의를 넘어서는 곳 이 가난한 자들은 공동체의 일부로 남아 있으며 따라서 공동체의 책임인 것이다.

거짓된 고발7절은, 아마도 뇌물로써 법정에서 인정되는 것으로8, 문자적이든 비유적이든, 무고한 자를 죽일 수 있는 가능성이 있다.신 27:25 참조; 잠 17:23 만일 인간의 정의가 이런 방식으로 어려움에 봉착한다면, 하나님께서 그 원인에 손을 대실 것이다. 왜냐하면 나

[하나님]는 죄인에게 무죄를 선고하기 때문이다.7절; 22:23-24, 27 참조; 신 16:19-20

23:9 외국인 체류자를 압제하는 것

우리는 이 주제를 22:21과의 연결선상에서 살펴보았다.주 다시금, 외국인에게 공감을 하는 것은 이집트에서 이스라엘이 외국인 신분으로 있을 때를 바탕으로 동기부여가 된다. 법은 동정에 대한 윤리적 호소가 된다.

안식일과 절기들 23:10-19

특히 종교적/제의적 법들로 시작하는 언약의 책에 있는 법들과 같이20:23-26, 이 법들은 그런 법들로 결론을 맺는다.23:10-19 그러므로 그런 제의적 법들은 법전의 대부분을 이루고 있는 두드러진 민법들을 둘러싼 뼈대를 형성한다. 처음의 구성 섹션이 예배의 장소제단에 초점을 맞추고 있다면, 끝부분의 구성 섹션은 따로 예배를 위해 마련된 시간에 관심을 둔다. 이 섹션에 있는 대부분은 34:17-26의 법들과 아주 닮아있다.

23:10-13 안식일 원리

두 개의 간략한 법들10-11절과 12절이 안식일의 원리를 소개한다: 여섯 번의 노동 단위 이후 한 번의 휴식 단위. 몇 가지 지침들이 덧붙여진다.13

10-11절: 안식년. 이 절들은 안식일 원리를 7년 기간에 적용한다. 우리는 앞서 이 패턴과 만난 적이 있는데, 노예의 일과 해방에 적용이 되었었다.21:2-6. 주 여기서 그것은 그 땅을 경작하는데 적용된다. 그 땅을 묵혀야 할 때는, 6년간 그 땅을 경작하였으면 한 해는 그 땅을 위해 쉬어야 한다. 똑같은 것이 포도원과 과수원에도 적용된다.

우리는 이런 행습을 윤작, 땅을 기름지게 하기, 그리고 그런 전략들로 생산성을 높이는 것으로 이해하려는 현대의 유혹을 뿌리쳐야 한다. 반대로, 여기서의 땅은 주인을 더 잘 섬기기 위한 다른 방식으로 "관리되는" 것이 아니다. 대신, 그 땅은 경의를 가지고 대해야 하는데, 그 경의란 구속에서 벗어나 쉼을 누리는 자유를 필요로 하는 것을 포함한, 거의 인간과 같은 "인성"으로 이해하는 경의인 것이다. 레위기 25:1-7은 이 법을 더 온전하게 다시 말하고 있다.희년의 법이 따라오는, 아울러 안식일 원리를 기초로 한, 25:8-55: "땅은 주님의 안식을 지켜야 한다": 25:2

다른 말로 하면, 인간은 그 백성과 같이 그 땅이 하나님을 궁극적인 소유자/주인으로 삼는다는 것을 알아야 하는 것이다. 레 25:23; 시 24:1 참조 인간이 땅을 농업에 사용하는 것은 그 땅이 노예 상태임을 보여주는 것으로, 그 땅에는 꼭 쉬는 기간이 주어져야 하는 것이다. 그런 쉼은 동시에 하나님을 주님으로 인정하고 순종하는 것이기도 하다. 여러 가지 잘못의 형식에서 스스로의 무고함을 부르짖으며, 욥은 그의 땅이 그에게 부르짖지 않는다고 맹세한다!억압받는 이들의 외침, 출 22:23, 27 참조; 그 밭이랑들이 함께 울지 않는다.욥 31:38

그렇지만 땅을 위해서 농지를 한 해 놀리려는 동기는 땅을 쉬게 하는 것뿐만 아니라 땅에서 나는 "자생곡물"Patrick: 91에게 너의 백성 중의 가난한 이들과너희 중의 가난한 이들, 22:25 참조 야생동물들이레 25:6-7 참조 쉽게 다가갈 수 있도록 하기 위함이다. 어떻든 그 동물들도 공동체에 속해있는 것이다. 이런 사회적 동기가 그 법을 가난하고 불우한 사람들에 대한 앞선 본문들과 연결된다.22:21-27; 23:1-9

이런 동기를 고려하면, 이 본문은 그 땅을 쉬게 하는 시차적 계획을 가지고 있음을 암시한다. 가난한 이들과 짐승들을 위해 지속되는 조항이 더 무엇이 있을 수 있을까? 나중의 어떤 시점에서, 어떤 변화가 모든 이스라엘 사람들을 위해 안식년을 동시에 준수하도록 하는 일이 일어나게 했음이 틀림없다. 레 25 참조; 신 15:1-11

12절: 안식일 준수. 이 절은 안식일 준수를 명하고 있는데, 그것은 분명 "안식일 원리"에 기초한 것이다. 안식년 후에 위치하는 이유는 아마도 네 개의 다른 "제의적 달력"의 세 가지에서처럼, 이어지는 세 개의 절기와 함께 그것을 위치하고자 한 것 같다.23:14-17, 주

우리는 안식일을 십계명의 안식일 계명과 연결하여 더 온전하게 생각해 볼 수 있다.20:8-11, 주 그런 맥락에서, 하나님이 창조의 일곱째 날에 쉬신 것은 안식일의 휴식을 준수하는 것에 대한 동기를 부여한다.20:11; 창 2:2-3 참조 다른 한편으로, 여기서는 사회적 동기가 지배적이다.신 5:14b-15에서처럼 그 목적은, 동물, 종, 그리고 외국인 체류자를 비롯하여 확장된 가족 전체가 생기를 회복시킬 수 있거나, 더 문자적으로 그리고 그림을 그리듯이 표현하면, 그들의 숨을 돌릴 수 있도록 하는 데 있다.Durham: 310

13절: 하나님께만 복종. 이 절은 앞선 법들에서 2인칭 단수를 말하다가 1인칭복수로 바뀐다: 너희는[복수형] 들으라. 이것은 다른 신들의 이름을 들먹이는 것과 주님께 복종하는 것을 대조시킨다. 더 급진적으로는, 그들이 너희의 입술을 듣지 못하게 하라. 패트릭은 이 절을 "첫 번째 계명의 설교판"이라 부르고 있다.92: 20:2-3, 주

어떤 주석가들은 이 요약적인 권고가 언약의 책의 원래 끝부분이었을 것으로 생각한다. 그렇지만 현재의 본문에서 이것은 법들 사이 거의 어느 곳이나 위치하고 있는 투입된 권고로 기능한다. 이것은 아마도 여기서는 안식일의 중요성을 강조하기 위해 자리하고

있을 수도 있지만 우리가 확신할 수는 없다.

23:14-19 세 개의 순례 절기들

14, 17절: 매년 있는 세 개의 절기들. 앞선 안식일 구절에서 두드러지는 특별한 시기의 주제가 이어진다. 14절과 17절은 기본적인 요구사항을 언급한다: 이스라엘은 일 년에 세 차례 나[하나님]를 위한 절기를 열어야 한다.17절, 15-16절은 절기들의 이름을 밝히고 그 절기들을 그 해의 농업활동과 연결시킨다. 절기들을 나열하고 있고 그 절기들을 대략이나마 완전히 묘사하고 있는 "제의력들"은 역시나 토라의 다른 곳에서도 발견된다.창 34:18-24; 레 23; 민 28-29; 신 16, 안식일은 없음; 대하 8:13 참조 이 본문에 그 절기들의 세부내용과 이름들이 다양하게 나타나지만, 이 제의력들은 이스라엘의 "교회력"의 그림을 우리가 그리는데 도움을 주고 있다.

각각의 경우의 절기는 16-17절이 분명히 나타내는 것과 같이 순례절기이다.hag, 16, 히브리어 적어도 일부 여성들도 참여할 수는 있지만, 남성들만 모이는 의무적인 절기이다.삼상 1; 눅 2:41-51 참조 그 절기는 주 하나님 앞에서 열려야 하는데17, 주님, 히브리어 ha' adon; 3:13-15, ' adonay에 대한 주 참조, 19절에서처럼 예배의 중심이 되는 기술적 용어이다: 너희 하나님 주님의 집.

예전에는 이것이 지역적인 성소였을 수 있다. 그때조차도, 너희 모든 남자들이 떠나는 것은 나라를 방어할 수 없도록 하였으므로 문제가 되었다. 34:24에서 특별한 보호가 이 상황에서 약속된다. 절기들이 나중에 하나의 중앙 성소에서 열렸을 때신 16:5-6, 그 곳은 나중에 예루살렘에 있는 성전으로서, 외딴 곳에 있는 공동체들의 대표들만이 더 오랜 여정을 할 수 있었다.

15절: 무교병의 절기. 이 절은 무교병의 절기와 함께하는 제의력을 소개한다. 우리는 이 절기를 유월절과 더불어 광범위하게 살펴보았다.12-13장, 주들, 이 제의력의 강조는 농업년도에서 그 절기들의 장소와 기능에 있다. 그렇지만 이스라엘이 이집트에서 탈출한 것에 대해 간략한 언급이 그 백성들의 역사적 과거와 연결성을 보존하고 있다.

따라서 여기서의 본문이, 12-14장그리고 다른 곳에서의 무교병과 아주 가까이 연결되는 유월절을 언급하지 않는 것은 놀라운 일이다. 앞서 본 것처럼, 항상 세 개가 있으며 이 절기들은 항상 농업연도 속에서 유사하게 위치되고 있지만, 또 다른 다른 제의력들이 항상 세 개의 절기들의 이름을 일관되게 밝히고 있는 것은 아니다. 아마도 15절은 무교병의 절기 주간 가운데 유월절 밤을 포함하는 것을 당연하게 여기고 있을 것이다. 반면에, 패트릭이 여기서 우리가 가지는 순례 절기들의 목록을 가지고 있다고 지적한 것이 맞을 수도 있다.93 예전에는 가정에서 지켰던12:1-20, 성서적 맥락에서의 본문 유월절이 그리하여 이 목록에 속하지 않는 것이다.

아비브의 달에 지정된 시간23:15a; 34:18b은 아비브3월/4월; 12:18; 레 23:5; 민 28:16-17의 달 14일에서 21째 날이나 22째 날에 이르는 기간을 더 정확하게 말하고 있다. 여기서 그 시간은 보리수확의 시작에 따라 유동적일 수 있다.신 16:9 참조; 보리, 3월 중순에서 4월 중순 혹은 고지대에서는 더 늦은 시기

내 앞에서 아무도 빈손으로 나타나지 말라23:15b는 말이 언약의 책 여기저기서 발견되며 하나님의 뜻을 성실하게 지키라고 호소하는 것이 추가된다.22:31a 참조; 23:13 이것이 다른 절기들과 비교해서 이 절기들에 적용하는 것으로 제한된 것은 분명히 아니다.신 16:16에서의 위치를 참조

16a절: 축제의 절기. 두 번째 절기, 축제의 절기는 너희가 수고한 첫 열매와 연관되는데, 곡식추수시기의 시작을 표시한다는 인상을 주고 있다. 그렇지만, 다른 본문에서 첫 번째 절기 다음에 위치하는 것23:15과 그 절기에 대한 묘사는 그것이 밀추수34:22; 4월 중순에서 6월와 곡식추수시기의 끝이라는 점을 알리고 있다.

추수절기는 일주일 내내 지킴으로써 기념되었는데, 무교병절기 이후의 50번째 날이나 7주 후에 시작된다.7x7 일; 레 23:15-16; 신 16:9-10 이 절기는 성령강림이라는 이름으로 이어진다.헬라어: *pentecoste*, "50번째 [날]" 7주이기 때문에, 주의 절기the Festival of Weeks라고도 불린다.34:22; 신 16:10; 민 28:26 이스라엘이 다른 때에 다양한 곡식의 첫 열매를 가져왔지만, 그 절기는 주님에게 첫 열매들을 가져오는 것과 특성상 연관된다.23:19; 34:26

신명기 26:1-11은 이 과정과 하나님이 주신 그 땅에 대한 근원적인 감사의 신학을 기술한다. 그렇지만 그 구절이 특별히 추수의 절기인지 아니면 다른 절기에 연결되어 있는지, 혹은 그 구절이 첫 열매를 개인적으로 보여주는 것을 가리키는 것인지 우리가 확실히 알지는 못한다.

16b: 수확의 절기. 수확의 절기는 세 번째의 순례절기로서, 농번기의 끝에 지켜진다. 이 절기는 일곱째 달, 혹은 티슈리/에다님에 있으며9/10월; 레 23:24, 27, 34; 민 29:1, 7, 12, 과수원과 포도원에서의 수확을 표시했다. 이 절기는 수확절기의 주기를 마무리 짓고 나중에는 그 해의 주요 축제기로 확대되었다.

그 해의 끝34:22: 해가 바뀌는 때을 언급하는 것을 두고 어떤 이들은 새해의 기념일과 함께 하는 수확을 바빌론의 그런 기념일과 연관시키기도 한다. 그렇지만 성서 본문이 그

런 연결을 하고 있지 않다는 크라우스Kraus의 지적은 옳다. 그는 그런 언급이 "농사해를 마감"하는 것일 수 있다고 본다.Kraus: 62 이 세 번째 절기는 초막절이라고도 불린다. 레 23:34; 신 16:13; 느 8:15-17 "초막"은 원래 과수원이나 포도원에서 나뭇가지와 잎으로 만든 단순한 거처를 의미한다. 초막은 도둑과 동물로부터 과실을 보호하는 농부들에게 그늘을 마련해주는 것이다. 결과적으로 그 거처는 이집트에서 나온 이후 광야를 유랑하는 동안 이스라엘이 천막생활을 하는 것과 연계되었다. 레 23:42-43; 느 8:15-17

18-19절: 누룩, 기름, 그리고 첫 열매. 34:25-26에서도 그래도 나오는 이 절들은 제의적 기념일과 관련된 구체적인 일들을 명시하고 있다. 18절은 일반적인 원칙을 말하고 있다: 하나님을 위해 지켜지는 생명의 상징인 피레 17:10-14; 신 12:23는 불순물의 상징인 누룩과 접촉해서는 안 된다.34:25, 주

제물을 하나님과 함께 나누는 것으로 표현되는 기름예를 들면 29:13, 22-25; 레 3:14-17; 민 18:17은 밤에 저장되어선 안 된다. 아마도 이것은 그것을 지연시킴으로써 희생을 소홀하게 할 수 있었기 때문일 것이다. 그렇지만 34:25에서 이런 명령들은 유월절과 관련이 되는데, 유월절은 피를 강조하고 누룩을 금하고 있다.34:25, 주 기름 대신에, 유월절 제사가 거기서 이름이 나오는데, 12:10에 따라 아침까지 두는 것은 금지된다.

19b절: 모유로 새끼를 끓이는 것. 어미의 젖으로 새끼염소를 끓이는 것은 금지된다.34:26b 이런 명령은 따로 떨어져있고 수수께끼로 남는다. 어떤 이교도의 관습이 있을 수 있다.Cassuto: 305; Childs: 485 아마도 이것은 제물로 드리고/혹은 먹을 준비를 하면서, 새끼 염소의 생명을 유지시키는 어미의 젖을 사용하는 것을 인간의그리고 신의 심정으로는 내재적으로 금하는 것이라고 단순히 판단할 수 있다. 이 법이 갖는 중요한 결과는 우리 시대로 확장된다: 관습을 준수하는 유대인들은 우유를 보관하는 접시와 고기를 담는 접시를 엄격하게 구분한다.

약속과 권고 23:20-33

언약의 책에 대한 이 에필로그는, 그것에 앞선 법들과는 문체와 내용상으로 아주 다르며, 적어도 두 개의 기능을 완수하고 있다. 먼저, 이 에필로그는, 여는 괄호인 20:22-23와 함께 다양한 법들의 모음을 닫는 괄호이다. 양쪽 본문 모두 십계명의 첫 두 계명을 반영하면서 하나님께 이스라엘이 독점적인 충성을 하는 것을 강조하고 있다.Durham: 334, 337 더럼과 몇몇 다른 해석자들은 이런 십계명과의 연결 속에서 언약의 책이 십계명의 해설이라는 시각을 확인한다.Durham: 336f 여기에 대해, 난 그것이 메일의 생활이라는 정황

속에서 하나님의 뜻을 발견한다는 일반적인 의미에만 동의할 수 있다. 몇몇 사람이 주장하는 것처럼, 언약의 책의 구체적인 섹션들이 구체적인 십계명의 계명들을 해석한다는 것은 납득할 수 없다.

이 본문의 두 번째이자 아마 더 중요한 기능은 앞선 법들을 하나님이 이끄시는 목적지인 약속의 땅에 주의를 기울임으로써 지속되는 출애굽 이야기 속에 포함시키는 것이다. 신 7장에 나오는 가까운 병행구 참조 하나님은 이스라엘에게 시내 산에서의 현현을 허락하시고 율법 속에서 그 율법 속에서 예시된 이스라엘을 위한 하나님의 뜻을 계시하시는 것을 허락하시는데, 하나님의 특별한 민족으로서 새로운 부르심을 살아낼 수 있도록 하기 위해서이다. 이 본문은 3:8; 15:13-18; 그리고 19:3-6이 함께 하는 미래를 향한 방향성을 나누고 있다. 이 세 본문 모두가 이스라엘의 당시 정황을 넘어서서 하나님이 자신의 백성을 위해 염두에 두고 계신 약속의 땅 속에 있는 미래를 가리키고 있다.[약속의 땅, 487쪽]

23:20-22 천사의 안내

앞서 우리는 하나님의 천사전령에 대한 언급이 하나님 자신을 가리키는 조심스러운 방식임을 살펴보았는데, 내 이름이 그에게 있기 때문이다.23:21; 3:2 주 참조 14:19와 관련하여, 우리는 그런 천사의 언어가 하나님의 인도하심을 다르게 표현하지만 구름기둥과 불기둥이라는 방법도 똑같은 하나님의 인도하심이라는 것을 보았다.13:21-22, 주; 아울러 32:34; 33:2 참조

주석가들은 21절과 22절이 이 본문에 앞선 법들을 따르라기보다는 천사에 따르도록 이스라엘을 권고한다는 것에 놀라고 있다. 그렇지만 이 법들은 주로 약속의 땅에서의 삶과 관계된 것이다. 그 법들에 따르는 것은 이스라엘을 하나님이 선택한 민족으로 만들 것이다. 그 일이 일어나기 전에, 이스라엘은 반드시 그 땅을 점령해야 한다. 이스라엘이 하나님께 전적으로 매달리고 하나님께만 충성할 때에 그것이 가능해질 것이다. 하나님만이 이집트에서 나와 광야를 통해 갈 길을 내신 것처럼, 이스라엘은 자신의 힘이 아니라 하나님께서 그 길을 내실 것을 믿어야만 한다.신 7 참조 [야웨 전쟁, 489쪽]

23:23-26 이스라엘의 순종과 하나님의 축복

그 천사는 여섯 개의 나라가 점령한 그 땅으로 이스라엘을 인도할 것이고3:8, 열방의 목록을 보라, 하나님께서 그들을 제거하실 것이다.23:23 이스라엘의 역할은 군사행동이 아니지만14:14 참조, 오직 하나님께만 충성을 하거나 십계명의 첫 두 계명에 순종하는 것이다.

이것은 그 땅에 살고 있는 민족이 가지는 풍요신 숭배fertility cult에 유혹을 당하거나 넘어가지 않고 그들의 종교적 형상들을 부수는 것을 의미한다.23:24 이스라엘이 그들의 신들을 완강히 거부하고 오직 주님만을 섬기는 것23:25a은 이스라엘에 하나님의 축복을 가져올 것이다.23:15b-26

축복은 본질적으로 생명을 의미한다. 병이 나고15:26 참조 유산하고 임신이 되지 않는 것들-삶을 살아가는데 있어 주된 장애물들-을 피해서 하나님은 너희를 수명대로 살게할 것이다.23:26 신명기 7:1-15는 더 온전하게 충성과 축복이라는 주제, 그리고 여기서는 이름이 나오지 않았지만 암시되고 있는, 언약을 지키는 것에 대해 설명하고 있다.

23:27-31 하나님께서 약속하신 행동

이 절들은 하나님의 일곱 가지 약속으로 채워져 있다: 나는 … 할 것이다. 하나님께서 약속하신 행동은 열방에 맞선 야웨 전쟁으로 이루어진다. 바로와의 싸움에서처럼, 이스라엘이 아니라 하나님이 승리하실 것이다. 야웨 전쟁의 전형적인 특징이 되는 공포와 혼란은 적을 무너뜨리고 그들의 패배를 다짐할 것이다. 승리는 이스라엘의 힘과 전략을 통해 오는 것이 아니다.23:22; 15:14-16 참조 [야웨 전쟁, 489쪽]

열방을 무찌르는 하나님의 방법 가운데 하나는 **전염병**이 될 것이다.히브리어: *sir' ah*, 23:28; 신 7:20 참조; 수 24:12 이 히브리어 단어는 잘 알려지지는 않았다. 70인역에 근거하여, 이 단어는 전통적으로 **말벌**로 번역되어 왔다.RSV, NIV; 수 24:12, NRSV, 주에 "히브리어로 불분명한"으로 되어 있다 쾰러Koehler는 **우울증**이라고 번역한다.KB 확신하기는 어렵지만 정확한 의미가 무엇이든, 이 용어는 분명히 하나님은 가능하며 이스라엘을 위해 행하시는 승리의 수단을 일컫고 있다.

29-30절은 그 땅을 빨리 정복하는 것보다는 천천히 정복하는 것을 기획한다.신 7:22 참조 그 이유는 하나님의 자비로운 예지 때문이다. 갑작스럽게 그 땅을 차지해 버리면 이스라엘이 땅 전체에 적절하게 정착할 수 없게 된다. 그 결과로, 그 가운데 일부는 야생 짐승들이 살고 있는 광야로 변해버릴 수 있다.왕하 17:24-25 참조 그렇지만 사사기 2:1-3에서는, 점진적인 점령이 이스라엘의 불순종 때문인 것으로 해석된다. 사사기 3:1-6에 다르면 주님께서는 이스라엘의 순종을 시험하기 위해 일부 나라들을 남겨두신다.

31절은 그 땅의 경계들을 정복해야 한다고 규정한다. 홍해는 열왕기상 9:26과 다른 곳에서처럼 홍해의 북동쪽 부분인 아카바 만the Gulf of Aqaba을 지칭할 수도 있다.Childs: 488 [출애굽의 경로, 506쪽] 팔레스타인의 바다는 지중해이다. 광야에 대한 언급은 특정적이지는 않지만 팔레스타인의 남남동쪽에 있는 광야를 의미한 것임에 틀림없다. 다윗-솔로몬 제국이 그것에 가까울 수 있지만, 이것은 이스라엘이 지금껏 정착했던 어떤 곳보다 더 훨씬 더 거대한, 광대한 지역을 포괄한다. 이런 의미에서 그것은 이상적인 지도이다. 신 11:24도 참조 민수기 34:1-12와 다른 곳에서는 그 땅을 더욱 제한된 규모로 상정한다.

신학적 관점에서 보면, 약속의 땅의 이런 "지도들" 가운데 어떤 것도 구약성서에서 독점적으로 받아들여지지 않고 있다는 것을 아는 것이 중요하다. 다른 곳에서 내가 주장한 것처럼, "이스라엘의 땅이라는 개념은 지리적이거나 관념적인 정의라기 보다는 … 정체성의 내적 중심으로 묶여져 있는 것이다" W. Janzen. 1992c: 4:146 [약속의 땅, 487쪽]

23:32-33 열방들과 그들의 신과 언약을 맺지 말라

23장의 마지막 절들은 자신의 백성에 대한 하나님의 독점적인 요구를 다시 강조하고 있다. 다른 나라들과 그들의 신은 계속되는 유혹을 나타낸다. 따라서 이스라엘은 반드시 스스로를 그들과 엄격히 구분해야만 한다. 그 목적은 인종적인 차별이 아니라 신앙적인 순수함이다.

성서적 맥락 속의 본문

성서의 법전들

법전으로서 언약의 책언약법전은 다른 성서의 법전들과 형식과 내용에 있어서 많은 관련성을 갖는다: 십계명20:1-7; 신 5:6-21; 신명기 법전신 12-26; 그리고 제사장의 법레 1-27, 그 속에서 많은 학자들이 17-26장을 독특한 거룩함의 법전으로 따로 두고 있다; 민 1:1-9:14 구조와 내용상으로는 다르지만 신의 법의 확장된 몸체를 가지고 있는 것은 다음과 같다: 성막건축과 설비를 위한 지침들출 25-31; 시각적인 성전의 법들겔 44-46; 그리고 신약성서에서는 산상수훈마 5-7 더 짧게 모여 있는 법들과 지침들은 신구약성서 여기저기에 삽입되어 있다.

이미 우리의 연구 과정 속에서 상호참조가 표시하고 있듯이, 언약법전은 신명기 법전신 12-26과 아주 가까운 관계이다. 그 부분의 많은 곳에서, 신명기 법전은 언약법전에서 나온 법들을 가지고 해석하고 확장시키거나 그 법들을 수정하고 있다. 예를 들면, 이것은 노예 법에서 볼 수 있으며21:111, 주, 신명기 15:12-18에서 수정된다. 패트릭은 다음의 병행표를 제시한다.97

출애굽기	신명기	출애굽기	신명기
20:24	12:1-28	21:12-14	19:1-13
22:20	13:1-18	23:1-3	19:15-21 참조
22:31	14:21a	21:15, 17	21:18-21
23:19b	14:21b	23:4-5	22:1-4
23:10-11	15:1-11	22:16-17	22:28-29
21:2-11	15:12-18	22:25	23:19
22:30	15:19-23	22:26-27	24:6, 10-13
23:14-17	16:1-17	21:16	24:7
23:6-8	16:19-20	22:21-24; 23:23:9	24:17-18
22:20	17:2-7	23:1-11	24:19-21 참조
22:18	18:10b-11	22:29a; 23:19a	26:1-11 참조

많은 경우에 있어서 후대와 더 온전한 신명기 본문들은 초기와 더 간략한 출애굽기 본문들을 해석할 수 있도록 도움을 준다. 이들 신명기적 병행구들이나 관련성들에 더하여, 신구약성서에 잇는 다른 많은 법적이고 법적이지 않은 본문들은 언약법전 속의 본문들과 내용면에서 유사하다. 지면적인 제약으로 상세히 이런 연결성들을 살펴볼 수가 없다. 언약법전 속의 어떤 주제들은 이미 십계명의 법전들과의 연결성 속에서 살펴보았다.예를 들면 살인, 도둑

교회 생활에서의 본문

해석의 역사

십계명과는 달리, 언약법전은 대개 성서해석에 대한 교회역사 속에서 토론을 위해 선정되어 오지는 않았다. 어떤 관심을 받아왔는지는 그리스도인들을 위한 구약법의 관련성에 대한 더 넓은 토론의 일부가 되어 왔다. 예루살렘공의회의 결정에서부터 계속해서행 15 그리스도인들은, 어떻게든 구약의 법을십계명은 제외하고 그리스도 안에서 대체된 것으로 보는 경향이 있다.

그 법들은 노골적으로 거부되었고마르시온, 영적으로 승화되었으며저스틴, 터툴리안, 어거스틴, 고대 이스라엘의 국가적인 실존에 국한시켰고토마스 아퀴나스, 마카엘리스, 예수 그

리스도의 너 높은 윤리의 원시적 선구자들로 여겨졌으며19세기와 그 이후에 두드러진 "과정적 계시" 지향, 그렇지 않으면 그리스도인들에 의해 권위가 부인되었다.Childs: 488-96, 온전한 조사

이것에도 불구하고, 구약의 법들은 결코 기독교 사상과 맞물리는 것을 그친 적이 없다; 그런 관련성의 정도에 대한 질문은 결코 매장되어 오지 않았다. 때로는 구약의 법들이 시민입법에, 특히 칼빈의 영향 하에 막대한 영향력을 행사했다. 차일즈는 영국과 미국의 청교도주의에서 다음과 같이 인용한다:' 메사추세츠의 법과 자유' 1648는 사형에 해당하는 15가지 범죄를 언급하는데, 각각은 모세의 법에서 비롯된 상응하는 벌을 받았다." Childs: 493 우리 시대에는 여전히 이 법들을 위한 상당한 권력이 요구되고 있으며, 때때로는 극단적인 극단주의로Rushdoony:1973처럼, 그렇지만 또한 더 온건한 보수적인 접근으로 요구되고 있다.Kaiser: 1983처럼

기독교적 자료로서의 언약 법전

대부분의 그리스도인들이나 기독교 종파들은 언약 법전그리고 십계명을 제외한 다른 구약의 법들을 여전히 구속력이 있는 권위라고 보지 않을 뿐만 아니라 이 법들을 설교본문으로 자주 쓰는 일도 없다. 그렇지만 이것은 이들이 우리와의 관련성을 아주 잃어버렸다는 것을 뜻하지는 않는다. 적어도 네 가지 방식으로 이들은 여전히 유용하게 우리에게 말하고 있다.

고대 이스라엘을 이해하는 자료

법전이 그렇듯이 우리가 고대 이스라엘의 생활을 슬쩍 들여다보게 해 주는 다른 형태의 성서자료는 거의 존재하지 않는다. 언약법전은 그 가운데에서 아주 두드러진다. 여기서 우리는 우리가 영적인 조상으로 추적하는 이스라엘 민족이 어떻게 일상생활을 살았는지를 본다. 우리는 그들이 매일 겪는 일과 문제들, 종교적 관습들, 상업거래, 혼인, 불화, 폭력, 절도, 상해, 공공안전의 문제 등에 주목한다. 아울러 우리는 공동체가 유용하고 하나님을 기쁘시게 하는 것으로 받아들였던 처리방안들과 해결책들을 본다.

우리는 이런 질문을 할 수도 있다. "이런 법들이 지켜진다면, 어떤 공동체가 생기게 될까?" 우리 눈앞에 우리 사회와는 아주 다른 사회가 나타날 수 있지만, 여러 가지 면에서 진정으로 경탄스러울 것이다. 적어도 이것은 구약의 법에 대한 학과목을 듣고 있는 많은 학생들의 결론이 되어왔으며, 그들은 놀랐다.

생각해볼만한 지혜

꼼꼼히 읽어보면, 언약법전의 법들은, 더 이상 법적으로 우리에게 구속력은 없지만, 우리가 생활을 규제함에 있어서 한때 유용했던 것과 만나게 해준다. 깊게 읽으면 통찰력을 일깨우고 질문들을 던질 수 있을 것이다. 예를 들어, 노예 아내의 권리가 얼마나 사려 깊게 보호되었는지, 절도에 대한 과도한 폭력이 얼마나 제한되었는지22:2-3, 유혹을 당한 처녀의 사회적 지위가 얼마나 보장되었는지22:16-17 등이다. 각각의 경우에서, 세부사항들은 처음엔 우리에게 낯선 인상을 줄 수도 있다. 가끔씩, 조금 문화적인 해석을 한 후에는, 아주 다르게 나타나는 그 법들은 우리가 예상했던 것 보다 더욱 현대적으로 보일 수 있다. 거리의 안전은 더 이상 들이받는 황소를 막는 것에 달려있지는 않지만21:28-36, 우리가 걷는 길거리에서 목숨을 위협하는 자동차들의 경우는 정말 완전히 다를까?

마지막 사례는 우리가 더 깊게 상고해야 할 문제이다. 들이받는 황소로부터의 길거리의 안전은, 고대 이스라엘에서는, 하나님과 관련된 관심사였다. 따라서 우리의 교통법이 "세속적"이라고 우리가 그리도 자주 확신하는 것만큼이나 실제로 우리는 그래야 하는가? 그리고 지켜질 수 있는가 아니면 우리의 기독교 신앙과는 별 관련성이 없는 것으로 단절되어야 하는가? 생명을 보호하는 것이 항상 하나님의 뜻이라기보다는 그저 "세속적"인 것인가? 이런 질문들은 설명하기 위한 몇 가지 사례들에 불과하지만, 바라건대, 이 고대의 법들을 심사숙고해 보는 것도 가치가 있다. 그들의 지혜는 여전히 우리에게 강하게 말을 하고 있을 때가 많다.

회복적인 정의를 본보기로 삼음

각각의 법을 해석하면서, 우리는 그 법들의 궁극적인 목적이 어떻게 우리가 "공동체의 안녕"이라 부르는, 공동체의 전체성/평안인지를 보았다. 반사회적 행동으로 말미암은 각각의 범죄 혹은 행위는 공동체에 해를 입힌다. 그렇다면 정의를 이행하는 것은 그 공동체의 치유하는 것을 그 임무로 삼고 있다. 이것이 의미하는 바는, 먼저, 잃어버린 것이나 피해 입은 재산을 보상 또는 그것을 배상하는 것, 부상 입은 자를 돌보는 것, 불화를 푸는 것 등이다. 극단적인 사례에서만, 즉 범죄자가 더 이상 그 공동체와 융합할 수 없는 경우는 규정된 사형에 해당된다. 어떤 처벌적이고/혹은 억지하는 측면이 있다면예를 들면 훔친 재산을 몇 배로 갚기, 범죄자의 처벌은 공동체의 안녕을 회복에 비하면 부차적인 것이다.

이와는 대조적으로, 캐나다와 미국의 형법은 범죄를 주로 국가에 맞선 범행으로 보고, 정의를 행하는 것을 그 범죄자에게 처벌을 내리는 것으로 본다. 벌금국가에 이익이 됨이나 투옥과 같이, 이런 처벌적 혹은 보복적 정의가 갖는 대부분의 형태는 효과가 거의 없거나 회복시키는 효과가 없으며 범죄자의 희생자의 행복을 완전히 무시하고 있다. 대안적인 정의에 대한 요구가 점점 늘어가고 있다. 이것은 피해자의 삶과 공동체의 삶 속에 있는 붕괴를 최대한 치유하려는 정의이며, 아울러 범죄자를 그 공동체 속으로 다시 통합시키려는 정의인 것이다. 하워드 제어Howard Zehr는 후자를 설명하면서 구약의 법을 사용하며, 보복적인 정의와 회복적인 정의를 인상 깊게 대조시키고 있다. H. Zehr, 『우리시대의 회복적 정의』대장간역간

구약 윤리의 요소

법은 삶을 안내하기 위한 것이지만 안내의 유일한 형태는 아니다. 구약성서에서, 법은 이스라엘을 위한 하나님의 지시를 표현하면서 다른 본문의 장르와 비견된다. 예를 들면 이 야기, 잠언, 예언적 신탁 구약이 지니고 있는 윤리적 자료들과 지침들이 우리에게 무엇을 제 공해주는지를 우리가 물을 때, 우리는 법만이 아니라 이 모든 장르들을 보아야 한다. 구약성서의 윤리의 가르침들은 이런 넓고도 복잡한 임무와 관련이 있다. 내가 쓴 *Old Testament Ethics*, 1994를 보라. 이런 가르침을 추구하고 그 안에서 구약법의 자리를 찾는 것을 제시하였다.

출애굽기 24:1-18

언약을 맺음

사건검토

나방이 불에 날아들면 살 수 있을까? 우리는 답을 안다. 인간은 하나님께 다가가서 살 수 있는가? 신의 은혜로 기적을 베풀면 가능하다. 이 장은 그런 기적을 보고한다. 이 장은 19장부터 이어온 이야기의 흐름을 따라가는데, 장엄한 현현에 압도된 이스라엘 백성이 그 산의 기슭에서 공포와 매혹 사이에서 맴돌고 있는 곳이다. 24장은 신과 인간의 관계를 위한 하나님의 조항을 기술한다.

전반부에서는1-11절, 이런 만남의 기초가 언약을 준수하기 위한 이스라엘의 서약으로 마련된다. 피의 의식과 함께 하는 식사가 이 서약을 봉인한다. 후반부에서는12-18절, 모세가 하나님과의 더 가까운 만남을 위해 지목된다. 그의 종 여호수아만을 대동한 채, 모세는 하나님의 계명들을 포함하고 있는 돌판들과 더불어 이어지는 지시들을 받기 위해 그 산의 구름 속으로 오른다. 한편, 아론과 훌의 일시적인 지도 아래에 있는 이스라엘 백성은 그 신비스럽고 구름이 덮고 있는 산을 멀리서 바라본다.

개요

언약을 맺음, 24:1-11

　　　24:1-2 하나님이 대표자들을 초청하시다

　　　24:3-8 모세가 언약식을 이끌다

24:9-11 이스라엘의 대표자들이 하나님의 식탁에 있다

이어지는 모세의 임무, 24:12-18

24:12-14 모세가 그 산꼭대기로 소환되다

24:15-18 신비가 그 산을 감싸다

주석

언약을 맺다 24:1-11

인간의 유대에 있어 가장 오래되고 보편적인 표현들 가운데 두 가지는 함께 먹는 행위와 혈연관계를 맺는 것이다. 이 절들에서는 공동식사라는 주제1-2, 9-11절가 혈연을 맺는 주제를 둘러싸고 있는 방식으로 두 가지가 결합된다.3-8; 13장에서 맏이라는 주제와 무교병이라는 주제가 유사하게 연결되고 있음을 참조, 주

24:1-2 하나님께서 대표자들을 초대하다

20:22에서, 하나님은 모세가 이스라엘에게 해야 할 말을 알리신다: 언약의 책의 법들. 일반적으로 20:23-23:33을 포함한다고 가정됨 이제 하나님은 모세 자신과 개인적으로 말씀을 계속 나누신다.24:1 여전히 멀찌감치20:21 참조이긴 하지만, 하나님께 가까이 다가가서 예배하기 위한 간격을 두고 그 산 위에 오르라는 것은 모세와 대표 지도자들에게 있어 초대인 것이다. 하나님의 초대로 가까이 다가간다는 것은 경솔하게 산을 헤매고 다니는 것19:12이나 무모하게 돌파하려는 시도19:21, 24와는 대조되는 것이다. 성서의 관점으로 보면, 신과 인간이 적합하게 만나는 것은, 오늘날 우리가 더 삼가서 말을 하는 것처럼, "천상의 폭풍storming of heaven"이 아니고 "종교적 탐구"도 아니며, 하나님에게서 나오는 자애로운 자기계시인 것이다.

초대를 받은 대표자들에는 아론과 그의 두 아들, 나답과 아비후도 있다. 다른 곳에서도 아론의 두 아들들이 언급된다: 엘리에셀과 이다말6:23; 28:1; 38:21, 이다말만 언급되는 곳; 민 26:60 여기서 그들의 이름이 생략된 것은 아마도 주님 앞에서 그릇된 불을 제공한 것과 관련된 것이겠으나민 26:61, 우리는 정확한 관련성을 모른다.

아론과 그의 아들들은 미래의 제사장직을 나타낸다. 그들과 동행하는 70명의 장로들은 "시민의" 지도력을 나타낸다. 더럼344은 이드로의 조언에 따라 모세가 지정한 관리들이나 백성의 우두머리들이라고 본다.18:21, 25 70명의 장로들에서 나타나는 대표 숫자

는 민수기 11:16에서도 등장하는데, 여기서 그들은 공동지도자들로서 모세와 함께 한다.18:12도 참조; 신 1:9-18

2절은 모세만이 주님께 가까이 가라고 지시한다. 따라서 접근은 단계적으로 이런 결과가 된다: 산기슭에 이스라엘 민족이 있고, 그들의 제사장과 민간 대표들이 그 산에 조금 떨어져 있고 모세만이 주님께 가까이 간다. 이 명령은 2인칭이라기 보다는 3인칭으로 주어진다.24:1에서처럼 그것은 모세만을 의미하는 것이 아니라 다른 선택된 대표자들을 의미하여, 그들이 모세보다 더 위로 오르지 말라는 제한을 준수하게끔 만든다.Cassuto: 311 중재자로서 모세의 특수한 지위는 이미 19장에서 강조되었으며, 이후 20:18-21에서 이스라엘 민족이 분명히 요청하게 된다. 여기서 우리는, 생각 없이 혹은 경솔한 인간이 하나님께 다가가는 것과 대조되는, 신중하고도 점진적인 중재자역할의 구조를 갖게 된다.모세가 호기심이 발동하여 불붙은 덤불나무로 뛰어들지만 하나님이 즉각 멈추게 했음을 참조; 3:3-5

24:3-8 모세가 언약식을 인도하다

자신과 선택된 지도자들뿐만 아니라 이스라엘 백성들을 위한 지침들을 받고20:22, 모세는 이스라엘 백성과 합류하여 하나님의 메시지를 전한다. 후자는 주님의 말씀과 모든 법령들로 구성된다.24:3 법령들은 아마도 언약의 책을 가리키는 것 같다.20:22-22:33; 21:1 참조 하나님의 말씀은 법령에 해당하는 일반적인 문구일 수 있지만, 십계명이 10개의 말씀34:28이라고도 불리므로, 그것이 여기서 십계명을 가리키는 것일 수 있다. 그렇지만 그 경우에 모세의 가르침은 이스라엘 백성을 위해 반복한 것이 된다. 왜냐하면 그들 스스로도 하나님께로부터 직접적으로 십계명을 들었기 때문이다.20장

이스라엘 민족은 그 언약의 도입부에 그들이 맨 처음 반응했던 것과 거의 같은 순종의 약속으로 즉각 반응한다.24:3b; 19:8, 주 참조 그 다음 날, 모세는 엄숙한 언약체결의식을 수행한다.

이런 언약의식의 다른 요소들은, 체결식사를 포함하여24:11, 인간 당사자들 사이의 **합의**언약; 히브리어: *berith* 체결에서 적용되는 것으로 보인다. 따라서 이삭과 아비멜렉 사이의 "언약"은 "맹세"라고도 불리며, 여기서 그들의 미래의 관계에 대한 조건들을 말하고, 엄숙한 위임"맹세"을 교환하며 "그들이 먹고 마셨다"창 26:26-31는 "잔치"를 포함하고 있다. 야곱과 라반 사이의 "언약"은 이렇게 같은 요소들이 있지만, 돌기둥과 돌더미를 세우는 것이 추가되었다. 이런 상징들은 하나님께서 그 합의를 증언하신다는 것을 상기시킨다. 야곱은 또한 희생제물을 가져와서는, "그들이 빵을 먹고 밤새 머물렀다"창 31:43-54 [

출애굽기 24장의 상황은 이런 동일한 요소들을 반영하고 있지만 또한 어떤 면에서는 다르다. 먼저, 하나님이 증인이 아니라 계약 당사자이다. 이것을 표현하는 상징은 분명하다: 12개의 기둥4절이 이스라엘을 나타낸다면, 제단4, 6절은 하나님을 나타낸다. 미래의 관계를 좌지우지할 수 있는 조건들은 앞서 하나님께서 모세에게 주신 법들이며, 이제는 이스라엘 백성에게 언약의 책으로 읽히고 있다.아마 20:23-23:33 이제 그들의 헌신에 대한 완전한 중요성을 알면서, 이스라엘 백성은 엄숙히 앞서 미리 선언된 순종의 약속을 반복한다.24:3; 19:8 참조

이런 언약체결과 인간들끼리 하는 언약들이 보이는 두 번째 차이점은앞서 인용됨 당사자들의 불평등성이다. 이삭과 아비멜렉이나 야곱과 라반 사이에서 있었던 것처럼, 그 관계의 조건들, 법들은 여기서 협상되지 않는다. 하나님이 아담과 하와에게창 1:28-30 하셨듯이, 하나님은 이스라엘 앞에서 자신의 뜻을 노아와창 9:1-7 아브라함에게창 15, 17 펴신다. 그곳에서와 이 본문에서 인간 참여자들은 자신들을 위한 하나님의 선하신 뜻을 받아들이고 생명과 선함으로 축복을 받아 살든지, 그 뜻을 거절하고 제 무덤을 파기 시작하든지창 3장 참조를 선택할 수 있다.

인간의 상황 속에서, 선한 대안들 사이에서 선택할 수 있는 가능성은 항상 존재했으며 그런 선택이 없으면 부당한 것으로 나타난다. 그렇지만 하나님의 뜻에 선한 대안이 있을 수 있는가? 그것은 불가능하다. 하나님은 인간에게 자유 선택이라는 어떤 방법을 허락하신다면, 그것이 갖는 유일한 긍정적인 행사는 하나님의 뜻과 방향을 자발적으로 단언하는 것일 수 있다.

학자들은 이런 언약의 형태에서 위대한 왕이나 "영주suzerain" 혹은 덜 위대한 왕이나 "봉신" 사이의 국제적인 "종주권 조약들suzerainty treaties"과의 유사성을 발견하고자 한다. 속국의 왕과 그의 나라를 전복시키는 대신, 영주는 속국의 왕에게 조약을 하사한다. 영주는 봉신의 생존과 보호를 위한 조건들을 일방적으로 부여한다. 후자에게는 선택의 여지가 없고 이들을 받아들여야 하고 지켜야 한다. 우리는 그런 고대의 국제조약들과 어떤 성서의 언약 본문들, 특히 신명기와 여호수아 24장 사이의 어떤 공식적인 문학적 병행들을 볼 수 있다. 그렇지만 국제조약들과 소위 "시내 산 발췌Sinai-Pericope"출 19-24 사이의 그런 병행들을 발견하고자 하는 노력은 설득력이 있는 것은 아니었다.[언약, 492쪽]

인용된 인간 대 인간의 언약들과 출애굽기 24장의 언약체결이 갖는 세 번째 차이점은 희생제의가 두드러진다는 것이다. 비록 창세기 31:54에서도 희생에 대한 언급이 있지만

말이다. 이스라엘의 제사 예배 속에 있는 네 가지 주된 희생 유형 가운데 두 가지는 여기서 이름이 언급된다: 번제와 화목제들. 전통적으로는 RSV 24:5에서처럼 peace offering으로 표현된다 번제에서는 짐승이 통째로 제단 위에서 하나님께 드리는 "선물"로 태워졌다. 화목제들에서는, 동물의 일부가 태워지고 다른 부분은 예배를 드리는 사람들이 먹었다. 따라서 하나님과 예배자들 사이에서 공동식사 혹은 음식을 나누는 것은, 분명하게 언급되지는 않지만 이 본문에 암시되어 있다.

그렇지만 두 가지 종류의 제물은 피 흘리는 것을 포함하고 있으며 이 본문에서 강조점은 그 피에 있다. 모세는 하나님을 나타내는 제단에 그 피의 반을 뿌리고 나머지 반을 이스라엘 백성에게 두었다. 그렇게 하나님과 사람들은 "혈맹"으로 연합되었다. 피를 뿌리는 두 가지 행동24:7 사이에서 이스라엘이 그 약속을 지킨다는 사실로서 언약을 깨는 것에 대한 경고가 암시된다. 24:6, 8; 렘 34:18 참조; 창 15:7-21

제사는 제사장보다는 이스라엘 백성들 가운데 젊은 사람들24:5이 행했다. 이것은 제사장직이 아직 제도화되지 않았다는 사실 때문일 수 있다. Childs: 505 그렇지만 렌드토르프 Rendtorff 129f는 그 젊은이들이 여기서 소위 제사장들 노릇을 했다는 사실이 이스라엘이 제사장나라로 부르심을 입증하는 것처럼 보인다고 말한다.

프리다임258은 이런 혈족의식을 안수와 연관시키는데, 그 이유는 피를 뿌리는 것 blood sprinkling이 나중에 아론과 그의 아들들, 즉 제사장들의 안수에 포함되었기 때문이다. 29:19-21; 레 8:22-31 얼마나 큰 무게를 여기에 부여하든지간에, 여기서 언약체결이 이스라엘과 하나님 사이의 관계를 설립하는 것 이상이라고 주장한 프리다임은 분명 옳다. 그런 관계는 오래 전부터 있어왔던 것이다. 대신, 이런 언약체결은 민족들을 위한 제사장나라와 거룩한 나라19:6; 22:31 참조가 되라는 이스라엘의 새로운 소명을 정의한다. 창 12:3 참조; 26:4-5 새로운 언약관계라는 맥락에서 하나님께 순종하는 본보기를 통해서 살도록 하는 것이 바로 다름 아닌 이스라엘의 위임인 것이다. 19:3-6, 주

24:9-11 하나님의 식탁에 앉은 이스라엘의 대표자들

이 절들에서는, 초대받은 이스라엘의 대표자들1절 참조이 약간의 거리를 두고9 그 산에 올라서 이스라엘의 하나님을 보았다. 10 이것은 굉장한 언급이다. 하나님과 가장 가까운 연락책으로 선발된 사람, 모세가 나중에 하나님의 영광을 보여 달라고 요청했을 때, 하나님은 모세에게 하나님의 뒷모습만을 보도록 하셨을 뿐, 모세에게 너는 내 얼굴을 볼 수 없다. 33:18-23; 주고 하셨다. 그렇다면 우리는 어떻게 그들이 이스라엘의 하나님을 보았다

는 이 본문의 언급을 이해할 수 있을 것인가?

먼저, 이 언급은 완전히 독특한 것은 아니다. 가장 가까운 병행은 이사야6:1이다. 차일즈는 마이모니데스Maimonides를 시작으로 여기서의 **보다**를 "지적인 인식intellectual perception"으로 이해하는 해석자들에게 관심을 갖는다. 그는 그들이 보는 것을 설명함에 있어서, 하나님 자신의 나타나심이라기보다는 하나님의 임재 아래에 있는 단platform과 가까운 것을 일컫는 것이라고 지적한다.Childs: 506

더럼은 문자적인 봄을 의미하는 **보다**라는 동사*ra'ah*, 24:10와 예언자들이 자주 경험했던 것과 같이 "시각적인 외형"이라는 방향으로 봄을 수정하고 있는 동사 보다*hazah*, 24:11를 구분한다. 그는 차일즈가 단이라고 하는 것에 따라, 하나님의 손님들이 본 것의 내용은 도로와 비슷한 것이었다고 주장하는데, 그 이유는 아마도 그들이 눈을 드는 것이 허락되지 않았기 때문이었을 것이다.Durham: 344

사람이 자신의 해석을 어떻게 하든지, 이 구절에는 이중적인 의도가 있다는 것이 분명하다. 이것은 반면, 하나님의 초월적인 신비를 그대로 둔 채 이스라엘의 대표들에게 하나님께서 굉장한 특권을 부여하셨다는 것을 표현한다.

이스라엘 지도자들이 본 것에 대한 기술은 앞서 언급한 것처럼 말을 아낀다. 사파이어의 길은 파란 청금석lapis lazuli을 지칭한다. 따라서 그것은 **맑기가 마치 하늘빛 같았다.**24:10b는 푸른 하늘을 연상시키는 것이다. 이것은 **그의[하나님의] 발아래 있는 것이다.**24:10a 다른 말로 하면, 앞서 인식한 것처럼, 그 길은 하나님 자신이 아니라 하나님의 받침대인 것이다. 우리는 자립된 독립체처럼 이런 환상을 19장에 있는 폭풍의 현현과 구분해서는 안 된다.

에스겔 1장은 그런 환상을 더 온전하게 그리고 있는데, 하나님의 임재를 의미하는 "인간과 같은 것"이 "사파이어와 같이 생긴 보좌와 같은 것" 위에 앉아있다.겔 1:26; 10:1 참조 그 본문에서 머뭇거리고 말을 아끼는 언어들 역시 이 본문에 있는 언어와 부합한다.도로와 같은 것, 그리고 하늘과 같은 것, 출 24:10 참조

손님들은 하나님과 특별히 가까이 있는 특권을 누릴 뿐만 아니라, 일반적으로 하나님의 놀라운 영광의 충만함을 감당하지 못하는 결과인 죽음에서도 살아남는다.24:11a; 그렇지 않으면 우리가 죽을 것입니다, 20:19 참조; 19:21 나방은 여기서 실제로 불에 가까이 나가가는 것이 허락되며 살아남는다. 그렇지만 하나님의 은혜는 더욱 뻗어나간다: 그들이 먹고 마셨다.24:11b 하나님은 몸소 이집트에서 자신에게 데려오신 자들에게19:4 환대를 베푸신다. 인간과 인간의 언약에서 인용된 것처럼, 이런 식사는 그 의식을 맺고 있다.

모세의 계속되는 직무 24:12-18

24:12-14 모세가 그 산꼭대기로 소환되다

지도자들의 사절단이 하나님께 가까이 다가가는 전례가 없는 특권을 누린다고 해도, 이들 지도자들의 경험은 여전히 제한되거나 거리를 두어야 하는 경험을 했다.1절 모세만 이 그 산의 꼭대기에 올라야 한다.12; 2절 참조 하나님은 그에게 법과 계명이 담긴 돌판을 주실 것이다.12절

전통적으로, 성서 독자들은 두 돌판에 십계명이 기록되었다고 생각했다.31:18 참조; 34:1, 27-28; 신 9:9, 11, 15 그렇다면 부가적인 구문, 그리고 그 계명은 다른 모든 법들을 말하고 있다. 그렇지만 더 문자적인 번역은 세 가지 항목을 열거한다: 그 돌판들과 법들과 계명은 특히 모호하다. 그렇지만 이것이 지닌 궁극적인 의미는 분명해 보인다. 우리는 다음과 같이 바꾸어 말할 수 있을 것이다: "내가 너희에게 내 모든 뜻을 요약하여 글로 쓴 것을 줄 것이다."

모세가 여호수아를 돕는 것24:13a은, 아말렉에 맞선 군사지도자로서 앞서 한번 나타났다.17:8-16 나중에 그는 다시 모세의 부관역할을 한다.33:11; 민 11:28; 32:17-18 참조; 수 1:1 더럼은 모세가 그 산에서 주님에게로 올라가면서 아마도 어떤 지점에 여호수아를 두고 갔을 것으로 본다.346 여호수아가 나중에 내려왔을 때 모세와 합류했을 수 있지만, 32:17에서 그가 모세와 함께 있는 것은 그 반대를 시사 한 것일 수 있다.

24:14에서 모세와 여호수아가 더 높은 곳으로 올라가기 전에 70명의 장로들에게 모세는 연설을 한다. 문자적인 의미는, 아론과 훌 아래에 있는 이들 장로들이 그 산의 중턱에서 기다려야했다는 것을 말한다. 그렇지만, 우리는 나중에 적어도 아론이 그 산기슭에 이스라엘 백성과 함께 있었다는 것을 발견한다.32:1 이 사실과 그 상황의 전체적인 논리는 아론과 훌, 그리고 그 장로들이 아래에서 모세가 돌아오기를 기다리고 있는 이스라엘 백성에게 내려갔다는 것을 시사한다.

아론과 훌은 앞서 함께 모세를 돕는 역할을 했다.17:10, 12, 여호수아와 함께 그들은 제사장과 장로들의 대표로 보였을 것이다.17:8-14, 주 그들의 지도력은 모세가 잠시 없는 동안 여기서 빈자리를 메꾸기에 충분했던 것 같다. 그렇지만 반복독자는 모세가 없자 곧바로 문제를 발생하게 된다는 것을 안다.32장 참조

24:15-18 신비가 그 산을 감싸다

그 산 정상을 휘감고 있는 구름은 이 곳과 다른 곳에서 하나님의 임재를 나타내는 상징이다.24:15: 14:20 참조. 주 그것은 주님의 영광과 동의어이다.24:16 시내에서의 경험을 예상하면, 이스라엘은 앞서 구름 속에서 주님의 영광을 보았다.16:7, 10 참조 19장에서의 현현은 빽빽한 구름 속에 있다.19:16 33:18-23에서 하나님은 모세가 그것을 보게 해달라고 했을 때 그의 영광을 숨겼다. 그렇지만 그 구름이 보이는 것과 상충되지 않는다. 왜냐하면 그 구름 자체는 드러내고 숨기는 상징이기 때문이다. 여기서 다시, 하나님을 "보는 것"에 대해서, 신의 실재에 대한 그런 인간의 용어는 굳어있거나 고정된 의미를 갖는 것은 아니다.24:9-11. 주 시내 산 정상을 덮고 있는 주님의 영광은 결과적으로 성막을 짓게 될 것이다.40:34-38

하나님이 모세에게 7일째에 말하기 전에 침묵의 6일은 24:16 공간의 언어로 앞서 표현되었던 것을 시간의 언어로 표현하는 것이다. 적절히 거리를 두어 하나님의 거룩한 타자성otherness을 인식하는 것처럼24:1-2: 19:12, 20-25 참조, 대기하는 시간도 마찬가지다.19:9b-11, 16에서의 대기를 참조 구름 속으로 모세가 사라지는 것은 다시금 하나님께로 그가 특별히 다가간 것을 전하고 있다.24:15, 18: 예수의 승천: "구름이 그[예수]를 그들의 시야에서 가렸다," 행 1:9 참조

17절은 그 산기슭에서 이스라엘 민족의 관점에서 똑같은 것을 기술한다. 구름과 불을 포함하여, 17절은 그 배경이 여전히 19장의 것임을 우리에게 알려준다.특히 19:16-19 참조 극적인 순간은 내면의 눈으로 묘사된다: 아래의 군중은 홀로 더욱 높이 오르는 모세의 모습이 불길하고 불이 번쩍이는 구름 속으로 나중에 사라질 때 경외감으로 바라본다. 40일 밤낮이 지난 후 모세가 내려오기를 기다리는 장면은 얼마나 다른지18절: 32:15-20 참조!

40일 밤낮이라는 기간24:18은 그와 같은 다른 기간을 떠올리게 한다.예를 들면 34:28: 창 7:4, 12: 마 4:2 낮과 밤, 그리고 햇수에 적용될 때와 같이 40이라는 숫자는배수와 분수와 함께 하나님께서 의도적으로 지정하신 기간을 가리킨다; 따라서 40은 임의적인 시간과는 대조된다. 여기서도, 아래에 있는 이스라엘 백성이 모세가 늦어진다고 생각하는 동안32:1 모세가 그 산에서 머무는 것은 "하나님의 계획에 따른 딱 올바른 때"로 표시된다. 모세가 거하는 목적은 그 법의 돌판들을 받기 위함이며24:12: 31:18: 32:15-16, 이어지는 신의 지침, 특히 앞으로 우리가 보게 될, 성막을 짓는 것에 대한 지침을 받기 위함이다.25-31장

성서적 맥락에서의 본문

산의 현현과 언약

24장은 똑같은 시내 산의 현현과 언약체결의 시작19과 끝24으로서 19장과 긴밀하게 연결된다. 따라서 현현과 언약의 특징에 대해서는, 19장과 에세이 [언약, 492쪽]에서의 논의를 보라.

언약체결과 최후의 만찬

유월절을 다루는 것과 연결시켜서출 12, 우리는 한편으로 유월절의 식사와 유월절 어린 양의 죽음과 다른 한편으로 예수의 최후의 만찬 제도와 그의 희생적 죽음 사이의 다양한 연결을 추적했다. 24장의 언약식은 구약성서에서 최후의 만찬의 또 다른 주요 고정점이다.

최후의 만찬과 같이, 24장의 언약식은 공동식사와 희생의 모티브들을 결합시킨다. 특히 그 언약의 피를 보라24:8는 모세의 말은 24장의 언약식에서 피를 흘리는 새로운 언약을 설립하고자 곧 피를 흘리게 될 예수의 피와 연결시키는 방식으로 예수에 의해서 다시 사용되었다.마 26:28//막 14:24;;눅 22:20//고전 11:25; 히 9:15-22 참조

교회 생활에서의 본문

우리는 24장의 중요한 두 가지 모티브, 현현과 언약을 추적했다. 교회생활 속에서 그들의 자리는 이미 19장과의 연결에서 다루어진 바 있다.19:25 이후의 교회 생활에서의 본문 유사하게, 최후의 만찬을 우리가 이해하기 위한 유월절/언약식사와 유월절 양/언약 희생이라는 모티브로 주어진 배경은 이미 12장과의 연결 속에서 발전되어 왔다.13:16 이후의 교회 생활에서의 본문 [모세, 473쪽]

출애굽기 25:1-31:18

예배를 위한 비전

사전검토

시내 산에게 미래가 있는가? 이 질문은 풍경의 모습에 대한 것이 아니라, 이스라엘의 중심 속에 있는 하나님의 임재가 지속적으로 실재하는가에 대한 문제이다. 이스라엘이 하나님의 거룩하심과 만나고19장 언약의 순종 속에서 이스라엘 백성이 엄숙히 주님께 헌신하는 것24장은 먼 훗날로 확장되는 관계를 시작한다. 이집트에서의 노예생활이 한창일 때 이스라엘을 위해 계셨던 하나님은 모든 세대를 통틀어 그들을 위해 계실 것이다.

하나님은 어떻게 이스라엘을 위해 계실까? 이미 출애굽 사건들 속에서 이스라엘이 경험했던 것처럼, 분명 야웨라는 새 이름의 의미에 맞게 행하심을 통해서일 것이다. 그렇지만 하나님의 임재하시는 실재는 역사적 기억으로 충분히 제공되지는 않는다. 오늘날 주의 만찬의 빵과 포도주나 침례의 물이 그리스도인들에게 있어서 구체적인 것처럼, 그것은 만질 수 있는 상징으로 구현되는 것이다.

후자가 시내 산의 꼭대기를 둘러싼 하나님의 임재의 구름 속으로 들어갔을 때, 하나님께서는 몸소 이런 상징들을 모세에게 보이게끔 마련하신다. 성막과 언약궤 속에 중심을 두고 있는 이런 상징들은 고대 근동의 예배의 상징들과 많은 특징들을 공유한다. 그렇지만 이런 공통점들의 배경은 이스라엘에서는 다른 뚜렷한 윤곽을 돋우어 주고 있다. 이런 관점의 핵심은 하나님의 이미지가 없다는 것이다. 우리는 십계명의 형상 계명과 연결된 형상 없는 예배의 의미와 중요성을 논의했다.20:4-6, 주 그 중심은 주술을 행함을 통해서 하나님을 조종하고자 하는 어떤 시도도 삼가는 것이다.

이 장들에서 모세에게 보여주는 예배의 강력한 상징들이 전달하는 것처럼, 주님은 이스라엘의 한 가운데에 실제로 계실 것이다. 인간이 제어하고 조종할 수 있는 것을 넘어서서, "찾기 힘든 임재elusive presence"Terrien로서, 하나님은 자신의 생각대로 그 곳에 계실 것이다.

우리가 이 장들을 읽을 때, 추상적으로 사고하는 서구적 습관으로 인해 우리는 계속해서 이렇게 물을 것이다. 이것이 무슨 말인가? 그 물질들은 무엇을 의미하는가? 왜 여기서 금이, 저기서 은이, 이것에는 세마포가, 저것에는 염소가죽이 사용되는가? 왜 이런 모양, 혹은 저런 치수인 것인가? 우리가 가진 서구적 사고방식은 추상적 언급, 사물 그 자체로부터 분리될 수 있는 언급으로 표현될 수 있는 "의미"를 찾을 것이다. 몇 군데의 장소에서만 성서 본문은 분명한 해석적 언급으로써 우리의 탐구에 부응할 것이다.

성막의 "의미"가 지닌 많은 부분들, 그 특징과 연관된 행습들이 행간사이 또는 우리의 직관에 남겨지게 될 것이다. 신약성서의 요한계시록처럼, 출애굽기의 성막에 대한 장들은 이해하기 힘든 상징이 많아서 어떤 읽는 이들을 힘들게 하지만, 다른 이들에게는 그들의 상상력에게 완전한 자유를 주고 있다. 의미를 추구하면서 우리는 한편으로는 이해를 위한 모든 노력을 포기하는 것과 다른 한편으로는 멋진 환상들 속에 마음껏 빠지는 것 사이에서 균형을 유지하고자 할 것이다. 이 장들 대부분은 35-40장에서 다시 언급되는데, 이 부분은 성막을 실제로 건설하는 것을 보고한다. 이런 반복은 우리의 해석을 도울 것이다.

현대 서양인들은 이곳에서 나타난 상징이 지닌 또 다른 특징들로 인해 놀라게 될 것이다. 대제사장의 제의에 있는 두 가지28:9, 21와 그의 관에 있는 한 가지28:36f 등의 세 가지 간략한 비문은 제외하고, 여기서 지시되는 예배의 상징은 침묵하고 있다. 여기에서 예헤츠켈 카우프만Yehezkel Kaufmann은 주위 민족들의 예배를 특징짓고 있는 수많은 마술적 주문들에 대한 의도적 거부를 본다.303f

이스라엘 크놀Israel Knohl은 그 중심에 있는 제사장의 성막 제의는 말이 없다는 것에 동의한다. 그는 이 장들 속에 있는 그런 침묵이 하나님과 인간 사이의 의사소통 속에 있는 의인화된anthropomorphic 어떤 것, 혹은 사람 같은 어떤 것을 피하기 위함이라고 주장한다. 반면, 찬양의 기도와 찬양은 항상 의인화로 가득하다.Knohl: 17-30 그 본문 자체는 그 침묵을 설명하지 않는다. 시편은 예배의식, 기도, 노래, 그리고 음악들이 이스라엘의 예배를 둘러쌌다는 풍부한 증거를 준다. 그렇지만 출애굽기 25-31에서 나타나듯이, 그 중심에 있는 상징은 거룩하신 하나님의 임재 속에서 인간을 침묵시킨다.

이 장들의 자료는 넓게 말해 세 가지 커다란 덩어리들로 이루어진다: 1 특징과 조항들로 이루어진 성소의 건축을 위한 규정들25-27장 2 제사장직의 예복과 성별에 대한 지침들 28-30 3 잡다한 추가사항과 지시사항들.30-31장

피터 키어니Peter J. Kearney는 25-31장을 세 개의 연설로 나눌 것을 제시하는데, 각각은 창세기 1:1-2:3에 있는 창조의 7일 가운데 하루를 암시한다. 각각의 연설은 **주께서 모세에게 말씀하셨다**로 시작하거나 그것을 약간 변형시킨 것이다.25:1; 30:11, 17, 22, 34; 31:1, 12: Kearney: 375 이 장들과 창조를 연결시키는 것에 주목하는 것이 아주 중요하며, 그것은 다시금 우리의 눈길을 사로잡게 될 것이다.아래, 27:20-21, 주 반면에, 우리는 키어니의 가설적인 첫 번째 연설이 균형이 맞지 않는 길이라는 것과, 길고 복잡한 논쟁은 제시된 7개의 연설들이 창조의 7일과 연결되는 것을 필요로 한다는 것에 주목한다. 이런 견해들은 이 본문이-적어도 마지막 정경적 형태-7개의 연설구조에 강조점을 두고 있다고 보기 힘들다는 점을 분명히 한다.

개요

주석

성소를 만들라! 25:1-9

25:1-2 지으라는 초대

모세가 구름으로 표시되는 하나님의 영광 속으로 올라간 목적은 하나님께 지침을 받기 위함이다. 이런 지침들 중 어떤 것은 의심의 여지가 없이 이미 들었던 법들, 특히 십계명을 포함하고 있다. 그렇지만 지금 25-31에 따라오는 성막과 제의에 대한 지침들도 분명히 의도된 것이다.24:12 참조. 주 이런 지침들이 지금 소개된다.

이 지침들은 예물을 취하라고 백성을 초대하는 것으로 시작한다.25:1-2 바로 아래에서 했던 강제건축노역과는 대조적으로1, 5장, 자원하는 분위기가 이스라엘의 새로운 건설기획 속으로 즉시 퍼져간다. 사실상, 모세는 마음에서 우러나온 자들에게서만 헌물을 받으라고 지침을 받는다.25:2; 35:4-29 참조; 36:2-7

25:3-7 건축재료

3-7절은 모아야할 재료들을 열거한다. 가치의 단계적인 차이는 금, 은, 동의 순서로 분명하지만, 색의 순서와 직물과 가죽의 순서로도 측정될 수 있다. 일반적으로 가장 고귀한 재료들과 최고의 솜씨가 언약궤와 성소의 중심, 지성소에 적용된다. 가치가 감소하는 재료들과 덜 정교하지 않은 솜씨는 주변부로 뻗어 가면서 적용된다.Haran: 158-65

백성에게서 모아지는 어떤 재료들은 분명히 값이 나가고 품질이 좋았을 것이다. 그렇지만 더 흔한 재료들동, 염소털, 양가죽, 아카시아 나무이 더 많이 사용되었다. 두 가지 원칙이 동시에 작업 중에 있는 듯하다. 먼저는, 오직 최고만이 하나님께 적합한 것이다. 두 번째로, 하나님은 백성의 일상을 지탱하는 재료를 통해서 예배받기를 원하신다. 이것에 따라, 우리는 뛰어난 장인들의 기술과 폭넓은 사람들-남성과 여성-의 기술이 함께 요청되었으며 채용되었다는 것을 나중에 보게 될 것이다.아래를 보라, 31:1-11; 35:30-36:1, 주

많은 해석자들은 광야에서 해방된 노예들이 그런 귀중한 재료들의 수량을 댈 수 있었겠는가라는 주장에 의문을 품고 있다. 다른 이들은 다시금 이것이 더 가능한 것으로 본다. 특히나 이집트인들을 약탈하여 이집트에서부터 가져온 재물을 염두에 둔다면, 카수토는 이 재료들이 지역에서 나온 자원들과 여행하는 무역상들에게서 이스라엘이 얻은 것이라고 주장한다.3:21-22; 11:2; 12:35-36; Cassuto: 327 이스라엘의 자원들 가운데 가장 좋은 것들이 광야의 성소를 짓는데 사용되었다는 것은 의심의 여지가 없다. 반면, 모든 재

료의 세부사항에 대한 세세한 문자주의는 "고백적 찬양"이나 "찬양하는 고백"인 이 장들–출애굽기의 나머지 장처럼–의 본질에 부합하지 않는 것이다. "고백적 찬양," 14:19-31에 대한 주 다음 부분 및 에세이 [서사기법, 479쪽]

적절한 예배를 위한 하나님의 설계를 이행하기 위해 모세에게 주신 하나님의 지침들은 기도, 찬양 혹은 의식과 같은 더 "영적인" 요구조건들보다는, 만질 수 있는 건축 재료들을 모으는 것으로 시작한다. 성막 장들에 "성육신적" 요점이 있지만, 물질세계를 신성화시키지는 않는다–앞으로 우리가 보게 될 것이다.

건축 재료들을 이렇게 나열하여 말하고 있는 것은 이어지는 장들에서 더 발전시킬 것이다. 어떤 설명도 없이 에봇과 흉패를 언급한 것은 반복 독자에게 말하고 있다는 것을 보여준다. 반복 독자는 이미 이 물품들을 알아서 그들을 위해 필요한 고귀한 돌들을 상기시켜주면 된다. 그런 독자는 분명히 이 장들 속에서 개요가 그려지는 예배 패턴 속에서 오랜 시간 동안 참여해 온 이스라엘에게 속해있다.

25:8-9 성소의 목적

지을 성소의 개별적 부분들이 갖는 정확한 의미가 분명하지 않은 경우가 많지만, 전체 성소의 목적은 이 도입부에서 분명히 언급된다. 8-9절 그 목적은 바로, 내[하나님]가 그들 가운데 거할 수 있도록 하기 위함이다. 8 성소는 이스라엘에 있는 하나님의 임재를 수용하기 위한 것이다.

그렇지만 9절은 하나님이 성소와 상징들을 통해서 자신의 뜻대로 존재하실 것이라는 것을 분명히 한다. 하나님은 모세에게 그들을 위한 패턴을 보이실 것이다. 이것은 모세의 중재하는 역할과 이스라엘에게 요구되는 순종 모두를 강조한다. 우리는 조금 나중에, 모세가 그 산에서 성막의 패턴을 받고, 백성은 아론에게 자신들이 스스로 선택한 예배의 방식금송아지을 제정해 달라고 요청하는 바로 그 순간에 보게 될 것이다. 32장, 주

이 본문에 소개되고 있는 두 가지 용어에 대한 설명이 필요하다. 성소*miqdas*, 25:8란 용어는 "거룩한, 신성하게 하다"*qds*; 라틴어 *sanctus*, "거룩한"에서 영어의 sanctuary가 나왔음을 참조라는 히브리어 어근에서 나온 것이다. 성소를 문자 그대로 번역하면 **거룩한 장소가** 된다.Durham: 349 그와 같이, 성소는 하나님을 위해 따로 구별해 둔 거룩한 곳을 나타낸다. *miqdas*라는 용어는, 영어의 성소sanctuary와 같이, 예배하는 장소로서 공동체가 인식하는 곳을 가리키는 기술적 용어가 되었다. 그렇지만 이 단어는 거룩함을 주장하는 다른 장소를 지정할 수도 있다. 우리 본문에서 소개되는 두 번째 용어는 성막으로서*miskan*, 문자적

으로 "거주하는 곳," 25:9, "거주하다"*skn*라는 어근에서 나왔으며 8절에서도 사용된다: 내가 그들 가운데 거주하도록.*wesakanti*

성소*miqdas*는 넓은 개념의 용어다. 이 용어는 성막*miskan*을 포함한다. "성소를 더 넓게 잡으면 야웨의 현현이 나타나는 어느 곳, 모든 곳이다.수 24:26 참조; 출 15:17; 암 7:9; 겔 11:16" Durham: 354 성막*miskan*은 이스라엘이나민 24:5, NRSV, "진지"로서 성막과 병행 신을 섬기지 않는 사람들욥 18:21처럼 일반적인 거주 장소를 지칭할 수 있다. 그렇지만 이 단어가 하나님의 거주 장소로 사용되어 정관사가 붙으면the tabernacle, 시내 산에서 하나님이 모세에게 내리신 지침들에서 따온 성지를 가리키는 기술적 용어가 된다. 성막은 텐트 형태로 거주하는 곳이다. 성막은 규칙적으로 솔로몬의 성전에 적용되던 용어, 집*beth*이 아니다. 이것은 건설이나 이동성으로 보일 것이다.아래를 보라

가장 성스러운 상징들 25:10-40

성소의 모든 기물과 특징들이 인식할 수 있는 우선순위 순서에 따라 배열된 것은 아니다. 그렇지만 하나님께서 모세에게 내리신 지침들은 가장 안쪽에 있는 가장 거룩한 곳전통적으로 "지성소"에 위치되어야 할 가장 거룩한 물품들, 즉 속죄소라고 불리는 언약궤와 덮개로 시작한다는 점은 분명하다. 지침들은 그곳에서부터 거룩한 곳의 기물들에게로 외부로 움직인다: 임재의 빵의 탁자와 7개로 뻗어나가는 촛대.25:30-31 그러면 성막텐트는 그들을 둘러싸고 가리게 된다. 결국, 성막의 뜰이 묘사된다.

25:10-22 법궤와 덮개(속죄소)

법궤. 법궤'*aron*란 단어는 관이란 의미로 한번 사용되고요셉의 관. 창 50:26 돈궤라는 의미로 여러 번 사용된다.왕하 12:10; 대하 24:8 그렇지만 구약성서에서 193차례 등장하는 것 중에서, 184회가 이 본문에서처럼 언약궤를 가리킨다. 여기서 그것은 2.5x1.5x1.5 큐빗 크기인 박스로 묘사된다. 고대근동에서의 표준기준인 큐빗은 이론적으로는 팔꿈치에서 가운데 손가락 끝의 거리이다. 따라서 법궤는 상대적으로 작은 궤 혹은 상자로서, 약 1.1m x 0.7m x 0.7m가 된다.NIV 폭, 성막건설에 있어 상응하는 측정치를 제시

법궤는 바깥쪽과 안쪽을 가장 중요하다는 것을 표시하는 금으로 덮어야 한다. 고대 이집트에서 금은 망치질을 하여 얇게 만들거나 작은 못으로 나무에 부착되든지 풀로 붙여졌다.Cassuto: 329 유사한 행습을 여기서도 추측할 수 있다.25:11 그것은 성막의 다른 많은 특징들이 확증하듯이, 이 장들에서 미적인 것들도 하나님이 규정하신 예배의 아주 중요

한 부분이었다는 것을 보여주고 있다[아름다움, 485쪽]

12-15절은 법궤가 어떻게 고리를 통해서 삽입된 막대기로 이동되는지를 묘사한다. 이 동성은 성막의 다른 부분들과 성막 그 자체가 갖는 특징이 될 것이다. 이런 특징이 외부적인 것으로 나타나듯이, 이것은 아주 깊은 신학적 중요성이 있다. 구름과 불기둥으로 이스라엘을 이집트에서 이끌어내시고 시내 산에서 장엄한 현현으로 이스라엘에게 나타나신 야웨는 약속의 땅으로 가는 계속되는 여정을 그 백성과 함께 하실 것이다.40:34-38, 주

법궤를 운반하는 막대기들은 법궤에 붙어 있는 고리 안에 있어야 한다: 막대기들은 움직여서는 안 된다.25:15 이 장들 속에서 그리도 자주 나타나듯이, 지침이 주어지지만 설명되지는 않는다. 아마도 이스라엘 가운데 야웨가 임재한다는 중심적인 상징이 되는 법궤는 하나님이 항상 움직이실 수 있다는 특별한 생동감으로 표현되어야 한다. 카수토는 막대기들이 제 자리에 있어서 법궤가 항상 움직이지 않는 때라 하더라도 진행 중에 있어야 할 것을 잠정적으로 언급한다. 예를 들면 수 3:3-4; 6:4ff; Cassuto: 330 그렇지만 왜 이 막대기들이 이런 목적을 위하여 빨리 삽입될 수는 없었는지는 분명하지 않다. 그 조항의 목적은 인간의 손이 닿지 않도록 법궤를 운반하기 위함이라고 본 더럼이 아마 더 진실에 가까울 수 있다.358

이 시점에서, 법궤의 몇 가지 기능들 가운데 한 가지만이 분명히 언급된다. 그것은 언약을 담기 위함이다.*ha-' edut*, 25:21; NIV에서는 증언; NRSV에서는 조약, 주 *' edut*라는 용어 20:16에서처럼 *' ed*, 증언과 관련됨는 출애굽기에서 두드러지게 나타나며, 대부분 성막과 관련된다. 언약궤라는 표현들25:22; 26:33-34; 30:6, 26; 31:7; 39:35; 40:3, 5, 21과 언약의 판들 31:18; 32:15; 34:28f이라는 용어는 이 본문 및 유사한 맥락 속에서 수식을 받지 않는 명사가 십계명과 연결된 판들을 가리킨다.34:28; 24:12 참조 이 판들은 주된 언약의 문서이며 언약 *' edut*로 가능한 번역; 위를 보라을 증언하고 있다.Simian-Yofre: cols. 1225-28 참조; 1107-30 참조

법궤(혹은 속죄소)**의 덮개.** 법궤의 덮개가 구조적으로나 기능적으로 법궤의 일부이지만, 덮개에 독립적인 중요성을 부여하는 기능과 의미를 갖기도 한다. 17-22절은 그 특징들과 목적을 기술한다. **속죄소**mercy seat라는 용어는 **덮개**kapporet, 17; NSRV 본문과 미주 참조로도 번역할 수 있다. 이 용어는 *kpr*이라는 히브리어 어근에서 나온 명사로서, "덮다, 바르다"창 6:14 참조라는 기본적인 의미를 갖지만, 보통 "죄를 덮다, 배상하다 또는 속죄나 죗값을 치르다"라는 파생적인 의미로도 사용된다.KB 따라서 이 용어는 상자 같은 모양의 법궤의 덮개나 덮는 판으로써의 kapporet이 갖는 물리적인 기능과, 죄를 속죄하기 위해

이스라엘이 하나님의 임재의 "보좌"로 다가갈 수 있는 상징적인 의미를 지칭한다. 그렇기에 속죄소; 레 16:13-16 참조

이 덮개의 크기는 법궤를 완전히 덮을 만큼이다. 25:17b 중요한 특징들은 금으로 된 두 개의 천사로서 법궤와 덮개처럼 금으로 됨, 하나는 덮개의 한쪽 끝에 부착되어 서로를 바라보고 있다. 25:19-20 그들의 특징들이나 기능은 얼굴과 날개에 대한 언급 외에는 기술되지 않고 있다.

Cherubim복수형; 단수형은 cherub은 에스겔서9-10장 참조와 고대근동의 묘사들Keel: 166-70 참조에서 부분적으로는 인간이며 부분적으로는 동물로 나타난다. 따라서 해석자들은 때때로 그들을 스핑크스와 같이 시각화하기도 한다.Fox: 144 다른 해석자들과 대부분의 예술가들은 인간형상으로 본다. 예술가들은 천사들의 모양뿐만 아니라 속죄소에서 그들의 위치와 그들의 날개가 서로를 맞대고 있는 방식을 여러 가지로 그리고 있다.P. Zehr: 100에 나오는 예술적 개념들을 참조; Kiene: 141

성서에서 그들의 기능은 항상 하나님의 임재와 어떻게든 관련을 갖는다. 그들은 보호하고, 수행하며 운반하는 피조물들이다. 창 3:24 참조; 삼하 22:11; 겔 28:14, 16; 시 18:10 그렇지만 이 본문과 속죄소에 대한 천사들을 가리키는 다른 맥락 속에서는, 한 가지 기능이 눈에 띈다: 그들은 법궤의 덮개 바로 위에 있는 신성한 공간에서 위치, 자세, 그리고 쭉 뻗어 닿는 날개들을 통해 구별된다. 이런 "텅 빈" 의자나 보좌는 이스라엘을 둘러싼 열방들이 자신들의 신의 형상을 두는 곳으로, 이스라엘은 야웨의 임재라는 완전히 영적인 형태를 신앙으로 생각해야 한다.

임재에 대한 이런 강력하고 독특한 상징이 갖는 몇 가지 차원들을 더 보아야 한다. 먼저, 내가 너[단수]에게 나타나서 너[단수]에게 알릴 것이다.… 25:22; 내 번역; NSRV는 만나다와 전하다를 구분함으로써 두 동사의 영향력을 잃어버렸다 다른 말로 하면, 이스라엘은 여기서 하나님으로부터 나오는 시각적이고 언어적인 상징적인 의사소통을 받도록 허락되는 것이다. 이스라엘과 함께 하는 하나님의 임재라는 널리 알려진 주제는 여기에서 만질 수 있고 영적인 정점에 이른다. 이런 신이 주신 상징은 앞선 이스라엘의 결정적인 질문에 대한 신의 대답의 하나이다: 주께서 우리 가운데 계시는가 아닌가?17:7

더 외부적인 방식으로는, 하나님의 임재에 대한 또 다른 방식을 이미 이집트와 광야에서 하나님의 구원하시는 행위를 통해 이스라엘이 경험했다. 그렇지만 하나님의 언약의 백성인 이스라엘은 역사적인 사건에서 하나님의 임재에 대한 증거를 위한 역사적인 사건

에 이르기까지 기다려서는 안 된다. 대신, 법궤의 상징과 속죄소는 이스라엘로 하여금 오직 신앙만이 그런 임재를 "볼" 수 있도록 한다.요 20:29 참조

두 번째로, 우리는 언급된 너가 단수형이라는 것을 보았다. 그것은 모세를 가리킨다. 모세에게 하나님이 말씀하시는 것은 모든 계명의 내용이다.25:22b 출애굽기 곳곳에서처럼, 여기서도 하나님은 가장 성스러운 정황 속에서조차 이스라엘에게 직접적으로 하지 않고 하나님이 선택한 중재자를 통해서만 말씀하신다.한 가지 예외는 시내 산에서의 현현으로, 이스라엘 백성이 모세에게 중재자가 되어 달라는 요청을 한다; 20:18-21 이 중재자는 때로로 모든 방식의 신탁을 얻기 위해 하나님을 만나고 인간의 필요나 호기심을 충족시키기 위해 하나님을 만나는 것이 아니다. 그는 이미 알려진 하나님의 언약의 뜻을 새로이 들어야 한다.

마지막으로, 언약을 맺으시는 하나님은, 속죄소 위로부터, 언약궤 위에 있는 두 명의 천사들 사이로부터 중재자 모세를 통해서 이스라엘에게 나타나실 것이다.25:22 상징들은 강력하지만 여러 가지 차원의 중요성을 갖는다. 앞서 우리는 속죄소가 덮개로 표현될 수 있으며 "덮다, 속죄하다"라는 동사에서 파생되었음을 보았다. 그 동사는 인간이라는 주제와 함께 반복적으로 사용된다. 제사장직을 의미하는 아론과 그의 아들들은 "덮고 속죄한다."예를 들면 레 4:20; 그 외에도 잦다 속죄의 날Yom Kippur이라는 정황 속에서 대제사장인 아론은 속죄를 하기 위해 향을 퍼뜨리고 속죄소 위에 피를 뿌린다.레 16:11-16

동시에, 그렇지만 속죄 상징을 다르게 적용하며, 하나님의 보좌는 그 언약을 덮는데 25:21, 그것은 그 언약문서나 판을 의미한다. 다른 말로 하면, 이스라엘은 새롭고 더 위대한 바로에게 새로이 노예가 되어 하나님과의 언약관계를 이해해야 하는 것이 아니다. 고대의 왕처럼, 보좌에 앉아서 천사들이 들러리 서는 하나님은, 그저 가혹하고 법적인 효력으로 사용되는 법의 돌판을 지키는 속죄소 혹은 덮개에 좌정하신다.아울러 그 언약 앞에 위치한 만나 병을 차조; 16:33-34, 주

25:23-30 단

그 단의 특징, 크기, 그리고 재료는 23-28절에 묘사된다. 건설이나 재료는 법궤와 닮아 있으므로, 단을 성막에서 가장 거룩한 집기들 가운데 하나로 인식한다.

29절은 향을 위한 그릇과 제주drink offering를 열거하는데, 후자는 분명 포도주로 된 것이다. 향과 제주는 실제로는 히브리어 본문에서 언급되지 않는다. 그것은 네 종류의 그릇들을 열거한다: 접시와 국자 … 및 제주를 따르기 위한 주전자와 그릇NIV 향과 제주를 소개하는 것NRSV은 이런 그릇들을 사용하는 것에 아마도 기초한 것이다.

30절은 모세에게 내 앞에서 항상 그 단에 있는 임재의 빵을 두라고 지시한다. 언급되고 있는 그릇들과 임재의 빵에 대해서는 간결하게 기술되며 설명이 붙지 않는다. 우리는 독자들이 그들의 기능과 의미를 알도록 기대한다는 인상을 다시금 받는다. 25:7에 나오는 에봇과 가슴받이에 대한 유사한 가정을 참조 임재의 빵이란 지칭은 히브리어로 그리 분명하게 밝혀지지 않는 이름으로 문자적으로는 얼굴의 방, 임재와 관련된 얼굴, 그 단의 의미와 그것에 대한 모든 것에 대한 유일한 실마리를 제공하고 있다.

부르거만은 이 빵에 "성찬식의 의미가 약간 있다"고 한다. 890 제주와 함께, 이것은 성찬 식사라는 이미지를 불러일으킨다. 24:11 참조 이스라엘에게 하나님의 임재의 표시로서 주어진 만나가 반복적으로 빵이라 불린 것을 기억할 것이다. 예를 들면 16:3-4 그것 가운데 어떤 것은 기념으로서 언약 이전에 놓여야 한다. 16:32-34 그렇지만 이 장들에서 그리 자주 나타나듯이, 정확한 의미를 밝힐 수는 없다. 이 임재의 방에 대한 확실한 세부내용은 레위기 24:5-9와 사무엘상 21:1-6에서 제시된다.

25:31-40 촛대

이 본문은 촛대menorah에 대해 길고 상세하게 기술하고 있다. 순금으로 만들어진 촛대는 각각의 등을 지지하는 중앙의 줄기뿐만 아니라 멋지게 두들겨서 만든 여섯 개의 팔로 되어 있다. 왜 이런 나무와 꽃의 모티브로 만들어진 특정한 모양이 선택되었는지 우리는 모른다. 미술적으로, 촛대는 하얀 꽃이 만개한 아몬드 나무를 나타낸다. Durham: 363-365 우리는 위대한 예술적 창의성과 기술이 하나님을 섬김에 들어왔다는 사실을 놓쳐서는 안 된다.[아름다움, 485쪽]

일곱 개의 등은 빛이 가득함을 나타낸다. 한 덩어리나 금으로 된 접시에서 전체 등잔대를 만드는 것은 또한 완벽이나 흠이 없음을 나타낼 수 있다. 그 무게는 1 달란트, 혹은 66~70 파운드약 30~32kg, 역자 주이다. Sellers, IDB, 4:831 키어니는 25-31장이 창조의 7일에 부합하는 일곱 개의 연설을 나타낸다고 주장한다. 만약 그것이 맞는다면, 등이 달린 등잔대는, 빛을 발하면, 하나님이 최초로 빛을 만드신 것을 떠올리게 할 것이다. 창 1:2-3; 위를 보라, "미리보기," 및 아래, 27:20-21 주 나무를 모티브로 한 것은 또한 생명나무 혹은 불붙은 덤불나무3:2를 떠올리게 한다. 더럼은 "등의 불은 야웨의 현현과도 연결되어 있음이 분명하다"고 더 나아간다. 365

그렇지만 등잔대의 상징을 해석하려는 이 모든 시도들은 여기서 조심스럽고 잠정적으로 제시된다. 그 본문 자체는 등잔대의 의미를 설명하고 있지 않다.

40절은 그 산에서 너희에게 보였던 그 패턴에 따라 그들을 만들어야 할 중요성을 모세에게 심어준다. 그들은 아마도 등잔대와 집기들을 다시 말하는 것일 수 있는데, 그들의 세부적인 것들의 중요성을 강조한다. 그렇지만 내가 보기에 더 의미 있고 그럴 듯한 것은, 이런 훈계를 지금까지 언급된 대부분의 거룩한 물품들 모두를 다시 언급하기 위한 것으로 이해하는 것도 가능하다; 법궤, 덮개, 단, 그리고 등잔대.25:9 참조

성막과 뜰 26:1-27:21

아름다운 천막-성지는 앞선 섹션에서 기술된 대부분의 거룩한 대상들을 수용하기 위함이다. 이제 하나님은 모세에게 그 재료와 모양을 밝히신다.

26:1-6 내부 장막 덮개

성막이 조립되기 전에, 구성요소들이 준비되어야 한다. 성막miskan, 1절은 뜰을 포함한 전체 성소를 가리키는 것일 수 있다. 이 본문에서 성막은, 가장 거룩한 곳과 거룩한 곳을 에워싸고 있는 천막-성지 자체를 가리키는 더 제한적인 의미로 사용된다.도표 4 천막 같은 방식으로 성막구조위로 걸쳐지는 가장 안쪽의 막을 형성하게 될 주 장막을 위한 지침이 먼저 온다. 재료와 색깔은 25:4에서 언급된 것들과 부합되고 있다.주

천사들의 모티브26:1는 속죄소의 옆에 있는 천사들과 장막을 연결시키고 있다.25:18-20 천사들은 정교하게 휘장들에 수놓아 짠 것이어야 한다. 문자적으로는 "반영의 작업"Dur-ham: 367이 되는 그 문구는 다양하게 번역이 된다.솜씨 좋은 장인이 그들[휘장들]에 짠 것, NIV 참조 그렇지만 여기서 다시금 미적인 부분이 작업에 고려되었다는 것이 분명하다.[아름다움, 485쪽]

다섯 개의 휘장 각각이 두 세트로서, 걸쇠와 고리로 엮여져 있는데, 28x40 큐빗의 영역으로 결합되어 있다.대략 42인치 x 60인치, 106 cm x 152 cm; NIV 주 참조 두 세트가 필요한 이유는 아마도 전체 공간이 하나로 운반하기에는 너무 무겁기 때문일 것이다. 걸쇠와 고리는 그들을 운반하도록 세트를 분리하기 쉽도록 한다.Cassuto: 348f 성막 구조에 걸쳐질 때 다음 페이지를 보라, 걸쇠와 고리의 연결선은 아마도 가장 거룩한 곳과 거룩한 곳 사이의 구분선을 따라 펼쳐진다.도표 4; Haran: 151; 그렇지만 Friedman이 제시한 대안도 참조, 26:15-30, 주 등잔대의 경우처럼, 성막이 통으로 된 것일 수 있다는 것이 중요하다.25:36, 주 참조

성막과 뜰

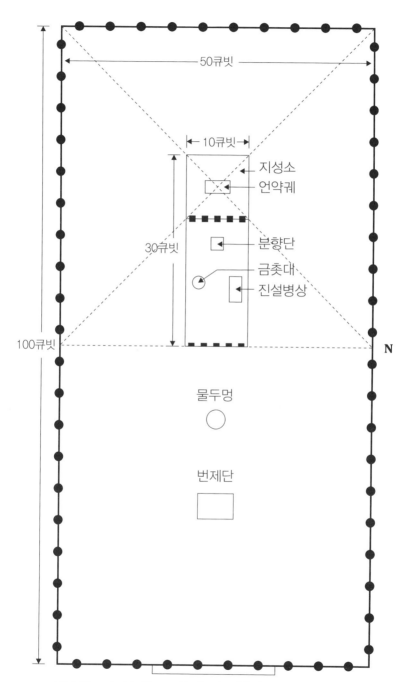

Adapted from charts by Haran and by American Schools of Oriental Research via IDB .

26:7-14 바깥 휘장 덮개들

휘장의 세 가지 덮개들은 안에 있는 가장 중요한 덮개들을 보호한다. 안에서 밖으로 차례차례로, 이들 가운데 첫 번째는 염소털로 만든 휘장의 덮개이다.26:7-10; 25:4 참조 이들은 마로 된 덮개보다는 조금 더 커서 후자를 충분히 덮도록 만들어졌다. 그것이 어떻게 자리 잡는지는 완전히 분명하지는 않으나, 성막의 앞과 뒤편에 돌출된 부분도 있다.26:9, 11-13 두 부분을 함께 붙잡는 걸쇠들은 놋쇠로 만들어져서26:11, 지성소에서 더 멀어질수록 사라지지만 가장 안쪽의 덮개는 금으로 되어 있다.26:6

바깥으로 나아감에 따라, 두 개의 덮개가 간략히 열거되는데, 하나는 붉게 물들인 수양가죽이며 다른 하나는 그 위를 덮을 돌고래 가죽이다.26:14 이것은 신중하고도 다소 두루뭉수리한 번역이다. 몇몇 주석가들의 더 구체적인 표현은 이렇다: 붉게 염색한 숫양가죽으로 만든 덮개와 그 위를 덮는 바다소sea cows의 가죽으로 만든 덮개이다. 카수토는 우리 시대에도 베드윈족이 숫양가죽으로 그들의 천막을 덮는다고 보고한다. 그는 바다소, 혹은 아마도 돌고래의 가죽으로 만들어진 가장 바깥쪽의 막은 홍해에서 온 것이라고 설명한다.Cassuto: 326; 유사한 의견으로 Durham: 350 미적인 매력과 유용성이 성막을 위해 적합한 덮개와 보호를 함께 제공하고 있다.

26:15-30 직립 뼈대

종교하게 준비된 휘장들을 위해서는 떠받치는 틀이 필요하다. 이것은 틀qerasim로 만들어져야 한다. 틀이라는 번역은 이미 어떤 사람들이 주장하듯이 단단한 판자가 아니라는 것을 가정하고 있다.Cassuto: 354; Haran: 150f 참조 더럼이 받침을 선택한 것은 그들의 본질적인 기능을 묘사하면서 그런 문제를 열어 두고 있다.367 각각 10 x 1.5 큐빗이 되는 받침들은두께는 명시되지 않음 똑바로 서서, 각각이 두 개의 못으로 두 개의 은으로 된 기초에 장착되어 있다. 뼈대들은 열린 직사각형으로 배열되어야 한다: 북쪽에 20개의 뼈대, 남쪽에도 20개, 서쪽에는 6개, 그리고 동쪽에는 열려있다.26:15-22; 이런 동쪽방향에 대해서는 아래를 보라, 27:9-19, 주 두 개의 뼈대들이 모서리를 지지한다; 정확한 방식은 불분명하다.26:23-25

아카시아 나무로 된 다섯 개의 금으로 덮인 막대기들이 양쪽에 함께 똑바로 선 뼈대를 지탱한다. 이들 가운데 네 개는 보이게 될 것으로, 그 뼈대들에 부탁된 금고리를 통해 삽입되기 때문이다. 양쪽에 있는 다섯 번째와 중간의 막대기가 중간을 가로다지며 이 끝에서 저 끝까지 미친다.26:28 이것은 다섯 번째 막대기가 그 뼈대의 1.5 큐빗 너비로 뚫린 구멍을 통해 삽입되는 것을 의미한다고 해석되어 왔다. 다시 말해, 이 막대기는 뼈대로 인해 벽의 양끝에서 보이게 되는 것이다.

마지막으로, 26:30은 모세에게 성막을 세우라고 하는데, 그 산에서 네가 본 대로 그 계획에 따라25:9, 40 참조 이제 성막의 구성요소들이 준비되었다. 이렇게 똑바로 세우는 것은 네 개의 덮개 막이 걸쳐지는 것을 포함한다.26:1-14 해석자들은 성막을 바로세우기 위한 지침들이 조금은 더 완전했으면 하고 바란다. 그 재료들의 측정과 본성에 기초하여, 우리는 어느 정도의 특징들을 추정해야만 한다. 두 가지 경쟁이 되는 제안들을 검토해야만 한다: 전통적인 시각예를 들면, Haran: 150-53; G. H. Davies, IDB, 4:498-506과 리처드 프리드만 Ricahrd E. Friedman이 더 최근에 제시한 시각이다.ABD, 6:293-300; 1980:241-48 참조

전통적인 시각에서는, 뼈대/받침대들이 나란히 놓여 북쪽 벽과 남쪽 벽이 각각 30큐빗이 된다.각각 1.5큐빗에 20개의 뼈대 서쪽 벽은 9큐빗이 될 것이다.각각 1.5큐빗에 6개의 뼈대 그렇지만 장막측정의 빈번성에 근거해서예를 들면 양쪽에 20큐빗, 각각 10큐빗의 높이 해석자들은 서쪽 벽이 10큐빗을 의미하는 것이라고 추정한다. 그들은 모자라는 한 큐빗이 모서리 지지대 혹은 측벽들의 두께로 인해 발생되었을 것으로 본다.Haran: 151, n. 4 그리하여 휘장들의 덮개는, 28x4큐빗이 되는 마 휘장들과 30x4큐빗이 되는 염소털 휘장들이 남북방향으로 확장되는 방식으로 그 구조를 감싸고 있다. 염소털 휘장들 중에서 6번째 휘장이 뒤쪽에서 돌출된다.서쪽; Kiene:73f에 있는 아름다운 예술가의 개념을 참조

이런 패턴의 매력은 대칭에 있다. 가장 거룩한 곳전통적으로 지성소은 10x10x10 큐빗으로 된 정육면체로서, 솔로몬의 성전20x20x20 큐빗, 왕상 6:20 속에 있는 지성소의 딱 절반크기이다. 지성소의 동쪽에 있는 거룩한 곳은 10x20큐빗으로서 지성소 크기의 두 배가 된다. 동시에, 전통적인 그림 속에는 일부 일관되지 않는 것들도 있다. 서쪽의 좁은 벽은 각각 1.5큐빗으로 된 6개의 뼈대로 이루어져 있는데, 합계가 10이 아니라 9 큐빗에 이른다는 것을 우리는 이미 살펴보았다.위를 보라 뒤편서쪽과 개방된 전면동쪽에 덮개들이 돌출되는 것을 어떻게 이해해야 하는지도 분명하지 않다.

프리드만의 모델은 이런 불일치점들을 해소하려고 한다. 기본적인 시각은 그 뼈대들이 나란히 놓이지 않고 겹치도록 배열되었다는 것이다. 그 뼈대들이 1.5큐빗 너비 가운데 반큐빗은 겹친다. 이로 인해 두 개의 모서리 판자가 놓이는 방식에 따라 성막의 길이는 20큐빗, 너비는 6-8큐빗 줄어든다. 마로 된 다섯 개의 휘장 두 세트각각의 휘장은 28x4 큐빗는 금으로 된 고리와 걸쇠로 연결되어 나란히 놓이지는 않지만, 28x20 큐빗의 이중의 두께를 만들어 내기 위해 접혀지게 된다. 이로 인해 뼈대 구조를 온전히 덮고 각각의 10피트약 3

미터 높이와 8피트약 2.4미터 너비지붕이 됨로 확대된다. 20피트 길이6미터는 성막의 길이와 같은 공간에 걸치게 된다.

다섯 개의 휘장 두 세트를 서로 잇는 금으로 된 고리들은 열린 앞부분동쪽을 따라 시각적인 장식이 된다. 염소털로 된 덮개의 남는6번째 휘장은 8피트 정도를 덮는 4피트 너비의 뒤편 벽서쪽의 모서리들에 들어맞는다. 중앙의 아카시아 막대기는 뚫린 구멍을 통해 삽입되어 이제는 보이지 않지만, 겹쳐지는 뼈대 사이로 확장된다.

그렇지만 프리드만의 이론에는 문제점들이 있다. 대칭비율의 손실이 설득력이 떨어뜨리는 것이다. 마로 된 이중막이 분명히 필요한 것이 아닌데, 안쪽의 막에 수놓아진 천사들만이 보인다는 점을 고려해 보면 특히 그렇다. 게다가, 하나가 다른 하나 위에 있어서 금으로 된 걸쇠와 고리로 서로 두 겹을 매야할 필요를 말하는 것이 말이 안 된다.

단순히 성막의 의도된 디자인의 모든 세부사항들을 우리에게 말하고 있지 않다고 인정하는 것이 아마도 가장 좋을 것이다. 두 개의 이론 각각에 있는 매력적인 특징들이 있음을 보았지만 어느 것도 내 질문에 모두 대답하지는 못했다.

26:31-35 내부 "휘장"(Paroket)

성막이 자리를 잡고, 다음에 할 일은 **가장 거룩한 곳**전통적으로는 지성소 holy of holies과 **거룩한 곳**을 구분하는 것이다. 그러기 위해 모세는 성막 가장 안쪽의 덮는 층의 휘장(*yeri* ot, 26:1 10개와 같이 휘장*paroket*, 26:31을 동일한 재료, 동일한 색상, 그리고 동일한 천사 모티브로 만든다. 여기서 **휘장**curtain이라는 번역NRSV은 잘못된 것이다. 히브리 단어는 1절에서의 휘장들을 위해 쓰인 단어와 같지 않다. 이런 *paroket* 휘장은 은으로 된 기반에 부착된 금으로 덮인 아카시아 나무 기둥 4개에 걸려있어야 한다.26:32

걸쇠 아래에 그것을 걸라는 지침은26:33 내부에 있는 천막 덮개를 함께 붙잡고 있는 걸쇠를 가리키는 것이라고 전통적으로 해석되어 왔다.26:6 *paroket*이 간격이 있는 네 개의 기둥으로 지지되고 있고 성막을 가로질러 확장되는 똑바로 된 휘장이라는 성막에 대한 전통적인 시각에서위를 보라, 이것은 성막을 가장 거룩한 곳과 거룩한 곳으로 나누는 것을 의미한다. 이것이 아마 맞을 것이다.Kiene: 86에 나오는 예술가의 개념을 참조; P. Zehr: 99

그렇지만 프리드만은 대안적인 이해를 제시한다. ABD, 6:295-98; 그의 광범위한 가설의 맥락에서, 위를 보라 그의 모델에 따르면, *paroket*는 더 큰 성막 속에 있는 작은 가건물pavilion이나 천막을 만들기 위한 네 개의 기둥들 위로 퍼져있는 천 덮개이다. 다른 것 가운데에서, 이것은 40:3에 있는 하나님의 명령으로 문서화된다: 휘장을 쳐서 그 궤를 덮으라.you shall make the paroket cover over the ark, 프리드만의 문자적 번역; NIV: 휘장으로 그 궤를 가리라, You shall screen the ark with the curtain 덮다.cover로 표현되는 동사는40:3; 히브리어 *skk*: NRSV: 가리다 screen 부스booth, *sukkah/ sukkot*와 큰 관련이 있는데, 이 단어는 초막절Feast of Booth에 자주 등장한다.

어떤 이들은 *paroket*이 고리들 아래에 있는 것26:33이 아니라는 것에 반대의견을 댄다. 프리드만은 뼈대 아래라는 칠십인역이 아마 더 정확할 것이라고 언급함으로써 이런 반대의 면을 논박하고 있다. 정리하면, 이런 가설은 큰 장막 속에 작은 장막인 가장 거룩한 곳 혹은 지성소가 있다고 보는 것이다. 우리가 전통적인 시각보다 이 모델을 더 확실하게 생각하지는 않지만, 프리드만의 정확한 히브리어 이해 속에는 높게 평가할 부분이 많다. 나 역시도 위에서 서술된 성막의 측정과 구조에 대한 프리드만의 더 넓은 가설을 받아들이지 않고, *paroket*에 대한 이런 가설이 유지될 수 있다고 본다. 어떤 경우에서든, 하나를 선택하는 것은 성막이나 성막의 부분들의 중요성에 대한 신앙적 의미에 전혀 영향을 주지 않는다.

33b-35는 덮개, 속죄소와 함께 언약궤를 지성소 속에 두도록 하나님께서 모세에게 주신 지침을 보고한다. 그는 그 상과 촛대를 거룩한 곳, 즉 북쪽과 남쪽에 각각 두어야 한다.26:1-6과 더불어 도표 4를 보라, 주

26:36-37 입구를 위한 막

금으로 덮인 아카시아 나무 기둥 다섯 개에 걸린 입구의 막는 성막의 열린 동쪽을 닫는 것이다. 그 재료와 색깔은 휘장의 안쪽 덮개26:1와 *paroket*26:31의 재료와 색깔과 일치한다. 그렇지만, 천사들은 성막에 정교하게 수놓아 짠 것26:1, 31은 자수 바느질로 대체되며, 기둥들의 기반은 은이 아니라 놋이다. 이들은 우리가 지성소에서 떨어져 움직이고 있는 것을 보여주는 작은 표시들이다.

27:1-8 제단과 부속물

정사각형 제단5x5 큐빗 너비와 3큐빗 높이이 다음에 기술된다.1절 제단은 뿔이 있어야 하는데27:2, 이것은 분명하지는 않지만 중요한 특징이다. 29:10-12 참조; 레 4:18; 16:18; 왕상 2:28-34 아마도 그들은 네 모서리에 있는 돌출부일 것이다. 제단과 이동막대기, 그리고 기구들은 구리로 입혀지거나 구리로 만들어져야 한다. 이것은 아마도 구리가 조금이나마 금과 은보다 더 열에 강하기 때문일 것이다. 그렇지만 더 큰 중요성은 지성소에서 얼마 떨

어져 있는, 성막의 외부에 있는 제단의 위치와 관계가 있다.

제단이 숯과 재, 그리고 그 위에 있는 제물을 조종하기 위한 다양한 도구들을 필요로 한다는 것은 분명하다. 도구들에 대한 용어를 번역하는 것은 그들이 가진 히브리어 이름들 가운데 일부가 정확한 정보가 없으므로 잠정적인 것으로 간주되어야 한다.27:3 구리로 된 철망이나 구리그물27:4과 선반27:5은 모양과 배치, 그리고 사용에 대해서 거의 알려지지 않는 특징이다. 구리로 덮여져 있다 해도, 너무 제단 위에서 제물을 불태우는 것이 가능한가에 대해서 학자들의 곤혹감은 더 크다. 카수토는 그것이 흙과 돌로 채워져 있는 속이 빈 구조27:8 참조라고 본다. 이것은 20:24-25에 나오는 제단의 지침들과 부합하게끔 하는데 도움을 준다.Cassuto: 362

제단이 이동할 수 있다는 점27:7은 성소 그 자체와 성소에 있는 법궤와 다른 물품들의 이동성과 부합한다. 8절은 그 산에서 받은 지침들과 시각적으로 일치시키라고 모세에게 말하고 있다.25:9, 40 참조; 26:30 카수토에 따르면, 그렇게 상기시키는 것은, 말로 지침을 내리면 온전하고 적합하지 않을 수 있어도, 모세가 대상이 어떤 모양이어야 한다는 것을 보면 무엇이 빠졌는지를 채울 수 있게 된다는 것을 말하려고 의도한 것이다.364

27:9-19 성막의 뜰

성막을 짓기 위한 지침들은 가장 안쪽이자 가장 거룩한 대상인 법궤로 시작했다. 이제 우리는 주변영역인 뜰과 그 울타리에 다다른다. 그 규모는 100x50 큐빗이며대략 45m x 23m; NIV 차이, 길게 북쪽과 남쪽에 있는 20개의 기둥과 서쪽에 있는 10개의 기둥에 매달려 둘러싸여 있다. 동쪽은 각각의 편에 있는 15 큐빗의 휘장으로 부분적으로 닫히게 되며, 각각 3개의 기둥에서 매달린 것으로, 20큐빗이 되는 막으로 닫히는 문이다. 이 문은 성막의 동쪽 편을 닫는 막과 재료나 기술상으로나 동일하지만 길이는 대략 혹은 정확히 절반이 된다.프리드만의 모델이나 전통적인 모델을 받아 들이냐에 따라서; 위를 보라 그 막은 네 기둥에 놓인다.

지성소에서 먼 거리에 떨어져 있는 것에 맞게, 기구들과 못이 그렇듯이, 기둥들은 구리로 덧씌워지고 그 받침은 구리로 만들어진다. 이 본문은 왜 기둥들의 고리와 갈고리가 27:10 은으로 만들어져야 하고 은으로 된 갈고리가 달린 기둥이어야 하는지27:17 설명하지 않는다. 아마도 더 귀중한 것에서 덜 귀중한 것으로 점진적으로 바뀌어 가는 것이 아닐까 마음속에 그려진다.

뜰 안에 있는 성막의 위치에 대해서는 어떠한 정보도 주어지지 않는다. 유사한 대칭적 배열을 가정하면서그렇지만 기둥을 똑같이 위치시키는 것은 아님, 카수토와 하란은 성막의 입구막이 50x50 큐빗으로 뜰을 두 개로 똑같이 이등분하는 남북의 축에 중앙의 10큐빗을 이루기 위함이라는 것에 동의하고 있다. 그 서쪽 벽과 옆쪽 벽은 서쪽 벽에서부터, 그리고 울타리 측면 벽에서부터 20 큐빗씩 동일한 거리가 된다.Cassuto: 368; Haran: 152-56; 도표 4 하란은 법궤가 뜰의 서쪽 정사각형 절반의 중심에 서게 되는데, 아마도 동쪽 반의 중심에 있는 제단이 균형을 잡고 있다는 것으로 추측하고 있다.Haran: 152-56; 도표 4 물론 이런 이론들은 성막30 x 10 큐빗의 전통적인 모델에 기초하고 있다; 프리드만의 더 작은 모델20x8 큐빗은 조금 수정되어야할 필요가 있다.

울타리는 5큐빗 높이이다.27:18; 대략 2.3m; NIV 차이 따라서 키가 큰 사람조차도 땅에 서서 울타리 안쪽을 들여다 볼 수가 없다. 반면, 성막의 윗부분은 10 큐빗 높이로대략 4.5m, 제사의 연기가 위로 올라가는 것을 볼 수 있다.

이것은 성막의 두 가지 일반적인 특징들에 대한 주를 달기 위한 자리일 것이다; 동심원 공간과 동쪽 방향. 우리는 반복적으로 가장 거룩한 물품, 즉 덮개가 있는 법궤에서 점점 떨어질수록 거룩함이 차츰 감소하고 있는 것이 재료의 가치가 떨어져 가는 것과 장인의 정교함이 떨어져가는 것으로 표시되고 있다는 것을 보았다. 아니면 우리가 방향을 바꾸어야 할까? 우리는 외부로부터 그 법궤로 다가갈 때 거룩함이 점점 높아져 간다고 생각해야 할까?

전자는 신의 시각, 즉 하나님의 임재가 이스라엘 백성으로 다가가는 방향을 나타낸다. 후자는 인간의 시각, 즉 인간이 하나님의 거룩한 임재로 다가가는 것을 나타낸다. 출애굽기 곳곳에서 하나님의 계획하심에 대한 일관적인 강조가 전자에 우선하지만, 양쪽 시각 모두 타당하다. 모세에게 내리신 하나님의 지침들25-27장이 하나님의 입장에서 주어진 것이며, 따라서 가장 거룩한 것에서 덜 거룩한 순서대로 되어 있는 것은 설득력이 있다.

그 건물을 실제적으로 짓는데 있어서, 이런 순서는 적어도 부분적으로나마 보존된다.36-37장 어떤 경우에든, 거룩함의 정도가 갖는 공간의 양식이 만들어진다: 가장 거룩한 곳, 거룩한 곳, 그리고 뜰. 성소를 둘러싼 이스라엘의 진지가 갖는 공용공간을 네 번째 공간으로 생각할 수도 있다.민 2 참조 프리드만의 모델이 특히 이런 점들을 고려할 때 매력적인 이유는, 성소가 동심원적 공간을 시각화하기 때문이다: 천막 내부, 천막 외부, 뜰, 각각은 그 다음에 오는 것으로 둘러싸인다.위를 보라, 26:31-35, 주

전통적인 모델에서는, 거룩한 곳은 가장 거룩한 곳의 곁방노릇을 하되 가장 거룩한 곳을 둘러싸지는 않는다. 그렇지만, 어떤 경우이든 거룩함의 영역이 점점 차이가 나는 것은

분명한 메시지를 갖는다: 하나님은 이스라엘의 한가운데에 분명히 계시지만 완전한 타자 Wholly Other로 남아 계시며 그런 식으로 접근해야만 한다. "편하게 대하"거나 "다정한 경건함"은 여기서 보이지 않는다. 19장, 주 참조

성소의 동–서 혹은 서–동 방향은 다른 곳에서 설명되고 있지 않다. 여러 가지 휘장들과 걸개들을 비교해 보면, 서–동 축이 특히 더 큰 가치가 있는 것과 *paroket* 휘장, 성막의 막, 그리고 입구의 막의 더 정교한 기술로 표시되고 있다고 하란은 지적하고 있다. 일반적인 관습의 고집으로 인해, 인간적으로 말하자면 이것을 계속되는 성서 시대보다 앞선 구시대적 상징으로 본다는 점에서 그는 옳을 수도 있다. Haran: 164f 우리는 그런 관습이 동쪽에서 해가 떠오르는 고대의 숭배와 관련이 있을 수도 있다는 생각을 할 수도 있다; 이런 생각은 가장 거룩한 곳으로 다가가는 제사장들이 서쪽을 향하고 있다는 것을 상기할 때 금세 사라져버리게 된다. 그렇지만 민 2:3에 나오는 태양에 대한 언급을 참조

우리는 북쪽으로 지도를 놓고 보지만, 아마도 동향은 고대 이스라엘 사람들이 동쪽을 향하여 "지도를 보았다"는 사실에 기초한 것일 수 있다. 북쪽이 우리를 향해서 간다면, 동쪽은 그들을 향해서 간다. 지도가 평평한 곳에 놓일 때 우리가 이런 지금 거리에 대해서 말할 수 있는 한, 이스라엘의 신앙혹은 우리의 신앙의 중요성이 위태롭지는 않다.

27:20-21 영원히 타오르는 등

어떤 의미에서, 이 간략한 본문은 그 다음 부분에 속한다. 왜냐하면 제사장직을 의미하는 아론과 그의 아들들의 직무를 말하고 있기 때문이다. 그런 제도와 직무를 세우라는 지시는 28–30장에서 모세에게 주어질 것이다. 그렇지만 우리는 앞에서 유사한 본문들을 살펴보았다. 그 본문들은 이 이야기의 어떤 지점을 일차독자를 위해 미래의 어떤 것과 연결시키고 있지만 반복 독자에게 더 잘 알려져 있다. 예를 들면 16:31-36, 주

우리가 부르듯이, 그런 "미래와 연결"은, 이야기의 흐름이 모든 상황들이 준비된 곳으로 진행되지 않음에도, 지금 요지를 만들어 내는 긴급성urgency를 전달한다.[서사기법, 479] 이런 의미에서, 이 본문은 빛을 향하여 앞으로 나아간다. 모세에게 말과 환상으로 보인 성소는 어둠과 연관되는 순간이 절대로 아니다. 그것이 거의 묘사되고 있지 않으며 이미 하나님께서는 "빛이 있으라"창 1:3라는 하나님의 명령으로 창조를 시작하신 것처럼 그것을 조명하기 위한 비에게 명령하신다.

키어니는, 이 본문의 의도적인 배치에 주목하면서, 이 본문을 30:7-8과 연결시킨다. 이 구절 역시 그 등의 불빛을 언급하고 있다. 그는 이 안에서 제사장에 대한 장들을 포함

하는 포괄성을 본다. 키어니는 빛을 등장시키는 하나님의 첫 번째 행하심처럼, 아론의 행함을 창조에서의 하나님과 비유한다.375f 27:21과 이후 장들에서 성소*miskan*를 만남의 장막*ohel mo'ed*으로 사용한 것은 그것보다 앞선 것이 아니라 그것 이후에 오는 것과 이 본문이 연관되어 있음을 강화시키는 것 같다. 그렇지만 난 그 강조점이 이 절들에 있는 빛의 등장에 있으며 제사장의 역할은 부차적이고 도구적인 것이라고 본다. 어떤 경우든, 이 본문은 성소와 제사장이라는 주제 사이의 다리역할을 한다.

20절에서 우리는 성소를 짓고 관리하는 것이 궁극적으로는 언약하시는 하나님에 대한 모든 백성의 자유의지의 행위라는 것을 우리는 상기해야 한다.25:1-9, 주 참조 그들은 가장 좋은 것들을 가져와야 한다; 여기서 그것은 밝은 빛을 위한 깨끗한 기름이다. 그런 기름은 짜내지 말고 절굿공이에 있는 절구로 찧어서 추출한 것이다.Durham: 380, Gispen을 언급함

이것은 등불이 정기적으로 켜지게 하기 위함이다.27:20b 정기적으로tamid로 번역된 단어는 지속적으로라고도 번역될 수도 있다.NIV는 이것을 암시한다, 그렇지만 그것은 저녁부터 아침까지 불이 켜지는 것이 더 그럴 듯하다.27:21; 출 30:7-8도 참조; 레 24:3; 삼상 3:3 등을 사용하는 것은 집단적인 의미에서 이해되어야 하며, 등잔의 불을 가리킨다.27:20; Cassuto: 370; NIV, 올바르지만 문자 그대로는 아니다: 등불

레위기에 있는 병행구절들에도 나타나는 이런 모호성은 그곳에서 명백히 설명되고 있다: "그는 주님 앞에서 규칙적으로 순금으로 된 등잔대 위에 등불을 두어야 한다"레 24:1-4 등잔대는 거룩한 곳을 의미하는 휘장 바깥에 위치된다. 이스라엘의 다른 예배의 의식과 마찬가지로, 빛은 그들 모든 세대에서 밝혀져야 한다.12:42 참조

제사장의 의복 28:1-43

28:1-5 제사장과 의복 소개

예배와 함께 하는 성소는 하나님을 섬기기 위해 따로 구별되어 관리되어야 한다. 성별된 장소성막, 성별된 시간안식일, 31:12-17, 주, 그리고 성별된 사람들. 이 세 가지가 하나님의 거룩함을 표현하고, 그것을 이스라엘이 적절하게 인식하고 있음을 표현하는 3요소를 이룬다.

출애굽 이야기의 전반부 내내, 아론은 모세의 형제, 해석자, 후원자 역할을 한다. 우리는 이런 개인적인 역할, 즉 적어도 1차 독자에게 있어서는 "아버지"나 이스라엘 제사장직의 우두머리라는 대표적 역할이 어떻게 예상되고 있는지 반복적으로 보았다.특히 4:10-17

참조; 6:13-25; 17:12; 19:22-24; 24:1-2, 9-11, 14 모세와 아론의 족보는 아론의 네 아들, 나답, 아비후, 엘르아살, 그리고 이다말을 소개한다. 그러나 나답과 아비후만이 시내 산에서의 공동 식사에 참여했다.24:1-2, 9-11, 주

현재의 본문은 처음으로 공공연하게 아론과 그의 아들들을 이스라엘의 제사장 가문으로 소개한다. 그들은 전체 백성의 대표자들로서, 이스라엘 사람들 가운데에서 나온28:1 제사장들 역할을 해야 한다. 이것은 한 민족으로서의 이스라엘이 궁극적으로는 성막을 세우는 사람들이 되어야 한다고 우리가 앞서 본 것과 부합하고 있다.25:1-9, 10, 특히 8; 27:20 세습되는 것이긴 하지만, 제사장직은 이스라엘을 위하여, 이스라엘에서 소명을 받은 대표이다. 유사하게, 제사장 왕국과 거룩한 나라로서의 이스라엘의 소명은 세상의 열방 한 가운데에서 온 것이며 열방을 위한 것이다.19:6; 창 12:1-3 참조 야곱/이스라엘의 자녀/아들들로서의 이스라엘의 가계 구조는 아론의 아들들, 즉 제사장직의 가계구조 속에 반영된다.

제사장직이라는 특수한 지위는, 비록 주된 관심이 "아버지"나 우두머리인 아론의 의복에 있긴 하지만, 특별한 의복으로 표현되어야 한다. 성막과 기구들처럼, 제사장의 의복은 기능적일 뿐만 아니라 미적으로도 만족스러워서, 제사장들에게 영광스러운 장식을 부여한다.28:2 [아름다움, 485쪽] 의복은 특별히 하나님의 이런 직무를 위해 준비된 사람들, 내[하나님]가 솜씨를 내린 사람들28:3이 만들었다. 히브리어 본문은 여기서 더욱 강하게 표현한다: 너는 내가[하나님] 지혜의 영으로 가득 채운, 지혜로운 모든 이들에게 말하라 28:3a; 하나님께서 장인들을 부르시는 것에 대해서는 31:1-11에 대한 주를 참조; 36:1-9

여섯 벌의 의복의 이름이 여기서 거론되지만28:4, 나중에 함께 자세하게 기술될 것으로, 여기서는 아직 두 개의 이름이 등장하지 않는다.아론의 모자에 있는 장식, 28:36-38; 그리고 제사장의 마 속옷, 28:42-43 사용되어야 할 재료와 색깔은 성막에서 가장 거룩한 부분을 위해 앞서 규정된 것들이다.28:5

28:6-14 에봇

가슴판과 그 다음으로 에봇이 의복목록 가운데 첫 번째로 온다.28:4 더 자세하게 기술하면, 이런 순서는 거꾸로 된 것이다.28:6-14, 15-30 카수토는 가슴판혹은 주머니이 제사장 의복에서 가장 중요한 물품이라고 본다. 에봇이 먼저 기술된 이유는 주머니의 바탕이 되기 때문이다.Cassuto: 373 우리는 법궤와 속죄소 사이의 가까운 관계를 떠올릴 필요가 있다.25:10-22 에봇과 가슴판 모두의 재료와 색깔들 역시 성막의 가장 거룩한 물품들과 연

결된다.28:6, 8, 15; 특히 휘장베일, 26:31 참조 금이 갖는 중요성은 39:3에서 강조된다. 보석들은 새로운 특징이다.

에봇을 만드는 지침들은 이스라엘을 향하고 있지만 그들이 만들어야 한다 …, 28:6 모세에게 언급되는 것이다. 너[단수]는 … 하라, 28:9, 29:11 참조 이것은 모세의 대표적 직무를 나타낸다; 성막을 짓는 것은 이스라엘이지만 모세의 중개를 통해서이다.25:1-2, 8, 10 참조; 25:11, 12, 13; 기타; 27:20, 주 에봇의 세부적인 기술에도 불구하고, 정확한 본질은 다소 불분명하게 남아있다. 제사장의 허리를 감싸고 두 개의 홍옥수가 부착된 두 개의 어깨멜빵 28:7이 내려오는 앞치마 형태로 되어 있는 듯하다.28:9-12; 레 8:6-9도 참조

이런 보석들의 기술은 적어도 에봇의 기능 하나를 해석할 수 있게 한다. 이스라엘의 12명의 아들들의 이름이 그 보석들에 새겨지되, 보석 당 6개의 이름이 그 출생순서에 따라 새겨져야 한다.28:9-10; 창 46:8-27 참조; 출 1:1-5 따라서 아론은 주님 앞에서 그들을 기억하기 위해 자신의 두 어깨에 그들의 이름을 짊어져야 한다.가슴판 참조, 아래

에봇은 성막의 장들 외부에서도 반복적으로 언급된다. 사무엘의 이야기삼상 2:18; 22:18, 다윗의 이야기삼상 23:9-11; 30:7-8; 삼하 6:14; 대상 15:27, 및 다른 곳삿 8:24-27; 17:5; 18:14-20; 호 3:4 참조에서 등장한다. 모든 곳에서 나오는 것이 동일한 것을 의미하는 것인지는 가리기 어렵지만, 아마도 아닐 것이다. 그렇지만 에봇은 항상 성별된 물품이나 의복의 역할을 한다.

28:15-30 판결의 가슴판

판결의 가슴판은 솜씨에 있어서나 재료 및 색깔에 있어서나 에봇의 스타일로 만들어져야 한다.28:15 이것은 대략 9-10인치의 직사각형 주머니로 이루어진다.28:16; Meyers, ABD, 1:781 그것은 금으로 된 두 개의 끈으로 에봇의 두 어깨 받이에 매달리고, 아랫부분에 있는 에봇에 굳건히 고정된다.28:22-28 그러므로 가슴판은 아론의 가슴이나 이후의 어떤 대제사장의 가슴에 꼭 받쳐질 것이다.

가슴판의 중요성은 외형과 그 내용 모두에 있다. 앞부분은 각각 네 줄로 된 세 개의 보석을 품고 있으며, 이스라엘의 열두 지파의 이름이 새겨져있다.28:17-21 보석의 이름들은 영어로 된 번역이 제공되지만, 그 보석들의 정확한 정체는 대부분 잠정적인 것으로 남아 있다. 보석이 다양한 것으로 보아 다채로운 시각효과가 있었지만, 보석들의 모양과 색깔 역시 분명하지 않다.

카수토는 이 보석들이 에스겔 28:13에 나오는 보석과 똑같은 목록으로 연결된다고 지

적하는데, 이 본문에서 보석들은 에덴동산에서 원래 인간이 가졌던 순수함과 관련되고 있다. 죄를 지은 이스라엘을 속죄하는 대제사장은 하나님 앞에서 이스라엘 백성의 죄 없는 상태의 상징을 하나 가져온다.Cassuto: 375f 그렇지만 이 본문은 그런 연결점이 없다. 에스겔 28:11-19의 보석들그리고 다른 시내 산과 관련된 모티브들은 그 구절과 이 본문 사이의 연결성을 제시하지만, 그 관계가 갖는 정확한 본질은 확실하지 않다.

반면, 글씨가 새겨진 보석들의 신학적 기능은 분명히 언급된다: 아론은 자신이 거룩한 곳으로 들어갈 때, 주님 앞에서 지속적으로 기억하기 위해, 그의 가슴에 판결의 가슴판에 있는 이스라엘의 아들들의 이름을 지녀야 한다.28:29 마이어스Meyers에 따르면, 가슴판은 아주 인간처럼 생긴 방식으로 "이스라엘의 백성을 향한 하나님의 주목을 자아냈다"ABD, 1:787; 그렇지만 Knohl는 제사장의 예배에서는 피해 그런 인간과 닮은 것은 피했다고 주장한다; "사전검토," 위 이런 관점에서, 가슴판은 에봇의 어깨 받이에 있는 이름이 새겨진 두 개의 홍옥수 보석과 같은 역할을 한다.28:12 참조

가슴판의 두 번째 기능은 우림Urim과 둠밈Thummim을 두는 것이다. 이들은 이스라엘의 아들들의 이름이 새겨진 보석들과 같이, 주님 앞으로 나아갈 때 아론의 가슴에 있어야 한다.28:30; 28:29 참조 우림과 둠밈이란 단어가 무슨 의미인지는 알려지지 않았다. 그 역할 역시나 여기서 기술되지 않지만, 이스라엘 사람들 사이에서 시비를 가릴 때와 연결된다.28:30, 주 그렇지만 다른 구절에서, 우리는 그들이 백성에게 영향을 끼치는 어떤 중대한 문제에 대해서 하나님의 결정심판을 구하는 신탁의 방법이라는 것을 알 수 있다.

우림과 둠밈의 모양과 사용에 대한 다양한 이론들이 제시되었지만, 아주 가설적일 뿐이다.Durham: 387f 참조 그들은 새겨진 글, 색깔 혹은 비슷한 것들로 표시되었고, 긍정과 부정의 측면을 가진 두 개의 평평한? 돌이거나 금으로 된 물품일 가능성이 높아 보인다. 그들은 정확하게 단어들로 된 문제에 "예" 혹은 "아니오"로 대답을 하기 위한 종류로 사용되었을 것이다.우리의 "동전던지기" 놀이를 참조

사무엘상 23:9-12와 30:7-8은 특히 유익하다. 각각의 경우에, 다윗은 중요한 전쟁의 문제에 대해 "에봇"을 써서 주님께 묻는다. 우림이나 둠밈이 언급되지는 않았지만, 이들은 이런 과정을 암시하는 듯하다.Mendelsohn, IDB, 4:739 주님께서 대답을 주시지 않은 두 가지 사례가 있는 것을 보면, 제비를 뽑으면 뒤집힌 "예" 쪽과 "답 없음"을 표시하는 뒤집힌 "아니오" 쪽이 나올 가능성이 있다.삼상 14:36-37; 28:6 다시 말하지만, 이런 해석은 추론과 가설에 근거한 것이며, 따라서 아주 잠정적인 것으로 간주되어야만 한다.민 27:21 참조; 신 33:8; 삼상 14:41, RSV, 라틴역을 따름; 70인역 참조

마지막으로, 우리는 판결의 가슴판이라는 명칭의 의미를 고려할 필요가 있다.28:15, 29-30 대제사장은 거룩한 의복을 입고 주님 앞에서 자신과 백성을 위한 속죄를 드리는 역할을 한다.레 16 참조 우리는 판결의 가슴판이라는 이름 속에, 그리고 주님 앞으로 들어올 때 계속해서 이스라엘의 시비를 가릴 때 그것을 가슴에 지니라고 아론에게 내린 명령 속에 있는 판결이라는 단어를 본다.28:30 따라서 죄를 지은 백성을 대표하는 아론은 그 백성이 마땅히 받아야 할 심판"부정적인 판결"이라는 의미로을 짊어지고 주님 앞에 나와야 한다는 의미로 심판을 해석하려는 것은 솔깃한 것이다. 그러면 속죄소에 거하시는 하나님은 자애로운 자비의 평결을 내리실 것이다.

그런 해석은 이 본문에 있는 판결이라는 용어와 함께 하는 것도 무리가 아니다.순금으로 만든 패와 관의 의미를 참조, 28:36-38, 아래 그렇지만 판결(mispat 이라는 용어는 주로 특정한 문제에 내려진 결정을 의미한다. 가슴판의 우림과 둠밈은 아마도 하나님 앞에서 가져온 문제에 대한 하나님의 결정, 하나님의 대답을 구하기 위한 도구들이다. 그러므로 판결의 가슴판은 비중 있는 문제들에 대한 하나님의 판결이나 결정을 얻기 위한 수단을 포함하는 가슴판으로 해석되어야 한다.

다양한 방법으로 그런 신탁을 구하는 것은 고대근동에서 널리 사용되었다. 그들의 기계적인 본성은 위험하다 싶을 정도로 마법에 가까워서 그리스도인들이 불쾌해 하는 듯하다. 그렇지만 하나님께서 인간을 대하시는 모든 것이 인간의 상황에 맞추어 어떤 의미에서는 "성육신적인" 것이라는 것을 우리는 기억해야 한다. 그렇기에 하나님께서 신의 결정을 구하기 위한 고대 이스라엘의 신앙과 행습에 "맞춰 주셨다"는 것은 놀랄만한 일은 아니다.

그렇지만 신의 대답을 이끌어내기 위해 우림과 둠밈이 있는 에봇을 실제로 사용했다고 다윗 이후에 어떤 시대에도 확실히 보고되고 있지 않다. 그렇다면 이후 시대에 대제사장이 판결의 가슴판을 입는다는 것은 실제로 있었던 기능이라기보다는 상징적인 의미를 가졌던 것으로 보인다. 그것이 지닌 상징 속에서 여전히 판결의 가슴판은 이스라엘그리고 인간이 하나님의 결정과 인도하심에 의존한다는 것을 강력하게 선언하고 있다.

28:31-35 에봇의 도포

에봇의 도포는 에봇과 가슴판처럼 가장 거룩한 물품에 속한 것으로서 그 색깔28:31과 장식하는 석류의 색깔28:33로 표시된다. 이 옷은 에봇 속에 입게 되어 있으며 그런 이유로 오직 한 가지 색파랑일 것이다. 이 옷은 한 벌로 되어 있으며 아랫단에만 있는 장식-수놓아진 석류모양의 술-을 갖는다. 이 아랫단으로 이 장식들은 에봇 아래에서 보일 수 있게 된다.28:33 더럼은 석류들이 "야웨의 조항들의 신실성"을 표현한 것일 수 있다고 주장했음에도, 석류들은 엄밀히 말해 장식용이다.288; 신 8:8을 언급; 민 13:23

금으로 되거나 수놓아진 석류들 역시 도표의 밑단에서 늘어뜨려지며, 금방울들을 돌아가면서 단다.28:34 방울소리는 대제사장이 거룩한 곳에 드나들 때 주의를 끌어서 그가 죽지 않도록 한다.28:35 마지막 언급은 불가사의하다. 카수토는 하나님의 장엄한 임재에 정숙히, 그래서 예고 없이 들어가는 것은 불경한 것은 불경한 것이라고 언급한다.383

28:36-39 금으로 된 패, 관, 체크무늬 웃옷, 그리고 띠

먼저, 아론의 머리 덮개가 규정된다: 순금패와 관28:36-37 그 패는 **주님께 거룩**이라고 새겨져 있어야 한다.28:36; 거룩한 머리띠, 29:6 참조; 거룩한 왕관, 레 8:9 참조 이것은 겉옷의 것과 같은 색깔인 파란 띠로 관 앞에 매야한다.28:37; 28:31 참조 관은 기술되지 않는다.

패에 새긴 문구, **주님께 거룩**은 머리띠나 왕관에 새겨진 것으로, 제사장나라와 거룩한 민족으로서의 이스라엘의 지위를 표현한 것이다.19:6 이것은 이스라엘이 고유하게 가진 특성이 아니라 하나님의 부르심과 은혜에 기초한 왕 같은 거룩한 지위인 것이다. 이스라엘의 예배조차도 거룩한 제사에서 초래된 잘못에서 자유로울 수 없다.28:38a 아론은 이스라엘의 대표로서 주님 앞에서 이런 잘못을 짊어져야 하는데, 그럼에도 이스라엘이 주님의 부르심과 자비 때문에 주님께 거룩하다는 것을 주님께 상기시키는 것이다.28:38

39절은 아론의 의복의 세 가지 물품을 만들라고 명령한다.28:4 참조 얇은 마로 만든 체크무늬 웃옷, 즉 속옷은 그것을 둘러싼 허리띠나 거들과 함께 도포 속에 입어야 한다.2:5; 레 8:7 역시나 얇은 마로 만들어진 관은 이미 패와 연결되어 언급된다.28:37 참조

이로써 대제사장의 의복이 완성된다. 대제사장이나 다른 제사장들을 위한 신발에 대한 언급은 전혀 없다. 그들의 섬김은 모세에게 내리신 하나님의 말씀, 네 발에서 신을 벗으라. 네가 선 곳은 거룩한 땅이다.3:5과 부합하여, 맨발로 표현된다.

28:40-43 아론의 아들들의 의복

비록 아론이 이 본문의 법령 가운데 일부에 포함되었지만, 초점은 아론에서 그의 아들들에게로, 즉 대제사장에게서 일반 제사장들에게로 옮겨진다. 게다가 이 본문은 아론과 그의 아들들에게 기름부음, 임명, 그리고 성별하는 것을 감싸는investing 과정의 완성으로 언급하는데, 여기서 **감싸다**는 것은 문자적 의미로 의복, 옷을 입는다는 것이다.28:41 이

들은 29장의 성별제의를 내다보고 있다.레 8-9장도 참조 [성별, 484]

모세는 아론을 위한 것처럼28:40 아론의 아들들을 위해서 속옷*tunic*과 띠*sashes*와 머리쓰개 headdresses를 만들지만 분명 품질은 떨어진다. 속옷은 체크무늬라고 기술되지 않았으므로 아마도 무늬가 없는 것 같다.28:39 참조 관 대신, 제사장들은 머리쓰개 같은 것을 받는다.28:39; 28:4 참조 물론 가슴판과 에봇, 도포, 그리고 대제사장의 독특한 물품인 패는 없다. 그럼에도, 일반 제사장의 의복 역시도 그들이 영광스럽게 보이도록 했다.28:40

아론과 그의 아들들을 위한 마 속옷에 대한 조항은28:42-43a 그들이 죄를 짓고 죽지 않을 것이라는 것을 보장한다.28:43 그렇지만 여기서의 강조점은 특히 제사장들의 알몸을 덮는 속옷의 기능에 있다. 이 속옷들은 둔부에서 하체에 이르는 그들의 개인적인 부위를 가리도록 만들어졌다.28:42 인간이 벌거벗은 것을 노출하는 것에서 제단을 막기 위한 노력은 이미 20:26과의 연결하여 논의했다.주

다시금, 대제사장의 경우에서처럼, 제사장들을 위한 신발이 규정되지 않는다. 출애굽기에서 명령된 예배의 다른 특징들처럼, 모세에게 주신 하나님의 지침들은 다가올 세대를 통해서 이스라엘의 예배에 동반된다는 것을 대제사장의 의복에 대한 이 긴 장이 상기시켜주며 맺고 있다.3:15 참조; 12:14, 17, 42; 16:32f; 16:32f; 17:16; 27:21, 등

제사장 성별의식 29:1-46

아론과 그의 아들들과 이후 대제사장과 다른 제사장들의 제사장 지위를 인도하기 위한 이 부분에서 정교한 의식들이 기술된다.[성별, 484]

29:1-9 제사장의 도포

1-3절은 세 개의 무교병이나 과자 같은 준비물과 함께 세 개의 희생제물, 어린 수소와 두 마리 숫양을 준비시키기 위한 지침이 있는 성별의식을 소개한다. 동물들은 흠이 없어야 하고, 누룩이 없이12:5, 8 그리고 고운 밀가루로 구워야 하는데, 이 모든 것은 행사가 특별한 특성이 있다는 것을 보여주고 있다.

4-6절은 세탁하고 옷을 입음으로써 제사장들을 준비시키라는 지침을 준다. 이 명령 속에서의 의복절차는 28장에서 세부적으로 기술된 것으로, 그 절차에서 그 제의복은 꼭 입어야만 한다.레 8:6-9 참조 이 모든 것은 만남의 장막 입구에서 일어난다.29:4; 28:43 참조; 레 8:3

성막과 만남의 장막의 관계는 분명하지 않다. 우리는 아래에서 그것에 대해 살펴볼 것

이다.33:7-11 만남의 장막의 성막이라는 표현29:32; 40:2, 6, 29은 두 개가 적어도 출애굽기의 성막장들에서는 동의어임을 말해준다. "전체 회중"이 같은 장소에서 모임을 갖기 때문에레 8:3, 우리는 이런 예비적인 의식들이 제사장들을 위해 예비된 거룩한 구역 외부에서 일어난다고 생각해야 한다. 이들은 그곳에 들어갈 자격을 얻기에는 아직 성별되지 않았다.

곧바로 이어지는 아론의 기름부음29:7; 레 8:10-12 참조은 예비적인 기름부음으로 보이는데, 또 다른 기름부음으로 이어진다.29:21; 레 8:30 참조 [성별, 484쪽]

8-9절은 모세에게 아론의 아들들에게 옷을 입히는 것을 알려주는데, 이들은 앞서 언급한 의복을 입는 일반 제사장들이다.28:40; 레 8:13 참조 기름부음의 행위를 여기서 필요로 하진 않지만 그들은 나중에 있을 기름 붓는 행위 속에 포함된다.29:21; 레 8:30

이 본문은 이 문장으로 마무리된다: 너는 아론과 그의 아들들에게 위임하라.29:9b NIV는 이것을 1-9절을 요약하는 결론으로 이해한다: 너는 이런 방식으로 아론과 그의 아들들에게 위임하라. 그렇지만 이 문장을 다가올 의식들을 가리키는 것으로 보고 엄밀한 의미의 위임으로 특징짓는 NRSV를 따르는 것이 더 적합해 보인다. 1-9절의 행위들은 예비적인 것이다.Durham: 391, 394 [성별, 484쪽]

29:10-14 황소 제물

고대 이스라엘 사람들의 희생체계는 아주 복잡하다. 성서본문은 다양한 희생을 가져오는 방식을 묘사하고 있지만 그 의미를 해석하는 일은 좀처럼 없다. 모든 제의에서처럼, 그 의미는 언어화된 이론에서라기보다는 행함에 있다.위를 보라, "사전검토" 이어지는 희생을 고려해 보면, 우리는 잠정적일 수밖에 없을 것이다.

어린 수소를 제물로 드리는 것은 **속죄**로 특징지어진다.29:1 이것은 네 가지 주된 형태의 희생 가운데 하나를 지칭하는 전통적인 용어이다.레 4:1-5:13 참조; 민 15:22-31 나머지는 번제 혹은 전체 번제whole offering, holocaust 1), 화목제, 속건제이다. 그 이름을 이렇게 번역하는 것은 각각의 희생 제사들의 특징에 대한 가설에 기초한 것으로, 이 가설들은 굉장히 자주 논란이 된다.G. A. Anderson, ABD, 5:870-86 앤더슨은 속죄제를 "정화제purification offering"라고 부른다.879, Milgrom을 언급하며

일반적으로 정화제purifying agent로 이해되는 동물의 피는 대제사장 후보자들에 적용되

---

1) 번제(burnt offering)를 "whole offering"이라고도 하는 이유는 다른 제사와는 달리 번제에서는 제단에 희생제물 전체를 태우기 때문이다. 역자 주.

는 것이 아니라 제단에 적용된다는 것을 우리는 주목한다.29:12, 36 참조 그렇지만 제단을 정화시킬 필요는 인간의 죄악으로 인해 전염된 것과 관련이 되었을 것이므로, 제사장이 될 사람들을 속죄하는 측면이 있을 듯하다.

희생제사에 있어서 자주 등장하는 특징인 안수는 속죄의 기능이 강조된다면 죄를 전이하는 것을 나타낸 것일 수 있다. 그렇지만 안수는 인간과 인간을 위해 희생되는 동물 사이의 연결을 마련해줄 뿐이다. 일반적으로 제사장은 제물을 데려온 사람의 손에서 제물을 받아서 의식을 행한다. 아론과 그의 아들들이 아직은 제사장으로 성별되지 않았으므로, 여기서 모세는 하나님의 직접적인 명령을 받아 행한다.

왜 동물의 어떤 부분들이 제단에서 불살라지고 다른 부분은 진영 바깥에서 불살라지는지29:13-14를 알기란 어려운 일이다. 하나님의 영역과 죄 혹은 부정함의 영역을 구분하려는 의도가 있음이 분명하다. 그리스도인들이 침례와 성찬식에서 여러 가지 의미들을 발견하는 것처럼, 다양한 의미들이 보이고 경험될 수 있는 것이다.

29:15-18 첫 번째 숫양의 희생

희생제사는 거의 구약에서만 등장한다; 더 빈번하게는, 여러 형태가 축적된 것이 제례를 표시한다. 이것은 아론과 그의 아들들의 성별을 위한 것이 맞다. 두 번째 희생제사는 앞서 선택된 첫 번째 숫양의 희생이다.29:1 이것은 **주님께 드리는 번제**라고 불린다.29:18 속죄제처럼, 번제는 네 가지 희생제사의 주요 형태 가운데 하나이다. 동물의 머리에 안수하는 아론과 그의 아들들을 위해 모세는 다시금 직무를 이행한다.29:15, 제단에 뿌려지는 피는 속죄제의 것과 약간 달라지지만 우리는 그 이유를 알 수 없다.29:16; 29:12 참조 속죄제와는 대조적으로, 동물이 통째로 제단에서 연기가 된다.29:18

이 희생제사는 신에게 드리는 선물로 이해되었다는 것이 일반적인 주장이다. 게다가 연기 혹은 향기기뻐하시는 향기. 29:18는 오래 전에 신을 주목하게 하고 기쁘시게 한다고 여겨졌을 수 있다. 그렇지만 기록될 당시에 우리는 그런 "원시적인" 개념들이 상징적인 이해를 낳았다고 추정할 수 있다.

29:19-28 두 번째 숫양의 희생

아론과 그의 아들들이 머리에 안수한 이후, 모세가 두 번째 숫양을 드려야 한다. 이런 희생은 승격제elevation offering라고 불리며29:24; 전통적인 번역은 RSV에서처럼 요제이다, 그 동물은 **위임받은 숫양**a ram of ordination로 불린다.29:22 피를 처리하는 것은 처음 두 개의 희생제사보다 더 복잡하여, 기름 붓는 행위와 병합된다.29:20-21 피의 일부를 수임자의 오른쪽 귓불, 엄지손가락, 그리고 엄지발가락에 바르는 것은 들음=순종함, 행함, 그리고 걸음과 관련된 것이다. 이런 기능들은 그들의 사역의 특징이기도 하다. 그렇지만 다시금 우리는 그런 가설들에 대해서 잠정적이어야 한다.레 14:10-20 참조 남은 피는 첫 번째 숫양에서와 같이 제단의 둘레에 뿌린다.29:20, 16 참조

희생의 피와 기름 붓는 기름을 하나의 제의에서 뿌리는 것에 결합시키는 것은 흔치않은 일이다; 이런 행위가 갖는 두 가지 측면 모두가 받는 사람들을 따로 구분하여 그들을 거룩하게 만든다. 이런 거룩함은 아론과 그의 아들들뿐만 아니라 그들의 의복도 표시하고 있다는 것이 명백히 언급되고 있다. 의복들은 그들의 대제사장직을 표시하는 것들이다. 다른 말로 하면, 그렇게 임명을 받은 사람들은 한 개인으로서도 거룩할 뿐만 아니라 직무가 "부여되었을" 때도 거룩한 것이다.

앞서 준비되었던 빵 덩어리, 과자, 그리고 전병과 더불어29:2 동물의 일부들은 아론과 그의 아들들의 손바닥 위에 놓인다.29:22-24 이들은 주님 앞에 드리는 승격제로 올려 지게 된다.24b 분명히 이런 행위는 하나님 앞에 희생제물을 가져오는 제사장들로서의 위임을 갖추는 것을 상징하는 것이다. 따라서 숫양은 **위임받은 숫양**이라는 삽입구로 불린다. 문자적으로는 [손]을 채우는 숫양 [성별, 484쪽] 그러면 이 부분들은 첫 번째 숫양처럼 모세가 제단 위에서 불사르게 된다.29:25, 17f 참조

26-28절은 두 번째 숫양을 희생시키는 것에 대한 추가적인 지침을 준다. 승격제와 위임의 숫양으로서의 중요성이 다시금 다짐된다.29:26, 24:29 참조; 29:27, 22 참조 동물의 일부가슴과 넓적다리가 들리는 것이 다시 포함된다. 제단위에서 태워지는 대신, 이 부분은 모세네 몫, 26절와 아론 및 그의 아들들에게 주어진다.27절 그것은 의식의 이 부분을 **행복제** offering of well-being의 범주로 둔다.29:28; 전통적으로는 RSV에서처럼 **화목제** peace offerings로 표현됨 따라서 희생제사의 네 가지 주요 형태 가운데 세 번째가 성별의식 속에서 소개된다.29:10-14, 주

어떤 희생제물 중에서 제사장들의 몫은, 하나님과 이스라엘 백성 사이의 공동식사로서, 후자는 제사장들이 나타내고 있으며24:11 참조, 주, 아울러 그들의 일에 대한 대가로 제사장들을 위한 현실적인 음식을 제공하는 것으로 보인다.레 7:31-36 참조 이것은 일회적인 성별사건뿐만이 아니라 제사장들의 몫에 대한 영구적인 위임이나 규제가 될 것이다.29:28

29:29-30 제사장 의복을 물려줌

이것은 조항들을 마무리하는 몇 가지 가운데 하나이다. 다음과 같은 질문에 응답하는 것이다: 제사장들, 특히 대제사장아론의 성별된 의복에까지 긴 범위에 걸쳐 무슨 일이 일어나는가? 다시금, 앞에서 그렇게 자주 있었듯이, 이 본문은 여기서 규정하는 의식들은 미래를 위한 양식을 마련하는 것이라고 마한다. 제사장직은 이어받는 것이고 성별된 의복을 물려받는 것이 이것을 상징한다.예언적 맥락에서 유사한 사례들을 참조: 왕상 19:19-21; 왕하 2:13-14

7일 동안 그 의복을 입는 아들에 주목하는 것은 성별의식의 길이를 말하는 것 같다.29:30; 29:35-37 참조, 주

29:31-34 거룩한 음식을 물려줌

이 절들에서는 두 개의 관심사가 언급된다. 첫 번째는 이스라엘 백성으로부터 제사장들을 구별하는 것과 관련된다. 성막 속에서라기보다는, 집회의 성막입구에서 이 성별의식이 일어남에도, 이것은 공적인 잔치는 아니다. 제사장들만이 그 고기와 전병들을 먹을 수 있었는데, 이 음식으로 속죄가 이루어졌다. 이 음식들 가운데 일부는 희생을 위해 사용되었지만, 그 음식들이 거룩하기 때문에 다른 누구도 그 음식들을 먹어선 안 된다.29:33 **다른 누구도**라는 구문은 더 문자적으로는 **외부인/이방인***zar*은 안 된다는 것을 의미한다. 이런 금지가 NRSV 본문이 제시하듯이 제사장직의 외부에 있는 것인지, 아니면 이스라엘의 외부인인지는 분명하지 않다.레 22:10-14 참조, 여기서는 제사장의 가족이 포함됨 관심사는 거룩한 사람과 일반인 사이의 적합한 구분을 위한 것이다.

두 번째 관심은 남은 희생음식을 다룬다. 다음날 아침까지 남은 것은 모두 태워야 한다: 그것은 거룩한 것이기에 먹어선 안 된다.29:34; 12:10 참조; 23:18; 34:25 다시금, 관심은 이 거룩한 음식을 일반적으로 사용해서는 안 된다.

29:35-37 위임과 속죄의 7일

이 절들의 관심은 성별의식에 사용되는 시간이다. 이스라엘의 큰 절기들처럼무교병 절기, 12:15 참조, 제사장의 성별은 7일 동안으로 확장된다. 이 본문은 특히 수소를 희생제사로 드리는 것과29:10-14 참조 제단의 성별만을 언급한다. 그렇지만 "금방 묘사된 전체 희생의 체계는 7일 동안 매일 반복되어야 한다"는 것을 가정한다는 점에서 노스의 주장은 당연히 옳다.233

29:38-42 매일 드리는 제사

출애굽기 29장이 제사장들의 처음 성별에 중점을 두고 있지만, 29장은 반복적으로 이 의식들이 미래 세대를 위한 본보기가 되어야 한다고 우리를 일깨운다. 어떤 의미에서 29장은 성별된 제사장들을 위해 행해져야할 일들뿐만 아니라 제사장들이 직무에서 무엇을 해야 할지도 그리고 있다. 따라서 전반적인 희생행위들은 나란히 위치되고 있다. 그것이 제사장들의 성별과는 그리 연관성이 없음에도, 매일 아침과 저녁에 드리는 제사를 위한 규정들이 이제 여기에 추가된다.… 각각의 제사는 양, 곡물과자, 그리고 음료제사로 이루어진다.29:38-41

이런 아침과 저녁의 제사는 제사장이 성별해야 하는 7일에 국한되지 않는다; **이것은 너희가 대대로 바칠 번제가 될 것이다.**29:42; als 28:1-10 참조 바꾸어 말하면, 이스라엘은 [지정된] 만남의 성막으로 명명된 입구에서 야웨에게 다가감으로써 매일을 시작하고 마무리해야 한다. 그러면 야웨는 약속을 지키실 것이며 **너희와 만나서 그곳에서 너희와 함께 말씀하실 것이다.**29:42

29:43-46 하나님의 임재 약속

이 본문은 하나님께서 매일 이스라엘을 위해 계시겠다.42절는 확신으로부터 하나님께서 이스라엘의 한가운데 계심으로 이스라엘을 거룩하게 하실 것43-46이라는 더 포괄적인 약속에 이르기까지 거의 쉼 없이 움직인다. 하나님의 영광kabod은 이스라엘과 함께 있을 것이다.29:43; 40:34-38 참조 이런 신성한 임재는 성막, 제단, 그리고 제사장들을 실제적으로 성별하게 할 것이다.29:44 24-29장에 있는 이스라엘에게 필요한 모든 의식들은 이 절이 준비하는 역할 속으로 던져진다. 하나님의 거룩한 임재하심을 받아들이기 위한 장소나 사람들의 무리를 신성하게 하는 것은 모세나 이스라엘의 일이 아니다. 이런 성별은 하나님의 자애로운 선물로만 가능한 것이다: **내가 성별하게 할 것이다.**…

45-46절은 25-29장에서 지시되고 있는 모든 제의준비의 목적과 의미에 대한 포괄적이고 끝맺는 언급을 제시하는데, 이 언급은 25:8에 주어진 목적의 더 간단한 서론적 정의를 반향한다.25:22 참조; 28:-29-30 그 목적은 간단히 진술된다: 내가 그들 가운데 거할 것이며 그들의 하나님이 될 것이다.29:45 이것은 그들의 불합리한 주인, 바로에게서 그들의 진실한 주님이자 하나님께로 이스라엘이 옮겨가는 것을 완성한다.

문자적이고 영적인 의미에서, 그 여정의 과정은 끝맺는 언급에서 상기되고 있다.29:46 인정공식의 약속그들은 …알 것이다; 6:10-13이후에 나오는 교회 생활에서의 본문을 보라은, 그 길을 따라 다양한 면에서 이스라엘에게 확장되며6:7; 10:2; 16:12, 현실이 될 것이다. 몇 번이고 주님의 이끄심을 의심했던 이스라엘 백성은주께서 우리 가운데 계신가 아닌가? 17:7 이제는 그들을 이집트의 땅에서 데리고 나온 이가 그들과 함께 거하실 것이라는 것을 알게 될 것이다.29:46b; 20:2 참조 이것은 우리가 "권위 공식"이라고 부르는 것으로 봉인된다: 나는 주/야웨 너희들의 하나님이다.위를 참조, 6:10-13 이후에 나오는 교회 생활에서의 본문

성소를 위한 그 외의 물품들과 의식들 30:1-8

29:43-46이라는 웅장한 결론이 있은 후에, 이 장의 조항들은 성소의 기능과 제사장직의 사역을 촉진시키는 목적을 위한 보완적인 추가인 듯하다.

30:1-10 분향단

우리는 향을 올리는 제단을 짓는30:1 일이 왜 여기에 나오고 25-26장에는 나오지 않았는지 알 수 없다. 분향단을 짓는 것은 성막을 위한 다른 물품들과 조화를 이룬다. 분향단을 위한 계획은 특히 법궤와 단을 만드는 것과 법궤와 단의 재료들25:10-14과 닮아있다. 그것은 어느 정도 번제의 제단과 비슷하지만27:1-8, 후자는 기능에 있어서 몇 가지 특별한 특징을 갖는다.

금으로 되어 있지만, 분향단은 가장 거룩한 곳이 아니라 거룩한 곳에 위치된다.히 9:3-4 분향단은 번제단처럼 언약궤 위에 있는 장막 앞에 서야 한다.30:6; 26:31-35 참조 번제단은 덜 귀중한 구리로 덮어씌우거나 구리로 만들어진다.도표 4 그 목적에 부합하도록, 분향단은 번제단보다는 작다.30:2; NIV 측정치 참조

대제사장을 의미하는-아니면 아론은 여기서 일반적인 제사장직을 대표하는가?-아론은 아침과 저녁으로 이 제단에 향을 올려야 한다. 이 제의는 모든 세대에서30:8 등잔을 돌보는 아론의 일과 연결된다.30:7-8; 25:31-40 참조 정기적으로 빛과 향을 아침저녁으로 올리는 예식은 양 두 마리를 정기적으로 번제로 드리는 것에 맞춰서 연결된다.29:38-42 참조

특별한 향만이 드려져야 하는데, 이것은 거룩하지 않은 향과는 구별되며, 이것은 아마도 아래에서 주어진 특별한 공식에 따라 만들어지지 않은 향일 것이다.30:34-38; 레 10:1-3 참조 향을 피우는 특정한 의미는 이곳이나 구약의 다른 곳에서 설명되지는 않지만, 향이 번제처럼 주님께 드리는 … 기뻐하시는 향으로 생각되었다고 우리가 추정할 수 있다.29:41 참조; 계 5:8과 8:3-4, 성도의 기도와 관련됨; 또한 고후 2:14-16 참조

아론은 매년 한 번 피로 이 제단을 위한 속죄를 행해야 한다.30:10; 아마도 이것은 매년

속죄일의 의식에 속했을 것이다. 레 16:18-19

30:11-16 인구조사와 성소 세겔

11-12절은 만일의 사태를 위한 이스라엘 백성의 인구조사를 말하고 있지만 그것을 분명하게 명령하지는 않는다. 어떤 알려지지 않은 이유로 그런 인구조사가 주님에게서 온 전염병을 피하기 위해 그들의 생명을 위한 몸값을 필요로 한다는 것을 더 생각해 볼 수 있다.30:12 다윗이 했던 인구조사를 곧바로 떠올릴 수 있겠는데, 이것은 하나님이 보내신 전염병으로 이어졌다.삼하 24:1-17 다양한 설명이 제시되었지만 많은 부분이 불분명하게 남아있다.Durham: 402, 몇 가지 설명을 제시함

잠정적으로 난 다음의 의견을 제시하고자 한다: 이 인구조사는 20세 이상의 사람들을 포함하는 것이다.30:14 이런 종류의 조사—아마도 여기서 보이는 조사—가 보고되는 민수기 1장에서는, 이 나이가 전쟁에 나갈 수 있는 모든 이들과 관련이 있다.민 1:3, 45 모압 평야에서 이스라엘의 인구조사도 그러하다.민 26:1-2 앞에서 언급한 다윗의 인구조사 역시도 검을 뽑을 수 있는 군사들에 초점을 맞춘다.삼하 24:9 그런 인구조사의 목적은 군사력을 측정하기 위한 것으로 보인다.

출애굽기 내내 우리는 하나님이 이스라엘 편에서 개입하심에 직면하여 이스라엘이 비폭력적이고 신앙하는 자세를 가졌음을 예상했다.14:13-14에서 요약됨 [야웨 전쟁, 489쪽] 여기서의 그런 인구조사는 거의 불가피한 것이고 자기 의존적이면서 그렇지만 하나님에 대한 "불신앙"으로 보이는가?

그것이 어떻든지, 이 인구조사는 분명히 불가피한 것으로 보인다. 인구조사가 잠정적으로 해를 가져오는 영향은 모든 사람이 주님께 드리는 헌금으로 반 세겔을 드림으로써 빼앗겼던 생명에 대한 속죄로 삼았다는 조항과 대응되고 있다.30:13 이런 "속죄의 돈"은 교회회비의 종류로서 만남의 장막의 의식을 뒷받침할 것이다.30:16

부자와 가난한 사람은 똑같은 금액—더도 덜도 아닌—을 내야 한다.30:15 이것은 하나님 앞에서 모든 사람이 평등하다는 강한 확언이다. 금액 그 자체는 충분히 적어서 누구든 돈을 내기가 어렵지 않게 한다. 마지막으로, 이 지불액은 **주님 앞에서의 상기시킴**zikkaron이라 불린다.13:9; 28:12에서 쓰이는 단어와 같다 이것은 이스라엘이 지속적으로 예배하도록 하기 위한 재정후원을 마련하기도 한다.

30:17-21 구리 물두멍

분향단처럼30:1-10, 씻는 구리 물두멍30:17; RSV와 다른 번역본들은 놋대야 *laver*를 사용은 25-26장에서 규정된 성소의 물품들에 추가된 것이다. 물두멍의 위치는 성소의 뜰에 있는 만남의 장막과 제단 사이에 있으므로, 구리로 만들어진다.제단과 뜰의 다른 특징들 참조; 27:1-19

물두멍에서 씻는 것은 단순히 청결을 의도한 것이 아니라 의례상의 정화를 나타낸다. 이 본문은 제사장들이 죽지 않도록 손과 발을 씻으라는 이중의 명령으로 이 점을 분명히 한다.30:20-21 문화적으로 부적절한 행동으로 인한 죽음의 위험은 항상 하나님의 거룩하신 임재를 올바로 인식하지 못하는 것과 관련되어 있다.예를 들면 19:21; 20:19; 28:35, 43 이런 의례적인 씻음은 만남의 장막으로 들어가거나 제산에서 사역을 하는 것을 위해 제사장들을 준비시키는 것이다.30:20 둘 중에서 어떤 경우에서든, 하나님의 거룩하신 임재와 특별하게 만나는 것이 예상된다.

30:22-33 성별하는 향유

이 본문과 이어지는 본문34-38절은 의례에서의 사용을 위하 각각 특별한 성별하는 향유와 특별한 향을 준비하고 사용하는 지침을 마련해준다. 22-25절은 거룩한 성별의 기름을 만드는 법을 포함한다.25 주석가들은 많은 양의 가루향이 들어감에 비해 액체기름는 상대적으로 작아서 난감해 하고 있다. 고대이집트의 관습에 의지하여, 더럼은 풀을 준비하다고 생각하는데, 그 풀은 그 기름-향을 흡수한-을 짜서 추출한 것이다.407, *Lucas*를 언급함 향을 섞으라는 표현은 이것이 아주 복잡하고 전문적인 과정이었다는 것을 보여준다.30:25 물론 그 요소들은 고귀하고 비싼 것이다.

그렇지만 이런 기름이 갖는 신학적으로 중요한 측면은 무엇보다도 신성한 사용을 위해 보존해 둔 독특한 구성요소이다. 이들은 제사장뿐만 아니라30:30; 29:7, 21 참조 만남의 장막의 기름부음과 성소의 다른 구성요소들30:25-28을 포함한다.[성별, 484쪽]

31-33절은 그 기름을 몸에 아무렇게나 부어서는 안 되고 똑같은 것을 만들지 말라고 엄하게 경고한다.30:32; 문자적으로는 [일반] 사람의 몸에: 'adam 그렇게 잘못 사용하면 이스라엘 백성에서 끊어지는 벌을 받는다.30:33 이것은 추방이나 제명을 의미할 수도 있고, 더 그럴듯하게는 사형을 의미할 수도 있다.12:15 참조; 30:38; 31:14; 민 4:15-20; 삼하 6:6-8 이런 가혹한 처벌을 하는 이유는 이 기름과 접촉하는 것으로 가장 거룩하게 된다는 사실 속에서 보여야만 한다.30:29; 29:37 참조 그리하여 그렇게 변화된 사람은 다른 곳이 아니라 거

룩한 직무에 적임자가 된다. 거룩함은 여기서 거의 만질 수 있는, 전염되는 속성으로 이해되고 있다.

30:34-38 특별한 향

선택된 성분과 향을 섞음으로 만들어지는 특별한 종류의 향을 위한 규정은 특별한 향유공식의 떠올리게 한다.30:34-35, 22-25 참조 이것은 만남의 장막에서만 만들어져야 한다.30:36 놀랍게도, 향의 제단30:1-10은 그것을 사용하는 장소로 언급되지 않는다.

더럼은 만나는 장막 속에 있는 언약 앞에서 사용하는 것이 향의 제단을 시사하고 있을 것으로 본다.408: 30:36과 6 참조 노스는 향을 이용하는 것이라고 생각한다.239 37-38절은 이 향을 성별된 기능으로만 사용하도록 제한하고 일반적인 용도로 사용하면 백성에서 끊어지는 벌을 받게 될 것이라고 명한다.30:33-36 참조 하나님의 거룩한 타자성은 성별된 공간, 시간, 대상, 그리고 인간뿐만 아니라 후각적인 방법으로도 인식되는 것이다.

건설자들과 장인들 31:1-11

25-30장의 모든 지침들은 모세에게 내려진 것이다. 이 지침들은 전형적인 형태를 갖는다: 너[단수형]는 … 만들라.'asita, 25:17, 18, 23 등에서도 사용됨 경우에 따라 모든 이스라엘을 위해 모세에게 명해졌다는 것은 분명하다.예를 들면, 그들로 하여금 … 만들게 하라, 25:10, 주 이제 하나님은 건설 과정 자체를 규정하신다. 그 과정은 모세의 기적적인 재주가 아니라 수많은 사람들을 포함하는 완전한 인간적 과정이 될 것이다: 총책임자는 브살렐이다. 두 번째는 오홀리압으로, 솜씨 좋은 장인이다. 모든 기술을 가진 대단한 무리가 도움을 주게 될 것이다.30:1-6a

이스라엘이 구할 수 있는 재료들이 성소를 짓는데 사용되었다.25:1-9 그와 같이, 주께서 이제 남자와 여자를 포함한 모든 이스라엘의 인간적인 솜씨들을 건설과정에 들이신다.35:25-29 참조

그렇지만 성소를 짓는 것은 단순히 인간의 노력으로만 되는 것은 아니다. 하나님께서 몸소 유다지파31:2 훌의 손자17:10, 12 참조; 24:14 브살렐을 부르신다.=하나님의 그림자[보호] 아래 하나님이 브살렐의 이름을 부리신 것은 의도적인 선택이자 아마도 친밀한 관계였을 것이다.33:12; 3:4 참조 게다가, 하나님은 신성한 영으로 그를 채우신다.31:3, 혹은 하나님의 영으로, NRSV 각주 신성한 영/하나님의 영ruah 'elohim이란 구문은 야웨의 영처럼 인간적이지는 않지만 하나님이 부여하신 특별한 권한을 표현하고 있다.

아마도 다음의 특성들의 목록이 이런 권한의 내용을 설명할 수 있을 것이다: 온갖 일을 솜씨 있게 해내는 능력문자적으로는 지혜, 총명과 지식31:3 이들은 대개 경험에서 우러나온 지혜와 관련되는 특성이지만, 브살렐의 경우에서 이들은 신성한 재능으로 더 향상된다. 이후에 바울이 성령의 은사인 *charismata*라고 부르는 것이 이런 것이다.롬 12:4-8; 고전 12:4-11

오홀리압과 이름 없는 다른 사람들31:6뿐만 아니라 브살렐에게 특별히 하나님이 내리신 재능이 예술적인 디자인을 만들어내고, 금, 은, 구리로 만들고, 돌을 깎아 내고 나무를 조각하며 모든 형태의 기술에 부여된다.31:4-5 바꾸어 말하면, "영적인 은사들"이 우리가 빈번하게 연결시키고 있는 영역예를 들면 기도, 예언 등과 여기서는 맞아 떨어지지 않는다. 대신, 이들은 장인들의 작업과 구체적인 자료들로 작업하는 장인들에 적용되고 있다. 다시금, "성육신적"이라는 용어가 적합한 듯하다; 하나님은 지상에서, 몸을 가지고, 그리고 인간의 물질적인 기능을 통해 역사하신다.25:3-7 참조, 주

그렇지만 이런 장인과 다른 기술자들이 할 "영감 받은" 일은 우리가 "창의적"이라고 종종 부르는 것이 아니다. 그들은 그들의 독창적인 개념과 환상을 십분 발휘하는 것이 아니다. 그 대신, 그들은 모세에게 주신 하나님의 계획을 순종적으로 따르도록 부름을 받는다: 내가 너에게 명한 모든 것을 그들이 만들게 하겠다.31:6b 7-11절은 하나님에 모세에게 만들라고 지시하신 모든 물품들을 열거한다.25-30장 [아름다움, 485쪽]

언약의 표시로서의 안식일 31:12-17

이 간략한 본문은 성막에 대한 지침들뿐만 아니라25-31장, 19장으로 시작하고 있는 하나님과 이스라엘 사이의 언약에 관한 모든 부분들에 이르기까지 넓게 보고 있다. 그 언약의 결말은 하나님의 언약의 뜻에 이스라엘이 하나님의 임재 속에서 희생의 의식과 공동의 식사로 봉해지는 헌신의 선언으로 응답하고 있는 24:1-11에서의 결말단계에 다다른다. 그렇지만 우리는 이제 25-31장에 나오는 길고 세부적인 모든 지침들이, 이스라엘의 언약 파트너인 하나님의 임재에 의식적으로 응답하는 적합한 방식을 이스라엘에게 주는 역할을 한다는 것을 상기하고 있다.

이것은 어떻게 이루어져야 하는가? 이스라엘의 한 가운데에 있는 거룩한 하나님을 깨달으면서 삶을 사는 것이다. 이런 자각은 성별된 공간과 물품, 성별된 제사장과 사역을 통해, 그리고 평범한 것과 성스러운 것을 구별하는 시간의 구조를 통해서 상징되어야 한다. 이 마지막 대상은 영원한 언약으로 그들 대대로 안식일을 지킴으로 이루어질 것이

다.31:16

롤프 렌도르프Rolf Rendtorff는 하나님과 노아창 9장 그리고 하나님과 아브라함창 17장 사이에 있었던 앞선 언약들과 이 본문의 관계를 연구했다. 그는 아래와 같은 유사한 언어를 지적하고 있다:

- 안식일을 위한 증표'ot, 출애굽기 31:13; 무지개, 창세기 9:12-17; 그리고 할례, 창세기 17:11.
- 영속적인/영원한 언약berith ' olam, 출애굽기 31:16; 창세기 9:12; 17:7, 13을 비교하라.
- 그들이 대대로ledorot 지킴, 출애굽기 31:16; 창세기 9:12; 17:9, 12를 비교하라.

렌도르프는 아브라함과 맺은 언약이 하나님의 선물창 17:7과 아브라함의 실행할례, 창 17:13을 포함하고 있다고 본다. 그는 이 본문에서 안식일을 지키는 인간의 응답이출 31:12-17 언약의 신성한 선물과 관계되지 않아야 하는지를 묻는다. 그의 시각에서 보면 "그 대답은 분명하다: 안식일[여기서]의 언약은 노아에게 주어진 언약창 9에 대한 반응이다. 따라서 세상과 인간에게 주신 하나님의 영원하신 언약은 안식일에서 인간의 응답을 찾을 수 있다."133f

안식일은 이 본문에서 분명히 창조와 관련된다.31:17; 창 1:1-2:3 참조 그러므로 왜 안식일을 지키는 것이 종종 가정되어 오듯이 창조와의 언약 혹은 아담이나 하와와의 언약과 연결되고 있지 않은지에 대한 질문이 생긴다. 그렇지만 "창조 이야기"창 1-2장에서 언약berith이라는 단어는 사용되지 않는다. 렌도르프는 이렇게 설명한다: "창조는 홍수 이후에 회복의 관점에서 보면 언약이라 불릴 수 있다."134; 창조와 시내 산 사건들 사이의 연결에 이어지는 것에 대해서는 아래를 보라, 32:1-34:35에 대한 "사전검토."

이 안식일 본문과 창세기의 창조/노아 본문 사이의 연결에 대해 이렇게 성찰하는 것은 몇 가지 중요한 함축을 갖는다. 먼저, 이들은 창조와 구원, 창세기 1-9와 출애굽기를 구분하는 것에 우리에게 경고하고 있다.

두 번째로, 이들은 이스라엘을 세상의 다른 나라와 구분하지 않도록 한다. 이 본문에서 하나님의 거룩한 백성19:6 이스라엘은 하나님의 창조의 완성을 기념하는 행위로서 하나님의 안식일 준수에 참여해야 한다.

세 번째로, 이 본문을 세상의 창조와 연결시키려는 우리의 시도는-렌드로프에 의지하여-성서 이야기에 가까이 남아있게 된다. 세상/우주의 작은 표상mini-representations으로서 성막나중에 성전을 해석하는 정교한 이론들을 피한다. 고대 국가들이 자신들의 성전을 그런 방식으로 보았으며 성막의 패턴이 지닌 어떤 특징들이 그런 전통으로부터 유래되었음도 사실이다.Hurowitz: 특히 110-13; Levenson, 1988:78-99

레븐슨Levenson은 성막과 성전의 우주적인 상징에 굉장한 중요성을 부여한다: "성막이나 성전에 있는 우주적인 상지에 대한 현재 고고학자들의 논의는, 비록 그들이 성서 본문에서 분명한 근거가 없지만, 성전에 대한 고대의 해석을 소생시킨다." 95, 이탤릭체가 추가됨 이것을 부인하지 않으며, 성서 외의 고대근동의 사고양식으로 들어가는 종교-역사적 길을 따름으로써가 아니라, 정경본문이 부여한 강조점과 역점들을 가능한 한 민감하게 분별함으로써 교회를 더 잘 섬길 수 있다고 난 믿고 있다.

우리는 십계명의 안식일 계명20:8-11, 주과 관련하여 길게 안식일 준수의 의미를 살펴보았다. 이 본문의 특별한 강조점은 거룩한 날로써의 안식일에 있다.너희에게 거룩한, 31:14 안식일을 지킴으로써, 나, 주는 너희를 거룩하게 한다.31:13 안식일을 모독하는 이는 죽음에 처해질 것이다.31:14; 30:33, 38 참조

그렇지만 안식일의 휴식은 이스라엘에 있어서 제의적이지 않은 선물이나 혜택이기도 하다. 이스라엘은 하나님께서 이렛날에 쉬시고 숨을 돌리셨을 때31:17 몸소 보여주신 것을 즐길 수 있다. 다른 곳에서처럼, 여기서 하나님을 섬기는 것은 뒤에 남겨진 바로에게 세속적으로 노예생활을 한 이후 새로이 "거룩한 노예"가 되라는 것을 의도한 것이 아니다. 대신, 안식일의 쉼은 하나님 중심이 되는 생활의 축복을 누리는 것을 의미한다.창 1:26-2:3 참조

언약의 두 돌판 31:18

이 절은 24:12에서 언급된 하나님의 의도의 완성을 말하고 있다. 동시에, 이 절은 돌판이라는 주제, 즉 32장과 34장에서 두드러지게 나타날 주제를 소개한다. 하나님의 손가락으로 쓰신신 9:11 참조 것은 일반적으로 기록하는 특수한 방법이라기보다는 하나님의 힘을 암시한다.405f; 8:19 참조; 시 8:3; 눅 11:20; 그렇지만 요 8:6도 참조

여기서 가장 중요한 것은 하나님이 모세/이스라엘에게 만들라고 지시하신 모든 것들25-31장와 하나님께서 몸소 주신 한 가지 물품, 언약의 두 돌판 사이의 대조이다. 따라서 하나님의 뜻으로 이스라엘을 위해 새겨지고 언약궤에 위치된 돌판25:16-22은 거룩함의 전형을 이루고 있다. 그렇지만 반복 독자는 이런 직접적인 신성한 선물이 인간의 죄로 인

해 곧바로 박탈될 것이라는 것을 안다. 이 선물은 모세가 잘라 다듬고 새긴 새로운 돌판으로 부분적으로 복원될 것이다.32:16, 19; 34:1-4, 27-28

성서적 맥락에서의 본문

이 논의는 출애굽기 25:31과 35-40을 위한 것이다.

레위기와 민수기

만남의 장막/성막에 주님의 임재의 구름을 두는 것40:34-38은 성막의 이야기 속에 있는 결정적인 표시를 나타내고 출애굽기를 완성하는 것이다. 그렇지만 이어지는 제사장법들레 1:1-민 9:14은 성막이 갖는 수많은 측면들과 그 역할을 발전시킨다. 위의 서론에 있는 "4경 속에 있는 출애굽기의 독특성"을 보라 형식에 있어서 이 법들은 하나님이 모세에게 직접 내리신 것으로, 모세는 이 법들을 이스라엘 백성이나 어떤 집단 혹은 개인들에게 전달한다.

레위기

1-7장은 제사를 규정한다. 8-9장은 제사장의 성별을 묘사하고, 10장은 제사장직을 잘못 수행하는 위험에 대해 경고한다. 11-15장의 정결법들과 18-20장에 있는 다른 법들은, 일반적으로 이스라엘 백성의 삶과 관계된 것이지만, 이스라엘 한가운데에 있는 성막으로 나타나는 하나님의 거룩한 임재를 지속적으로 깨닫는 삶을 가리킨다.

레위기 16장은 일 년에 한번 있는 속죄일의 제의를 개괄하고 있는데, 이 날은 대제사장이 자신의 죄와 백성의 죄를 속죄하기 위해 성막에 있는 가장 거룩한 곳지성소에 들어가는 때이다. 레위기 21-22장은 제사장과 희생제사와 관련되지만, 23장은 절기력을 개괄한다. 레위기 24-27장은, 내용에 있어서 다양하긴 하지만, 예배와 삶을 위한 하나님의 거룩하신 임재의 결과들을 계속해서 설명하고 있다.

민수기 1:1-9:14

이 부분의 주된 주제는 여행을 떠날 이스라엘이 해야 할 준비이다: 성막을 이동시키는 것은 핵심이다. 민수기 1:1-5:4는 이스라엘 한가운데에 있는 성막을 둘러싸고 열두 지파를 배치하는 것을 기술하고 있는데, 지파들은 앞으로의 여정에서 성막과 함께 시작하라는 명령과 함께 한다. 이 본문은 하나님의 "맏이"로서의 레위지파의 자리에 특별한 관심을 보이는데, 그들의 직무는 성막과 관련된 것이자 이스라엘 진영의 정결함에 관한 것이다. 가져와야 할 헌물과 더불어 성막의 성별은 민수기 7:1-9:14에서 상세히 기술된다. "그들이 이집트 땅에서 나온 이듬 해 첫 달에 있는" 위대한 유월절 기념 속에서 이 모든 것은 막을 내린다.민 9:1; 레 9:1-14 참조; 출 12:1, 18; 19:1

민수기 9:15-36:13

이스라엘은 시내 산을 떠나서 광야의 방랑을 이어간다. 서사와 법들이 이 부분을 돌아가면서 채우고 있으며 그들 가운데 많은 부분이 성막을 포함한다. 민수기 9:15-23은 성막에 몰려오는 주님의 구름이라는 주제를 할애하고 있다.출 40:34-38 구름이 올라가는 것은 성막의 이동을 표시하게 될 것이며 구름이 정지하면 서라는 신호이다. 성막"만남의 장막"이나 단순히 "장막"이라고도 자주 불림이 레위기와 민수기 1-9장에서 빈번하게 언급되지는 않지만, 그것이 내내 가정되고 있다. 다양한 시대에 성막은 위기 상황에서 모세와 주님의 의사소통의 자리이다.12, 16, 20장에서처럼 다른 본문들은 이스라엘의 예배를 위한 설명을 더하고 있다.예를 들면 15, 18, 28-29장

따라서 레위기와 민수기 내내, 하나님의 임재와 인도하심의 상징이 되는 성막은 시내 산에서 시작된 하나님의 현현과 율법주심을 이어간다. 성막은 이스라엘을 이집트에서 데리고 나오신, 그리고 거룩하지만 구별된 끊임없이 거역하는 언약백성과 함께 거하시는 하나님에 대한 예배를 통해 지속적으로 이스라엘의 응답의 중심이 된다. 성막은 여전히 속죄가 이뤄질 수 있는 장소이다. 차일즈의 간결한 공식으로 말하자면, "시내 산에서 일어난 것은 성막에서 계속된다." 540

출애굽기, 레위기와 민수기 속에 있는 성막/성소 주제는 역사와 예배 속에서 이스라엘의 시내 산 경험이 갖는 풍부하고 복잡한 문학-신학적 공식이다. 해석자들은 이 주제를 "제사장적"인 것으로 지정하는 일이 잦다.[자료 이론] 우리가 앞서 살펴보았듯이, 예배에서의 낭독과 행습을 통한 원래의 역사적 경험과 후대의 상술은 일반적으로 더 이상 구분되지는 않는다. 현대의 신자들에게 있어서는 자료를 구분하는 것보다는 최종적 정경의 형태를 갖는 본문을 이해하는 것이 더 중요하다.23장, 유월절에 대한 주를 참조

성막에서 성전으로

여호수아 18:1과 19:51에 따르면, 만남의 장막여기서는 분명히 시내 산의 성막과 동일시됨은 실로에 세워지고 이스라엘의 중심이자 유일한 성소의 역할을 한다.수 22:19, 29 참조 그

렇지만 실로에 있는 성소는 "장막"이나 "성막"이라기보다는그렇지만 삼하 7:4:7 참조//대상 17:3-6; 시 78:60 반복적으로 "집"이라고 불린다.*beth,* 이 용어는 삼상 1:7에서와 같이 예루살렘에 있는 "성소"로 사용되는 경우가 많다; 혹은 *hekal,* "성전," 삼상 1:9

아울러, 엘리와 사무엘 아래에서 실로에서 행했던 예배는, 비록 그것이 언약궤의 중심에 자리하고는 있지만삼상 1-3장, 성막의 법들이 규정하는 것보다는 덜 정교한 듯하다. 법궤가 블레셋 사람들에게 빼앗겨서 결국에는 돌아왔을 때, 기럇 여아림에 있는 아비나답의 집에 보관되었는데삼상 4:1-7:1, 거기에서는 중요한 역할을 하지 않았다는 것이 분명하다. 이것은 이스라엘의 중앙 성소들로서 다양한 시기에 기능했던 다른 장소에 있는 언약궤의 분명한 장소와 긴장관계에 있다.길갈, 벧엘, 세겜; Kraus: 127, 134

실로에 있던 "집"은 아마도 블레셋 사람들에 의해 파괴되었을 것이다.렘 7:12, 14; 26:6, 9 결국 다윗은 기럇 여아림에서 회수하여 언약궤를 특별히 언약궤를 위해 마련된 예루살렘에 있는 장막 속에 놓아둔다.삼하 6, 특히 6:17//대상 16:1; 삼상 7:2 참조 한편, 역대기상 16:39-42에 따르면21:29 참조; 대하 1:3-6, 언약궤는 기브온의 높은 곳에 있었다. 이곳은 대제사장 사독이 모세가 규정한 예배를 인도했던 곳이다.

솔로몬이 성전을 완공했을 때, 그는 언약궤와 성막을 그곳으로 가져와서 오랜 분단의 역사가 흐른 이후 그들을 통합시켰다.왕상 8:1-13//대하 5:1-10 마침내 느부갓네살이 성막, 법궤, 성전, 그리고 예루살렘을 파괴했다.시 74:7, NRSV: 거주하는 곳, *miskan*=성막; 78:60

위의 설명은 다양한 성서자료에 기초하고 주로 역대기에 기대어서 프리드만이 재건한 것에서 차용된 것이다. 그것에 심각한 긴장과 해답 없는 질문들이 없는 것은 아니며, 그 가운데 일부는 언급되었다. 그렇지만 그것은 성서의 정경본문에 충실하고자 한 가설을 마련해 준다.Friedman, ABD, 6:293f, 더 상세한 내용

두 가지 요점을 확신을 가지고 말할 수 있다: 1 사막의 성막에서 솔로몬의 성전에 이르기까지, 역사적 행습들이 그것에 심각한 중압감을 두고 있긴 하지만, 이스라엘은 결코 야웨의 중앙 성소라는 개념을 잃지 않았다.예를 들면 삿 17-18; 왕상 12:25-33; 암 5:4-6; 그리고 신명기 12장과 다른 곳에서 예배의 중심 장소를 굳건히 재확인함 2 쾨스터Craig R. Koester의 말로 하면, "성전은 구약의 현재 형태 곳곳에서 성막의 합법적인 계승자로 간주된다."21

성전

성막과 성전은 이어지는 역사를 통해서, 비록 재건되기는 어렵지만, 그리고 분명한 언급을 통해서 서로 연합된다.위를 보라 아울러 이들은 아마도 그들의 건설과 기능의 유사성

을 통해서 가장 두드러지게 연합되었을 것이다.성전에 대해서는 다음을 보라. 왕상 6-7, 대하 3-5 성전과 성막은 동일한 배치와 비율을 공유한다: 중심에는 가장 거룩한 곳이 있고 가장 거룩한 곳의 두 배에 달하는 길이로 거룩한 곳이 동쪽 편과 맞닿아 있는데, 양쪽 다 뜰이 에워싸고 있다.

전통적인 해석으로는, 성전의 평면도 규모는 성막의 두 배이다.가장 거룩한 곳: 20x20 큐빗x20 높이; 거룩한 곳: 20x60큐빗x30 높이; 왕상 6:2, 20; 그렇지만 Friedman의 대안적인 제안을 참조, 26:15-30, 주 우리는 중앙에 금이 많이 나타나고 외부에는 놋쇠가 많은 것과 같은 다른 많은 특징들과 더불어, 가장 거룩한 곳에 있는 천사들과 함께 언약궤의 중심적인 역할을 열거할 수도 있다.Haran: 189-92 참조

그렇지만 성막과 성전 사이에는 상당한 차이점들도 있으며, 성전은 포수기 혹은 포수기 이후의 성전의 특징들이 이스라엘의 초기 광야 방랑 속으로 회고된 것일 뿐이라는 오랜 기간 동안 지속되지만 지나치게 단순화된 개념은 매장되어야 한다. 대신, 연속성과 불연속성의 복잡한 역사가 성막과 성전을 잇는다.Cross, 1961:201-28 참조; Haran: 194-204; Friedman, ABD, 6:298f

시편에서는, "장막"15:1; 27:4-6; 61:4과 "성막/성소"26:8; 43:3; 46:4; 74:7; 84:1가 성전, 시온 산, 혹은 예루살렘을 시적으로 빈번하게 가리키고 있다.Koester: 17f 유사하게, 에스겔의 환상적인 성소는 때때로 "성막"으로 불린다.NRSV: "거주하는 곳," *miskan*="성막," 겔 37:27-28

신약성서

하나님의 임재는 신약성서의 다양한 부분에서 성막의 언어로 표현된다, 우리는 "성막"이라는 명사헬라어: *skene*, *skenos*, *skenoma*와 "장막을 치다"라는 동사*skenoo*를 모두 본다. 관계된 구약성서의 본문이 이런 사용을 강조한다면, 신구약중간의 문헌 속에서 그들을 해석하는 것은 중요한 다리가 된다.Koester의 연구를 참조, 이어지는 것 가운데 일부가 그것에 기초한 것이다,

사도행전

스데반의 설교에서, 모세에게 하신 하나님의 명령에 순종하면서 성막을 짓는 것은 솔로몬이 하나님께 "집"을 짓고자 하는 잘못된 개념과 대조된다.사도행전 7:44-50; Koester: 79-85, 논의와 더불어

요한복음

요한복음 1:14는 덜 분명하지만 중요하다. 우리는 그 부분을 이렇게 읽는다: "[하나님의] 말씀이 육신이 되었고 우리 가운데 장막을 치셨고[*eskenosen*: NRSV: '살았다'] 우리는 그의 영광을 보았다." 하나님의 말씀과 하나님의 영광은 모세의 성막과 핵심적으로 연결된다. 여기서 그들은 계시자 예수 그리스도에게로 전이된다.Koester: 100-15

요한계시록

성막과 관련된 용어는 요한계시록의 다양한 장소에서 나타난다.7:15; 12:12; 13:6; 15:5 가자 분명한 사용은 21:3에서 발견된다: "보라, 하나님의 장막[*skene*; NRSV: 집]은 영원히 살 수 없는 것들 가운데 있다. 그는 그들의 하나님으로서 그들과 함께 장막을 칠[*skenosei*; NRSV: 거하다] 것이다; 그들은 그의 백성이 될 것이다."

이것은 하늘에서 내려온 새 예루살렘의 환상의 일부로 언급된다. 이 구절은 그의 백성 한가운데로 하나님의 영광이 내려옴을 전달한다. 그것은 성막의 용어로 이것을 결정적으로 전달하고 있으며, 보는 이가 그 도시에 성전이 없음을 보았다는 분명한 언급이 따라온다. 계 21:22; Koester: 116-51도 참조

히브리서

그렇지만 신약성서 어느 곳에서도 성막이라는 주제가 히브리서에서처럼 두드러지고 기초적으로 나타난 곳이 없다. 그 중심적인 논지는 8:1-2에서 언급된다: "이제 우리가 이야기하고자 하는 요점은 이것이다: 우리는 그런 대제사장이 있는데, 그분은 하늘에서 지엄하신 분의 보좌 오른쪽에 앉아계신다. 사람이 아니라 주께서 세우신 성소와 진정한 성막[*tes skenes*; NRSV: 진정한 장막]에서 일을 보시는 분이다."

히브리서 곳곳에서의 관심은 더 높은 천상의 실재와 낮은 지상의 실재 사이의 대조에 있다. 이런 대조 속에서는, 천상의 대제사장인 그리스도의 역할이 두드러진다. 그는 지상에 있는 모세의 성막과 관련된 예배보다 모든 면에서 우월한 예배를 수행하시는 대제사장이다. 그 예배는 예수가 스스로를 드리고 완전한 희생으로서 자신의 피를 드림으로서 절정을 이룬다.9:11-14

차일즈의 말로 하면, "히브리서의 저자는 그 완성에 있어서나 더 완전한 형태를 통한 폐기에 있어서나 구약성서의 성막 그림은 예수 그리스도를 증언이라는 것을 보여주고자 한다."544, 543-47 참조; Koester:152-83

하나님의 성전으로서의 교회

우리의 관심이 "장막/장막을 침"이나 "성막/성막을 침"*skene, skenoo*이라는 어휘를 사용하는 구절들에 초점을 맞추고 있긴 하지만, 아울러 우리는 "성전"*naos*이 비슷한 방식으로 사용되고 있음에도 주목해야 한다. 특히 바울은 그리스도의 몸인 교회를 주님께서 거하시는 곳인 하나님의 "성전"이라고 적고 있다. 고전 3:16-17; 6:19-20; 엡 2:21-22

교회 생활에서의 본문

해석의 역사

초기 기독교 시대에서 지금에 이르기까지, 성막은 큰 관심을 자아내어 왔다. 성막의 복잡한 구조와 풍성한 장식은 성막을 알아내고자 해석자들을 끊임없이 도전하게 만드는 숨겨진 상징을 제시했다.Childs: 547-52, 이어지는 수많은 의견들에 기초함

초기부터 계속, 기독교 해석자들 가운데 한 부류는 필로의 영향을 받아 성막을 창조된 우주를 반영하는 것으로 보았다. 또 다른 부류는 성막에서 그리스도와 교회가 연결된 상징을 보았다. 예를 들면 오리겐은 성막의 금을 신앙에, 은을 설교의 말에, 구리를 인내에 비유했다.Childs: 548

그런 우화들은 중세시대와 그 이후에 번성했다. 예를 들면 피터 롬바르드Peter Lombard는 성막의 한쪽 면에 있는 판자들을 함께 붙잡고 있는 다섯 개의 막대기들은 율법서 다섯 권을 나타내며, 다른 면에 있는 판자들을 붙잡는 다섯 개의 막대기들은 예언서를 나타낸다고 주장했다.이사야, 예레미야, 에스겔, 다니엘, 그리고 12권의 책들 이들은 함께 교회를 지키고 있는데, 이 교회는 진정한 성막이라는 것이다.Smalley: 130

그렇지만 우화화는 오늘날에는 전혀 존재하지 않는다.Kiene의 삽화가 풍성한 책을 참조 종교개혁 이후시대에는 성막과 교회를 서로 유형론적으로 연결시키려는 시도를 하는 저작들이 굉장히 많이 타나났다.

성막의 물리적 특징들 역시 초기부터 계속해서 연구되었다. 현대의 합리적이고 역사비평적 관심들은 18세기에서 지금에 이르기까지 늘어났다. 영국의 이신론자들은 이미 성막이 제사장의 창작물이라는, 벨하우젠J. Wellhausen에서 온전히 표현되고 20세기 내내 역사비평 학자들 속에서 주장된 이론을 주장했다.

이 이론에 따르면, 성막본문들은 신앙적인혹은 그리 신앙적이지는 않은 날조였으며, 성전의 특징을 본 따서 만들었고, 포수기 이후의 제사장 계열 저자들이 초기 이스라엘 역사 속

으로 투영시켰다는 것이다. 이런 시각에 고대 이스라엘의 제사장들과 예언자들 사이의 첨예한 대립을 보고 예언자들을 높여 제사장들에 흠집을 내는, 아주 강력하고 대부분 개신교적이며 반제사장적인 편견이 뒤따르는 일이 잦았다. 20세기 후반부가 되어서야 학자들이 적어도 지나치게 단순하고 극단적인 형식으로 된 이런 가정들에 도전하는 것을 고려하기 시작했다. 위를 보라

기독교 교회와 예배의 다양한 특징들은 성막–성전 패턴이라는 측면들을 반영한다. 예를 들면 가톨릭교회에서는, 성별된 성체가 있는 제단 "성막"이라 불리는 컨테이너는 가장 거룩한 곳으로 보일 수 있다. 그 앞의 공간은 어떤 칸막이로 교회의 주공간과는 구분되어 신부들과 보조하는 사람들을 위해 마련되어, 거룩한 곳으로 여겨질 수 있다. 교회의 주 공간은 성소의 뜰과 같다. 영원히 타오르는 등불은 성막에 있는 등잔대 중 하나를 상기시킨다.

전통적인 개신교 교회들 역시 성막의 삼중적 구분을 반영하는 일이 잦지만 그리 꾸준하거나 분명하지는 않다. 반면, "성막"에 딸린 공간은 미국의 개척정신에 대한 부흥을 상기시키는 것이며, "성막"이라 불리는 천막에 있는 경우가 많다. Koester:ix

이런 논의는 40장 이후에 나오는 교회 생활에서의 본문, 출애굽기 35–40장에서 계속된다.

출애굽기 32:1-34:35

자칭 대안과 그 결과들

사전검토

가본 적이 없는 길은 우리를 계속 상상하게 한다. 아담과 하와가 유혹에 넘어가지 않았다면 어떻게 되었을까창 3? 인간은 하나님의 뜻에 보조를 맞춰서 낙원에서 사는 것을 누렸을까? 만일 이스라엘이 스스로의 상징인 금송아지 상을 선택함으로써32:1-6, 제사장 나라와 거룩한 민족19:6이 되도록 구속을 받고 위임을 받음과 관련되는 하나님의 방식을 규정하려 하지 않았다면 어땠을까? 신실한 백성이 열방에게 하나님의 뜻을 본보기로 보여주고 모두에게 축복을 가져다주는 신성한 위임을 살아 냈을까?

그렇지만 가보지 않은 그 길은 바로 가보지 않은 길로서 그런 선택에 따라오는 모든 결과를 갖는다. 하나님의 선하신 창조에 곧바로 따라오는 인간의 타락은 지상의 유토피아의 모든 가능성을 앗아버린다.창 1-3 의도적으로 병행하는 방식으로, 32-34장은 하나님의 언약의 백성으로서 "이스라엘의 타락"과 그에 따라오는 것들을 나타낸다. 이것은 온전히 위임되고 신실한 언약의 백성이 존재한 적이 없었다는 것을 분명히 하고 있다.Rendtorff: 125-34

출애굽기 25-31에서, 하나님은 언약의 관계를 유지시키기 위한 조항들에 대하여 그 산에서 모세에게 지시를 하신다. 하나님이 말씀을 끝내시기 전에31:18, 이미 스스로를 이 관계에 헌신한 이스라엘 백성은24:1-11 그들의 계획에 따라 자신들의 예배를 만들려는 유혹에 굴복하고 만다.32:1-6

32-34장은 구성에 있어 극도로 복잡하며 주제에 있어 풍성하다.언약을 맺고 갱신함, 죄

와 용서, 하나님의 임재의 형태, 그리고 중재자로서의 모세의 역할, 이것은 일부에 불과하다 이 장들에 대한 주석을 구조화하는 여러 가지 방식들은 유용하며 타당하게 사용될 수 있다. 나는 세 가지 단계를 밟아나갈 것이다: 1 이스라엘이 자치권을 불순종하게 단언함: 황금송아지 32:1-6 2 즉각적인 결과: 이스라엘과 하나님의 언약적 임재가 위기에 처함32:7-33:6 3 편만한 은혜: 하나님의 언약적 임재가 재정립됨33:7-34:35; John P. Klassen에서 각색됨

개요

이스라엘이 자치권을 단언하다, 32:1-6

32:1	이스라엘 백성이 확실성을 요구하다
32:2-4a	아론이 우상을 만들다
32:4b-5	이스라엘 백성과 아론이 금송아지에 답하다
32:6	다음 날의 축제

하나님의 임재가 위기에 처하다, 32:7-33:6

32:7-14	신학적 틀
32:15-20	모세가 이스라엘의 배교에 직면하다
32:21-24	모세가 아론과 대치하다
32:25-29	모세가 이스라엘 백성과 대치하다
32:30-35	모세가 백성을 위해 중재하다
33:1-6	날 빼고 가시오!

하나님의 은혜가 편만하다, 33:7-34:35

33:7-11	모세가 하나님과 계속 접촉하다
33:12-17	모세가 성공적으로 간청하다
33:18-23	찾기 힘든 하나님의 임재
34:1-10	모세에게 약속한 현현
34:11-26	하나님이 새로운 순종을 요구하다
34:27-28	언약 서류들
34:29-35	모세가 반영한 하나님의 임재

주석

이스라엘이 자치권을 단언하다 32:1-6

32:1 이스라엘 백성이 확실성을 요구하다

그 산의 정상에서 모세와 하나님이 만난 것25-31장은 아래에 있는 백성들과 공유되지 않았다는 것을 기억하는 것이 중요하다. 그들의 경험은 24:111의 언약의식과 모세가 구름 속에 다다르는 것24:18에서 32:1로 직접적으로 옮겨진다. 24장과 32장의 초반부 사이의 분위기가 대조되는 것이 눈에 띈다. 거기서 우리는 하나님께 자신 있게 헌신하는 것과 모세의 중재적 역할을 통해 효력이 발생한 하나님과의 교감을 보았다. 여기서, 모세가 없는 40일 밤낮 중에서 며칠이 지난 후에24:18, 우리는 백성이 불안해하고, 인내심이 없으며 보챈다는 것을 알게 된다.

그 백성의 관심은 모세에게 집중된다. 그것은 아주 애증이 엇갈리는 관심이다. 한편으로는, 모세가 꼭 있어야 한다는 의미가 있다. 만일 그가 예상치 못하게 오래 사라진다면, 즉시 어떤 조치를 취해야 한다. 반면에, 모세는 즉지 대체될 수 있다고 여겨진다. 사실상, 그가 없으면 어쨌든 모세가 자신의 직무에 적합하지 않을 수 있다는 생각을 불러올 수 있다. **모세가 늦어졌다.**더 문자적으로는, 창피스럽게 늦었다, Fox: 178는 사실은 무책임하다는 것을 암시한다. **하나님이 그를 특별히 부르셨다.**24:12-18는 것보다 그의 나약함이 이스라엘 백성의 마음속에 파고든다: 우리는 그가 어떻게 되었는지 모르겠습니다.

마지막으로, 모세의 지도력에 대한 긴 안목이 신성하게 영감을 받은 것보다는 더 인간적인 것으로 나타난다. 이스라엘 백성은 모세를, 이 모세, 우리를 이집트 땅에서 데리고 나온 사람으로 본다. 앞서 그의 신성한 부르심에 의심을 품는 것이 떠오르는데14:11-12; 16:3; 17:3, 완전히 극복되어질 것 같은 의심이다.17:6, 11; 20:18-21 아마도 이 남자 모세가 줄 수 있는 나약한 명상에 의존하기 보다는 더 확실한 신의 인도하심을 찾는 것이 더 나은 것일까?

그렇지만 이스라엘 백성의 분위기는 의심과 불확실성의 분위기만은 아니다. 그 분위기는 차분하지 못하고 인내하지 못하며 심지어 거역하기까지 한 것이다. 그들이 아론에게 간 것을 더럼은 강압적이지만 적절하게로 표현한다: 그들은 아론에게 함께 와서 말하기를, "일을 시작하시오, 우리를 위해서 신을 만드시오."414

이스라엘 백성은 아론에게 우리를 위해 **신들**(' elohim을 만들라고, 그가 우리를 앞장설 것이라고32:1 청한다. 이 신들 혹은 신성한 존재들은 야웨가 아니라 모세를 대신하는 것이다.Moberly, 1983:46 참조 이 신들은, 아마도 더 믿을만하고 적합한 방식으로, 이 모세,

이집트의 땅에서 우리를 데리고 나온 사람의 임무를 계속해야 한다. 바꾸어 말하면, 아론이 당장 만들게 될 황소의 형상은, 무엇보다도, 인간 중재자 모세가 나타내는 연결보다 더욱 믿을 수 있는 것으로 여겨지는 하나님과 인간 사이의 연결로 보이는 것이다.

동시에, 황금송아지는 모세를 대신한다거나 하나님과 시각적으로 연결되는 것 이상을 시사한다. 이스라엘 백성은 신들을 필요로 했으며, 형상들은 고대 근동 곳곳에서 신의 진정한 임재를 나타낸다. 따라서 우리는 이것이 십계명의 형상계명 속에서 금지된 종류의 형상이라는 것을 곧바로 알아채게 된다.20:4-6, 주 아마도 그것이 다른 신들이 야웨를 대신하는 것을 의미하지 않는다면32:5, 주, 그것은 하나님의 임재를 가까이에 가져올 형상 사용을 금지하는 것을 나타낸다.Moberly, 1983:46f 참조

이 일이 하나님께서 이스라엘에서 하나님의 임재는 나타내는 성막이라는 상징에 대한 지침들을 모세에게 주시는 바로 그 때에 발생했다는 것은 역설적이다.25:1-9; 성막 짓기와 황소 상 만들기에 대한 세부적인 비교를 위해서는 Fretheim: 280f. 참조. 하나님의 형상으로서의 송아지의 기능과 신들이라는 복수형에 대해서는 아래를 보라

32:2-4a 아론이 형상을 만들다

모세는 이스라엘 백성에게 분쟁이 있을 경우 의지할 수 있는 지도자로 훌과 함께 아론을 추천했다.24:14 지명된 대제사장으로서28-29장-이스라엘과 1차 독자가 아직 이것을 모르고 있지만-아론에게는 종교적인 필요가 있을 경우 다가갈 수 있는 적합한 권위가 있는 것 같다. 그의 응답의 본질은 완전히 분명하지는 않다. 분명히 그는 이스라엘의 요구들을 수락하여 비난을 받으며, 모세는 나중에 그가 수락한 것으로 인해 아론을 호되게 질책한다.32:21-24

이스라엘 백성은 아론에 맞서 모였다.문자적인 해석; NRSV: 아론을 둘러싸고 모였다; 이것은 아론이 협박을 받아 따랐다는 것을 보여준다. 우리는 아론에게 얼마만큼의 압력이 있었는지를 생각한다.아래를 보라, 3:21-24, 주 이 본문에 따르면, 아론은 저항하지 않고 곧바로 황금송아지의 형상을 만드는 절차를 밟기 시작한다.32:2 이 본문은 이스라엘 백성이 꼭 집어서 이 형상을 요구했는지, 아니면 아론이 이스라엘이 더 일반적으로 요구한 것에 따른 응답으로 그것을 고안했는지 말하고 있지 않다.

아론은 너희 아내, 아들과 딸의 귀에 있는 금귀고리를 빼서 나에게 가져오라32:2고 명한다. 빼다paraq라는 동사는 문자적으로 "잡아채다, 떼어 내다"를 의미하는 것으로, 실제적으로 폭력이 없었다면 조바심을 낸다는 것을 암시한다. 이스라엘 백성은 저항 없이 따

른다.32:3 다시금, 성소/성막을 짓기 위한 헌물에 대해 하나님이 모세에게 지시한 배경에 반하여 이런 것을 보지 않고 "자원하는 헌물"의 온전한 중요성을 평가하는 것은 불가능하다.25:1-9 모벌리는 여기서 일어나는 것을 "야웨의 임재와 함께하심을 확신하는 것과는 거리가 먼, 그저 그것을 박탈당하는 역설"이라고 잘 말하고 있다.1983:48

4a절은 그 금송아지를 만드는 아론의 기술을 묘사한다. 핵심이 되는 히브리 단어는 다르게 해석될 수도 있어서, 두 개의 대안이 나타난다: 조각도구로 그것을 만들어내었다NRSV는 것은 나무로 된 형상에 금으로 덮어씌웠다는 것을 시사한다. 반면에 역시나 히브리어를 근거로 할 때 가능성이 있는, **주형을 뜨다**mold와 **주조하다**cast라는 언급NRSV 본문은 금을 녹여서 황소형태로 주형을 뜬 것이라는 것을 암시한다.32:24 참조 이런 선택들 가운데 확실하게 하나를 고르는 것은 불가능한 일이다. 신학적으로, 만드는 방식은 중요하지 않다.

32:4b-5 이스라엘 백성과 아론이 그 금송아지에 응답하다

이스라엘 백성은 아론의 작품에 흡족해 한다. 그 송아지를 보면서 그들이 말하기를, "오, 이스라엘이여, 이것들이 바로 너희를 이집트 땅에서 데리고 나온 너희의 신들이다!"32:4 이것은 모세가 유사한 용어로 묘사되고 있는 1절에서 그들이 요청한 것을 넘어선 것이다. 지금의 황금송아지는 모세의 지도력을 이어가는 것으로 보일 뿐만 아니라 모세에게 잘못 부여되어 온 진정한 힘으로도 소급적으로 해석되는 것이다. **그 사람**32:1, 모세의 권위를 대신하는 현재의 황금송아지는 **너희 신들**32:1, 5; 복수형, 아래를 보라이라는 신성한 지위를 갖는다.

백성이 그 금송아지를 해석하는 것에 대한 아론의 응답은 가능하기 어렵다. 아론은 그 금송아지 앞에 제단을 짓고 다음 날 주님/야웨의 절기를 선언한다. 인간 중재자가 중재하는 형상 없는 야웨의 예배와는 대조되는, 야웨의 형상을 달라는 자신들의 요구를 그 백성은 내내 생각해 보았는가? 아니면 그 백성이 다른 신들을 섬기는 완전한 우상숭배에 이르는 그 백성의 요구를 아론은 지금에서야 깨달은 것인가? 아론은 백성의 형상숭배를 야웨로 향하게 함으로써 "피해수습"을 재빨리 실시하려고 하는 것인가?

그 금송아지가 이스라엘을 이집트에서 이끌어 왔다고 소급되어 찬양을 받는데, 다른 곳에서는 **주님/야웨** 덕분으로 표현된다.20:2; 이 사실은 앞선 선택, 우상숭배에 유리하도록 무게를 싣는다. 프리다임은 그런 시각에 대한 다양성을 제시한다. 그는 **앞서가다**라는 문구가 출애굽기에서 모세가 사용한 것이 아니라 하나님의 전령과14:19; 23:23; 32:34;

23:20 참조; 33:2 14:19에서 전령과 동일시되는 구름/불기둥13:21으로만 사용된다고 지적한다. "이것은 그 백성이 하나님의 대체물이 아니라 하나님의 전령의 형상을 요구하고 있다는 것을 제시한다"Fretheim: 281 우리는 아래에서 이 전령이라는 주제로 돌아갈 것이다.

황금송아지. 송아지*egel*의 형상이 왜 선택되었을까? 송아지는 거의 확실하게 어린 황소 sor. 시 106:19-20, 그리고 대부분의 해석자들의 동의어이다. 프리다임은 널리 주장되는 관점을 표현하면서, 그 송아지를 아론이 "고대 근동에서 어디에나 있는 신성의 상징으로 골랐다"고 본다.281 예를 들면, 그것은 이집트의 신 아피스와 가나안의 신 바알이나 엘을 나타냈을 수 있다. 제랄드 잰슨J. Gerald Janzen은 송아지/황소를 선택한 흥미롭고도 더 구체적인 이유를 주장했다.1990: 597-607 그는 메소포타미아에서 이집트에 이르기까지 황소가 때로는 생식력의 상징이지만, "또한 힘, 권력, 싸우는 기량의 상징이기도 하다"는 것을 보여주는 밀러P. D. Miller의 연구를 인용한다.598, Miller를 인용함, 1967:419

이 본문에서는 잰슨이 주장하는 풍요의 신 숭배와 이스라엘 백성의 요구가 결합되어 있다는 어떤 주장도 없다. 반면에, 우리가 되풀이해서 보았듯이, 전체 출애굽 이야기는 하나님의 대표자인 모세와 함께그가 지팡이를 사용한 것을 참조, 이스라엘을 위해 싸우시는예를 들면 14:14 전사로서의 하나님이라는 주제가15:3 곳곳에 스며들어 있다. 잰슨에 따르면 그 백성이 모세의 부재가 길어져서 두려워하는 것은 이 여정의 남은부분에 적합한 군사지도력인 것이다. "이 모든 것은 이스라엘 백성을 편안한 거주지로 인도하는 신성한 전사와 보호자라는 하나님의 의도된 상징으로 그 송아지를 보는 강한 근거를 제시한다." J. G. Jenzen, 1990: 600 이것은 아주 흥미롭고도 솔깃한 생각이다; 이 본문 자체는 아무런 설명을 하고 있지 않으므로 이것은 가설로 남아야 한다.

너희 신들. 송아지가 딱 한 마리 있음에도32:1, 4, 8 왜 그 송아지는 **신들**복수형이라고 반복해서 언급되는 것인가? 모든 해석자들은 이 본문과 열왕기상 12:25-33 사이에는 어떤 연결점이 있다는 것에 동의하고 있다. 이 본문에서, 이스라엘의 분단된 북왕국의 새 임금 여로보암은 예루살렘에 있는 성전과 경쟁관계에 있는 예배양식을 설립한다. 그는 두 개의 황금송아지를 만들어 하나는 벧엘에, 다른 하나는 단에 두고서는 이렇게 말한다. "이스라엘이여, 너희를 이집트의 땅에서 데리고 나온 너희의 신들이 여기 있다."왕상 12:28 황금송아지가 두 개 있으므로, 여기서 복수형 신들이라고 쓰이는 것이 타당해 보인다.그렇지만 아래를 보라

그렇지만 이 본문과 열왕기상 12장 사이의 관계에 대한 정확한 성격은 학자들 사이에서 많이 논쟁되고 있다.Moberly, 1983:162 선택들 연구를 참조 여로보암은, 그에게는 불쾌하

게 여겨지지 않은, 송아지형상을 포함하고 아론과 관련된 야웨숭배의 예전 형태를 재도입했는가? Toews: 123-25 출애굽기 32장의 본문은 열왕기상 12장과의 연결을 마련하기 위해 여로보암의 행동 이후의 어느 시점에 단수형 신에서 복수형 신들로 변화되었는가? 만일 그렇다면, 수정을 가한 사람들은 후대 이스라엘 사람들이 시내 산에서 황금송아지의 우상숭배와 유사한 꾸준한 이스라엘의 우상숭배를 더 상세히 기술한 것으로서 여로보암의 행위를 생각한 것이라고 출애굽기 32장을 읽기를 바랬는가? 난 이것이 꽤 가능성이 있다고 본다.

모벌리는 복수형 신들은 여로보암의 시대에는 맞지 않다고 주장하는데, 그 이유는 여로보암이 송아지들이 신들의 복수형이아니라 한분 하나님혹은 그 하나님을 위한 받침대을 나타내도록 의도했기 때문이다. 대신, 모벌리는 신들' *elohim*과 복수형 동사들을 연결시키는 것이 이교도의 신들에 대한 언급을 나타낸 것이라고 주장한다.삼상 4:8에서처럼 출애굽기 32장과 열왕기상 12장의 성서기자들은, 그 백성, 아론, 혹은 여로보암이 어떻게 의도했든 간에, 그 행위를 우상숭배로 낙인찍고 있다.Moberly, 1983:47f, 163; 161-71 참조 다시금, 이 주장은 흥미롭고도 그럴 듯하지만 완전한 확실성을 주장할 수는 없다.

그렇지만 출애굽기 32:1-6이 그 정황 속에서 출애굽기만의 진실성을 가지고 있다는 점은 분명하다. 그렇게 해석되는 일이 많지만, 우리는 이 본문을 여로보암의 행위들에 맞선 논쟁 속에서 창작된 것으로 생각해서는 안 된다.

32:6 다음날의 절기

야웨가 이 절에서 언급되지는 않지만, 분명 백성은 아론의 절기를 받아들인다. 아론 역시도 언급되지 않는다. 차일즈가 지적한 대로, 그 백성은 주도권을 쥐었다.566 그들은 번제와 안녕의 제사전통적으로는 화목제를 가져온다. 그런 제물들은 임명된 제사장들이 그 산에 있었을 때 하나님께서 모세에게 내리신 지침들에 맞게 하나님이 고안하신 성소에서 적법한 절차에 따라 가져와야 했던 것들이다.29장 그에 반해서 황금송아지 앞의 절기는 그 백성이 주도권을 빼앗아 24:9-11절의 공동식사를 패러디한 것이 되는 방식으로 숭배를 하고 있는 장면을 그리고 있다. 이 장면 역시 그 산에서 모세와 소통하시는 하나님의 의도를 패러디한 것이다. 이것은 흥청망청한 잔치를 선언하고 있다.32:25도 참조

하나님의 임재가 위기에 처하다 32:7-33:6

황금송아지 사건은 응답이라는 주제로 함께 느슨히 붙잡혀 있던 에피소드나 장면들을

촉발시킨다. 모든 에피소드는 어떤 면에서 일어난 것에 대한 반응이며, 모세는 각각의 에피소드에 핵심적으로 포함된다. 만일 우리가 이 에피소드들을 연대기적인 순서로 보고되는 사건들로 읽는다면, 수많은 어려움에 봉착할 것이다. 예를 들어, 만일 하나님이 이미 모세에게 무슨 일이 일어나는지를 정확히 말씀하셨다면32:7-8, 왜 모세는 산에서 내려올 때 소음을 듣고 어리둥절하다가 그 송아지와 춤추는 장면을 보고 충격에 빠지게 되는가 32:17-19?

우리가 이 에피소드들을 신학적인 메시지를 전달하고자 고안된 솜씨 좋은 문학적 배열들이라고 생각해야만 한다는 것을 여러 가지 연구가 분명하게 보여주고 있다.Childs: 567f; Moberly, 1983:48-53; Brichto: 1-44 우리가 앞으로 진행해 나감에 따라서 이런 문학적 배열이 갖는 여러 가지 양상들을 고려해 볼 것이다.다른 서사적 순서를 위해서는 신 9:8-21을 보라

32:7-14 신학적 틀

하나님의 진노32:7-10 1-6절은 독자로 하여금 이스라엘과 아론의 행위를 "지상에서" 증언하도록 하게 해 준다. 이것은 백성들의 요구, 아론의 역할, 그리고 그 절기의 특성의 본질에 대한 열린 질문들을 우리에게 남기고 있다. 이제 우리는 그 장면 뒤에서 흘깃 볼 수 있게 된다. 우리는 그 산의 기슭에서 있었던 그 사건들이 하나님의 관점에서는 어떠한지를 본다. 아울러 우리는 미래에서 그 관점을 미리 보게 될 것이다.

하나님은 갑작스런 명령과 함께 모세를 보낸다: 즉시 내려가라!문자적으로는 가라! 아래로! 이미 이스라엘 백성이 언약을 깼으므로 언약에 헌신한 그 백성을 위한 다른 지침들을 모세에게 주는 것이 소용이 없다. 하나님은 모세에게 황금송아지에 대해 간단하게 알려주시는데, 주로 1-6절에서 사용된 바로 그 단어들이다. 그렇지만 모호한 평가가 덧붙여진다: 그 백성이 고약한 짓을 하고 있으며, 그 길에서 벗어나고 하나님께서 그들에게 내리신 그 계명에서 벗어났고, 자신들을 위한 수송아지 형상을 본떠 만들어서 자신들의 신들로 삼아 그것에 절하고 제사를 드리고 있다.32:7-8 이곳에는 회색이 없다. 이것은 우상숭배로서, 처음 두 계명을 노골적으로 어긴 것이다.20:2-6

게다가 하나님은 그 백성을 그들이 한 짓에 따라오는 모든 결과에 버려두고 계신다; 먼저, 중재자 모세를 보내시고 둘째로 그 백성의 자기해석을 받아들임으로써이다: 이집트의 땅에서 네가 데리고 나온 너의[모세의] 백성.32:78; 1절 참조 그들은 더 이상 하나님의 구속된 백성이 아니라, 그들의 결정으로 모세의 단순한 인간적 지도력 하에 움직이는 백성인 것이다.

하나님의 말씀의 두 번째 단계는 백성들을 기다리는 사건들의 미래 방향을 투영한다.32:9-10 주님은 의심의 여지없이 이집트에서부터 계속하여 그들의 태도를 지켜본 것으로, 비단 이 금송아지 사건뿐만이 아니다: 내가 이 백성을 보아왔다. 하나님은 그들을 목이 뻣뻣하고, 멍에를 지우기 어려우며 제멋대로 구는 자들이라고 간단히 묘사한다.32:9; Durham: 425 참조; 아울러 33:3, 5도 참조; 34:9

이렇게 그 백성과 그 상황을 평가하는 것은 하나님을 행동의 유일한 과정으로 두는 것이다: 하나님의 진노가 … 불타올라 그들을 삼키게 하라.32:10a 그런 후에 하나님은 그 반역에 연루되지 않은 단 한 사람, 모세와 함께 새로운 시작을 하시며 그의 자손들로부터 새 민족을 이루실 수 있다.32:10b 하나님은 모세에게 잠재적으로 이렇게 약속하신다: 너에게서 내가 큰 나라를 만들 것이다.32:10b 이것은 하나님께서 원래 아브라함에게 하신 약속과 거의 흡사하다.창 12:3 그 약속을 기반으로 하여 이집트에서 노예생활을 한 이스라엘에 하나님의 관심이 우선 머물렀던 것이다.2:24; 3:6-8; 6:2-5 하나님이 아브라함의 자손들을 내치고, 모세의 자손들을 세상에 하나님의 임무를 성실하게 수행할 민족으로 다시 삼으셔야만 하는 것이 불가피해 보인다.

그렇지만 하나님이 모세에게, 이제 나를 말리지 말고 내 진노가 불살라 버릴 수 있도록 하라32:10a고 말씀하실 때, 하나님은 몸소 이런 분명히 피할 수 없는 결론 속에서 미묘하게 구멍을 내신다. 다른 말로 하면, 지금 묘사된 온전한 재앙의 시나리오는 모세가 한쪽으로 비켜선다면 효과가 발동할 수 있는 것이다. 모세가 비켜서지 않으려고 그 그림으로 들어가면 어떻게 되는가?

모세의 간청32:11-13 잽싸게 암시를 알아듣고는, 모세는 자신이 할 수 있는 유일한 행동을 함으로 곧바로 그 그림 속에 들어간다: 그는 백성을 위해 탄원한다.32:11-13 모세는 하나님이 앞서 하신, 네가[모세가] 이집트의 땅에서 데리고 나온 너의[모세의] 백성이라는 표현을 집어 든다. 그는 그 표현을 공처럼 하나님의 코트로 다시 되돌려 보낸다: 오 주님, 왜 당신의 진노로 당신이[하나님이] 이집트의 땅에서 데리고 나오신 당신의[하나님의] 백성을 불살라 버리십니까32:11, 7 참조; 아울러 그의[하나님의] 백성, 32:14 참조?

모세는 하나님이 왜 자신의 백성을 거부해서는 안 되는지를 세 가지 주장으로 나타낸다. 먼저, 모세는 큰 권능과 강한 손으로 이집트에서 이스라엘을주: 당신의[하나님의] 백성! 하나님께서 이끌어 내셨던 것을 상기시킨다.하나님의 강한 손이라는 주제를 위해서는, 3:19-20 참조; 6:1; 7:4-5; 13:3, 9, 14; 15:6; 신 7:19 참조 [이름, 영광, 얼굴/임재, 손/팔, 496쪽]

두 번째로, 이집트인들은 하나님이 이스라엘을 이집트에서 이끄실 때 하셨던 것을 파괴적인 행동으로 잘못 이해할 것이므로, 하나님의 성품을 사악하다고 오해할 것이다.32:12a; 민 14:13-19 참조

세 번째이자 아마도 가장 강력한 논거는, 모세가 하나님께서 아브라함, 이삭과 야곱에게 그들의 자손을 하늘의 별과 같이 많아지게 하고 그들에게 약속의 땅을 주시겠다는 약속/맹세에 호소한 것이다.32:12b-13; 창 12:1-3에서처럼; 15:5; 22:16-18 만일 하나님이 이 약속/맹세를 백지화하신다면, 그 백성이 우상숭배의 행위를 통해서 이것을 촉발하긴 했지만, 하나님의 성품이 위태롭게 되고 말 것이다. 이집트인들이 이스라엘을 위한 하나님의 자애로운 의도를 오해할 뿐만이 아니다; 하나님은 실로 이스라엘의 가치만큼이나 자애로 우심으로 이스라엘에게 행하지 않았을 수도 있다!

모세는 큰 나라의 아버지인 아브라함을 대체하겠다는 것을 절대적으로 거절한다.32:10b 우리는 모세의 입장에서 어떤 이타심이 여기에 들어가 있는지 확실하게 판단할 수는 없다. 본문 자체는 이것을 강조하지 않고 있다.

하나님의 전환(32:14 주님께서 자신의 백성에게 내리려고 했던 재앙에 대해 마음을 바꾸신다.32:14 모세의 중재는 완전히 성공적이다. 그런 중재를 미묘하게 이끌어 내어서 잘한 것에 기반을 둔 것이 아니라 은혜로 행하시도록 하신 것은 주님 자신이 아니었나32:10a, 주? 이스라엘의 죄는 실재하는 것이다. 하나님의 분노도 실재한다. 모세의 중재는 중요하다. 그렇지만 하나님의 은혜는 근간이 되어 그들 모두를 포용한다.34:6-7 참조, 모세와 하나님 각각의 역할에 대한 자세한 고찰에 대해서는, Moberly, 1983:50-52 참조

렌도르프는 목이 뻣뻣한 백성에게 기꺼이 계속해서 역사하려는 하나님과32:9; 34:9f 참조 "인간의 마음의 성향이 어릴 때부터 악함"창 8:21에도 불구하고 인간에게 기꺼이 역사하시려는 이전의 하나님 사이에는 중요한 병행이 있음을 지적한다. 각각의 경우에서 깨끗함으로 돌아가는 것은 인간/이스라엘이 아니라, 순종에서 용서받은 불순종에 이르기까지 인간/이스라엘을 대하시는 하나님인 것이다.Rendtorff, 1993:130f, 127 참조

32:7-14의 기능. 이런 주님의 결정으로, 그의 백성을 죽음으로부터 피하게 하기 위한 모세가 "자초한 중재"에 대한 응답으로, 그들은 다시금 하나님의 백성이 된다! 황금송아지 사건은 충분히 다뤄진 것으로 보인다. 하나님의 진노, 모세의 중재, 그리고 하나님의 용서가 죄에 대처하는 전형적인 패턴을 세운다. 이 이야기는 여기에서부터 성막을 짓는 것으로 옮겨갈 수 있다.35-40장 대신, 이런 같은 주제들이 32-34장의 나머지 부분 곳곳

에 바느질된 작업 속에서 우리의 뇌리를 사로잡게 될 것이다. 왜일까?

대답은 이 장들의 문학적 구조 속에서 가장 잘 보인다. 우리가 앞서 보았듯이, 이 장들은 사건이 일어난 순서대로 보도한 것이 아니다. 예를 들면 모세의 중재32:11-13는 신명기 9:8-21의 연속적인 사건들과 같은 더 많은 이야기 속에서 모세가 그 산에서 내려온 이후에 위치하고 있다. 반면에, 32-34장의 맥락에서, 32:7-14 본문은 축약하면 "죄, 중재, 그리고 용서, 하나님의 자비하심과 모세의 역할이라는 주된 주제들로서, 여기서 이 서사의 나머지 부분이 계속 발전되어간다.… 이것은 또한 그 서사의 나머지 부분을 읽어야 할 신학적 관점을 마련해 준다"는 것을 보여준다.Moberly, 1983:53 이런 방식으로, 19:3-9a가 19-24장을 위해 기능하듯이 7-14절은 32-34장에 대한 역할을 하는 것이다.19:3-9a, 주를 보라

32:15-20 모세가 이스라엘의 배교에 직면하다

차일즈는 모세가 산에서 내려온 이 보도를 "긴장이 천천히 커지다가 갑작스럽게 행동으로 터져 나오는 기막힌 묘사"라고 잘 설명하고 있다.568 이 절들은 계속해서 31:18에서부터의 줄거리를 이어가고 있다. 하나님이 모세에게 그 백성의 우상숭배를 말하고 있는 7절은 독자에게 허용된 신학적 미리보기에 속해 있다; 이 절들은 내가 금방 설명한 것처럼 모세가 경험한 이야기를 순차적으로 형성하지 않는다. 따라서 모세는 언약의 두 돌판을 가지고32:15, 아래에서 발생된 사건들을 모른 채 그 산에서 내려온다.

이 본문은 그 돌판의 신성한 기원을 강조한다.31:18, 주 참조 그렇지만 반복 독자는 하나님이 받아쓰게 하심에도 불구하고 이런 귀중한 언약문서가 산산이 부서지고 결국에는 모세가 쓴 새로운 돌판으로 대체될 것이라는 것을 알고 있다.32:19; 34:27f; 그렇지만 34:1 참조; 신 10:4 아마도 그 돌판의 신성한 기원 역시도 금송아지가 인간적인 기원을 가진다는 것과 대조되는 것을 의도적으로 강조하기 위함일 것이다.Moberly, 1983:53

여호수아는 다시 모세와 함께 한다.24:13 참조 둘 사이의 간략한 대화가 긴장감을 높인다. 여호수아는 이스라엘 진영에서 싸우는 소리를 들었다고 말한다.32:17 더 분별력이 있는 모세가 여러 가지를 취합하여 짧은 시로 결론을 내린다. 그것은 난봉꾼들의 소리다.NRSV 그것 아래에 있는 히브리 단어는 "그 소리를 만들어 내는 것"에 대해 약간 문법적으로 다양하게 풀이될 수 있어서 정확하게 번역하는 것은 어렵다.Durham, 424; 임의로 노래함

그 송아지와 춤을 한눈에 보는 것으로도 모세가 상황을 파악하기에 충분하다.32:19a 언

약은 깨졌으며 결과적으로 돌판의 기록도 무의미해졌다. 화가 잔뜩 난 모세는 돌판을 그 산기슭에 내동댕이쳤다.32:19 이스라엘과 하나님은 더 이상 언약의 당사자들이 아닌 것이다.

그리고 나서 모세는 황금송아지를 완전히 그리고 전부 다 부수어 버린다.32:20 열거된 행동들불사르고 … 빻고 … 내동댕이치고은 문자적으로 받아들여서는 안 될 것이다. 그 금송아지가 어떻게 불살라지고 가루가 될 수 있었는지를 궁금해 하는 대신에, 우리는 완전히 파괴되었다는 것을 의미하는 관습적인 표현들이 여기서 쌓여있음을 인식하는 것이 더 나을 것이다.Pritchard, 1969:140 참조; 바알과 아나트의 우가릿 신화 속에 유사한 묘사가 있다

모세는 가루가 되어버린 금송아지로 만든 물을 이스라엘 백성들이 마시게끔 했다. 이런 행위는 저주를 가져오는 쓴맛 나는 물과 관련되는 일이 많은데, 이 물은 외도를 한 것으로 의심을 받는 여인에게 주어진다.민 5:11-31 아마도 모세의 행동은 어떤 처벌적인 요소를 담고 있었겠지만 민수기 5장과의 관계는 희박하다.

32:21-24 모세가 아론과 대면하다

금송아지를 처리한 후, 모세는 자신의 분노를 아론에게 쏟는다. 아론은 백성에게 큰 죄를 가져온 사람이다.32:21 그렇지만 모세는 당연히 아론은 협박을 받지 않고는 그런 일을 하지 않았으리라고 본다. 아론의 역할이 모호하게 남아있지만, 이 백성은 우상숭배의 최고 대리자임에 틀림이 없다.32:1-6에서처럼

아론의 반응은 공손했으며나의 주여, 히브리어: ' adonai, 32:22 순순히 사과할 뿐이었다. 그는 그 행위가 악하다는 것이나 그가 그 일에 참여했다는 것 모두를 반박하지 않는다. 대신, 아론은 협박을 받아 행했음이 분명하다는 모세의 암시적인 생각을 받아서 발전시킨다: 당신이 이 백성을 아십니다. 그들은 악에 치우쳐 있습니다.32:22b; 문자적으로는 악에 들어가 있습니다 독자는 하나님의 평결이 이 언급을 입증하고 있다는 것을 안다.32:9 참조 게다가 아론은 이 백성의 성품을 모세가 반복해서 경험했다는 것에 호소한다. 그리고 나서 그는 그 백성의 요구가 있었음을 보고하며 그들의 말을 말 그대로 옮긴다.32:23-24b, 1절 참조

자신의 역할을 간략하게 설명하면서, 아론은 우스갯소리라고 할 수 있을 정도로 그 사건들을 자신이 제어할 수 없었다고 이렇게 강조하고 있다: 그래서 그들이 그것[금]을 나에게 주었고 내가 불에 던져 버리자 이 송아지가 나왔습니다!32:24b 모벌리는 아론의 자기방어가 창세기 3장에서 아담이 보여주는 핑계대기의 "전형적인 패턴"을 반영하고 있다고

주장한다.1983:54 놀랍게도 모세는 여기에 대답하지도 않고 아론에게 다른 분노를 보이지도 않는다. 신 9:20에 따르면 모세는 아론을 위해 하나님이 그에게 특별한 분노를 내리시는 것을 돌려달라고 탄원한다

우리는 왜 아론이 그 백성의 우상숭배에서 그런 협력자 노릇을 하게 되었는지 물을 수 있다. 우리는 아론은 출애굽기에서 일반 개인 이상의 인물이라는 것을 반복적으로 보았다. 반복 독자와 28-29장 이후의 1차 독자라 하더라도 아론과 그의 아들들은 동시에 제도로서의 제사장직을 상징하고 있다는 것을 안다. 아론도, 그 백성도 아론과 그의 아들들의 성별을 위해 모세에게 하나님이 특별한 지침을 내리신 것28-29장을 모름에도, 독자인 우리는 이 역설을 볼 수 있게끔 허용되어 있다.

아론이 성별되기 이전조차도, 그는 이미 제도적인 종교지도력을 가진 위임받은 사람들의 직능상의 주된 위험을 설명한다. 지도자들은 대중의 요구에 굴복하고 오로지 인간이 만들어낸 예배의 맥락과 상징들을 마련하기 십상이다. 그렇지만 어쨌든 아론과 그의 아들들은 하나님의 제사장으로서 나중에 성별된다. 이것은 하나님의 은혜가 가치 없고 자격이 없는 사람들을 하나님의 사역에 사용할 수 있다는 표시이다.

32:25-29 모세가 이스라엘 백성과 대면하다

25절은 도입부로서, 아론이 지도자로서 실패한 것과 그 결과로 백성이 제멋대로 날뛰게 한 것을 모세의 다음 행보와 연결시키고 있다. 이것을 제멋대로 날뛰고 있었다와 그들이 제멋대로 날뛰게 한다로 번역하는 것은 다소 잠정적인 것이다. 히브리어 동사 어근 *para'* 에 깔려 있는 것은 드물고 의미도 확실치 않다. 유사하게, 적들을 기쁘게 한다는 모티브는 성서에서 빈번하게 나타나고 있지만모세가 적이 기뻐하는 것을 염두에 둔다는 것을 참조, 32:12, 조롱이라는 표현*simsah*; Durham:424, 속삭이는 비방은 확실하지 않다. 그렇지만 이 장면에서 이스라엘 진영이 혼돈에 빠져있고 백성이 흐트러진 것은 의심의 여지가 없다.

그런 배경에 맞서, 모세는 야웨에 대한 충성을 요청한다: 누가 주님의 편에 있는가? 나에게 오라!32:26a 히브리어에서, 이 세 단어의 외침은 더욱 갑작스럽고 간결하다; 마치 이렇게 말하는 것과 같다. 누가[구든지] 야웨를 위하는가, 내게 오라! 이런 이것이냐 저것이냐는 이 본문의 핵심이 되는 문제이다.

응답은 놀랍게도 한정된다. 레위의 모든 아들들이 그를 둘러싸고 모였32:26b음에도, 그들은 분명 유일한 사람들이다. 이스라엘 백성의 대다수가 관성, 혼란 혹은 뚱한 고집을 가진 채로 흔들리지 않고 남아 금송아지를 숭배하기를 계속 바라고 있었는지는 우리에게

말하고 있지 않다. 프리다임은 후자라고 생각하는데, 야웨의 편을 드는 것을 그들이 지금 거부하는 것을 "금송아지 에피소드에서 분명한 배교를 강화"시키도록 하는 것이다. "이 것은 깊은 차원의 배신을 드러내고 있다."289 그것이 무엇이든, 오직 레위인들, 모세 그리고 아론의 부족만이2:1; 6:16-25 야웨와 모세에게 분명히 충성을 선포할 준비가 되어 있다.

모세는 그들에게 예언적인 연설의 형태로 말한다.주님께서 말씀하신다; 5:1 참조 [모세, 473쪽] 그들에게 내린 명령은 진영을 통해서 이러 저리 다니면서 너희 형제, 친구, 그리고 이웃을 죽이라는 것이다.32:27; 29절은 아들을 추가한다 몇 가지 질문이 생긴다. 만일 모든 레위인들이 모세의 호소에 응답한다면, 누가 아마도 죄를 지은 형제나 아들이 될 수 있었을까? 모벌리는 모든 이스라엘 부족 가운데서 왔다고 할지라도, 그 희생자들은 언약 백성에 속해있다는 덕분에 "형제"나 "친척"으로 불릴 수 있다는 그럴듯한 주장을 편다.1983:55

대략 3천명의 희생자는 누구인가32:28? "우두머리들"은 누구인가Brichto: 16? 우리는 알 수 없다. 어림잡아 3천이라는 숫자와 함께 그런 불확실성은 이 장면의 세부사항에 너무 사로잡히지 말도록 우리에게 주의를 준다. 3천이라는 숫자는 아마도 고정관념일 수 있으며삿 16:27 참조; Fretheim: 289 이집트를 떠난 60만 명의 남자와 관련되었을 것이다.12:37 그 경우에, 이 메시지는 의미가 있지만 상대적으로 작은 숫자의 죄를 지은 사람들이 처형되었다는 것이다.

그런 생각은 양적으로 지향된 현대의 사고에 있어서는 대학살의 공포를 조금 더 누그러뜨릴 수 있다. 그렇지만 그런 생각은 이 본문의 메시지를 완화시키는 것으로 이어져서는 안 될 것이다: 진정한 주님을 배반하고 우상을 섬기는 것은 끔찍한 일로서, 사형을 당해 마땅하다.히 10:26-31 참조 만일 그 백성 전체가 전멸을 면했다면, 이것은 하나님의 은혜로 인한 것이다. 자연적인 인간의 연대라는 값을 치르더라도 한분 참 하나님에 대한 분명한 헌신이 필요한 것은 성서에서 자주 등장하는 주제이다.눅 14:26 참조

모세는 레위인들에게 이렇게 말한다. 오늘날 너희가 주님을 섬기기 위해 너희 스스로를 주께 드렸다.32:29a 레위인들과 다른 제사장 그룹들의 관계를 포함하여 복잡한 역사적 사건들이 이 본문에 요약되는 것은 가능하다.신 33:8-9 참조 그렇지만 우리의 현재 정황 속에서, 모세의 말은 레위인들의 공식적인 지위를 언급하는 것이 아니라, 그것이 비싸더라도, 하나님께 온전히 헌신하는 것이 하나님을 섬기는 자격이 되며 축복을 가져오는 것이라는 사실을 언급하는 것이다.32:29b; 민 25:10-13 참조

32:30-35 모세가 백성을 위해 중재하다

모세가 그 송아지를 파괴하였고 아론과 직면하였으며 레위인들의 칼로 그 백성을 처벌했다.32:15-29 이제는, 그 다음날에32:20 그 백성을 위해 하나님께로 돌아올 시간이다. 독자는 모세의 중재가 결국 성공할 것이라는 신학적 미리보기32:7-14, 주를 통해 알고 있지만, 모세는 이야기의 이 시점에서 백성에게 신중한 성공의 약속만을 줄 수 있을 뿐이다: 혹시 내가 너희의 죄를 용서받을 수 있을지.33:30

그리하여 모세는 주님께 돌아가서32:31a, 얼마 전 내려온 그 산에 다시 오른다.32:15 그는 백성의 큰 죄를 하나님이 얼마 전에 주시고 받아들이신 언약에 대한 노골적인 위반이라고 기술하면서 고백한다.32:31b; 20:23 참조 그리고 나서 모세는 사형을 자초한 백성을 위해 자신의 목숨을 대신하게 해줄 것을 구한다. 하나님께서 그들을 용서하시지 않을 것이라면, 당신께서 쓰신 그 책에서 나를 지우소서.32:32; 하나님의 "책"에 대해서는 시 69:28 참조; 사 4:3; 단 12:1; 계 17:8; 20:12; 21:27

모세는 "자신의 특별한 축복"을 내어 놓은 것일 수 있으나Durham: 432 33-34절과 금방 인용된 본문의 관점에서 보면, 아마도 자신의 목숨을 내어놓고 있는 것 같다. 이것은 유일하게 죄가 없는 모세가 원래는 아브라함에게 부여된 약속으로 새로운 나라의 아버지가 된다는 하나님이 제안하신 가능성과 극명하게 대조된다.32:13

하나님은 모세의 제안을 거절한다: 누구든지 나에게 죄를 지으면 내가 내 책에서 지울 것이다.32:33 분명히 레위인들이 죽인 3천명은 아직 특히 죄를 지은 모든 이들로 이루어지지 않았다.32:26-29; 물론 일반적인 잘못은 모든 백성에게 있다. 동시에, 하나님의 평결은 모든 백성이라기보다는 특별한 죄를 지은 자들에게로 심판이 제한된다. 모벌리는 심판과 용서의 결합이 구약성서에서 익숙하다는 것을 상기시킨다.예를 들면 민 14:20ff; 삼하 12:13f; Moberly, 1983:58

거의 삽입구로서 후기로 보고되는 심판은 전염병의 형태이다.32:35 민수기 25:6-9에서 비느하스는 우상숭배와 부도덕을 멈추기 위한 열성적인 피흘림의 행위를 수행하여 하나님에게서 온 심판의 전염병을 멈추게 하는데고전 10:7-10 참조, 이 이야기에서 레위인들이 행한 행동을 연상시킨다.32:26-29 따라서 우리는 레위인들의 처형은 부분적으로 이루어졌으며 그로인해 전염병이라는 방법으로 하나님의 심판이 제한된 것으로 이해해야 한다. 그렇지만 이 본문은 이 점에서 침묵하고 있다.

이스라엘의 큰 죄에도 불구하고, 하나님은 이스라엘 백성을 약속의 땅으로 인도하실 것이라고 아브라함의 자손들에게 하신 약속을 폐지하지 않으신다. 징벌의 전염병이 정해진 때에 칠 것이지만34b, 하나님께서 앞서 약속하신 것처럼23:20-33, 하나님의 천사가 너희의 앞에서 갈 것이다.32:34a 사실상, 모세는 곧바로 시작해야 한다: 그렇지만 이제 가서 그 백성을 이끌어라.32:34a 분명하게 언급되는 것은 아무것도 없지만, 아주 자세하게 모세하게 지시된25-31장 하나님의 임재를 담아두는 성막을 짓는 것은 명백히 취소되었다는 것을 알아차릴 것이다.

33:1-6 나를 빼고 가라!

이 절들은 앞서 하나님이 말씀하신 것32:34과 밀접하게 연결된다. 아마도 하나님이 모세에게 새로 하신 말씀33:1은 그런 말씀의 연속으로 읽어야 할 것이다. 그 전염병에 대한 언급은32:35 이후 시대에 하나님의 말씀이 이루어진 것에 대한 정보를 삽입구일 것이다. 반면, 1절을, 그 전염병 사건에 의한 하나님의 앞선 말씀32:34과는 구분되는, 하나님이 새로 말씀하신 것의 시작으로 볼 수도 있을 것이다. 어떤 경우에든, 하나님은 모세에게 그 여정을 이어가라는 앞선 명령을 되풀이 하신다.

하나님의 명령 어조는 무뚝뚝하고, 아마도 조바심이 있을 것이다: 가라, 이곳을 떠나라33:1a; 32:7 참조 히브리어 관용구에서 이this는 경멸적인 특성을 갖는다.이 백성, 32:9, 21 참조; 그리고 이 송아지, 32:2 이스라엘을 위한 독특한 현현의 장소인 시내 산의 도도한 의미19장를 하나님은 이곳이라며 해체시킨다. 더럼은 시내 산을 떠나라는 하나님의 명령과 에덴 동산에서 아담과 하와가 추방되는 것 혹은 가인이 가족과 좋은 땅에서 추방되는 것으로 잘 비교하고 있다.436; 창 3:14-24; 4:10-16

게다가, 하나님은 지금 신학적인 시사회 속에 있는 독자에게 소개하는 방식으로 그 백성을 언급한다.32:7-14: 네[모세]가 이집트의 땅에서 데리고 나온 그 백성33:1; 32:7 참조 이 단어들은 그 백성의 우상숭배 요구를 반향하고 있다.32:1 그 사건들의 언급과 함께, 이스라엘이 앞으로 이어갈 여정은 그저 인간적인 성격이 될 것이다. 이스라엘의 여정은 더 이상 하나님의 제사장 나라와 … 거룩한 민족19:6의 임무가 아닐 것이다.

그럼에도 불구하고, 하나님은 이스라엘에게 약속의 땅을 주시겠다고 조상들에게 하신 맹세, 내가 아브라함, 이삭, 그리고 야곱33:1b에게 하신 맹세를 지키실 것이다.33:1b-3a; 3:8, 16-17 참조; 그 땅과 그 안에 있는 나라들의 기술에 대해서는 3:8 주를 보라 이것은 말하자면 한 번 맹세를 한 것을 의무적으로 지키는 것이다. 그것을 실행하는 것은 천사에게 위임될 것이다.33:2a

성서에서 흔히 나오는 하나님의 "천사"는 하나님의 임재와 사실상 동의어이다. 이것은 하나님의 천사의 인도가 23:20-23에서 이스라엘에게 약속된 장면이다. 그렇지만 현재 이 본문은 천사의 인도33:2a가 하나님의 더 가까운 임재와 분명하게 대조된다: 그렇지만 나는 너희와 함께 올라가지 않을 것이다. 그렇게 되면 너희는 목이 뻣뻣한 백성이므로 내가 도중에 너희를 없애버릴 지도 모른다.33:3b 지도자가 없이 남겨지는 것을 걱정한 나머지 지도자를 대체하는 우상을 만든 백성32:1은 하나님의 임재를 대신하는 것으로 만족해야 할 것이다. 목이 뻣뻣한 백성32:9 참조 가운데 있는 하나님의 거룩하신 임재는 그 백성에게 재앙을 가져오실 것이다.

물론 이 모든 것은 모세에게 내리신 하나님의 성막지침들의 배경에 대한 것으로 읽어야 한다. 이 지침들은 이스라엘 한가운데에 있는 하나님의 거룩한 임재를 수용하기 위해 특별하게 고안된 것이다.25-31장 우리는 이스라엘이 언약을 어기는 이야기 속의 가장 낮은 부분, 이곳에 다다랐다.

하나님이 부재하신다는 무시무시한 선언에 대한 이스라엘의 반응은 통곡이다.33:4 그들이 애곡했다.어근 'bl로 번역된 동사는 장례식과 관련된다. 여기서 하나님의 말씀은 사형선고에 다름 아닌 것이다. 장신구를 착용하지 말라는 것은 그런 애곡을 유일하게 표시하는 것이다. 5-6절은 하나님의 평결과 이스라엘의 애곡하는 반응을 곱씹고 있다. 이스라엘 백성이 모세의 호소를 거부한 이후 이스라엘은 상당한 징벌을 겪은 것 같다.32:26

33:5b만이 불가피해 보이는 것보다 더 낙관적인 미래에 대한 조그마한 가능성을 준다. 하나님께서는 이렇게 말씀하신다. 이제 너희의 장신구를 벗어라. 내가 너희에게 무엇을 행할지 결정할 것이다. 해석자들이 이 명령을 이해할 수 없는 것이, 그 백성은 이미 장신구를 벗었기 때문이다.33:4 현재형으로, 하나님의 명령은 그 배성의 행위를 하나님이 확정하는 것으로 이해할 수 있다. 다른 말로 하면, 하나님이 여전히 그들의 미래에 대해 심사숙고하는 한편 그 백성에게 애도를 계속하라고 말씀하시는 것이다.

애도는 종종 도움이나 구원을 위해 하나님께 간청하는 것 가운데 하나이다.예를 들면 욜 1:13-14; 2:12 그리하여 하나님께서는 사실상 이스라엘의 입장에서 슬픔을 그렇게 표현하는 것이 너무 늦지는 않은 것이라고 말씀하신다. 장신구를 벗으라는 이런 즉각적인 목적은 결과적으로 덧붙여진 의미를 받게 된다. 이스라엘은 장신구 없이 시내/호렙 산에서 계속 움직여 나가는데, 이것은 분명 그들의 타락된 상태를결국에는 다시 받아들여졌지만 알려주는 표시인 것이다.33:6b 독자는 신학적인 시사회의 혜택을 가졌기에 주께서 결국 마음의 변화를 일으키셨다는 것을 안다.32:14 그리하여 여기서 제시되는 빛의 깜박임은 그 이야기의 백성보다 훨씬 더 빛나고 있다. 그들은 어두운 불확실의 상태에 머물러 있다. 그들의 운명에 대한 긴장은 다음 섹션33:7-11이 모세에 초점을 둠으로써 주제를 변화시키며 고조된다.

하나님의 은혜가 편만하다 33:7-34:35

모세는 출애굽기 내내 이야기의 중심이지만 그의 역할이 32-34장에서처럼 완전하게 다루어지는 곳은 없다. 이 장들 속에서 우리는 다양한 각도에서 그의 역할을 보게 된다. 이 본문, 32:1-33:6에서, 우리는 하나님과 백성 사이의 위협을 받고 있는 관계 속에서 결정적인 연결로 모세를 돌아보는데, 그 연결은 하나님의 편만한 은혜의 통로가 된다.17장에서의 유사한 주제를 참조

33:7-11 모세가 하나님과 계속 접촉하다

격동의 사건들과 32:1-33:6에서의 열정적인 언어교환이 있은 후에, 이 본문은 평온의 분위기를 전해준다. 문체는 더 오랜 시간 동안 반복되어 행해진 행동을 전해주는 히브리 동사 형태가 되풀이되어 사용되는 것으로 표시된다. 이것은 마치 갈등기간이 고정된 패턴으로 자리 잡는 것 같은데, 이 고정된 패턴에서는 앞선 사건들이 갖는 부정적이고도 긍정적인 후속사건들과 결과가 한 동안 살아갈 수 있는 존재라는 것을 감안하도록 결합된다.

모세는 이 문구를 때때로 그 장막을 거두어 진 바깥에서 쳤다.33:7a로 시작한다. 그 장막은 알려진 장막을 의미하는 것 같다. 카수토는 그것을 모세의 장막과 같은 것으로 본다.429; 따라서 70인역도 그러하다; 18:7 참조 다른 이들은 이스라엘이 광야에서 가지고 있었던 더 낡은 장막 성지라고 본다.

그것이 무엇이냐보다 더 중요한 것은 모세가 그것을 진영 바깥에서 치고 **만남의 장막**이라고 불렀다는 사실이다.33:7a, 만남의 장막은 그것을 짓는 지침 상에서 그 성막에게 빈번하게 적용되고 있다.25-31장; 예를 들면 27:21; 28:43; 29:4 그것은 대대로 이스라엘의 한가운데에서 하나님의 임재를 담아두기 위해, 화려하고 그 진영의 중앙에 서있어야 한다. 제한된 기간 동안 진영 바깥에 작은 장막을 침으로써, 그렇지만 그것을 성막에 합당한 이름으로 부름으로써, 모세는 분명한 언급을 하고 있다:

1. 하나님이 고안하신 성막을 위한 지침들은 이스라엘의 배교로 인해 무효화회거나 중단되었다.
2. 조금 덜 중요한 하나님의 임재를 중재하는 만남의 장막조차도 진영에 자리를 두

지 않는다.33:3b. 5 만남의 장막은 반드시 진영 바깥에, 진영과 멀리 떨어져서 쳐야
한다.33:7a

3. 그럼에도, 하나님의 임재는 완전히 이스라엘을 포기하지 않는다.

모세의 중재를 통해서, 모든 이들이 주님을 찾아 만남의 장막으로 나갈 수 있다.33:7b;
주님을 찾는다는 표현에 대해서는 18:13-16을 보라

따라서 만남의 장막을 대체하는 장막이 갖는 부정적인 의미가 긍정적인 의미로 변한
다. 모벌리는 이 본문이 32-34장의 "이야기의 전환점"으로 잘 보고 있다. "그것은 하나
님의 심판 하에 있는 이스라엘이라는 주제를 이어가고 결론짓고 있으며, 하나님의 은혜
의 계시를 따라오는 주제로 준비시킨다." Moberly, 1983:63

그 백성 역시도 새롭고 잘못을 깨달은 정신을 보여준다. 그들의 애도는 이미 배경을 갖
추었다.33:4-6 이제 그들은 모세가 그 장막에 들어갈 때까지 일어서서 경건하게 서 있으
며, 그 장막 입구에 떠 있는 구름기둥을 보고 절한다.33:8-10; 구름기둥에 대해서는 13:21f, 주
를 보라 그 백성의 경외심은 무엇보다도 하나님의 임재를 향하고 있는 것이지만 또한 앞서
자신들이 그런 경멸을 퍼부었던 모세를 위한 것이기도 했다.Childs: 592

그렇지만 하나님과 그 백성 사이의 연결점은 모세다. 하나님은 앞으로 있을 그들의 여
정에 함께 하시지 않으실 것이라고 선언하신다.33:3b 그 백성의 운명은 하나님의 최종적
인 결정을 기다리며 불확실한 상태로 있다.33:5b 그렇지만 구름기둥이 표시하는 하나님
의 임재는, 비록 진영 바깥에 있지만, 여전히 모세에 의해, 그리고 모세를 통해서 접근할
수 있다.

하나님과 그 백성의 관계는 모세의 중재역할이라는 가느다란 실위에 걸려있다. 그렇지
만 그 실은 강하기도 하다. 모세에게 있어, 모세에게만 해당하지만, 하나님은 얼굴을 대
하고 친구에게 말하는 것 같이 말씀하신다.33:11a 이것은 이런 특별히 선택된 중재자와 초
월적인 하나님 사이의 진정한 교감을 위한 나약한 인간의 형상이다.아울러 24:11도 참조; 민
12:8; 신 34:10 그렇지만 이런 가까운 교감조차도 하나님의 초월적인 신비를 없애는 것이라
고 오해해서는 안 된다. 그 초월적인 신비는 아래에서 다룰 것이다.33:18-23

28-29장에서 정교하게 위임된 제사장직의 구상대신, 모세의 어린 조수 여호수아가
만남의 장막을 대신하는 곳에 참석하는 인원으로 충분하다.33:11b; 24:13 참조; 32:17

33:12-17 모세가 성공적으로 간청하다

아마도 진영 바깥에서 하나님이 계속 임재하시고 백성들이 마음을 고쳐먹은 태도를 보자 용기가 생긴33:7-11 모세가 다시금 감히 하나님께 간청한다. 그의 중재는 1-5절에서의 하나님의 참담한 언급에 기초한 것이다. 33:1-5에서 하나님은 천사의 대리적인 지도 아래에 있는 모세와 그 백성에게 시내 산을 떠나라고 명하신다; 하나님의 임재는 그들과 함께 하지 않을 것이다. 한편, 하나님은 그들을 어떻게 처리하실지 혹은 그들에게 무엇을 하실지 결정하실 것이다.

지금, 아주 간절한 간구로, 모세는 다시 한 번 하나님으로부터 본질적인 확신을 구한다. 시작하는 단어 **보십시오** …33:12는, **생각해 주십시오**33:13로 번역된 똑같은 히브리어 명령형이 뒤따라오며, 힘과 주장을 그의 말에 실어준다. 그는 하나님께 이중적인 호소를 한다. 먼저, 모세는 하나님이 약속의 땅으로 그 백성을 인도하라는 명령을 자신에게 주셨지만33:1-3a 누구와 함께 저를 보내실 것인지33:12a는 마땅한 지침을 주시지 않았다고 지적한다. 이것은 내가 너희 앞에 천사를 보낼 것이라는 하나님의 분명한 언급과 대조되는 것으로 보인다.33:2; 32:34 참조 한 가지 해결책은, 하나님의 마지막 단어처럼 하나님의 임재가 없이 천사가 인도하는 것을 모세가 단순히 받아들이지 않는다는 것이다.

그렇지만 모세의 간구가 인도하심과 무슨 관계가 있다는 것을 부인함에 있어서 더럼이 옳을 것이다. 대신, 그것은 3:11과 13에서 모세가 한 질문들과 유사하게, 야웨의 성품에 대한 확증을 간구한 것이다.Durham :446 다른 말로 하면, 모세는 확증과 힘을 간구하는 것이다. 이렇게 이해하는 것은 새로운 중요성이라기보다는, 그의 두 번째 간구를 이어지는 언급으로 만드는 것이다. 그 속에서 모세는 앞에 있는 신성한 말씀을 한 번 더 하나님께 상기시킨다: 나는 이름으로 너를 알고 있으며 너는 내 눈에 들었다.33:12b

하나님이 불타는 가시덤불에서 모세의 이름을 불렀지만3:4, 하나님의 그런 말씀은 출애굽기에서는 앞서 보고되지 않는다. 물론 일반적으로는 하나님이 모세에게 줄곧 호의 은혜를 베푸신 것은 분명하다.32:10b 참조; 창 6:8 참조, 특별한 선택이 의도된 가장 가까운 병행; Moberly, 1983:L70f

모세가 가까이 **자애로운 관계를 맺겠다**는 이런 앞선 약속을 하나님께 상기시킨 후에, 그는 하나님이 그런 관계의 실재를 입증함으로써 그 약속에 부응하시라고 주장한다. 모세는 하나님이 어떻게 행하실지 하나님의 방식을 모세에게 보임으로써 그렇게 하시라고 하나님께 요청한다.33:13 이것은 백성의 미래에 관한 하나님의 결심을 하나님이 보류하심으로써 만들어지는 불길한 긴장과 대조된다.33:5b 모세는 하나님의 방식이 친밀한 관계이름으로 아심와 호의를 약속하신 것을 확증하실 것이라는 것을 시사하고 있다.

모세의 간청은 자신의 친밀한 하나님과의 관계뿐만 아니라 그 백성의 관계에 기초한다. 자신의 말을 시작하는 동일한 말로 다시금 시작하면서보소서, 33:12, 모세는 이렇게 덧붙인다. 이 나라를 당신의 백성으로 여기소서[혹은 보소서].33:13b 그는 나라goy라는 더 일반적인 형태를 더 친밀한 용어인 하나님의 백성'am과 능숙하게 동일시한다.

모세가 승리한다. 간결하게히브리어로 두 단어 하나님은 이렇게 응답하신다. 내가 갈 것이다.33:14 많은 해석자들이 너희와 함께를 덧붙여서, 하나님이 온전히 모세의 요청을 들어주신다는 가정을 한다.3312; NRSV, NIV 반면 모벌리는 하나님의 응답이 "하나님과 그 백성 사이의 어떤 거리를 여전히 암시하고 있을 수 있다"고 본다. 앞서 가는 천사의 인도와 같은 어떤 일반적인 인도의 약속을 보는 것이다.33:2; 32:34 참조 대신 모세는 ~와 함께로 표현되는 온전히 개인적인 접촉을 구한다.3:12에서 모세에게 하나님이 약속하신 것을 참조 이것은 17절에서만 부여된다.Moberly, 1983:69

이런 해석이 가능하지만, 나는 하나님의 대답을 모세의 요청과 더 부합하는 것으로 보는 것이 설득력이 있다고 본다.33:12 동시에, 그것은 하나님이 앞서 부재하심의 위협을 백지화한다.33:3b 하나님의 응답 후반부, 내가 너(단수)를 편하게 하리라는 약속의 땅을 소유하는 것과 편안하게 함을 여러차례 동일시하는 것 가운데 하나이다.신 3:20에서처럼; 12:10 그렇지만 그 약속은 대개 민족으로서의 이스라엘에게 주어지지만, 여기서 너는 모세를 가리킨다. 더럼은 여기서 편하게 한다는 것은 하나님께서 모세를 쉬게 하실 것이라는 의미라는 그럴듯한 주장을 편다: 그리하여 내가 너의[모세의] 불안을 떨쳐버릴 것이다.Durham: 444

우리가 14절을 부분적인 양보로만 읽지 않는다면Moberly, 위를 보라, 15-16절에서 모세는 하나님이 이미 주신 요청을 장황하게 말하는 듯하다. 그는 자신에게 있어서나 그의 백성에게 있어서나, 하나님의 임재가 절대적으로 필요하다고 역설한다. 하나님의 임재가 없이는, 모세는 그 백성이 되풀이하여 시사했듯이, 자칭 인간 지도자에 불과할 것이다.14:11; 16:3; 17:3; 32:1 유사하게, 하나님의 임재가 없이는 그 백성이 지상에 있는 모든 민족과 다르지 않을 것이다.33:16b 그들은 하나님의 제사장 나라와 거룩한 민족으로서의 특별한 위임을 결핍할 것이다.19:6

차일즈는 33:15-16의 특별한 강조를 그 백성을 포함하는 것에 기초한 것으로 본다.595; 아울러 Moberly, 1983: 75 참조 그런 포함은 아마도 2인칭 단수로 모세에게 말씀하신 하나님의 위임 속에서는 분명히 전적으로 나타나지 않는다.33:14

이에 대응하여 하나님은 모든 의심을 없애신다. 하나님은 네가 구한 바로 그것33:17을 허락하실 것이며 모세를 위해 그렇게 하실 것이다. 왜냐하면 너는 내 눈에 들었고 내가 이름으로 너를 알았기 때문이다.33:17, 12절 참조 그 백성을 위해 선택된 남자3장는 결국 그들의 선택된 지위를 유지시키기 위한 사람이 된다. 이것은 모세의 훌륭한 중재역할의 결과로 설명되어서는 안 될 것이다.Cassuto, 435 대신 이것은 이스라엘의 선택이라는 새로운 상태를 표현한다. 그것은 모세의 중재에 대한 하나님의 용서하시는 반응에 기초한 선택이다.

결론으로서, 우리는 33:1-3의 선언과 나란히 있는 33:12-17의 하나님의 임재의 의미에 대해 간략히 생각할 필요가 있다. 임재로 번역된 단어는 *panim*으로서, 문자적으로는 얼굴을 의미한다. 누군가와 서로 얼굴을 맞대는 것은 진정으로 그 사람에게 "존재한다"는 것을 의미한다.33:11 참조 우리는 지금 모세와 이스라엘에게 확증되고 있는 하나님의 계속되는 임재를 어떻게 이해해야 하는가? 그것은 신념의 내적인 상태인가? 그것은 성공과 승리로 입증되는가? 그렇지 않다면, 모벌리가 말한 것처럼, "야웨의 임재의 구체적인 인식, 그것이 성지"인가1983:67f, 74f?

여기서 야웨의 임재를 갱신한 약속이 성막을 짓는 지침들을 회복하는 것을 구상한다는 것이 진정으로 가능하다.25-31장; 35:1 참조 반면, 하나님의 임재는 다음 섹션에서 더 논의될 복잡하고도 규정하기 힘든 주제이다.33:18-23 [이름, 영광, 얼굴/임재, 손/팔]

33:18-23 하나님의 알 수 없는 임재

모세의 요청은 계속된다. 분명하게 본문을 나누는 것은 어렵다. 어떤 해석자들은 17절이 18-23절에 대한 서론이 된다고 생각하지만NRSV, 그것은 12-16절을 그들의 적절한 결론에서 빼앗아가는 것이다. 반면, 18-23절은 모세의 앞선 중재의 간청과 하나님의 응답과 함께 결합되어야 한다.12-17 하나님의 전적인 임재약속을 얻은 후17, 모세는 다른 요청을 계속해 나간다: 제게 당신의 영광을 보여주십시오.33:18 **영광**kabod은 일반적으로 "하나님의 장엄함, 예배를 이끌어 내는 특성을 의미한다." Moberly, 1983:76 무엇이 모세에게 동기를 부여하는가? 왜 모세는 만족하지 못하는가? 그가 진정으로 찾는 것은 무엇인가?

놀랍고도 의심의 여지가 없이 의도적인 주제의 연결은 이 본문을 모세의 소명3-4장; Durham:451과 연결시킨다. 거기서 하나님은 모세와 이스라엘에게 "행진대형"을 내리신다. 하나님은 또한 내가 너와 함께 할 것이다.3:12고 약속하신다. 그러자 모세는 하나님께 더

질문을 한다: [당신의] 이름이 무엇입니까?3:13 아마도 그의 소명을 피하려는 시도가 조금은 있었지만, 이것은 역시 하나님의 성품을 더 깊게 이해하기 위한, 그리고 궁극적으로는 확신에 대한 요청이다.3:13-15, 주 참조 이제 시내 산에서 모세는 다시금 "행진대형"을 받고 하나님께서 자신과 그의 백성과 함께 하실 것이라는 확신을 갖는다.33:12-17

이런 시각에서, 우리는 하나님의 영광을 보게 해 달라는 모세의 요청을, 하나님의 이름을 그가 앞서 요청한 것과 병행하는 것으로서 가장 잘 이해할 수 있다. 모세는 더 큰 실재, 야웨의 성품을 더듬어 가고 있다. 사실상 모세는 "야웨 자신을 보게 해 달라"고 요청하는 것이다.Moberly, 1983:76 아래에 깔려있는 동기는 그가 이미 받은 것보다 더 큰 확신을 열망하는 것으로, "야웨가 자신이 약속한 실재가 나타나도록 보여주는" 바람인 것이다.Durham: 452 [이름, 영광, 얼굴/임재, 손/팔, 496쪽]

하나님은 다시금 따라주시지만 제한을 두신다. 내가 내 모든 선한 모습을 네 앞으로 지나가게 할 것이다.33:19a 이는 하나님의 선한 행하심이 이스라엘을 위한 것을 뜻한다. 우리는 이것이 하나님이 모세에게 이스라엘이 이미 경험한 하나님의 선하심을 더 온전하게 이해하도록 하실 것이라는 의미인지, 아니면 이스라엘이 하나님의 선하심을 더 경험하게 될 것이라는 것인지, 아니면 둘 다인지 알 수 없다.

하나님은 네 앞에서 그 이름, "주님[야웨]"를 선언하실 것이다.33:19a 다른 말로 하면, 하나님은 자신의 성품을 선언하실 것으로, 아마도 이스라엘이 이미 경험했고 아직 경험하지 못했을 수도 있는 것 모두를 언급하는 것일 수 있다. 이런 약속은 모세를 자신의 소명으로 돌아가게 하며 미래가 앞서 그에게 선언되었던, 그리고 이집트에서 이스라엘을 인도하실 때 경험했던 똑같은 이름 혹은 하나님의 성품으로3:13-15 인해 펼쳐질 것이라는 확신을 준다.20:2에서 회상으로 정리됨

그리고 나서 하나님은 앞서 하셨던 것을 연상시키는 말씀을 다시 덧붙이신다: 나는 은혜를 베풀 사람에게 은혜를 베풀고 자비를 보일 사람에게 자비를 보일 것이다. 우리는 하나님의 이름을 모세가 요청했을 때 하나님이 앞서 어떻게 응답하셨는지 떠올릴 수 있다: 나는 나다.3:14 그런 대답과의 연결선상에서, 우리는 그것이 지닌 약속의 성격과 알 수 없는 본성을 보았다.3:13-15, 주 이 모두는 이곳에 있다.

하나님의 선하심과 하나님의 이름을 계시하는 것은 은혜와 자비로 표시될 것이다.34:6-7, 주 참조 그럼에도, 하나님의 이런 선한 은사들은 인간이 지배할 수 없다. 그 은사들은 하나님의 은사들로 남을 것이며 하나님만이 누구에게, 그리고 어떤 방법과 형태로 부여 하실지를 결정하신다. 온전한 확신, 완전히 하나님을 의지하게 해달라는 모세의

간구는 부분적으로는 수용되었지만 관대하게 제한된다.

인간이 하나님을 의지하는 것을 제한하는 것은 다음에 이어지는 절에서 더 분명하게 언급된다: 그렇지만 너는 내 얼굴을 볼 수 없다; 아무도 나를 보고 살 수 없기 때문이다.33:20 얼굴*panim*은 영광*kabod*, 33:18으로 치환된다. 두 개의 용어는 여기서 실제적으로 동의어 노릇을 한다. 33:22-33 참조, 영광/얼굴이 뒷모습의 반대가 됨; 아울러 Durham:452 그럼에도 얼굴*panim*로 돌아서는 것은, 이런 한계를 설정하는 단어를 *panim*얼굴로 번역되든 임재로 번역되든이 하나님의 근접성과 접근성을 보여주는데 사용되는 앞선 절들과 연결시킨다.33:11, 14-15

그러므로 필요한 역설이 나타나서 제거되거나 모순으로 해석되어서는 안 된다. 모벌리가 우리를 상기시킨다: "이 구절과 관련된 구절에서 구약성서가 어떻게 하나님과 인간 사이의 질적이고 존재론적인 차이를 주장함으로써 신비주의나 신격화로 움직여 가는 것에 맞서는지가 중요하다."1983:891, 66 하나님의 얼굴에서 초월적인 신비의 베일을 벗기는 것은 어떤 인간, 심지어 모세라 할지라도 허용범위를 벗어나는 것이다.33:20b 이것은 우리가 되풀이하여 직면하는 모티브이다.19:12f; 21-24; 33:3, 5

21-23절은 대담한 신인동형론인간의 용어로 하나님이 말하는 방식에 기대고 있다. 하나님은 하나님의 영광*kabod*; 33:18 참조을 경험할 수 있도록 모세를 준비시킨다. 하나님은 모세를 바위의 틈, 내 옆의 장소, 아마도 시내 산에 두신다. 내가 지나갈 때까지 그를 자신의 손으로 덮으실 것이다; 그리하여 너는 내 뒷모습을 볼 것이다; 그렇지만 내 얼굴은 보이지 않을 것이다.33:21-23 하나님의 뒷모습—여기서만 사용된 표현—은 다름 아닌 하나님의 얼굴의 가시성을 표현하는 것이다. 다른 말로 하면, 모세는 하나님의 영광에 가까이 살 것이지만 "중재되지 않은 상태로" 하나님을 만나지 못한다.Childs: 595 하나님의 손이 하나님처럼 되고자 하는 인간의 자만심이라는 위험으로부터 그를 기꺼이 보호하실 것이다.창 3:34; 11:4 참조 [이름, 영광, 얼굴/임재, 손/팔, 496쪽]

34:1-10 모세에게 약속된 현현

우상숭배를 통해 이스라엘은 언약을 깨고 그들 한가운데에 계신 하나님의 임재를 박탈했다.32:1-33:6 모세의 중재는 이스라엘이 하나님의 임재로부터 불가피하게 거부당하는 것을 반전시켰다.33:7-23 이제 이스라엘의 한 가운데에 있는 하나님의 임재를 위한 망가진 정황은 언약의 갱신을 통해 다시 복원되어야 한다.

하나님과 이스라엘이 앞서 체결한 언약이 현현으로 시작된 것처럼19장, 언약 갱신도 이제 현현으로 시작한다. 이것은 19장의 언약을 맺는 사건과 많은 부분을 공유하지만, 완전히 다른 것이기도 하다. 유사점들 가운데에는 동물과 인간이 그 산에서 떨어져 있게 하라는 조항34:3; 19:12f 참조, 21-25과 구름 속에서 야웨가 내려오시는 것34:5a;19:16-19도 있다.

차이점들 가운데에서 가장 눈에 띄는 것은 이 본문에서의 현현이 사적private이라는 것이다. 이것은 백성을 배제한 채 모세에게만 허용된다. 이것은 33:18-23에서 모세에게 약속된 현현이다.Childs: 612; Moberly, 1983:85-87 이 본문의 신학적-사색적인 대화가 진행된 이후, 하나님은 갑자기 모세에게 일을 시키신다. 그는 모세가 앞서 깬 돌판을 대체할 돌판을 깎아야 하며32:19, 거기다 하나님께서 그 돌판 위에 이전 돌판에 쓰셨던 말씀들을 쓰신다.34:1

모세가 이 돌판들을 깎게 될 것인데, 이것은 하나님께서 만드시고 새기신 원래 돌판들과 비교할 때 계시의 직접성이 감소한 것을 암시하는가32:16; 31:18 참조? 이 질문은 내가 그 돌판에 쓸 것이다.34:1; 그렇지만 34:27-28, 주를 보라라는 본문에서 하나님의 약속과는 대조적으로, 모세가 분명히 써야 한다.34:27는 마지막 언급으로 더 강조되고 있다. 그 질문이 확실하게 대답될 수는 없는 것이라면, 난 원래의 계시가 조금 줄어들었음이 의도되었다고 본다. 이것은 죄가 용서되었다고 해도 여전히 그 죄에 따라오는 것이 있을 수 있다는 일반적인 성서의 주제에 기초한 것이다.노아와의 언약을 참조; 창 9:1-7

모세는 하나님의 지침에 따른다. 다음날 아침 그는 시내 산에 올라 새 돌판들을 나른다.34:2-4

현현 그 자체는 5-7절에서 보고된다. 하나님의 모습을 지닌 형상으로서의 구름은 지금까지도 우리에게 친숙해서 더 이상의 설명은 필요 없다.19:16-19. 주 하나님이 33:21-23에서 모세에게 말씀하신 세부사항들은 다시 언급되지는 않지만 우리는 모세에게 부여된 경험이 무엇이든, 그것이 하나님의 초월성의 신비를 보존한다는 것을 가정해야 한다. 그것은 하나님이 약속하신 것에 정확히 초점을 맞춘다: 하나님의 이름의 계시로서, 그 이름성품은 선함, 자애로움, 그리고 자비로 표시된다.34:5b-7a; 33:19 참조

우리는 하나님이 그 이름 "주야웨"를 선언하신 첫 걸음34:5b과 스스로를 자비롭고 자애로우신 분으로 계시하신 두 번째 걸음34:6를 구분해선 안 된다. 이런 특성들은 야웨, 야웨라는 이름을 장엄하게 반복함으로써 소개되고 있으며 그 성품에 대한 시적인 소개가 뒤따른다. 이들은 정확히 그 이름을 의미로 채우는 것들이다.20:1-2 참조 주님야웨이라는 똑같은 형식의 특징짓기가 약간은 다르게 구약에서 되풀이 되어 나타난다. 예를 들면 민 14:18;

느 9:17; 시 86:15; 욘 4:2

출애굽기의 독자는 이미 십계명의 정황 속에서 야웨에 대한 유사한 특징짓기를 보았다.20:5-6 그곳에서 그것은 형상을 만들지 말라는 계명에 덧붙여져 있는데, 바로 금송아지를 만들면서 이스라엘이 위반한 그 계명인 것이다.

그렇지만 모벌리는 그 본문과 지금의 본문 사이에는 커다란 차이가 있다고 지적한다: 20:5-6에서, 하나님은 우상숭배에 먼저 4세대에 걸쳐 벌을 내리시면서 하나님의 더 크신 한결같은 사랑이 따라온다. 이미 행해진 이스라엘의 우상숭배를 회고하는 34:1-10에서는, 하나님의 징벌적인 분노도 기억되지만34:7b, 하나님의 자비와 자애로우심이 앞부분으로 간다.34:6-7a 게다가 모벌리는 33:19에서 이미 전조된 이 본문 속의 자비-분노의 양극성을 본다.Moberly, 1983: 87-88 하나님의 진노가 자녀의 자녀, 3세대와 4세대로 확대되는 것의 의미에 대해서는 20:5-6의 주를 보라.

모세는 경배함으로 그 현현에 적절하게 응답한다.34:8 하나님의 은혜를 확신한 후에, 모세는 다시 한 번 자신이 앞서 한 중재를 요약한다.34:9 모세는 하나님의 눈에 들었다는 것에 다시금 호소하며33:12-13. 16, 지금이 확실히 의미하는 것은, "만일 정말로 그렇다면, 당신의 모습과 말씀이 방금 저를 확신시키신 것처럼. …"이다. 이런 확신에 근거하여 모세는 자신의 중심적인 간청을 반복한다: 오 주님[' adonay, 신의 이름 야웨가 아님], 주께서 저희와 함께 하소서[문자적으로는 우리 가운데]

이것은 하나님보다는 모세를 위한, 만일 이것이 어떤 것을 의미한다면 이 모든 것이 의미하는 것을 분명히 하는 요약적인 간구일 것이다.33:15-16에 나오는 유사한 회고적인 간구를 참조 그렇지만 모세가 자신의 말로 표현된 자꾸만 드는 의심 하나가 있었을 수 있다: 이들이 목이 뻣뻣한 백성이지만[또는: 백성이기에] 그들이 애도하고 태도를 고쳤음에도33:4-11 그 백성이 여전히 똑같은, 근본적으로는 바뀌지 않는, 목이 뻣뻣한 백성임을 하나님은 정말로 알고 계셨는가?32:9 참조; 33:5; 아울러 32:22 그 백성의 성격 위에서는 어떤 긍정적인 미래도 설 수 없다; 긍정적인 미래는 하나님의 성품 위에서 세워져야 하며, 그는 자비롭고 자애로우시다.34:6a

노아를 통해 보존된 인간의 경험과 모세를 통해 보존된 이스라엘의 경험 사이에 있는 이 부분에 병행이 나타난다. 창세기 6:5에서, 인간의 마음이 가지는 사악한 성향은 하나님의 처벌적인 홍수에 대한 원인이 된다. "주님의 눈에 들었던"창 6:8 한 사람을 통해서만 인간은 보존된다. 창세기 8:21에서, 그 보존된 인간은 여전히 똑같이 마음속으로는 악으로 치우친다는 특징을 갖는다; 변한 것은 아무 것도 없다. 그것이 하나님의 태도에 있어서 변화를 가져온 기초가 된다. 인간의 변하지 않은 조건으로 보면, 하나님은 새 언약을 맺을 준비가 되어 있는데, 더 이상 인간의 신실함이 아니라 하나님의 은혜에 기초한 것이다. 창 8:22-9:7

병행적 양식에서, 이스라엘은 목이 뻣뻣한 백성인데32:9; 33:3; 34:9, 이것은 이스라엘의 실존을 위험에 빠뜨리는 사실이다. 노아처럼 하나님 보시기에 좋은 모세를 통해33:12-13, 16, 이스라엘은 보존된다. 그렇지만 모세가 하나님께 통고한 것처럼34:9, 이스라엘은 여전히 목이 뻣뻣한 백성으로 남아 있다. 하나님은 노아의 경우에서처럼 언약을 갱신하실 것인가? 만일 그렇다면 새로운 언약은 이스라엘의 순종적인 신실성이라기 보다는 하나님의 은혜 위에 다시 세워져야만 할 것이다.Moberly, 1983:89-93; Rendtorff, 127, 130f

10절에서 하나님의 대답이 따라온다: 그[하나님]가 말씀하셨다: 이로써 내가 언약을 세운다. 무엇보다도 그것은 하나님께서 이스라엘을 위해 전례가 없는 경이로움들*miplá ot*을 행하실 것이라는 약속으로 되어 있다. 여기서 경이로움들로 번역된 단어는 3:20에서 이스라엘을 위해 하나님께서 이집트에게 행하시고자 하는 것을 묘사하기 위해 사용되었다.기적들, NRSV 이제 하나님은 더 독특한 그런 형태의 행하심을 약속하신다: 지상의 모든 곳이나 어떤 나라에서도 이루어진 적이 없는. 너희 주변에 사는 백성은 주님의 역사를 보게 될 것이다. 모세는 더 이상 하나님이 이스라엘을 거부하는 경우에 이집트인들이 기뻐하는 것을 두려워할 필요가 없다.32:12

내가 너희에게 행할 일을 모벌리는 죄악의 백성과 언약을 갱신하는 것으로 해석한다.1983:94 그렇지만 더 그럴듯하게는, 이것이 앞에 놓인 도우심과 구원의 행동을 요약해서 일컫는 것이다.15:14-16 및 이스라엘의 역사가 광야의 여정으로 계속되는 민 10ff 참조

34:11-26 하나님이 갱신된 복종을 요구하시다

모세의 마지막 간구34:9에 대한 응답으로, 10절의 약속은 이스라엘의 입장에서 어떤 재헌신 앞에 서 있다. 세워질 언약은 하나님의 은혜를 기반으로 할 것이다. 반면, 언약은 관계를 의미하며 이스라엘이 하나님의 뜻에 복종하는 관계에 자리 잡도록 기대된다.34:11a 그런 복종의 내용은, 원래 계약의 경우에서처럼 이제 일련의 법으로 표시되는데, 더 간략할 뿐이다.34:11-26; 20-23장 참조

하나님의 언급에 따르면, 우리는 언약 복종의 내용을 나타내는 그 법들이, 네[모세]가 깨버린 이전의 돌판에 있던 그 말씀, 십계명을 의미함문자적으로는 말씀, 34:28b, 27-28, 주을 예상하게 된다. 그렇지만 11-26절에서 우리가 찾을 수 있는 것은 상당히 다른 종류의

선집이다. 이것은 십계명의 버전들과 편집과정에 대한 다양한 이론들로 이끌고 있다. 검토를 위해서는 다음을 보라. Childs: 604-9 [자료 이론] 그렇지만 정경본문의 저자들이 우리가 생각할 수 있는 긴장이나 모순들로 인해 어려움을 겪지 않았다는 것은 분명하다. 이런 분명한 긴장들에 대한 가능한 해법은 27-28절의 해석에서 제공될 것이다.

언약에 복종하는 것은 하나님의 전적인 뜻을 포함하고 있다는 것은 분명하다. 그것은 어떤 하나의 성서법전이나 성서법전 모두에 포함될 수 없다, 십계명조차 그런 시도를 하지 않는다. 대신, 모든 구약성서의 법들은 본질상 견본으로 보여주기sampling이다. 20:1-21의 "사전검토" 참조; W. Janzen, 1994:87-105 이 본문에서 제공하는 견본 보여주기는 20-23장의 법들과 세부적으로는 다르다. 이런 관점에서 보면, 차이점은 신학적 문제가 없다. 각각의 경우에, 추출이 다르더라도 하나님의 온전한 뜻이 의도된 것이다.

이 본문이 유월절과 맏이들에 대한 앞선 법들12-13장; 특히 13:11-16뿐만 아니라 십계명 20:1-7과 언약의 책20-23장; 특히 23:12-19에서 나온 혼합된 법들을 포함하고 있다는 사실이 이것을 뒷받침한다. 다른 말로 하면, 갱신된 언약은 첫 번째 언약처럼 하나님의 똑같은 뜻에 기반을 둔 것이다.

그렇지만 주석가들은 11-26절에서 열거된 법들을 선택하는 이유나 그들의 배열에 대한 근거에 합의를 보지 못한다. 예를 들면 차일즈는 "현재의 배열에 어떤 인식할 수 있는 패턴이 없다"는 것을 발견한다. 선택된 법들은 단순히 "첫 번째 언약의 법들과는 유형에 있어서 다르지 않다."Childs: 614f 반면 모벌리는 11-26절이 선택되어서 금송아지 사건과 관련하여 의도적으로 배열되었다고 본다. 1983:95-101 그의 사례는 항상 설득력 있는 것은 아니지만, 그의 의견 가운데 일부는 통찰력이 있어서 아래에서 다루어질 것이다.

11-16절은 어조에 있어서 법적이라기보다는 설교적이다. 그렇지만 이 절들의 일반적인 요지는 십계명의 첫 번째 계명의 것이지만 상황화된contextualized 것이다. 20:3-6 참조 그 백성은 이미 금송아지 사건에서 우상숭배의 유혹에 취약점을 드러냈다. 32:1-6 이제 임박한 약속의 땅 점령은 이런 형태를 가진, 새롭고 더 큰 유혹들을가미, 34:12b을 가지고 그 백성과 만나게 될 것이다. 이스라엘은 이미 훈육과 주의를 받았지만23:20-33, 그런 주의는 이제 더 강화된다.

우상숭배의 유혹은 점진적이고 미묘한 것으로 묘사된다. 그 땅의 백성과의 언약은 친밀한 연합으로 이어져서 제사의 식사에 참여하도록 초대를 받고 그들과 결혼하게 되어 마침내, 그리고 불가피하게 그들의 신들을 우상으로 섬기게 될 것이다. 34:15-16 이런 미끄러운 경사를 피하기 위해, 이스라엘은 가나안 종교의 상징과 행습들을 즉각, 그리고 완전히 근절해야만 한다.34:12-13 이 구절의 중심에는 이스라엘의 신앙의 핵심적인 조항이 자리 잡고 있다: 야웨는 질투하는jealous 하나님이다; 그의 이름이 질투한다는 것은 다른 곳에서는 찾을 수 없는 표현이다.34:14; 하나님의 질투에 대해서는 20:5, 주를 참조

17-26절은 다른 나라들과 철저히 구분하는 것이 의미하는 것을 보여주는 구체적인 명령들의 추출로 이루어진다. 모벌리에 따르면, 이 법들은 예배나 제의의 영역에서 온 것으로서, 그 이유는 그런 영역에서 이스라엘은 금송아지를 만들어서 죄를 지었기 때문이다.1983:98

7절은 이런 선택의 원리를 특히나 잘 보여준다. 형상을 만드는 것은 금송아지 형상을 고려하여 목록을 연다. 덧붙이면, **우상을 주조하다**massekah로 번역된 단어는 십계명의 형상계명에서 사용된 보다 일반적인 **우상**pesel이라기보다는 금송아지에서 앞서 사용된 용어32:4, 8; NRSV: 형상이다.20:4; Moberly, 1983:99f

18-24절은 이스라엘에게 세 가지 큰 순례절기와 안식일을 준수하라고 명령한다. 이런 법들은 비슷하고 어떤 점에서는 23:12-17과 단어선택에 있어 동일하다.주 이런 절기력은 야웨를 중심으로 한 생활을 위한 신학적 구조를 이스라엘에게 마련해 줄 것이다.

절기력에 삽입된 세 가지 조항들은 23:12-17에서는 발견되지 않는다: 그 조항들은 맏이에 대한 법34:19-20, 밭갈이할 때와 추수 때에도 안식일의 휴식을 지키라는 명령34:21b, 그리고 너희가 한해에 세 번 주님을 뵙고자 올라올 때에 아무도 너희 땅을 넘보지 않을 것이다.34:24

19-20a절은 맏이의 법에 초점을 맞춘다. 13:116에서처럼, 이 본문은 무교병 절기와 맏이의 법을 함께 결합한다.34:18-20; 13:1-16 주 참조 두 가지 주제를 이렇게 앞서 연합한 것은 아마도 그 시점의 절기력에 삽입된 장자의 법을 설명하는 것 같다. 모벌리는 이스라엘이 여기서 인간 제물로 그를 드리는 대신에 맏이 아들을 구원하도록 가르침을 받는다고 주장하는데, 그 이유는 가나안 사람들은 가끔 인간제물을 드렸기 때문이다. 그렇지만 이것은 첫 번째 난 동물들에 대한 법이 포함된 것을 설명하지 못한다.Moberly, 1983:100

23:14-17에서처럼, 하나님 앞에 빈손으로 나타나지 말라는 일반적인 훈계는 무교병 절기와 축제 및 집회의 절기 사이에 자리하고 있다.34:20b; 23:15b 참조 밭갈이 때와 추수 때에도 안식일을 지키라는 훈계와 더불어 안식일이름은 나오지 않음의 법이 곧바로 이어진다.34:21 모벌리는 이 법이 여기에 위치한 것을 안식일 준수와 제사에 대한 잠재적인 문제를 표현하는 것으로 설명한다. 주님 앞에 빈손으로 나타나지 말라는 우려는 안식일의 휴식을 지키지 않는 이유나 핑계로 보일 수도 있다.Moberly, 1983:100 이것은 생각은 할 수 있

지만 확신할 수는 없다.

　반면 절기력의 끝에 있는 보증은 배치에 있어서나 의도에 있어서나 분명하다.34:24 한 해에 세 번 주님 앞에 너희 모든 남자들이 모이는 것34:23은 모든 남자 방어자들을 무장해 제하고 적의 공격에 그 땅을 열린 채로 둔다. 이스라엘은 자신들의 안전이 무기가 아니라 주님께 달려있다는 것을 출애굽기에서 경험했다; 따라서 이스라엘은 하나님이 그 땅을 보호하시도록 놓아 둔 채로 하나님의 법을 먼저 따르는데 관심을 두어야 한다.

　25-26절은 사실상 23:18-19와 같은데, 이스라엘의 신실한 예배를 위한 하나님의 뜻을 추출한 4가지 제의법들을 더하고 있다.그들의 해석에 대해서는 23:18-19, 주를 보라

　요약하면, 언약의 갱신의 기저를 이루는 율법을 견본으로 보여주기34:11-26는 가까운 과거의 금송아지 사건과 가까운 미래에 예상되는 약속의 땅 들어가는 것으로 인해 어느 정도까지는 결정된다. 이것은 제의적인 세부내용에 세심한 관심을 기울이는 것을 포함하여, 제의력의 틀 속에서 야웨만을 섬기는 것을 강조하는 법들을 선택하는 것으로 이어진다. 이런 법들을 선택하고 배열하는 것이 그것보다 더 정확하게 설명될 수 있을지는 미결된 문제로 남아 있음에 틀림없다.

34:27-18 언약 문서(들)

　이 두 개의 종결절들은 해석하기 어렵다. 두 가지 주요 선택이 있다: 첫 번째에 의하면, 27절은 하나님과 함께하는 40일 밤낮 동안에 이 말씀들34:27a, 언약의 말씀들, 십계명[문자적으로는 말씀]을 그 돌판에 쓰라고 하나님께서 모세에게 하신 명령을 포함한다.34:28 이런 해석에는 두 가지 문제가 있다. 먼저, 이 말씀들27a은 분명히 11-26절을 가리키지만, 이 절들은 십계명을 포함하지 않는다. 두 번째로, 34:1에 따르면, 28절이 모세가 그렇게 했다고 보도하고 있지만, 하나님은 그 돌판들 위에 쓰실 것이다.

　이런 난점들을 고려해 볼 때, 많은 해석자들은 27절과 28절이 두 가지 다른 행동을 말하고 있다고 제시한다. 27절에서 하나님은 모세더러 이 말씀들, 11-26절의 말씀들을 쓰라고 명하신다. 모세는 아마도 처음에 머물렀을 때처럼 40일 밤낮을 그 산에서 이는 동안 그렇게 했을 것이다.24:18; 31:18 그 기간의 말미에, 그[하나님]은 그 언약의 말씀, 십계명34:28b을 쓰셨으며 34:1의 약속을 이루신다.신 10:1-4 참조 독자는 이들이 포함하고 있는, 20:1-17의 본문을 알고 있다.세부적으로는 다르며, Cassuto: 247f; Childs:615-17; Moberly, 1983:101-6; Durham:461-63

　이런 선택은 모든 난제들을 없애지는 못한다. 예를 들어, 11-26절이 언약의 책과 십계

명에 의존하고 있어서 하나님의 모든 뜻을 추출한다면, 십계명의 또 다른 버전이 왜 필요하단 말인가위를 보라? 그럼에도, 이런 선택은 첫 번째 선택보다는 더 부드럽게 이해하도록 하는 것 같다.

34:29-35 모세가 반영한 하나님의 임재

이 본문은 그 시작으로 돌아감으로써 이스라엘의 우상숭배의 이야기를 매듭짓는다.32:1-6 거기서는 모세의 부재가 핵심적이다; 지금은 그가 있다. 모세의 부재로 인해 하나님의 임재가 위협을 받아서 대체물, 금송아지를 필요로 하는 듯하다. 이제 모세가 돌아와서 하나님의 임재가 보일 수 있게 되고 모세의 얼굴에 반영되었다. 하나님의 임재와 그 백성에게 하나님의 뜻을 계시하기 위해 모세가 돌판을 손에 들고 그 산에서 내려온 것은 금송아지 에피소드로 인해 무산되었다.31:18 참조; 32:15ff 이제 하나님은 이스라엘의 죄를 용서하시고 그 언약을 회복하신다. 그러므로 무산된 이야기는 의도된 바대로 진행될 수 있다.34:29

모세의 얼굴*panim*은 이 본문에서 큰 관심을 받는다. 앞서서, 야웨의 얼굴혹은 임재, *panim*; 33:7-11, 특히 11절, 주에 다가갔던 이는 모세 혼자였다. 백성은 진영에서 멀리 떨어져 거리를 두고 모세가 야웨의 임재의 구름과 만나는 것을 볼 수 있다.34:29b 그것보다도, 백성이 두려워할 때, 모세는 그들을 가까이 오라고 부른다.34:30f 아론은 제일 먼저 언급되고 다른 모든 지도자들이 그 뒤를 잇고 있으며 모세는 그들에게 말했다.34:31b 이 정황을 고려해 보면, 이런 연설은 백성의 두려움을 가라앉히기 위한 안심시키는 대화라고 이해되어야 한다. 그것은 모세가 처음으로 산에서 내려온 이후 모세가 화가 나서 한 연설과는 극명하게 대조를 이룬다.32:21f, 26f, 30

아론과 그 지도자들을 안심시킨 후, 모세는 가까이 온 백성에게로 향한다. 그는 이제 백성에게 주님께서 시내 산에서 그에게 말씀하셨던 모든 것을 명한다.34:32 이것은 십계명 이상의 것을 포함한다. 11-26절에서 강조된 그 법들은 의도된 것임에 틀림이 없으며, 그 밖의 것들을 주께서 모세의 중재적 역할 속에서 모세에게 계시하셨다.20:18-21참조; 23:12, 주 그러자 모세가 자신의 빛나는 얼굴을 덮는다. 모세의 빛나는 얼굴에 있는, 굴절되었지만 여전히 백성에게는 무시무시한 실재와 같은, 주님에게서 온 계시는 이제 끝이 난다. 이 본문은, 모세가 이스라엘 사람들이 그 영광이 사라져 가는 것을 보지 못하게 하고자 했다는, 고린도후서 3:13에 반영된 후대의 랍비적 해석과는 대조적으로, 자신의 얼굴을 모세가 가리는 이유를 말해주지 않는다.

34-35절은 보고문제에서 지속되는 행습을 묘사하기 위해 자주 반복되는 동사형태의 사용으로 변화한다.33:7-11 참조 이제부터는, 그리고 지정되지 않는 기간 동안, 모세가 처음 내려온 것을 이스라엘 백성들이 목격한 패턴은 반복될 것이다.34:29-33: 모세는 주님과 함께 말하고, 지침을 받으며, 그 지침들을 백성들에게 전달하고서는-그 백성이 그의 빛나는 얼굴을 본 후에-모세가 그[주님]와 다시 이야기를 나누기 위해 [만남의 장막 속으로?] 들어갈 때까지 가리개를 쓴다.

이 절들의 핵심 요지는 분명하다: 모세는 지금 하나님의 특별한 승인을 받은 중재자로서 기꺼이 역할을 계속해 나가는 것이다. 그의 얼굴의 광채는 하나님과 대면하여 이야기를 나누고, 아마도 모세가 간구했던 것처럼33:18-23 하나님의 영광의 일부를 본 것을 증명해 주는 것이다.33:11 게다가 그 백성은 모세의 중재를 통해서 신과 인간의 만남 속에 간접적으로 참여하게 된다.

두 가지 문제가 해석자들을 어려움에 빠뜨리고 있으며 언급할 필요가 있다: 모세의 빛나는 피부의 본질과 가리개의 기능이다. 빛난, 빛나는(34:29-30, 35으로 번역된 동사의 어근은 qrn이다. 이것은 그 정황과 70인역에 기초하여 번역된다. 언어학적으로 이 동사는, 이 문법적인 형태가 여기서만 나타나는데, qeren뿔과 관련되어 있으며 논리적으로는 뿔을 갖다로 번역되어야 한다. 라틴역이 일부 지방의 버전을 따라서 이 단어를 그렇게 번역하므로예를 들면 Douay-Confraternity Version: 그의[모세의] 얼굴에 뿔이 났다, 어떤 미술가들은 모세를 뿔이 난 얼굴로 그려냈다.

대부분의 최근 버전들과 학자들이 여기서의 qrn를 빛나다로 번역하는데 일치를 보였음에도, 동사의 선택은 곤혹스럽다. 모벌리는 이 동사가 "대담하게 [금]송아지를 모세와 병행"시키기 위해 의도적으로 선택되었다고 주장한다. 바꾸어 말하면, "모세는 그 백성에게 있어서 그들이 그 송아지가 되었으면 하는, 지도자이자 신성한 임재의 중재자였던 것이다." Moberly, 1983:109 그렇지만 더럼은 그 송아지와 관련해서 뿔이 언급되지 않았다고 잘 지적하고 있다.32:1-6; Durham:467

이 본문의 두 번째 문제는 가리개의 역할이다. 모세가 가리개를 쓰는 것은 백성들의 공포심과 어느 정도 관련이 있는 것으로 보인다. 반면, 모세는 백성에게 연설을 한 후에 자신의 얼굴을 가리로 가리고 하나님과 대면할 때 다시 가리개를 벗는다. 아마도 그것은 비록 굴절된 영광이지만 하나님의 무시무시한 영광에 그 백성들이 노출되는 것을 막고자 한 것 같다.Moberly, 1983:108 나는 모세의 빛나는 얼굴을 가린 것은 일상의 생활로 돌아가는 것을 보여주는 것이며, 그리하여 모세를 통해 하나님의 간헐적인 현현의 의사소통의 특별한 성격을 강조하는 것이라고 본다. 그것은 평범함과 거룩함을 구분한다.

이런 중재된 현현과 일상생활의 리듬을 가지고, 금송아지 사건이 자아낸 혼란은 극복된다. 이제 모세는 소통하고 성소에 대한 하나님의 지침들을 수행할 준비가 되었다. 그 성소는 자신의 백성 한가운데에 있는 지속되는 하나님의 임재를 위해 적절하고도 하나님께서 고안하신 환경이 된다[이름, 영광, 얼굴/임재, 손/팔, 496쪽]

성서적 맥락 속의 본문

금송아지

결코 끝이 아님에도, 금송아지 사건은 광야에서의 방랑생활 내내 이스라엘의 반역의 정점이다. 그것은 민수기에서 기록된 수많은 반역의 사례들로 이어진다. 특별히 출애굽기 32-34장과 가까운 것은 민수기 14장에서 기록하고 있는 사건으로, 모세로 새 나라를 시작하겠다는 하나님의 제의를 포함하고 있다; 모세의 중재적 역할; 그리고 처벌이 따르는 하나님의 용서. 민 15참조; 21:4-9; 25

금송아지 사건에 대한 구체적인 구약의 언급들은 다음의 본문에서 찾을 수 있다: 신명기 9:7-10:11; 느헤미야 9:16-21특히 9:18; 그리고 시편 106:19-25. 이들 가운데 모세를 1인칭으로 말하고 있는 신명기 9:7-10:11는 민수기 14장의 가장 확장적인 본문이며 민수기 14장의 이야기를 통합하고 있다. 이스라엘의 계속되는 반역, 모세의 중재, 그리고 결국 하나님이 용서하시는 것은 이 모든 보도들 속에서 꾸준히 나타나는 요소들이다.

신약성서에서 금송아지 사건은 두 번 인용된다. 스데반이 자신의 설교에서 그 사건을 언급한다. 행 7:39-42 고린도전서 10:7f에서, 바울은 광야에서 이스라엘의 전반적인 반역이라는 맥락에서 그것을 시사하며, 그리스도인들에게 이스라엘의 자기파멸적인 방향에서 배우라고 경고한다.

우리는 금송아지 사건이 여로보암 1세가 북 이스라엘에 송아지/황소를 섬기는 것을 도입한 것과 연결시킬 수 있다는 것을 앞서 살펴보았다. 왕상 12:25-33; 호 8:5 참조; 10:5; 출 32:4b-5, 주를 보라 물론 우상숭배라는 주제는 언약을 깨고 다시 세우는 주제와 같이 신구약성서에서 훨씬 많이 퍼져있다. 언약을 깨는 것에 대해서는 형상계명, 20:4-6, 주를 보라; 언약의 갱신에 대해서는 19장, 주를 보라 [언약, 492쪽]

중재자이자 중보자인 모세

이 주제는 모세의 소명3:1-4:17으로 시작하여 출애굽기와 민수기를 통해 확대된다. 이 주제는 17. 19, 그리고 24장에서 특히 큰 관심을 받고 있지만 32-34장에서처럼 온전하게 다루고 있는 곳은 없다. 민수기 14장과 신명기 9:7-10:11에 있는 그 확장적인 병행들은 이미 언급된 바 있다. 위를 보라 [모세, 473쪽]

칼과 전염병으로 심판

전염병이 따라 오기 전32:35, 모세의 부름으로 죄지은 자들을 레위인들이 처형한 것은 32:25-29 민수기 25장에서 특히 가까운 병행이 발견된다. 민 16장도 참조 하나님이 심판으로 "전염병"을 사용하시는 것에 대해서는 7:14-11:10, "심판의 표징들에 대한 개요," 이집트의 전염병에 대한 주, 그리고 11:10 이후의 [교회 생활에서의 본문]을 보라.

모세의 빛나는 얼굴

바울은 가리개로 빛나는 얼굴을 모세가 가린 것34:29-35을 해석한다. 고후 3:7-18 그의 예표론적 비교의 주된 요지는 분명하다: 옛 언약 속의 하나님의 계시가 이미 무시무시한 영광을 가지고 있다면, 그리스도 안에 계시된 영광은 얼마나 더 큰 것인가! 그렇지만 그러고 나서 바울은 그 비교를 모세의 입장에서 담대함이 없었다는 것으로 전환시킨다. 그것은 모세가 가리개로 그 영광을 가린 것으로, 바울에 따르면 그 가리개는 옛 언약을 듣는 자들 앞에 여전히 있는 것이다. 그렇지만 그리스도인에게는 그런 담대함이 필요하며 그 가리개는 이제 그리스도인들에게는 벗겨졌기 때문이다. 이런 복잡한 구절의 분석을 위해선 Childs: 620-24 참조

언약갱신의 법들

언약갱신과 관련된 법들34:11-26은 대개 앞에서 다루어졌다. 34:12-16을 위해서는 가장 중요한 계명, 20:3의 주를 보라. 34:17에 대해서는, 20:4-6에 대한 주를 보라. 34:18-20, 22-24의 절기력에 대해서는 23:14-17의 절기력에 대한 주를 보라. 34:21에 대해서는, 20:8-11, 안식일 계명에 관한 주를 보라. 34:25-26에 대해서는 12-13장에 나오는 유월절과 첫 열매에 대한 주를 보라.

교회 생활에서의 본문

기반이 되는 본문

금송아지 이야기는 단순히 인간의 죄를 말하고 있는 수많은 성서단락들 가운데 하나가 아니다. 그 이야기는 이스라엘과 하나님이 언약을 체결한 직후에 자리하고 있으며 이 일들이 이루어지기 전에 적절한 예배를 위해 모세에게 하나님께서 내리신 지침들을 대신하는 역할을 한다. 이 모든 것은 금송아지 사건에 최고의 특징을 부여한다. 타락창 3장이 인간의 이야기 속에 있는 것처럼 금송아지 사건은 언약백성인 이스라엘의 이야기 속에 있다: 타락이 인간이 끊임없이 거역하는 성향이 있다고 규정하듯이, 이스라엘이 반역적인 성격이 있다는 것을 규정하는 행동이다.

그 결과, 처음부터 인간과 하나님의 관계가 하나님의 용서하는 은혜에 기초한 관계에 있듯이, 이스라엘과 하나님의 관계는 하나님의 용서하는 은혜에 전적으로 달려있는 죄악의 백성의 관계로 새로이 정의된다. 인간과 하나님 사이, 창조와 타락 사이에 조화의 황금시대가 결코 없었던 것처럼, 이스라엘의 역사 속에도 신실한 언약을 지킴으로써 표시되는 시대가 한 번도 없었다.

해석의 역사

해석의 역사 속에서, 대부분의 주석가들은 32-34장에서 기록된 반역과 회복이라는 핵심적이고 중대한 특성을 알고 있다. 이 섹션의 많은 부분의 기초가 되는 Childs: 574-79 참조 신약성서의 안내를 따라행 7; 고전 10; 위의 성서적 맥락 속의 본문, 초대교회는 금송아지 사건을 경고하는 사례로 보았다. 교회가 포함된 신약성서의 경고와는 달리, 기독교 해석자들은 금송아지 사건을 불순종하는 이스라엘과 유대교와 대항시키는데 사용했다. 이스라엘이 모세의 말을 듣지 않은 것은 유대교가 그리스도의 말씀을 듣지 않은 것과 예표론적으로 비교되었다.

그 사건의 중대성을 알면서도, 유대교 해석자들은 특히 유대인들을 부를 때, 아론과 이스라엘이 결백하다는 것을 밝히기 위한 다양한 방어적인 해석을 강구했다. 예를 들면, 그들은 그 죄를 모든 이스라엘에게 돌리는 것이 아니라 이집트에서 나온 "혼합된 다수"12:38, KJV에게 돌렸다. 아론은 그 백성을 저지하려고 했으나 실패했다; 그런 식이다. 유대교가 그 언약을 빼앗겼다는 기독교인들의 주장에 맞서, 유대교 해석자들은 모세의 중재를 통해 이스라엘이 용서를 받았다고 역설했다.

기독교 해석자들은, 이스라엘이 신실하지 못했다고 강조하는 것이 교회에 역효과를 낼 수 있음을 알아채고는, 결국 아론과 이스라엘 사람들 대다수의 구미에 맞는 일부 유대교 변증론을 받아들였다. 어거스틴은 이미 아론을 변호했으며 칼빈은 그 언약을 영구적으로 무효화된 것이라기보다는 일시적으로 깨진 것으로 보았다. 모세의 중재는 강조되었으며 예표론적으로 그리스도의 공로와 비견되었다.

종교개혁 논쟁의 정황 속에서, 메노 사이먼스는 금송아지 이야기에 대한 자신의 4개의 인용문 가운데 3개에서, 그 이야기를 로마 가톨릭의 화체설 교리에 맞서 논쟁하는데 사용했다.Menno: 156, 516; 그의 네 번째 언급, 160에서 그는 모세를 신실한 목자라고 칭송한다 아나뱁티스트 순교자 쟈끄 다우치Jaques D' Auchy도 그랬다.Bright: 598 이들은 이 복잡한 본문이 다양한 방식으로 사용될 수 있음을 보여주는 일부 사례에 불과하다.

지난 2세기의 역사비평적 학문은 아론의 금송아지와 여로보암이 세운 금송아지 사이의 관계와 같은, 역사적이고 문학적인 문제들에 초점을 맞추었다. 그렇지만 금송아지는 인간이 하나님에 맞서 자기를 과시하는 가장 잠재적인 상징으로 남았다. 그리하여 차일즈는 헬바르트H. Hellbardt의 **Das Bild Gottes**하나님의 형상, 1939를 히틀러의 전국적인 꿈을 교회가 수용하는 위험에 맞서 이 이야기를 사용한다고 언급한다. 나아가, 그는 "*vox populi*백성의 소리와 *vox Dei*하나님의 소리"를 혼동하는, 인간이 만든 종교에 맞선 싸움에서 바르트가 이 본문을 사용한다고 인용한다.

비슷하게는, "드 푸리스위스 신학자, de Pury가 아론이 자유주의 신학과 가톨릭의 자연신학의 아버지라고 했다! 그는 백성의 '종교적 필요'에 관련성을 갖고자 했으며 결국 신앙 그 자체를 잃어버리고 말았다." Childs: 579 중세 시대에서 계속하여-그리고 문자적 왜곡보다는 덜 신학적으로-금송아지는 부를 우상으로 숭배하는 것을 나타내게 되었다. 따라서 오 헨리"매혹적인 옆얼굴"에서는 "금송아지[부]를 숭배하는 동네"를 거론하고 있다.Jeffrey, 1992d:313

이스라엘의 반역이 주는 현대의 메시지

이스라엘을 이해하고 하나님과의 언약관계를 이해하기 위한 이 구절의 근본적인 특징은 이미 강조되고 있다. 이 본문은 여러 가지 방식으로 우리에게 말할 수 있다:

1. 하나님 앞에 모든 인간이 받아들여진다는 것은-신약성서든 구약성서든-인간의 업적이라기 보다는 하나님의 은혜를 기반으로 한다. 그것이 고대 이스라엘에게 있어 이전 언약을 깨는 이스라엘을 재창조하기 위한 시도가 헛되고 말았던 것처럼, 소위 순수 신약성서의 교회를 다시 만들고자 하는 우리의 모든 노력들은 잘못된

이상주의인 것이다. 인간의 역사와 이스라엘의 역사는 그런 깨끗한 순수함이 결코 존재하지 않는다는 것을 알려준다. 바울이 그리 강력하게 주장한 것처럼, 그런 인간의 도덕성이나 이스라엘의 율법준수는 하나님 앞에 누구도 받아들여질 수 없게 한다.롬 1-3

2. 이런 주제들이 현저히 나타난다 해도, 우리가 단순히 그런 주제들을 우상숭배에 대한 경고나 하나님의 용서를 증언하는 것으로 들어버린다면, 32-34장이 갖는 날카롭고도 미묘한 메시지를 잃어버리게 된다. 먼저, 문제가 되는 우상숭배는 하나님의 가시적이고 유형적인 임재를, 모세의 깨어지기 쉽고 인간의예언적인 말로 대체시키는 우상숭배이다.

    두 번째로, 그것은 대중의 "종교적 필요"를 충족시키려는 것에서 나온 우상숭배이다. 그때와 마찬가지로 지금 우리 시대에도 많은 사람들이 하나님의 말씀을 단순히 설교하는 것이 약하고도 깨지기 쉬운 것으로 생각한다. 한편으로는, 대중적인 종교적 갈증은, 신앙의 치유이든, 방언을 말하든, 영성에 대한 틀림없이 성공적인 기법들 또는 새로운 복음적 방법론들이든, 더 위대한 신성한 임재의 실재를 부르짖고 있다. 다른 한편으로, 사람들은 멀티미디어를 사용하고, 팝뮤직을 통해, 심리학적 접근과 기법들, 그리고 "신앙을 진짜로 만들어주는" 문화적 유행들을 통한 예배의 "현대화"를 부르짖는다. 그런 모든 기법과 유행들이 갖는 공통분모는 하나님의 말씀에서 주도권을 빼앗아서는 대중적인 인간의 종교적 요구들을 충족시키는 인간적인 형태로 대체하는 것이다.

3. 아론의 역할은 종교적 지도력이 갖는 소명의 위험을 힘차게 지적한다. 성직자, 학회관료, 그리고 그 밖의 지도자들은, 아론과 그가 나타내고 있는 제사상들처럼, 문화를 둘러싸고 있는 것들에 맞춘 종교적 편의에 대한 대중적인 요구를 충족시키라는 어마어마한 압력을 받고 있다. 형상 숭배는 고대에서는 어디에서나 있던 일이었다; 아론이 어떻게 거부할 수 있었겠는가?! 유행하는 것을 전달하는 것을 우리가 어떻게 거부할 수 있는가?!

4. 하나님이 선택하신 중재자 모세의 중재적 역할은 이 장들에서 특별히 분명하게 묘사된다. 그 역할은 하나님의 역사적으로도 독특한 종의 역할을 분명히 하고 있다. 그것은 앞에 있을 예수 그리스도의 더 완전한 중재자 역할을 예표론적으로 가리킨다. 낮은 목소리로, 그것은 그를 섬기는 선택된 지도자들을 하나님께서 어떻게 사용하시는지를 보여준다. 중재는 모든 신자들이 받은 역할인 것이다.

5. 중재는 하나님과 죄 있는 인간 사이를 연결하며 죄가 만들어낸 거리를 다리로 연결한다.33:7-11 그 산에서 모세에게 환상으로 보여 준, 백성의 한가운데에 있는 영화로운 장막 대신에 모세는 진영 바깥에 있는 단순한 장막 속에서 하나님과 만남을 계속해 나갔다. 많은 사역자들이 온전하고 생기 있는 교회를 마음속에 그려보지만 군데군데 몇 좌석만을 채우고 있는 것에 만족해야만 한다. 그렇지만 이 본문은 이것이 백성과 하나님을 함께 묶고 있는 얇은 실가닥이었다고 말한다.

6. 그렇지만 그 거리는 죄 때문이 아니라 하나님의 초월적인 본성 때문이다. 하나님의 신비는 모세에 대한 것이라고 해도 보존된다. 많은 사역자들이 하나님께 **당신의 영광을 제게 보이소서**33:18라고 구한다. 이것은 "모든 문제와 불확실성을 없애어 당신을 진정으로 섬기게 하소서"를 의미한다. 말하자면 **너는 내 뒷모습을 볼 것이지만 내 얼굴은 보이지 않을 것이다.**33:23; 고전 13:12 참조라는 말만 들을 뿐이다. 하나님의 거룩함타자성은 옆으로 밀어젖혀셔서는 안 된다.

　　33:18-23에 대한 우리의 해석은 이 절들이 갖는 당시의 이야기 정황 속에서 이 절들의 기능에 강조점을 둔다. 그렇지만 이 절들은 구약성서에서 흔하지 않은 추상적인 신학적 반영 정도를 드러낸다. 따라서 그들이 이 서사 속에 있는 그 기능들에 더하여 적어도 두 개의 일반적인 신학적 질문들을 의도적으로 고려하지 않았는지 여부를 궁금해 하는 것은 타당하다.

　　이들 가운데 첫 번째는, 확실성, 절대적 지식, 신비적 연합으로 이해되든, 혹은 인격적인 하나님으로 이해되든, 궁극적인 것을 향한 인간의 보편적인? 갈망이다. 하나님께 더욱 가까이 다가간 후에33:11, 14, 17, 모세는 마침내 거울로 흐릿하게고전 13:12 보지 않아도 되길 바랐거나, 혹은 바라는 것들을 보증해 주고 볼 수 없는 것들을 확증해 주는히 11:1 신앙으로 보지 않아도 되길 열망한다. 모세는 얼굴을 마주하고 보길 바라는데, 독특한 방법으로 자신에게 부여된 은유적인 의미에서가 아니라33:11; 24:11; 신 34:10, 궁극적인 의미에서이다. 부드럽지만 모호하게, 하나님은 모세-와 다른 모든 인간들-에게 그들을 위해서 그렇게 될 수 없다고 하신다.

　　두 번째 신학적 주제는 첫 번째와 관련이 되지만 더 구체적이다. 특별히 선택된 사람은 어디까지 갈 수 있는가? 하나님과 관련하여 모세의 독특성이 가져다주는 의미는 무엇인가? 대답은 분명하다: 인간과 하나님 사이의 차이를 지키는 문제가 되면, **어느 누구도**문자적으로는 어떤 사람도. 히브리어: ' adam, 33:20, 모세조차도 예외가 될 수 없다. 하나님의 영광을 보여 달라는 요청에 하나님께서 모세를 질책하신다는 여지는 없다. 결국, 모세는 하나님께 이 일을 자신에게 허락해 달라고 요청한 것이다; 그는 형상이나 다른 수단을 통해 하나님께 가까이 다가가려는 인간적인 노력에 참여하지 않는다. 그럼에도, 이 본문은, 비록 그리 미묘하다 할지라도, 경고를 주는 듯하다. 그것은 하나님께서 설정하신 한계 속에서 살아야 한다고 모든 인간들과 심지어 모세에게 주신 경고인 것이다.

7. 마지막으로, 언약이 갱신되자 하나님의 은혜가 퍼진다. 이스라엘은 하나님께서 용서하신 백성이라는 모습으로 하나님의 백성이 될 수 있었다. 교회도 마찬가지다.

출애굽기 35:1-40:48

하나님을 위한 건축

사전검토

이스라엘 사람들은 다시금 건축을 시작한다! 그들은 이전에 바로의 건축노예였다.1장 그들은 다시금 건설자들이 되었지만, 지금은 노예가 아니라 하나님을 위해 자발적으로 참여한다. 그들은 스스로 만들어 숭배를 해봤지만 헛되다는 것을 알았고32-34장, 이제는 앞서 하나님께서 모세에게 계시하신 것에 따라 자신들과 헌물을 거리낌 없이 성소를 짓는 데 내어 놓는다.25-31장

성소의 다양한 특징들로 묘사되는 대부분의 세부적인 내용은 25-31장에서 이미 언급된 것을 되풀이 한다; 따라서 그것은 불필요한 반복이 없이 간략하게 언급될 수 있다.상호 참조를 위해서는 아래의 개요 뒤에 나오는 "짝을 이루는 성막본문들"이라는 표를 보라 그렇지만 전체적으로 25-31장에서 담고 있는 목적과 사용의 설명은예를 들면 25:22; 30:19-21 35-40장에서는 생략된다. 35-40장의 강조점은 계시된 계획에 다라 모든 것을 짓고 만드는 것에 있다. 본의 배열은 25-31장과는 다르다. 전체적으로, 다른 순서는 건설의 논리로 구술된다. 따라서 그런 순서로 재료들이 수집되고 일하는 사람들이 모이고, 다양한 물품들이 생산되며 성소 전체가 마침내 조립된다는 설명이다.

강조점은 하나님의 지침에 순종적으로 따르지 않았음에 있다; 모든 것은 주께서 명령하신 대로 만들어진다.39:43; 그리고 자주 그 모든 목적은 이스라엘의 한가운데에 하나님께서 특별히 임재 하신다는 상징과 중심이 될 성소를 짓는 것이다. 그렇지만 그런 임재 자체는 이스라엘의 노력으로 징발될 수 없다; 내려오는 구름의 모양으로, 그 임재는 하나님의

자애로운 선물로 이스라엘에게 주어지는 것이다. 40:34-38

개요

성소를 지을 준비, 35:1-36:7

35:1	서론
35:2-3	안식일 준수는 기본이다
35:4-9	재료를 기증하라는 요청
35:10-19	만들어야 할 물품목록
35:20-29	백성의 긍정적인 반응
35:30-36:1	브살렐과 오홀리압, 책임자들
36:2-7	헌물이 넘침

성소의 건축, 36:8-38:31

36:8-38	성막-장막
37:1-29	가장 거룩한 곳과 거룩한 곳을 위한 물품들
38:1-20	성막 뜰을 위한 물품들
38:21-31	사용된 쇠붙이를 말함

제사장의복을 제작, 39:1-31

39:1-7	에봇
39:8-21	가슴판
39:22-26	에봇 겉옷
39:27-29	제사장 의복의 다른 물품들
39:30-31	머리띠Rosette

모세에게 작업을 가져오다, 39:32-43

마지막 요약, 40:1-33

40:1-15	하나님의 승인!
40:16-33	완료된 임무

주님의 영광이 성막을 채우다, 40:34-38

출애굽기에서 짝을 이루는 성막 본문들

35:2-3	31:12-17
35:4-9	25:2-7
35:30-35	31:1-6
36:8-38	26:1-37
36:8-19	26:1-14
36:20-34	26:15-29
36:35-38	26:31-37
37:1-29	25:10-39; 30:1-5, 23-25, 34-35
37:1-9	25:10-22
37:10-16	25:23-29
37:17-24	25:31-39
37:25-28	30:1-5
37:29	30:34-35
39:1-20	27:1-19; 30:18
38:1-7	27:1-8
38:8	30:18
38:9-20	27:9-19
39:1-31	28:6-40
39:1-7	28:6-12
39:8-21	28:15-28
39:22-26	28:31-34
39:27-29	28:39-40
39:30-31	28:36-37

주석

성소를 지을 준비 35:1-36:7

35:1 서론

언약은 갱신되었고 모세는 하나님께 새로이 헌신된 백성, 회중들congregation에게 말을 한다. 그는 마침내 성소에 대한 하나님의 지침을 전달할 수 있게 되었는데25-31장, 이스라엘의 일탈적인 금송아지 숭배로 인해 앞에서는 할 수 없었던 임무였다.32-34장 25-31장의 명령이 대부분 모세에게 주어진 것이었지만, 거기서 우리는 모세가 모든 백성의 대표자 역할을 했다는 것을 보았다. 따라서 모세는 이제 주께서 너희에게 명하셨던 것을 거론할 수 있다.

35:2-3(31:12-17 참조) 안식일 준수는 기본이다

놀랍게도 앞에 놓여있는 작업지침들은 하나님께서 뜻하신 휴식의 조항, 안식일을 떠올리는 것으로 시작한다. 시내 산 언약의 표식이 되는 안식일의 더 온전한 의미는 31:12-17과 연관시켜서 논의되었다.주: 그리고 안식일 계명, 20:8-11, 주 이 본문의 중요성은 서소작업의 시작부분에 위치한다.

인간의 작업은 항상 인계하고 관리하고 지휘하고자 하는 유혹을 그 안에 품고 있다.W. Janzen, 1992a:123-30 참조 그렇지만 성막을 짓는 것은 인간의 종교적인 위업에서 나온 행동이 아니라 하나님에 대한 순종의 행위로 보아야 한다. 따라서 안식일을 준수함을 통하여, 하나님의 시간 구조를 더 잘 아는 것은 그 일에 우선하는 것이다. **안식일에 너희의 모든 거주지에 불을 붙이지 말라는** 구체적인 명령은 아마도 모든 일상적인 가사노동을 예로 들고 포함하고 있는 일상생활-음식조리-의 한 가지 특징을 지목한 것 같다.

35:4-9(25:2-7 참조) 재료를 기증하라는 요청

25:2-7과 거의 동일한 설교를 하면서, 모세는 너그러운 마음을 가진 자는 성막을 짓기 위해 필요한 재료들을 기증하라고 요청한다. 자발성에 대한 강조가 여기서 다시금 소개되며 이어지는 본문 속에서 확대될 것이다.

35:10-19 만들어야 할 물품목록

이 본문은 너희 중에서 기술을 가진 모든 이들이 와서 일해 달라는 호소로 시작한다.35:10; 기술이 있는 것에 대해서는 31:1-11, 주를 보라 그러고 나서 이 본문은 세워져야 할 성막의 다양한 부분들과 물품들을 열거한다. 이들은 25-30장에서 더 자세하게 기술된다.

35:20-29 백성의 긍정적인 반응

헌물을 바치고 자발적으로 일해 달라는 모세의 요청에 열정적이고도 서슴지 않는 반응이 뒤따른다. 할 수 있는 사람들이 모든 종류의 재료들을 준비하고 가져온다. 여성들과 여성들의 특별한 재능들도 분명히 언급되었다는 점은 주목할만하다.35:22, 25-26, 29 기꺼이 하고자 하는 이런 열정적인 반응이 가져오는 영향력은, 불과 얼마 전 금송아지를 만들기 위해 그들이 헌물을 가져왔던, 열정적으로 기술된 사건을 우리가 기억하고서야 깨닫게 된다.32:2-3, 24

35:30-36:1(31:1-6) 브살렐과 오홀리압, 책임자들.

이제 모세는 백성에게 하나님이 앞서 지목하신 두 명의 장인들을 소개한다.31:1-6 그들은 더욱 특별한 임무를 고안하고 실행하게 될 것으로, **신성한 영**혹은 하나님의 영과 **기술** *hokmah*, 문자적으로는 지혜, 35:31을 부여받았다. 또한 그들은 자원하는 이들을 가르치게 될 것으로, 이런 교육의 임무도 하나님께 영감을 받았다.35:34 그렇지만 그들은 구분되고 더 높은 지위에 있는 것이 아니라, 주님께 재능을 받은 솜씨가 덜한 다른 자원하는 이들과 함께 일하는 동료일 뿐이다.36:1

36:2-7 헌물이 넘침

이제 그 작업이 시작된다; 재료와 장인들이 자리를 잡는다. 그렇지만 특이하면서도 예측하지 못한 문제가 발생한다: 백성들이 너무 많이 가져온 것이다! 모세는 넘치는 헌물을 그만 가져오라는 특이한 명령을 한다. 바로의 건설노예로 신음할 때와 얼마나 다르단 말인가!

성소의 건축 36:8-38:31

36:8-3826:1-37 참조 성막-장막

8-9절26:1-14 참조은 26:1-12에서 주어진 것처럼 성막-장막을 구성하고 있는 장막들을 만드는 지침들을 정확히 실행하는 것을 보고한다. 25-27장에서 모세에게 주신 하나님의 지침은 다소 이상적인 순서에 따라 가장 거룩한 중앙의 물품들, 법궤 및 속죄소로 시작한다. 반면, 실제 건축은 성막으로 시작하여서 완성되자마자 가장 거룩한 물품들이 머무는 곳으로 사용될 수 있다는 것이 타당하다.

20-34절26:15-29 참조은 모세에게 규정했던 것 그대로, 장막들을 위한 지지구조를 준비하는 것을 알린다.26:15-29

35-38절26:31-37 참조는 입구가림막을 마련한다. 천사들이 수놓아진 장막은 가장 거

룩한 곳과 거룩한 곳을 구분한다.26:33 이 막은 뜰에서 성막으로 들어오는 입구를 닫는다. 둘 다 모세에게 지시된 대로 행해진다.26:31-32, 36-37 성막의 "뼈대"가 이제 완성된다.

37:1-29(25:10-22; 23-29, 31-39 참조; 30:1-5, 23-25, 34-35) 가장 거룩한 곳과 거룩한 곳을 위한 물품들

1-9절25:10-22 참조은 브살렐이 어떻게 앞선 지침에 따라 정확하게 두 명의 천사로 법궤와 속죄소를 만드는지를 알린다. 이곳과 다른 곳에서 모세에게 준 지침들이 포함된 해설적인 언급들25:22 참조이 생략된다. 핵심은 하나님의 지침을 정확히 실행하는 것으로 엄격히 제한된다.

10-16절25:23-29 참조은 가장 거룩한 곳의 물품들에서 거룩한 곳의 물품들로 바뀐다. 이들 가운데 첫 번째는 막대기와 그릇이 있는 아카시아 나무단이다. 이들 역시 지시된 대로 만들어진다. 임재의 빵25:30이 그 단 위에 놓이는데, 물론 장인들이 만든 것이 아니므로 언급되지 않는다.

17-24절25:31-34 참조은 밝혀진 양식에 따라 정확히 등잔대를 만드는 것을 말한다.

25-28절30:1-5 참조은 거룩한 곳의 물품들에 속하는 단과 등잔대를 분향단과 연관시킨다; 모세에게 주신 하나님의 지침에서25-31장, 그것은 그 목록의 아주 뒤쪽에 나온다. 다시금, 그것은 규정된 대로 주의를 기울여서 만들어진다.

29절은 성막 속에 있는 거룩한 곳의 물품들과 뜰에 있는 물품들 사이에서 다소 고립되어 있다. 이 절은 간략하게 거룩한 기름과 순수한 향을 만드는 것을 요약하고 있는데, 모세에게 주신 하나님의 지침들 속에서 더 많은 분량을 차지하는 주제이다.30:23-25, 34-35 참조 아마도 그것이 여기에 나오는 이유는 분향단과 그 향이 관련되었기 때문일 것이다.37:25-28

38:1-20(27:1-8 참조; 30:18; 27:9-19) 성막뜰의 물품들

1-7절27:1-8 참조은 규정된 대로 번제단을 만드는 것을 말하고 있다.

8절30:18 참조은 놋으로 된 물두멍을 완성된 물품들에 덧붙인다.

9-20절27:9-19 참조은 마침내 뜰로 전환함으로써 성소의 특징들과 완성된 물품들의 목록을 끝맺고 있다. 장막, 기둥, 그리고 기초들은 지시된 대로 만들어진다.

38:21-31 사용된 쇠붙이를 말함

성소가 완성된 이후, 이 본문은 비용을 말한다. 레위인들은 아론의 아들 이다말의 지휘하에 비용기록을 명백히 모은다.38:21; 6:23 참조; 28:1; 민 4:33; 7:1-9에서 그는 감독과 회계의 역할을 한다 책임 기능장인인 벨사셀과 오홀리압은 간략하게 언급된다.38:22-23; 31:1-11 참조; 35:30-36:1

그렇지만 회계에는 모든 헌물을 포함하지 않는다. 회계는 아마도 금속-금, 은, 구리-에 초점을 맞추는데 그 이유는 이 금속은 가장 비싸게 사용된 재료들이기 때문일 것이다. 지성소와 관련된 상대적인 순서에 대해서는 25:3-7, 주를 보라 사용된 수량은 어마어마하지만 해석자들은 현대적 상응기준에 있어서 조금씩 다르다.Durham: 490 은의 무게는 근사치적으로 금과 동이 결합된 무게와 비슷하다. 자발적으로 은을 헌물하는 것이 성전 세겔로 보충된다는 사실로 이것이 설명이 된다.38:25 성전세는 20세 이상이 되는 모든 남자들, 총 604,550명에게 부과된다.38:26; 세겔 반의 세금에 대해서는 30:11-16, 주를 보라; 인구조사 수치에 대해서는 12:37, 주를 보라

금속의 수량이 어마어마해 보이지만, 더럼은 그것이 불가능하다고 주장한다. 그렇지만 이 본문의 의도는 수량적인 정확성에 있는 것이 아니라는 그의 지적은 옳다; 그 의도는 오히려 백성의 "기쁜 관용성"과 만들어진 "공간과 기물들의 호화로움"을 강조하기 위한 것이다.Durham:490

제사장 의복을 제작 39:1-31

39:1-728:6-12 참조 에봇

1절은 이 장의 주제, 파란색, 보라색, 그리고 진홍색의 실을 사용함으로 아론을 위한 성별된 제사옷을 만드는 것을 소개한다.

2-7절은 높은 품질과 정교한 기술에 특별한 강조를 둔, 에봇의 완성을 이야기한다. 그들예를 들면 39:1, 4과 그예를 들면 39:2, 7를 서로 바꾸어서 쓰는 것은 브살렐과 다른 작업자들 사이의 가까운 협동성을 보여준다.

이 본문은 주께서 모세에게 명하신 대로39:7 모든 것이 행해졌다는 언급으로 마무리된다. 동일한 후렴이 제사장의 제사복 목록에서 여섯 차례 더 나타난다.39:1, 5, 7, 21, 26, 29, 31 이런 7중적인 언급은 이 제사복의 신성한 고안과 작업자들이 그 고안을 순종적으로 실행해 냈다는 것을 강조하기 위해 의도된 것일 수 있다.

39:8-21(28:15-28 참조) 가슴판

가슴판은 하나님께서 앞서 내리신 지침에 따라 정확히 만들어진다. 여기서 가슴판은 심판의 가슴판이라고 불린다거나 우림과 둠밈에 대한 언급도 없다.28:15, 29-30 참조 이것은 35-40장에서, 그 의미와 만들어진 물품들의 사용에 대한 모든 해석적인 언급들의 생략과 부합하고 있다. 강조점은 전적으로 만드는 것 자체에 있다.

39:22-26(28:31-34 참조) 에봇의 겉옷

석류와 종이 붙은 에봇의 겉옷은 이제 주께서 모세에게 명하신 대로 만들어진다.

39:27-20(28:39-40 참조) 그 밖의 제사장 의복 물품들

지금까지는, 언급된 의복들은 아론, 대제사장을 위한 것이다. 이제 본문은 아론 및 일반 제사장들을 의미하는 그의 아들들을 위한 다양한 물품들을 나열한다: 속옷, 두건대제사장을 위한 것, 28:37, 사모다른 제사장들을 위한 것, 28:40, 모시 실로 잔 속바지모든 제사장들, 그리고 띠모든 제사장들을 위한 것 이 모든 것은 주님의 명에 따라 만들어진다.

39:30-31(28:36-37) 머리띠(Rosette)

이 본문은 다시금 두건을 바짝 조일 아론을 위한 물품, 관으로 되돌아간다. 새겨진 글, "주님께 거룩"은 35-40장에서 어떤 해석적 언급들을 대개 피하는 것과는 대조를 이룬다.

모세에게 작업을 가져오다 39:32-43

이 구절 전체는 실제로 주께서 모세에게 명하신 대로 한 모든 일이라는 형식의 확장이다. 이 형식은 이 본문의 처음 부분32절에 나오고 끝부분에 두 번 나온다.42-43 내부적으로 이 본문은 세 가지 단계로 진행된다:

1. 이스라엘 사람들은 모세에게 만남의 성막의 구성부품들39:32을 만들어서 가져오는데, 앞에서 구분하여 사용된 두 가지 지정된 것이 결합된 경우가 많다. 물론 이스라엘 사람들은 전체로 보면 민족이지만, 작업 자체는 브살렐과 오홀리압의 지도력 하에서 특별한 솜씨를 가진 자들에게 위임된 것이다.35:4-36:7 백성 모두가 하나님의 명령을 순종적으로 실행할 책임을 갖는다. 그들이 모세에게 조립되지 않은 구성부품들을 가지고 왔다는 사실은 순종이라는 주제를 부각시킨다. 그들은 만들어진 것들을 공급하는 사람도 아니고 건축가나 디자이너도 아니지만 순종하는 집

행자인 것이다. 하나님께서 그 전체를 디자인하시는 분이시며 하나님이 모세에게
만 그 디자인의 환상을 보이신다.

2. 구성부품들의 상세한 목록들이 뒤따르는데39:33-41, 그 작업의 모든 것들의 의미
를 세부적으로 밝히고 있다.39:32, 42-43 그것은 25-31장과 35-39장 내내 우리에
게 이미 익숙해진 물품들을 포함하고 있다.앞선 요약을 위해서는 31:7-11와 35:11-19를
참조

3. 모세는 주께서 명하신대로 자신에게 가져온 작업들을 검사하고 찾는다. 그리고
곧바로 모세는 그들백성을 축복했다.39:43 이 축복은 작업을 승인하는 행위로 보임
에 틀림없다. 동시에, 그것은 그들 한가운데에 있는 하나님의 성소에서 백성을 이
동시키는 축복을 예시하고 있다.민 6:22-27 참조 우리는 출애굽기의 이야기가 이제
거의 절정에 다다르고 있다는 것을 알아챘다.

마지막 요약 40:1-33

40:1-15 하나님의 승인!

건설하는 보도가 나오는 5개의 장35-39 이후에, 하나님께서 다시금 말씀하신다. 1-15
절은 간략한 요약으로 25-31장에서 모세에게 더 온전하게 주어진 하나님의 지침들을 되
풀이한다. 그 순서조차도 이 장들의 순서와 비슷한데, 법궤로 시작하여 외부의 뜰로 옮겨
간다.40:3-8

9-15절은 성막과 그 기물들을 기름부으라는 앞선 명령들을 확인하며40:9-11; 30:26-29
참조, 아울러 아론과 그의 아들들을 성별한다.40:12-15; 29장 참조; 30:30

이 본문은 시간만 빼고는 앞서 주어진 지침들에 새로운 것을 덧붙이지는 않는다: 첫 번
째 달의 첫날에 너는 성막을 세워라.40:2 17절은 여기세 두 번째 해를 추가한다.민 1:1 참조
성막은 이스라엘의 첫 번째 유월절 축제의 대략 1년 후12:1, 3, 14, 18, 40-42 참조, 그리고
시내 산에 이스라엘이 도착한 10개월 후19:1, 주 조립되어야 한다. 하나님은 성소의 디자
인만 주신 것이 아니라 세워지는 시간도 지정하신다. 그렇게 큰 임무가 하루 동안 이루어
질 수 있을지의 여부는 여기서 언급되지 않는다; 강조점은 일상적인 세부내용보다는 하
나님의 인도하심에 있다. "승인"을 내리시는 분은 오직 하나님이다!

40:16-33 완성된 임무

1-15절은 간략하게 25-31절의 신성한 순서를 다시 말하고 있다. 이제 16-33절은 이

런 순서들을 모세가 실행하고 있다고 이야기하며, 35-38장에 따라서 대략 그들이 만들어지는 순서로 시행되는 물품들을 열거한다. 모세가 모든 것을 주께서 자신에게 명하신 대로 했다.40:16는 도입적 선언에 똑같은 것을 반향하고 있는 끝맺는 일곱 개의 언급들이 뒤따르고 있다: 주께서 모세에게 명하신대로40:19, 21, 23, 25, 27, 29, 32 그 임무에 온전히 순종했다는 것에 대해서는 의문의 여지가 없다. 모세는 하나님이 정하신 그 날에 성소를 조립한다.40:17, 2 참조 여기서는 제사장의 성별에 대한 언급이 없다; 그 언급은 레위기 8장에서 따라올 것이다. 끝맺는 언급이 그 임무의 완성을 요약한다: 그리하여 모세가 그 작업을 마쳤다. 그 다음의 행보는 하나님께 속한 것이다.

주님의 영광이 성막을 채우다 40:34-38

출애굽기의 마지막 본문에서, 주님은 백성의 순종적인 준비에 응답하신다.35-40장 구름이 상징하는 바는 이미 우리에게 알려져 있다.14:20 참조; 16:10; 19:9, 16; 24:15-18; 34:5; 특히 13:21f, 주 구름 속에서, 주님의 영광은 성소에 내려와 성소를 채우신다. 민 9:15-23도 참조 자신의 왕궁에서 노예들을 통치했던 바로와는 달리, 주님께서는 방랑하는 백성의 한 가운데에서 자신의 성막-아주 특별한 천막이긴 하지만-에서 거하신다.

주님의 거룩한 임재는 아주 가깝고 실제적이라서, 다른 이들의 한계를 넘어서 주님께 다가갈 특권을 종종 누렸던 모세조차도 주님의 영광이 성막을 채울 때는 성막에 들어 갈 수 없다.40:35; 19:20-25 참조; 24:12-18; 33:7-11; 34:2-3, 28:35 하나님의 근접성과 타자성 사이의 긴장은 하나님의 초월성에 대한 진정한 성서적 이해에 있어 중심이 된다.33:18-23 참조

그렇지만 이스라엘의 한가운데에 있는 하나님의 임재는 이스라엘이 하나님을 통제할 수 있도록 하지 않는다. 이스라엘은 이제 "다가갈 수 있게" 된 하나님을 조종하지 않을 것이다. 대신, 하나님은 언약의 백성을 이끄시는데 있어 주도권을 갖는다. 특별하고도 결정적인 시간에, 이스라엘은 낮의 구름기둥과 밤의 불기둥을 통해 하나님의 인도하심을 이미 경험했다.13:21f; 14:19f, 24 이제 이런 인도하심은 이스라엘에게 있어 신성한 주도권과 돌보심이 계속되는 형태로 약속된다. 하나님은 이스라엘이 시작하고 쉬도록 하실 것이다.40:36-37

이동하고 멈추게 하는 예측할 수 없는 신성한 기획이 민수기 9:15-23에 특별한 강조점을 두고 있다. 이제 독자들은 성막이 이동성이라는 특징으로 지어진 이유를 분명히 깨달을 수 있다.천막구조; 운반 막대기가 있는 고리들 야웨의 언약백성은 이동하는 백성이 될 것

이며, 그들의 언약의 하나님이 그들의 미래를 이끄시고 함께하신다.삼하 7:4-6 참조 그들이 시내 산에서 그 현현을 목격했듯이19장, 그 백성은 불과 구름이 내려오는 것을 목격한다.40:38 그렇지만 이번에는, 그것이 신성한 신비가 가져다주는 무시무시한 풍경이 아니라 그 경험을 표시하는 신성한 임재의 지식을 보증하는 것이다.

이 축하하고 거의 찬양적인 본문은 출애굽기를 목적지와 결론에 데려다 준다. 바로의 노예들은 야웨의 언약파트너가 되었으며, 야웨는 하나님이 모세에게 계시하신 이름으로3:13-15, 이제는 충분히 내용으로 가득하다. 동시에, 이 본문은 출애굽기의 이야기를 아직 오지 않은 미래와 연결시킨다. 이집트로부터 약속의 땅으로 가능 여행은 시작되었지만 아직 끝난 것은 아니다. 이스라엘은 여전히 약속된 집과는 멀리 떨어져서 이동 중인 백성인 것이다.창 12:1-3; 출 3:7-8 그렇지만 그 여정은 다른 방식으로 계속될 것이다. 만일-이 "만일"이 결정적인 단어가 될 것이다-그들이 세상의 구원을 위해 하나님께서 그들을 통해 그들의 구원을 이루시도록 한다면, 이 구원을 받은 노예들은 하나님의 언약의 대사들로서 행진을 계속해 나갈 것이다.

성서적 맥락 속의 본문

이 주제는 25-31장과 관련하여 다루어졌다.31:18 이후에 나오는 성서적 맥락 속의 본문을 보라

교회 생활에서의 본문

이것은 25-31장과 관련하여 시작된 논의를 계속 이어나간다.31:18 이후에 나오는 교회 생활에서의 본문을 보라

우리 가운데 계신 하나님

출애굽기에 나오는 성막의 기능은 하나님의 언약백성 가운데서 하나님의 거룩한 임재를 담아내기 위한 것이다. 그 직무는 그것 자체를 우상숭배나 마법으로 이끌 수 있는 어떤 어설픈 현실주의 없이도 하나님의 임재의 현실성을 전달하는 것이다. 우상숭배는 세상의 어떤 것을 신성화시키거나 창조주와 창조의 어떤 부분을 혼동하는 것을 포함한다. 마법은 신/하나님에게 영향을 주려는 인간의 노력이며, 인간의 종말을 어느 정도 제어할

수 있다고 믿는 것이다.

하나님의 임재를 담아내는 이런 임무를 다른 방식으로 기술해 보자. 성막은 하나님의 거룩하심을 보존하기 위해독특하고도 경외심을 불러일으키는 타자성; 19장의 주를 보라 그리고 이스라엘의 삶의 모든 것이 이스라엘의 중심이 되는 거룩한 하나님을 향하도록 하는 것이다. 우리의 해석이 보여주듯이, 그 성막의 모든 정수는 이런 목적을 위해 있는 것이다: 법궤 위의 하나님의 보이지 않는 임재; 가장 거룩한 곳에서 거룩한 곳, 뜰, 외부의 백성들에게까지 공간적으로 표현되는 거룩함이 감소되는 영역들; 재료들의 가치가 감소되는 것 금, 은, 동과 미적인 디자인의 개선 등이다.

인간의 입장에서 시작하여, 정결함, 예복, 기름부음, 희생 등으로 합당한 제사장들을 선택함으로써 적절히 거룩하신 하나님께 다가가기 위한 다양한 조항들이 있다. 대체적으로, 그의 백성 가운데에 있는 하나님의 자애로우신 임재는 하나님의 거룩하심을 제대로 인식함으로써 받게 된다. 성막은 이것을 위해 하나님이 마련하신 것이다.

우리에게는, 이것이 우리 가운데에 하나님의 임재가 있는지라는 질문을 야기한다. "주님께서 우리 중에 계신가, 그렇지 않은가?" 17:7 만일 대답이 '그렇다' 라면, 그리스도인들 가운데에는 확실히 그렇겠지만, 성막 본문들은 우리를 위한 그 다음의 질문을 던지고 있는 것이다: 거룩함의 개념은 여전히 유효한가? 하나님은 거룩하신가? 하나님의 거룩하심이 우리 가운데에 인정되어야만 하는가? 만일 그렇다면 그렇게 하기 위한 적합한 방법은 무엇인가?

우리가 성막 본문들의 풍부한 자원들을 활용할 수 있게 되기 전에, 우리는 위에서 밝혀진 널리 알려진 과격한 시각들 가운데 일부를 의식적으로 그리고 분명히 거부해야 한다. 성서의 세사장적 요소들은 예언적인 요소들에 비해 열등하지 않다. 출애굽기는 성막 부분이 무시되거나 생략되지 않는다면 온전하게 이해될 수 없다. 성막은 더 영적인 경건함 뒤에 남겨져야 하는 외적인 종교의 표현이 아니다; 오히려 그것은 투박한 외형주의 externalism, 예를 들면 금송아지와 같은에 대응하기 위한 아주 심오하고도 세련된 상징적인 배열이다.

더 미묘한 문제는 예수 그리스도와 성막의 관계로 타나난다. 하나님이 우리 가운데에 어떻게 계신가 하는 질문은 "예수 그리스도 안에서"라는 자동적인 응답으로 그리스도인들이 분명히 대답해야 한다. 신약성서는, 히브리서에서, 그리스도가 어떻게 성막을 대체하는지 우리에게 보여주지 않는가위에서 31:18 이후에 나오는 성서적 맥락 속의 본문의 "히브리서"를 보라?

그렇지만 차일즈는 독자들이 종종 히브리서에서 성막과 레위인들의 예배를 비판한다는 오해를 한다고 지적한다. 히브리서의 저자는 자신의 백성 가운데 하나님의 구체적인 거하심을 영적으로 만들지 않는다. 그는 하나님의 거룩하심을 세속화하지 않으며, 그리하여 하나님과 죄의 세상 사이의 긴장을 제거한다. 그는 중재, 희생, 화해, 죄를 씻음, 그리고 용서—성막의 기능 가운데 핵심 요소들—에 대한 필요를 거부하지 않는다. 대신, 히브리서의 저자는 이것들을 기독론적으로 해석한다.Childs: 551

다른 말로 하면, 히브리서는 이런 요소들의 중요성을 강조하여 모세의 성막과 제사장직이 그리스도 안에서 더 커다란 실재의 그림자가 되도록 하는 것이다. 이것은 성막과 제사장직이 충분하지 않지만 올바른 방향을 가리키고 있다는 것을 의미한다. 따라서 성막 본문들은, 히브리서의 저자에게 그러하듯이, 우리에게 있어서 그리스도의 준비자들과 해석자들이 될 수 있다.

성막이 주는 교훈들

성막의 본문들이 우리에게 무엇을 가르쳐줄 수 있는가?

1. 하나님은 자신의 백성 가운데 구체적으로 계시고자 한다. 하나님은 거기서 자애롭게 이끄시고 인도하시지만 속죄의 상징을 받아들이고 용서하신다. 우리는 예수 그리스도 안에 있는 하나님의 성육신 속에서 이런 임재하심의 온전함을 고백한다.

2. 그렇지만 이런 성육신은 물질적인 상징으로 우리에게 분명히 나타난다; 다른 무엇보다도 주님의 최후의 만찬의 빵과 잔에서. 성막의 재료들처럼, 이들은 일상생활 속에서 얻은 것이다. 다른 재료들은 여전히 이런 메시지를 전달하는 역할을 해나간다: 교회 건물, 예술작품 등형상 계명에 대한 주를 보라, 20:4-6 [아름다움]

3. 예수 그리스도 안에서 우리 가운데 하나님이 거하시는 것은 신과 인간의 구분을 무시하기 위한 보증서를 주는 것이 아니다. 주님의 만찬에 대해 바울은 이렇게 주의를 준다. "그러므로 누구든지 합당하지 않은 방식으로 주님의 빵과 잔을 먹고 마시는 사람은 주님의 몸과 피에 책임을 지게 될 것입니다."고전 11:27 다른 말로 하면, 이런 요소들이 갖는 특별한거룩한 의미는 일반적인 식사와는 구분되어야 한다. 주의 만찬이 다른 인간이나 우리 가운데 계신 하나님의 임재의 물질적 표현에 어느 정도까지 적용되어 있다는 것은 맞는 말이다. 그렇지만 우리는 우상숭배의 위험이 배후에 항상 숨어있다는 것을 잊어선 안 된다.

4. 하나님을 위해 짓는 것은 기쁘고 자발적인 것이 되어야 한다. 바로 아래의 노예노

역과 솔로몬의 성전건축을 위한 강제적 노역과는 대조적으로, 성막을 짓는 것은 자발적인 참여와 기꺼이 하고자 하는 헌물로 표시되고 있다. 우리는 어떻게 주님을 위해 짓고 있는가?

5. 장인 기능공에서 뜨개질하는 여인에 이르기까지 모든 사람의 솜씨가 수용되었으며 성서를 짓는데 필요했다. 우리는 특히 브살렐과 오홀리압과 같은 장인들, "영적인" 영역이라기보다는 물질적인 영역에서 일을 하는 사람들을 분명히 하나님께서는 부르셨고 하나님의 영이 그들을 채우셨다는 것을 본다.31:3, NRSV 주

6. 시각예술 역시도 하나님을 섬기는데 사용된다. 우상을 만들고자 하는 그들의 성향은 그들이 항상 우상적이라는 것을 의미하지는 않는다.형상계명에 대한 주를 보라, 20:4-6 [아름다움]

7. 성소는 이동할 수 있는 것이다. 하나님은 자신의 백성과 함께 움직이시기를 원하시며 그들을 이끄시기를 원하신다. 지상의 어떤 곳도 고유하고 영원한 거룩함을 주장할 수 없다. 온 세상은 잠재적으로 거룩한 장소이다.W. Janzen, 1982b: 137-57 참조

출애굽기 개요

에세이

계시와 임무. "계시"가 하나님이 자신을 드러내심을 가리키는 용어라면, "임무mis-sion"는 그런 계시를 부여한 자들을 통해 하나님이 드러내시는 인간적인 측면에서의 선언을 가리킨다. 이 두 주제들은 출애굽기에서 두드러지게 나타난다.

계시. 출애굽기 전체는 하나님의 자기계시의 이야기이다; 사실상 출애굽기는 구약성서에서 하나님의 성품과 뜻을 핵심적으로 드러내는 것을 말하고 있다. 얼굴과 손/팔과 같은 다른 핵심 용어들이 비슷한 기능을 하지만, 이런 자기공개의 내용은 이름과 영광이라는 용어에 빽빽하게 모여 있다. 이 모든 것은 하나님의 성품의 전체성을 가리키지만 약간은 다른 뉘앙스를 갖고 있다[이름, 영광, 얼굴/임재, 그리고 손/팔]

출애굽기 곳곳에 있는 하나님의 행하심은 하나님 스스로를 알리는 하나님의 행하심으로 묘사되는 일이 잦다. 특히나 **나는 주(야웨)이다**라는 자기소개의 표현과 그것이 확장된 인식표현 **너/그/그들이 내가 주(야웨)임을 알 것이다** 속에서 그러하다.7:7 이후의 성서적 맥락 속의 본문을 보라

온당한 무시에서 온 것이든이집트에서 모세와 이스라엘처럼, 6:2-3, 적대적인 저항에서 온 것이든바로 5:2; 1:8 참조, 혹은 의심하고 거역하는 것에서 온 것이든광야에서의 이스라엘, 14:10-14; 16:1-3, 야웨를 아는 지식이 없는 것이 그 시작점이다. 하나님의 계시의 주된 수취인인 모세 자신은 놀랍게도 미흡하게나마 그것에 다가갈 수 있게 해달라는 요청을 한다.33:12-13, 18-23 [이름, 영광, 얼굴/임재, 손/팔, 496쪽] 하나님하나님의 이름을 알린 사람은 무엇보다도 하나님 자신이며3:1-15에서처럼; 19-20장; 아울러 출애굽기 곳곳의 전능하신 하나님의 행하심, 하나님의 특별한 대리자들인 모세와 아론인 것이다.

주님야웨이라는 하나님의 이름 속에 담겨져 있는 하나님의 계시의 내용은 이중적이다: 억압을 받고 방랑하는 이스라엘에게 있어, 이 이름은 하나님의 구원과 임재와 점차적으로 동일시될 것이다: 그리고 그들은 바로 내가 그들 가운데 머물려 그들을 이집트 땅에서 이끌어 낸 그들의 주 하나님임을 알게 될 것이다.29:46; 6:7 참조; 8:22; 11:7; 16:6, 12 그 법들이 구체적으로 하나님의 구원하시는 역사를 이스라엘이 아는 부분으로서 기술되었다는 것에 주목할 가치가 있다.15:25b-26; 18:16, 20; 31:13

그렇지만 하나님의 자기 계시의 내용은 교만하고 압제를 행사한 바로와 이집트에 대한 심판의 행위로 표현되는 일이 많다. 물론, 이것 역시도 이스라엘에 하나님의 구원을 간접적으로 계시한 것이다.3:19; 7:5, 17; 8:10, 22; 9:14, 29; 10:2; 11:7; 14:4, 18 동시에, 이집트에 내린 하나님의 심판을 증언하는 것은 이스라엘에 대한 경고, 즉 종종 무시되는 경고의 역할을 한다.예를 들면 16:1-3; 17:1-7; 32-34장

임무. 출애굽기는, 그것이 억압된 사람들을 위한 좋은 소식이든 복음이든, 하나님의 지식계시을 받은 이스라엘의 바깥에 있는 자들에게 선포할 "임무"에 대한 소명을 어느 정도까지 포함하고 있는가? 출애굽기 전체가, 그 구조를 통해 진전되고 어떤 임무를 이스라엘에게 위임함 속에서 절정에 이른다는 것이 이 주석에서 논의한 것이었다. 이런 임무는 세상의 민족들을 위한 제사장 나라와 거룩한 민족이 되는 것으로 간략히 기술된다.19:6, 주 이런 일이 어떻게 일어나는가?

1. 출애굽 이야기는 넓은 지평선 속에 놓인다. 그것은 아브라함을 부르심 속에서 시작된 세상을 위한 하나님의 구원계획을 이어간다.창 12:1-3, 특히 3절: "땅에 사는 모든 민족이 너로 말미암아 복을 받을 것이다[혹은 스스로를 축복할 것이다]" 모든 나라의 축복을 위한 이런 계획은 출애굽기에서 계속되고 있다.예를 들면, 2:24-25

2. 이 이야기는 바로에 내리신 하나님의 심판들이 전 세계 앞에 행해진다는 것을 곳곳에서 상정하고 있다. 하나님이 바로를 물리치신 것은 당면한 목표로 이스라엘을 불법적인 주인인 바로에게서 구원하신다는 것으로, 그리하여 이스라엘이 진정한 주인, 주님을 섬기게 될 것이다. 그렇지만 하나님이 바로를 물리친 것은 또한 전 세계에 본보기를 삼는 역할을 하기도 한다: 그것은 온 세상에 나 같은 이가 없다는 것을 보이실 것이고 내 이름을 온 세상에 널리 알릴 것이다.9:14, 16, 29 참조 비록 갈등에 있어서 다른 신들의 역할이 출애굽기에서는 강조되고 있지는 않지만, 그런 심판과 물리침은 다른 신들을 포함하고 있는 것이다.12:12 바로의 관리들이 두려워 떨며 하나님의 패권을 알며 10:7, 처음으로 그 소식을 듣는 이는 이스라엘 사람이 아닌 이드로가 기쁘게 하나님의 패권을 알게 된다.18:8-12

3. 여러 민족들은 "증인들의 구름"으로 나타나는데, 말하자면 이스라엘을 위해 하나님이 행하시는 것을 경외감과 떨림으로 보는 것이다.15:14-16; 33:16 참조

4. 반면, 이스라엘은 "가서 … 모든 민족을 제자로 삼아 … 그들에게 내가 너희에게 분부한 모든 것을 지키게 가르치라"마 28:19-20는 "위대한 위임"을 결코 받지 않는다. 이스라엘의 위임은 제사장 나라와 거룩한 민족19:6이 되는 것으로, 여기에 가르치는 역할

을 포함할 수는 있지만, 하나님의 임재 속에서 성막으로 표시되는 새로운 삶을 삶으로써 언약을 지키는 것으로 이루어진다. 토라/지침/율법 속에서 본보기가 됨 만일 이스라엘이 그렇게 한다면, "여러 민족들에게 빛"이 될 것이다. 사 42:6; 49:6; 60:3

모세 모세는 누구였는가? 예수의 경우에서처럼, 이 질문의 답은 역사를 기록하기 위해서라기보다는 하나님의 크신 행하심을 고백하고 찬양하기 위해 기록된 문서들에서 찾아야만 한다. 찬양처럼, 이 기록들은 모세와 예수를 다양한 시각에서, 아울러 다양한 문학적 표현으로 그려내고 있다. 그렇기에 "역사적 모세에 대한 탐구"는 "역사적 예수에 대한 탐구"보다는 덜 알려졌지만 그 만큼이나 복잡한 것이 되어왔다. 다양한 오경자료들에서 모세의 이미지에 대해 많은 것들이 기록되었다. 요약적 개요를 위해서는 다음을 보라. Beegle, ABD, 4:509-18 [자료이론, 502쪽]

그렇지만 예수와 모세의 경우에서, 우리는 역사적 접근의 한계를 인식하고 성서의 증언들이 우리에게 말해야만 하는 것에 집중하는 것이 중요하다. 이런 증언들은 모세를 하나님을 섬기는 독특한 인물로 그린다; 그는 선입견을 가진 범주에 들어맞지 않는다. 딘 맥브라이드S. Dean McBride는 다음과 같이 올바르게 경고하고 있다. "모세를 히브리 노예들의 해방자, 이스라엘의 총명한 율법수여자, 혹은 야웨 종교의 천재적인 창립자라고 말하는 것은 성서 전통들이 그의 덕으로 돌리고 있는 단일한 중요성을 재해석하고 불가피하게 축소하는 것이다"McBride:230

출애굽기의 모세. 출애굽기에서 모세의 역할은 고정적이지 않다; 그의 역할은 이야기가 진행되어 갈수록 "눈덩이처럼 커진다." 특별한 임무를 위해 하나님께서 준비하시고 구원하신 후2:1-22, 모세의 소명은 그를 하나님의 말씀을 전하는 전령, 예언자의 역할로 던져 넣는다.3:1-4:17 모세가 이스라엘을 이집트에서 데리고 나와야 하지만, 이것은 바로와 이스라엘에게 전하는 하나님의 심판과 구원의 말씀을 통해 이루어지는 것이다. 이런 예언적인 말씀을 전하는 역할은, 예언적 전령의 문구인 "그리하여 주께서 말씀하신다"예를 들면 5:1 및 신의 말씀을 확증하는 상징적 행동4:1-17, 29:31에서처럼; 그리고 열 개의 심판 이적/전염병들을 포함하여 여기서부터 계속해서 모세와 함께 있을 것이다. 예언자처럼, 모세 역시도 거부될 것이며 백성을 위해 하나님께 탄원할 것이고, 심지어 그들을 위해 고난을 겪어야 할 것이다. 아래를 보라

이스라엘이 바로의 영토를 떠나자마자, 모세는 이스라엘의 행진에 있어서 그 백성의 지도자가 되어 음식, 물, 적의 공격과 정의의 문제를 다룬다. 2:14에서 그의 동료 히브리

인의 냉소적인 질문누가 너를 우리의 통치자와 심판자로 세웠느냐?은 그의 새로운 역할을 예견하고 있다.

조지 코츠George Coats가 모세의 역할을 영웅 같은 사람과 하나님의 사람이라는 두 가지 측면으로 특징짓고 있지만1988, 전자는 적어도 최종적인 정경 본문에서는 후자에게 속해 있다. 모세가 어려움을 당하는 백성을 돕는데 있어서는 인간적인 특성이 없다; 그가 유일하게 의지하는 이는 하나님인 것이다. 그것이 자연스럽게 모세의 중재적 역할을 강조하는 것으로 이어진다.먼저는 13:10-18에서, 그리고 그 이후부터 반복적으로 이 주제의 첫 번째 절정은 17장에서 이르게 되는데, 17장은 곤경을 겪어서 모세를 비난했던 백성이 잠시나마 그들의 삶이 모세가 하나님께 탄원하는 것에 달려있다는 것을 깨닫게 되는 곳이다.

그 백성이 시내 산에 닿을 때, 모세의 원래 임무는 이루어졌다; 그가 자신이 보냄을 받은 곳에서부터3:12 자신의 백성을 하나님의 산에 데려온 것이다. 그렇지만 그 백성 스스로가 새로운 소명위임을 하나님께로부터 받을 때, 모세의 임무는 끝나지 않고 확대된다. 모세는 예언적인 말씀을 전하는 역할과 예언적인 중재 역할 모두를 그려내는 새로운 의미에서 그 백성의 중재자가 된다. 모세는 하나님과 백성 사이에서 하나님의 뜻을 선포하고 백성의 반응을 전달하는 통로로 서게 될 것이다. 바꾸어 말하면, 모세는 언약의 중개자가 된 것이다.19; 20:18-21; 24

이런 확장된 역할은 금송아지 사건에서 즉각적이고도-적어도 출애굽기에서는-가장 심각한 시험과 만난다. 17장에서 이미 설명된 바 있는, 이스라엘의 생존을 위한 모세의 본질적인 역할이 지금 강조되고 있다. 이스라엘과 하나님의 연결이 모세의 중재라는 가느다란 실에 달려있는 것이다.특히 32:8-14를 참조; 33:7-11 이 시점에서, 모세가 하나님께 다가가는 것이 절정에 이른다.특히 33:18-23; 34:29-35를 참조

그 위기가 극복될 때, 모세는 그 산에서 하나님께서 그에게 내리신 그의 역할의 새로운 측면을 가지고 진행할 채비를 갖춘다.25-31장: 모세는 성막의 중심이 되는 이스라엘의 예배의 중재자/개시자가 된다.

레위기와 민수기의 모세. 이 책들에서 모세의 역할의 많은 부분이 지속되고 더 발전된다. 동시에, 앞서 부분적으로는 필요하다는 이유로 정당화된14-17장 이스라엘의 웅성거림이 조금 전 하나님의 은혜와 모세의 중재로 갱신된 언약을 깨는 암울한 모양새를 갖게 된다.32-34장 이스라엘의 반역과 하나님의 심판 모두가 확대되고 있다.민 11-14; 16 모세는 고난 받는 중재자가 된다.

이것과 마주하여 우리는 이렇게 이해한다: "이제 인간 모세는 아주 겸손하였으며, 지상

의 어느 누구보다 더 그랬다." 민 12:3 그렇지만 모세 자신은 지속되는 특별한 위상에도 불구하고 그의 백성 가운데 하나가 되어 민 12:8, 그 백성의 죄의 일부를 나누고 하나님의 심판을 짊어지는다. 아론과 더불어: 민 20:2-13 그들은 약속의 땅에 들어가는 것이 허락되지 않을 것이다.

신명기의 모세. 우리는 이 주제를 상세히 다룰 수는 없다. 신명기에서 모세의 이미지 대부분은 출애굽기-민수기에서의 이미지가 연속된 것이다. 그렇지만 비글Dewey M. Beegle은 독특한 강조점들을 나열한다: (1) 모세는 지도자이지만 기적수행자는 아니다. (2) 모세는 중재자 역할을 계속하지만 법을 선포하면서 그 법의 해석자가 된다. 신 1:5 참조 (3) 모세의 예언적 역할이 강조된다; 사실상 하나님은 "나 같은 예언자"18:15를 세우실 것인데, 아마도 모세와 같은 예언자 계열을 언급하는 것 같다. (4) 모세는 그 백성의 죄 때문에 약속의 땅에 들어갈 수 없을 것이다; 그는 그들을 위해 고난 받는 중재자이다. 신 1:37; 3:23-27; Beegle, ABD, 4:915; 민 20:12 참조

모세의 죽음과 사망기사. 모세의 죽음은 신명기 34장에서 보도되는데, 모세의 사망기사라고도 불릴 수 있는 장이다. 이 장은 완전히 역설적인 그림을 보여 준다: 모세는 120년이라는 완벽한 인간의 나이를 채웠으며 창 6:3 참조, 힘이 넘치고 시력이 떨어지지 않았다. 모세에게는 약속의 땅을 보는 것이 허용되었으며 하나님과 그의 가까운 관계가 재차 확인되었다. 반면, 모세는 자신이 원래 그의 백성을 데려오도록 부름을 받은 그 땅에는 들어가는 것이 허락되지 않는다. 모세는 자신의 일생의 일이 이루어지기 바로 직전에 하나님의 명에 따라 죽는다. 모세는 외국 땅 모압 산에 묻혔으며 아무도 그의 무덤을 모른다. 모세의 이전 종이었던 여호수아가 모세의 뒤를 잇는다.

만일 우리가 그의 사망기사를 확대했다면, 유대교 학자 피터 마시니스트Peter B. Machinist의 말에 동의할 것이다: "출애굽기와 오경 전체를 통틀어서, [모세, 473쪽]는 독특한 개인으로 묘사된다: 전례가 별로 없거나 아예 없고, 혼자 있는 사람이며, 쉽게 접근할 수 없고, 자신이 이끌기 위해 태어난 그 공동체로부터 따로 떨어진 사람이다"14

마시니스트와 부분적으로 동의하면서 우리는 이렇게 덧붙일 수 있다: 모세는 이스라엘 부모에게서 태어나 이집트인으로 자랐으며 미디안에서 살았고 미디안 아내와 결혼했다. 그는 계보를 만들지 않았고 외국 땅에 묻혔다.

왜 모세가 그렇게 그려질 수밖에 없었는지에 대한 부분적인 대답으로서, 마시니스트는 재미있는 의견을 낸다: "성서에서 모세의 괴상함은 … 이스라엘 전체의 거울로 이해될 수 있다."15 난 여기에 이렇게 덧붙인다: 그의 어린 시절 이야기처럼, 그의 소명과 위임은 그

의 백성의 소명과 위임을 예시하고 있다.[서론]

모세와 예수. 출애굽기 내내 우리는 옛 언약의 중재자, 모세의 이야기 속의 특징들을 알 수 있는데, 이것을 새 언약의 중재자인 예수 그리스도의 이야기 속에서도 비슷한 특징들을 유형론적으로 관련시킬 수 있다.Allison 참조 예를 들면, 히브리 남자 아기들을 죽이라는 바로의 명령에 맞서 아기 모세의 목숨을 보존한 것은 유형론적으로 베들레헴의 남자 아기들에 대한 헤롯의 살육에 맞서 아기 예수가 살아남은 것과 병행되고 있다.출 1:22-2:10; 마 2:13-16 이 병행은 모세와 예수의 이야기를 첫 시작에서부터 연결시키는 것이다.

모세와 예수 사이의 유사성을 마련하고자 하는 이전 시대의 광범위한 시도들 가운데 일부는 그나마 덜 알려졌다. 그렇지만 그들이 중심적인 중재자 역할을 하는 구원 사건들은 실제로 많은 유형론적 연결을 허용하고 있다는 점은 부인할 수 없다.

따라서 예수의 이야기 속에 있는 어떤 것도 모세의 소명과 일치하는 것이 없다는 것이 더욱 놀랍다.Barth: 583 예수의 침례는 의심의 여지가 없이 신성하게 임명된 그의 사역에 예수의 "소명"을 가장 가까이 이르게 한다.마 3:13-17 및 단락 여러 가지 의미로 출애굽기 이야기와 연결된 광야에서의 유혹이라는 주제가 곧바로 그 소명에 따라오므로마 4:1-11, 이 점은 특히 그러하다.

그렇지만 예수의 침례는 완전히 다른 방식으로 그의 사역의 시작을 그리고 있다. 하늘에서 들리는 소리는 불타는 가시덤불 속의 천사와 병행이 될 수는 있지만, 예수에게는 놀라거나 언어적 위임이나 망설임, 혹은 거부가 없다. 반대는 예수가 아니라 사탄에게서 나오는데, 그는 출애굽기의 바로가 나타내고 있는 유형적인 하나님의 대적자이다. 감당하기 힘든 위임을 맡는 것을 인간적으로 망설이는 것이 겟세마네에서 예수의 기도 속에 자리를 잡긴 하지만, 예수는 곧바로 그리고 언쟁이 없이 전적인 순종을 선언한다.마 26:36-44

하나님의 이름을 예수에게 계시하는 대신, 초대 교회는 예수의 순종의 결과로서 "하늘과 지상과 지하에 있는 모든 무릎이 꿇고/ 모든 혀가 예수 그리스도는 **주님**kurios이라고 고백하여 하나님 아버지께 영광을 돌리게 할 것"이라고 고대의 찬양 속에서 고백했다.빌 2:10-11, 6-11 참조

요약하면, 모세의 소명과 예수를 보내는 측면 사이에 어떤 접촉점이 있는 것이다. 그렇지만 그리도 자주 접하는 유형론적 유사점은 모세의 소명에 대해서는 말을 아낀다. 하나님께서는 새 언약의 중재자인 예수를, 모세와 예수를 구분하는 방식으로 보내신다.

예수는 모세처럼 부름을 받지 않았을 뿐만 아니라, 예수 자신은 이제 다른 이들을 부르

는 사람이다. 그들 가운데 두드러진 것은 그의 제자들이지만마 4:18-22; 9:9-13; 눅 6:13-16; 행 9, 이들은 전 세계를 향해 예수의 소명을 확대시키도록 부름을 받은 이들의 핵심층이다. 따라서 그 부르심에 주의를 기울이는 모든 이들, 즉 모든 그리스도인들은 "소명을 받은" 것이라고 말할 수 있다.살후 2:13-14에서처럼

바로의 마음이 완악해짐. 각각의 재앙 본문이 말하는 것처럼, 긍정적으로 반응할 진정한 기회가 바로에게 주어졌는가? 아니면 하나님은 바로의 부정적인 반응을 예정하셔서 그 반응의 역동성이 그저 겉모습에 불과할 뿐, 진정한 결과는 이미 오래전에 하나님께서 정해 놓으신 것인가? 이 질문에 답하기 위해 우리는 바로의 마음이 완고해진다는 주제를 살펴보아야 할 것이다.

우리가 읽을 때 언어는 달라진다: 바로는 자신의 마음을 완고하게 했다.히브리어 동사: *hakbed*, 히브리어로는 출애굽기 8:15=8:11; 히브리어로 *yakbed*, 8:32=8:28; 9:35; *yikbad*, 9:7 마침내 하나님은 바로의 마음을 완고하게 하시고, 완고하게 하셨다.히브리어 동사 '*ahazzeq*, 4:21; '*aqseh*, 7:3; *yehazzeq*, 9:12; 10:20, 27; 11:10; 14:8; *hikhadti*, 10:1; *hizzaqti*, 14:4; *mehazzeq*, 14:17 이들 형태가 기초하고 있는 두 개의 주요 히브리어 동사 어근은 흥미롭게도 *kbd*무거운=반응이 없는와 *hzq*강한=완고한이다.

현대 독자들은 공정함이 자유를 선택하는 것을 필요로 한다고 생각하는 경향이 있다. 따라서 이들은 바로가 자신의 마음을 완고하게 하고 그가 마땅히 받을 벌을 받는다고 생각하는 것이 가장 무난하다는 것을 알게 된다. 그렇지만 그것은 분명히 겨우 3차례8:15, 32; 9:34에 불과하고, 중립적인 선택은 5차례, 하나님이 바로의 마음을 완고하게 하셨다는 개념은 10차례 언급되고 이다. 이 본문은 바로를 하나님이 미리 정하신 진노에 속절없이 당하는 희생자로 나타낸다. 이것은 하나님의 공정성에 대한 문제를 야기하는 것이 아니라, 현대 독자들로 하여금 바로의 편에 서게끔 만든다.

재앙 이야기들에 대한 세부적인 문학적 분석에서, 데이빗 건David Gunn은 독자가 바로의 분명한 통찰력과 행위 사이의 어떤 모호성을 인식하도록 이끌린다고 주장한다. 처음에는 바로가 개인 자격으로, 그리고 어떤 합리성을 가지고 행동한다. 그렇지만 점차적으로 독자는, 앞선 하나님의 선언에서 알 수 있듯이4:21; 7:2-4, 하나님의 계획이 어떻게 바로를 점점 통제하고 바로의 순간적인 통찰력이 이해할 수 없이 반전되도록 이끄시는지를 알게 된다. 이 반전은 바로를 예정된 파멸로 이끌어 간다. 이것이 하나님께서 그에게 내리신 벌이다. Gunn: 72-81

그럼에도, 나는 그것이 마음을 완고하게 하는 문제 속에 있는 바로의 작용주체agency와 하나님의 작용주체를 뚜렷이 구분한다고 본다. 최종적인 분석에서, 바로의 마음이 완고해지는 것에 대해 말하는 모든 세 가지 방식은 하나님의 경쟁자가 되려고 하는 동일한 사고체계를 언급한다. 이 사고체계에서 인간의 의지와 신의 방향은 복잡한 상호작용 속에서 스스로를 표현하고 있다.

우리는 분명 바로를 하나님의 계획 속에 있는, 정서적으로 복잡하지 않은 희생자로 생각해서는 안 된다. 반면, 그의 마음이 완고해 지는 것은 그의 자유의지에서 나온 결정이 자초한 것 이상이다. 그것은 끈질긴 적에게 내리는 심리학적 차원의 하나님의 징벌이다. 윌슨R. Wilson은 이것을 소위 바로에 대항한 하나님의 성전[야웨 전쟁, 489쪽]의 시작과 올바르게 연결시킨다.1979:33; 야웨가 야웨 전쟁에서 이스라엘에게 승리를 가져다주기 위해 적의 마음을 완고하게 만드는 것을 참조, 신 2:30; 수 11:20; 사 63:17 참조

이런 완고함의 본질이 무엇인지를 분명히 하기 위해서는, 몇 가지 중요한 점들을 기억해야 한다: 먼저, 그 재앙 이야기들은 바로가 요청과 대면하여 자유로이 예나 아니오로 말할 수 있는, 윤리적으로 중립적인 시작점에서 출발하지 않는다. 그 배후에는 이스라엘이 받은 오래되고 가혹한 억압의 역사가 있다. 바로는 오래 전에 그 경로에 들어섰으며 그의 성품은 그것으로 인해 형성되어 왔다.1:8, 22에 나오는 최초의 압제하는 바로와 모세가 2:23; 3:10에서 대면하는 그 이후의 바로의 계승자는 신의 계획에 있어서 구분할 수 없다 알코올중독자가 "오늘밤에 술을 끊으시오!"는 말을 순순히 따를 리가 없는 것처럼, 바로는 자신의 이스라엘 노예들을 보내줄 마음이 별로 없다. 바로는 틀림없이 싫다고 할 것인데, 왜냐하면 압제자로서 오랜 역사를 거치면서 자신의 마음을 완고하게 해 왔기 때문이다. 모세와 아론가 자신들의 요청을 한 바로 그 시점에, 그는 단순히 자신의 성격을 드러낸다. 그 요청은 그의 마음속에 있는 것을 보여준다.

동시에, 두 번째로, 이런 바로의 정신히브리어: 마음 상태는 모세와 아론를 통한 하나님의 요구를 그저 겉치레로 만들지는 않는다. 그것은 바로로 하여금 각각의 재앙을 피하게 하고, 압제자가 억압받는 이들을 억누르기를 중단하며 자신이 주장하는 주권을 포기하여 이스라엘의 정당한 주인에게 넘기도록 만든다. 알코올중독자의 예를 다시 들면 도움이 될 것 같다. "알코올을 통해 곧 닥치게 될 파멸실직, 가정파괴, 교통사고나 다른 재앙을 멈추게 하는 것은 무엇인가?"라는 질문에는 오직 진실한 한 가지의 대답만이 있을 수 있다: "당장 술을 끊으시오!" 유사하게, 모세와 아론가 바로에게 이스라엘을 지금 보내달라고 요청했을 때, 여전히 가능한지의 여부와 상관없이, 이들은 바로로 하여금 그의 파멸을 피할

유일한 길과 만날 수 있게 한 것이다.

세 번째로, 바로는 단순히 한 명의 개인이 아니라 어떤 유형이다; 그는 사탄과 같은 큰 압제자이다. 우리는 이것을 바로의 개인 이름이 없다는 것과 연결시켜서 살펴본 바 있다.1:8-14, 주 하나님이 명하신 피할 수 없는 심판과 내가 그[바로]의 마음을 완고하게 할 것이다.4:21; 7:2-4 참조; 그 외라는 언급 속에서 표현되는 심판은, 개인적이고 역사적으로 실재한 어떤 인간이라기보다는, 자칭 국왕이자 큰 압제자로서 그의 전형적인 역할을 맡고 있는 바로를 향한 것이다. 성서의 다른 곳에서도 우리는 하나님의 행하심과/혹은 말씀이 대부분의 포악한 적 통치자들을 압도할 수 있다는 것을 본다.예를 들면 니느웨의 왕, 욘 3:6-9; 느부갓네살, 단 4:34-37

현재 우리가 사는 시대에서, 개인으로서 이집트의 조신들과 관리들이 하나님의 행하심과 말씀에 긍정적으로 반응한 것으로 전해진다는 사실은, 개인의 회개와 신앙이 지금 시대도 배제되지 않는다는 것을 상기시킨다.9:20; 10:7 참조 어떤 전형으로 나타나는 강탈하는 주인이자 큰 압제자, 그리고 어떤 체계로서의 압제를 통해 그가 이스라엘을 합법적으로 섬기도록 요구하는 것을 하나님이 되돌릴 수 없이 부숴버리려고 결정하신 것이다. 알코올중독자의 사례를 마지막으로 사용한다면, 우리는 그것을 이런 방식으로 볼 수도 있을 것이다: 우리는 가장 상습적인 알코올 중독자에게도 희망을 두고 그를 받아들일 수 있는 열린 마음을 가지고 있지만, 동시에 완전하고도 절대적으로 삶의 방식으로서의 알코올중독을 비난하고 그것에 저항하는 것이다.

바로의 예정된 파멸은 신과 같은 지배력을 주장하는 것에 근거한 억압에 절대적이고도 타협하지 않는 심판을 내린 것이다. 그것은 어떤 죄인 개인에 대한 희망을 하나님이 차압한 것이 아니다. 억압을 받은 이들을 구하고자 하며 압제자를 깨부수려는 이런 절대적인 의지는 하나님의 새로운 이름, 야웨주님를 중요한 의미로 채우는 것이다.

서사기법. 이 주석에서 취하고 있는 해석적 접근은 서론에서 "정경문헌적"이라고 묘사된 것이다. 여기서 독자들에게 출애굽기의 어떤 문학적 측면들형식, 문체, 내포독자과 구조 및 통일성이 소개된다. 성서 본문을 문학적으로 분석하기 위한 많은 복잡한 방법론들은역사적, 사회학적 혹은 다른 접근방식들과 대조되는 최근에 발전되어왔다. 이 주석에서 취하는 접근은 이들의 다양한 특징에 기대고 있지만 절충적이다; 어떤 저자의 생각을 절대적이고도 배타적으로 따라가려는 시도는 하지 않는다. 따라서 여기서의 목적은 서사분석의 복잡한 이론을 발전시키는 것이 아니라, 오직 이 성서의 책에서 반복되는 몇 가지 문학적 특징들을 지적하는 것이며, 독자들로 하여금 오해의 소지가 없도록 돕는 것이다.

줄거리. 출애굽기는 어떤 이야기가 이 책을 통해 흘러간다는 의미에서 서사로서 1차 독자로 하여금 일반적으로 순차적인 순서로 사건들을 읽도록 한다. 그렇지만 아래의 "시간의 관점"을 보라. 우리는 이 본문을 시작점에서 이집트에서 야곱의 자손들의 정착된 생활, 문제들을 통해 이스라엘이 압제를 받음, 바로와의 갈등, 이스라엘의 반역, 그리고 해결에 이르기까지 하나님의 산에 도착하여 이드로가 맞이함 따라간다.

이스라엘이 해방된 이야기는 거기서 끝이 나지만 외적인 자유를 향한 운동은 남는다. 그 이야기는 하나님의 부르심을 통해 가속도가 붙어 언약과 특별한 위임으로 들어가는데, 이스라엘은 먼저 이 부르심을 받아들이고 그 후에 곧바로 어겼다가 결국에는 회복된다. 이 줄거리가 갖는 특이한 특징은 그것이 주요 국면에서 모세의 경험으로 예시된다는 것이다. 서론

등장인물. 주요 등장인물들이 이 이야기 내내 그곳에 존재해야 한다는 조건에 부합해야 한다면, 오직 하나님과 이스라엘만이 자격을 얻을 것이다. 하나님은 큰 영향력이 있는 주도권을 가지시며 이스라엘은 마지못해 따라 간다; 이런 특징들은 곳곳에 있는 그 사건들을 표시한다. 이 주요 등장인물들은 두드러진 상호작용을 한다: 하나님의 진노는 항상 이스라엘을 내치기 직전에 멈추며 이스라엘이 순종하는 순간과 기쁨이 넘치는 신앙은 너무도 빨리 사라진다. 출애굽기는 두 등장인물의 조화로운 공존으로 끝맺으며, 반복 독자는 그 이야기가 출애굽기를 넘어서서 진행될 때 두 등장인물이 곧 다시금 분열될 것이라는 것을 안다.

인간들 중에서는 물론 모세가 주연이며 그의 형제 아론이 대부분 그를 뒷받침해 주지만 어떤 시점에서 금송아지 사건 아론은 타협한다. 그렇지만 모세는 항상 자신을 위해 행동하는 자유 대리자라기보다는 대표자격인 인물이다. 모세는 하나님과 이스라엘의 대표자이며, 한쪽이나 다른 한쪽을 대변함으로써, 혹은 양쪽 사이에 홀로 서서 양자를 중재한다. 긴 이야기에 걸쳐서 모세는 바로의 분명한 적이 되지만 바로의 진정한 대적자는 항상 하나님이다. [모세, 473쪽]

다른 등장인물들은 상대적으로 그 긴 책에서 분량을 얼마 차지하지 않는다: 산파들 십브라와 브아, 모세의 부모 아므람과 요게벳, 모세의 형제자매들 미리암과 아론, 바로의 딸, 이드로와 그의 딸들 모세의 아내 십보라를 포함하여, 모세의 아들 게르솜과 엘리에셀, 이스라엘의 장로들 홀의 이름만 언급됨, 바로의 주술사들과 관리들, 모세의 종 여호수아, 아론의 아들들 나답, 아비후, 엘르아살, 그리고 이다말, 그리고 건설책임자 브살렐과 오홀리압 그들 대부분은 다음

과 같은 전형들types이다: 하나님의 계획을 촉진시키는 여성들산파들, 바로의 딸, 모세의 누이와 아내; 해석자들과 미래의 대제사장인 아론과 아들들; 맞이하는 자이자 집주인인 이드로; 견습생이자 군사지도자인 여호수아; 예술가이자 장인인 브살렐과 오홀리압.

배경. 이 이야기는 다음과 같은 세 가지 지리적인 단계를 통해 우리를 이끌고 있다: 이집트, 광야의 경로, 그리고 시내 산에서 머무는 것. 이 주요 배경들 속에는 하위배경들이 몇 번의 붓질로 그려지지만 놀랍게도 생생하다. 따라서 이스라엘이 압제당하는 장면들1장; 5장은 하나님의 산에 이스라엘이 기쁘게 도착하는 것과 대조를 이루는데, 이 하나님의 산은 광야의 가부장 이드로가 이들을 환영해 준 곳이기도 하다.18장

특별한 특징은 가끔 내가 "단순화된 이야기 배경"이나 "모든 것이 이야기-친화적sto-ry-closeness"이라고 부르는 것이다. 두 명의 산파들은 이스라엘 전부를 돕고 있으며 이들은 바로 옆집에 사는 이웃처럼 바로와 대화를 나눈다. 모세는 바로를 만나기 위해 강을 따라 내려가는데, 이때 의전이나 경비에 대한 언급도 없다. 바꾸어 말한다면, 우리가 더욱 복잡할 것이라고 상상할 수 있는 장면들은 요점을 짚어 내기에 충분한 몇 가지 가장 기본적이고 본질적인 것으로 대폭 축소된다.

시간 관점. 전반적으로 출애굽기의 이야기 흐름은 아주 다양한 속도임에도 직선을 따라가는 시간상의 움직임으로 시각화될 수 있다. 따라서 22절은 빠른 세 개의 장면이 이어짐을 통해서2:1-22 우리를 모세의 탄생에서 그의 첫 아들의 탄생으로 이끌고 있다. 그렇지만 하루 동안의 하나님과 모세의 교류는 39개의 절이라는 분량을 차지하고 있다.3:1-4:17

이 본문이 우리를 시간의 고리로 이끄는 것은 딱 두 번뿐이다. 먼저 2:23-25는 우리로 하여금 이집트를 상기시키게 하여 모세가 이미 남겨진 상황을 보고한다. 이후에 25-31장은 그 산에서 모세가 성막에 관한 지침들을 받았다고 말하고 있으며, 32:1-6은 그 산 기슭에서 동시에 일어나고 있던 일을 알리고 있다.

그렇지만 몇 가지 다른 사례들에서는, 이 이야기에서 아직 일어나지 않은 사건들을 위한 찬양의 노래15:13-18라든지, 만나를 아직 지어지지 않은 언약궤 속에 넣는다든지 16:32-34 하는, 무엇인가 새롭고도 이해할 수 없는 것을 소개함으로써 1차 독자를 당황스럽게 만든다. 반면 반복 독자에게는, 이런 것들이 이어지는 이야기들을 회고하는 역할을 하고 어떤 특정한 본문을 더 넓은 맥락에 위치시키는 기능을 한다.

어떤 사건이 아직 오지 않은 것들에 대한 암시로 들릴 때는 더 알아채기 힘들다. 예를 들어 우리는 아론의 첫 모습에서 미래의 제사장의 역할을 서술하는 것으로 아론의 해석자

의 역할을 이해해야 하는가? 난 그렇다고 보지만 증명할 수는 없다.

고르지 못함.(Unevenness) 출애굽기의 사건들이 줄거리를 따라 배열되었지만, 이 사건들은 매끄럽게 흘러가지 않는다. 그 움직임은 속도를 내기도, 줄이기도 한다. 위의 "시간 관점"을 보라; 장면의 변환은 갑작스럽다. 따라서 바다에서 르비딤으로 가는 긴장 가득한 여정은 15-17장 갑작스럽게 평온하고 축하하는 가족의 재회와 이드로와 함께 하는 잔치로 바뀐다. 18장

가끔씩 우리는, 열 개의 재앙들과 같이, 유사한 장면들에서 대칭이 없다는 것을 이상하게 여기기도 한다. 그 장면들에서는 가장 짧은 이야기가 네 개의 절로 언급되기도 하고 8:16-19, 23개의 절로 길게 이야기를 풀기도 한다. 9:13-35 다른 경우에는 용어상의 부조화가 독자를 혼란스럽게 하기도 한다. 왜 모세의 장인, 미디안의 제사장은 2:18에서 르우엘로 불리다가 3:1; 4:18; 그리고 19장 여러 곳에서 이드로라고 불리는가? 2:16-22를 보라, 주 왜 호렙이라고 불리는 3:1; 18:5 "하나님의 산"은 시내 산과 동일시되는가? 또는, 왜 이스라엘 사람들은 히브리인들이라고 불리는가?

우리는 그 이야기 자체에서 혹은 고대의 지리학이나 명명법을 연구함으로 그런 고르지 못함을 설명할 수 있을 것이다. 그렇지만 많은 경우에서 우리는 정경 본문의 최종적인 저자가 더 오래된 재료들이라는 벽돌로 작업을 했고, 그 재료들을 엉성하게 어떤 이야기 속에 두었으나, 그것에 용어나 문체의 편집상의 균일성을 부여하지는 않았다고 생각할 수 있다.[자료이론, 502쪽]

독자/들 혹은 청자/들. "내포 독자," "1차 독자," 그리고 "반복 독자"라는 용어는 이미 서론에서 간략하게 설명이 된 바 있다. 모든 저자는 특정한 독자 혹은 특정 독자들의 집단을 염두에 둔다.

고대 세계에서는 읽고 쓰는 능력이나 본문을 대할 기회가 제한적이었으므로, 기록된 본문들은 대부분 글을 모르는 청자들에게 글을 읽고 쓰는 전문가들이 읽어주도록 의도되었다. 편의를 위해 앞으로 난 "독자/들 이나 청자/들" 대신에 "독자/들"을 사용할 것이다.

고대든 현대든, 저자는 그 글에서 언급되는 인물/들의 나이, 교육, 국적, 문화적 행습, 삶을 보는 시각, 그리고 다른 많은 성격들을 시각화한다. "내포 독자/들"은 이런 이상적인 독자들을 위해 널리 사용되는 용어로서, 이들은 그 본문을 따라가고 이해하며 저자의 관점을 받아들이기 가장 좋은 자리에 있을 것이다. 출애굽기에서 이들은 1차 독자들이 아니며, 이들은 자신들이 읽은 만큼만 그 작품을 아는 사람들이다. 대신, 이들은, 기록된 형태이든 이스라엘의 생활 전통을 통해서든, "반복 독자들"로서, 창세기에서 민수기와 그

이상까지 "그들의 성서를 아는" 사람들이다. 서론을 보라

모든 저자는 분명히 모든 독자에게 처음 읽는 때가 있음을 알고 있으며, 그 단계에서 그 본문의 효과를 고려한다. 그 본문은 관심, 곤혹스러움, 놀람, 예상 등의 반응을 일으킬 수 있다. 반복 독자조차도 1차 독자의 입장과 이런 반응들의 일부를 재경험하는 것을 마음 속으로 상정할 수 있다. 한 예를 들면, 어떤 그리스도인은 고난의 금요일을 애도의 분위기로 지낼 수 있지만 다가 올 부활절이 오는 것을 안다. 그럼에도 1차 독자는 우리가 반복적으로 보았듯이 출애굽기 이야기를 "최대한으로 활용하는" 사람이 되지는 않을 것이다.

출애굽기를 위한 확대된 독서전략은 아마도 반복해서 읽음을 통해서 1차 독자의 이해와 계속 확대되는 이해의 차원 사이의 변증법을 아우르는 것이다. 반복독자들은 출애굽을 경험했던 이스라엘 사람들의 전통 속에 서 있는 사람들로 시각화되었다. 따라서 이런 이스라엘 사람들은 하나님의 구원을 찬양하는 모세와 미리암의 노래에 참여할 수 있었다. 15장 그렇지만 이들은 동일한 사람들이 금송아지를 둘러싸고 춤을 추고 노래했다는 사실에서 나온 마음 속 아픔도 함께 지니고 있다. 역사 속에서 그들의 시간에 기대어, 그들은 바로가 느부갓네살에서 히틀러에 이르기까지, 또 다른 폭군들로 계승된다는 사실이 가져다주는 부담을 갖는다.

이야기와 역사. 이곳과 이 주석 전체를 통틀어 문학적으로 읽기를 강조하다 보면 이런 질문이 나올 수 있다: 출애굽기는 그저 그 당시의 이야기일 뿐일까? 나에게 있어 출애굽기는 한낱 이야기가 아니라, 이야기로서, 기술된 이야기라는 특징을 가지고 있는 기록된 본문으로서 처음으로 우리에게 다가온다. 출애굽기를 이렇게 저렇게 이해하고 읽는 것은, 우리가 읽어 나감에 따라, 이런 일이 일어나는지 아니면 저런 일이 일어나는지, 혹은 어떻게 일어나는지를 우리가 끊임없이 묻지 못하도록 하고, 그 자체의 흐름이나 완전함을 가진 그 본문에 집중하지 못하도록 한다.

나에게 있어 출애굽기는 이스라엘과 기독교 교회의 정경 이야기의 핵심 부분이기도 하다. 이는 내가 출애굽기를 내포 독자의 눈으로 읽고 있다는 뜻이다 이 내포 독자는 그 이야기를 권위의 중요한 부분이자 그의 신앙공동체의 이야기를 형성해가는 것으로 알고 있다. 따라서 나는 구약이 이해하는 "이스라엘"을 신약성서의 공동체를 포함하는 것으로 확장시킨다.

고대 이집트, 시내 산 등의 외부 세계와 이 이야기의 관련성은 우리가 반복적으로 보았듯 복잡한 문제이다. 출애굽기는 그 용어가 지닌 현대적 의미로 볼 때 역사가 아니다. 여기서의 역사는, 어느 정도 사건들의 객관적인 기록이 인간의 수준에서 원인과 결과라는

요소로 설명되는 분야로서, 그 이야기 자체의 외부에서 온 자료로 뒷받침되고 확인된다.[이집트의 이스라엘과 출애굽의 경로를 보라] 그렇지만 출애굽기는 역사에 기반을 둔 이야기이다. 난 반복해서 출애굽의 장르를 "고백의 찬양"이나 "찬양의 고백"이라고 불러왔다.

우리는 출애굽기와 외적인 실재의 관계를, 어떤 그림, 아마도 아주 추상적인 그림이 그것이 묘사하는 전원과 관련되는 방식으로 비교할 수 있다. 전원은 알아볼 수 있지만, 대부분의 사진과는 달리 그림의 목적은 실제적인 복제가 아니다. 오히려, 그것은 예술가의 눈을 통한 해석이다. 출애굽기의 경우에, 우리는 신자의 눈을 통한 해석을 갖게 되는데, 이 눈은 역사하시는 하나님을 보고 고백적인 찬양을 하는 눈이다.

성별 출애굽기 29장은 아론과 그의 아들들, 즉 대제사장과 일반 제사장들의 제사장적인 지위에 대한 소개를 위해 정교한 의례를 규정하고 있다. 이전의 장은 이런 의례들에 있어 핵심이 되는 어휘들을 소개했다. 제사장들이 특별한 의복을 입은 후에, 모세는 그들에게 **기름을 붓고 그들을 임명하고 그들을 성별하여 그들이 제사장으로서 나[하나님]를 섬기도록 했다.**29:41 29장에서는, 이렇게 언급되는 3개의 동사가 다양한 맥락과 결합 속에서 반복된다. 레 8장에 있는 가까운 병행 단락을 참조 이 각각의 동사가 갖는 구체적인 의미의 영역은 아주 분명하다.

기름붓다*masah*는 특별히 준비된 기름30:22-25 참조을 경우에 따라서는 제물의 피와 함께29:21 몸의 여러 곳뿐만 아니라 성막과 성스러운 물품들에30:22-33; 40:9-15; 레 8:10-12 뿌리고, 붓거나 바르는 것을 의미한다. 다른 곳에서는, 왕들도 기름부음을 받았다는 것을 볼 수 있다.삼상 24:6; 왕상 1:39; 시 2:2 왕과 대제사장 모두가 기름부음을 받은 자라고 불릴 수 있다.(히브리어 masiah=메시아=헬라어 Christos=그리스도; 삼상 24:6, 사 45:1, 고레스; 레 4:3ff, 대제사장; 아울러 사 61:1, 예언자 참조)

먼저, 기름부음의 기원은 덥고 건조한 기후에서 민감한 피부를 관리하기 위한 방법으로서 기름을 피부에 발랐던 일반적인 관습에서 보아야 한다. 향이 있는 특별한 기름은 축제에 쓰기 위해 마련되었다.사 61:3 참조; 시 23:5; 눅 7:46 출애굽기 29장에서 제사장들에게 기름을 붓는 것은 가장 독점적인 대우였고30:31-33, 받은 사람을 거룩하게 만들었다.29:21

임명하다는 "손을 채우다"*mille' yad*; 28:41에서처럼; 29:9라는 히브리어 구문을 번역한 것이다. 이 표현은 어떤 임무를 맡은 자가 그 임무에 필요한 것을 그의 "손에 채워야"하는 것을 이해하는 것에서 기원되어야 한다. 출애굽기 29장에서 제사장의 손에 어떤 구체적인 것을 둔다는 언급이 없으므로, 아마도 이 표현은 여기서 추상적으로 사용된 것이며, 따라서 임명하다로 번역되었을 수 있다. 그렇지만 히브리 사람들이 듣기에는 그 구체적인 기원이 존재하고 의미 있는 것으로 남았음에 틀림없다.

성별하다.*qiddes, Piel* 형식1)는 문자적으로 "거룩하게 만들다," "하나님을 위해 따로 두다"28:41에서처럼; 29:1를 의미한다. 이것은 특별한 의식과 특별한 의복, 두 가지의 방법으로 이루어진다.

이 세 개의 동사기름붓다, 임명하다, 성별하다가 "제사장들에게 거룩한 힘과 권위를 부여하는 것과 거의 동의어"인지는 판단하기 어렵다.Brueggemann: 907 아마도 옷을 입고 기름을 붓고 임명하는 것은 "제사장의 권위를 세우는 세 부분으로 이루어진 과정"일 것이다.Durham: 389, 시 133:2, 레 8:12를 언급함 출애굽기 29장에서 의미가 일부 중복된 것으로 보인다. 성별하다는 가장 복잡한 용어인 듯하며, 다른 모든 의식들을 포용하고 있다. 따라서 이것은 29장의 의식의 지침들을 여닫고 있다.1, 44절

아름다움. 형상 계명출 20:4-6은 시각적이고 미적인 즐거움을 억압하는 것 같다. 그리고 역사 속에서도 그런 역할을 했다. 그렇지만 구약성서는 결코 미적인 영역이 갖는 긍정적인 의미를 무시한 적이 없다. 우리는 구약성서에서 자연의 아름다움이 주는 이점창 1:31; 시 8:3; 19:1-6; 29; 104; 전 3:11, 인간의 미적인 것이 주는 이점창 12:11, 14; 29:17; 39:6; 신 21:11; 삼상 16:12; 삼하 14:25; 욥 42:15; 아가 1:8, 행동에 있어서 미적인 것이 주는 이점겔 33:32; 욥 40:10; 시 81:1ff, 그리고 공예품출 25-31; 35-40; 왕상 6; 대하 2-4에서 큰 기쁨이 되는 사례들을 본다.

성서가 미를 평가하는 것은 회화적 표현보다는 주로 인상, 느낌, 그리고 움직임에 반응하고 있다고 보는 보맨T. Boman은 옳다. 그는 그 강조점이 시각적인 배열보다는 기능과 특성에 있다고 주장한다.노아의 방주의 재료와 건설에 주의를 기울이는 것을 참조, 창 6:14-16; 출 25-28장, 성막; 그리고 성전; 왕상 6; 대하 2-4: Boman: 74-76

그럼에도 이런 점은 과장되어서는 안 된다. 성막본문을 우리가 해석함에 있어서, 비록 분명히 언급된 곳은 없지만출 25-31; 35-40, 우리는 성막, 제사장 의복, 그리고 미적으로 보기 좋은 것 말고는 다른 목적이 없는 제의적 도구를 위한 특징과 디자인을 만들기 위한

---

1) 히브리어 능동태를 말함. 역자 주.

정확한 지침들이 있다는 것을 반복적으로 보았다. 나아가 우리는 강력한 미적 영향을 받아들이지 않고서는 하나님의 현현의 장엄함이나 "영광"에 대한 묘사들을 읽어내기 어렵다.아래를 보라

그렇지만, 예를 들어 성막의 특징들이 성막에 아름다움을 부여한다고 생각하는 것은 잘못된 것이다. 우리는 직감적으로 그런 특징들이 아름답다는 것을 인식한다: 천사의 모양, 술cords과 줄, 보라색 옷 등. 그렇지만 인간적인 아름다움에 진정한 아름다움을 부여하는 것은 성막 속의 임재인 것이다. 구약성서의 관점에서 아름다운 것은 창조와 삶의 완전함shalom에 기여하는 모든 것이다. 반대로, shalom을 막는 모든 것은 아름다움의 삶을 박탈하는 것이다. 창조주이자 모든 생명의 구원자이신 하나님은 모든 아름다움의 궁극적인 근원이다.시 96 아름다움은 객관적인 세상에 내재하는 것이 아니며 방관자의 눈 속에 있는 것이 아니라, 하나님의 뜻 안에 있는 것이다.

하나님의 의도를 반영하거나 하나님을 섬기는 역할을 하는 모든 것은 선하고도 아름답다. 그렇기에 특별한 아름다움은 하나님의 창조위의 언급을 보라에, 약속의 땅에렘 3:19; 겔 20:6, 15, 하나님이 선택한 도시 예루살렘에서 48:2; 50:2; 애 2:1, 15, 하나님의 성전과 그 부속품들에서 27:4; 사 64:11; 스 7:27; 대하 2:9, 하나님의 제사장들의 의복에출 28:2, 40 하나님의 법에서 119:24, 47, 그리고 하나님의 백성에렘 13:20; 호 14:5-6; 사 46:13 부여되어 있다.

반면에, 하나님께 기초되지 않은 외부적인 아름다움은, 파괴될 운명에 놓인 반항적인 반짝임에 지나지 않는다.잠 31:30; 사 28:1, 4; 겔 27:1-28:19; 23; 31 하나님의 심판은 사람들에게서 삶을 미학적으로 향상시키는 것을 앗아가는 형태를 가질 수 있는 반면사 3:18-26; 5:9; 렘 4:30-31; 6:2-4, 구원받은 미래의 시대는 가장 위대한 웅장함과 아름다움으로 묘사된다.사 52:1; 54:11-12; 슥 9:16-17 타락한 백성을 대리적으로 나타내고 있는 고난 받는 종은 "고운 모양이나 훌륭한 풍채도 없지만"사 53:2; 52:14 참조, 역설적으로 하나님의 자기희생적인 구원의 아름다움을 전형적으로 보여준다.

그렇지만 의인화된 언어가 선함과 아름다움을 하나님께 적용할 수는 있지만시 27:4; 사 28:5, 24:15-16 참조, 하나님 자신은 윤리적으로나 미적으로 성품이나 행위에 대해 심판을 받으실 수 없다. 인간이 의식하는 하나님은, 타자성otherness을 의미하고 있는 거룩함이라는 특성을 띠고 있으며, 신비롭지만 매혹적인 경외와 화려함으로 표시된다. 출 19:16-19, 20-25, 주 참조; R. Otto, 1958 하나님의 거룩함이 갖는 가장 뚜렷한 미적인 측면은 "영광"k-abod으로서, 어두운 구름을 관통하는 환한 빛남으로 상징되고 있다. 출 19:16-19; 24:16-17; 40:34-35; 왕상 8:10-11; 사 6:1-4; 겔 1:4-28

하나님의 초월적인 신비는 창조된 우주의 어떤 부분을 사용하고 있는 형상으로 바뀌지 않는다. 형상 계명출 20:4-5; 신 5:8-9에서 형상을 금지한 것은 우상숭배를 겨냥한 것이지, 시각적인 미적 즐거움을 겨냥한 것이 아니다. 마법과 우상숭배에서 사용할 수 있는 신령스러운신비롭게 초자연적인 임재를 만들어내지 않는 한, 구약성서는 자유롭게 장식, 색상, 보석, 고운 옷, 그리고 그 밖의 미관상으로 보기 좋은 공예품들을 즐기고 있다. 그럼에도, 형상 계명은 이스라엘과 유대교의 예술적인 표현들을 시각적이지 않은 예술, 특히 문학뿐만 아니라 음악, 예식과 춤으로 바꾸는 기능을 했다. 출 15:19-21, 주 참조

약속의 땅. 약속의 땅은 이스라엘의 목적지이다. 출애굽기가 시내 산의 언약 사건에 이르기까지의 이스라엘의 역사에 국한되는 것이라고 한다면, 하나님께서 모세에게 알리신 것은 아브라함에게 약속하신 땅, 젖과 꿀이 흐르는 … 좋고 넓은 땅출 3:8을 이스라엘에게 주시기로 한 하나님의 행하심은 더 멀리 있는 목표임을 분명히 한다. 이런 풍성한 이미지는 일반적인 표현이다. 출 3:17 참조; 민 13:27; 그리고 빈번하게 나타남 아마도 젖과 꿀이 동물과 곤충에서 나오는 "공짜 선물"이라는 사실과, 그로 인해서 농작물보다는 인간의 노농의 결과와 덜 직접적으로 연결된다는 사실이 그 이미지를 만드는데 도움을 주었을 것이다; 정확한 기원은 알려져 있지 않다.

그 땅에 거주하는 여섯 개의 민족들을 나열하는 것은 이중적인 목적이 있다.가나안인들, 히타이트인들, 아모리인들, 브리스인들, 히위인들, 여부스인들 먼저, 이것은 그 땅이 얼마나 광대한지출 3:8 혹은 얼마나 넓은지를 말해주고 있지만, 두 번째로 그리고 가장 중요하게는, 그 땅이 이스라엘을 위한 선물이라는 성격임을 강조한다. 이스라엘은 결코 자신들이 이 땅의 원주민이라는 주장을 펴지 않을 것이다. 또한 여호수아서가 강조하듯, 이스라엘은 자신들의 힘으로 이 많은 나라들을 정복함으로써 그 땅을 차지할 수는 없을 것이다. 하나님이 아브라함의 자손들에게 그 땅을 주신다는 약속을 수행하실 때에만창 12:1-3 그들이 그 땅을 차지할 것이다.[야웨 전쟁, 489쪽]

민족들을 나열하는 것은 약속의 땅을 묘사할 때 자주 사용되는 표현이기도 하다.3:8; 3:17 그 민족들은 짧거나 더 길게, 2개에서 12개로 나열된다. 히브리 구약성서 본문에서 28차례 등장하는 것 가운데, 대부분이11개 논의 중에 있는 그 한 개와 마찬가지로 6개의 이름을 포함하고 있다. 이것은 성서가 12 민족과 12 민족의 일부 및 다수를 빈번하게 사용하는 것을 반영한 것일 수도 있다. 그렇지만 70인역과 사마리아 오경에서는 그 이름의 개수와 분포가 조금 다르며 원래는 민족의 숫자가 일곱이라는 것을 제시한다.O' Connell:

221-42 어떤 경우에든지, 우리는 이스라엘 이전에 그 땅에 살았던 모든 민족들의 숫자를 정확하게 세는 것 보다는 상징적인 숫자를 다루고 있는 것이다. 그 목록 속에 있는 민족들의 순서도 다르지만, 일반적으로 가나안인들, 히타이트인들, 그리고 아모리인들이 달라지는 순서 속에서 처음 세 자리를 차지하고, 여부스인들이 목록의 마지막을 장식한다.

가나안인들만이 토착민들로 나타낼 수 있지만 가끔은 해안 평지와 연관되기도 한다. 아모리인들은 원래 시리아와 팔레스타인 북쪽의 서부 셈족 계열 민족들이었지만, 때때로 더 구체적으로는 구릉지대와 연관되고 있다. 히타이트인들은 원래 소아시아와 그 외의 지역에 있던 대 히타이트 제국의 나머지 분파들일 수 있으며, 이 제국은 주전 1200년경에 몰락했다. 창 23 참조 그렇지만 가나안인들과 아모리인들과 마찬가지로 민족들의 목록 속에서 이들은 원래 인구 전체를 포함한 것으로 보인다. 브리스인들과 히위인들은 그 목록으로만 알려져 있지만 틀림없이 더 작은 무리를 지칭한 것으로 보인다. 반면 여부스인들은 다윗이 사로잡은 예루살렘의 거주민들로 잘 알려져 있다. 삼하 5:6 이름을 구체적으로 선택한 것이 원래는 우리가 더 이상 발견할 수 없는 의미를 가졌던 것 같지만, 이 본문 속의 강조점은 앞서 언급된 것처럼 이중적인 영향에 있다.

이스라엘을 약속의 땅, 가나안으로 이끄는 것이 모세의 소명과 임무가 갖는 궁극적인 목적이다. 그 땅은 지금 다른 민족들이 점유하고 있다. 출 3:17 신학적인 주제로서의 땅은 성서 이야기 전체에 스며들어 있다. W. Janzen, ABD, 4:143-54; Brueggemann, 1977 어떤 점에서 우리는 구약, 특히 땅이라는 주제를 둘러싼 줄거리를 요약할 수 있다. 하나님께서 인간에게 처음 주신 선물은 동산이다. 에덴, 창 1-2장 인간이 하나님의 청지기로서 그 동산을 관리하지 못하고 하나님처럼 되고자 교만한 시도를 행한 나머지, 아담과 하와는 그 동산에서 축출되어 버린다. 창 3 결과적으로는 이런 인간의 교만함죄이 전 지구의 존재를 위협하지만, 하나님의 은혜가 남은 자, 즉 노아와 그의 가족들창 6-9장을 보존하셨다. 그들과 함께 하나님은 그들이 이 땅에서 계속 존재할 수 있다는 것을 보증하는 언약을 세우신다. 창 8:22-9:17

죄 많은 인간을 파멸시키는 대신, 하나님은 아브라함과 그의 가족을 부르심으로써 새로운 은혜의 방식으로, 그들에게 어떤 특정한 땅, 가나안을 소유하게 될 것이라고 약속하신다. 창 12:1-3 다른 말로 하면, 하나님은 어떤 민족을 따로 세우시고 그들이 관리할 수 있고 본보기를 삼을 수 있는 방식으로 누릴 수 있는 한 지역의 땅을 주신다: 두 번째 에덴. 출애굽기의 첫 부분에서, 아브라함의 후손들은 큰 민족이 되지만 그들은 이방 땅에서 노예로 산다. 출 1ff

모세의 소명은 그들을 이집트에서 이끌어 내시고 그들에게 약속하신 그 땅으로 인도하시는 하나님의 첫 번째 행동이다.출 3:1-4:17 그것은 출애굽기 3:17에서 나열된 것처럼 다른 나라들이 점유한 땅이다. 그 땅의 소유권을 이스라엘이 주장하는 것은 토착민의 권리도 아니며 정복과 우월함에 근거한 것도 아니다; 이런 것들은 땅의 소유권 주장을 위해 가장 자주 사용되는 근거들이다. 대신, 이스라엘의 주장은 오로지 하나님의 자애로운 선물에 근거한 것이다.출 6:4; 신 8:7-9 그런 선물은 동시에 토착민들의 죄에 대한 하나님의 심판을 이루고 있다.신 9:4-6 여호수아 하에서 그 땅을 정복한 이후수 1-12장, 인간의 군사력이 아니라 야웨 전쟁이라는 맥락에서, 이스라엘은 새로운 땅에서 새로운 삶을 사는 도전에 직면할 것이다. 이런 새로운 삶은 시내 산에서 계시된 하나님의 언약의 뜻하나님의 법/토라이 이끄는 삶이다.출 20-23 참조

언약이 부분적으로 준수되지만 더 극단적으로 언약을 깨는 시기에서 그 땅을 잃고 새 "이집트"인 아시리아와 바빌론으로 추방되도록 한다.왕하 17; 25 그렇지만 다시금 이스라엘 백성은 새로운 "출애굽"을 약속받게 될 것이며, 마침내 그들은 자신의 땅으로 되돌아갈 것이다.렘 29:1-14; 사 40-55 그렇지만 그들은 하나님의 백성이 되는 것은 특정한 땅에서 지상의 왕국을 세우는 것을 초월하는 임무라는 것을 점차적으로 깨닫게 될 것이다. 그 것은 "나라들에게 빛"이 되라는 소명이며사 42:6; 49:6; 2:2-5 참조, "가서 모든 나라들을 제자로 만들라"는 소명이다.마 28:19 따라서 이스라엘을 아브라함에게 약속된 땅으로 이끌라는 모세의 소명은, 가장 중요한 새로운 시작임에도, 이런 만연한 땅의 신학 속에서 유일한 점이다.

야웨 전쟁. 출애굽기 1-15장, 그리고 17:8-16과 23:20-23을 다시금 간략하게나마 해석함에 있어서, 우리는 이스라엘을 위해 싸우시는 전사로서의 하나님과, 하나님과 이스라엘의 적들을 굴복시키는 하나님에 대한 꾸준한 강조에 주목했다. 하나님이 바로와 대면한 것은 맹렬한 전투로 나타난다. 군사용어가 두드러지게 등장한다: 이스라엘, 보병 60만 명12:37; 더 나은 번역은 가솔들을 거느린 "싸울 수 있는 장정들"; 12:29-39, 주에 이르는 하나님의 군대14:19는 군단별로 조직된다.6:26; 7:4; 12:41, 51 이들은 이집트인들에게서 약탈한 노획물을 가지고 이집트를 떠난다.12:36; 11:2-3, 주 이스라엘 사람들은 전투준비가 되었으며13:18, 주, 한 군사 진영에서 다른 진영으로 이동한다.예를 들면 13:20

그럼에도, 이스라엘은 출애굽 내내 싸우지 않는다. 그 이유는 모세가 한 핵심단어가 말하듯, 주께서 너희를 위해 싸울 것이며 너희는 잠잠히 있으라(14:14 아말렉인들을 물리칠

때는 이스라엘이 전투에 참여했으며17:8-16, 약속의 땅을 차지하는 것은 군사적 정복의 행군으로 기획된다.23:20-33 그렇지만 이 본문들 모두, 강조점을 이스라엘의 군사적 힘이나 업적이 아니라 적을 격퇴시키는 하나님의 역할에 온전히 두고 있다. 이 모든 것에 따라, 바다의 노래는 찬양의 노래로 하나님을 높이고 있다:

주님야웨께서는 전사이시다.
주님야웨는 그의 이름이다.15:3; 삼상 17:47; 시 24:8

인간의 싸움이 아니며 그저 명목상으로 인간이 참여한 것으로, 야웨가 얻은 승리는 구약성서 대부분에서 나타나고 있으며, 신약성서에서도 약간 변형된 의미로 나타난다. 이 전쟁은 학자들이 "야웨 전쟁"이나 "성전holy war"으로 부른다. 전자는 야웨/하나님과 그들을 연결시키는 용어이다. 해석자들이 널리 사용하긴 하지만, "성전"이라는 용어는 이 주석에서는 피하고 있는데, 왜냐하면 그것이 현대적으로 사용되면서 오해를 사기 쉽기 때문이다:

먼저, "성전"은 우리에게 "거룩함"이 "선함"에 해당하는 개념이라고 제시한다면, 성서의 "거룩함"은 "하나님을 섬기기 위해 따로 구분됨"을 의미한다. 두 번째로, "성전"은 인간이 자신들의 신들을 위해 싸우는 전쟁을 지칭하는 이름으로, 예를 들어 무력으로 어떤 종교를 퍼뜨리기 위한 것이다. 그에 반해 성서의 야웨 전쟁은 그 반대이다: 하나님이 인간을 위해 싸우신다.

반면, "성전"이라는 용어는, 비록 성서 자체에서 사용하고 있지는 않지만, 구약성서가 그런 전쟁에 이스라엘이 참여하는 것을 제의나 예배행위와 비슷하게 하나님을 섬기는 것으로 나타난다는 사실을 가리킨다. 하나님은 일반적으로 어떤 선지자를 통해서 이스라엘을 그 성전으로 부르신 이였다. 군사들은 스스로를 성별해야만 했다.의식적인 성결 하나님에게서 나오는 어떤 결정적인 행동이 기대되었는데, 주로 적들을 허둥지둥하게 만들거나 공포 속으로 던져 넣어버리는 기적을 통해서였다. 이것은 싸움에 인간이 참여하든 아니든 일어날 수 있었다. 전리품은 "봉헌된" 것이었으며, 하나님께 희생제물로 드려진다.Von Rad: 41-51 참조; 이런 그림에 대한 비평을 위해서는 다음을 보라. von Rad: 22-33에 있는 Ben C. Ollenburger의 서론

밀라드 린드Millard Lind는 야웨 전쟁/성전의 역사와 신학을, 출애굽 사건에서 이스라엘의 첫 번째이자 공식적인 경험을 주전 6세기의 이스라엘/유대 군주의 종말에 이르기까지

를 추적했다. 그는 그것이 비폭력적인 방식으로 하나님을 섬기는 이스라엘의 부르심이었으며, 예언적 말씀과 하나님의 기적적인 개입하심이 그것을 이끄신다고 주장한다. 린드에 따르면, 군사적 갈등에 있어서 이스라엘의 참여가 늘어나는 것은, 군사력을 사용한다기보다는 하나님에 대한 순종에 기초하여 세상 속에서 새롭고도 평화로운 신정적인 사회를 수립하라는 하나님의 위임을 버리는 역사를 나타낸다는 것이다. 특히 군주는 강한 조직과 세속화된 전쟁을 가지고 국가적 무력 정책이라는 주류 속으로 하나님의 선택된 백성을 되돌리는 도구였다. 오직 예언자들 속에서만, 우리는 이런 발전에 도전하는 지속적인 목소리를 발견할 수 있다.Lind, 1980; 아울러 1990: 특히 171-196 참조

린드가 그 문제의 어떤 측면들을 지나치게 강조하긴 했지만, 야웨 전쟁이라는 개념이 흔히 주장되듯이 하나님의 이름으로 행해지는 구약성서의 폭력의 본보기가 아니라, 전쟁과 폭력에 대한 제한이라는 것을 제대로, 그리고 강력하게 지적하고 있다. 그 핵심에 있어서, 출애굽기 1-15에서 설명하는 것처럼, 야웨 전쟁은 이스라엘을 하나님께서 무기로 부르시는 것이 아니라, 오히려 이스라엘로 하여금 멈춰서 하나님이 그 적들을 처리하시도록 두라는 하나님의 명령인 것이다. 고대이든 현대이든, 전쟁을 하는 모든 나라는 하나님이나 그들의 신들이 자신들의 편에 있다고 주장하지만, 이스라엘은 자신들의 군사적 노력을 거두고 하나님을 신뢰하도록 도전을 받는다. 린드에 대한 더욱 상세한 나의 응답을 위해서는 다음을 보라. W. Janzen, 1984:177-81

야웨 전쟁은 특히 이스라엘이 약속의 땅 가나안을 차지하고 지키는 것과 관련이 있다; 이것은 출애굽기에서 초기 군주에 이르는 이야기이다. 나중에, 이스라엘이 점점 다른 나라들의 군사전략을 채용함에 따라, 야웨 전쟁은 가끔씩만 보고되고 있다. 그렇지만 예언자들 속에서는, 야웨 전쟁 신학은 새로워진 강조점을 발견한다. 하나님께만 의지하라는 새로운 소명 속에서 이사야는 자신의 시대의 예루살렘 왕들에게 정치-군사적 "잠잠함"의 정책을 따르고 하나님의 이끄심을 신뢰하라고 주장한다. 그들은 다른 나라와의 군사동맹과 유다의 군사력에 의존하지 않고, 예루살렘/시온을 보호하시는 하나님만을 의지해야 한다.예를 들면, 사 7:4; 30:15-17 히스기야가 이런 소명에 순종한 결과 예루살렘을 포위한 엄청난 아시리아 군대로부터 예루살렘을 기적적으로 보존하게 되었다.사 36-37

한 세기 뒤에, 예레미야는 야웨 전쟁이 이스라엘에 맞선 것으로 반전되었다고 선언한다. 이스라엘을 위해 싸우신 하나님은 이제 언약을 깨버린 자신의 백성에 맞서 싸우신다. 렘 6:1-8; 21:8-10; 25:8-9; 사 63:10 참조; 겔 9:1-10 이스라엘이 몰락하고 추방당한 후에, 하나님은 자신의 백성을 무기에게로 부르시는 것이 아니라, 바빌론 포로기에서 이스라엘을

구원할 페르시아 왕 키루스를 사용하심으로 부르셔서 다시금 자신의 백성의 편에 서실 것이다. 사 45:1-4

마지막으로, 예언적인 종말의 구절에서, 하나님은 반복적으로 하나님의 나라를 세우기 위해 모든 악한 권력들을 복종시키실 전사로 나타난다. 에스겔 38-39장에서처럼, 하나님은 출애굽기에서 바로가 상징했던, 악을 상징하는 곡과 마곡을 부수신다. 야웨 전쟁이라는 주제가 갖는 이런 종말론적 측면은 신약성서에게로 확대된다: 하나님이 악에 궁극적으로 승리하고자, 예수는 마귀를 굴복시킨다. 예를 들면, 계 19:11-12

그렇지만 성서에서 하나님을 전사로 만나게 될 때마다, 우리는 사용된 전쟁/전사의 언어가 목자, 아버지, 왕과 같은 하나님에 대한 다른 비유들과 마찬가지의 기능을 하는 비유적 언어란 것을 기억할 필요가 있다. 각각의 비유는 하나님의 특정한 측면을 가리키는 용어를 위한 인간의 경험의 특정한 영역에 바탕을 두고 있다. 하나님을 우리의 목자로 부르는 것이 하나님의 인도하심과 돌보심을 가리키는 것처럼, 하나님을 전사나 왕으로 지칭하는 것은 하나님의 힘과 권위를 가리킨다. 그렇지만 하나님이 목자라는 비유는 양치기라는 직업이 특정하게 신성하다는 것을 보증하는 것이 아니듯이, 하나님에게 사용된 전사 비유는 인간의 전쟁을 명령하거나 재가하는 것이 아니다. 구약성서의 전쟁에 대한 더 포괄적인 논의를 위해서는 다음을 보라. W. Janzen, 1982c: 173-86; 그리고 1982d: 187-92; 야웨 전쟁/성전을 학적으로 다룬 조사를 위해서는 von Rad: 22-33에 있는 Ollenburger의 서론을 보라

언약 다양한 사용. "언약"은 히브리어 명사 *berith*를 일반적으로 번역한 것이다. 후자는 구약성서에서 280차례 등장하지만 분포는 불규칙적으로 나타난다. 이 단어는 언제나 관계를 가리키지만, 언약 상대자들과 언약의 내용도 꽤 다양하다. 하나님과 이스라엘이 언약의 상대자로 가장 빈번하게 나타나는 이름이라면, 언약은 하나님과 왕 사이에서 예를 들면 다윗: 시 89:3, 28, 34, 39; 렘 33:21; 아래를 보라, 국가의 수장 사이에서 솔로몬과 히람: 왕상 5:12, "조약", 왕과 신하들 다윗과 이스라엘 장로들: 삼하 5:3, 두 명의 가장들 라반과 야곱: 창 31:44-50 혹은 남편과 아내 겔 16:8; 말 2:14; 잠 2:17 사이에서도 존재한다.

비유적으로는, 언약이 인간과 동물 호 2:18 혹은 인간과 죽음 사 28:15, 18 사이에서도 이루어진다. 이 모든 것들은 우리가 언약이라는 단어를 전반적으로 적용하지 않도록 조심하여, 그 용어가 주어진 맥락에서 어떻게 사용되는지를 구체적으로 물어야 한다는 것을 의미한다. 아울러 우리는 그 용어를 신과 인간의 관계를 위한 독점적인 용어로 여겨서는 안 된다. 그 이유는 다른 용어들과 비유들이 후자를 표현하는데 사용할 수도 있기 때문이

다.

시내 산 앞에서의 언약. 출애굽기 2:23-25와 6:2-8에서 우리는 하나님께서 아브라함과 맺으신 언약을 기억하셨다는 것을 본다.창 17; 창 15 참조 그 표식은 할례였으며창 17:11 땅과 자손을 약속하신 것이 이삭창 26:1-5과 야곱창 28:13-15에서도 반복되었다. 하나님이 앞서 맺으신 언약에 따라 행하시려는 의도는 출애굽의 이야기를 움직이게 한다.출 2:23-25

그렇지만 하나님이 노아와 맺으신 언약이 앞의 언약보다 선행한다: 하나님은 또 다른 홍수로 창조를 멸망시키지 않으리라 약속하셨으며, 무지개라는 표식으로 그 약속을 확증하셨다. 창 9:8-17 아담과 하와와 맺으신 언약이 이 언약에 선행한다.창 1:28-2:3 언약berith 이라는 단어가 여기서 사용되지는 않았지만 하나님의 축복과 약속은 하나님과 피조물 사이의 관계를 수립하려는 목적으로 아담과 하와에게로 확대된다. 무지개와 할례가 각각 노아와 아브라함과 맺으신 하나님의 언약의 표시였던 것처럼, 출애굽기 31:16-17은 안식일이 그 표시라는 것을 시사한다. 그렇다면, 출애굽기에 있는 언약에 대한 언급들을 선행하는, 창세기에서의 광범위하게 발전된 언약이 있는 것이다.

시내 산 언약. 하나님이 시내 산에서 이스라엘과 맺으신 언약출 19-24이 부각된다. 그것은 하나님이 자신의 백성에게 구원을 주시려는 두 가지 목적 가운데 첫 번째이다.두 번째는 약속의 땅 시내 산 언약도 구약의 언약신학의 중심이자 핵심이다. 하나님과의 언약에 서는 것은, 지금부터는 신성한 자기공개에 대한 이스라엘의 반응에 따라 정의되는 것이다. 그럼에도 출애굽기는 시내 산 언약을 혁신으로 나타내지 않고, 오히려 아브라함과 하나님의 언약을 아브라함의 자손들에게로 확장하는 것으로 그린다.

이런 확장 속에 있는 새로운 요소는 이스라엘이 제사장 나라와 거룩한 민족이 되도록 위임하시는 하나님의 행하심이다.출 19:6 이것은 열방을 위해 하나님의 계시된 뜻토라/법에서의 사례가 되는에 따라 삶을 구현해간다. 그것은 하나님만이 시작하신 언약으로서, 이 하나님은 이스라엘 백성 앞에 계시며, 그 백성은 이집트에서 자애로운 구원을 경험했다. 이것은 특별한 위임을 위해 이스라엘을 선택하심으로 이루어진, 지속적인 관계를 위한 조건들이다.

시내 산 계약 갱신. 이스라엘은 하나님의 제안과 부르심에 동의하지만출 24:1-11 곧바로 그 언약을 깬다.출 32:1-6 하나님은 너그럽게 그 언약을 갱신하신다.출 34장

이런 갱신 뒤에 여호수아 8:30-35; 24, 요시야왕하 23, 그리고 에스라느 8-9가 중재한, 이스라엘 역사에 있어서 몇 가지 다른 중대한 언약갱신의 이야기가 뒤따른다. 그보다 덜

중대한 갱신들은 이스라엘의 정기적인 예배의 과정에서 매년 혹은 정기적으로 이루어졌던 것 같다.신 31:9-13 참조

예언자들과 시내 산 언약. 포로기 이전의 예언서들 가운데 다수가 "언약"이라는 용어를 거의 사용하지 않거나사 1-40에서 4차례; 호세아에서 2차례 전혀 사용하지 않는다.아모스, 미가, 나훔, 하박국, 스바냐 그럼에도, 예레미야와 에스겔은 어떤 핵심 구절들렘 11; 겔 16:59-63에서 국가적으로 언약을 깼다는 것을 강조한다. 이스라엘 백성이 언약을 신실하게 지킬 능력이 없었음에도, 예레미야는 하나님이 "새 언약"을 자애롭게도 내리실 것이라고 선언한다.렘 31:31-34; 겔 16:59-63 참조; 37:26

그렇지만, "언약"이 분명하게 사용되지 않는 많은 예언 구절들 속에서, 우리는 심판을 예언적으로 선언하거나 회개로 부르는 것이 그럼에도 언약 신학의 맥락에서 선언되었다고 추정할 수 있다. 이것은 특히 소위 "소송"rib 본문들예를 들면 사 1:29; 미 6:1-8; Weinfeld: 276; Mendenhall과 Herion, ABD, 1:1190-91에서 그러하다. 같은 분위기로, 신명기적 역사여호수아, 사사기, 사무엘 상하, 열왕기 상하는 사마리아가 아시리아에게 멸망당한 것주전 722과 예루살렘이 바빌론에게 멸망당한 것주전 587을 언약을 깬 기나긴 역사에 하나님이 심판을 내리신 것으로 해석한다.예를 들면, 왕하 17:15

하나님과 다윗의 언약. 모세가 중재한그런 이유로 "모세 언약"이라고도 불림 시내 산 계약을 통해 하나님이 이스라엘을 선택하시고 위임하신 것 다음으로 중요한 것은, 다윗과 그의 왕가를 선택하시고 위임하신 것이다. "언약"이라는 용어가 기본적인 본문에삼하 7 사용되고 있지는 않지만, "다윗 언약"이라는 이름을 사용하는 것을 사무엘하 23:1-7; 시편 89; 132; 예레미야 33:21; 그리고 에스겔 37:24-28과 같은 구절들이 해명하고 있다. 기본적으로는 이 언약의 내용은 다윗왕국을 그의 집/왕조의 통치 하에 세우겠다는 하나님의 약속이다.삼하 7:16 물론 하나님의 은혜를 하나님의 왕가를 통해 중재된 것으로 이해하는 것은 예루살렘에 있는 성전 속에 그 중심을 두고 있는 유다로서는 익숙한 것이었다.

다윗 언약은 아브라함 언약과 공통된 부분이 많다. 양쪽 모두 아브라함을 위한 땅과 자손들 및 다윗을 위한 왕국과 왕조의 약속을 포함하고 있다. 지켜야 할 분명히 명시된 조건들법들이 없다. 그래서 해석자들은 이 두 개의 언약을 "무조건적"인 것으로 생각하는 경우가 많으며 그 언약 속에서 법을 포함하고 있는 "조건적인" 모세시내 산 언약과 경쟁하고 대조되는 신학을 보기도 한다. 이 문제는 복잡한 학자들의 논쟁으로 이어졌다.

어떤 강조점의 차이가 다윗 신학유다에 근거를 둔과 모세 신학원래는 북/이스라엘에서 더 강했지만 7세기에서부터는 유다에서 더 강해진 사이에 존재한다는 것은 의심의 여지가 없다. 현대

의 기독교적 비유를 사용하여, 우리는 두 개의 이스라엘 "종파들"을 생각할 수도 있다. 그렇지만 그 구분은 그리 뚜렷하지 않다. 모세법 역시도 법적인 세부내용이 없는 간략한 요약으로 표현될 수 있다.예를 들면 신 6:4-5 반면 하나님이 다윗에게 하신 약속은 "조건적"인 것으로 해석되었다.삼하 23:1-7

사실상, 신명기적 역사는 다윗가의 왕들이 백성들을 신실하게 혹은 신실하지 못하도록 이끌었다고 평가하며, 후자는 심판을 야기했다. 게브란트G. Gerbrandt는 이 점을 간결하게 언급한다: "다윗가의 왕들은 모세법을 지키고 보장하도록, 그리고 다윗 약속을 받는 자들로서 하나님의 은혜의 표시와 도구가 되도록 기대를 받았다." Gerbrandt: 191, 189-94 참조 다윗이 모세 언약의 최고 상징인 법궤를 예루살렘으로 가져오기 위해 갔다삼하 6는 사실이 보여주듯이다른 것들 가운데, 이것은 모세 언약을 후대에 채용한 것이 아닐 수 있다. 그것은 성전이 건축된 이후 계속해서 예루살렘 성전의 가장 거룩한 물품이 되었다. 따라서 다윗 언약은 시작부터 모세 언약의 파생물이었다.

언약과 고대근동의 조약. 오래되고 복잡한 학자들의 논쟁이 간략하게 여기서 검토되어야 할 것 같다. 1950년대에 조지 맨든홀George Mendenhall과 클라우스 발처Klaus Baltzer는 맨든홀-발처 가설로 알려진 주장을 폈다. 그들은 특히 히타이트 문서로 알려진 고대근동의 국제조약들이 구약의 언약본문들과 여러 가지 면에서 병행을 이루는 특정한 형식구조를 보인다고 지적했다. 이런 조약들은 "종주권 조약들suzerainty treaties"로서, 더 위대한 왕the suzerain과 그보다 못한 왕the vassal 사이의 조약이었다.

그런 조약들은 항상 그렇지는 않지만 특징으로 보아 다음 여섯 개의 부분들로 이루어진다: (1) 서론. (2) 역사적 서문, 종주국의 자비를 강조하며 그 조약의 초기단계를 기술한다. (3) 조항들, 속국의 독점적인 충성과 다양한 섬김을 요구한다. (4) 증인이 되는 신들의 목록. (5) 지키거나 지키지 않음에 따라서 속국에 상을 내리거나 벌을 주게 될 축복과 저주들. (6) 보증금 조항들 및 속국의 영토에서 일반적으로 낭독함. 조약문서 사본 두 개가 양쪽 당사자들을 위해 하나씩 준비된다.

이 가설에 따르면, 이런 형식적인 구조는 출애굽기 19-24장, 신명기, 여호수아 24장, 그리고 다른 곳과 같은 다양한 언약의 본문들 속에서 어느 정도 분별할 수 있다. 하나님은 종주국으로, 이스라엘은 속국으로 보이게 된다. 고대 근동의 정치적 현실 상황이었던 것이 하나님과 이스라엘 사이의 관계에 대한 구체적이고 유용한 신학을 낳는데 차용되어온 것이다.

이어지는 수십 년 동안, 이 가설을 지지하고 발전시키고 도전하려는 다양한 문헌들이 있었지만 분명한 결론을 내리지 못했다. 이 논쟁의 많은 측면들이 학계에 남아있지는 않았지만 교회에서는 열정적으로 독려되었다. 내 생각에는 다음과 같이 말하는 것이 합리적인 듯하다: 고대국제조약들의 공식적 구조가 성서본문에 영향을 주었던 것 같다. 주전 2천 년 의 히타이트 조약들보다는 주전 천 년의 아시리아 조약과 조금 더 유사하지만, 신명기와 여호수아 24장의 구조에서 가장 분명히 분간할 수 있다.Weinfeld: 266-69, vs Mendenhall과 Herion, ABD, 1:1179-92

많은 이들이 시내 산 언약을 다루는 장들출 19-24에서 종주국 조약구조를 찾으려하지만, 결과는 불분명하다. 기껏해야 공식적인 조약의 형식과 행습 몇 가지가 출애굽기에 남아 있을 뿐이다. 그들 가운데는 십계명이 적힌 두 돌판이 있었다는 사실이 있는데, 두 개의 조약사본들을 만들어서 두 당사자가 하나씩 소지하기 위한 것이었다.Kline: 113-30 종주권조약 가설의 일부 측면들은 유용하지만, 성서 본문들과 그 맥락 자체가 우리를 위한 "언약"의 의미와 기능을 마련해 주도록 하는 것이 좋을 것이다.

신약성서의 언약. "언약"이라는 용어가 신약성서에서 자주 등장하지는 않지만, "새 언약"이라는 예언적인 주제는 중재자이자 희생제물인 예수가 도입한 주의 만찬에서 두드러지게 나타나고 있다.마 26:28//막 14:24//눅 22:20//고전 11:25 히브리서에서 우리는 예수 안에 있는 "더 나은 언약"7:22과 그보다 덜한 옛 언약히 7-13; 렘 31:31-34를 인용하는 8:8-12을 길게 비교하고 있다는 것을 본다.

라틴어 성서번역은 "언약"을 testamentum으로 표현하는데, 여기서 우리가 가진 "구약"과 "신약"이라는 용어가 나왔다. 하나님의 언약 상대자이자 제사장 나라와 거룩한 민족19:6이라는 이스라엘의 특성은 베드로후서 2:9에서 그리스도인들을 위해 채용되어왔다.조금 수정됨; 계 1:6도 참조

이름, 영광, 얼굴/임재, 손/팔

하나님은 초월적이시다. 우리는 이 세상 속의 하나님의 임재와 행하심을, 인간의 직접적인 경험 외부에 있는 어떤 것을 표현하는 인간의 경험에서 차용된 은유, 표현방식, 혹은 이미지를 사용하여 말할 수밖에 없다. 하나님의 임재와 행하심이라는 측면으로서 출애굽기및 성서의 나머지 부분들에서 두드러지게 나타나는 네 개의 비유는 이름, 영광, 얼굴임재로 번역되는 경우가 많다, 그리고 손/팔이다. 이 모든 것은 인간에게 속한 것으로, 특히 우리가 영광kabod이 문자적으로 무게가 나가는, 무거운을 의미하는 어근에서 나온 것임을 알게 될 때 그렇다. 인간은 이름, 무게, 얼굴, 그리고 손/팔을 가지고 있다.

하나님의 임재를 표현하고 있는, 특히 천사원래는 전령와 불/구름기둥 및 다른 용어들이 출애굽기에 등장한다. 그렇지만 이들은 인격의 핵심부분과는 덜 직접적으로 관련되고 있으며, 방금 밝혀진 네 가지에 종속된 특징이 되는 경우가 잦다. 예를 들어, 구름과 불은 출애굽기 19장에서의 하나님의 영광의 표현들이다. 이런 핵심 비유들을 어떻게 이해하고 서로 관련시켜야 하는가?

이름.(shem) 성서를 통틀어, 이름은 이름의 소지자의 본질과 본성을 포함하는 일이 많다. 야곱에서 이스라엘로창 32:22-32, 혹은 시몬에서 베드로로마 16:13-20 바뀌는 것처럼, 중요한 정체성의 변화가 일어날 때 이름이 바뀌는 것은 합당한 것이다. 하나님은 모세에게 당신의 새 이름, 야웨/주님을 계시하셨는데, 이 이름은 너희 아버지들의 하나님 *Elohim/Elohim*; 출 3:6과 전능하신 하나님 *El Sadday/Shaddai*; 6:3처럼 예전의 이름들을 대체하는 이름인 것이다. 이것은 하나님께서 이제 당신의 정체성이나 성품에 대한 새로운 이해를 계시하실 것이라는 의미와 다르지 않다.3:1-15에 대한 주; 6:2-8

그 이름이 본질적으로 하나님을 나타내므로, 예를 들면 힘9:16, 축복20:24, 선하심33:19, 혹은 질투34:14와 같은 하나님의 다양한 성품들이 그 이름과 연결될 수 있다. 하나님의 이름정체성, 성품은 구체적인 목적을 위해, 특히 언약으로 하나님의 백성이 되라고 이스라엘에게 계시된다. 따라서 이름 계명의 하나님은 이런 부르심에 부합되지 않게 당신의 이름을 사용하는 것을 금하시고 처벌받는다고 위협하신다.20:7 그런 오용은 주문이나 마술적 관행이 될 수도 있고 하나님의 이름으로 이해되는 하나님의 계시된 지식과 부합되지 않는 모든 형태의 행위들을 포함한다.20:7을 보라, 주

영광.(kabod) 앞서 언급된 것처럼, 이 단어 뒤에 있는 구체적 의미는 무게 혹은 무거움이라는 뜻을 갖는다. 우리가 어떤 사람이 "무거운 것을 나르고" "무게 있는 말/결단"을 내린다고 말할 때, 영광, 힘, 권위, 높은 명성에도 유사한 표현들을 사용한다. 고대에서는, 강력하고 부유하고 높은 위치에 있는 사람들은 보통 더 많은 음식을 먹었으며 그로 인해서 일반 노동하는 사람들보다 말 그대로 더 체중이 많이 나가서, "더 큰 영향력을 가졌다. 영어 표현 그대로 하면, 더 많은 무게를 짊어졌다.carried more weight 역자 주

그 결과 무게는 힘, 권위, 명성과 동의어가 되었으며 지위가 높은 모든 사람과 동의어가 되어, 영광으로 요약될 수 있었다.

이름과 마찬가지로, 하나님의 영광은 하나님을 나타내지만 인간과 지상의 영역 위로 하나님을 높이는, 하나님 안의 모든 것을 강조한다. 하나님께서 그가 바로 위에 영광을 얻으실 것이다/영광을 얻으셨다고 말씀하실 때는, 이 말은 하나님의 우월한 지위가 입증

되었거나 혹은 입증될 것이다를 뜻한다.14:4, 17-18 하나님의 영광의 모습은 구름, 폭풍우, 천둥 그리고 번개/불과 연관되는 경우가 많다.16:10; 19:16-19; 24:16-17; 40:34-38 어떤 의미에서, 하나님의 이름이 일단 게시되어 항상 사용할 수 있으면, 하나님의 영광은 하나님의 자기계시의 특별하고도 고귀한 순간들과 관련된다.16:7; 19 그것은 거룩함이라는 개념과 밀접하게 연관되어 있으며, 그에 맞는 인간의 반응은 항상 경외심, 존경, 그리고 숭배인 것이다.

당신의 영광을 내게 보이소서라고 요청할 때, 모세는 하나님의 타자성이나 신비가 자신에게도 어느 정도 옮겨지게 해달라는 것을 구하는 것 같지만, 하나님께서는 그 요구를 거절하신다.33:18-23, 주 그렇지만 하나님의 영광은 하나님께서 몸소 마련하신 성소에서 이스라엘 가운데에 자애롭고도 지속적으로 거한다.40:3-38 이것은 출애굽기의 절정에 이르는 결론을 이루고 있다.

얼굴/임재.(panim) 분명한 이유로, 누군가와 "대면하는 것"은 히브리어에서나 영어에서나 그 사람이 있는 곳에 있다는 것을 뜻한다. 그리하여 NRSV는 얼굴/*panim*을 하나님이든 인간이든, 임재로 계속 번역하고 있다.6:30; 10:11; 18:12; 35:20

그럼에도, 하나님의 임재에 적용될 때는, 얼굴을 임재와 이렇게 일반적으로 연관시키는 것은 어떤 그림 같은 사실주의를 보존하고 있다. 모세는 하나님께서 모세와 대면하여 말씀하셨다.33:11라는 사실로 보아 걸출한 사람이다. 그렇지만 모세가 하나님의 영광을 보게 해달라고 구함으로써위를 보라 하나님의 높은 신비를 뚫고 들어가게 해달라고 요청했을 때, 하나님은 모세에게 당신께서 그것을 하실 것이라고 눈에 띄는 시각적 비유로 말씀하신다. 하나님은 모세를 바위 절벽에 세우시고 손을 그 위에 두시고 옆으로 지나가시고 손을 거두시고는 이렇게 말씀하신다. 너는 내 뒷모습을 보게 될 것이다; 그렇지만 내 얼굴은 보지 못하리라.33:23 얼굴과 뒷모습을 이렇게 대조시키는 것은 얼굴이라는 용어에 흔치않은 현실적인 하나님과의 동일시를 부여하는 것이다.33:18-23, 주 임재의 빵, 문자적으로는 얼굴의 빵이라는 표현도 마찬가지다.lehem[hap]panim: 25:30; 35:13; 39:26

손(yad)**과 팔.**(zeroa ') 가장 활동적이면서 인간의 몸에서 도구를 휘두르는 부위인 오른팔은 하나님의 힘과 행하심을 빈번하게 나타내는 비유이다. 바로와의 전쟁에서, 하나님의 손은 싸우는 행위와 연관되는 일이 잦다.3:20; 6:1; 7:4f; 9:3, 15; 13:3, 9, 14; 15:6, 12; 32:11; 8:19 참조, 하나님의 손가락 하나님의 손을 반영하는 것은 어떤 의미에서 지팡이가 있거나 없거나, 모세와 아론의 확대된 손에서 볼 수 있는데, 이 손/지팡이는 적에게 하나님의 힘을 촉발시키게 하는 역할을 한다.7:17, 19처럼 하나님의 팔은, 출애굽기에서 두 차례 등

장하는데, 하나님의 손과 아주 비슷한 기능을 한다.6:6; 15:16

하나님의 손과 팔은 일반적으로 이해하기 쉬운 비유다. 그렇지만 이 비유는 이집트 왕가의 칭호들과 오른 손으로 적을 부수는, 때로는 오른 속에 무기를 들고 있는 바로를 회화적으로 표현한 것과 유사하기도 하다. 아마도 그런 표현들은 이 비유들을 전통적으로 위대한 팔/손을 휘두르는 사람으로 불리고 묘사된 바로에 맞서서, 진정한 힘을 가진 자로 하나님을 묘사하는데 사용되었다.Hoffmeier, 1986: 378-87

이집트의 이스라엘 거주기간. 이집트에서 이스라엘이 얼마나 거주했는지, 그리고 이스라엘이 출발한 시기에 대해 말하고 있는 것이 있는가? 출애굽기 12:40f는 430년을 말하고 있으며 창세기 15:13은 400년을 말한다. 그렇지만 후자는 곧바로 4세대로 해석되며창 15:16, 모세와 아론의 족보와 들어맞는 언급으로서, 모세를 야곱의 아들 레위의 증손자로 그린다.출 6:14-20 창세기 12-50의 조상이야기들과 함께 출애굽기의 연속성의 의미를 고려해 보면, 4대 혹은 약 100년이 4세기보다는 더 적합해 보인다.

따라서 430년과 400년에 대한 언급들 각각은 상징적인 것으로 받아들일 수 있다. 많은 학자들이 이것을 상징으로 받아들이지만, 4대를 언급한 것이 정확한 역사적 정보라는 가정조차 의심스럽다. 이스라엘이 이집트에서 하나님의 계획이 실현될 수 있을 만큼 충분한 시간동안 머물렀다고 말하는 것이 최선이다.

성서외부의 증거? 이스라엘이 이집트에서 거주했다는 분명한 성서 외적인 기록은 없다. 예전에 많은 해석자들은 요셉이 이스라엘처럼 셈 민족인 힉소스의 지배 아래에서 출세했음이 분명하다고 추정했다. 힉소스는 이집트를 주전 17세기에서 대략 주전 1550년에 이르기까지 통치했다. 이 견해는 셈족 사람요셉이, 유사한 인종적 기원을 가진 바로 치하에서 더 쉽게 권력에 오를 수 있었을 것이라는 추측에만 기초한 것이다.

유목민 셈족은 이집트에 가뭄, 흉년 및 기타 어려움으로 인해 피난을 오고자 했거나 또는 무역을 하러 왔다. 이것은 역사의 다양한 시기에 일어났다.대략 주전 1890년에 그런 무리들을 그리고 있는 나일 강가에 있는 베니 하산 마을의 무덤그림을 참조, Pritchard, 1954:2f 이스라엘 사람들이 이집트에 있을 때와 그 이후에 때때로 일반적인 용어로 *Habiru/Apiru*의 일부로 여겨졌다는 것은 가능한 이야기다. 이들은 몇 세기 동안 고대근동과 이집트 곳곳에서 널리 나타난, 사회적으로 정착하지 못하고 종종 물의를 일으키는 계층의 사람들이었다.

몇 개의 증거가 이를 어느 정도 뒷받침한다: *Habiru/Apiru*라는 용어는 히브리와 유사하다. 구약성서에서 "히브리"를 지칭하는 것은 상대적으로 몇 곳의 본문에서 등장하는데, 이 본문에서 히브리는 가끔 사회적으로 경멸적인 뜻을 함축한다. "난민," "이방인"과 같음; Lemche, ABD, 3:95 참조 다양한 맥락에서, "히브리사람들"은 외국인들이 이스라엘 사람들을 지칭하거나예를 들면 삼상 29:3, 혹은 이스라엘 사람들이 외국인들을 말할 때 사용된 것이다. 예를 들면 욘 1:9 그렇지만 대부분의 성서 구절에서 "히브리"는 "이스라엘 사람들"과 같은 민족의 사람들을 가리키는 것은 분명하다.

우리는 아시아인들이 이집트의 건설계획을 위해 노예? 벽돌을 만드는 사람들로 이집트에 채용되었다는 것을 알고 있다. 테베에서 나온 무덤벽화를 참조, 이 벽화 속에서는 이집트 감독관들이 막대기와 채찍으로 감독하고 있는 반면, 아시아인들은 일을 한다; Pritchard, 1954:35 이집트의 도시 피톰과 람세스아래를 보라와 이집트 이름 "모세"출 2:1-10을 보라, 주에 대한 언급과 더불어 그런 의견들은 주전 2천년에 출애굽 보도와 이집트의 조건들 사이의 어떤 양립성을 제시하고 있지만 그것보다는 조금 더 가치가 있다.

이런 역사적 증거의 상태는 보수적인 휘튼대학교수인 제임스 호프마이어James K. Hoffmeier가 관련된 자료를 세부적으로 주의 깊게 조사한 뒤 자신의 책에 내린 결론에 명백하게 기술되고 있다: "이 책에서 검토한 증거의 본체는 이집트에 있던 이스라엘과 출애굽기의 서사들의 주요 핵심이 실제로 그럴듯하다는 것을 보여주는 간접적인 증거를 마련해 주고 있다."1997:226

출애굽의 시기. 이스라엘의 출애굽 시기에 대해서는, 다음의 이론이 20세기의 학자들 가운데서 우세했다: 핵심은 피톰과 람세스아울러 라암셋; 출 1:11에 대한 언급이다[출애굽의 경로 참조] 람세스는 나일 강 동부 삼각주에 있는 람세스 2세의 수도와 동일시되는 일이 많으며 나중에는 타니스/조안과 동일시된다. 대략 주전 1290-24년의 19번째 왕조 이 도시는 19번째 왕조의 새로운 기초였으며 람세스 2세가 주로 세웠다.Wente, ABD, 5:617f 학자들은 이것이 이스라엘, 혹은 후기 이스라엘의 주축이 이 바로가 통치하는 동안 이집트를 떠났음이 분명하다는 것을 보여준다고 가정한다.

게다가, 주전 1220년의 그의 승계자 메르넵타의 글은 이스라엘을 팔레스타인에서 바로와 싸운 민족들 가운데 하나로 언급한다.Merneptah Stele, 석판을 참조, Pritchard, 1969:376-78 그렇기에 학자들은 이스라엘이 람세스 2세의 통치기간 무렵 이집트에서 나왔음이 분명하며, 약 50년의 방랑을 한 이후문자적으로 받아들이지 않지만, 주전 1220년 이전의 어느 때에 팔레스타인에 도착했다고 결론을 내렸다.

주전 13세기말에 이르기까지 여호수아서에서 밝히고 있는 팔레스타인의 여러 도시들벧엘, 라키슈, 데비르, 하조르이 잔혹하게 파멸되었음을 말해주는 고고학적 증거가 이 가설을 뒷받침했다. 이 모든 것은 그 당시 이스라엘이 팔레스타인을 정복한 것을 가리키는 것으로 보인다.

그렇지만, 결코 모두가 받아들이지 않음에도, 출애굽과 정복을 말하는 이 그림은 다양한 측면에서 점점 침식되고 있다. 금방 언급된 팔레스타인에서의 고고학적 증거는 확증된 것이 아니다; 여리고에서의 고고학적 발견들은 특히 문제가 많다. 나아가, 성서가 말하는 팔레스타인의 군사 정복 이야기는, 이스라엘의 조상들이 팔레스타인에 다소 평화롭게 유입되었거나M. Noth 혹은 우세한 가나안 도시국가들에 맞서 인구의 다양한 부류들이 일으킨 사회적 혁명을 통해 이스라엘이 나타났다는 가설로 반박되어왔다.G, Mendenhall, 1955: N. Gottwald

이스라엘을 언급하는 최초의 성서 외적인 문서인 메르넵타 비문the Merneptah Stele은 이스라엘이 근래에 도착했다는 증거를 주지 않는다. 결국, 다양한 학자들이 람세스 2세의 새로운 수도와 람세스라는 도시를 동일시하는, 널리 수용된 가설의 핵심에 도전했다. 이제 많은 사람들이 그 도시는 아마도 칸티르Qantir에 위치했을 수 있다고 말하고 있다. 이곳은 19번째 왕조 이전의 도시에 대한 증거가 발견되지 않는 타니스Tanis에서 15마일 북쪽이라기보다는, 19번째 왕조 이전의 긴 건축역사를 가진 장소인 것이다. 그런 경우에, 람세스에 있는 이스라엘 노예의 노역은 람세스 2세의 시대와 더 이상 독점적으로 연결될 수 없는 것이다. 만일 받아들여진다면, 이 시각은 13세기 출애굽의 가설을 지탱하는 주요 기둥을 흔들고 말 것이다.Bimson: 33-40

다른 학자들은 반복적으로 출애굽이 더 일찍, 보통 주전 15세기에 있었을 것이라고 주장한다.18번째 왕조 어떤 이들은, 솔로몬이 즉위 4년에 성전건축을 착수한 때가대략 주전 960년, "이스라엘이 이집트의 땅에서 나온 후" 480년이라는 왕상 6:1의 언급을 수용하기 위해서 그렇게 주장한다. 그것은 15세기의 출애굽 시기를 말하고 있다. 출애굽과 정복 모두의 날짜를 다시 매기기 위한 포괄적이고도 힘차게 논증된 주장에서, 빔슨J. Bimson은 출애굽이 대략 주전 1470년에 있었다는 주장을 편다.13세기 출애굽에 대한 논쟁의 요약을 위해서는 Bimson: 30-60을 보라

이 모든 것은 출애굽기를 우리가 이해하기 위한 역사적이고도 고고학적 자료의 신빙성의 문제를 제기한다. 이스라엘과 교회의 신앙이 겨우 윤곽만이 드러난 역사적이고도 고고학적 이론이 가져오는 모든 파도에 휩쓸리는가? 이스라엘의 구원 이야기는 분명히 지리학적 일반 지식과 그 환경을 마련해 준 시간으로 풍성해 질 수 있다. 구체적인 도시의 이름과 다른 지리적이고 역사적 특징들이 출애굽기에 등장하므로, 그들은 그 이야기를

신화의 영역에서 없애버리고 그 이야기가 역사적 경험의 증언이자 찬양이 되도록 만들었다.

반면, 모세의 이름을 언급하고 성서 이야기의 세부내용들을 말하는 고대 이집트의 비문의 발견조차도 여전히 하나님께서 이스라엘의 구원에 역사하셨다는, 그 이야기의 가장 위대한 주장을 "증명"하지 못한다. 따라서 신앙은 필수적인 것이 된다. 앞선 세대로부터 고백적인 찬양의 이야기를 듣고 그 설득력 있는 특성에 사로잡힌 독자들은 역사적 증거가 없거나 모호하다는 것으로 인해 당황하게 되지 않을 것이다. 반면, 새로운 발견들이 이집트의 모래에서 드러나더라도, 믿기 위해 역사적 "증거"를 찾는 독자들은 아마도 결코 충분한 증거를 찾을 수 없을 것이다. 이 주제 전체에 대한 유용한 조사를 위해서는 다음을 보라. Hourtman, 1993:171-190

자료이론. 우리는 지금의 출애굽기 정경 본문을 어떻게 갖게 되었는가? 다양한 특징들이 출애굽기가 한 명의 저자가 기록한 것이 아니라는 것을 보여준다. 이런 특징들은 다음의 것들이다: 급격한 장면전환, 서법mood, 그리고 문체; 같은 산을 두고 호렙과 시내와 같이 일관되지 않은 이름을 사용함; 어떤 부분에서는 어휘의 특성이 있지만 다른 부분에서는 아님; 그 밖의 특징들 [서사 기법, 479쪽] 초기 그리스도인들은 모세가 오경을 전부 썼다는 랍비전통을 취했지만 "모세의 다섯 책들" 오경 자체는 그런 주장을 하지 않으며 방금 언급된 본문상의 특징들이 그것을 뒷받침하지도 않는다. 신중히 비교를 해 보면, 모세와 오경의 관계 출애굽기 포함해서는 예수와 복음서들의 관계와 같다고 말할 수 있을 것이다. 양자 모두 그 이야기를 이끌어 가는 주인공들이다; 양자 모두 어떤 것을 썼거나 썼을 수도 있지만, 처음부터 끝까지 기록을 했다는 의미라기보다는 그들의 형성에 자극을 주었다는 의미에서 각각의 작품들의 "저자들"인 것이다.

그렇다면 이 출애굽기 본문은 어떻게 생겼는가? 한 세기 반이 넘도록, 소위 자료 이론 혹은 자료 가설 이전에는 문서 가설이라고도 불림이 많은 학자들의 흥미를 끌었다. 그것은 세부사항에 있어서는 아주 다양할 수 있지만, 공통된 핵심은 다음과 같이 요약될 수 있다: 이스라엘이 하나님을 경험한 것들, 혹은 그 경험들 가운데 일부가 먼저 구전으로 전해졌는데, 세대에서 다음 세대로 말해지는 이야기로, 그리고 종교행사에서 사용되는 제의 본문으로 전해졌다. 이야기와 제의 본문들은 점차적으로 결합되어 더 큰 단위를 이루게 되었고, 네 가지 주요 가닥 혹은 버전들이 나타났다.

1. 야웨스트 자료The Yahwist Source는 Jahwe를 J로 축약해서 표기하는데, *Yahweh*를

독일어로 표기한 것이다. 이것은 아마도 주전 10세기에 남쪽 혹은 유다에서 비롯된 이스라엘의 이야기 버전으로 이해되고 있다. 이 자료가 지닌 생동감 있는 이야기 문체를 특징으로 하고 있으며 이 자료만의 특징적인 어휘선택이 있다. 기본적인 예는 하나님이 모세에게 이 이름을 계시하시기 이전에도 하나님을 가리키는 단어로 *Yahweh*영어로 주님를 사용하고 있다.

2. **엘로히스트 자료**(The Elohist Source는 하나님이 모세에게 *Yahweh*라는 이름을 계시하시기 전에 하나님을 가리키는 단어로 *Elohim*' Elohim을 사용한다는 것에서 이름이 붙었으며 E로 축약된다. 이 자료는 아마도 주전 9세기에 북쪽 혹은 이스라엘에서 나타났을 수 있다. 역시나 이 자료는 그것만의 문체와 특징적인 어휘를 갖고 있다.

3. **신명기 자료**The Deuteronomic Source는 신명기에서 발견되어 D로 축약된다. 이 자료는 주전 7세기에서 발생되었을 것이다. 이 자료의 특징적 문체와 어휘들은 신명기를 읽는 평신도들도 쉽게 알아챌 수 있다. 어떤 "신명기적" 구절들은 창세기-민수기에서도 발견된다.

4. **제사장 자료**The Priestly Source는 P로 축약되며 주전 6세기나 5세기 초에서 비롯되었을 것이다. 이 자료는 cultus예배, 의식, 족보와 다른 제사장적 관심의 문제에 관심을 두고 있는데, 이런 것들을 길고 체계적으로 다루는 일이 많다.

몇 세기 동안, 많은 학자들은 이런 자료들이 하나의 이야기를 만들기 위해 서로 짜여있다-신명기는 제외-고 믿었다. 마치 우리가 네 복음서를 예수의 연속된 이야기로 함께 엮는 것처럼 말이다. 학자들은 여전히 제사장 자료를 만든 사람들이 동시에 초기 자료들을 결합시키는 것에도 책임이 있는지, 아니면 제사장 자료가 그 당시에 독립적으로 존재해서 후대 편집자들이 다른 자료들과 합쳤는지에 대해 논쟁을 벌이고 있다. 이렇게 자료가 결합되는 과정이 에스라 당시에 이루어졌고주전 400년 경, 에스라가 예루살렘에서 지시한 삶을 기반으로 "하나님의 율법서"가 본질적으로 오경의 사본이었다는 8장 참조고 널리 주장되고 있다.

이 자료 이론은 가설로서, 여전히 이해할 수 없는 다양한 본문상의 특징들을 이해하고 설명하려는 시도임을 기억하는 것이 중요하다. 이 가설의 지지자들은 그 가설이 지닌 다양한 측면들과 세부사항들에 의견을 달리한다. 지난 20년 동안, 그와 같은 가설들은 심각한 비평과/혹은 수정을 받는 처지가 되었다. 그렇지만 오경출애굽기를 포함하여의 등장과 본질을 설명하기 위한 다른 어떤 의견들도 지금까지 동등하게 널리 받아들여지지 못했다.

그렇지만 많은 해석자들은 그들의 관심과 노력을 그 본문의 초기 단계pre-history의 문제에서 최종 정경의 본문을 해석을 추구하는 것으로 옮겼다. 출애굽기를 우리가 해석하면서, 우리도 주된 관심을 현재 상태 그대로의 본문, 그리고 이스라엘과 초대 기독교 교회가 정경화한—독특한 권위를 가진 것으로 선포한—본문 자체를 이해하는 것에 두었다. 이 최종적인 본문은 이전의 자료들이 아무렇게나 등장함을 통해서 생긴 것은 아니라는 것이 내 신념이다. 이전의 자료들이 사용되었지만 성령의 인도하심으로 일관되고 의미 있는 전체를 이루도록 세심히 만들어진 것이다.

그럼에도, 최종 형성자들이 문체, 서법, 그리고 그 어휘의 통일성을 그 본문에 부여하지는 않았지만 그들이 긴 전통의 역사를 통해 받아들임에 따라 그런 자료들을 느슨한 이야기 순서로 배열되었다는 것을 우리가 알게 될 때, 출애굽기 본문의 어떤 특징들을 더 이해할 수 있게 된다. 최종적인 형성자들이나 편집자들이 적어도 한 가지 방식으로 우리와는 아주 다른 사고방식을 가지고 그들의 임무에 접근했다: 우리의 관심이 네 복음서의 차이점과 같은 부조화된 요소들을 조화시키는데 있다면, 고대의 편집자들은 자신들이 자료들을 받은 다양한 형태로 보존하는데 관심을 두었다.

나는 그런 다양성, 급격한 변화, 그리고 일반적으로 우리 출애굽 이야기의 고르지 않은 흐름을 더 잘 이해하도록 하기 위해서 자료 이론의 이런 설명들을 포함시켰다.[서사 기법, 479쪽]

전염병, 표징, 그리고 이적. 출애굽기 7-11장에 나오는 하나님의 열 가지 행하심은 전통적으로 역병들plagues이라고 불렸다. 이 용어는 이집트인들이 경험하는 시각에서 그러한 일들을 특징화한 것이다. 후자는 하나님의 이런 행위로 인해서 "괴로움을 받는다,plagued" 영어로 전염병plague은 몇 가지 히브리 단어로 번역되는데, 모두 "감염, 발병"이라는 의미와 연결된다. 이 단어들이 구약에서 자주 등장하긴 하지만, 이들은 겨우 네 차례만 "이집트의 전염병"에 적용되고 있다: 출애굽기 9:14*maggepah*; 11:1*nega'*; 12:13*negep*; 그리고 사무엘상 4:8*makkah* 전염병의 동사 어근*ngp*은 "이집트의 전염병"과 관련해서 출애굽기 8:2=7:27, 히브리어; 12:13, 23, 27NRSV: strike 발병하다/struck down 병으로 쓰러지다; 그리고 여호수아 24:5에서 나타난다. 따라서 "전염병"은 성서가 하나님의 열 가지 징벌을 바로에게 행하시는 것을 지칭하는 것이 아니라, 이런 행동들을 한 가지 관점에서 제대로 기술하고 있는 것이다. 영어성경을 읽는 사람들에게 익숙하므로, 나는 이렇든 저렇든 "전염병plague"으로 계속 언급하고자 한다.

각각 그리고 함께 사용되는 표징'ot과 이적mopet이라는 용어는 출애굽기에서 나타나고 있는데, 모세와 아론를 통해서 수행되는 바로에 맞선 하나님의 열 가지 심판과 관련하여 다음과 같이 언급된다. 7:3표징들과 이적들; 8:23=8:19 히브리어; 10:1-2표징/들; 4:21; 7:9; 그리고 11:9-10이적/들 이들은 또한 하나님의 이런 행하심을 다시 언급하기 위해 구약의 다른 부분들에서 사용되고 있다. 예를 들면 서로와 결합: 신 6:22; 시 78:43과 105:27, NRSV에서는 "이적들 wonders" 대신 "기적들 miracles"로 사용됨 다른 두 개의 용어는 nipla' ot이며, 3:20에서 하나님이 이집트를 치시는 이적들을 선언하기위해 사용되었고, 15:11에서 pele' 는 주께서 행하신 이적들을 축하하고 있다. 앞의 단어는 시편 106:7놀라운 일들, wonderful works과 22경이로운 일들, wonderous works에서 이집트의 전염병을 회고하는데 사용된다.

표징들과 이적들을 함께 사용하는 것은 의미상으로 이 단어들이 서로 가깝다는 것을 말해주지만, 이들이 동의어는 아니다. 이적은 이런 행동들이 갖는 일반적이지 않은 측면들에 관심을 갖는다; 이적은 사람으로 하여금 흔하지 않은 어떤 것에을 기이하게 여기거나 경탄을 자아내도록 한다; 이것은 nipla' ot과 pele' 의 의미이기도 하다. 반면 표징은 바로가 내내 그 표징의 특성을 깨닫지 못하고 있긴 하지만, 하나님을 가리키고 하나님을 알게 하는 이런 행동들의 가능성을 강조한다.

표징히브리어: 'ot; 헬라어: semeion은 신구약성서에서 빈번하게 등장하며 성서의 아주 심오한 신학적 개념들 가운데 하나를 말한다. 표징은 하나님의 숨겨짐이나 초월성을 전제로 한다. 그리스와 로마의 종교를 포함하여, 이스라엘을 둘러싸고 있는 자연 종교들과는 반대로, 성서는 하나님이 감각을 통해서 직접적으로 인식되지 않는다고 가르친다. 태양, 달, 별, 산, 폭풍, 바다 등은 하나님의 창조의 일부이지만, 이들은 신성을 공유하지도 않거니와 창조주에게 다가갈 수 있도록 해주지 않는다. 자연과 마찬가지로 역사 역시 하나님께 직접 다가가는 길이 아니다. 하나님의 주도권에 의해서만, 자연이나 역사 속의 사건이성서적 구분이라기보다는 현대적 구분 하나님께서 이곳에서 역사하신다는 강한 내적인 신념을 자아내는 방식으로 어떤 개인이나 집단을 위한 의미를 "빛나게 한다."

다른 말로 하면, 그런 사건은 하나님이 어떻게 역사하시고, 따라서 하나님이 누구인지를 어떤 이에게 알리는 "표징"이 되는 것이다. 만일 그런 표징 경험이 공유되고, 다른 이들이 그런 표징이 납득할 만하다는 것을 경험하고 단언하게 되면, 신자들의 공동체가 만들어지고 유지된다. 그 공유된 표징 경험들 가운데에서 그 공동체를 계속 형성하는 "성스러운" 혹은 "계시된" 이야기가 나타난다. 이스라엘의 출애굽 경험과 예수 그리스도의 삶, 말씀, 죽음과 부활은 기독교 교회를 이루는 주요 이적 사건들이다.

이런 시각에 비추어 보면, 이집트의 전염병들은 하나님에 대한 것, 그 자신에 대한 것, 그리고 그가 이스라엘에 요구하는 것에 대한 것을 바로에게 말해주는 잠재성을 갖는 것이었다. 바로가 스스로를 위해 진정한 표징들이 되게끔 해 주는 "그의 기회를 놓쳤다"는 사실이 그의 마음이 완고해 지도록 한 것이다.[바로의 마음이 완악해 짐, 477쪽]

한 가지 더 언급할 것이 있다. 성서의 표징은 우리가 일반적으로 "기적"이라고 부르는 것과는 다르다. 후자는 보통 인간적으로는 불가능하다고 생각하는 일이 일어나는 것, "자연법"을 거스르는 것이나 그런 유형의 것들로 이해된다. 성서의 세계는—이스라엘 사람들이든, 이집트인들이든, 무엇이든—반드시 그렇게 되어야 할 "자연법"을 알지 못했다. 그 세계에 있어서는, 아무것도 원칙적으로 불가능하지 않았다. 사건들은 이적들이라고 생각할 수 있을 만큼 놀랍고도 특이할 수도 있지만, 그 자체로는 신앙이나 불신앙을 불러일으키지 못했다. 이적은 이집트 주술가들에게 있어서 자신들의 놀라운 일들을 늘리기 위한 도전이었다.

어떤 성서의 표징들은 전염병처럼 흔하지 않을 수도 있어서 결과적으로 "기적과 같은" 것처럼 우리에게 나타나기도 한다. 다른 표징들은 역사적으로도 꽤 납득이 될 만한 사건들일 수도 있다. 예를 들어, 하나님은 모세가 불붙는 가시덤불 경험을 했던3:12, 주 하나님의 산으로 그의 백성을 데려오실 것이라고 모세에게 약속하신다. 누군가로 하여금 그 이적의 특성에 눈을 뜨게 하여 신앙을 일으키게 만드는 힘이 어떤 사건에 궁극적으로 부여되는 것을 우리가 생각할 때, 그 신비는 남아 있게 된다. 그리스도인들은 그것을 성령의 역사라고 한다. 바로는 그 전염병이 갖는 이적의 특성들에 눈이 떠지지 않았다. 여기서 우리는 설명할 수 있는 한계에 다다르게 된다.W. Janzen, 1982a: 15-26

출애굽의 경로. 이스라엘의 출애굽 경유지들은 거의 대부분 여행일정표 본문인 민수기 33:1-49에서 열거되어 있다. 짧은 일정들은 민수기 21:12-20과 신명기 10:6-7에서 찾을 수 있다. 이집트에서 시내 산으로 확대되는 일정표 부분인 민수기 33:1-15은 출애굽기에서 이름이 나온 장소들을12:37-19:2 다음 쪽에서 등장하는 것과 비교하고 있다.

이런 비교는 출애굽기에서 이스라엘의 야영지들의 순서가 온전한 기술이 아니라 어떤 사건들을 강조하기 위해 몇몇 지역들을 선택한 것임을 말하고 있다. 다양한 구두합의와 더불어, 그 목록들이 일반적으로 유사한 것은 출애굽기의 저자/들이 민수기 33장에서 보존되어 있는 더 오래된 여정표에 의존하고 있기 때문일 것이다.G. I. Davies, 1979:59; ABD, 4:912

이름이 밝혀진 장소들을 지리학적으로 위치시키는 것에는 극도로 어려운 문제가 있다. 그것은 대부분 잠정적이고도 논란의 여지가 있는 채로 남아 있다. 주된 논쟁들은 다음의 세 가지 문제에 집중된다: (1) 바다를 건너는 장소를 포함하여, 이집트에서 이스라엘이 탈출하는 장소. (2) 시내 산의 위치. (3) 카데시-바네아의 위치. 마지막 것이 이스라엘의 경로의 출애굽기 부분에서 벗어나 있으므로, 우리는 처음 두 개에만 집중하도록 하겠다.

라암세스에서 바다에 이르기까지. 요셉의 가족들은 "라암세스의 땅"과도 동일시되는 창 47:11 고센 지역에 자리를 잡았다. 라암세스와 피톰은 이스라엘이 노예로 노역을 했던 곳으로 이름이 밝혀진다.출 1:11 이집트에서 라암세스라고 불리는 곳이 아주 많았지만, 이 라암세스라암셋이기도 함가 나일 강 삼각주 북동쪽나중에 타니스와 조안이라고도 불림에 있는 옛 힉소스의 수도 아바리스Avaris의 북쪽 끝에 있는 주요 도시였다는 것에는 학자들 사이에서 폭넓게 의견의 일치를 보인다. 바로 람세스 2세약 주전 1290-1224는 이곳을 자신의 수도로 삼고 개발했다.이것과 다른 지역들을 위한 출애굽기의 지도를 보라 피톰출 1:11은 분명히 근처에 있었을 것이지만 이 여정표에서는 언급되지 않는다.Kitchen, ABD, 2:703 그렇지만 이곳이 아바리스/타니스/조안에서 약 24킬로미터 떨어진 칸티르Qantir에 있는 이전의 라암세스가 맞는지에 대해서는 더 최근에 이의가 제기되고 있다. 그것은 람세스 2세와의 연관성을 희박하게 하고 있다.[이집트의 이스라엘, 499쪽]

이렇게 상대적으로 분명한 시작점에서 **바다.**Yam Sup, 홍해/갈대 바다/갈대의 바다, 13:18-15:22를 통해 지나가는, 이스라엘의 경로는 아주 불확실하여 다양한 가설들을 불러오고 있다.그렇지만 람세스 2세의 통치와 출애굽의 연관성 논란에 대해서는 위의 이집트의 이스라엘을 보라 숙곳아마도 와디 투미랏, Wadi Tumilat, 에담, 비하히롯, 믹돌, 그리고 바알스본은 확실하지 않은 장소다.12:37; 13:20-14:2 이스라엘은 먼저 북쪽으로 간 후에 동쪽으로, 그러고 나서 바다를 지나 마침내 시내 반도의 광야가 있는 남쪽으로 간 것으로 보인다.

민수기 33:1-15	출애굽기
라암세스(출발지)	라암세스(12:37)
숙곳	숙곳(12:37)
에담(광야의 가장자리)	에담(광야의 가장자리)

비하히롯, 바알스본의 동쪽 (에담에서 되돌아옴)	비하히롯(믹돌과 바다 사이, 바알 스본의 앞; 14:1-2, 9)
믹돌	
바다를 통과함	바다를 통과함
에담 광야	수르 광야(15:22)
마라(광야로 사흘 길)	마라(광야로 사슬 길; 쓴 물; 15:23)
엘림(샘 12곳, 종려나무 70그루)	엘림(샘 12곳, 종려나무 70그루)
홍해(그곳에서 진영을 구축)	
신 광야(그곳에서 진영을 구축)	신 광야(만나와 메추라기; 16:1)
돕가	
알루스	
르비딤(마실 물이 없음)	르비딤(물이 없음; 아말렉과 싸움; 17:1, 8), 맛사와 므리바로 이름을 바꿈(17:7)
시내 광야(거기서 진영을 구축)	하나님의 산(18:5)/시내 광야(19:1-2)

이스라엘은 어떤 "바다"를 건넜으며 그것은 어디에 있는가? 대답을 찾기 위한 유일한 실제적인 근거는 *Yam Sup*이라는 그 이름 자체이다. 적어도 지금 한 세기 동안에는, sup 을 망망대해에서는 발견되지 않는 담수 식물인 "갈대"나 "파피루스"로 이해하는 것이 관례였다.출 2:3; 5 참조 따라서 해석자들은 언급되는 물이 현재 수에즈 운하 지역에 있는 호구들 가운데 하나였을 것으로 추측한다.예를 들면 Kitchen, ABD, 2:703 그렇지만 *sup*을 "파피루스"와 동일하게 보는 것은 아마도 지나친 가정인 것 같다. *yam sup*이 다른 곳에서는 염수 홍해의 북동쪽 방면에 있는 아카바 만the Gulf of Aqaba을 의미할 수도 있다는 것은 분명하다.출 23:31; 왕상 9:26

혹시 *sup*에는 더 일반적으로는 해초가 있었을까?욘 2:5=히브리 성서 2:6 그렇다면 가능성이 넓어져서 수에즈만홍해의 북서쪽 방면과 그 북쪽 호수들을 포함하게 된다. 그렇지만 같은 이름이 그 북쪽 호수들 일부들뿐만 아니라 현재의 홍해와/또는 그 방면 가운데 하나를 지칭한다는 것은 이상하다. 아마도 "갈대 바다" 이론은 이스라엘이 바다를 건너는 이야기 속에 있는 기적적인 요소를 "감당할 수 있는" 만큼으로 축소시키기 위해 주로 현대 학자들이 탄생시킨 것 같다. 고대 이스라엘 사람들은 그럴 필요가 없으므로, 적어도 일부 구절들에서 분명히 증언하는 대로 *Yam Sup*의 의미를 계속 담고 있는 것이 더 나을 듯하다:

"홍해" G. I. Davies, 1979:70-74; Batto, 1983:27-35; 1984:57-63

따라서 이스라엘 사람들이 그 바다를 통과했는지를 문자적으로 이해되었는지, 아니면 고백적 과장으로 이해되었는지를 추정하는 것은 해석의 문제로 남는다. 벤하드 바토 Bernhard Batto는 출애굽기의 최종판이 분명 홍해를 염두에 두었지만, 그것이 원래는 태고의 혼돈의 바다, "소멸의 바다"를 가리킨다고 주장한다. 이 소멸의 바다는 *sup*을 하나님의 적들을 삼켜버리는 *sop*[="끝"]으로 이해한 것이다.1983:35; 1984:57-63; 바토의 입장과 건너는 장소가 현재의 수에즈만의 북쪽 호수들 가운데 하나라고 다시 강조하는 것에 대한 최근의 논박을 위해서는, 다음을 보라. Hoffmeier, 1997:199-222

많은 문제들이 해결되지 못한 채 남아있다. 어떤 번역을 피한 하우트만Houtman이 현명한 것일 수 있겠다; 대신 그는 단순히 그 이름을 *Yam Suph*로 음역했다.Houtman, 1996:221, 등; 이 문제에 대한 견해들에 대해서는 다음을 보라. Huddlestun, ABD, 5:633-42 신학적으로, 진정한 의미가 있는 유일한 문제는 하나님께서 물을 이런 수단으로 사용하셔서서 이스라엘 사람들을 구원하시기 위한 강력한 방식으로 행하셨다는 것이다.

바다에서 시내 산/시내 광야에 이르기까지. 바다와 시내 사이에서 이스라엘이 진을 친 곳들은 역시나 아주 불분명하다.주된 가능성을 위해서는 다음을 보라. G. I. Davies, 1979:84f 이 경로의 대략적인 과정을 판별하는데 핵심적인 것은 시내 산의 위치이다. 무수한 다른 의견들이 제시되었지만G. I. Davies, 1979:63, 그 가운데 다음의 세 개만이 주목을 받고 있다:

1. **아카바(Aqaba)의 아라바 만(Arabah-Gulf) 동편 지역.** 이것은 시내 산을 전통적인 미디안 사람의 고향과 화산활동이 있는 지역과 가까이 두는 것으로, 어떤 이들은 19:16-19에서 상정되어 있다고 본다. 게다가, 오래된 시구들에서 시내는 때때로 세일, 에돔 그리고 파란과 같은 장소와 유사하게 언급된다.삿 5:4-5; 신 33:2; 아울러 합 3:3 참조 그렇지만 미디안 사람들은 팔레스타인 남쪽에 널리 퍼져있었으며, 시내는 그들의 영토에서 어느 정도 벗어나 있었던 것으로 추정된다.출 3:1; 18:5; 민 10:30 아울러 시내에서의 현현은 화산 활동을 필요로 하지 않는다. 출 19:16-19, 주를 보라 시구들poetic passages의 경우에는, 세일Seir과 파란Paran의 위치가 항상 고정되지 않는다; 파란은 시내 반도의 모든 곳을 지칭하는 이름이 되기도 했다.Durham:218, Aharoni에 근거하여 시적 병행은 정확인 의미의 병행을 필요로 하지 않는다.G. I. Davies, 1979:64-66

2. **카데쉬 근처의 장소.** 인근 장소 혹은 카데쉬에서 벌어진 민수기예를 들면 20장 속의 유사한 이야기들과 어떤 출애굽 이야기들의 관련성에 대한 복잡하지만 설득력 있

는 문학 이론들예를 들면 마라와 르비딤 사건들과 더불어, 방금 살펴 본 미디안 근처와 시적 병행들은 주요 근거들이다.

그 근거는 위에서 대략적으로 개괄된 어떤 선택을 강요하지 않는다. 시내의 이 두 장소를 거부하는 것 역시도 시내 반도 북쪽수르의 길을 서쪽에서 동쪽으로 가로질러 시내로 가는 이스라엘의 경로를 거부하는 것일 뿐만 아니라, 수에즈 지역에서 아카바 만의 북쪽 끝에 있는 에일라트*Elath*로 가는, 조금 더 남부의 서쪽에서 동쪽으로 가는 경로를 거부하는 것이기도 하다. 일부 학자들은 우리가 여러 가지 경로들을 고려해야 한다고 주장하는데, 여러 이스라엘 사람들의 무리들이 각각 다른 경로로 이동했을 수도 있거나 문학적인 본문들이 그 경로에 대해 다른 가정들을 가지고 있기 때문이다.Durham :218, 요약됨

3. 시내 반도의 남쪽에 있는 전통적인 지역(Jebel Musa) 무엇보다도 이 시각에 입각하는 것은 오래되고도 깨지지 않는 전통으로서, 그 전통은 "흔히 인식되고 있는 것보다 더 오래되고 더 획일적인 것"이며 기원전으로 거슬러 올라간다.G. I. Davies, 1979:63, 4-61 참조 그것은 "호렙[=시내]에서 카데쉬-바네아에 이르는데 11일이 걸린다"는 신명기 1:2의 언급에 따르고 있다. 일반적인 말로, 그것은 또한 민수기 33장의 여정표에서 시각화된 거리와 일치되며 *yam sup*홍해/갈대바다; 민 33:10에서 진을 친 것을 언급하는 것과 맞아 떨어진다. 수에즈 만에서 바다를 건넌 것이 맞다고 생각하는 이들에게 있어, 그것 자체가 남쪽의 경로를 제시하고 있는 것이다.예를 들면, Houtman, 1993:128f

의미. 이 성스러운 장소들을 순례하고자 하는 열망이 이스라엘의 출애굽 경로의 지리에 대한 기원전의 유대교의 관심을 낳았을 수도 있다.G. I. Davies, 1979:15, 14-29 참조 어떤 학자들은 엘리야의 여정을 토대로왕상 19:4-8하여 이미 구약성서 시대에서 시내 산으로 순례를 해왔을 수 있다고 주장해왔다.그곳이 어디이든; Noth, 1940; Wright, IDB, 4:376 그리스도인들은 순례의 동기를 특히 주후 4세기 이후부터 계속 가졌다. 시내 산 산기슭Jebel Musa에 있는 오늘날 성 캐서린 수도원은 주후 6세기 초로 거슬러 올라가며 이 역사를 구체적으로 상기시켜 준다.

현대의 관광객들 무리가 반-순례적semi-pilgrimage으로 시내를 통해 여전히 여행을 할 수 있지만, 역사적 불확실성이 오늘날 신자들이 이스라엘의 여정을 찾아가는 매력을 떨어뜨리고 있다. 이스라엘의 광야 경로에 대한 기독교의 지리적 관심은 출애굽 이야기의

지리적 배치의 심상mental image을 만들어내는 것에 더 초점을 맞추고 있다. 그런 형상이 역사적으로 온전히 정확하든 아니든, 그것은 전체로서의 이야기의 문학적 줄거리를 우리가 잘 파악할 수 있게끔 한다. 전통적인 경로는 이런 기능을 잘 수행하고 있다.

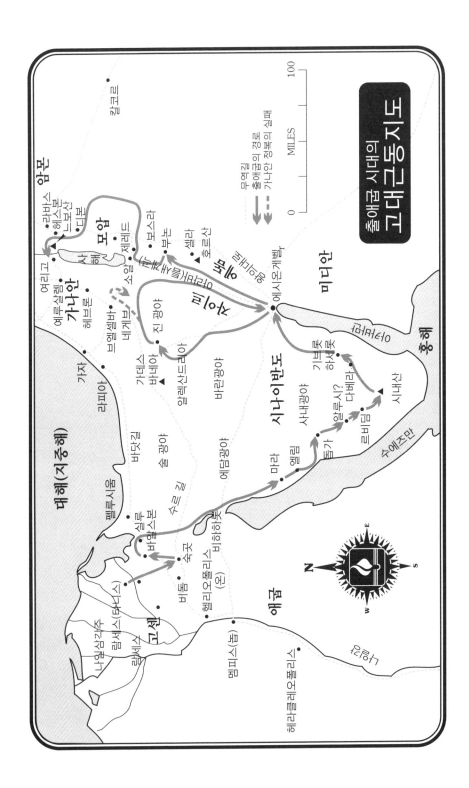

고대근동지도
출애굽 시대의

무역길
출애굽의 정로
가나안 정복의 실패

MILES
0   100

대해(지중해)

암몬

갈그미스

랍바스몬
헤스본
느보산
디본

모압

여리고
예루살렘
헤브론

가나안
헤르몬

염해
소알 제레드
브엘세바
네게브

신 광야

가자
라기스

가데스 바네아
알렉산드리아

바다길
술 광야
수르 길

바란광야
에돔광야

베섹
헤라클레오폴리스 (은) 비하하롯
숙곳

비돔
벧술
바알스본

나일삼각주
람세스지역
람세스

고센

헬리오폴리스

멤피스(놉)

이집트

홍해

미디안

에시온게벨

아카바만

가쉬못
하세롯

시나이반도

알루스?
다베라
르비딤
시내산

마라
엘림
시내광야
돕가

수에즈만

해라클레오폴리스

Bibliography

Note: Commentaries on Exodus by the following authors are cited without year of publication: Brueggemann, Childs, Fretheim, Noth.

ABD D. N. Freedman, ed., et al.
1992 *The Anchor Bible Dictionary.* 6 vols. New York: Doubleday.

Allison, Dale C. Jr.
1993 *The New Moses: A Matthean Typology.* Minneapolis: Fortress.

Alt, Albrecht
1959 "Das Verbot des Diebstahls im Dekalog." In Kleine Schriften 1:333-40. Munich: Beck'sche Verlagsbuchhandlung.

Alter, Robert
1981 *The Art of Biblical Narrative.* New York: Basic Books.

Anderson, Bernhard W.
1962 "Exodus Typology in Second Isaiah." In Israel's Prophetic Heritage: Essays in Honor of James Muilenburg, 177-95. Ed. Bernhard W. Anderson and Walter Harrelson. New York: Harper.

Anderson, Gary A.
1992 "Sacrifice and Sacrificial Offerings." In *ABD,* 5:870-86.

Augustine of Hippo
1948 "The Thirteen Books of the Confessions of Saint Augustine." In *Basic Writings of Saint Augustine,* vol. 1. Ed. Whitney J. Oates. New York: Random House.

Bainton, Roland H.
1955 *Here I Stand: A Life of Martin Luther.* New York: Mentor Bks.

Baltzer, Klaus
1964 *Das Bundesformular.* 2d ed. Neukirchen: Neukirchener Verlag.

Barth, Karl
1962 *Church Dogmatics,* vol. IV, part 3, second half. Trans. G. W. Bromiley. Edinburgh: T. & T. Clark.

Batto, B. F.
1983 "The Reed Sea: Requiescat in Pace." *Journal of Biblical Literature* 102:27-35.
1984 "Red Sea or Reed Sea?" *Biblical Archaeology Review* 10:57-63.

Bauer, J. B.
1958 "Drei Tage." *Biblica* 39:354-58.

Beegle, Dewy M.
1992 "Moses." In *ABD,* 4:909-18.

Beit–Arieh, Itzhaq
1988 "The Route Through Sinai: Why the Israelites Fleeing Egypt Went South." *Biblical Archaeology Review* 15:28-37.

Bimson, John J.
1981 *Redating the Exodus and Conquest.* Sheffield: JSOT Press.

Boman, Thorleif

1970 *Hebrew Thought Compared with Greek*. New York: Norton.

Braght, Thieleman J. van

1938 The Bloody Theater or Martyrs Mirror of the Defenseless Christians. 3d English ed. Trans. from original Dutch ed. of 1660 by Joseph F. Sohm. Scottdale, Pa.: Herald Press.

Brenner, Athalya

1982 Colour Terms in the Old Testament. Sheffield: JSOT Press.

Brenner, Martin L.

1991 The Song of the Sea: Ex 15:1-21. Berlin/New York: Walter de Gruyter.

Brichto, Herbert Chanan

1983 "The Worship of the Golden Calf: A Literary Analysis of a Fable on Idolatry." Hebrew Union College Annual 54:1-44.

Brueggemann, Walter

1977 The Land: Place as Gift, Promise, and Challenge in Biblical Faith. Philadelphia: Fortress.

1994 "The Book of Exodus: Introduction, Commentary, and Reflections." The New Interpreter's Bible, 1:675-982. Ed. Leander E. Keck et al. Nashville: Abingdon.

Burns, Rita J.

1987 Has the Lord Indeed Spoken Only through Moses? A Study of the Biblical Portrait of Miriam. Atlanta: Scholars Press.

Cassuto, U.

1987 A Commentary on the Book of Exodus. Trans. Israel Abrahams. Jerusalem: Magnes Press.

Childs, Brevard S.

1974 The Book of Exodus: A Critical, Theological Commentary. Philadelphia: Westminster.

1979 Introduction to the Old Testament as Scripture. Philadelphia: Fortress.

Coats, George W.

1968 Rebellion in the Wilderness: The Murmuring Motif in the Wilderness Traditions of the Old Testament. Nashville: Abingdon.

1988 Moses: Heroic Man, Man of God. Sheffield: JSOT Press. Confession. See General Conference Mennonite ...

Craigie, Peter C. and David L. Jeffrey

1992 "Ten Commandments." In DBTEL.

Cross, Frank Moore Jr.

1950 Studies in Ancient Yahwistic Poetry. Baltimore: Johns Hopkins.

1961 "The Priestly Tabernacle." In The Biblical Archaeologist Reader. Ed. David Noel Freedman and G. Ernest Wright. Garden City, N.Y.: Anchor Books, Doubleday.

1973 Canaanite Myth and Hebrew Epic: Essays in the History of the Religion of Israel. Cambridge: Harvard.

Cross, Frank Moore Jr., and David Noel Freedman

1952 Early Hebrew Orthography: A Study of the Epigraphic Evidence. New Haven: American Oriental Society.

Daube, David

1963 The Exodus Pattern in the Bible. Westport, Conn.: Greenwood Press.

Davies, Gordon F.

1992 Israel in Egypt: Reading Exodus 1–2. Sheffield: JSOT Press.

Davies, G. Henton

1962 "Tabernacle." In IDB, 4:498-506.

Davies, G. I.

1979 The Way of the Wilderness: A Geographical Study of the Wilderness Itineraries in the Old Testament. Cambridge: C. Univ. Press.

1992a "Sinai, Mount." In ABD, 6:47-49.

1992b "Wilderness Wanderings." In ABD, 6:912-14.

DBTEL Ed. David Lyle Jeffrey.

1992 A Dictionary of Biblical Tradition in English Literature. Grand Rapids: Eerdmans.

Durham, John I.

1987 Exodus. Waco: Word Books.

Enz, J. J.

1980 "The Afterlife of the Ninth Plague (Darkness) in Biblical Literature." In The New Way of Jesus: Essays Presented to Howard Charles. Ed. William Klassen. Newton, Kan.: Faith & Life Press.

Evans, Craig A.

1989 To See and Not Perceive, Isaiah 6:9-10 in Early Jewish and Christian Interpretation. Sheffield: JSOT Press.

Fokkelman, J. P.

1987 "Exodus." In The Literary Guide to the Bible. Ed. Robert Alter and Frank Kermode. Cambridge: Belknap.

Fox, Everett

1986 Now These Are the Names: A New English Rendition of the Book of Exodus. Trans. Everett Fox. New York: Schocken.

Frerichs, W. W.

1962 "Gnat." In IDB, 2:403f.

Fretheim, Terence E.

1991a Exodus. Interpretation Series. Louisville: John Knox.

1991b "The Reclamation of Creation: Redemption and Law in Exodus." 1991c "The Plagues as Ecological Signs of Historical Disaster." Journal of Biblical Literature 110:385-9

Friedman, Richard Elliott

1980 "The Tabernacle in the Temple." Biblical Archaeologist 43:241- 48.

1992 "Tabernacle." In ABD, 6:292-300.

Fuller, Reginald H.

1989 "The Decalogue in the New Testament." Interpretation 43:243- 55.

Gammie, John G.

1989 Holiness in Israel. Minneapolis: Fortress.

Gardner, Richard B.

1991 Matthew. Believers Church Bible Commentary. Scottdale, Pa.: Herald Press. General Conference Mennonite Church and the Mennonite Church

1995 Confession of Faith in a Mennonite Perspective. Scottdale, Pa.: Herald Press.

Gerbrandt, Gerald E.

1986 Kingship According to the Deuteronomistic History. Atlanta: Scholars Press.

Gnuse, Robert K.

1985 You Shall Not Steal: Community and Property in the Biblical Tradition. Maryknoll, N.Y.: Orbis Books.

Gottwald, Norman K.

1979 The Tribes of Yahweh: A Sociology of the Religion of Liberated Israel, 1250-1050 B.C.E. Maryknoll, N.Y.: Orbis Books.

Gowan, Donald E.

1994 Theology in Exodus: Biblical Theology in the Form of a Commentary. Louisville: Westminster John Knox.

Gunn, David M.

1982 "The 'Hardening of Pharaoh's Heart': Plot, Character and Theology in Exodus 1–14." In Art and Meaning: Rhetoric in Biblical Literature. Ed. David J. A. Clines, David M. Gunn, and Alan J. Hauser. Sheffield: JSOT Press, 72-96.

Haran, Menahem

1985 Temples and Temple-Service in Ancient Israel: An Inquiry into Biblical Cult Phenomena and the Historical Setting of the Priestly School. Winona Lake, Ind.: Eisenbrauns.

Harrelson, Walter

1980 The Ten Commandments and Human Rights. Philadelphia: Fortress.

Hesse, Franz

1955 Das Verstockungsproblem im Alten Testament: Eine frömmigkeitsgeschichtliche Untersuchung. Berlin: Alfred Töpelmann.

Hiebert, Theodore

1992 "Theophany in the OT." In ABD, 6:505-11.

Hoffmeier, James K.

1986 "The Arm of God Versus the Arm of Pharaoh in the Exodus Narratives." Biblica 67:378-87.

1992 "Egypt, Plagues in." In ABD, 2:374-78.

1997 Israel in Egypt: The Evidence of the Authenticity of the Exodus Tradition. New York: Oxford Univ. Press.

Hostetter, Edwin C.

1992 "Shiphrah." In ABD, 5:1221.

1992 "Puah." In ABD, 5:544f.

Houtman, Cornelis

1993-96 Exodus. 2 vols. Trans. Johan Rebel and Sierd Woudstra. Kampen: Kok Publishing House.

Huddlestun, John R.

1992 "Red Sea." In ABD, 5:633-42.

Hurowitz, Victor (Avigdor)

1992 I Have Built You an Exalted House: Temple Building in the Bible in Light of Mesopotamian and Northwest Semitic Writings. Sheffield: JSOT Press.

Hyatt, J. Philip

1980 Exodus. Rev. ed. Grand Rapids: Eerdmans. IDB George Arthur Buttrick, ed.

1962 The Interpreter's Dictionary of the Bible. New York: Abingdon.

Janzen, J. Gerald

1979 "What's in a Name? 'Yahweh' in Exodus 3 and the Wider Biblical Context." Interpretation 33:227-39.

1990 "The Character of the Calf and Its Cult in Exodus 32." Catholic Biblical Quarterly 52:597-607.

1997 Exodus. Louisville: Westminster John Knox.

Janzen, Waldemar

1977 "The Great Trek: Episode or Paradigm?" Mennonite Quarterly Review 51:127-39.

1981 "Withholding the Word." In Traditions in Transformation: Turning Points in Biblical Faith. Ed. Baruch

Halpern and Jon D. Levenson. Winona Lake, Ind.: Eisenbrauns.

1982a "Sign and Belief." In Still in the Image: Essays in Biblical Theology and Anthropology, 15-26. Newton, Kan.: Faith & Life Press.

1982b "Geography of Faith." In Still in the Image, 137-57. Newton, Kan.: Faith & Life Press.

1982c "War in the Old Testament." In Still in the Image, 173-86. Newton, Kan.: Faith & Life Press.

1982d "God as Warrior and Lord." In Still in the Image, 187-92. Newton, Kan.: Faith & Life Press.

1984 "Review of Millard C. Lind, Yahweh Is a Warrior: The Theology of Warfare in Ancient Israel." Journal of Mennonite Studies 2:177-81.

1992a "The Theology of Work from an Old Testament Perspective." The Conrad Grebel Review 10:121-38.

1992b "Earth." In ABD, 2:245-48.

1992c "Land." In ABD, 4:143-54.

1994 Old Testament Ethics: A Paradigmatic Approach. Louisville: Westminster John Knox.

Jeffrey, David Lyle

1992a "Burning Bush." In DBTEL

1992b "Exodus." In DBTEL.

1992c "Plagues of Egypt." In DBTEL.

1992d "Golden Calf." In DBTEL.

Jeffrey, David Lyle, and John V. Fleming

1992 "Moses." In DBTEL.

Jeffrey, David Lyle, and Paul Garnet

1992 "Sabbath Rest." In DBTEL.

Kaiser, Walter C. Jr.

1983 Toward Old Testament Ethics. Grand Rapids: Zondervan.

Kaufmann, Yehezkel

1960 The Religion of Israel: From Its Beginnings to the Babylonian Exile. Trans., abridged by Moshe Greenberg. Chicago: Univ. of Chicago Press.

KB Koehler/Köhler, Ludwig, and W. Baumgartner

1994 The Hebrew and Aramaic Lexicon of the Old Testament. Rev. by W. Baumgartner, J. J. Stamm, et al. Trans. from German. Leiden and New York: E. J. Brill.

Kearney, Peter J.

1977 "Creation and Liturgy: The P Redaction of Ex 25—40." Zeitschrift für die alttestamentliche Wissenschaft 89:375-387.

Keel, Othmar

1978 The Symbolism of the Biblical World: Ancient Near Eastern Iconography and the Book of Psalms. Trans. Timothy J. Hallett. New York: Seabury Press.

Kiene, Paul F.

1977 The Tabernacle of God in the Wilderness of Sinai. Trans. John S. Crandall. Grand Rapids: Zondervan.

Kitchen, K. A.

1992 "Exodus, The." In ABD, 2:700-08.

Klassen, John P.

1991 "Yahweh's Presence: An Exegetical Study of Exodus 32–34." Faculty of Theology, Univ. of Winnipeg. Seminar paper, unpubl.

Klein, Hans

1978 Die Zehn Gebote für Pfarrer und Gemeinde. Np., Romania: Beihefte der kirchlichen Blätter 1/1.

Kline, Meredith G.

1972 "The Two Tablets of the Covenant." In The Structure of Biblical Authority, 113-30. Grand Rapids: Eerdmans.

Knohl, Israel

1996 "Between Voice and Silence: The Relationship Between Prayer and Temple Cult." Journal of Biblical Literature 115:17-30.

Koehler, Ludwig

1957 Hebrew Man. Trans. P. R. Ackroyd. Nashville: Abingdon. Köhler-Rollefson, Ilse U.

1996 "Quail." In The HarperCollins Bible Dictionary, 906f. Ed. Paul J. Achtemeier. New York: HarperCollins, HarperSanFrancisco.

Koester, Craig R.

1989 The Dwelling of God: The Tabernacle in the Old Testament, Intertestamental Jewish Literature, and the New Testament. Washington: Catholic Biblical Association of America.

Kraus, Hans-Joachim

1966 Worship in Israel: A Cultic History of the Old Testament. Trans. Geoffrey Buswell. Oxford: Basil Blackwell

Kushner, Harold S.

1981 When Bad Things Happen to Good People. New York: Schocken Books.

Lemche, Niels Peter

1992 "Hebrew." In ABD, 3:95.

Levenson, Jon D.

1988 Creation and the Persistence of Evil: The Jewish Drama of Divine Omnipotence. San Francisco: Harper & Row.

1993 The Hebrew Bible, the Old Testament, and Historical Criticism: Jews and Christians in Biblical Studies. Louisville: Westminster John Knox.

Lind, Millard C.

1980 Yahweh Is a Warrior: The Theology of Warfare in Ancient Israel. Scottdale, Pa.: Herald Press.

1990 "Paradigm of Holy War in the Old Testament." In Monotheism, Power, Justice: Collected Old Testament Essays, 182-90. Elkhart, Ind.: Institute of Mennonite Studies.

Machinist, Peter B.

1998 "The Meaning of Moses." Harvard Divinity Bulletin 27:14-15.

McBride, S. Dean Jr.

1990 "Transcendent Authority: The Role of Moses in Old Testament Traditions." Interpretation 44:229-39.

Mann, Thomas W.

1996 "Passover: The Time of Our Lives." Interpretation 50:240-50.

Martens, Elmer A.

1981 God's Design. Grand Rapids: Baker.

Matthews, Victor H., and Don C. Benjamin

1993 Social World of Ancient Israel 1250-587 BCE. Peabody, Mass.: Hendrickson.

Maus, Cynthia Pearl

1954 The Old Testament and the Fine Arts. New York: Harper.

McNeill, John T.

1960 "Subject Matter of the Present Work." In John Calvin. Institutes of the Christian Religion. Ed. John T. McNeill. Philadelphia: Westminster.

Mendelsohn, I.

1962 "Urim and Thummim." In IDB, 4:739f.

Mendenhall, George E.

1955 Law and Covenant in Israel and the Ancient Near East. Pittsburgh: The Biblical Colloquium.

Mendenhall, George E., and Gary A. Herion

1992 "Covenant." In ABD, 1:1179-1202.

Menno Simons

1956 The Complete Writings of Menno Simons. Trans. Leonard Verduin. Ed. J. C. Wenger. Scottdale, Pa.: Herald Press.

Mettinger, Tryggve N. D.

1988 In Search of God: The Meaning and Message of the Everlasting Names. Trans. Frederick H. Cryer. Philadelphia: Fortress.

Meyers, Carol

1992 "Breastpiece." In ABD, 1:781

Miller, Patrick D.

1967 "El the Warrior." The Harvard Theological Review 60:419.

1973 The Divine Warrior in Early Israel. Cambridge: Harvard Univ. Press.

1989 "The Place of the Old Testament and Its Law." Interpretation 43:229-42.

Moberly, R. W. L.

1983 At the Mountain of God: Story and Theology in Exodus 32–34. Sheffield: JSOT Press.

1992 The Old Testament of the Old Testament: Patriarchal Narratives and Mosaic Yahwism. Minneapolis: Fortress.

Mollenkott, Virginia Ramsey

1994 The Divine Feminine: The Biblical Imagery of God as Female. New York: Crossroad.

Nigosian, S. A.

1993 "Moses as They Saw Him." Vetus Testamentum 43:339-50.

Noth, Martin

1940 "Der Wallfahrtsweg zum Sinai." Palästina-Jahrbuch 36:5-28.

1962 Exodus: A Commentary. Trans. J. S. Bowden. Philadelphia: Westminster.

O' Connell, Kevin G.

1984 "The List of Seven Peoples in Canaan: A Fresh Perspective." In The Answers Lie Below: Essays in Honor of Lawrence Edmond Toombs, 221-41. Ed. Henry O. Thompson. Lanham/New York/London: Univ. Press of America.

Ollenburger, Ben C.

1987 Zion, City of the Great King: A Theological Symbol of the Jerusalem Cult. Sheffield: JSOT Press.

Otto, Eckart

1994 Theologische Ethik des Alten Testaments. Stuttgart/Berlin/ Cologne: Verlag W. Kohlhammer.

Otto, Rudolf

1958 The Idea of the Holy: An Inquiry into the Non-Rational Factor in the Idea of the Divine and Its Relation to the Rational. Trans. John W. Harvey. New York: Oxford Univ. Press.

Patrick, Dale

1985 Old Testament Law. Atlanta: John Knox.

Pixley, George V.

1987 On Exodus: A Liberation Perspective. Maryknoll, N.Y.: Orbis Books. Pritchard, James B., ed.

1954 The Ancient Near East in Pictures Relating to the Old Testament. Princeton: P. Univ. Press.

1969 Ancient Near Eastern Texts Relating to the Old Testament. 3d ed. Princeton: P. Univ. Press.

Propp, William H

1993 "That Bloody Bridegroom (Exodus IV 24-6)" Vetus Testamentum 43:495-518.

Purdy, Dwight H.

1992 "I Am That I Am." In DBTEL

Rad, Gerhard von

1991 Holy War in Ancient Israel. Trans., ed. Marva J. Dawn, 3d Ger. ed., 1958. Introd. Ben C. Ollenburger. Grand Rapids: Eerdmans.

Rainey, Anson F.

1966 "Hebrews." In The HarperCollins Bible Dictionary, 409-11. Ed. Paul Achtemeier. New York: HarperCollins, HarperSanFrancisco.

Rendtorff, Rolf

1993 Canon and Theology: Overtures to an Old Testament Theology. Trans., ed. Margaret Kohl. Minneapolis: Fortress.

Rowley, H. H.

1963 From Moses to Qumran: Studies in the Old Testament. London: Lutterworth.

Rushdoony, Rousas John

1973 The Institutes of Biblical Law. Np.: Presbyterian & Reformed Publishing Co.

Sanders, James A.

1972 Torah and Canon. Philadelphia: Fortress.

Sarna, Nahum M.

1986 Exploring Exodus: The Heritage of Biblical Israel. New York: Schocken Books.

1992 "Exodus, Book of." In ABD, 2:689-700.

Schmidt, Werner H.

1988 Exodus. Neukirchen-Vluyn: Neukirchener Verlag.

Seitz, Christopher R.

1988 "Isaiah 1-66: Making Sense of the Whole." In Reading and Preaching the Book of Isaiah. Ed. Christopher R. Seitz. Philadelphia: Fortress.

Sellers, O. R.

1962 "Weights and Measures." In IDB, 4:828-39.

Setel, Drorah O' Donnell

1992 "Exodus." In The Women's Bible Commentary. Ed. Carol A. Newsom and Sharon H. Ringe. London: SPCK, and Louisville: Westminster John Knox.

Seybold, Klaus, and Ulrich B. Mueller

1981 Sickness and Healing. Trans. Douglas W. Stott. Nashville: Abingdon.

Simian-Yofre, H., and H. Ringgren

1986 "'ud . . . ." In Theologisches Wörterbuch zum Alten Testament. Vol. 5. Ed. G. J. Botterweck, H. Ringgren, and H. J. Fabry. Stuttgart: W. Kohlhammer.

Smalley, Beryl

1964 The Study of the Bible in the Middle Ages. Notre Dame: Univ. of Notre Dame Press.

Sommer, Benjamin D.

1996 "Did Prophecy Cease? Evaluating a Reevaluation." Journal of Biblical Literature 115:31-47.

Spencer, John R.

1992 "Aaron." In ABD, 1:1-6.

Stamm, John J., and Maurice E. Andrew
1967 The Ten Commandments in Recent Research. London: SCM.

Steinmetz, David C.
1989 "The Reformation and the Ten Commandments." Interpretation 43:256-66.

Sugirtharajah, R. S., ed.
1991 Voices from the Margin: Interpreting the Bible in the Third World. Maryknoll, N.Y.: Orbis Books.

Swartley, Willard M.
1983 Slavery, Sabbath, War, and Women: Case Issues in Biblical Interpretation. Scottdale, Pa.: Herald Press.

1994 Israel's Scripture Traditions and the Synoptic Gospels: Story Shaping Story. Peabody, Mass.: Hendrickson.

Tamburr, Karl
1992 "Pharaoh." In DBTEL.

Terrien, Samuel
1978 The Elusive Presence: Toward a New Biblical Theology. San Francisco: Harper & Row.

Theiss, Norman
1994 "The Passover Feast of the New Covenant." Interpretation 48:17-35.

Toews, Wesley I.
1993 Monarchy and Religious Institution in Israel Under Jeroboam I. Atlanta: Scholars Press.

Van der Leeuw, G., David L. Jeffrey, and John Sandys–Wunsch
1992 "Graven Image." In DBTEL.

Van Houten, Christiana
1991 The Alien in Israelite Law. Sheffield: JSOT Press.

Weinfeld, M.
1975 "Berith." In Theological Dictionary of the Old Testament. 2:253-79. Ed. G. Johannes Botterweck and Helmer Ringgren. Trans. John T. Willis. Grand Rapids: Eerdmans.

Wente, Edward F.
1992 "Rameses." In ABD, 5:617f.

Westermann, Claus
1979 God's Angels Need No Wings. Trans. David L. Scheidt. Philadelphia: Fortress.

Williams, George Huntston
1962 Wilderness and Paradise in Christian Thought: The Biblical Experience of the Desert in the History of Christianity and the Paradise Theme in the Theological Idea of the University. New York: Harper & Row. Wilson, Robert R.

1979 "The Hardening of Pharaoh's Heart." Catholic Biblical Quarterly 41:19-36.

1980 Prophecy and Society in Ancient Israel. Philadelphia: Fortress.

1992 "Genealogy, Genealogies." In ABD, 2:929-32.

Wolff, Hans Walter
1977 Joel-Amos. Trans. W. Janzen, S. D. McBride, C. Muenchow. Philadelphia: Fortress.

Wren, Brian
1985 "God of Many Names." Text and music © Hope Publishing Co. In Hymnal: A Worship Book, 77. Scottdale, Pa.: MPH et al., 1992.

Wright, G. Ernest
1962 "Sinai, Mount." In IDB, 4:376-8.

Yoder, John Howard
1976 "Exodus: Probing the Meaning of Liberation." Sojourners 5/7:26-29.

Zehr, Howard

1990 Changing Lenses: A New Focus for Crime and Justice. Scottdale, Pa.: Herald Press.

Zehr, Paul M.

1981 God Dwells with His People: A Study of Israel's Ancient Tabernacle. Scottdale, Pa.: Herald Press, 1981.

Zimmerli, Walther

1979 Ezekiel 1: A Commentary on the Book of Ezekiel, Chapters 1- 24. Trans. Ronald E. Clements. Philadelphia: Fortress.

1982 I Am Yahweh. Trans. Douglas W. Stott. Ed. Walter Brueggemann. Atlanta: John Knox.

Selected Resources

Brueggemann, Walter. "The Book of Exodus: Introduction, Commentary, and Reflections." In *The New Interpreter's Bible*, 1:675-982. Ed Leander E. Keck et al. Nashville: Abingdon, 1994. Based on thorough scholarship, but written in Brueggemann's interesting and accessible style, full of striking formulations and thought-provoking insights.

Cassuto, Umberto. *A Commentary on the Book of Exodus*. Translated by Israel Abrahams (from Heb. ed. of 1967) Jerusalem: Magnes Press, 1987. A great conservative Jewish scholar interprets the text for twentieth- century readers. Sometimes too ingenious, but always stimulating.

Brevard S. Childs. *The Book of Exodus: A Critical, Theological Commentary.* Philadelphia: Westminster, 1974. A classic and in my opinion, the most significant work on Exodus published in the last halfcentury. Thorough treatments of textual and historical-critical questions. Offers features often scantily treated or absent in other commentaries, such as these: (1) "The Old Testament Context," found with each textual unit, pioneers in a coherent interpretation of the extant canonical text. (2) Many textual units have subsections treating special theological questions, the NT context, and the history of exegesis. The lay reader may wish to focus on "The Old Testament Context."

Durham, John I. *Exodus*. Word Biblical Commentary. Waco: Word Books, 1987. A full scholarly commentary, treating textual and historical-critical questions, but emphasizing the meaning of the final canonical text. A special strength is Durham's attention to precise contemporary English rendering of the Hebrew text.

Fox, Everett. *Now These Are the Names: A New English Rendition of the Book of Exodus.* Translated by Everett Fox. New York: Schocken, 1986. A translation of the Hebrew text that tries to convey Hebrew distinctives of style and expression. The notes make it a virtual commentary. Refreshing to read, both for its difference from standard Bible versions and for its Jewish perspectives.

Freedman, David Noel, ed. *The Anchor Bible Dictionary.* Six volumes. New York: Doubleday, 1992. A rich and recent resource of articles, many of them lengthy and thorough, on a great variety of biblical and ancient Near Eastern topics.

Fretheim, Terence E. *Exodus*. Interpretation: A Bible Commentary for Teaching and Preaching. Louisville: John Knox, 1991. A distinguished Lutheran scholar interprets the canonical text, with attention to theological questions and contemporary relevance. Lifts out especially the connection between the exodus events and creation. Summary treatment of the tabernacle chapters in merely

18 pages.

Kaiser, Walter C. Jr. "Exodus." In *The Expositor's Bible Commentary*. Vol. 2. Edited by Frank E. Gaebelein. Grand Rapids: Zondervan, 1990. A helpful and compact treatment of the book of Exodus from a conservative- evangelical perspective.

Janzen, J. Gerald. *Exodus*. Louisville: Westminster John Knox, 1997. Based on the NRSV and written from a Christian perspective. Addresses lay readers. Relates Exodus texts to other parts of the Bible and to modern life in an interesting way.

Jeffrey, David Lyle, ed. *A Dictionary of Biblical Tradition in English Literature*. Grand Rapids: Eerdmans, 1992. The title of this unique work suggests that its primary usefulness is for students of English literature. Yet much of that literature is Christian-biblical. Hence, this volume is a ready source of information on the history of Bible interpretation.

Moberly, R. W. L. *At the Mountain of God: Story and Theology in Exodus* 32–34. Sheffield: JSOT, 1983. Though not easy reading, this work is a fine example of how newer literary-theological methodologies can move beyond traditional historical-critical approaches in interpreting fruitfully a long, important, and complex section of Exodus.

Patrick, Dale. *Old Testament Law*. Atlanta: John Knox, 1985. A clearly written and accessible introduction to the complex field of Old Testament law, with attention to the New Testamen

성구색인